ヤングハズバンド伝

Francis E. Younghusband

激動の中央アジアを駆け抜けた探検家

金子民雄

Tamio Kaneko

白水社

ヤングハズバンド伝

——激動の中央アジアを駆け抜けた探検家

To
the Memory of
Dame Eileen Younghusband

まえがき

第二次大戦が終わりを告げ、永らく英植民地だったインドが独立したことは、日本人にとってまったく新しい時代の到来を感じさせるものだった。戦災ですっかり荒廃した廃墟の中からようやく立ち上がった日本人の、とくに若者たちになにかと明るい夢を抱かせてくれたものは、これまで想像の世界でしかなかったヒマラヤや、そのはるか彼方のカラコラムの氷雪をいただく山々が、手の届くところまでぐっと近づいたような感触だった。といってそれがすぐ現実化するとは誰も思っていなかったが。

東西約二〇〇〇キロ、ヒマラヤ山脈のさらに西方には謎に満ちた山々が連なっている。世界の屋根パミール高原と、その南縁を区切るカラコラム、ヒンズー・クシュ山脈である。古くはアレクサンダー大王や玄奘三蔵、またマルコ・ポーロのたどったこの地一帯は、とりわけ日本人にとって夢のまた夢の世界だった。しかし、この辺境の地は一九世紀に入るとにわかに活気に満ちてきた。南下政策をとりはじめた帝政《ツァー》ロシアとインドを支配する英政府とが、その領土拡張の争奪戦を開始したからだった。いわゆる〈グレイト・ゲーム〉である。

本書の主人公サー・フランシス・ヤングハズバンドは、のちに〈カラコラムの父〉とまで呼ばれ人々の尊敬を集めた一方で、〈グレイト・ゲーム〉の重要な主役の一人でもあった。インド北西部国境、いまのアフガン＝パキスタンの山岳地帯はさまざまな民族が混在し、互いに反覆常ない系争の地であった。この不安定な辺境地帯で、ヤングハズバンドほど優れた直観力と行動力をもって人心懐柔に成功した人物は稀であった。このことはいまあらためて再評価されてよいのではあるまいか。

もう一世紀以上も昔の出来事をいまさら追求して、なんの意味があるのかと思われる人もおられるかもしれない。しかし、彼が実際にかかわった新疆ウイグル地域や、パミール南縁からアフガン国境の山岳地帯にかけて、いまテロが頻発し、その解決のめどすらない。それに現在、紛糾の続くチベット情勢も、ヤングハズバンドが指揮した〈チベット使節〉の歴史的な背景を知らない限り、正しい理解は難しいに違いない。

ヤングハズバンドの業績をひと言で紹介するのはたいへん難しい。ただ、彼は本能的にきわめて先見の明のある人だった。とくに彼は死の直前、インド民衆に向かって、ヨーロッパで始まっている戦争には、ぜひ英国に加担するように、そうすれば戦争が終わった暁には独立が保証されようというアピールを発表した。チャーチル首相はこれに反対だったというが、もしこのときインドが英国側についていなかったら、おそらく世界の歴史は大きく変わっていたことであろう。そして戦争が終わって一九四七年、インドが独立を果たすときまで彼が生きていたら、彼は〈インド独立の父〉と呼ばれたかもしれない。

本書を執筆するうえで、とくにヤングハズバンドの個人的な面については、実の娘のディム・エイリーンと、伝記作家のジョージ・シーヴァー氏からいろいろご教示をいただいた。しかし、みなもう遠い昔に鬼籍に入ってしまわれた。それから随分たって新しくヤングハズバンドの生涯を調べはじめたパトリック・フレンチ氏との交流を通じて、いろいろ珍しい情報が発掘され、それを私にも教えて下さった。そこで氏の仕事が一段落するまで、こちらは待っていましょうと約束し、これも一九九四年にようやく完成した。

しかし、私のほうの原稿は以来十数年間も棚晒しになったまま出版の機会がなかったが、幸い白水社から出版の運びとなった。編集部の芝山博氏、そして煩雑な原稿を整理して下さった阿部唯史氏のご尽力には、なんとお礼を申し上げてよいかわからない。心から感謝の意を表したいと思う。なお本書は、亡きディム・エイリーン・ヤングハズバンドの霊前に捧げたい。

著者

二〇〇八年十月

ヤングハズバンド伝――目次

装丁——笠井亞子

フランシス・E・ヤングハズバンド

カシュガールの英外交（通商）代表部。前列左端ジョージ・マカートニ、同中央ヤングハズバンド。彼らの向かって右隣はヤルカンドの按班。（1890年）

ヤングハズバンドと夫人ヘレン、娘エイリーン。（1903 年）

ロシアの秘密代理人、ドルジェフ。ダライ・ラマ13世からの信頼が厚かった。

ダライ・ラマ13世

チベット使節のスタッフ。後列左より2人目オコナー、同右端ベイリー（杖を持っている）。前列左端マクドナルド将軍、同中央ヤングハズバンド。（1904年）

標高 5000 メートルを超えるカロ・ラ峠に張られた、ラサ進軍中の英印軍のテント。（1904 年 7 月）

イタリアのアブルッツィ公のカラコラム（K2）遠征（1909 年、カシミールにて）。前列左端アブルッツィ公、同右端ヤングハズバンド、後列左端は山岳写真家ヴィットリオ・セラ、同右端は医師・博物学者のフィリッポ・デ・フィリッピ。

1904 年、ラサでチベット僧より贈られた銅製の仏像を手にするヤングハズバンド。死に際し、埋葬された。

第1章　家系と生い立ち

一八六〇年代のごく初めの頃といえば、インドはいまだ中世の世界にあるといってよかった。もっとも第一次アフガン戦争（一八三六年）からすでに四半世紀が流れていたが、中央アジア方面の情勢は流動的であったし、アフガニスタンの政治状況も決して静謐であったわけでなかった。北方の平原《ステップ・ランド》を帝政ロシアは着々と南下し続けていたし、これはいつしか一つの強大な力となり、北からヒンズー・クシュやヒマラヤの山脈に向かって加えられる圧力となっていた。けだるい常夏の国インドに住む人たち、とくに植民地として支配する英国人たちには、誰しもがこの目に見えぬ圧迫を皮膚で感じていた。

こうした時代背景のなかで、一八五七年にはインド国中を荒れ狂い、インドに住む英国人たちの心胆を寒からしめたセポイ（インド人傭兵）の反乱が起こり、その余震は翌年に入っても続いていたし、その一年後の一八五九年になると、東インド会社は事実上解散し、英国政府に吸収されて消滅した。時代は明らかに変わりつつあり、幾世紀かまどろんでいたかのようなインド亜大陸にも、確実に新しい時代の波が押し寄せていたのだった。

絶え間なしにインドに加えられる圧迫は、常にインド北西部国境からのものであった。そこには他国民の支配を頑なに拒否する剽悍な山地民族が住んでおり、シンドやアフガンの独立精神の旺盛な諸民族が蟠踞《ばんきょ》していた。そして、ヒマラヤ山脈の西のずっと低くなったヒンズー・クシュの山並みの間から、時折、中央アジア方面のニュースが漏れてくるのだった。

この北西部国境に近く、カシミールの小高い丘陵の山麓に位置し、いつも北に重畳と続く雪をいただく山々を見晴かす小さな町ムレーで、一八六三年五月三十一日、一人の男の子が生まれた。父親はジョン・ウィリアム・ヤングハズバンドといい、インド軍に籍を置く軍人で、この子は彼の次男だった。フランシス・エドワードと名づけられたこの子は、のち父親と同じようにインド軍に入って軍人となったが、彼の時代になると、国境地帯での戦争もなく、むしろ彼の生まれ育った場所にふさわしいように、ヒマラヤやその彼方の国々、チベットや中央アジアの探検家として名を残した。

ムレーという、地図上で見つけることも難しいような辺境の町で生まれたといえば、階級社会の一段と強かったヴィクトリア朝では、一家は一生うだつが上がらないため新天地インドへ流れてきたように思いがちである。しかし、彼の家系は英国にあっても中流の上以上の階級に属していたといえよう。一族は軍人の家系で、数百年前までさかのぼれたし、サクソン系のノーサンブリア人であったという。

ヤングハズバンドという一風変わった名前は、いつ頃から呼ばれるようになったか、そう明確ではないようであるが、彼から数えて一一代ぐらい前までさかのぼれるということなので、一応、一五、六世紀まではっきりしているのであろう。初め彼の家名はオズワルド（Oswald）といったが、これが訛ってオズボーン（Osborn）かまたオズバン（Osban）となったという。このオズワルド家に二人の兄弟がいて、弟のほうを〈若《ヤング》オズバン〉と呼んでいるうち、これがさらに訛ってヤング・オズバ、またヤングハズバンドになってしまったらしいという。分家のほうがヤングハズバンドになったのなら、本家のオズワルドはどうなってしまったのか、こちらのほうは不明である。[1] この一族は英国北部、ノーサンバーランド州バンバラ近傍のタガル・ホールに二〇〇年ほど住んでいたという。

ヤングハズバンド家が軍と関係を持つようになったのは、一八世紀から一九世紀にかけて生きたジョージ・ヤングハズバンドの長男で、同名のジョージ大尉からだったという。彼はナイル川で艦船を率いて戦い、名を上げたという。彼に幾人か子供がいたのであろう、その下の息子のチャールズは英国砲兵隊に入り、少将までなったが、五人の息子に恵まれた。そして、五人ともみなインド軍に入ったという。これにはなにか一族がインドに渡るきっかけか、理由があったと思われるが、詳細はよくわからない。

この五人の子供たちはみな俊英だったようで、長男のローマーが大将、次男のチャールズが中将、三男のジョン・ウィリアムが少将、四男のエドワードが中尉で戦死（一八四八年）、五男のジョージが中尉で重傷を負っている。当時インドでは、英国本国政府の軍隊がいた他に、東インド会社にも傭兵がいて、階級間の生存競争が激化していたという。このなかで兄弟そろって立身出世しているのは、むしろ珍しいであろう。彼らの能力の他に、出自がよくなかったらとてもこれほど軍の上級にまで昇ることは難しい。この五人兄弟の三男ジョン・ウィリアムが、本書の主人公フランシス・エドワードの父親である。

ジョン・ウィリアム・ヤングハズバンドの生涯も、細かいことはそうわかっていない。息子たちも詳しい回想録を残さなかった。しかし彼は、一八四三年の有名なサー・チャールズ・ネーピアのシンド戦争に参加した。(2) この戦いによって英国側はインダス川沿岸の支配権を掌中にしたのであり、やがてアフガニスタンや中央アジアへの道を拓く重要なものとなった。インド征服の夢多い物語であり、子供たちは父親からこうした話を聞かされて育ったことであろう。次いで彼は、ジョン・ニコルソンのもとでインド北西部国境に勤務したというから、当時、英国の周辺諸国侵略戦争の先頭に立っていたことになる。そして、一八五六年、家庭を持った。

だいたい一八五〇年代以前のインドというと、英国東インド会社の社員として勤めた英国人たち、あるいは英国政府から派遣された役人や、民間の商人たちは、地位や名誉もさることながら、無限の富を蔵するインドで一財産を築き上げようとした手合いが多く、灼るような暑さか、荒れ狂うモンスーンのこの土地で骨を埋めようと思って集った者はほとんどいなかったといってよい。だからひと働きしたら、やがて故国へ帰って行くのが常であった。

こうした結果、インドで人生の半分を過ごさねばならなかった英国の男たちは、大概インド人の女性を家事手伝いといった名目で、公然あるいは非公然に現地妻として持っていたし、このほうがむしろ現地人のなかで生活するうえできわめて有利であった。妻のほうも、色々と異なった風俗習慣をヨーロッパの男たちに教えてくれたものだった。当時の風俗画の閨房を描いた細密画《ミニチュアール》のなかに好んで彼らの好色画が見られるのは、お互いが親密な関係にあったからに違いない。それが一八五〇年代に入ると、インドにぽつぽつ英国女性が現れはじめた。これはこれまでのバランスを崩し、惨憺たるものとなった。白人の女たちは、たとえ乞食であってもインドの藩王《マハラジャ》と等しい立場にあったから、当然、男たちとインド女性たちの間にはっきりした垣根を張りめぐらした。男たちは萎縮してしまい、インド女性たちは主婦の立場から下女にまで下落してしまったのである(3)。

が、ともかくインドで勤務についた男たちにとって、白人のよき配偶者を見つけることは難しかった。まともな女たちは、そもそも、一年中暑くて病気の蔓延しているインドくんだりまで行く気がなかったからである。こうしたなかで、ジョンがよい女性に巡り会えたことは、むしろ不思議なくらいだったであろう。妻になった女性はクララ・ジェン・ショーといい、兄にロバート・ショーがいた。ロバート・バークレー・ショーという人物は、ヒマラヤや中央アジアの初期旅行家としては、現在むしろ古典的な地位を占めている。彼はケンブリッジに学んでから軍人になろうとしたが、持病のリウマチが悪化し、一八五六年、二〇歳のとき、ヒマラヤ山麓のカングラへ行って、茶園、いわゆる茶のプランテーションを始めた。カングラはムレーの南東三五〇キロのところにあったが、同じカシミールの辺境部にあったことは変わりがない。

ショーの妹とヤングハズバンドがどういう出会いをしたのか、いまでは知ることが難しい。結婚した年とロバート・ショーがインドに渡った年が同じだったというのは、なにか偶然のことではないような気がする。兄妹が一緒にインドへ来るということはちょっと考えられないから、妹の結婚がきっかけで、あるいはヤングハズバンドの勧めもあって、インドに渡ったのかもしれない。ともかく、この二人のカップルの巡り会いによって本書の主人公フランシスが生まれ、この子が長じて伯父のロバート・ショーを大いに尊敬し、私淑したことは、無視することができない。彼がのち探検家にならなかったとしたら、中央アジアやチベットの探検史や政治史は、随分と寂しかったに違いない。ショーは、一八六八年に英国人として初めてカラコラム山脈(4)を越えてカシュガールを訪れ、当時、カシュガリア一帯を支配していたヤクブ・ベクと英国政府との外交交渉の橋渡しという、重要な役を演じることになった。これはフランシスのいまだ五歳の頃の出来事であったが、やがて彼はカシュガールに英国外交（通商）代表部（のちの総領事館）

を設立することになるのである。[5] これはショーのまいたひと粒の種が、二〇年後に芽を出したのだといえよう。

ジョン・ヤングハズバンドとクララとはたいへん仲睦まじかったという。とかく白人女性が少ないため、高慢になりがちなインドにあっても、クララはヨーロッパで教養を受けていたので、家庭を大切によく守ったようである。優しい母ではあったが、それだけ躾も厳格で、ヤングハズバンドはのち、母の反対によって好きになった女性と一緒になれなくなる。ともかく、二人の間には五人の子供が次々と生まれ、三人の息子と二人の娘に恵まれた。長男はジョージといい、のちにサーをもらい、少将にまで昇進した。二男が本書の主人公フランシス・エドワード、三男がレスリー・ネーピアで、同じくインド北西部国境で勤務し、少将にまでなった。

洗礼名をエドワードと名づけられたフランシスは、のちに仲間から略してフランクと呼ばれた。現在、パキスタン領に編入されたムレーは、雄大なヒマラヤ山脈を見晴かす丘陵地にあったので、感受性の強い少年にとっては、これがのちにどれほど大きな影響を与えたかわからない。

世界の仙境といわれるカシミールに接した美しい自然環境のなかで生れたフランクも、ここでの生活は意外と短かった。その初めはまだほとんどなにも理解できない生後五カ月目にめぐってきた。フランクの母の母、すなわち彼の母方の祖母にあたる人は、英国の南西部、ロンドンから西方約一六〇キロの、もう大西洋岸に近いバスに住んでいて、すでにかなりの老齢だった。頽齢《たいれい》で体も弱っていたので、フランクは二人の姉妹と一人の兄と母に連れられて、はるばる出かけて行った。彼らの滞在がどのくらい続いたのかわからないが、のちこの幼児のときの記憶がおぼろげながらあり、祖母の葬儀を知っていたというから、一、二年の長期のものだったかもしれない。やがて祖母も死んだので、この葬式を済ませてから、彼の母は四人の幼い子供たちを伴って、再びインドのムレーに帰った。

人間の形成は案外、やっと物心ついたかつかぬ頃に決まってしまうのかもしれない。ムレーに戻ってからの数年間は、フランクにとって本当に楽しい幼年期だったに違いない。信心深く、愛情豊かでやさしい両親、とりたてて戦争もない平和で、インド人の下僕や下女たちにかしずかれての何の心配もない生活、すべてが夢のようだった。

しかし、平穏無事な時期というものは、そう長く続かないものだ。インドにいてはろくな教育は受けられない。中・上流階級の英国人たちは、自分の子弟の教育のためにはみな、子供たちを故国へ送り出すのを常とした。インドの恐ろしいほどのカースト制と同じく、英国人社会にもさらに激しい階級があった。小学校へ就学する少し前にフランクは英国へ行かねばならなかった。両親の膝下を離れ、温かい家庭、美しい山々から別れるのはつらかったであろう。しかし、このつらい人生体験をくぐらなければ、たとえインドにいても、一生うだつが上がらない。白人社会のなかにあっても茶汲みくらいにしかなれないのだ。貧しい白人官吏の子供だったがため、故国で教育が受けられず、その子供がどんなにみじめな生涯を送らねばならなかったか、彼の周囲にもたくさんいるはずであった。それを思えばこんな苦労はむしろ幸福への切符だったのである。といえ、幼い子供たちにそれが理解できるはずもなかったろうが。

まだあどけないフランクが英国へ渡ったのは、一八六八年か九年、彼の五、六歳の頃だったはずである。かつて祖母の死を看取ったバスから少し下手《しもて》にあたるところに、フレシュフォールドという小さな村がある。アボン川とペロット川の合流点に近いところであった。ここにフランクの父親の二人の姉妹が住んでおり、ここへ預けられることになった。フランクの両親の肉親たちがこのようにバス周辺に住んでいたところを見ると、両親はあるいはインドで知り合ったのではなく、幼なじみだったのかもしれない。

この叔母たちの住む家は、イングランド南西部の典型的なコッツウォルド風の石造りのもので、のどかに広がる田園のなかの丘陵地に、ブナの林に囲まれて建っていた。川岸の牧草地は緑の絨緞を敷きつめたようであり、これが春になると、キンポウゲやサクラソウが点綴し、それは美しかったという。

しかし、彼を預かった老嬢たちは、そんな甘いものではなかった。おそらく彼女たちは未亡人などではなく、初めから未婚の女性だったのであろう。子供の気持ちなどわからない彼女たちのやり方は厳しいものだった。まして躾のために預ったのだ。このあおりをもろに受けたのは幼いフランクで、情け容赦なくびしびしと躾けられた。彼女たちは古い挿絵かなにかのなかにあるような、へり張りのついた婦人帽をかぶり、スパルタ式の徹底的簡素さと厳格さを実践した。貧者に与えるびた一文の銭も出し惜しむ一方、不節制など断固として許さない。そして、どんな些細な不作法にも鞭《むち》が飛んだ。(6)

彼女たちはフランクに向かって、英国国教以外の会堂などに寄りついちゃだめよ、あんなものは掃き溜めだと思いなさいと教え込んだ。だから幼いフランクはよけいに、そこでどんな異教徒の儀式が行なわれているのか、ひと目でいいからのぞいてみたいと思った。彼は後年、この厳しい叔母たちを〈フレシュフォールドの叔母〉と、なつかしく思い出したが、彼女たちの躾は残念ながら逆効果だったようだ。余所見《よそみ》しちゃいけないよというお説教とは裏腹に、この不肖な子供はのち複雑な宗教観を持つようになり、ヒンズー教をはじめとするインドの多神教の他、回教、仏教にまで関心を抱き、神秘主義思想家になったからである。叔母が生きていてこのことを知ったら、それこそ腰を抜かさんばかりに驚いたことであろう。

幼い子供たちにとって、さしずめ奴隷小屋と思えたに違いないこの叔母たちの厳格な管理下から、つかの間ではあったろうが、フランクは逃げ出す機会が巡ってきた。六歳の折、サー・ヘンリー・ローレンスの義妹にあたるというレディー・ローレンスの住むロンドンへ、招かれて行ったからである。(7) 彼女とフランクの父親とはたいへん親しかったのだという。ただサー・ヘンリー・ローレンスはこの頃すでに物故していた。(8) 彼は英国の軍人で、インド軍に籍を置き、第一次アフガン戦争（一八三六年）やパンジャーブ州の併合などに功のあった人物であり、おそらくフランクの祖父と同時代の、一緒に仕事をした仲間だったのであろう。ローレンスは一八五七年、たびたびの忠告も受け入れてもらえず、セポイの反乱の際に戦死を遂げた。彼の弟のジョン・ローレンスは、やはり兄と共同してインドで活躍し、この当時、インド総督（一八六三〜六九年）の地位にあった。フランクの生まれた年から、ちょうどレディー・ローレンスの家の客になった年までである。

フランクは、叔母の住む田舎町から、はるばる汽車でロンドンへ行ったらしい。彼がインドから英国に来たとき、ロンドン経由だったらすでに知っていたコースだったろうが、彼は船でブリストルあたりまで来てバスに行ったかもしれず、この大都会をいまだ知らなかったようだ。ともかく物心ついた少年フランクの眺めたロンドンは、薄汚れた町並みが果てしなく続くところだった。あちこち黒い煙を吐く煙突が無愛想に立ち、ごちゃごちゃと小さな家が櫛比《しっぴ》し、インドやイングランド南西部ののどかな田園風景とは似てもつかないものであった。彼は自然の子であった。しかし、レディー・ローレンスはこの遠来の小さな客人に、実に親切だったという。母親のような優しさがあったし、叔母たちの厳しい雰囲気とは似ても似つかぬものであった。この際立ったコントラストは、幼心にも印象深かったという。

しかし、こういった刺激的な体験も一時的なものであり、彼は再び叔母の村に帰って、平凡な日常生活に戻った。ところが一八七一年、フランクが八歳になった年、両親がインドから一時帰国したのだった。彼らは数年ぶりにバスで再会した。あまりはっきりしていないが、バスの叔母の家にいたのはフランク一人ではなく、彼の兄や姉妹も一緒だったかもしれない。そう考えたほうが無難であろう。彼は一面ではにかみ屋であり、一面で腕白であったらしいが、彼が好んだのはむしろ広々とした田園や牧草地に出て、美しい光景を眺めることや、野草を摘むことだった。彼の周囲にはそれぐらいしか遊ぶものはなかったし、彼は少年時代の環境から、すでに孤独を愛する少年になっていた。

幸いなことに両親は長期の休暇がとれたようで、英国には二年間ほど滞在したらしい。この間は、彼もたっぷり両親に甘えることができた。こうした一家団欒を楽しんでいたおそらく一八七二年の頃、ロバート・ショーが英国に帰省してヤングハズバンドの家族と合流した。ショーは一八六八～六九年にかけて、カラコラム峠を越えてシナ・トルキスタンに入り、ヤルカンドからカシュガールを訪れ、その勇気と冒険心とは英国人をひどく興奮させていた。その折の旅行記『高地タルタリー』はすでに先年の一八七一年に出版され、ヨーロッパの地理学会でも高く評価されていた(9)。そして、今年(一八七二年)、英国王立地理学会から名誉あるパトロン金メダルを授与されることになっていたのである。

しかし、ショーの本当の業績は、英国人として初めてカシュガールを訪問したという、単なる冒険といった皮相的なものではなかった。彼はヒマヤラ山麓のカングラの一茶園主ではなく、インド政庁のひものついたスパイだったろうという噂は当時から流れていたし、第一、個人の力でカシュガリア一帯の独裁者ヤクブ・ベクと接触し、英国政府と外交交渉の橋渡しができるはずがないと考えられた。[10] 英国にとってアフリカも大事であったが、南下を続ける帝政ロシアとの接点中央アジアは、緊急の土地であった。ショーはこうした時代背景のなかにあって、暗黒のトルキスタンの門戸を最初に開いた、時の人であった。

フランクは伯父ショーから、初めてヒマラヤの彼方の国の話を聞いた。生まれ故郷ムレーからずっと北に見えた、あの山々のずっと地の果ての土地に珍奇な国々があるということを。まだやっと八、九歳になったにすぎない少年にとって、この断片的な物語が将来どんな大きな影響を及ぼすかは、誰にもわからなかったであろう。[11]

物事には必ず始まりと終わりがあるように、やがて楽しい思い出の日々が終わり、両親は任務の待つインドへ帰って行った。子供たちにはまた恐ろしいまでの単調さと、重苦しいような生活が始まるのだった。が、こうした厳格な生活が、彼にやがて不撓不屈の精神を育てたのだった。のちに同時代の多くのライバルを抜いて頭角を現した礎は、こうした少年時代の生活にあったろう。それに叔母たちも、いつも鬼のように振る舞っていたわけではない。幼い少年たちを伴って、大西洋の波浪の轟く海岸や、あちこちの土地を旅して歩いてくれたのだった。幼児の情操教育もけっして忘れてはいなかったのである。

第2章　サンドハーストからインドへ

ヤングハズバンドの家系が、男はことごとく軍に入って一応の貢績を上げていたので、当然、フランクの兄弟も軍人のコースに進むことになっていた。少年たちにとって、自分の家はみな軍人になるものと子供心にも思っていたから、別に不思議ではなかったであろう。

一八七六年、フランク一三歳の年、彼も兄のジョージと同じように、陸軍師範学校へ入る前の予備校として、クリフトン・カレッジに入ることになった。この校長はジョン・ハーシヴァルといって、一八六五年に彼によって創設されたごく新しい私立校で、できてからまだ一〇年とたっていなかった。しかし、当時すでに有名になっていて、フランクが入学した頃には、四〇〇名の生徒がここで学んでいたという。校長の教育方針も独特で、〈誠実・正直・潔白〉をモットーに、キリスト教の美徳に則り、教師と生徒とがともに学び尊敬し合うというものであった。校則があくまで人生の華美に対して無頓着であること、柔弱に流れないことというのは、軍人精神として首肯できることであったが、芸術や自然科学に一切関心を持ってはならないというのであった。世の中の分別のつかない、頑是ない一三、四歳の少年に、こんな将来のエリートとしての教育をたたき込まれたのでは、支配されるほうがたまったものでない。人間性など別問題、滅私奉公が第一なのである。

しかし、時代は一九世紀半ば、大英帝国の発展期である。帝国主義の最盛期に意志薄弱なことを言っていたのでは、世界の覇者になり得ない。植民地獲得競争はすでに終わっているが、今度は弱い支配国を蹴落とすことだ。指導者になるべき人材は、他人に憐憫の情をかけていてはいけないのだ。ともかく意志堅固な人間を作ることにあった。だから、どんな感情も露《あらわ》にすることは罪とされた。紳士としての冷静さの仮面の下に、実は冷酷さを秘めさせたのである。これが彼の生きた時代には、最も時流にかなった生き方であった。だから、途中でこうしたことに疑問を抱いたり、間違ったコースを歩んでいるのではないかと思った瞬間、エリート・コースから転落し、悲劇が始まるのであった。
が、彼は十代から二十代にかけて、こういった片寄った考え方や、軍人精神が嫌だったわけではない。むしろ熱烈に国家のために奉仕することに燃えていたし、軍事教練が嫌いでもなかった。のちの彼の中央アジアやチベットにおける探検も、軍事と無関係だったものはない。彼と軍務とを切り離したとき、彼の存在はほとんどないに等しいのである。

ただ、彼は英国人としてはきわめて小柄で、中年以降は小肥りになったが、十代の頃の彼はがりがりに痩せていた。しかし、体が弱かったのではない。ラグビーとランニング、すなわち走ることが最も得意だった。走ることにかけては短距離から長距離――一〇〇ヤードから一〇マイル――競技まで、なんでもござれであった。彼はともかく〈火の玉小僧〉だったのである。彼は競技に出場すればきまって優勝をさらった。

学校での授業は厳しく、彼にとってかなり苦痛だったらしい。彼は上級生になるとクラス長になったので、余計、負担が多かった。とかくデリケートな感情の持ち主である彼に、軍人はあまり向いていなかったのであろう。万事、生徒のなかで悪いことが起きればむち打ちだから、彼みたいな少年は憂鬱になったに違いない。こんななかで、彼を一刻夢中にさせたのは、サー・チャールズ・ネーピアの『半島戦争の歴史』(*History of the Peninsular War*) であった。彼はこの本を幾度も幾度も読み返し、海将としてのネーピアの作戦を学んだのであった。フランクの父がかってネーピアのもとで勤務していたことが、彼にいっそう親近感を抱かせたのであろう。ネーピアはナポレオン戦争で地中海で戦ったのち、ポルトガルに招かれて艦隊司令官となり、反乱派を撃破してポルトガルの内乱を鎮圧する貢績を上げていた。ネーピアは智将であり、彼に魅せられるに十分な理由があった。後年、フランクは一軍を率いて戦闘を交えるということはなかったが、外交戦やきわどい遭遇戦に、少年時代に愛読したネーピアの本からの教訓は少なからずあったであろう。ただ彼がネーピアに熱を入れすぎたあまり、海軍に入りたくなって父親から諫められるありさまだった。

一八七八年、フランク一五歳の年、インドにいた両親に再び長期の休暇が与えられた。インドにいた官吏や軍人たちは一定の期間勤務すると、一年とか二年の長期の賜暇休暇がもらえたので、のんびりと休息がとれるのが常であった。家庭持ちは故郷かどこかへ転居し、独身者はめったに行けない海外旅行を楽しむといった具合だった。ヤングハズバンド一家は今回は英国へ戻らず、スイスのジュネーブ湖畔のローザンヌ郊外のぶどう園の中にある別荘を借りて、のんびりと生活することにした。フランクも夏期休暇にはスイスに行って、一家と合流することになった。アルプスの雪をいただく山々は青い湖面に映えて、この世のものとは思えないくらいの美しさだった。この光景には、フランクもすっかり魅せられてしまった。しかし、のちに中央アジアやヒマラヤ山中を旅するようになって、アルプスのあの平穏な美しさより、アジアの荒々しい光景のほうがはるかに人をひきつける魅力があったと言っている。

一家は二年後に、ローザンヌの東南方向にあたる、アルプスの山麓にあるデアブララの山小屋風の別荘を借りて移った。彼らが休暇をもらってスイスに来た年の十一月に、第二次アフガン戦争を予期させる事件が起き、翌一八七九年に本格的な戦争が勃発した。英国政府と英国軍を困難な事態に巻き込んだこのアフガン戦争に、父のジョージは従軍しなかったようである。ちょうど休暇中だったからかもしれない。本来なら休暇取り消しでインドへ呼び戻されてよいはずであるが、彼は歳もとり、すでに軍からの退役も近かったからであろう。ただフランクの兄のジョージのほうが戦争に参加していた。やはりこれから間もなく、フランクが学校を卒業する前に、父親はインド軍を退役し、ロンドンの南、ポーツマス港のすぐ南にあるサウスシーに移り住んで、インド以来の友人たちと海運に関する会社を設立したらしい。しかし、詳しい事情はわからない。

いつかフランクも一六歳となり、そろそろ将来の進路をしっかりと見定めなくてはならない年齢に達した。いつまでも子供じみた夢のような世界に、漠然と住んでいるわけにいかなかった。軍人の家系に生まれた以上、軍人のコースを選ぶ運命にあった。父親は彼を一族が学んだ英国士官学校（Royal Military Academy）に進ませることに決めた。

英国砲兵隊に入れるつもりだったのである。祖父も叔父も父親も、みなここの卆業生だった。父親はここから東インド会社へ就職の世話を受けたという。[1] ところがフランクは見事に試験に落第した。

そこで、これに代わるものとしては歩兵・騎兵隊のサンドハースト（Royal Military Collage）を受験するしかなかった。これに落ちると、さしずめ軍人としてのコースを再考しなくてはならないことになる。フランクにとっての軍人の夢は、どちらかというと調査・偵察といったものの方により興味があった。表立った戦いよりも、その裏でうごめく事態を観察し、調査・分析することである。砲兵隊ではどうもこれには向いていなかった。が、サンドハーストのほうも入学試験は激戦であった。一〇〇名の定員に九〇〇名の受験生が押しかけていた。しかし、彼にも泣きどころがあった。数学があまり得意でないことと、軍人にしては体格がいささか小柄すぎるという難点であった。だから入学できるチャンスは、どちらにしてもきわめて少なかったという。まず身体検査で引っかかる可能性が強かった。そこで彼も先手を打って、事前に医療部の検査官に、自分の体格が痩せすぎているのは生まれながらのものでなく、ラクビーのやりすぎが原因である、よろしくご配慮のほどをということを申し出ておいた。幸いこの点は相手側に了解され、体格検査ではねられることだけは免れた。あとは学科試験だけである。しかし、これもうまく突破し、一八八一年二月、フランクは晴れて入学を許可された。

サンドハーストに入ることによって、とかく情緒不安に陥りやすかったフランクも、ここで安心して、本格的な軍人コースを歩むことになった。いささか偏向教育がかった私塾と違って、ここでは正統的な軍人教育が受けられ、軍人としての団結心が強調され、彼も心気一転して学業に没頭した。一方、彼はここでも走ることに熱中した。ともかく彼は走るのが好きなのである。体こそ小さいながら、生まれながら心臓と肺が強靱だったに違いない。だからこそ、二十代から三十代にかけて、〈世界の屋根〉パミールとカラコラムの天険を、まるでわが庭のように歩き回れたのだし、高所における探検に全力投入できた活力は、この強い内臓だったに違いない。通常、標高三〇〇〇メートルを超える高所に順応できない人は、ときに血を吐いたり、心臓麻痺を起こしやすくなる。しかし、彼はこんな将来のことを予想して、運動していたのではなかった。それでいて、彼はスポーツ以外になると、まるっきり社交性のない若者だった。

青春時代はあらゆるものに平等に、夢を与えてくれる。しかし、この夢は常に雲を握むより漠然しているのだった。大きな望みも、身分相応の夢であっても、いざそれを手に入れようとすれば、すぐそこにあるように見えながら決して手の届くことがない。沙漠の中でゆらゆらと立ちのぼる蜃気楼のように、それはいとも頼りなく、やがて思わせぶりたっぷりに期待させて消えてしまう。そして、永い夢から覚めたとき、いつか青春時代は終わっているのだった。陸軍師範学校へ入った青年たちは、末は大将か元帥を願っているのであるが、フランクはどうだったのか。家系を継いで軍人の道を歩み出したものの、いまだ自分が将来どういうコースをたどろうとしているのか、はっきり決まっていなかった。ただ漠然と将来を見ているにすぎなかった。

が、兄のジョージはすでに正式の軍人となってインド軍に入り、一八七九年に本格的に始まった第二次アフガン戦争で、サー・フレデリック・ロバーツ将軍麾下にあって戦っていた[2]。彼はこの戦闘で早くも殊勲を上げ、勲章を授与された。信仰についても深い関心を抱き、とかくふらふらと定めない流れの中に浸っていたフランクにとって、これは一大衝撃だった。そうだ、インドの騎兵隊に入ろう。インドへ行くのだ。彼は早速、このことを父親に相談し、承諾してもらった。英国陸軍にとって階級を昇ることは、なかなか大変なことだった。定年まで頑張っても佐官クラスに入れず終わる人はざらにいたし、将官になるのは暁天の星に等しかった。なれてもせいぜい少将止まりである。それに戦争がない限り、軍人にとって昇進の道はきわめて遠く厳しいのだ。どんなに優秀な才能や勇気を持っていても、それを試す機会がなくてはどうにもならなかった。インド西北部国境で演じられた、新しい戦争はこのまたとない好機だった。彼にやっとエンジンがかかった。近衛龍騎兵連隊に入隊する手続きをとり、一八八二年五月十日、このことは正式に官報で認められた。

ところがこの名誉ある連隊は、このときちょうどインドのメルートに駐屯していた。この町は妙な事件で歴史上有名になったところである。デリーの北東四〇キロ、ガンジス川の一支流の畔に位置するが、一八〇六年に英国によってつくられた新しい町である。しかし、一八五七年のセポイの反乱がここで勃発したので、英国人にとっていささか忌まわしい町に違いなかった。ただ、英国軍の舎営があることで知られていたのである。季節はモンスーン前の暑い盛りであり、しばらく暑い間は英国に待機し、いくらか涼しくなったら軍隊輸送船で来るか、それとも七月初めに出航する一般の貨物船で来るか、どちらでもよいと言われた。しかし、彼はとても待っていられない。一九歳の彼に忍耐などという体験がないのだった。インドへ行ったら、もう数年間は家族と会えないはずである。が、彼はもう待ちきれずに貨物船でインドへ行く決心をした。

六年間の厳しい軍事教育とはこれでやっとおさらばである。少尉に任官して、青年の夢を満たしてくれるはずのインドへいよいよ行けることは、彼にとってうれしかったに違いない。それは生まれ故郷へ帰ることをも意味していたのだから。心はさぞ晴れ晴れしていたろうと考えられがちであるが、この機に臨んで、彼はすっかり弱気になり、家が恋しくてたまらなくなったのだと、彼の伝記作家ジョージ・シーヴァーは言っている。とくに姉のエミリーは、なにかと弟思いで、フランクとも似ていたところがあり、この姉弟はお互い別れ難かったのだという。もしかすると幼少期から両親のもとを離れて生活していた彼は、姉を母親のように思って育ったのかもしれない。彼はもともとが軍人に向いていなかったのだろう。といって、めそめそしているわけにもいかない。船はやがて七月のある夏の日に解《かい》纜《らん》し、インドへ向かった。船客の仲間はたった三人で、二四日間の長い航海の末、ボンベイ港へ無事に着いた。

ボンベイ（現ムンバイ）から彼はどうたどったのか、おそらく汽車を使ってデリー経由でメルートへ行ったのであろう。天地はまさに燃えるような暑さである。森も畑も道もぎらぎら照り輝き、日中になると人の影さえない。どんな頑強な精神の持ち主でも、こんな暑熱のなかで生活を続けると、やがて気分は散漫となり、運動神経も弛緩しはじめ、あらゆる仕事がしたくなくなる。

ヤングハズバンドは、直ちにメルートの第一近衛龍騎兵連隊の本部に出頭すると、そこの司令官マルター大佐から親切な出迎えを受けた。これはヤングハズバンドのために、サー・ディグトン・プロビンが一筆挨拶状を書いてくれてあったからという。プロビンがどういう人物だったかよくわからないが、クリフトンか前インド軍となにかかかわりのあった人なのであろう。

が、ともかくこの時期は暑い。彼がインド生まれだといっても、焼けただれた鉄板のようなヒンドスタンの平原部ではなかったし、だいたいインドでの生活は幼児の一時期しか経験がない。まさに最悪のときだった。だから、連隊の勤務日課も午前中だけで、早朝の五時から午前一〇時半までで終わる。その後は全員、日没まで宿舎で休息である。だいたいインド駐留の軍隊は暑熱地方での戦闘を念頭に置いている。インド防衛は北はヒマラヤ山脈の天然の障壁があるので、さしずめ北西部国境地帯となるが、ここにはバルチスタン、アフガニスタンの沙漠が広がり、さらに中央アジアのステップと沙漠にと続いている。暑さに弱かったら、とてもインド軍の勤務に耐えられない。しかし、のちヤングハズバンドは酷寒にも耐えられるような頑丈な体力を作り上げた。

ともかく外気は熱せられて吹く風は熱風となり、このため兵舎はぴったりと戸を閉めっ放しにし、日射を遮えぎるため、窓に濃緑の紙が貼られている。中央アジアを征服中のロシア軍は同じような環境の中で訓練をしていたし、アフガニスタンでは現在、仲間が剽悍なパターン（パシュトゥーン）人と戦闘しているとなると、こんなことで不満を言っているわけにいかない。副官の勤務は午前五時半から七時まで、兵員は七時から八時まで、朝食はそれからとることになる。そして日没間近の午後六時に、再びみなぞろぞろ兵舎から出てきて、スポーツをやったり、夜ともなればプンカー（ヤシの葉で作った天井から吊した大扇）の下で、玉突きや、トランプ遊びをする。こうした下級将校や兵隊たちの怠惰な生活を、インド生まれの作家ラデヤード・キプリングが見事に描いている。毎日が繰り返される単調平凡な生活だったので、ときに刺激を求めてとんでもない椿事が起きたのであった。

新入りの下級将校は、司令官の副官の部屋の一部を与えられたが、このときの副官はヘナー大尉といい、ヤングハズバンドにたいへん親切にしてくれた。軍隊での新しい流儀や日課を早く飲み込まねばならない半面、インドに来た軍人や官吏は、ともかく一刻も早く現地語であるヒンドスタニー語からウルドゥー語をマスターしなくてはならなかった。この言語ができないとあらゆる昇進はおぼつかないのだ。若い現役時代、こういった言葉を早くマスターした者が、きっと頭角を現してくるのだった。

連隊でみんなと集団生活を始め、しばらくして落ち着いてきてふと気づくことは、将校にも兵隊にもまるっきり熱意が感じられないことだった。ただその日暮らしの連中ばかりであった。スポーツで憂さ晴らしもできない真面目すぎるヤングハズバンドには、次第にいらしらして、自己嫌悪に陥っていくのが分かった。新しい生活に入ったときにかかる、一種の心の病気である。とくに、彼のようなデリケートな性格の持ち主にとって、微妙な生活環境の変化はすぐ影響を及ぼすのであった。しかし、この暑い季節が去ると、自然とこの病いは消えていった。

彼が望んでいたように、この連隊はアフガン戦争には参加してくれなかった。むしろ、彼はクリケットの選手の一人として、アグラへ行かせてもらえた。ここには、タジ・マハールの壮麗な白大理石の廟のあるところで有名である。彼はこの美しい建物を見て、インドへの心入れをますます強く感じた。しかし、こんな平穏な時期ばかりではなかった。年が変わって一八八三年の四月、副官であり、ただ一人頼りにしていたヘナー大尉が、二カ月間の休暇をとってトラ狩りに行ったが、ジャングルの生活を経験したことのなかった彼は、意識不明でメルートに帰ってくると、一週間足らずのうちに死んでしまった。ヤングハズバンドは、病院で付きっきりで彼の看病をした。彼はつかの間意識を回復すると、妹に手紙を書いてくれまいかと遺言を残して死んだ。彼にとって身近な友人との別れの、おそらく最初のものだったであろう。いや、この四年前の一八七九年、同じ頼りにしていた伯父のロバート・ショーを失っていた。ショーはビルマのマンダレーで死んだが、打ち続く悲しい別れに、彼の心痛は計り知れぬものがあった。

ヤングハズバンドは、たまたまある森林官と知り合いとなった。この人物はヘナー大尉を誘ってジャングルに入り、結局、なにが原因か病気で彼を死なせてしまった同一人であった。ヤングハズバンドはどういう心境からか、彼に連れられて数日間、ジャングルの中へ入った。ヤングハズバンドには、有能な友人を殺したジャングルの生態を知りたい誘惑を感じたのであろう。この頃はまだキプリングの『ジャングル・ブック』など、書かれていないときだった。予備知識などない、まったく未知の世界である。しかし、このジャングルでの体験は、彼にまったく別の世界を開眼させてくれるものだった。第一に、自然に対する大いなる関心を高めてくれたこと、しかもなによりも、自然にじかに触れたことであった。夜の帳《とばり》が下りると、森林官はジャングルに棲息する動物たちの生態をいろいろ語って聞せてくれた。トラやヒョウ、ジャッカル、サル――。それは限りない森の神秘を解き明かしてくれるものであった。彼はのちにこのことを回想して、軍隊生活をしていなかったら、自然史を学んでいたろうと言ったといっている(3)。

一八八三年も押し迫って、連隊はラワル・ピンディに行くことに決まった。インド北西部国境にある軍事上の拠点で、生まれ故郷ムレーのすぐ南にある町であった。銃と着剣の完全武装での移動である。暑くて、あらゆるものを無気力にさせる平原部からの撤収は、それだけで大助かりであった。ラワル・ピンディでは、副官の死後を引き継いだ人物が休暇をとって欠員となったので、しばらくヤングハズバンドがその代理を務めることになった。弱冠二〇歳にもならぬ彼が、兵隊たちを率いていく役にさせられたことだけを見ても、すでに彼の真面目さと行動力が十分評価されはじめていたことがわかる。

第3章　初めてのヒマラヤ

人間の持って生まれた才能や行動力は、多分にその血を受け継いだ家系によるといわれる。しかし、それもちょっとしたきっかけで芽を吹くものであり、そうした出会いに青少年時代恵まれなかった者は、せっかく持った生まれた優れた資質も、結局、十分に発揮できずに終わってしまうものだ。青年ヤングハズバンドが初めてヒマラヤの主脈を横断し、母方の伯父ロバート・ショーの故人の家を訪れ、そこで故人の遺著に手をふれたことは、将来に計り知れぬ影響を及ぼさずにおかなかった。もしこの旅と、ロバート・ショーの唯一の著書に接し得なかったら、のちの探検家ヤングハズバンドはおそらく生まれなかったであろうし、中央アジアの探検史の上に輝かしい数々の業績を残すこともなく、消えていってしまったことであろう。なるほどこれは人生の不思議な巡り合わせであり、天の配剤でもあった。

ヤングハズバンドが二年近くも勤務していたラワル・ピンディの兵営からは、天気さえよければ、いつもヒマラヤ山脈が長い帯のように連らなっているのがよく見晴らせた。

「われわれは遠くに霞んだ山並みを見る。それが本当に存在することを疑ったりはしない。だが、それらは青い神秘のヴェールに包まれている。その山々は、さだめし驚くような小鳥や、美しい草花の咲き乱れた、豪華な森林に覆われているに違いあるまい。そして、そのすばらしい国のずっと彼方には壮大な光景が見晴らせることであろう。われわれはこういった山々に立ち、その反対側を見るまでは、到底満足できないものなのだ[1]」

まさしく彼の言うとおり、インドの焼けただれた平原から、見事なジャングルの彼方に遠くかすむヒマラヤの白い山並みを見ては、いつかはその山々の頂をきわめ、さらにその山の北に続く山の奥深く分け入りたいと望まぬ者はいまい。赤茶けた土地と、緑の森林と、白い雪。人々を魅了するインド、そこにはさらに見果てぬ夢をかきたたせてやまぬヒマラヤ山脈があったのである。

ラワル・ピンディの龍騎兵近衛連隊に勤務していた一八八四年のこと、もう二年間も実施訓練に明け暮れる毎日は、さすがに単調で刺激にも乏しいものだった。四月に入ると、インドの気温はもう燃えるように暑くなりはじめる。そんなある日のことだった。隊の副官が突然ヤングハズバンドを呼んで、君にその気があるなら二カ月半の休暇をやろう、どうかと尋ね、さらに、「ぜひ、これを利用したまえ」と熱心に勧めてくれた。まだ弱冠二一歳の青年士官だった彼がいかに熱意に燃えていたとはいえ、いささか軍事教練には飽き飽きしていた矢先だったから、これはまさに願ってもない贈り物だった。本当に休める休暇になることだろう。しかし、この長い休みを一体どこで過ごしたらよいかとなると、すぐには思い浮かばなかった。交通機関の十分でないインドに生活している者にとって、余暇の過ごし方はおのずと限られる。そして、あたりを見渡すと、山々だけが自然に目に入るのだった。そうだ、この機会に山に行こう。まぎれもないヒマラヤ山脈を探検してみよう、という気が起こった。とは言っても、ラワル・ピンディ周辺から見る平凡な山々などに行くのはまっぴらだった。もっと山らしい山、雪をいただく高峻な山に行こうとするなら、ここから東南方向のダルムサラ近傍まで行かねばなるまい。そこには、いまは亡き伯父ロバート・ショーがかつて生活し、そこからヒマラヤ山脈を越えてはるかなシナ・トルキスタンにまで行ったゆかりの土地である。その伯父は、いまだ六年前に、四〇歳にもならぬ若さでこの世を去ったにすぎない。せめて伯父が生きていてくれさえしたら、インドや中央アジアの古い不思議な物語がいくらでも聞けたであろうに、それはもう望むべくもなかった。しかし、ふと思いついた。まだそこには、生前の伯父を知っている人が生きているに違いない。そして、そのことは風の便りで聞いたこともある。またおそらく、彼がシナ・トルキスタンにまで伴っていった幾人かの従者たちはいまも生存していて、〈冒険物語《ロマーンス》の不思議な後光〉を、きっと彼らの周囲から放っていることであろう。こう思うと、急に矢も盾もたまらなくなった。

ヤングハズバンドは回想してこう言っている。

「伯父こそは、私にとって常に一人の英雄だった。そして彼は、私がいまだクリフトン・カレッジにいた少年の頃、半ポンド金貨を私にくれたことで、彼の流儀が私の心の中にすっかり深く刻み込まれてしまったのだった[2]」

忘れられぬ、よい伯父さんだったのである。

大人になったばかりのヤングハズバンドにとって、伯父のロバート・ショーは幼少年時代と少しも変わらぬ、まさしく偶像でもあった。渇仰おくあたわざる肉親以上の人である。たしかにロバート・ショーは、インドから中央アジアを訪れた古いヨーロッパ人のパイオニアの一人でもあり、インドの現地語にも通暁し、語学でも天才ぶりを発揮して、現地人の心を摑むだけの見事な技量も身につけた才人であった[3]。東インド会社の嘱託となり、ヒマラヤや中央アジアを旅行して回ったドイツ人のシュラーギントワイト三兄弟のうち、次男のアドルフがカシュガールで斬首されたのは、ショーの旅行する八年前にすぎなかったのである[4]。当時のヒマラヤの奥地や中央アジアには狂信と蛮風はいまだいたるところに残っていたし、旅行は常に命がけであった。

これまでヤングハズバンドには、ヒマラヤもその近傍の山岳もまったく未経験だった。その山塊に分け入り、渓谷を跋渉するだけの技術も欠けていたが、それをカヴァーする若さだけは十分持っている。二カ月間の休暇はこうなるとむしろ短い。この短い期間内に探検の成果などはともかく、かつての伯父の従者にひと目でも会えれば満足すべきではないか。そして、もし伯父に捧げた現地人たちの献身の秘密をうかがい知っただけでも、大いに益するものではあるまいか。旅行計画はこれで決まった。ダルムサラに行こう。ただ、そこへ行くルートがはっきりわからない。漠然とカシミールとシムラのほぼ中間あたりと見当だけはついている。もちろん、鉄道が通じているわけでないから、途中からは山中を歩かねばなるまい。しかし、幸いなことに、四月と五月はモンスーンに入る前で、天気は上々のはずであった。気温が高くなろうと、どんどん山に入って行くのだから、暑さからは逃れられるというものだ。

いよいよ出発しようというときになって、仲間の士官ジョン・アレクサンダーという男が、「いまはいい時期だぜ。

君もおれのようにやれよ」と、金とライフル銃とを貸してくれた。インドにいるヨーロッパ人にとって、山に入るということは狩猟を意味していた。野獣の天国インドでは、狩猟こそ最高の男のスポーツであった。虎も豹も鹿も、動物にこと欠くことはない。しかし、ヤングハズバンドは本能的にこの狩猟が嫌いだった。嫌いだから、当然上手ではない。のちチベット侵攻軍の総指揮官に命ぜられて、最も野蛮な軍人の見本のように見なされた彼は、実は生き物を殺すことの最も嫌いな人だったのである。運命は皮肉にも、彼の性格とはまったく逆の烙印を捺すことによって、彼を社会から抹殺する道具に仕立てたのであった。しかし、それはずっと後のことだ。当時は自然界の動物など無限と考えられ、それを殺すことが立派なスポーツと呼ばれていたのである。「私は鶸《ひわ》を殺したいとは思わなかった。私はそれが自由に飛び回っているとき、素手で捕まえるか、できるだけ近寄ってもっともっと賛美したいと、どれほど思ったことであろう」[5]と、彼は少年時代を回想して言っている。青年になったいまでも、彼はやはり動物を殺すより眺めることのほうが、ずっと自分に向いていることを知っていた。そして、さらにこう言う。「私はスポーツマンとしての本能がまったくなかったとしても、そして少年時代にあった花や蝶に憧れた博物学者としての本能が、いまでは私の心の内でほとんど萎縮してしまっていたとしても、私は神に感謝したい。私の探検家としての本能がいまなお依然として強力で、燃えるようであったことを」[6]。

彼は、仲間からの親切な申し出は断ったらしいが、こうした野生に憧れ、探検家としての素質は生れながらにして持っていた。が、それをさらに補強し、その才能を引き出してくれたのは、彼を取り巻く環境であった。伯父はあの大きな旅行をやり遂げたが、両親はまだ幼いヤングハズバンドを連れて、折にふれインド各地を歩いた。また休暇に英国に帰って、北ウェールズ、コーンウォール、デボンシャー、またスイスや南フランスへ伴って行ったことは、彼に旅への不思議な喜びを植えつけていったのであろう。それが、二一歳になるいま、突然に彼の心の中で点火され、燃えはじめたのであった。

ヤングハズバンドがいつラワル・ピンディを出発したのか、正確な日付は現在わかっていない。二カ月半の休暇とはいっても、準備やなにかで一〇日ぐらいは失ってしまっていたであろうが、ともかく出発は四月中だったと思われる。夜行列車でアムリスターにまで行き、ここから支線に乗り換え、数時間でパサンコットに到着した。パサンコットはもうヒマラヤの前衛山脈にあたる山麓の町であった。もうここからは文明の機関はない。徒歩で行くしかないのである。しかし、歩くといっても目的のダルムサラまでは六五キロはあった。一人旅とはいえ現地人従者を伴って行くわけであるが、ヤングハズバンドがこの旅からちょうど四〇年後に回想しているとおり、「これこそ、まさしく私の探検の人生にあたって本当に最初のもの[7]」であった。初めてのヒマラヤの旅、亡き伯父への深い尊敬と郷愁、それがとりもなおさず探検家への第一歩だったのである。これからの約六〇日間は、うるさい外部からの干渉も一切受けぬ、絶対的に自分の時間を自由に使えるときであった。それだけ寂しい孤独なときはあったが、孤独なりの楽しみもある。人間は群れを好む。なかには孤独の寂しさに耐えられない人もいる。しかし彼の一生を眺めてみると、彼は孤独な自由をむしろ選んだようだ。軍人としても、政治家としても、学者や宗教家としても、彼はついに世俗的な高い名誉も地位もそこでは得られなかった。ただ彼は彼なりに、このときに得た貴重な教訓から自然への限りない自由を選び、探検家としての地位を不動のものにしたのである。

　翌朝から、いよいよ山地に向かって、歩きはじめた。最も原始的な歩くことから、あらゆる予期せぬ自然の美しさが彼の行手に待ち構えていた。この沿道にはインド政庁で設備された公営宿泊所《ダック・バンガロー》があるので、野天に寝ないではすんだが、さてうまい食事など期待できまいし、言いつけてある時間どおりに朝食を作っておいてくれるかどうかもわからない。インド人の執事やひどいコックに文句を言ったり、いらいらさせられることがあったにしても、旅というものは時間が経ちさえすれば、いつか苦しいことも楽しい思い出に変わってくれるものだ。

　なんと言おうとすばらしい眺めは、早朝の澄んだ大気の中で見るヒマラヤ山麓の風景だった。ただ前衛山脈にとりついているので、その背後にそびえるヒマラヤの主脈は目に入らない。しかし、高度はインドの平原からすでに三〇〇〇メートルも高くなっているはずであった。四月下旬の初夏の候とはいっても、山中では日の出の頃は肌寒いくらいで、蚊に刺されることもなく、気分は爽快である。空には一点の雲とてなく、遠くに連なる山々は紫色の薄い靄にうっすらと包まれて、なんともいえぬ神秘的なただずまいを現出している。このように、ヒマラヤへの第一歩はぞくぞくするような気分に浸ってのものだった。見るものすべてが美しい。なんとすばらしいことか。人生とは本当に生きる価値があるものだと思える。この世界は、真実、美しいものなんだなと、いまあらためて思い知った。次第に山々を登っていくにつれ、岩の上にある絵のような砦や、古い寺院にぶつかる。こうして出発三日目に、めざすダルムサラに無事に到着した。

最初にやることとは、町から一六キロほど離れた郊外の小さな丘の上にある、故ロバート・ショーの旧宅に行くことだった。たった数日間の短い体験であるが、ヤングハズバンドにとっては、冒険という雰囲気にすっぽりくるまれている気持ちだった。それほど精神は高揚し、充実していた。この家は〈イーストホーム〉と名づけられ、かつてショーの生前には、この周囲一帯は茶のプランテーションをやっていたのである。彼は三九歳という若さで、リュウマチで死んだのであるが、彼は軍人になってからインドで、ヤングハズバンドの両親と一緒になったのであった。彼は茶園を経営し、拡大しようという矢先に病に倒れたのである。もし彼がいま少し生きていたならば、時代が時代だっただけに、あるいはインドで富裕なヨーロッパ人の一人になっていたかもしれない。一八六九年、彼はここからあの有名なシナ・トルキスタンへの旅に出発していったのだった。彼はトルキスタンで茶の販売を計画し、帰国の折にはシナの絨毯や絹をもたらしたものの、交易という観点から見れば、この旅は成功したとはいえなかった。時代にあまりにも先んじすぎていたからである。しかし、ヒマラヤの未知のルートを求め、剽悍な山地民族の間を通って、これまで闇に包まれていた中央アジアとインドとのルートを開拓し、将来への科学的・経済的・政治的な意義には計り知れぬほど大きな成果をもたらしたものであった。インド政庁が彼を重く用いたのにも、彼の中央アジア通を高く買ったからであろう。(8)

ロバート・ショーがヤルカンドへ行ってから、すでに一二年の歳月が流れていたが、いざこの土地に来てみると、いまだに彼を知っている現地人はたくさんいたし、実際、彼と旅に同行した者も少なくなかった。そして、ヤングハズバンドが来たというニュースを聞くと、あちこちからショーの甥という彼のまわりに集まってきた。こういった情景を見て、ヤングハズバンドは、なにか胸を締めつけられるような、非常な同族意識にかられたものだったと告白している。そして、敬愛の気持ちをもって、浅黒い皮膚をしたこの勇敢な人たちを静かに見渡すだけで、はるばるダルムサラに来ただけの価値と喜びは十分味わえたのだった。

集まった現地民たちは、亡き伯父ロバート・ショーのことを丁寧に色々と話してくれた。彼らはショーを〈シャー・サヒブ〉と呼んでいたが、それは〈父〉とか〈母〉を意味する言葉だといい、彼が現地民から尊敬されていたことをよく表していた。純朴な山地民から信頼を勝ち取ることは、孤立したインド人社会の中で農場を経営するヨーロッパ人にとって重要なことだったし、もしセポイの反乱のような事態になればひとたまりもなかった。また、長途な旅に出発するようなときには、信頼ある従者にその成否がすべてかかっていた。のち、ヤングハズバンドがヒマラヤやカラコラムで見せた現地人の見事な操縦法と、また従者たちとの固い友情の絆《きずな》は、みなこの折に伯父の故知から学んだものに違いなかった。

当時、ロバート・ショーの旧宅はそのままそっくり残っていたものらしい。茶園の経営がどうなっていたのかは明らかにされていないが、誰か引き継ぐ人がいたのであろうか。ヤングハズバンドが家の中に入ると、伯父の生前に書いた唯一の本『高地タルタリー』（*Visits to High Tartary, Yarkand and Kashgar*. London, 1871.）がすぐ目についた。その頃、いまだ写真版は技術的に無理で、本の挿絵はみな石版か銅版画で飾られるのが常であった。ヤングハズバンドはどうも伯父の家でたまたま見かけるまで、この本の原本をこれまで実際に手にしたことがなかったものらしい。ショーの妹である彼の母親が持っていなかったというのは不思議であるが、肉親は人に見せたりして、案外失くしてしまうことが多いものだ。それだけ彼は感動が大きかったのであろう。表紙を開くと、その口絵に色刷りの崑崙《コンロン》山脈の山が描いてあった。思わず心を踊らせてこの絵を見入るうち、いまだ見果てぬ国、中央アジアの不思議な世界が眼前に広がるようであった。その国はいまいるここから北のヒマラヤ山脈の彼方にあるのだ。冒険とはなんとすばらしいものだろう。一枚の絵を見れば見るほど、夢は果てしなく広がっていくことを、あらためて知ったのだった。

青年ヤングハズバンドを、はしなくも探検家にさせる最初の最も強烈なきっかけを与えてくれたものは、ヒマラヤの旅と、ほかならぬこの伯父の本であったが、別にもう二冊あったという。すでにこの本のタイトルは忘れてしまったというが、フンボルトとザビンのものだったという(9)。軍人のコースを職業として選んだ彼は、この地球を全体像としてとらえる教育はなに一つ受けていなかった。歴史も満足なものでなかった。インドに住んでいながら、インド史などなにも知らない。地理も地質も天文も物理も化学も、こと自然科学についてはただちょっと聞きかじっただけにすぎない。全体としてのこの地球と個々の人間との関係については、学んだものはない。フンボルトの地理学も、ザビンの地球物理学も、この不足した知識を満たすには十分ではなかったけれど、未知の世界をさらに知りたいと誘ってくれたことでは、逸することのできないものであった。自然に対する観察がもし欠如していたら、どんな困難な旅行も単なる冒険にすぎない。勇気など、道を往く車夫だって持っているであろう。それは次元の低い問題である。ショーの本は未知なる土地への憧れと、フンボルトは自然地理学へと、またザビンは天文学から神秘主義の道へと導いてくれるものだった。ヤングハズバンドは、銃剣をとる軍人の枠から早くも外れていくコースを、知らず知らずのうちに歩みはじめていたのであった。

幸い、伯父の旧宅にはヒマラヤに関する地図もノート類も残されていた。今回の短い旧家訪問の間では、新しい土地を探検することなどできるはずもない。それは将来に託することにしよう。しかし、せめてなにかもっと大きなことをしたい。伯父の大きなテーブルの上に地図を広げ、あれこれ探検のコースを考えるのは楽しかったが、深い渓谷や高峻なピークに登ることなどどだい無理であり、これはいつか正真正銘のヒマラヤに見参するまで、そっと温めておくことで観念することに決めたのである。

四月三十日、なつかしいダルムサラを後にした。が、ヤングハズバンドがこの村に幾日滞在したのかは、記録がないので不明である。しかし、ともかくここからさらに東へ進み、カングラ渓谷を横断してクル渓谷に出、そこから北へ進路をとって冷涼として荒れたラホール渓谷までたどり、行けるところまで行ったら反転して同じ道を引き返してクルに戻り、また東行し、深いサトレジ渓谷(インダス川の支流)を南に渡ってシムラへ出る計画を立てた。このルートにはなんら目新しいものはない。だが、途中でヨーロッパ人の旅行者にたまにはぶつかったものの、観光ルートではなし、二一歳の青年にとっては、将来の冒険欲を刺激するうえでは恰好のものであった。

ヤングハズバンドの進んだカングラ渓谷は、行手の右側に深く渓谷をなして流れ、そのはるか北西方向にヒマラヤ山脈が延々と続いていた。カングラ渓谷は海抜九〇〇メートルぐらいのところを流れている。ただ四九〇〇メートルにも及ぶ山並みには、目につくような高峰がなく、そう魅力があるとはいえなかった。日中に見る渓谷は茶褐色の物憂いものだが、それでも早朝とか夕刻には、淡い青色から紫、緑、黄色へと微妙に色彩が変化して、思わずほっとするような美しい光彩を投げかけることもあった。ヤングハズバンドは二頭のロバに荷物をつけて従者に牽かせていたが、道もよいので彼らにはお構いなしに、二、三個の種なしパンと本とを別々のポケットにねじ込んで、呑気にあたりの景色を眺めながら歩いた。沿道には、白やピンクの野バラがいまを盛りと咲き誇っていた。

五月一日に、美しい公園のようなパラムプールに着く。市場と英国人の教会のある町で、ここにも英国人の茶のプランテーションがあった。道はたいへんに綺麗だ。翌日にはバイジナースに着く。ここには数百年もの古い美しいヒンズー教の古刹があって、村の人々や、インド各地から巡礼してくる人たちが参詣し、敬虔にぬかずく姿が目についた。

巡礼者の他に、沿道では多くの交易商人たちにも出会った。彼らは穀物や塩を動物の背に積んでは山々を越えて、インド各地に運んで行くのである。照る日も、嵐の吹く日も、彼らは自然のなすがままの手段で往来していた。それには文明社会では考えられない、それなりのスリルや喜びや悲しみもあったのであろう。ヤングハズバンドは、この旅に出発するまで、現地民に対して高い評価は与えていなかった。白人の優位性を信じて疑わなかったからだ。しかし、道で往き会うインド人たちは、英国人に対してきわめて丁重であるが、決してそれ以上のものでないことを初めて知ったのであった。こういった旅で道連れになった男たちが最初に打ち解けたのは、決してヤングハズバンドにではなく、伴ってきた伯父のかつての従者にであった。これは彼に少なからざるショックを与えるに十分であった。相手は主人にでなく、その部下に対して、より親しみを見せたのだ。なぜなのか。これまでの二年間、徹底的に軍事教練を受け、命令に対する絶対服従を教育されてきた。ロバに対してすら、この命令は当然行使されるものと信じてきた。しかも、ここは大英帝国の植民地下インドである。白人の命令はあらゆるものに超越するはずであった。白人はたとえ乞食であろうとも、どんな高貴なインド人より上位とされている。なのに、いまこれが暗黙のうちに無視されているのだ。これがもし白人の社会のなかで起こったものであったら、いつか忘れてしまったであろう。しかし、いまは自分はたった一人なのであった。従順ではあるが、相手が心からなる尊敬と心服をしていなかったなら、それはどちらかの人間性の欠如であるしかない。相互信頼ではないはずであった。こうした出来事は、デリケートなヤングハズバンドにとくに深刻な反省を促したといってよかった。ちょっとしたことではあるが、インド人も白人も同じ人間であること、このことが重要な発見だったのである。もしこのとき彼がこの人間性の平等を発見していなかったなら、将来の探検家になる資格を欠くことになり、大きな業績は決して上げられなかったはずであった。

　こんな旅行中のある夜のことだった。その日は一日に三八キロも歩いて、すっかり疲れて旅宿のベッドに横になっていたのであるが、このとき従者から「サヒブ、近くの隊商宿に瀕死の患者がいます。友人から、お前の白人のサヒブに頼んでもらいたいと言われましたが、ぜひ行って見てあげて下さいまし」と告げられた。そこで、すぐさますっ飛んで行ってみたものの、医術の経験のない悲しさで、いったいどうやって手当てをしてよいものやら途方に暮れてしまった。そこで、苦しんでいる土着民に鎮痛剤《クロロダイン》を与えると、間もなく奇蹟的に回復したのである。このことから、いままでのよそよそしさからにわかに、彼らはヤングハズバンドに心からなる心服と従順ぶりを示したのであった。ヤングハズバンドは、当たり前ではあるが、人間を支配するものが決して上からの命令ではなく、いかに惻隠の情が必要であるかを、ここでも痛切に悟ったのであった。もし現地民に対して細やかな配慮を欠いたら、未知の土地を歩くことは不可能なばかりか、生命の保証も得られないであろう。貴重な体験だった。しかし、彼はこうも告白する。「私は、現地民の心の中までのめり込んでいくほどの熱意には欠けていたのだ」[10]と。相手を理解し、親切に遇することはできても、彼らと精神的に一体になるにはどうしても乗り越えられない壁があったのであろう。彼は孤独を愛したが、体制のなかの孤独であった。これはもう先天的なもの、生まれながらの性格でいたしかたなかったのかもしれない。ただその限界を知っていただけ、彼は非凡だったといえよう。

これまで比較的平坦だった道が、クルに近づくにつれ次第に登りになりだした。そして旅の本当の楽しみが始まった。すばらしい天然の森林地帯に入るにつれ、荒々しいがどこか親しみ深く神秘的な野生味が味わえたからである。これから幾週間も、ただ森と空を眺めるだけの毎日となった。濃い緑とコバルト・ブルーの空の鮮やかなコントラスト。とは言っても、所々にある森の切れたところから、渓谷とはるか遠くにヒマラヤ山脈の連なる勇姿が眺められることだった。白い氷砂糖のような雪をかぶった山々は、そよと吹く風に乗って、まるで秘めごとを語りかけてくるようにすら感じられるのだった。気温は暑くも寒くもなかった。

水は旅人にとってなくてはならないもの、絶対的な友情以上の友だ。しかし、ことインドでは水はまたきわめて危険なものでもあった。人の心のように、頼りないものであった。あらゆる疾病はみなこの水から伝染し、死に至らしめるからである。生水を飲むことは生命を賭けることも意味した。暗く、深く、不健康な井戸の底から汲み上げられるのがインドの村や町ではごく普通であるが、不純物がないと思った水でさえ、一瞬のうちに生命を奪うことも稀ではなかった。しかし、ここカングラの処女林の中では、そんな恐れはなにひとつなかった。新鮮な水は、歓喜の源となって歌を唄い、あふれんばかりに流れ、すくっては飲み、立ち止まっては、その水晶のような水で喉を潤す喜びを存分に味わえたのである。

森は乾燥し、ダージリンのようにじめじめと湿っていないので、岩の上に腰を下ろして一刻の休息も心地よい。森の植相は松柏、樅《もみ》、唐檜《とうひ》、ヒマラヤ杉《シーダー》などで、ちょっと目にはヒマラヤ山中にいるような気になれないくらいだ。しかし、いまはただはるかなヒマラヤへの思いだけが心を占める。一日の歩行距離は三〇から四〇キロ。ヒマラヤを見るまで、とてもこんなところで休息してはいられない。植物や昆虫に心をひかれても、動植物には無知だし、ただひたすら、ヒマラヤの山々にのみ心が向けられる。ちょうど時期としては石楠花《しゃくなげ》が開花時にあたっていて、藤色、白黄の色彩が美しかった。

五月六日、最初の峠、バブー峠《パス》を越えた。これはカングラとクルを分離するもので、高度もせいぜい三〇五〇メートルぐらいしかない(11)。しかし、ヤングハズバンドには感激すべき日だ。なぜならヒマラヤと名のつくもので初めての峠を越えたからだ。ヤングハズバンドは生涯ついに登山家《クライマー》にはならなかった。高きを求める登山家と袂を分かって、彼は峠から峠へと渡り歩いた。その第一号がこのバブー峠《パス》だったのである。しかもこの日は、なんとしてもクルの首都サルタンプールまで行かねばならず、いつもより二倍の距離を歩く予定だったから、夜明け前に出発していた。峠へかかる小径は、峠から流れ下る小さな山流に沿って延び、連続した小滝が次から次へと水沫を上げている。峠の頂上に近づくと、冬の間に降った雪がまだ残っていて、うれしい限りだった。なぜなら、英国からインドへ来て以来、雪を一度も見ていなかったからだ。だが、峠から見晴らす反対側の風景は、たいして美しいものではなかった。これは初めから期待していたものではなかったけれど、ただクル渓谷の森林が果てしなく黒々と続いているばかりだった。空気は冷涼として肌寒いので、峠を一気に駆け下り、一〇時までにサルタンプールに着く。ここはまた海抜高度がたった一二二〇メートルしかないから、今度はひどく暑い。

ヤングハズバンドは、探検らしい探検をここから開始しようと思っていた。パンジャブ州を流れる五つの河川のうちの一つビアス川は、ちょうどこのサルタンプールを貫流するが、この川を北に向ってどこまでもさかのぼるつもりだったからである。ビアス川は海抜三九七〇メートルのロータン峠《パス》がその水源で、ヤングハズバンドは差し当たってこのロータン峠《パス》を北に越え、ひと目でよいから真正のヒマラヤ山脈を心ゆくまで眺めたいというのが、この旅の第一の願いだった。この峠まで行けば、これまでの自然条件も気温も一変するはずであった。サルタンプールの町には、インド政庁の代表というべき副弁務官のディーンという人物が駐在していて、このクルの事実上の王侯から歓待を受けた。この付近の住民は、どちらかというとインドの平地民のように勇猛でも沈着でもなく、唄ったり踊ったりといった陽気で明るい人種だった。好戦的でないから、クル出身の兵士など聞いたこともない。クルの女たちもなかなか魅力があって、英国人のなかにはここの女を妻にし、定住してしまう者すらあった。

峠への山径は、美しい渓谷を縫って行くことになる。荷物はわずか三・五キロ、テント、寝具、その他の雑品である。寒くて立往生されては困ると思って、伴って来た従者は後に残していくことにした。ロータン峠《パス》はヒマラヤの主軸に一応はなっているから、このずっと東の延長上にはエヴェレストもそびえているはずであった。そう思うと胸の高鳴りが聞こえるようだ。しかし、実際は、ずっと低くて容易な峠にすぎない。ただ、突撃して、ヒマラヤの山々をちらりとのぞき見しようとする者にとっては恰好のものであった。時間がなんとしても惜しいので、サルタンプールには一日滞在しただけで、翌日には人夫に荷を背負わせて早々に出発である。市場を通りかかった際、ふと店先を見ると、見事なクル産の毛布を売っているのが目についたので、早速六ルピー（約半ポンド）を投じて購い求めた。決して安くはなかったが、厚手の羊毛製のホームスパンで、丈が三・五メートルもあったから、二つ折りにできる便利さがあった。この毛布はこの旅以来、ヒマラヤの旅には欠かさず伴をしたものだった。そして、もうすっかり使い古されてはいたが、それは晩年に至るまで、彼のよき旅の思い出として大切に保存されたものだったのである。

渓流の縁《へり》に沿って、山径は果てしなく続いていく。水は氷のように冷たい。上流の氷河と万年雪から流れ出るためで、たいへんに濁っていた。ちょっと平地になったところは、峠越えの交易商人たちのキャンプ場になっていて、彼らのうちの幾人かは、あの伯父のように、遠いヤルカンドや中央アジアの町々に行くのに違いなかった。彼らは丁重で、各々の小さなテントにはみな大きな色模様の旗を立て、テント場の中央には山のように荷物が積み上げてあった。こういったインド商人たちは仔馬の背に綿製品を積んではシナ・トルキスタンに運び、その見返りに、大麻、フェルト、絨毯などと交換してインドへ持ち込んでくるのだった。

第一夜は、メンニッキンという茶の栽培家《プランター》のところに泊めてもらったが、あまり裕福そうではなかった。インドの茶の栽培家のなかにも大から小まであり、必ずしも成功している者ばかりではなかったのであろう。ここから山径はずっと登りとなり、五月八日、バシストというところに着いた。あたりはすでに高山植物地帯に入っている。雪をいただく山々が姿をのぞかせ、目の前には渓谷の源頭部があった。その急崖に松が育ち、滝が見事にかかって落下している。こういった壮大な光景に見惚れているだけで充足する気持ちだった。だが、これで満足はできない。翌日はララに向かわねばならないからだ。ララはロータン峠《パス》の山麓にあるところ、ビアス川の渓谷も、もう九〇メートル近い渓谷をなし、泡立って岩を嚙んで流れている。

五月十日はこの旅における決定的な日となった。なぜなら、ついにヒマラヤの主脈を北に越えたからである。だが、歓喜とともに幻滅をもたっぷりと味わわねばならなかった。この旅に出て以来、ロータン峠を越えるには、小刀《ナイフ》の刃のような鋭い峰を攀じ登るか、さもなくば恐ろしい断崖沿いに行くしかないものとばかり思っていたのに、いざやって来てみると、二、三キロ急な丘陵をぐるりと回り、なにやら峠らしきものを通ったようでもあるが、前方に鋭い峰が立ちはだかっているので、それこそ峠に間違いないと突進して行った。それなのに雪の道はだらだらとコクサールに行ってしまい、とうとうなにがなんだかわからずじまいだった。知らぬ間に峠を越えていたのである。ヒマラヤの峠には厳しいものが多いが、こういったなだらかなものも少なくなかったのである。ただ高山病で頭が割れるほど痛かった。たった三九〇〇メートル足らずだったが、肌を刺すような寒風が吹くなかを歩いていたので、知らずうち高山病にかかっていたのである。しかし、ヤングハズバンドには、これすらよく理解されなかった。なにからなにまで初めて知ることばかりである。いつしか径は峠の北側のチュナブ川の狭い渓谷に出た。空気が透明なので、距離の感覚さえ狂うのであった。

やれやれ、これで峠を越せたと知ったのはずっと後のこと、温かい平地へとどしどし下る。が、また錯角を起こした。幻覚をやってしまったのだ。高度が三〇〇〇メートルを越えているので、六〇〇〇メートルぐらいの高峰でも、そう高くは感じないのだった。森林限界はとっくに過ぎてしまっている。低い山ばかりだと思ったのである。しかし、さすがに生物の兆しはさらになく、むしろ雪がなく、荒涼としている。ヒマラヤの主脈にぶつかって雪がみな降ってしまっているので、峠の北側はむしろ雪がなく、荒涼としている。またもや予想していたのとは大違いだった。雪また雪の世界ではなかったのだ。初めての体験は失敗がつきものだが、ラホールはしかし、それほど物憂いところではなかったのは、のちになってよくわかった。ヒマラヤ山中には、もっともっとものすごいところが、いくらでもあったのである。

泡立ち、逆巻き流れる渓谷の底にへばりついた休息所《レスト・ハウス》に、すっかり憔悴し、冷えきった身体で転げ込んだ。ここも氷のように冷え冷えとし、感じのよいところではない。火を燃やしても、湿った部屋は暖まりそうになかった。空腹ではあるが、なにしろ荷物を切り詰めてきているため、満足に食べるものとてない。暗い部屋の中にいるより、むしろ戸外のほうがまだましだった。一木一草も目に入らない。ただただ、荒れた岩の間にいることをあらためて発見したにすぎなかった。床に横になる前、星を眺めた。すると間もなく、東の空がだんだんと明るくなりはじめ、峰々が銀色に輝き出した。谷も昼間のように明るくなった。月が昇ったのである。太陽という美女が月という鏡に反射して見せた、ちょっとしたポーズで、荒れすさんでいた沈黙の夜の世界が、またたく間に銀色に輝く、まるでお伽の国のように早変わりしたのである。

コクサール村を訪問するため、ヤングハズバンドは一日ラホールに滞在した。村はみすぼらしい、ごちゃごちゃした家の建ち並んだところだった。ヒマラヤ山脈の北行はここまでである。踵をめぐらすと、クルに大急ぎで引き返しにかかる。峠を南に越え、ララに着いたときには雨に遭った。が、休息はせず、食事をかき込むとまた雨の中をバストに直行し、翌日、スピードを上げてサルタンプールに舞い戻った。文明社会に戻れただけでもうれしかった。ろくにとれなかった食事もたっぷり食べられたからだ。わずか数日にすぎなかったが、初めて知った未知なる土地への冒険の喜びだった。ともかくヒマラヤの後方の山を垣間見たのである。だが、これは一杯のビールに酔って、つかの間の陶酔に身体をもてあます、あの青春時代の飽きっぽさと同じ情熱を冷ます効果はなかった。かえって、ますますヒマラヤにのめり込ませる結果になっただけであった。

さて、ここからどうしようかであるが、方針どおり、南東方向へとシムラへ行くことにしよう。途中、サトレジ渓谷がヒマラヤを刻む壮大な光景が見られるに違いなかったからだ。

ランプールまでの沿道には耕地も見られるが、なんとなく物寂しいところだった。ランプールで、インダス川最大の支流サトレジ渓谷にぶつかる。ところが対岸に伝染病が発生したとかで、ヤングハズバンドが疲れた足をひきずってたどり着いたときには、橋は閉鎖されていて渡れなかった。やれやれ、せっかくの展望がだめになったのだ。この渓谷は、ヒマラヤのうちでも最もすばらしいものだといわれていた。しかし、だめだとなると夢は凋《しぼ》むしかない。そして、夢はいつしかずっとサトレジ川の上流のチベットの山々にまで飛んでいった。そこは神秘に閉ざされた国だ。そこの山や湖水や、インダス、サトレジ、ブラーマプトラ川の水源をもし探れたら、どんなにか珍らしいものが発見され、すばらしいことであろう。それがいつの日か実現したなら、ヨーロッパ人として初めて秘密の扉を開いた人として、社会的にも名声を得ることだろう。ああ、人間として生まれてきた以上、名誉や地位を獲得したい。野望は、青空に漂う雲のように果てしなく広がっていく。それは青春時代に突然襲う貴重なつかの間の一刻だったであろう。夢のない人は、実生活も味気ないものだが、ヤングハズバンドのこの夢想は、あるものは実現し、実際、彼を文字どおり探検史に残す知名人に仕立てたのであった。

しかし、夢と現実は常に相剋する。いますぐ目の前のシムラへどうやったら行けるかが問題だったのだ。元に引き返すことなどできない。五月下旬ともなれば、標高九〇〇メートルしかないランプールはひどく暑い。が、仕方がない。山径をたどって迂回し、サトレジ川を渡ってどうにか対岸に出るしかあるまい。気温の高いなかでのこの最後の詰めは相当に身にこたえた。こうして翌日、ナルカングに無事に着いた。もうシムラまで四日行程のところである。シムラはインドの避暑地としてあまねく知れ渡っていて、少しも珍しいところではなかった。

念願の旅を終えたいま、ヤングハズバンドは満足感に浸りながら、心地よい松の樹陰の下に寝そべり、まどろみのなかで、来し方行く末のことなど心ゆくまで考えていった。そして、シムラに着いて間もなくカサウリに向かった。ここまで来ると、もう完全な文明社会のなかであった。旅は過去に去ったのだ。彼はこう言う。「私の旅はいまや終わった。私はすばらしい休暇をもった。モンスーンの雨が来襲する前の、あの七月の酷暑のなか連隊に戻ったが、将来の計画をあれこれ考えるには暑すぎてとてもだめであった。それでも私は旅行家として、自分の生涯にすっかり乗り出したのであった」(12)と。

第4章　頽廃する英領植民地インド

一八八四年の初夏の短いヒマラヤの旅は、ヤングハズバンドに未知への憧れを根底から植えつけたが、また、この旅の終わりでロマンスというおまけまでつけ加えた。彼はカサウリでの旅行の結末を、「ヒマラヤのどんなところよりも甘美な思い出を残してくれた(1)」と、まことに奇妙な暗示的な文章で締めくくっている。それはこの町で、図らずもヒマラヤへの初恋以上に、ある一六歳の少女に恋した忘れ難い町でもあったからである。この時から片時も忘れず六年間温め続けた初恋は、結局、両親がまだ若すぎるからという反対と、娘の親たちの反対、当の娘がまたなんとも煮えきらない態度だったことから、とうとう破局への道をたどるのであるが、こういった本当の内情はわからないことのほうが多い。初恋というものは壊れやすい。だからこそ思い出も深くなるわけであるが、当事者は多く一人胸に秘めて語りたがらないのが常であるから、この場合もきわめて断片的なことしかわからない。しかし、そうしたことをいくら詳しく調べてみたところで、本当に価値があるかどうかである。単なる興味本位であるなら意味がない。が、青春時代に体験したこの二つの出来事は、少なくともある時期は表裏をなしていた。この世界は美しいところがあるものであり、それに劣らず女性というものの美しさに初めて開眼させられたこと、美しい世界を探ることによって、美しい女性を手に入れたいと願うようになったことだった。それだけ彼は、職務に忠実である以上に生きる価値を与えてくれたものであった。彼は、やがて人間的にも大きく成長する。

ヤングハズバンドは、自分の感情を内に秘め、どちらかといえばお行儀がよく、内向的な性格の持ち主だった。だからといって、彼の性格に幾分か暗さがあっても、陰険さはない。ただ知的で、ときに諧謔さを持ち合わせていても、そうした性癖は社交界に出て、華やかに女たちの間を渡り歩くには人ずれしたマナーに欠け、どこか変人で、孤独の愛好者と見なされるぐらいがおちであった。この一八八四年から翌八五年にかけて、彼は軍人としては多忙をきわめ、毎日をラワル・ピンディ周辺で送らねばならなかった。が、この間の資料として頼れるものがきわめて少なく、わずかに『ヒマラヤの驚異』(*Wonders of the Himalaya*)と『経験の灯び』(*The Light of Experience*)と題した、せいぜい二冊の回想記に綴られる一章と数行の記載しかない。

ヒマラヤ行から連隊に帰任した数カ月後、アフガン国境沿いに軍事偵察を兼ねて旅行を命ぜられたことがあった。このインダス川を渡ってコハト国境に至る偵察行は、ヤングハズバンドにとって初めての軍事特別任務であった。師団参謀が、歩兵の下士官を補佐する先任将校を一名出してくれないかと、ヤングハズバンドの連隊に要請してきた。ところが、彼の所属の連隊に偵察に興味を持っている者はいなかったし、平和が続いて堕落気味の将校のなかに、そんな割の合わない仕事を進んで買って出る者などいない。それに第一、実地調査などに無知な者ばかりだった。ある寒い日のこと、上官の大佐が困り果て、ヤングハズバンドがこんな行動が好きらしいというのを聞き込んで、彼を呼びつけると、「お前は適任のようだ。ぜひ行ってくれ」と、半ば強制的に命じた。誰が聞いたってよい仕事ではない。めかし込んでダンスパーティーにでも繰り込むのなら大いに賛成だが、埃まみれで危険な目に遇うなどまっぴらである。この仕事というのは、アフガニスタン国境付近からトルキスタン方面のロシア軍の動き、侵攻予定の道路、補給線の調査・報告に主眼があった。ところが、この任務のことを聞いて、ヤングハズバンドは飛び上がらんばかりに喜んだというのだから、どうしたって彼は他の仲間たちとはウマが合わなかったに違いない。

彼はすぐに出発した。この探査の折りのこと、途中でパンジャブ州の副総督、サー・チャールズ・エイチソン夫婦に出会った。アフガニスタンの土地を初めて眺めるとき、誰もが驚きの声を上げるようだ。茶褐色のむき出した丘陵が果てしなく続き、インドの緑に見慣れた者の目には畏怖さえ感じさせるものがあった。あまりにも荒れた世界に、同行のエイチソン夫人に「これはひどすぎる」と思わずつぶやくと、彼女は、「でもね、朝と夕刻の丘陵の色彩をご覧なさい。それは美しいものですわ」と、親切に教えてくれた。それは言われたとおり偽りがなかったのである。[2] 一見きわめて単調に見える光景も、時と場合によっては想像を超える美しさを現出してくれるのであった。これも新しい発見だった。しかし、このときの彼の目的はまったく軍事的なものに限定されていたので、自然の持つ真実の美しさ、表面的ではない本源的なものを洞察するには、あまりに多忙すぎたのである。しかし、この単調な美しさのなかに美を見つけ出せなければ、中央アジアの本当の理解はできるものではなかった。単なる冒険欲を超越した芸術的な眼がなくて、なんで荒涼とした原野や沙漠に魅せられよう。このことを偶然にエイチソン夫人から教えられたのは、彼にとって幸運であった。ヤングハズバンドはこの偵察の任務を完全に実行して帰ったが、彼の探査した正確なルートはいまだ不明である。そして翌一八八五年の初めには、アフガン国王の接待準備の役目を仰せつかった。(3)

時という無限の波は、あらゆる大きな歴史的事件をも大部分は些細な出来事として、無情にも遠く過去へと押し流してしまう。わずか一〇〇年前の大事件や世界を揺るがすような出来事をも、熱心な研究者が図書館の埃をかぶった羊皮紙の記録文書の中から捜し出すことさえ難しくさせ、歴史にふるいをかけられたごくわずかなものを除けば、われわれの記憶からことごとく消し去られてしまっている。一八八一年一月、ツァー・ロシアは、西トルキスタンの侵略の最後の総仕上げに、カスピ海の西に広がるカラ・クム沙漠でトルクメン族を敗り、事実上、西トルキスタンの征服を完成させたのだった。ジンギス汗の後裔たちの支配するブハラ、ヒワ、コーカンドの三つの汗国を擁するこの広大な中央アジアは、北方から約一世紀にわたってじりじりと南下する帝政ロシアの大軍の前に、次々と姿を消していった。そして、かつては強大さを近隣諸国にあまねく誇ったブハラ汗国も、いまはわずかにロシアの傀儡国家として残存するのみで、あの広い土地はロシアの新領土に組み入れられてしまった。(4)こういったトルキスタンの沙漠と草原の半未開の国家との闘いだけならば、さして注目せずともよかった。しかし、ロシアはこうした領土を完全に掌中に収めると、次いで鋒先を東方のシナ新疆省伊犂《イリ》に向け、シナ(清朝)と紛擾を起こした。さらに南のペルシアを牽制し、南東方向に転じてパミールに手を延ばし、アフガン国境に軍を集結して侵略の機会をうかがった。インド防衛につく英国軍が、このことに異常なまで神経をとがらせたのも無理はない。ロシア積年の願いは、インド洋とペルシア湾に出ることだった。南への外洋への出口が欲しいのである。ヤングハズバンドがインド北西部国境へ偵察に派遣された目的は、こうした緊張の高まる国境情勢を見てくることだった。

当時、ロシア軍はカスピ海の東岸からカラ・クム沙漠に向かって中央アジア鉄道を敷設していたし、最も重要な戦略地点アフガニスタンのヘラートにまで鉄道を延長しようとしていた。インド植民地王国を第一に考える英国側にとって、この場の差し当たっての政策は、アフガニスタンに軍事的圧力をかけ、このロシアの計画を挫折させることにあった。そこで、ときのインド総督ダファリン卿が、アフガニスタンの藩王《アミール》をインド西北部最大の軍事基地ラワル・ピンディに招き、藩王の考えを聞くとともに、英国使節団を派遣してロシア側の使節団と国境問題で交渉させた。英国側にとっては、できることなら戦争を回避したかったのである。

アフガンの藩王が訪問した際、ヤングハズバンドの近衛龍騎兵連隊は、たまたまラワル・ピンディに駐屯していた。そこで彼は臨時師団付幕僚に任命され、インド総督と藩王との会見の準備をすることになった。時代はバカげたほど虚礼ずくめのときだ。会見といっても、実際は両者の腹の探り合い、騙し合いの顔見せ会である。藩王は時と場合によってはどちらでもと、態度を鮮明にしない。そこで英国側は一方で慰撫する反面、他方で二万名の兵員を動員し、ロシアとアフガン国王に無言の示威運動《デモストレーション》と圧力を加えようとする。だから、会見は必要以上に華麗にやらねばならない。演出の出来不出来がすぐ結果に表れてくる。ヤングハズバンドはまだ若くて一本気だし、そんな裏のことまで勘ぐるほど悪知恵はついていないから、三、四名の若い士官たちと天幕をどこに張ろうかとか、各々異なる連隊や歩兵大隊の割り当てや、ラワル・ピンディに陸続と到着する兵員たちの時刻や日付を各司令官たちに電報で知らせたり、ラワル・ピンディの司令官サー・ミカエル・ビタルップのために、将軍たちの会見の取り次ぎをする仕事に忙殺されていた。騎兵隊の将校としての彼は、常時なら見ることもないコンノート卿（ヴィクトリア女王の三男）の護衛やら、インド軍総司令官サー・ドナルド・スチュワートなどの連絡官をも務めた。弱冠二二歳にもならぬ彼にとって、こんな晴れやかな舞台はなかったろうし、将来は自分もこういった高位高官を夢見たことであろう。一方で孤独な自然の放浪者を夢み、また一方で軍人としての輝かしい出世にあこがれていたことであろう。こうしたことは若者にとって少しも矛盾と感じなかったろうし、無理なことにも感じなかったのである。

この一八八五年の年初ほど、ヤングハズバンドにとって多忙なときはなかった。あらゆる雑務に忙殺され、寝食すら満足にとれず、ちょっとでも時間があればごろりと横になってまどろむのが精いっぱいだった。しかし、彼はこれで満足していたのである。真剣に死と直面している気持ちだったというから、彼は純粋だったのである。また、そうしたロシアの脅威が絶えず北方からあったからこそ、身に染みて故国のために身命を投げ打ち、国境地帯の探検こそが自分の生涯に課せられた任務なのだと感じたのであろう。実際、彼を探検家と呼ぶのは簡単であるが、彼からロシアの脅威を取り除くと後になにも残らなくなってしまうのである。こういった微妙な感情は、その場に居合わせた者でないと、なかなか理解されないものだ。いよいよパレードと藩王との会見が行なわれ、その盛儀も真っ最中というときになって、英国側がわざわざ派遣した国境委員会《コミッション》が、ロシア側から冷たく無視されて追い返され、あげくはペンジデーでアフガン軍とロシア軍とが衝突し、戦闘状態に入ったという肝を冷やすようなニュースが飛び込んできたから、ラワル・ピンディが一瞬にして緊張したのも無理はなかった。ロシア側からのこれほどまでの露骨な挑戦はなかったからだった。

一八八五年三月三十日、トルキスタンの要衝メルブの南東にあるアフガン国境のクシュク河畔で、ロシア軍とアフガン軍とが戦端を開いた。この戦争の土地の名をとって、ペンジデー事件(5)と呼ばれるのがそれで、この戦闘は以後二カ月間にわたって続行された。しかし、この戦争は予想されていたようには拡大もせず、ともかく局地戦として集結したのは、英国軍の一戦を辞さずという断固たる決意が、ロシア軍にも不利として受け取られたからに違いなかった。事実はそうではなかったのだが。しかし、一時停戦になったからといって、これが仮のものであることは明らかであり、ロシア軍がアフガン侵略、さらにインド侵入の計画を諦めたということには少しもならなかった。ともかく、このニュースがラワル・ピンディに届いたとき、上を下への大騒動であった。ついに戦争が始まったと解釈された。軍隊はただちにアフガン国境へ移動する準備に入り、ヤングハズバンドも連隊に復帰して出軍するか、または幕僚として行くかの二者択一を迫られたのである。

ともかく、この事件が起きてからの一、二週間は、戦争と平和の間をさまよっていた。グラッドストン内閣は、戦争勃発の際のために一二〇〇万ポンドという特別支出を準備して議会の評決に任せたが、こんな戦時支出額など前代未聞のものであった。だが、ときは大英帝国の華やかなりしヴィクトリア朝時代、金に糸目をつけることなどなかったのだ。しかし、インド政庁のほうはどうかといえば、とても戦える状況ではなかったのである。五年前のアフガン戦争以来、インド防衛にガタがきていたのであった。アフガニスタン国境へ至る戦略鉄道は敷設が中断され、軍備はすっかり削減され、武器・弾薬とも最小の状態にあったからである。インド政庁の上層部は久しい平和に酔いしれ、爛熟は腐敗にまで至っていたのだった。インド軍総司令官の見解によれば、いまロシア軍と戦える状態にはないというのだ。上層部の士気がさっぱりないうえ、総司令官までこのありさまでは、恥を忍んでこの場を適当に繕うしかない。ペンジデーはロシアの領有に帰すのを黙認し、アフガニスタンを見殺しにするのだが、そこは藩王に万一の場合にはきっと援助しようとのその場限りの恩義をきせて、ともかくも諦めさせたのだった。こんなひどい仕打ちがどこにあろう。猫に魚をさらわれて、これを見て見ぬふりをしろという。以来、アフガニスタンが二度と英国政府を心から信頼しなくなったのも無理はなかったのである。動員令は解除された。国境へ勇ましく進撃する代わり、兵士たちは各々の兵舎に引き揚げたのである。戦争への幕はなんともぶざまな形で下りてしまった。演技力抜群のロシアは、このときもまた英国側の軟弱外交によって大いなる利益をせしめたのだった。

この一時的にせよ緊迫した状況のなかで、ヤングハズバンドはまたも多くのことを学んだ。アフガン国王は、東洋的な軽蔑のまなざしで、彼の前を一列縦隊で行進する二万名の兵士たちを平然と見下ろしていた。英国の力のなさをまざまざと感じとっていたことであろう。しかし、この場の光景は実にスリルがあったという。ヤングハズバンドはこの兵士の行進の間を猛スピードで馬を走らせていったが、兵士たちの目は一様に、これは総司令官の命令を伝えるものだと感じているのがはっきりわかった。これもひとつの演出だったのであろう。また、藩王やパンジャブ州の首長たちが集まった謁見風景も、心を誘う眺めだった。きらきら煌めく色模様や宝石で飾りたてた彼らの服装は、兵士たちと比べると、なんとも陳腐で安っぽいものに映ったからである。ヤングハズバンドのような下級将校には、こんな連中は尊厳よりもむしろ軽蔑の対象にしかならなかった。インド総督や副総督とて、物々しい謁見やらなにやらをやってはいるけれど、兵士のことなど少しも念頭になかったことであろう。こんな形式的なものをいくらやったところで、戦争などできっこなかったからだ。まだセポイ（英印軍の傭兵）の反乱から二七年、第二次アフガン戦争から五年しかたっていない。しかし、当時のことはインド平原に降る驟雨のように、いまやきれいさっぱりと忘れ去られ、自分たちだけの華美を追い、頽廃した空気は隅々まで瀰漫《びまん》していたのだった。若いヤングハズバンドの感じやすい心が、政治や軍上層部への無能さに愛想をつかし、次第と不満を募らせていったとしても、考えすぎではあるまい。こうした微妙な感情の動きは、長い潜伏の時期を待たねばならない。そして突然に芽を吹くものなのだ。

この危険な時期が去ってからしばらく、ヤングハズバンドは主計総監（QMG：Quartermaster General）のスタッフとしてシムラで仕事をしていた。ここには、いつも新聞記者がなにかよい情報はないかと群がっていた。こういった記者のなかに、いつも真っ黒で、眉毛の濃い、黒縁眼鏡をかけ、なんとなく不健康そうな風貌をした若者がいた。彼はラホールの自分の新聞「市民・軍民ガゼット」紙の記事を漁るのに、ひどく厚かましかった。ラデヤード・キプリングというこの男の名前を聞いただけで、ヤングハズバンドの仲間たちはみな露骨に嫌な顔をしたし、誰からもすっかり鼻つまみ者扱いされていた。しかし、この男がのちに『ジャングル・ブック』や『キム』の作品を著し、一世を風靡する愛国詩人になろうとは、当時誰一人として予想すらできなかった⑹。帝国主義を謳歌したこの男にはノーベル文学賞を授けられたが、その翌年の一九〇八年、八〇歳の節目を祝い、人生の無を凝視し続けたトルストイに対しては、スウェーデン・アカデミーのノーベル賞委員会は冷たく、問題にもしなかった。

軍人という商売には、絶えず刺激が必要である。それに命がかかっていることはわかっていても、自分だけは鉄砲玉に当たらないと信じている。ひと波瀾きてくれなくては地位は上がらないし、カネにもならない。第一、英雄になれない。悪くいえば、職業軍人というのは火事場泥棒に見られなくもない。一時はロシアとの間で風雲急を告げた国境方面も、インド政庁の腰砕けで戦争が回避されると、またぞろ連隊で暇つぶしをしなくてはならない。アフガン国王やお偉方が安っぽい勲章やサーベルをがちゃつかせてラワル・ピンディを出て行ってしまうと、またインドのカッと照りつける太陽のもと、それでなくてもやりきれない連隊に置き去りにされた。昨年のいま頃は、ヒマラヤの新鮮な空気がたっぷり吸えたものだと、愚痴のひとつも出ようというところだ。

そのちょうど一年目の五月、シムラの情報局からラワル・ピンディの師団当局に、士官一人を派遣してくれまいか、期間は暑い間の六カ月、任務はカシミールの『軍地名辞典《ミリタリ・カセッティアー》』の校正係である。このぱっとしない仕事も、結局、ヤングハズバンドが適任だろうということになって、五月中旬にはシムラのなんとも快適な軍の事務省で仕事を始めた。この事務所にはカシミールに関するあらゆる書物と報告がそろっていた。極秘の情報ファイルも含まれており、中央アジア方面のロシア軍の情勢が手に取るようにわかった。スパイを通して入ってくる報告があったからである。それによると、一時中止されていた中央アジア鉄道が恐ろしいスピードで建設され出しているようだった。沙漠の猛烈な暑さもコレラの危険も、ロシア人にはなんとも感じられないらしい。

ヒマラヤとヒンズー・クシュ山脈のすぐ北側では、ロシア軍はまるで疲れを知らない蟻のように戦略計画に没頭しているというのに、山脈を越えた南側では、シムラのインド社交会が冬を知らぬキリギリスよろしく放蕩三昧に明け暮れている始末だった。キプリングが彼の小説の中で絶望的に描き出したように、シムラは頽廃も極致といってよかった。当時、インド総督官邸はまだシムラにできておらず、インド総督ダファリン卿は、ロシアで仕入れた〈ペテルホフ〉などとしゃれたところに住んでいたが、毎夜、不夜城のように繰り返される夜会の乱痴気騒ぎの総元締は、なんと蕩児ダファリン卿自身だった。ウィリアム・ベレスフォード卿は劇場を作り、素人劇団協会《アマチュア・ドラマチック・ソサエティ》は、ロンドンの並の劇場に勝るとも劣らぬものだった。あのオーストリアの顎の突き出た小意気な小娘マリー・アントワネットの演じた、ロココ時代の狂い咲きのパリ社交会とどっちつかずの光景が、ヒマラヤ杉《シーダー》の茂るこの山麓の小邑で行なわれていたのであり、あのすらりとしたエレガントなパリの女たちに比べれば、いささかつんとすまして無愛想で太っちょの英国の女たちが、レディーと称して、今日は公共競技場《ジムカーナ》だ、明日はシムラ郊外のピクニックだと、激しい世界の潮流などどこ吹く風とばかり、来る日も来る日も、召使いをお伴に飽きもせず遊びほうけているのだった。牝鹿のような目と、麻黄色の肌に引き締まった乳房をしたヒンズーの女は、英士官の官能をいたく刺激したが、インドの気候は淫風をいやがうえにも乱脈にさせ、年端もゆかぬ白人の少女が、いかがわしい曖昧宿でヒンズーの男に性の欲望を満たす風景さえ珍しくなかった。たしかに、シムラにはあまりにインド上流社会が集中しすぎていたが、ある面から眺めれば、淫靡な悪窟ともいえたであろう。真実の面を小説に仮託して描いたというキプリングですら、いちばん肝心なところにはふれられなかったし、かろうじて半分描いたか否かだったといわれる。時代は、ありのままのシムラの姿を世界にさらけ出すには、妙に道徳的な制約がありすぎたのであった。(7)

だから若い士官たちは、世の中はみなこんなに楽しいものなのだと、無邪気に歓楽境の中に身を持ち崩して、インド軍が戦わず負けたペンジデー事件など反省しようとする者もいなかったのである。しかし世の中には、泥んこの中からさえ典雅な蓮の花が咲くように、汚れきったインド社会とは一切無関係だといわぬばかり、くそ真面目に努力している男もいる。それがあのむっつり屋で、孤独好きなヤングハズバンドであった。彼は有能な士官であったが、それだけ仲間たちはあいつがいては面白くないと、連隊から適当に追い払っていたのかもしれない。彼は、系統立てずに放り込んであるファイルを丁寧に読んでは、ロシア軍の動きは結局、南から東へ移り、シベリアを横断して、太平洋への道を探るにあると結論を下した。こんな調子だから彼は、諦め顔にこう述懐したのであろう。「もし私が書類の調査に精を出していなかったなら、思い切り楽しい時間が持てたであろうに」、それができずに残念だったと。(8)

初恋の相手はなかなか忘れられないものだ。あとから考えれば噴飯ものであろうと、ときには後生大事にそれを心にしまい込んで墓場まで持ち運んでいく者もいる。彼女の住む安アパートを宮殿ぐらいに想像するのは朝飯前、思いつめたあげくに夜も眠れぬことなど不思議でもない。青年ヤングハズバンドは、あのエロスの神といういたずらもののキューピッドが、ちょっと矢を射損なって、青くさい少女に片思いの熱を上げさせてしまったために、以後の数年間を散々に悩まされるのだが、その反面、ヒマラヤの初体験で得た冒険というものに、これまた熱烈に恋をする。この二つは相反するものだが、ヤングハズバンドにとってはどちらも切り離せないところに矛盾があった。が、彼の冒険は、冒険にしては多分に政治的意味合いが含まれているのに特徴があった。この年の翌年の一八八六年、彼と同じ二一歳の年にあたるスヴェン・ヘディンはペルシアを放浪して歩いたが、その旅行とヤングハズバンドのとは根本的に違っているものだった。ヤングハズバンドは機密文書からアジア地域におけるロシアの動きを追っていくうち、彼の言葉を借りれば、「満州の重要性を認識するに」及んだのである。彼が第一に注目したのは、クロパトキン将軍の談話であった。第二に満州の天然資源のいかに豊富であるかということだった。一八八五年（明治十八年）に、早くも遠いインドの地でシベリアの南に広がる満州の政治的・経済的な重要性を認めた彼の炯眼に敬服しても間違ってはいないであろう。

　この五年前の一八八〇年、前にもふれたように、ロシアとシナ新疆省の北西部、カザフ草原と接する伊犂《イリ》地方をめぐる国境紛争で、あわや両国が干戈《かんか》を交える危うい橋を渡った。このときはともかく戦争にもならず、無事にロシアが占領していたイリをシナ側に返還してけりがついたが、クロパトキン将軍はしきりとシナから、いつどこで攻撃を仕掛けられるかわからないと力説していた。中露国境はなにしろ気が遠くなるほど長い。しかも、シナは遅いながら着実に富国強兵に力を尽くしている。また、どこの軍事専門家といえども、シナの本当の実力がわからない。ヤングハズバンドよりはるかに早い時期に、日本でも榎本武揚や西徳二郎、福島安正といった開明的な人物が行なった中央アジアやシベリア、シナ奥地の実地踏査を踏まえ、シナの実力はかなり旧式で怪しいものだということは、日本の識者の間では知られていた。しかし、日清戦争という大博打を打つのは、ヤングハズバンドが満州に目をつけてから一〇年後のことだった。ロシア軍のみならず、シナと接する国々がいちばん恐れていたことは、その膨大な兵員である。人海戦術に陥ったら、シナに勝てる見込みはない。当時のインド主計総監サー・チャールズ・マックレガーはいみじくもこう見ていた。「シナ政府に対し、ロシアから次々と奪われたシベリアの南部諸州を取り戻すのに、ロシアとことを構えるよう説得するのは、もういまをおいて時期がない」[9]と。ヤングハズバンドの情報局は、このマックレガーの主計総監部に編入されていたのだった。マックレガーはアムール河畔やイリで、シナがロシアと戦う場合には、軍事顧問や武器をシナ側に援助したいと考えていたのだった。

この頃、シベリア鉄道はまだ着工されていなかった。もし戦争になれば、極東地域のロシア軍は脆弱であったはずである。日本は軍国主義にひたすら邁進しているが、シナもこの後を追っている。ならばここで一戦を交えるべきであろう。しかし、歴史は戦争の引き金を引かなかった。ただ、シベリアは永久にシナに戻らなかったのである。

ロシアの膨張は、なんといってもインドに脅威を与えるものだった。だが、インド防衛軍はわずか六万にすぎない。しかも英本国とは遠かったし、エジプトすら、まだしっかりした足場でなかった。ロシアは極東におけるシナと日本の動きに十分見きわめがつけば、次いでインドを攻略してくるはずであった。

ヤングハズバンドはこう言っている。

「私はこの問題に深くのめり込んでいった。そして、アムール河畔でシナ人が攻撃を仕掛けたのをきっかけに、満州とロシアのアムール州についての資料一切を読み込んだ。そして驚いたことには、なにひとつ知られていないことを発見したことだった。二、三の宣教師たちが、満州のよく居住された地域を訪れているが、軍事的目的からその価値を評価させ得るような、この国土の総括的な記述はなんらされていなかった。この方面のシナ軍の強さについてはなにひとつとして知られていなかったのである」。満州ほど探検に食指を動かされるところはなかったし、この調査はインド防衛にとってもよいヒントを与えるに違いあるまい。「探検と軍事的奉仕とが、満州を旅行することに結びつけたのであった[10]」

さて、中央アジアがすっかりロシアに併合されてしまったいま、残るはシナ東北部・満州であることは十分にのみ込めた。だが、この地の旅行に握りこぶしだけでは行けっこない。資金もない。ついでに休暇もない。これは大問題である。この夜、ヤングハズバンドはランプの芯《しん》を切り切り上申書を書き上げたが、屑籠に放り込まれないように、用心深く煽情的に書かねばならなかった。満州はインドにとって緊急かつ重要な土地だ、ぜひ見なくてはならない。そのためには本官をぜひ派遣せられよ。一刻の猶予もないのです、と。これはシムラでの六カ月間の出張期限が終わった折、すぐ上官のベル大佐に、次いでボスのマックレガーに提出しようともくろんだ。こんなレポート作りをやっているうち、予期せぬところから助け舟が出た。すでに一、二度会ったことがあり、いつかシナ・トルキスタンに一緒に行こうと話し合ったこともある、インド行政事務局のヘンリー・ジェームスという人物が、こんなある日、ひょっこりやって来たからだった。彼は、「君、来年、どこかへ旅行に行かないかね」と尋ねたのである。よい機会だし、早速承諾すると、行先は満州にしないかと説得した。ジェームスもすでに他から勧められていたこともあって、では旅行先は満州にしようとすんなり決まったのであった。

最初よければ後もよし。とはいうものの、休暇にするか公務にするか、まだ旅行の方針すら立っていない。先立つもののないことはすでにご説明のとおり。レポートが出来上がったので、まず上司のベル大佐に提出した。しかし、彼は技術畑の出身で、だいたい極秘の情報収集などには関心がないばかりか、こんな仕事を憎んでいた。が、彼はペルシアとシナに関する優れた報告書を書き上げていたので、彼から賛成を引き出すのはわけはなかった。まず一城が陥落した。しかし、これは出城にすぎない。喜ぶのはまだ早い。本丸が落ちなくては話にならない。

サー・チャールズ・マックレガーという人物は、普通とまったく違ったタイプの人間だった。彼はアフガン戦争にも貢績を立て、情報通であった。先のペンジデー事件が起こる以前に、『インド防衛』(*The Defence of India*)と題した極秘の報告書を書き、ロシアの裏をかくべきことを早くも力説していた。ヤングハズバンドはこの本を暗誦するほど読んでいたと言っているから、彼が対ロシア戦の立役者であることを十分に知っていて、満州旅行の件を説得しようという作戦だったのだ。彼ならいけると踏んだのであろう。

マックレガーの部屋に入って、まず自己紹介をすると、「なんと奇妙な名前なんじゃ」と言ったのが第一声だった。しかし、別に軽蔑することもなく、彼はヤングハズバンドの言うことだけは、うんうんと聞いてくれた。そこで、

「閣下、一八カ月間、シナと満州へ公務で出張させて下さい」

と、請願してみた。すると彼は、

「お前は旅行するにはまだ年が若い。公費でやるには経験も不足しておる。一八カ月はとてもやれないが、半年間の休暇はやろう。それでどうにかやって来い」

許可はくれた。だが六カ月では目標の三分の一だ。どうせいくらか山をかけて言っておいたのだが、相手もさるもの、三分の一とは思わなかった。しかし、感謝して受けた。が、こうひと言つけ加えることだけは忘れなかった。「しかし閣下、六カ月後の最後の日に、お目にかかれるとは決してご期待しないで下さい」出た者と死んだ者はいつ帰るかわからない。帰るのが遅れてもなんとでも理由がつこう。案の定、彼は六カ月の代わりにその二倍の一二カ月後に連隊に帰着したのであった。誰か頭のよいのがいて要求は多めに請求しておけと、忠告してくれていたのであろう。当時は交通も不便だった。乗物は船か馬車かロバ、それでなければ自分の足で歩くしかない。これから思えば現代の旅行は遊びである。それにしても満州とシナの旅行に一八カ月とはよく吹いたものである。彼の目的はもっと別にあったのかもしれない。

将校のうちでも最下位の尉官（大・中・少尉）連中は、だいたい仲間のうちの一人が、いつも連隊を離れているのは歓迎すべきことでなかった。自分たちにその仕事の付けが回ってくるからだ。だから前の年から、頻々と連隊を留守にするあのチビ公が今度は癪の種になる。シムラからのこのこ帰ってくるなり、半年間の予定で、官費による満州旅行をしてくるから留守の間よろしくと、仲間の連中に告げただけでみな嫌な顔をするのは当たり前だった。こうなると言い出したほうも少々良心の咎めを受ける。だが、遊びに行くわけではない、立派な仕事なんだと思って自己満足したものの、だいたい士官の構成は戦時を基準に考えられていたから、平和なときには別に用事はなかった。一人、二人欠員になったからといって困ることはなかったのである。

が、そこはやっかみ半分も手伝う。すぐあのチビが大旅行なんかできっこない、と判断を下す。売られた喧嘩だ買わねばならん。そこで相手は無理難題を持ち出す。三〇〇ヤード（二七四・三メートル）を三三秒で走れるか、おい。これに賭けようじゃないかという。これはきつい。だいたい一〇〇メートルを一二秒の割で走らねばならない。よかろうと承諾はしたものの、さすがに心配になった彼は、軍の陸上競技の専門家に相談してみた。彼いわく、それは走者の股幅による。七フィート（二・一メートル）あれば不可能ではあるまいと言うが、それじゃだめだ。聞いただけで笑い出してしまった。なぜならヤングハズバンドの身長はたった五・六フィート（約一六七センチ）しかなかったからだ。しかし、彼は猛然と走った。足が地面につかないほど弾丸のようにふっ飛んだ。タイムはなんと三三秒より二分の一秒早かった。

これは面白くない。まったく面白くない。チビだから重力が軽くて短距離に強かったのに違いない。なんとしても奴をくたばらしてやらなくては腹の虫がおさまらない。そこで、予想の外れた連中は、今度は一五マイル（約二四キロ）を三時間で歩いてみろと新しい難題を吹っかけた。小股でのこのこ歩いていたのでは、本当に半日かかってしまうだろう。ヤングハズバンドはそうは書いていないけれど、当然これには仲間内でカネが賭けられていたのであろう。今度負ければ、ごっそり巻き上げられてしまう。しかし、そこは引けないところだ。よし相手がそう来るなら、こちらは二時間でやってみせようと豪語する。これはちょうどデリーへ軍事訓練へ向かう途中でやることができた。そして、なんと一時間四九分で突っ走ってしまったのだった。でしゃばりのチビ公をなんとかへこましてやりたいという仲間の意地悪は、これでとうとうだめになってしまった。このヤングハズバンドの体力の強靱さは、たしかに驚くべきものがあった。身長は並み以下であったけれど、彼は意志の塊のようであり、探検家としての資格は十分だったのである(11)。

ちょうどこの時期、英印軍は、ロシアを含めた諸外国の軍事専門家を招いて、実戦さながらの大規模な演習をデリー近傍で行なった。かつてロシア大使だったこともあるダファリン卿が、英印軍の実力を誇示するため、各二万名の兵員が敵味方に分かれて戦うもので、これはあらためて各国の専門家に感銘を与えたものだった。なぜなら、英国軍下のインド人兵士は、とても戦力として戦う意志がないものと大方の予測だったからである。こうした演習も無事にすんで、デリーのキャンプから、ヤングハズバンドは一人カルカッタへと汽車の旅に向かった。そこには親切で愉快な旅の仲間、ジェームスが待っていてくれるはずだったからである。

第5章　満州の探検

満州の探検は、この旅行のすぐ後に続く中央アジア旅行のいわば前哨戦のようなものであったが、しかし、彼のそれから以後の探検家としての目覚めは、実にこの旅行に負うところが大きかった。それはヒマラヤの一人旅とはすでに規模と世界が違っていたからである。

一八八六年三月十九日、ヘンリー・ジェームスとヤングハズバンドの二人は、ようやくカルカッタ港から汽船で満州に向けて出発できた。ヤングハズバンドはあと二カ月もすれば二三歳になるが、ジェームスは四〇歳、道連れとしては兄弟のようで、お互いに助け合えたことであろう。ペナン、シンガポール経由でホンコンに着くと、ヤングハズバンドは早速ながら、シナ側の軍事情報を収集しはじめた。しかし、これらはみなよく知られたところで少しも珍しくない。ヤングハズバンドはまだ経験不足で、ただむきになっていたのである。ジェームスのほうはいたって呑気で、二年もの長期休暇をもらい、それをどうしようかと思い迷っていたところ、友人たちからシナ東北部の満州地方は未探検地も多く、気候もシナ南部や西部より快適で、愉快に旅行できるであろうと言われ、さらにヤングハズバンドからもぜひ満州にしようと口説かれて、出かけて来ただけであった。なんの野心も目的もない。それに満州の山野にはトラやシカや野鳥がたくさんいて、狩猟にこと欠かないというのに魅力があった(1)。ヤングハズバンドは、自からも自然の愛好者ということで、狩猟について語ることは慎み、満州旅行中の猟についてはひと言も語っていないが、自然を友とした博物学者W・H・ハドソンのようにいったかどうかは疑問である。結構楽しんだであろう。ただ彼には政治的・軍事的情報収集の目的があったので、ジェームスのようにはこのスポーツに没入できなかったであろう。

この船旅は一般の観光ルートである。広東から上海に着くと、二人はここから北京へ向かった。探検史家のなかには満州へ直行したように考えている人もいるが、そうではない。ここで、以前、ペテルブルグやコンスタンチノープルの大使だったニコラス・オコンナー（のちのサー）に会った。彼はちょうど前任のハリー・パークス（幕末、駐日英公使として来日、反幕諸藩を支持し、維新後も引き続き駐日公使として在勤し、一八八三年に駐清公使に転じていた）が死んで、北京駐在の公使という責任ある地位に就いたばかりのときであった。ヤングハズバンドたちは北京で情報交換をし、あらためて旅行準備を整え、五月下旬、天津からまた船で牛荘《ニューチャン》に行った。五月十三日だった。

牛荘は、遼河の川口から約五〇キロ上流にさかのぼったところにある港町で、城砦もある町であった。一行が訪れた頃にはすでにすっかり近代的になってしまっていたが、それでも八〇年前には、牛荘のいまの敷地は水中にあったものの、次第に土砂が堆積して、七、八キロも内陸部に入ってしまったのである。だから、いまの本当の港町は営子口（営口）に移っていた。外国人街は、見かけはぱっとしたものではないが、河の左岸に沿って続き、シナ人街の北側にあった。ただいちばん立派なのは、河岸にある税関の建物で、この少し離れたところに英国領事館があった。また二人の英国商人、医師と宣教師、それに一、二軒のヨーロッパ人の家屋があった。

営口は、満州探検の出発基地になるところだった。それに幸いなことに、英国領事館の若い館員、H・フルフォードという人物が、休暇を認められて一行に特別参加することになった。おそらく、満州は未開地であり、あちこちに匪賊も出没して危険なうえ、現地語に通じない二人の旅行に疑懼《ぎく》の念を抱いた英国領事のアレンが、案内人を兼ねた一人をつけてくれたと考えたほうが無難であろう。フルフォードはシナ語にもシナの風習にもなじんでいたので、旅行が始まってみて二人は大いに彼に感謝したのだった。

一八八〇年代の満州は、まったく暗黒に近い秘境であった。日本はヤングハズバンド一行の訪れる一年前の一八八五年（明治十八年）四月、やっとシナとの間に天津条約を結んだ頃にあたり、満州への進出などまだ遠い将来のことであった。もちろん鉄道などない。仕事は牛荘で六台の小さな馬車を集めることから始まった。馬車というのは、満州でもっぱら用いられている二輪馬車のことだ。従者は三名雇うことにする。一人は英語も話す四〇がらみの張三《チャン・サン》と

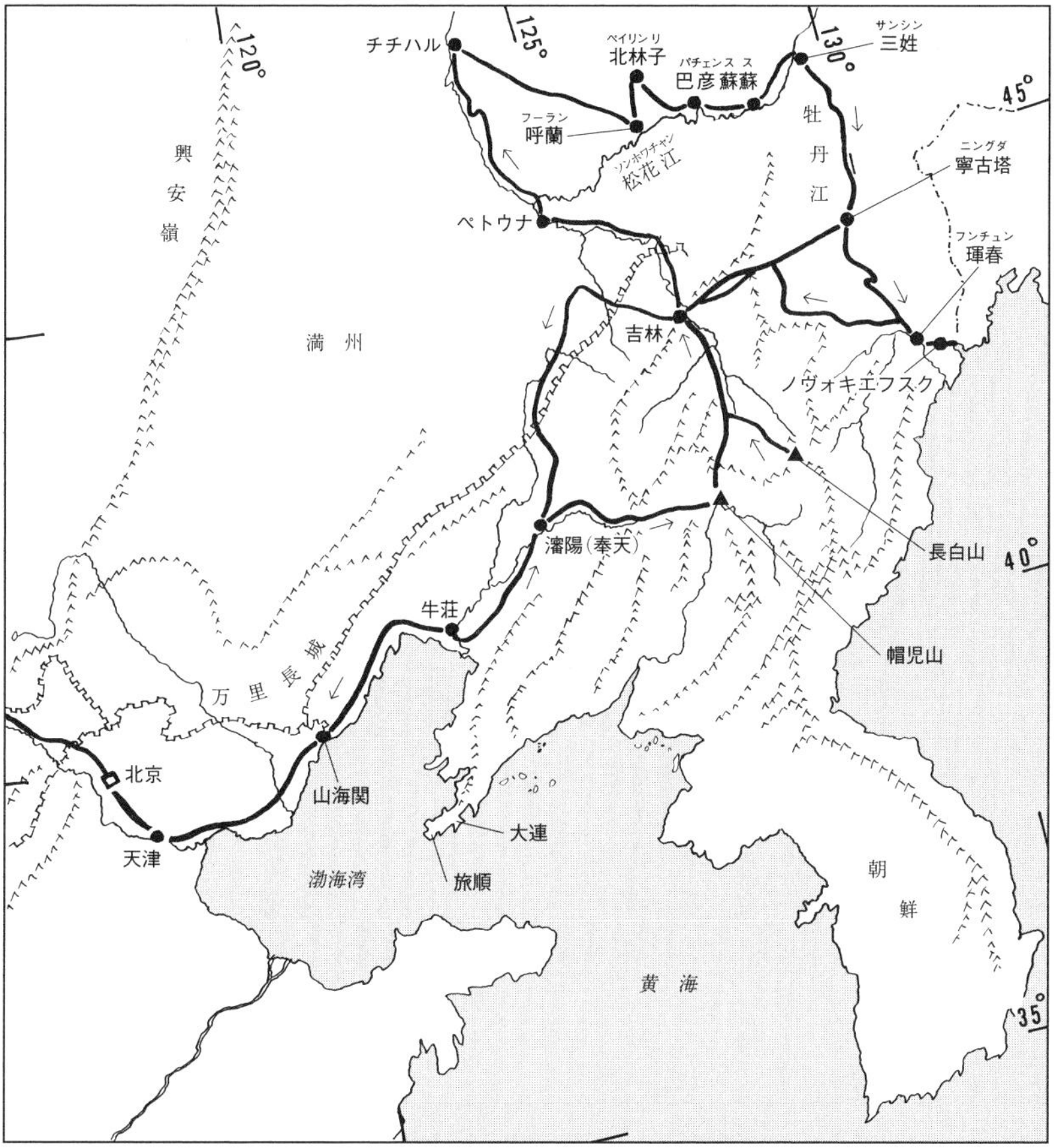

120°
125°
130°
45°
40°
35°
チチハル
北林子《ペイリンリ》
巴彦蘇蘇《バチェンスス》
三姓《サンシン》
呼蘭《フーラン》
松花江《ソンホワチャン》
牡丹江
寧古塔《ニングダ》
琿春《フンチュン》
興安嶺
ペトウナ
吉林
満州
ノヴォキエフスク
長白山
瀋陽（奉天）
帽児山
牛荘
万里長城
北京
山海関
天津
大連
旅順
渤海湾
黄海
朝鮮

満州探検のルート

いう、悠然と構えた便利な男だった。いま一人は、チュ・フシュという男で鳥の毛皮を剝製にするため、彼の親方からジェームスが特別に借りたものだ。野鳥の標本を作るためだったらしい。残りの一人は、長《チャン》という元気のよい若者は、旅行の途中で拾い上げたものだ。こういった人間模様の他に、ラットラーと名づけたフォックス・テリアがいた。が、なにしろひどく向こう気の強い犬で、狩猟には山でも川でも獲物と見るや突進し、また獰猛な数頭のタタール犬を相手に大立ち回りもする、恐れを知らないところがあった。荷物には銃やライフルはたくさん積み込んでいたし、ひと張りのカーブル・テントも携帯していたから、山中での野宿などお手のものだった。ジェームスはむしろこちらのほうに最大の期待と楽しみを求めていたのであろう。旅行は一人増えて三人となったが、一人は水しか飲まない水飲み党、いま一人はアルコール嫌いで、これも水飲み党、三人目が酒好き派だった。二対一ではあったが、ブランデーやウイスキーは、スープや葛粉《くずこ》、ミルクと同じく持って行った。これは病気のときたいへん役に立った。さてヤングハズバンドが三人のうちどの党派に属していたのか、残念ながらわからない。ただ彼は酒は飲めたはずである。しかも相当。

一行が営口から最初に目をつけたのは、シナの伝説でもひときわ名高い長白山に行くことだった。この山には一七〇九年、イエズス会の測量士が一人訪れ、立派な地図を描いただけの幻の山であった。この山は英国王立地理学会の地図にもマークされ、名前からして万年雪に閉ざされているようで、はなはだ魅力的だった。高度ははっきりしないが、約三〇〇〇メートルから三六〇〇メートルぐらいあるらしい。密生した森林をわけて永遠に雪を戴くこの山に接近し登頂できれば、地理学的にも多くの興味ある知識が得られ、また珍しい動植物も採集できよう。しかし、準備はなかなか大変だった。重要な旅行費用は、シナが銀本位制なので馬蹄銀（いわゆる銀のインゴット）二五個を持って行き、途中、必要に応じて砕いて使おうというのである。紙幣の使用はごく限られた範囲でしか通用しなかったからである。しかし、これが重いので、運ぶのも楽ではなかった。

当時の満州を一周しようというには、旅行というより探検といったほうがはるかにふさわしかった。五月十九日、一行は営口を後にし、二日目に本当の牛荘を過ぎる。人口は五万という。これから二〇〇キロの道は平坦で、興味の薄い土地であった。初めて罌栗《ケシ》の植えられているのを見た。シナ人の悪習、阿片はこれから作るのである。数日間、変わったこともなく瀋陽《ムクデン》（奉天）に着いた。当時、シナを統治していた清朝政府のかつての首都だったところだ。ここで初めてシナ人の旅館というものに泊まることになったが、その旅館を探して町の中を二輪馬車に乗って走っていくと、シナ人の群集がどこまでも跡をつけて来たし、実にしつこくものを尋ねたり、身体に触ったりするのでたまらない。シナ人の旅館はどこにでもあるというわけではなく、荒れて人煙稀なところにはもちろん泊まるところはない。あったとしても個室は少なく、たいがいは大部屋に雑魚寝するのだった。旅館は一階建てで、大部屋の真ん中が通路になっており、その左右が壇で、下から暖める炕《かん》になっている。旅行者は食事ができるまで床を延べて休んだり、柱にもたれてじっと待っているが、食事が持って来られると、床の上の膳に向かって胡坐《あぐら》をかいて食べる。客の階級は雑多だ。富貴な商人もいれば、下っ端の大人、貨物上乗り人《うわのり》（馬車の荷物の上にしか座るスペース席がない）、馬車牽《ひ》きといった類の連中が、上下差別なく混在する。英国人にはまずこれらが奇異と驚きに映る。インドでは厳しいカースト制があり、とてもこんなことは許されないからだ。政府がせっかく人民のために建てた公共の休養所《レスト・ハウス》も、貧しい回教徒かヒンズー教徒のうちの最下等の出身者しか利用しないからである。そこへいくとシナ人の旅館には差別がなかった。ただ外国人というので、いくら追い払ってもつきまとうシナ人が、せっかくの個室で着替えをやっていると、部屋の障子紙を指で突いて穴を開け、遠慮なく中をのぞくのだった。紙穴から黒い目玉だけが、じっとのぞいている光景は、なんとも異様である。これも外国人、とりわけ白人の旅行者が少なかったからで、別に野次ったり、罵声を浴びせる者はいても、危害を加えることはなかった(2)。

瀋陽は実際すばらしい町であった。大きな城壁がこれを囲み、人口は二五万という。ここからいよいよ朝鮮との国境にある山岳地帯に向かうので、一週間、準備のために滞在した。だから、このわずかな機会に清の大祖ヌルハチの墓陵をも訪れてみた。町の郊外の静かな糸杉と松林の公園の中にあるこの墓所は、それだけ荘厳なたたずまいを残していた。しかし、インドで見慣れたヤングハズバンドの目には、シナの普通の木造寺院は、大理石でできたインドの宏荘な寺院と比べれば、なんとも魅力の乏しい、薄っぺらなものに感じたと言っている。

旅行の準備は、実際にやってみるとそう簡単でないことがわかった。困ったことには、荷物を運ぶ馬車と交換する替馬が見つからないことだった。朝鮮方面の未開の山地などに行こうという物好きな案内人も馬車牽きも、さっぱり得られなかったからである。馬車の賃借が不可能となって、とうとう道台（地方の行政事務監督官）に泣きついたが、その道台の権威もがた落ちで、どうにもならなかった。これでは旅行どころではなく、どうしようかと途方に暮れてたところ、護衛についてくれる一警部の親類にロバ牽きがおり、これが仲間の幾人かを説得してやっと準備が整う始末だった。ヤングハズバンドは、こんな裏面の労苦など一言半句ふれていないが、おそらくジェームスとフルフォードの二人は、年上だっただけに随分心配したことであろう。旅は、この最初の出だしの場面で、実は危うくつまずくところだったのである。だから当然、使用人の賃金も高くなり、二〇頭の動物のうち一二頭に荷をつけ、三頭に一行が乗り、他は従者や護衛に任せることになったが、従者はさらに五名を雇い入れた。こうしてかろうじて瀋陽を出発したのは、五月も二十九日だった。

最初の目的地の北朝鮮国境に向かって進むにつれ、間もなく山岳地帯に入り、楡《ニレ》や樫《カシ》の美しい風景になっていく。しかし、駄獣の行進はだらだらと遅く、この頃になると毎日のようにどしゃ降りの雨に遭うので、進むのが困難なうえに、頭から腰までびしょ濡れだった。差し当たっての目標は長白山であるが、その前に満州と朝鮮の国境となる鴨緑江に着くことであった。ここまでのコースは、ずっと続く丘陵と美しい森林地帯で、小さな村落が道沿いに散在する。シンキンからフシ・ミン・フウに着いたが、この町はいまでこそ重要な市場とはいえ、わずか二〇年前には山賊の住家があったところだ。そして瀋陽を出発してから九日目に、トン・フア・シェンというところにたどり着いた。

すでに二七〇キロ近く突破したことになった。ここは人口二〇〇〇人ぐらいの小さな村で、鴨緑江に注ぐ最大の支流フン・チャン川の川岸にあった。が、立地条件が悪いので、前年の洪水の際には町がすっかり冠水し、流されたという。駄獣はどうにか補充したものの、購入品は満足したものでなかった。ロバが死に、小馬も疲労して使いものにならないので、荷物の一部を瀋陽に返送しなくてはならなかった。しかも、これらの荷物が途中でかすめ取られてしまったことが、後になってわかった。そんなこんなで、またも出発はだいぶ遅くなってしまった。
また雨が降りはじめた。雨季が始まったのだという。これは連続して三カ月は降り続くのだという話だ。ヤングハズバンドたちは、こんなことまでインドでは知らなかった。気候はシナのどこよりも快適だという人の言葉をまるっきり信じてきたのだ。現地を実際に踏んでみて、失敗したと後悔したが後の祭りだった。川は水をたっぷり吸ってたちまち増水し、数時間で三メートルも水位が上がり、水が一時的に引くまで一週間もいらいらして待たねばならなかった。しかし、この雨季があったからこそ、森で伐材した材木はこれを利用し、黒龍江の川口まで流す方法がとられていた。フルフォードは一行中でいちばん猟好きであったが、うっかり現地人の仕掛けてあったシカ獲り用の三・五メートルもある落し穴の中に落ちて、危うく落命するところだった。

道は川に沿って険しく、進行はたいへんに手間どった。川の流れが速いのと、それを避けるために山道をたどることは、旅をいっそう困難なものにしたし、ときにはロバがもんどりうって川の中に墜落することがあったのも、この悪路のことを考えればなんら不思議なことはなかった。出発は毎朝四時半か五時で、日中、二時間ばかり休息をとると、また日没頃の六時から七時まで進むのである。こんな難渋の旅だったから、ヤングハズバンドがいくら若いとはいえ、時に雨の中で倒木の上に横になると、ぐっすり寝込んでしまうこともあった。しかも、ミルクとバターの欠乏から栄養失調にかかってしまった。こんな苦心の末、めざす鴨緑江の畔に達した。両岸は水際まで森林に覆われ、二、三の農家も見える。川幅はざっと三〇〇メートルはあったろうか、雄大な流れだった。

いままで東に進んでいた道をここから左折し、さらに北に幻のようにそびえる長白山に狙いを定めたものの、川沿いの道は狭く、馬車は思うように進まなかった。いちいち道の邪魔な岩を動かしたりしなくてはならず、ときに川中に銀塊を落してしまうというきわどいハプニングも生じた。しかし、これもなんとか突破し、瀋陽から四四八キロ来た鴨緑江のシナ側の前哨地、帽児山《マオ・エル・シャン》にやっと到着した。二〇〇名の守備隊の駐屯する町であった。ここまで来さえすれば不足だった食糧が手に入るものとばかり期待していたのに、実際にやって来てみると、とても食べられない豚肉と半年前の塩づけ卵のカレーというひどい食べ物に報われたにすぎなかった。帽児山の周囲の風景だけが皮肉にも美しく、招かれざる客に微笑してみせた。山々は果てしなく続いている。

悠然と流れる鴨緑江のはるか東の対岸には、丘陵が連なっているのが望まれたが、そこが朝鮮だった。毎年、たくさんの朝鮮人が国禁を犯して川を渡って満州の領土に来るといわれ、彼らは畑を耕したり、シナ人に使役されたりしていた。この頃になって、満州での最大の敵は雨よりもブヨとアブであることが、一行にもやっとおぼろげながらわかりかけてきた、とジェームスは言っている。ヤングハズバンドも狂うようにさせられたのは、行進の難路でも食糧の不足でもなく、実にこの小さな昆虫だった。満州の夏は、まさに生きるに値しないほどの天地だったのだ。ブヨは日中にはよいのだが、夜と早朝に襲いかかる。何百万という大群が襲いかかってくるのだ。夜は、煙を焚いて駄獣を守ってやらねばならないし、日が暮れると窓も戸も閉めきって、蚊遣り火を煙幕のように焚く。だから、夏の暑さと息苦しさとで、人間のほうが参ってしまう。早朝など、漏れ出た煙がすっぽり家を包んでいるありさまはまた一つの眺めだった。しかし、アブは日中に出現し、まるで甲虫のように大きく、動物は昼夜これらに襲われ、血だらけになるのだった。これが人づてに聞いた楽園たる満州の現実だったのである。

フルフォードはいつもキャラバンについていて、動くものはなんでも撃っていたし、ジェームスも少し離れたところを銃を片手に、もっぱら植物採集に余念がなく、ヤングハズバンドは磁石を見たり、高度計で測定したりしていたから、いつもいちばん遅れていた。彼はもっぱら科学調査を行ない、肩に望遠鏡、ポケットにアネロイド気圧計、首に磁石をつるし、腰に寒暖計、尻にスケッチ・ケースをつけ、胸のポケットにノートを入れている。「この光景は、見る人にまったく無邪気に見えた」とジェームスはさも愉快そうに書いている。(3) ヤングハズバンドはこの旅行の機会到来にすっかり感激して、あらゆる観察を怠らなかったのであろう。しかし、このときの詳細な旅行報告書（科学的データ）はおそらく軍に提出したのであろうが、ついに一般には発表されなかったようである。短い満州旅行の印象しか残されなかったのは、なんとも残念というしかない。

鴨緑江が南へ大きく屈曲するところに注ぐ支流群のうち、第一と第二の支流との間に〈幻の山〉長白山がそびえていた。ところが川は急な断崖の下を流れ、本流をこれ以上たどって行くことは不可能であることがわかった。冬の氷雪期のときしか無理という。この最短のコースがだめになったのでさてどうしようかと別のルートを探してみると、松花江（ズンガリ川）の源頭部と鴨緑江との分水界をなすラロ・リンを越えれば、フン・チュンに出られることを知った。少し遠回りになるが、これをとるしかない。二日間、森林の深い樹海をくぐるように進むと峠に達した。九〇〇メートルぐらいのものだ。途中では、砂金を採掘している男たちに出会うぐらいで、峠に着くと、ここの風景を讃える石碑が建てられていた。ここから北に下るには、松花江へ注ぐ支流のタン・ホー川について急な山径を伝って行かねばならない。盲目になってここまでついて来たロバが、ついに力尽きて死んだ。いたるところに猟師小屋があるのに、たまたまこの小屋が見つからず、初めて満州の森林の中でキャンプをする楽しみを味わえたのに、この夜はあいにくと嵐に襲われ、ずぶ濡れになってしまった。こんな秘境でも、朝鮮人参を探す者や、新しく生えたシカの角を獲る猟師たちによくぶつかった。みなシナ人が漢方薬として非常に珍重するものだった。春の数週間だけが、シカの角の最上のものが得られるという。またいま踏みつけたばかりの、真新しいトラの足跡にもぶつかったこともある。

旅の雨は切ないものだ。どしゃ降りの雨のなか、ようやく松花江に達する。この川は長白山から流れ出るという。いよいよ神秘の門まで来たのだ。あとはこの川をどこまでも登りつめればよいことになる。しかし、森林の中の道は狭く、細く、切り立つような断崖の上をどこまでも続いていき、深い森が人間を呑み込むように鬱蒼と覆っていた。あまりに樹木が繁っているので、一メートル先も見えない。タン・ホウ・クウで、タン川が松花江に注ぐが、この合流点付近の松花江は、川幅が二七〇メートルほどに及んでいた。

もうそろそろ本当の長白山の位置を確認しなくてはならないところに来ているのに、いまださっぱり姿を見せないし、五里霧中というしかない。一行が唯一の頼りにしていたのは、アレクサンダー・ウィリアムソンの『北支の旅』(*Journey in North China*)に出てくるラベルスタインとか、その他の人から得た乏しい情報だけである。これによると、長白山は標高三〇〇〇メートルを超すらしい。が、この付近の村民たちの共同組合の副管理人イエンという老人は、「そんなに高い山ではありますまいよ」と言う。どうも長白山は、想像されるより高くもなく、神秘に満ちた山でもないらしいことがおぼろげながらわかってきた。ちょっとがっかりさせられるものだった。[4] この山へはここから一〇日か一二日もあれば行けるし、頂上から鴨緑江《ヤーリューチアン》、図們江《トゥメン》、松花江《ソンホワ》の水源が流れ出るという。「よかったら案内しましょうか。道は見つけるのが難しく、わしが行かねばなりますまいて」と言う。そこでこの申し出に喜んで応じた。二頭のロバに軽く荷を積んで出発である。従者は一人、いま一人はロバ追いの少年だ。

　山道は山から山へと、どこまでも分け入っていく。樫《カシ》、楡《ニレ》、松、胡桃《クルミ》、スズカケノキといった見事な森林の中を、道はうねうねと通じている。あるときなど、ロバの一頭が、谷底めがけて丸太のように転がり落ちたりして一同の肝を冷やした。このあたりの松花江の最上流部は石がちで、しかも急流だから、渡河するのも危険きわまりない。たまたま川を横断中、フルフォードはつまずいて愛用の銃を川の中へ落としてしまったし、ヤングハズバンドは滑ってひどく手を切ってしまった。この流れは帰りには水嵩が増し、さらに危険になっていた。苦心惨憺の五日間の旅の末、黒河《イホー》と呼ぶ一つの川にぶつかった。ここで泥沼が行く手をふさぎ、これ以上はロバも行けなくなって万事休した。ヤングハズバンドはこの事件を出発二日目のこととし、ジェームスは五日目としている。私はジェームス説をとりたい。駄獣を後に残すことになったので、必需品はめいめい肩に担ぐことにした。案内の老人も後に残るというので、代わりに別の猟師一人が道案内に立ってくれることになった。

　松花江川畔の地元の共同組合の小屋を出発して九日目に、やっと長白山の山の斜面に取り付いた。食糧が十分でなく、主に粟粥《あわがゆ》だったから、肉食の一行はへばり気味だった。斜面の下方は樺や松が成育し、登るにしたがってまばらになっていく。山の斜面にはまさに色とりどりの草花が咲き乱れ、ジェームスは、さながら〈エデンの園〉に近づいていくようだったと言っているが、[5] ヤングハズバンドは空腹でいささか自棄《やけ》気味だったところが、二人の面白いところであろう。登るにしたがって、開けた牧草地に出る。初めて樹木の限界線を越えた。すると、でこぼこした針のように鋭い長白山の山頂が、このとき初めてその姿を現した。感激すべき一瞬。このときをどれだけ待ち望んだことか。高原上の最後の詰めを進むと、足下の地下から、ごうごうと川の流れる音が聞こえてくる。あるところでは地面を深く切り込み、地下流がちらりと姿をのぞかせたが、うっかり足でも滑らせて落ちでもしたら、まず永久に助かるまい。

タン・シヤンという小屋にたどり着いた。黒テン狩りの猟師小屋らしい。少し離れて二つの滝がかかっているのが眺められる。落差三二〇メートルぐらいあろうか。このうちの一つが、これまでたどってきた松花江の水源だという。この夜、海抜二〇〇〇メートルほどの一つのこぶの上で休んだ。ここから長白山の壮麗な山容が手にとるように見えるが、頂上はどうも二つの鋭い峰から構成されているらしい。険しい斜面が白く輝いているが、これは万年雪ではない。長白山は、白くても〈永遠に白い雪の山〉ではなかったのだった。

長い道程を経てやっとたどり着いた山をすぐ目の前に眺めながら、第一日目は雨であった。登頂は一日空しく延ばすしかない。しとどに濡れた草の中を腰丈まで没しながら登っていくのは、風流というより物悲しいくらいだ。ただ、さまざまな草花が小雨の露をたっぷり含んで華麗に乱れ咲き、石楠花《シャクナゲ》のピンクが鮮明で美しい。ここまで来て、どうやら二つの尖峰のうち西側の峰のほうがわずかに高いように見えたが、二峰の間の鞍部まで登ってみると、東側のほうが高いことがはっきりした。東峰は目立って鋭く、ぎざぎざしている。そのはるか東に、いま一つの岩峰がそびえ立っていたが、山はここから徐々に高度を下げていくのであった。これまでかなり急な登りだった。だが、はるばると遠いインドから、その神秘性に憧れ、大金を投じ、長い時間をかけて、樹林の海の中を泳ぐように越えてきたのだが、その本当の山をいま足下に踏んでみても、心の底からわき上がるあの歓喜の感動はなかった。あるのは淡い春の雪のように消えていく思いだった。これが現実というものなのだろう。イエズス会の神父の一人はこの山に登っていた可能性は大きいから、胸に秘めた万年雪の衣をまとった処女性は少なかったし、あとで判明したことには、たった海抜二四〇〇メートルしかない山にすぎなかったのである。

鞍部に達しさえすれば、朝鮮のほうは一望のうちに見渡せると思っていたのだが、これも予想はあっさり裏切られ、ただ薄気味悪い絶壁を背景にした湖水がすぐ足の下に水をたたえているのを見て、二度びっくりさせられた。この山は死火山で、かつての火口はいまは美しい湖になっていたのだった。湖面までざっと一〇〇メートルはあろう。深い透明な色をし、上空で吹く風にも水面は乱されず、ひっそりと静まり返っていた。そして尖った二つの鋭峰を湖面に映し、その水鏡は壮麗といってもよかった。この湖は幅が約二・四キロ、周囲は一〇～一一キロほどらしく、なかなか大きかった。

あたりの風景をたっぷり堪能してから、ジェームスとフルフォードの二人は、ひとつ火口の湖水まで降りてみようではないかと相談がまとまったらしい。ところが案内の猟師が反対した。「やめたほうがいい。崖は急だし、湖の神は一度降りた者を元に戻してはくれねえからな」

しかし、猟師の言うには、鹿が時々草を食べに湖の縁《へり》まで降りてくることがあるという。その場所を捜してくれたが、下をのぞくと、湖水と断崖との間にわずかな狭い岸辺が見えた。そこで、そろそろと崖を降りはじめ、湖面から約二〇メートルほどのところまで達することができたが、ぐずぐずの軽石と石ころとで足場はきわめて悪い。行手に立ちふさがる五、六メートルの垂直の岩をすり抜けて降りて行ってはみたものの、突如、断崖のためストップさせられてしまった。ロープがあれば、あるいは容易に下れたかもしれなかったが、なにしろ足元がおぼつかなくて気が許せない。結局、二人は湖岸までは下れなかった。

一方、わがヤングハズバンドはこの間なにをしていたのだろう。彼は雪のいっぱい詰まった岩の裂け目の中で、寒暖計をしきりに沸騰させた湯の中に入れ、高度を測ることに余念がなかった。この穴が風を避ける唯一の避難所だった。それがすんだので、次に湖水の脇にそばだつ東峰の岩をよじ登ることに決めた。これがヤングハズバンドのヤングハズバンドたるところだったろう。彼は下を見ず、上を仰いでいたのだ。彼はこれからとんとんと出世の山を登って行くのだ。しかし、これはのちのこと、この東峰は非常に急峻で、危険きわまりないものだった。第一に足元が不安定で、もし足でも滑らせたら、二〇〇メートルは墜落し、湖水に飛び込んでしまうだろう。それでも彼は果敢に攻撃した。彼は言う。「私は頂上に達することに成功した。長白山の最高点である。ここから私は、四方八方に延びる森林に覆われた巨浪のように広がる山を見渡した。満州のほうへ、眼路の届く限り、また朝鮮のほうも見える限り、岩を背景に、サファイアのように眼下に横たわる湖水を除けば、森林だけである。そして、この単調な緑を破るのは、ただ湖水と、時折きらりと光る河だけだった」と。

長白山は、ヤングハズバンドの測定値によれば二二九五メートルしかないという。もちろんこれには誤差があって、あと一五〇メートルは加算しなくてはなるまい。それでも高い山とはいえなかった。ただし鞍部から眺める光景だけが、その低さを救ってくれていた。見渡すと、これまで越えてきた幾重もの山々がまるで箱庭のように見える。が、三〇〇〇メートルは下るまいと信じてきた〈永遠に白い山〉という伝説は、夏の夜の夢のように消えてしまった。火山原口は、山地民から〈龍王潭〉と呼ばれ、雨の神として祀られているという。そしてシナ人は、山頂の湖水は〈海の眼〉と考え、そこから流れ出る水は、ついには大洋を潤すのだと素朴に信じていたのだった。この湖の北端から一条、東端からいま一条（松花江）が流れ出ていた。ただ鴨緑江の水源だけは、ここからさらに一六キロのところから発していると、案内の猟師が告げた。(6)

いよいよ山とお別れである。この年の冬は雪が多かったため、この近在の食糧の運搬が絶えた。どこの小屋にも食糧の蓄えがなく、数日間は食物なしの旅になった。それで日に三〇キロは歩くのだから、若いヤングハズバンドはへこたれてしまい、ときに、猟師たちの料理鍋の底から残飯をすくってはがつがつ食べたと告白している。旅枕といえば詩的だが、その旅でのひもじさに、恋と食物のどちらを選ぶかと尋ねたら、ヤングハズバンドの返答はさぞかし面白かったであろう。

長白山はやがて背後に消えていった。もう二度と訪れることもない山である。ジェスイットの神父たちが、一七三五年にドウ・ハルデの測定を基礎にパリで発表したこの山の記述は正確で、彼は長白山に、実際に登った可能性は大いにあるという確信だけは得た。この記述が、さらにデ・アンヴィルの地図にそっくり踏襲されたわけである。(7)ヤングハズバンドの科学測定はその意味では大いに価値があった。しかも、昆虫に詳しく、ジェームスをしてまるで昆虫学者のようだとうならせる知識も持ち合わせていた。

タン・ホウ・クウにやっと帰り着いたものの松花江はひどく増水していたため、また一週間をむなしく待たねばならなかった。満州の雨季は、実際に来てみなくてはそのすさまじさがわからない。しかも、朝起きてみたら、寝床と壁の隙間から四匹のマムシが鎌首をもたげていた。もし夜、うっかり踏みつけでもしたらひと騒動というところだったろう。旅の危険はいたるところに転がっている。

長白山をきわめた一行にとって、差し当たっての次の計画は、さらに北にある琿春《フンチュン》に行くことだったらしい。しかし、イエン老は、この朝鮮との国境に近い町に行く道がないので、たとえ進んでも今年中に行き着くまいなどと言う。地図の上で見れば指呼の間であるが、深い森林を控えているので不可能という。だが、どちらかというと腹に一物のあるこの老人が、もしその気になればなんとか行ける間道があったろうが、今度は食糧のほうが心細くなった。そこで琿春行きは断念し、満州の中心部の大都会、吉林《キーリン》に行くことを決めた。ヤングハズバンドは不思議とこの間の事情についてひと言もふれていないが、満州旅行が想像を超える難業のため、むしろ吉林行きを希望していたのかもしれない。それには幸いにも、イエン老が一緒に行ってやってもよいと言った。彼の家は吉林に近いという。あるいはこの老人はなにがなしの案内料が欲しくて、あまり一行に琿春行を勧めなかったのかもしれない。

松花江を舟で渡ろうと交渉すると、ここのシナ人は舟を借してくれず、法外な賃借料金を要求したので、やむを得ず山越えに決めた。この場のやりとりを見ていながら、イエン老は少しも親身になって交渉してくれないので三人は大いに不満だったが、どうしようもなかった。明治の初め、日本に来て登山をやったウォルター・ウェストン師も、日本人から同じような目に遭わされている。旅は異国人にとっていつもつらいものであった。しかし、シナ内地でドイツの地理学者リヒトフォーヘンのように野蛮な群集の間から騎馬で逃亡するほど、事態は差し迫ったものではなかった。諦めればそれでよいのである。それより悲しくつらいのは、絶え間なく降り続く激しい雨であった。沼沢地はいずれも水であふれ、渡ることもおぼつかない。ある夜など、小さな部屋の床に一〇人ものシナ人と炕の上で身体をくっつけ合って眠ったし、またあるときは、ユー・シン・ホウ川の水深一メートルを越す深い渓流の中で、進退窮まったこともあった。しかも、この川は日に二四回も渡渉しなくてはならなかったのである。もう乗るロバすらなかったので、川の中へざぶざぶと入っていくしかなかった。

一週間の迂回路ののち、また松花江に出る。いつの間にやら二七〇メートルもの川幅になっている。吉林から約七〇キロのところで、チン・リンという最後の峠を越えた。前年、この峠で、阿片とシカの角を積んだ三台の馬車が白昼に強盗団に襲われ、九名が殺されたという。三人はどうも腕が鳴っていたらしいが、なんの事件も起きない。この峠を西に越すと、途端にあたりの光景は開け、耕地も増えてくる。吉林に到着する一日前に、案内人のイエン老と別れた。三人はこの不誠実な老人にたっぷり厭味を言って聞かせて、わずかに溜飲を下げた。一五日間の不愉快な雨の旅であった。三人中すっかり参ったのはフルフォードで、暑さと雨と疲労とで完全に打ちのめされ、彼は気温の下がる冬までとうとう体力は回復しなかった。フルフォードはよく、日本の旅館の清潔さを語って聞かせたという。

八月十二日、吉林に到着したことで、満州旅行の第一段階は無事に終わった。吉林は松花江の屈曲部にあり、美しいところだった。が、宿はあいにく新しい連隊に入営した新兵が泊まり合わせたためいっぱいで、どこもお断りである。さてどうしようかと思案に暮れたところが、ロバ追いの常宿を紹介されてやっとひと息つけた。泊まる相手が相手の旅だから押して知るべきだ。雨露をしのぐというだけの代物にすぎない。部屋は狭くて汚く、庭は泥海と化して臭気はたまらない。この憎むべき牢獄に前後三週間と一日滞在しなくてはならなかったのは悲劇だった。野次馬が殺到する。そこで窓や戸口にシートを張ってシャット・アウト。その中でやっと少しほっとして読書や手紙書き、日記の整理。ジェームスは押葉をせっせとやっている。外は依然として篠つく雨。伝え聞くところによると、お役人が雨が止むよう龍王に祈願したという。しかし、効験はさっぱりだった。一八八六年の夏の満州は、たしかに異常な気象だったのであろう。

吉林では牛肉がよかった。肉にすっかり飢えていたから、これには助かった。だが、羊肉にはついぞお目にかかれない。ときに魚も食べた。ここの松花江は水源から四八〇キロ、町の中央部を貫流し、川幅も四〇〇メートルと信じられないほど大きくなっている。だからむしろ港として名高くなっていた。町の西に、長白山に対比して小百山という山がそびえていた。町の人口は七万から一〇万ぐらいだろうという。街路は雨季には泥海と化す。その結果がすさまじい。腐った汚物の臭いがたまらない。長い下水溜が市場の端から端まであるとはいえ、ここに死んだ豚や犬の死骸からあらゆる汚物が浮かんでいるのだ。それに大都会の割に、商店のたたずまいはたいへん貧しかった。

瀋陽から荷物を運んできてくれたロバ牽きに勘定を払って、解約する。おきまりの金銭上のトラブルが起きるのは、もはや宿命である。殴ったの殴られたのと大立ち回り。ただ、ここからの旅は道もよく、二輪馬車で十分であった。

吉林でとくに興味のあったのは、最近できた兵器工廠だった。廠長の孫《ソン》という人は、天津と上海で外国人の専門家のもとで訓練を受けたので、ここでは外国人の手を一切借りず、建物も兵器もシナ人だけで作っているという。工場の内部にはドイツ製と英国製の機械がいっぱい並んでいた。連発銃、野砲まで自前で鋳《い》り、機関銃まであった。これは一分間に弾を八発発射でき、二人で持ち運びできるという。また川の対岸には火薬工場さえできていた。こんなに重い精密機械を、沿海部から数百キロも奥地の、満足な道路もないこの地まで輸送してきた労力は、たしかに驚嘆に値する。このヤングハズバンドの訪問から一〇年後に日清戦争が起こり、さらにその一〇年後に日露戦争があったが、当時の日本軍に満足な機関銃すらなく苦戦したことを考えると、シナの当時のレベルは相当高かったといえよう。

第6章　シベリア辺境の旅

一八八六年九月三日、一行は吉林を発って北に向かった。旅行は第二段階に入ったのである。次の目標は、はるか北西方向にある斉斉哈爾《チチハル》であった。四台の軽い二輪馬車を賃借し、いずれも一台に三頭ずつのロバが牽いている。ところが馬車牽きはさっぱり仕事に身を入れず、ごとごとと馬車は少しも前に進まない。業を煮やして親方を代えてみたが、それでもだめだった。だから一日せいぜい五五キロ行くのがやっとのことだ。吉林からの出発はそもそも最初から縁起が悪かった。雨はひっきりなしに降るし、道はぬかるみで悪く、北へ続く道は修理がまったくなされていなかったので、馬車は震動でたちまちガタがきてしまい、なかの一台など泥海の中にひっくり返る始末だった。それでも道は、黍《きび》と大麻の物憂い畑の中をどこまでも伸びていく。松花江の左岸から三八キロ行ったチア・チヤンで、長白山から伐採されて流してきた材木が野積みされているのを見た。そして平底船でウルクアイというところに渡った。かつてこの地区の首都だったところだ。

シ・ラ・ホーに入る前で、長白山からずっと続いてきた山並みと最後のお別れをした。松花江もこの辺りから次第と西に屈曲する窪地に入り、流れは幾条にも分岐して、見事な光景を呈している。あたりは開けた平原となり、季節もいつしか秋に入っていた。馬車ののろい車輪の回転を見ているると、まだ満州の旅についたばかりに思えるが、昨日まで青いと思っていた木の葉は、もうばらばらと紅葉して紅い舞踏を始め、秋の草花が各々その妙を競っていた。

吉林《キーリン》を出て一週間で伯都訥《ベトウナ》に着いた。人口は三万という。松花江の畔にあるこの町を、ヤングハズバンドはうっかりジェームスとぶらぶら散策してしまった。どこから集まったのか、たちまち黒山の人だかり。野卑な現地民に取り囲まれて身動きすらできなかった。白人が騎馬で街を行かないなど大失敗だったのだ。そこへいくと馬車はなにかと便利だった。馬車の中から周囲の観察はできるし、獲物や匪族に一発お見舞いの銃はいつも手元に置ける。それに、従者や荷物を失う心配もなかったからである。

　伯都訥を出外れると、松花江と北から流れ込むノンニ川（嫩江《どんこう》）との合流する氾濫原に入った。このとき、川でできた沼沢地の一つに降りていったところ、「遠い海嘯《かいしょう》のような、一種抑圧された轟きが聞こえてきたので、てっきり川からくる音だと思った。ところが、それは蚊だったのである。沼沢地の水面一、二フィート（三〇〜六〇センチ）のところに、何万となく群飛していたのだった」。これほどすさまじい蚊の大群を、かつて見たこともなかった。これが動物と見れば襲いかかってくるのだから、気が狂うようになるのである。

　この沼沢は約二〇キロあり、舟で渡らねばならなかったが、また激しい雨が降り出した。数時間待ってみたが霧が深いので、出発は明日にしようと延期に決めた。このあたりのぬかるみは、さながらスポンジだった。ところが、宿は先客でいっぱいで泊まれないという。そこでまた水夫をせかして無理に舟を出させた。舟には覆いがないから、風と雨がまともに襲ってくる。満州にいったいなんのために来たのか、さっぱりわからない。雨とぬかるみだけだ。川幅はまた一六キロもあり、次第に夕闇が川面に広がって、巨大な松花江の只中に漂う小舟では、人も動物も不安に怯えるしかなかった。そのため、その夜は川の中の中洲で夜を明かし、翌日、松花江からノンニ川の対岸（左岸）にやっと渡りついた。旅の雨ほどやるせないものはない。そして、頑強な体をも蝕んでいくものだ。

　シュイ・シー・インツという旅宿を見つけて、ほっと息をついた。これは、この旅のなかでも最も惨めなものであったろう。だいたいこの満州旅行では、ヤングハズバンドは運に見離されていた。旅宿に入って、濡れた着物と体を乾かそうと、やれやれと炕の上に倚《よ》りかかるや否や、彼は跳び上がった。床の上に不用意に置いてあった一挺の鋏《はさみ》の上に足を乗せてしまったからだ。二・五センチ以上も深く突き刺さってしまったから、この傷のため、二日間は歩くこともできなかった。長白山の麓の川の中では手を切り、今度は足である。彼も、旅の危険は身にしみて感じたことであろう。いまのように仲間のいるときならよい。もし一人旅で大けがをしたら、助かる見込みはなかったからだった。彼は小さな傷で大きな教訓を得た。

あたりはいつしか広々とした平原になってきた。ようやくモンゴルの草原地帯に第一歩を踏み出したのである。それにここはもう満州政府の権限外の地でもあった。だからでもあるまいが、人々はよくこんなことを言う。「われわれは帝国の臣民ではある。だが、国は国王（モンゴル族長）のものなのだ」と。ノンニからチチハルまでは、わずかに耕作されているにすぎない。あの長白山周辺の深い森林地帯となんという違いであろう。

チチハルへの道は、ノンニ川の左岸をほぼ平行に走っている。この土地は人口も稀薄なため、夜はモンゴル人の農家に泊めてもらった。といって、彼らのたった二張のテントを見かけたにすぎない。しかし、あのシナの不潔な旅宿とは異なり、清潔でたいへん気持ちよかった。満州はなんと広大なのだろうという感慨に浸る。チチハルへの半旅程のところで、思いがけず一人のデンマーク人に出会った。シナ電信局に雇われた人で、すでに一行は四カ月間も外界のニュースはなにひとつ接していなかったから、さっそく、なにか変わったことがあったかと彼に尋ねてみた。が、彼が聞かせてくれた唯一の情報はババリア（ドイツ南部の州）のルドウィヒ王が溺死したというものだけだった。世界は意外に静からしい。しかし、そんなことよりも、彼自身の体験談のほうが一行にははるかに参考になった。彼はこんなことを語ってくれたからだ。

「私はポシェット湾からウラジオストックまで、船で行ったことがあります。ところが船が着くと、すぐ二人の正装したロシア士官が私のいる船室にやって来て、『貴下を上海まで船で送還させていただきたい』という高圧的な命令を告げ、ロシア領内への上陸を頑として拒否しました。それから散々の悶着の末、宣誓までして、途中どこにも上陸しないという条件で、やっともと来たところに戻れたというわけです。ロシア人はなかなか疑い深いようですよ。私をてっきり英国のスパイと勘ぐっていたからでしょう」

この話は、一行にはとても笑えないものだった。なぜなら、一行こそまぎれもない英国人、しかも文官、軍人を含んだ一隊だったからだ。

九月二十日、めざすチチハルに着いた。吉林から五八〇キロを一七日かかってやって来たことになる。チチハルの第一の印象は、たいへん心地よいところだった。町は水を約五キロ離れたノンニ川に続く湖水から供給されていた。低い泥壁、それにいつもながらの二条の長い街路の通ずる、平凡な町のたたずまいである。軍事総督の衙門《ヤーメン》の使用人の骨折りで、旅館の部屋の一つが確保された。チチハルはひと言でいえば犯罪人の隔離所といえばよかろう。数千人の流罪人がこの町に住む。シナのあらゆる地方から追放された彼らは、一カ月に一度は町の官憲に報告の義務を負っていた。ロシアにおけるシベリア流刑地と同じである。こんな町だから、見るものはほとんどなく、役人もまた冷たかった。

　満州もここまでやって来て、さてこれからどこへ行こうかと思案に暮れた。このまま北上すると、シベリアとの国境となる黒龍江《アムール》にぶつかる。少なくとも三週間はかかろう。しかし、そこから国境を越すとなれば、ロシア側は少し前に聞いたように、スパイと疑って越境入国を当然拒否するであろう。それに北満の草原地帯は見るものとてなく、魅力はさらにない。過去、数週間の旅でこの北への道がいかにつまらないかは十分知り尽くした。では、ここを最北端として道を東に転じ、思い切って新しい天地に行こう、そこで三姓《サンシン》にまず目標を定めた。

　チチハルと三姓のほぼ中間の呼蘭《フーラン》までは、まだ三二〇キロはある。この近傍はごく近年に大開拓され、大都会も出現したという話も耳にしたが、その信疑の確認はできず、ヨーロッパの地図にはいまだ出ていないので、とっくり眺めようという気持ちも大いにあった。チチハル周辺は地面も湿り、馬車の車輪も水没するありさまで、フルフォードの馬車を牽くロバなど、出発草々ひっくり返る芸当から始める始末だった。それでも、土地は段々と高さを増し、さながら大洋のようにうねっていた。ステップはほとんど無人地帯だから、三〇～五〇キロごとにせいぜい一軒の家か旅宿があればよいほうで、この原野越えに一週間かかったが、寂しい旅である。そして九月二十八日、初めて結氷をみた。

　川幅一四〇メートルほどのフラン川を渡る。呼蘭は川の屈曲部にあり、松花江《ソンホワチャン》と合流点から一五、六キロほど離れていたろうか。人口は三万といい、商店は満州のなかでもよいほうに映った。北に行くにつれ町が清潔になっていくのは、新興の町と同時に、気候にもよる。呼蘭は一行の訪れる前年、匪族に襲われ、またフランスの宣教師コンロー神父が数年前にシナ人を射殺したので、この復讐だったかどうかは不明である。今度は前年に、神父が残酷な拷問を受けた所として知られていた。北満はまさに匪族の天国といってよかった。

呼蘭から一行は北西方向に引き返し、北林子《ペイリンリ》という新しい町に行った。ニイ川を渡ってこの町に着いたのは、もう夜の帳《とばり》が下りてからだった。このあたりは匪族の多い原野で、住民もあまり質がよくない。街を歩いていると、例にたがわず群集がどっと取り囲み、顔をじっと見つめたり、足を踏みつけたり、あげくはジェームスのコートを掴んだりしたので、腹を立てた彼が相手の鼻柱を殴りつけるといったひと騒動までやった。一行にとっての目的は、満州最北端にあるというローマン・カソリック教会を訪れることにあった。しかし、運悪くカルド神父が不在だったので、また南西に向かい、チャオ・フ・ウ・プに行った。彼らがこのあたりを行ったり戻ったりしたのは、点在するヨーロッパ人の教会を訪ねたかったからである。この街には匪族の討伐隊が駐留していて、この二年間で六〇〇名も殺したというが、彼らは殺しても殺しても叢雲《むらくも》のように地平線上に姿を現すのだった。彼らは住民であり匪族でもあったのであろう。さらに五六キロ進んで、巴彦蘇蘇《バチェンスス》に行った。人口は二万五〇〇〇ながら、ラグー神父たちの教会もあり、カルド神父にもここで会えた。これらの神父たちが遠く故郷を後にし、こんな野鄙な社会で一生を困難な伝導事業に献身している姿に、ヤングハズバンドは大きな驚きとともに深い感銘を受けたのだった。「これほど強い印象を私に与えてくれた人は、これまでほとんどいなかった」と、彼は述懐している。彼がのちに社会的に挫折し、次第に宗教的瞑想の世界に入っていくそもそものきっかけと萌芽とは、この満州の僻地で会った数人の神父から受けた、計り難い影響だったのである。しかし、それが彼の心の中で温められ醗酵されるのは、さらに遠い将来のことである。

神父たちから二日間の温いもてなしと、数々の情報を受けたのち、次に松花江に近いシアオ・シ・ホーに向かった。ここにリファルド神父がいたからである。この北満の地にどっしり腰を下ろして布教している神父たちほど、また土地に通じている人たちもいなかったから、ヤングハズバンドにとっては貴重な情報源だったのであろう。このあちりは匪族の出没が多く、旅行は危険だった。しかし、ヤングハズバンドに言わせれば、「運悪く」彼らに遭遇しなかった。十分な銃器と弾薬を馬車に積んでいる一行を、匪族のほうがむしろ敬遠したのであろう。秋は知らぬ間に去り、いつしか冬は急速に足音高く近づいていた。もうぐずぐずしてはいられない。ある日、猛吹雪に遭ったことすらあった。神父たちの語るところによれば、冬の最低気温は摂氏零下六五度を記録したことがあるという。極北の地に等しいものであった。

三姓までの道は未開地のままだった。三姓は川の左岸にあるのに、道は川を三度も渡らねばならなかった。そして深い谷には橋が架かっていたが、大半は折れたり壊れたりして使いものにならなかった。十月十三日、こんな寒く、やり切れない荒れた土地を越えて、ようやく三姓に着いたのだった。風の強く吹く日だった。

三姓《サンシン》は、満州北東部では主要都市のひとつに数えられる。黒龍江と松花江との合流点からざっと二九〇キロさかのぼったところに位置するこの町は、交通をまったく川に頼っているといってよかった。一八五八年、ロシアとシナとの条約で、松花江の航行がロシアの商人や旅行者に開放されたが、これが一八六〇年の条約で取り消され、一八八一年のペテルブルグ条約でまた許可されるというややこしい軌跡をたどった。こんな目まぐるしい動きにも、シベリア地方のロシア人がいかにして満州の地に楔《くさび》を打ち込みたがっていたかがうかがえよう。三姓はそうした中心になる目といえる土地であった。松花江と牡丹江とに囲まれたこの町の人口はざっと二万、あまり繁栄はしていそうに見えなかった。要塞とバラック小屋が東へ一〇キロほど続いていたろうか。ヤングハズバンドたちは相談して、一応、町の副知事のところへ儀礼的に案内を乞う手紙を従者に持たせてやった。ところがその返事は、一行にまず会うまで動いてはならなぬという心配されるものだった。寒いなかで追い返されたらどうしようという不安だった。しかし、間もなく許しの連絡が入り、ほっと胸をなでおろした。

三姓の要塞を訪問してみた。すると門は大きく開かれ、想像以上に丁重に迎え入れられた。そしてシナ人のあの無関心さで、内部のあらゆるものを見せてくれた。驚くべきことに、ここにはヨーロッパ式に設計された重量六、七トンもあるクルップ砲が装備されていた。さらに爆薬庫まだ見せてくれた。この連隊の大佐は一行をお茶に招待してくれ、少しも警戒の色を見せなかった。ロシアが松花江の自由航行権を手に入れているとすれば、シナ側はいつ不意の攻撃を受けるかわからないから、そういった不測の事態に備えて万全の対抗処置をとっていたのである。しかし、ヤングハズバンドの目はごまかせなかった。せっかく六五〇キロもの悪路を運んできた重砲も、その後の取り扱いがいいかげんで錆びるにまかせている状態では、いざ戦闘というとき役に立つものかどうか疑わしいものだと、彼は厳しい判断を下している。

三姓にはたった三日いただけで、一行はあたふたと南に下った。気温はぐんぐん下がっていたし、川は結氷しはじめていたからである。フランスの宣教師たちの忠告どおり、膝まである外套を購《あがな》った。次の目標は、牡丹江の右岸に沿って二二五キロのところにある寧古塔《ニングタ》であった。この間に八つの駅停があるが、旅宿はないので、兵士たちの詰め所に泊めてもらうより仕方がない。野外の天幕など寒くて用をなさなかったからであろう。牡丹江は山地から流れ出、一行は六〇〜三〇〇メートルの起伏をした悪路を次々と越えて行かねばならない。岩が多く、しかも狭い道だから、ときに二輪馬車がひっくり返ることも珍らしくはなかった。あたりの光景はまた変化していった。牡丹江は深い渓谷の中をくねくねと曲流し、樫の木が水際まで枝を垂らして生い繁っている。東方にはすばらしい山並みがそばたち、松にすっかり覆われているが、これは牡丹江と黒龍江との分水嶺をなしているところだった。満州とはなんと野生に満ちたところであろう。長白山への道中では、深い森林と断え間ない雨と虻《アブ》に悩まされた。それがあっという間に樹林の海は消えうせ、結氷をみるほど寒冷な気候に変わってしまった。北満の荒れた草原と未開墾の広漠たる天地、それが恐ろしいほどのスピードで展開していく。すべてが極端から極端である。常夏のインドから来た者の目には、ただ驚くばかりの世界。しかし、インドのような色彩的な美しさにはどこか欠けていた。単調で物憂かった。

寧古塔に入る前日の朝、いつものようにおとなしい小馬に乗ったヤングハズバンドが、さあ出発するぞと促すや否や、この耳の長い動物はなんと思ったのか勇敢なこの龍騎兵を見事に跳ね飛ばし、泥だらけの溝の中へ頭から振り落としたのだった。「この光景は、びっくりさせるような、それでいてすばらしい眺めだったが、この災厄にはみなどっと大声で笑ったものだった」と、ジェームスは呑気なことを言っている(1)。小柄で元気旺盛な騎兵隊の将校が小馬に跳ね飛ばされる光景など、一瞬は驚かされるにしても、単調な旅には愉快だったのであろう。冷たい泥水を浴びたヤングハズバンドの伸びた髭から、さぞ水はしたたり落ちていたことであろう。こんなうそ寒く、うら寂しい土地を突破して、十月二十六日、やっと寧古塔に到着した。

寧古塔と牡丹江の渡し場との間で、川は大きくカーブしているが、町はなかなか盛んのようだった。人口は約二万といい、わずか十数年前に三〇〇〇人だったことを考えると、急速な膨張といえよう。町は広々とし、耕地もあるようだった。一八八〇年、イリ事件（新疆省伊犂《イリ》の帰属をめぐるロシアとシナ間の紛争）があわや戦争にまで発展しそうになったとき、ロシア軍は三姓と同じくこの町をも軍事的に占領しようとしていたところだった。満州北部では要衝の地であった。衙門《ヤーメン》は牡丹江のすぐ川畔に建てられており、水は清く、船は三姓まで航行が可能ということだった。

この町にもたった二日間しか滞在しなかった。そして蛙とび戦法で、十月二十九日、次の目標の琿春《フンチュン》に向かった。本格的な冬に追いつかれないため、ロウソクの灯の下で明けやらぬ早暁に起床し、熱いオートミールひと皿とお茶を一杯喫しただけで、最初の曙光が東の空を染める頃には、もう行動に移っていた。朝の気温はすでに零下二四度で、高度五〇〇メートル前後の丘陵と沼沢地を渡る旅は、決して楽しいものではなかった。旅のなつかしさは旅の終わったとき、本当に訪れるものだ。旅は苦しいものなのだ。十一月二日、スス・チヤンを経て、五日に川幅ざっと九〇メートル足らずの図們《トウメン》川を渡ったが、長白山から流れ出る川だ。そして琿春に着いた。もう満州の原野は満目冬に入っていた。

琿春は平凡な国境の町で、約三〇〇〇名のシナ駐屯軍がいるにすぎなかった。町をぶらぶら歩いてみると、丘陵の麓の南東の平原上にごく最近に建てられた要塞があり、例にたがわずここを訪れると、重いクルップ砲のある堅固な防備がしてあった。やはりごく最近、ロシアとの間で取り決めた国境は、この琿春からわずか一五、六キロしか離れていないところを走っていた。そこまで行くには、平坦な道を八、九キロ行ってから、ちょっとした丘陵地を越えねばならない。

ヤングハズバンドたちは、この国境の町の最高責任者である儀《イー》将軍から晩餐に招待された。この老将軍はあの太平天国の乱で功績のあった人で、たいへんに丁重だったが、ロシア人を好んでいる風ではなかった。これは当然だったであろう。国境などあってなきに等しかったシベリア地方は、いつの間にやらロシア人に掠め取られてしまったと同然だったからだ。それですらロシア人は満足せず、隴《ろう》を得てまた蜀《しょく》を望み、南への領土拡張を画策していた。ヤングハズバンドは短い旅行ではあったが、いつしかシナ人に対する認識も鋭くなっていった。「誰も一般のシナ大衆ほど粗野にはなれないが、いくら望んだところで、シナ大人ほど慇懃で洗練された人間にはなれまい」(2)と、結論を下している。せっかくここまで来ていながら国境を越えず引き返すのは残念であるが、一行はロシア領内の旅券は持っていなかった。軍事視察の上にはぜひこの好機を逸したくない。儀将軍は反対であったが、こんな感情もあってか、ジェームスはロシア軍の国境守備隊駐留司令官に宛てて、もし許可していただけるなら、ノヴォ・キエフスクをぜひ訪ねてみたいという手紙を出した。琿春からわずか数キロの国境の反対側に、二、三〇〇名のコサック兵の駐留する駐屯地があったのである。しかし、かつて聞いたように、ロシア側は警戒が厳重で、とくに英国人の入国は難しいといわれていた。半分は締めながら、ジェームスは旅行中で永いことヨーロッパのニュースを聞いていないこと、いくらか購入したいものもあるのでぜひお許しいただきたいという親書を書いたのだった。相手はもちろん、こんなことはこじつけの理由と思ったろうけれど。

　三人はロシア領のほうへ向かって出かけて行った。すると小馬《ポニー》に乗った二名のコサック兵が、早駆けでこちらにやって来るのが見えた。彼らは地区司令官の返書を持っており、ソコロフスキー大佐の名前で、一行の訪問を心から歓迎するとあった。予想を裏切る内容だった。それに、これまで一行中の誰一人として、真正のコサック騎兵を見たことがなかった。が、灰色の毛皮帽、長靴に外套、茶色の目をしてライフル銃を背負い、サーベルを鞍につけた、文字どおり「イラステレイテッド・ロンドン・ニュース」紙の挿絵から抜け出たような風采のコサック兵が、初めて姿を現したのである。一行は彼らの案内で、国境を越えて五キロほど行くと、約三〇〇名のコサックの駐屯するスワンカというところに着いた。幾棟かの低い粗末な兵舎、将校用の家屋も建っている。ただソコロフスキー大佐の家だけはかなり立派だった。この日は、本当に寒さの厳しい日だった。それでも大佐は基地の中をことごとく見せてくれたうえ、晩餐にぜひどうぞと招待してくれたのだった。南下するロシア軍でインド、アフガン方面がぴりぴり緊張していることを考えると、まるで嘘のようなことだった。

スワンカは荒涼とした丘陵の陰になったところにあったから、見た目にはけっして心地よくなかったし、まったく地の果てのようなところだった。コサック兵はこういった外地勤務が四年間で、あとは帰郷が許された。彼らの乗る有名な馬は、シナ産の小馬では役に立たないので、トランス・バイカル産の山地馬を利用しているという。インド駐屯の英軍は、幾度となく彼らと一戦を交えるきわどいところまでいきがら、なんとかそれを回避したが、当時は予想すらされなかった新興国日本が、コサック旅団とこの満州の地を血に染めたのである。それはヤングハズバンドの旅行から二〇年後のことであった。孫子によれば戦争は勝つことが最上とされるから、危ない橋を渡らなかった英国は結局、賢明だったのかもしれない。

ソコロフスキー大佐の招待を受けて、彼の家に三人で乗り込んでみると、壁も家具も塗料の塗っていない簡素なもので、どこにも軍需品がいっぱい積み上げてあった。馬具や兵器の山である。晩餐会の相手側は三人のロシア将校とシナ人通訳、こちらは三名で合計七名。食卓につく前、一、二杯のウォッカを流し込んだが、これは食事前に口をすぐロシア式だと、大佐が説明してくれた。

食卓には、スープの入った大きな容器がどっかりと置かれていた。ソコロフスキー大佐は、「さあ、堅苦しいことは抜きにして、みなさん、*je mange énormement*（私はたくさんいただきますよ）」と言うなり、自身の皿に一杯すくったので、みんなもこれにならった。どのテーブルにも葡萄酒《ワイン》とビールが六本ばかり立っていた。女気のないこの食卓では、当然、大佐が主人役《ホスト》で、「みなさん、さっぱりお飲みになりませんな」と叫ぶなり、テーブルの向こう側から手を伸ばし、赤葡萄酒をこちらのグラスに並々と注いでくれる。「これらはクリミヤから取り寄せた、とびきり上等の葡萄酒ですよ」と説明すると、まだ飲み乾さないうちに、別の将校が同じグラスにシェリー酒をなみなみと注ぐのだった。するや、「さあ、ビールをやって下さい」と大佐がしきりに勧める。山盛りの料理が次々と出され、誰もが勝手にとって食べるのだった。それなのに、将校の誰かが大きな肉を切ってこれまた皿にどかりと載せる。歓待はきわめて荒削りだが、心のこもった純粋なものであった。最後には葡萄酒、ビール、シェリー、ギネスの黒ビール、ウォッカと、もうあっちこっちと目茶苦茶に飲まされたのには、さすが空腹な旅を続けてきた若いヤングハズバンドさえげんなりしたと言っている。

この食事の間でもロシアの大佐は若いヤングハズバンドを黙殺して、ジェームスとばかり話していた。感情的にはあまり気分のよいものではない。こんな折りだったのか、ジェームスが、こちらに来るとき琿春の儀将軍がたいへん反対しましてねと語って聞かせると、大佐は笑って、「そんな反対などお気になさいますな。シナ人の行為は行為として報《むく》いられればよろしいでしょう」と、いたって淡白で割り切っていた。また、このあたりに出没する匪族をどうしているかと重ねて尋ねると、「はっきり申し上げれば、彼らを捕まえれば審理し、投獄します。しかし、時々は戦闘になったり、追撃したりすることにもなりますが、一、二のコサックがときに発砲して、匪族がその弾丸でやられることもあります」とのことだった。

宴たけなわのとき、鈴の音を響かせて大型四輪馬車が停まり、入口の戸が開くと、一人の若いロシアの将校が入ってきた。「ただいま到着しました」と報告する彼は、妻と一緒に三週間にわたる長いシベリア横断の旅を終えて、いまやっとこの新しい任地に着いたのだった。彼の姿を認めると、大佐はいとも簡単に「いや、ちょうど食事に間に合った。そのところちょっと寄ってあげてくれませんか」と言うや、その将校はさっそく席に着いて、何事もなかったように、食事はよどみなく続けられていった。驚いたのはヤングハズバンドだった。夫人はいたわりの言葉ひとつもらえず、さっさと宿舎に行ってしまったからだった。これは英国の男たちには考えも及ばないことだった。インドの官吏や軍属の社会では夫人同伴は当然であるし、慢性的な女日照りで女はちやほやされたし、女性の顔色ひとつで政治すら左右されかねないこともあったからである。アフガン国境のペンジデーで、英軍が戦わずにして敗れた原因は、こういったところにすでに胚胎していたのである。しかし、話を聞いていくうち、このロシア軍の司令官、彼の下にコサック騎兵一連隊、砲兵一中隊、歩兵一大隊があったのだが、その彼の給料が一下級将校のヤングハズバンドの給料より低かったと、ジェームスにいたっては、彼の一二倍の高給をとっていたことだった。インドを植民地下に置き、数千万のインド大衆から搾取して富み栄えていたときの大英帝国の繁栄ぶりが、こんなちょっとしたことからも偲ばれようというものだ。しかし、それも所詮はあだ花であり、一場の夢にすぎなかったことは、のちの歴史が正しく証明してくれた。インドはやがてインド人の手に戻る運命だったからである。厳しい自然環境と忍従の生活ではあったかもしれないが、シベリアはツァーの没落後の混乱期にもよく耐え、ロシア人の手から離れることはなかった。こんな何時間かの楽しい一刻ののち、この晩、三人は大佐の家に泊めてもらった。人々は去り、寒い星空のなかでシベリアの夜が更けていった。

翌日、三人は大佐と別れ、馬でノヴォ・キエフスクに行った。ポシェット港の北の海岸ぶちにある町で、ここまでざっと二四キロあった。途中でロシアの代表委員と会い、ウラジオストックまで行かれてはと勧められたが、これは冬の到来が早いので断るしかなかった。あんなに猜疑心の強いロシア人が厚意的に出るのは奇妙であったが、むしろ彼らはインドのことについて知りたかったのかもしれない。道は荒れ、山がちで決してよくはない。いよいよポシェット港が見下ろせるところに出ると、港は冬の陽射しをいっぱいに受けて美しかった。周りはぐるりと山に囲まれ、夏はさぞすばらしいところだろうと思えたが、もう冬のこのあたりは蕭々《しょうしょう》とし、ただ荒涼の一語に尽きていた。ノヴォ・キエフスクは歩兵一大隊、砲兵一中隊、約一〇〇人のコサック騎兵の守備隊の小さな駐屯地で、兵営の外には商店、バラック小屋、事務所、美しいギリシア正教の教会が散在し、商店から色々と買い物ができた。土地全体が荒れすさんでいて、ロシア人のホテルもないので、シナ人の旅宿に荷を解くしかなかった。警戒厳重で、しかも自然が苛烈では訪れるヨーロッパ人はいなかったのであろう。

町のすぐ近くに小山があったので、さっそく登ってみた。英国人は山を見ると登らずにいられない民族のようだ。のちに聞くところによると、ここのロシア人でこの山に登った者は誰もいないとのことだった。ノヴォ・キエフスクは小さな川の流れの端にあり、北へ四、五キロ、渓谷の上に農家のコロニーがあった。が、農業だけでは自立できないので、政府から小麦粉など援助を受けているという。湾の西、図們川《トウメン》の川口近くのところで朝鮮、シナ、ロシアの国境が接している。見るともなしに見ると、川の岸にはロシア兵士の妻女たちが、真紅のペチコートと明るい色をした頭巾をかぶって、もう寒い季節というのに、せっせと洗濯をしていた。自分の下着一枚、いや机の上から床に落ちた紙片一枚取り上げるにも、下女の世話を受けねばならないインド在住の英国人の女たちと比べたら、そのたくましい生活力に驚くばかりだ。町の商店でコーヒー、ビスケットなどを買い求め、一日滞在しただけで翌日にはまたソコロフスキー大佐の駐留地に舞い戻り、夕食を共にすると、琿春に引き返した。幸運だったのはロシア人が自由な旅行を許可してくれたことであり、ヤングハズバンドにとっては想像を超える収穫があったことだった。

琿春に戻ってから、ジェームス一人だけ吉林に直行し、ヤングハズバンドとフルフォードの二人は寧古塔へと北にもと来た同じ道を引き返し、そこで家郷からの手紙を受け取って吉林に向かうことに決めた。ここでジェームスとヤングハズバンドたちのルートは二つに分かれることになる。満州の旅行中、手紙と名のつくものは一通も受け取っていなかったので、若いヤングハズバンドはやはり冒険と家郷との間をさまよった。ジェームスのとろうとしているルートは、途中で匪族の出没も多く危険なので中止したほうがよいとシナ人たちは懇切にと諫めてくれたが、むしろ単調な旅にいくらか辟易《へきえき》していたし、スリルと冒険欲の旺盛な彼は同じルートにまったく魅力を感じていなかった。もう雪がひっきりなしに舞い、気温は零下二〇度まで下がっていたが、ジェームスは勇躍して出発すると、十一月二十四日、一四日間の旅の末、再び松花江に滑り込んだ。この前の九月、船で渡った秋の松花江はいまはすっかり結氷して、二輪馬車でも平気で横断でき、やっと吉林に入った。あらゆる汚物は白い雪の下に埋まり、冬の満州は荒い夏とはずっと異なった風景を醸し出していた。それから二日した二十六日、ヤングハズバンドたちも彼と無事に合流したのである。

三人は、吉林からほぼ北西方向にあるクアン・チエン・ツに行き、さらに三二キロ先のシアオ・パチア・ツにあるローマン・カソリック教会を訪ねた。ここには二人の神父が生活していた。一行は彼らから情報を知りたいために訪問もしたのであろうが、何年に一度も訪れることのない白人が神父たちを慰問してやりたいという気持ちも働いていたのであろう。こんな僻遠な北満の地で、彼らは三〇年以上も布教を行なっていたのである。それは世俗的な名誉や地位に憧れる人たちには、とても想像もできない自己犠牲的精神に裏打ちされていた。そして彼らは故郷に帰ることなく、異境の地で死に、やがて忘れ去られていったのである。

もう満州の旅も終わりの部分に入っていた。一路、冬の原野を南へ南へと瀋陽《ムクデン》をめざして進んだ。気温は零下二〇度を上下していたが、空気が静止しているので、それほど身にこたえはしない。毎朝二時か三時には起き出し、暗いうちに出発する。しかし、沿道に旅宿はあったし、暖い部屋もあり、いつしか旅にすっかり慣れてしまっていたので、さほどつらいとは感じなかった。冬は、とくに夏のあの泥濘の道より楽なので、おびただしい交通量がみられ、ずっと活気に満ちていた。町に入れば宿屋の呼び声や二輪馬車の鈴の音が響きわたり、喧騒ですらあった。それに夏には気づかなかった冬の満州の自然の美しさである。起伏に富んだ土地、森林がすっぽり雪に埋もれているが、凍った太陽の光に照らされて、微粒子がキラキラ煌めく光景は、まるでお伽の世界にいるかのような幻想すら抱かせた。旅というものは、四季折り折りに訪れてみなくてはならないことを再認識させてくれる。蚊と虻《アブ》に攻めたてられた夏の満州だけを見たのでは、きっと印象は悪かったに違いあるまい。村や町を通り過ぎ、万里の長城を越え、ようやくにして瀋陽に着いた。ここのスコットランドの伝導会所で一日休息したが、ここからは来るときとそっくり同じ道をとって雪の牛荘に着いた。もう年の瀬に近い、十二月十九日だった。(3)

牛荘でヤングハズバンドは、長い旅の道連れだったジェームスと別れた。彼はここから旅順に行き、さらに日本からアメリカ、ジャマイカ経由で英国に帰る予定だった。彼は帰国して『長白山』(*The Long White Mountain*)と題した大冊の立派な満州の旅と歴史の本を著したが、ヤングハズバンドは生涯、二度と彼と旅はしなかったようである。激務がそうした機会を二人から奪ってしまったからであろう。ジェームスは親切で、若いヤングハズバンドの面倒をよく見てくれた。ヤングハズバンドはのちに先輩の彼をしのぐ名声を得たが、これも青春時代によい友に恵まれ、満州旅行の得難い体験が彼を一流の探検家にまで育てたからであろう。

クリスマスの二日前、ヤングハズバンドとフルフォードとは陸路をとって天津に向かって出発した。ここからずっと海岸に沿って山海関《シャンハイコワン》に行ったが、山海関は万里の長城がここの海に入って止まっているところだった。さらに開平《カイピン》を通り、一八八七年一月一日、天津に着いた。ここから北京に行って英国大使のウォルシャム夫婦の世話になったのは、それから間もなくのことだった。

第7章　ゴビの流沙を越えて

一九世紀も八〇年代のシナの都北京は、いまだ清朝末期とはいえ、〈天の御子〉たる天子、すなわち皇帝の住まう封権的で封鎖性の強い雰囲気の漂う町であった。この都にはヨーロッパ各国の大公使館が軒を並べて華やかに外交を競っていたとはいえ、幾世代にわたって、自から世界の中心と考える〈中華〉の民衆は、上下とも他国のいかなる国民より優秀な民族と考え、その通りに振る舞ってきたし、他国の君主といえども、すべて天子の前に叩頭すべきものであるとごく普通に信じてきた。この愚かで狭い世界観がのちに義和団事件にまで発展し、各国のシナ大陸侵略の糸口を作っていくのであるが、そういった頑迷ともいえる国民性は、結局、各国の外交官ともしっくりいくはずもなかった。西欧の外交官とシナ官吏との交流はきわめて稀でしかなかった。

ジェームスと別れ、フルフォードと北京に来たヤングハズバンドは一八八七年一月末、前任のオコンナーと新しく交代したサー・ジョン・ウォルシャム大使の英国大使館に荷を解き、シナの軍事情勢の分析と情報収集を開始した。ウォルシャム大使はヤングハズバンドにたいへん親切であったが、到着するとすぐ、「ヤングハズバンドさん、シナの城砦にはけっして近づいたり訪問しないで下さい」と、だめを押された。その代わり彼は、大使館に保管されている公文書や秘密文書を自由に閲覧させてくれたし、相談にものってくれたのである。ただウォルシャムには一つだけ面白い欠点があった。公式書簡を書くのが大嫌いで、いつも割高な電報を打っていたため、本国の外務省をすっかりかんかんに怒らせていたのである。しかし、この奇妙な癖のおかげでヤングハズバンドは千載一遇の好機を逃さずに済んだのであった。

狭い北京の外交官の社交場では、いつもどこかで晩餐会とか午餐会とかが開かれていた。こういった社交会の親分格は、ドイツ大使のフォン・ブランディトだった。各国それぞれの思惑があるから微妙な政治にはふれられない。だからこんな折りの雑談は、ウォルシャムを除くとすぐ猥談で、フランス大使のコンステンがこれを買ってでるともう終わりまで尽きることがない。ヤングハズバンドは生来の社交家ではなかったから、話の相手などとてもなれないし、こんな会に招かれてもどうしょうもなかった。長いことプラトニック・ラブの信奉者だった彼には、話題がないのである。むしろ極秘印の捺されている公文書類をせっせと調べるほうが、ずっと面白かったし、だんだんと軍事面よりこういった外交機密のほうが楽しいことを発見したのだった。彼は三カ月の北京滞在のうちに、ロシア軍の情勢は極東よりむしろペルシアからインド国境に至る、南西方面に脅威があると判断した。満州、シベリア方面のロシアの力はまだ弱かったからである。こうした戦略ゲームがわかるにつれ、毎日どこかで開催されているパーティーによばれても、うっかり口を滑らせたら大変だから、いつもひやひやしていなくてはならなかった。酒に酔っぱらって、あらぬことを口走ったらことである。いつも胸のどこかに物がつかえたようで重しがかかっている。ときの北京駐在ロシア大使はコウマニイといったが、ヤングハズバンドは、「私が東シベリアで出会ったロシアの軍人たち以上、はるかにこのロシア大使を〈仇敵〉と見なしていた」と言っている。だいたい同業者は国籍が違ってもニュースの交換などを通じて仲間意識が働き、親しみを感じるものだ。軍人は軍人同志、外交官は外交官同志、競争者でもあり友人である。ところがヤングハズバンドは外交官ではないし、直情型の人間だから、敵意はすぐむき出しとなる。「私は個人的にこういったロシアの外交官たちに嫌悪すら感じていたことを、はっきり告白せねばならない」とまで言っている。彼はロシア人の人の良さは理解していたが、国を意識するとどうしても好きになれなかったようである。退役してしまうまでこの感情から抜け出せなかった。

運命というものは、誰にも予想ができない。将来を約束されていた者が一朝のうちに没落もすれば、誰一人として思ってもみなかった者が、一夜明けたら王侯になることもある。運命のいたずらとはいえ、そうしたはかない期待があるからこそ、人は絶望しながらも、各々与えられた運命の道をたどって行けるのであろう。ヤングハズバンドは北京での仕事が終わったら、また港から港へと船の寄航する港湾や交易中心地を見て、報告書を作りながらインドへ帰るつもりだった。一般に考えられているように、満州旅行が終わったら、次いで中央アジア探検をしようなど考えてもいなかったのである。そして、帰国する日時も間もなく訪れようとしていた。春の日足はぐんぐん伸びていた。

三月下旬ともなれば、北京でも寒い冬の使者は次第に北へと遠ざかっていく。そして初春の陽射しは、のんびりと道行く人々や路脇の街路樹の影にも色彩が微妙に交叉し、そこはかとなき柔らかな兆しを感じさせていく。こんなある日、突然なんの前ぶれもなく、一昨年の夏、シムラの情報局での上司だったベル大佐が、北京に現れたのだった。彼は情報収集に向いた人ではなかったが、なかなか頑固なところがあって、これまでもペルシアやビルマを旅行し、今度はシナの最新の情報を探りながら、シナ新疆省を通り、インドまで実地踏査をしようという計画で北京まで出かけてきたのだった。これはたいへんな仕事である。同じ情報集めといっても、これではヤングハズバンドの沿岸ぞいの旅行など児戯に等しい。ヤングハズバンドにとってこの大胆きわまりない計画は、まさに青天の霹靂といってよかった。もうじっとしていられない。罪な話である。ぜひ、連れて行って欲しいと歎願した。しかし、その良し悪しは別として、ベル大佐の意見は違っていた。

「わしの目的は、北京からシナ・トルキスタンの主要な通信路線上に沿って、沿道のあらゆる町やその通り抜けの可能性を観察することだ。しかしね、君、二人の将校が、同じルートを連れだって行くことは、機会の無駄ということになろう。君はいっそのこと、シナ・トルキスタンへ直線コースをとって行ったらどうかね。ゴビ沙漠を横断したらよろしかろう。軍事的に見れば、これはたいした価値はないかもしれない。しかし、ヨーロッパ人でこのルートをたどった者は一人もいないはずだ。これを知っておくことはよいことだと信ずる。君にはこちらのほうを勧めたいね」

若者は単純である。このベルの意見に飛びついた。この大計画は、いまではすっかり忘れしぼんでしまっていた、あらゆる可能性と冒険欲とを刺激したのである。すぐさまこのことをウォルシャム大使に相談に及んだ。もう旅に出たような気持ちで浮かれていても、ちょっと頭を冷やして考えてみれば、休暇も金もないことはすぐわかったはずだ。

問題は何ひとつ解決されていないのである。ウォルシャムも、ヤングハズバンドのこの突拍子もない計画を聞いて初めは驚いたことであろう。しかし、このときはきわめて同情的に聞いてくれたが、その夜の夕食のとき、彼はヤングハズバンドのところにやって来るなり、「実はね、君、本当に行く気なのかね」と心配そうに尋ねたのであった。青年の心は単純なだけ傷つきやすい。こんな物静かで、丁寧な言葉も、針のように神経を刺激するのだった。彼は後年このときのことを回想してこういう。「あのとき、行きたくないなどとちょっとでもほのめかすことさえ、向っ腹の立つことだった」と。ところがウォルシャムが急に心変わりしたことでないことは、ヤングハズバンドにもすぐわかった。この大使館に来て世話になってからも、いつもなにくれとなく心を配ってくれたのは、やさしい心の持主のウォルシャム夫人で、かならずや彼女が夫に言いつけたのに違いなかったからである。彼女は夫からこのいきさつを聞いてびっくり仰天し、初めはこう言ったであろうことは信ずるに難くない。

「あなた、まさか行ったらよろしいなどとあの方に言ったのではないでしょうね。あの方はまだ二三歳なんですよ。一人で何カ月も危険のいっぱいある土地を通って、インドまで戻れるとでもお思いなんですか。早くおやめなさいと言ってちょうだい。悪いときにベル大佐がいらしてしまったものね。若い人って、何にでもすぐ感じてしまうものだから、どんな結果になるのか自分でも見当がつかないのよ」

しかし、ウォルシャムの、せっかくの打診もヤングハズバンドの鋭い反撥に遭ったため、結局、インド総督ダファリン卿に宛てて緊急に休暇願いを許可してもらうよう、電報を打ってくれたのである。

この返電が届く間に、ヤングハズバンドはベル大佐と地図を広げて相談に入った。彼は南の人口稠密地帯を通ってハミに出る。そこでヤングハズバンドに会おうという。一方、ヤングハズバンドは北京より北よりのほぼ直線コースでゴビ沙漠を横断し、ハミに直行しようということに決めた。だが、北京から三二〇〇キロも離れた新疆省の入口にあたる町で、あらかじめ定められた日時に会合するなど、その可能性はまず絶望に近かった。頑固一徹、性急なベル大佐が、何時間も仲間の出現を待っていてくれるはずがない。大使館員たちは、「五分間も危いもんだな」と陰口を言った。それでも彼は、約束の日にハミで丸一日ヤングハズバンドを待ったが、何の連絡もないので、慌てて西へと向かったということをインドに着いてから聞いた。二人はついに広漠たるアジアの心臓部では行き会うこともなかったのである。ベル大佐は、ずっと迂回路をとることになるので、早々と北京を発っていった。(1)

人生はなにが幸いになるかわからない。ウォルシャムはインドの内政・外交・軍事の全般にわたって皆目無知であった。外務省からの返信はいつもだらだらと手間どるというので、彼は直接インド総督ダファリン卿へ打電してくれたのでこれがまったくの幸運だった。すると間もなく、休暇を許可するという返電がダファリン卿から届いた。しめた、もうぐずぐずしてはいられない。約束の日は決まっているのだ。大急ぎで荷をまとめると、一八八七年の四月四日を北京出発の日と決めた。

出発前夜、夕食が済むと、ウォルシャム夫人がヤングハズバンドに、「これから、あなたがたどって行こうとされているルートを、地図の上に印をつけて正確に説明して下さいません」と所望した。このとき、ヤングハズバンドはすっかり上気した気持ちで、アジアの大地図へ鉛筆で線を引いていったが、またこのときなって初めて、これからやろうとしていることがたいへんな大博打《ばくち》であることがわかったのであった。頼りになる参考資料はなにもない。すべてが靄《もや》の中でぼーっと霞んでいるだけである。北京でこれまで尋ね求めた情報も、これはというものはなに一つなく、ただただ未知の中へ飛び込んでいくしかないということぐらいを知っただけだった。一緒に行ってくれるのは、シナ人通訳一人だけである。これで未知の扉を破ろうというのであった。

許可電の入った三日後に、ヤングハズバンドはウォルシャム夫婦や大使館員たちに見送られて大使館を後にすると、北京城を後にして、暖かな大使館から、外界の厳しい現実のなかに一歩足を踏み出したのだった。もう過去を振り返る余裕はなかったものの、しばしば北京へ引き戻される思いだったようだ。ところが彼が出発して二、三日後に、インドから二度目の電報が大使館に届けられた。それは前に認可した休暇は取り消すという内容のものであった。インド総督が軍事務局に相談もせず、勝手に軍人の休暇を与える権利はないはずと、軍部から談じ込まれたものらしい。これは、軍はあらゆるものから独立したものという統帥権にからんだ問題で、インドではのちに有名なカーゾン卿とキッチナー元帥との衝突が起きたことがあるが、これにもヤングハズバンドが一枚加わっていたことを考えると、彼はよほど政争に巻き込まれる星の下に生まれてきたものらしい。

ところがサー・ジョン・ウォルシャムは、わからず屋の職業外交官ではなかった。かつて、といってこれより後のことであるが、ロンドン在住の民族学者南方熊楠が駐英公使の加藤高明から意地悪されたようなことはない。二、三日後といえば、至急の使者を立ててさえすればヤングハズバンドにすぐ追いつくはずであった。しかし、彼はそれをせず、もう出発ずみである旨の返電をインドに形式的に打ち返しただけであった。これでは相手方もどうしようもなかったろう。数カ月後にインドで捕まえるしかない。しかし、この舞台裏を眺めれば、ここでもウォルシャム夫人の助言があったと考えたほうが、ずっと真実に近かったのではあるまいか。もし夫の出世のことぐらいしか考えない狭量な夫人だったら、夫の怠慢を責めて、万難を排してでもヤングハズバンドにすぐ引き返せよと知らせる手を打たせたことであろう。なぜなら、ヤングハズバンドは、せっせと彼女に旅先から手紙を出していたのだから。おそらく彼女は、「あなた、ヤングハズバンドさんはもう出発してしまわれたのよ。そうインドに言っておやりなさい。兵隊さんはなにもあの方一人じゃないでしょうからね」ぐらいの親切な忠言はしてくれたことであろう。世に婦人を味方に引き入れるほど強味はない。そして、こんなことがあったことすら、ウォルシャム夫婦は永いこと彼に知らせなかった。いつヤングハズバンドがこんなきわどいところで握りつぶしてくれたことを知ったかは不明であるが、のちこの旅行を記した『大陸の胸奥』(*The Heart of a Continent*)のなかで一切ふれていないのは、あまり詳しいことを知らなかったか、知っていてもふれるわけにいかない微妙な問題があったからであろう。何にでもそうであるが、真実は、この旅行でも、決して単純なものではなかったということである。

北京を出発したとき、ヤングハズバンドの旅の仲間といえばシナ人通訳たった一人であった。満州旅行の際、ジェームスが伴っていった純朴な張三である。あとは張家口《チャンチアコウ》(カルガン)まで荷を運ぶ馬車夫であった。

ヤングハズバンドの後世名高い中央アジア横断旅行については、『大陸の胸奥』が唯一のよりどころであるが、この旅行の出発時の微妙な心の動きや裏舞台の工作になると、いまはよほど良質な資料が出現してくれない限りうかがい知ることができない。しかし幸いなことに、この旅行に出発した四月四日から当時シナの国内郵便物が出せた帰化城（フフホト）までの、ヤングハズバンドの長文の手紙三通が妙な因縁で私の手に入った。ヤングハズバンド八〇歳の全生涯を通じて、これほど劇的な時期は二度と巡っては来ないときのものだ。しかも手紙の相手は北京で世話になったウォルシャム大使夫人で、内容もきわめてプライベートなものである。旅行中のあまり私事にわたる部分は当然旅行記のなかでは一切除かれているから、これほど恰好のものもあるまい。ヤングハズバンドは自らいささか誇張的に告白しているように、非社交的で堅物で通っており、彼の著作もそのため魅力に乏しいのであるが、どうして彼はなかなかのウィットに富み、諧謔で冗談めいた風刺、明るい揶揄、真実と大仰《たいぎょう》を折り混ぜた言い回しなど、従来のヤングハズバンド像を覆すものとしても、この手紙は価値があろう。(2) 相手が年上の女性だったという点でも大いに興味がある。彼は北京を出発した夕刻のちょっと休息した機会に、この第一信を旅宿の机で走り書きしたものらしい。文法や手紙の書式などお構いなしに無視した、書きなぐりである。

沙河《シャホー》　一八八七年四月四日

レディー・ウォルシャム様

当地でまたシナの旅宿に休息いたしました。幸いなことに、ここはこれまでシナで体験したうちでも最上のものです。――襖《ふすま》、卓、椅子、その他のものも一級品ぞろいです。ここは、今日到着しようとあらかじめ予定していたところではありませんので、ともかく、また出発です。輓具を外したロバをつないだ旅宿で、荷馬車夫たちが静かに夕食をとっている様子をずっと眺めていました。それからすぐに輓具をつけ、急いで出発しました。ところが二〇〇ヤードも行かぬうち、ロバのリーダー格の一頭が、反対方向へとことこ行こうとしたものですから、やっこさんの脚と胴体を引き革で簀《す》巻《ま》きに縛り上げると、今度はなんと思ったのか、やっこさん馬車のほうの内側に向き直り、仮小屋だろうと商店だろうと、その他好き勝手な場所へ滅多矢鱈《めったやたら》に馬車を引っ張り込もうという始末。

私の乗っていたゴチェン氏の小馬《ポニー》は、こんなことをされるのは真っ平ごめんと、いま一頭別の小馬に驚いて飛びついたものですから、そいつときたら愉快なことに、私の足元の小馬を思いきり蹴っとばし、体をぶつけたりの騒ぎです。喜んだのは群集で、こういった成り行きにすっかりご満悦。私が危うく身を避けるのを（私はどっちかといえばむしろ楽しんでいたのですが）、面白がって見物しているようでした。しかし、われわれも実際には馬から下りることにしましたので、心もすっかり晴々しました。

もしもあなたが当地にちょっとでもお出ましになられたら、いまちょうど見頃のこの光景に、たっぷり堪能されることでしょう。樹々はまさに若葉をつけはじめたところで、鮮やかな新緑は、この辺一帯に繁茂する叢林のあの暗緑色のいとひばと非常によい対照を醸し出しています。大気もまた北京よりずっと新鮮で、健康的です。左手にあなたがたの〈なつかしい〉丘陵地帯が見晴らせます。あなたにたいへん気に入られていたことが、よく理解できます。私もあそこで幾刻過ごせたらなあと、ただ歎息するばかりでした。沙漠にでも入りましたら、あなたがしきりに吹聴しておられたあのテント用折りたたみ式椅子とかいうもので、丘陵の斜面をよっこらしょとよじ登っているあなたのお姿でも、とっくり思い出してもみましょうよ！

今日の午後、砂嵐とちょっぴり雨に遭いました。しかし馬車の中に潜り込んでおりましたし、むしろすっかり忙しい一日の後がよかったので、ぐっすり寝込んでしまってました。わがボーイは、今夕、まったく人間様を悲嘆に暮れさせるほどのすばらしい夕飯を作ってくれました。ベル大佐も、ミルク、バター、卵、ジャム、鳩、羊の肉片等々と取り囲まれているこの私を見たら、びっくり仰天、腰を抜かすこと請け合いですとも。本当のことを申せば、むしろ私自身がショックを受けているのですからね。私も——一日か二日ぐらいは、気持よく出発しようと誓いを立てていたものです。それからは、毎日お決まりの羊肉か鶏の一皿料理になじんでいくことにしようと。

明日は、南口峠《ナンコウ》を越えるために、早目に出発しようと思っています。車夫たちもたいへん軽い荷物を運ぶので、かなり速度を上げてくれるものと思っています。これはさぞ愉快な旅行になるでしょうし、ラダク(3)を通過する際には、仏教に関して、私があなたにできることならなんでも捜してみるつもりです。この場所で Lagata についで尋ねてみます。(4)レーの駐在官なら、必ずわかることでしょう。この旅行が成功するか失敗するかは、ひとえにあなたとサー・ジョンの私へのご親切とご厚意によること多大です。ですから、もしも成功しましたら、それは最善の旅券で、万事好都合に出発させて下さった、いきとどいたお世話と、有益かつ気持ちよくさせて下さったなにもかも一切のお陰です。ですが、もし不成功に終わるなら、それはもう疑いなく、あなたが私にあれこれと、あまりにいたれり尽くせりの世話を焼いてくださりすぎ、それで子供をかえって甘えん坊にしてしまうように、私をすっかりだめにしてしまったせいだからですよ。

どうぞサー・ジョンとトウリーさんにもよろしくね。

敬具

F・E・ヤングハズバンド拝

この手紙から推すると、ウォルシャム夫人はヤングハズバンドに随分と心尽くしをしてくれたものらしい。旅行が失敗したら、それは自分を甘やかしたからですなどと、母親か姉に言っているような親しみが込められている。ウォルシャム夫人の年齢は不明であるが、ヤングハズバンドより十歳前後年上だったであろう。また北京での計画では、カラコラム峠を越えてラダクのレーに出る予定だったらしい。実は、この手紙の前にいま一通、北京市内で書いた手紙があったということだったが、私の手に入る間にどこかで行方不明になってしまった。(5)

果てしなく続く万里の長城を眺めながら、ヤングハズバンドはその四日後に張家口《カルガン》に着いた。万里の長城の脇に位置する大きな町である。張家口は元来がモンゴル人の町であるが、いまはすっかりシナ人化してしまっている。日本人としては、同じ軍人の福島安正がこの町を一八八二年に訪れ、調査をしていた。ヤングハズバンドの訪れる五年前のことだ。さてヤングハズバンドは、到着の翌日、また北京のウォルシャム夫人に宛てて手紙を書いた。この手紙のほうが、彼の旅行記よりも町の場景や人の動きなどをよく描いているので、そっくり引用しておこう。

張家口　一八八七年四月九日

レディー・ウォルシャム様

お手紙を発送できるチャンスがありましたので、これまでのところまず上首尾にやっておりますことを、数行お便り申し上げます。北京出発し南口峠《ナンコウ》を越え、それからあなた方のお住まいになっておられる丘陵を流れる同じ川の渓谷について行き、昨日の午後に当地に参りました。

ここの情景は、寺院や、むき出しの黒っぽい丘陵や、小石を敷きつめた渓谷の河底など〔北京と?〕そっくり同じです。毎夕刻近くになると砂嵐が吹き出しますが、その他、気候は魅力があり、特に早朝など格別です。これは旅行にはうってつけの完璧な日和で、まったくうれしい限りです。

ゴスチェン氏の小馬《ポニー》は宝物としてお払い箱にしました。私はいたって事務的に騎乗しているつもりですし、いつもどんな種類の馬であろうと私には仲間で、馬公と私とは大の友となり、見たところすてきに乗るというわけです。この馬車牽きの小馬ときたら、北京以来というものまったく強情で、なんともむかっ腹の立つ奴です。この先生は悪いほうならどこなりとも、いつもおさらばしたいと願っており、向かう方向が見当違いなのです。

峠を越えるとき、また馬車の一台の車軸が折れてしまいましたが、どうやら継ぎ足しました。当地は大変に面白いところで、モンゴル人たちの一大交易地です。そして、ラクダや、ロバや、ラクダの荷車や、吊り台をつけたロバや、モンゴル人たちが続々と続く、活気に満ちたところです。ここは万里の長城の城門の一つに近接して建てられたところで、またシナ人でないものは、動物に乗ってこの城門を通り抜けできない妙なしきたりになっております。と言いますのは、何百年か前、モンゴル人がこの城門をくぐって侵略し、シナを征服したからなのです。万里の長城も、当地ではまったくただの土塁にすぎず、つまらぬものです。私は、伝導会所や、シナの交易商人、旅宿の管理人、ロシアの商人などを訪問しましたが、誰一人として、私がベル大佐と会う約束をしているハミを聞いたものはいないのです。しかし、例のロシア商人はあらゆる宿駅をマークした沙漠横断通路を示す、シナのたいへん優れた地図をくれました。当地にあるアメリカ伝導会所は、たいへん親切にも、なにか必需品を購《あがな》ったりする際に、私のボーイや車夫が、親父のように威厳をもって喋れるよう、モンゴル語の幾句かを教えてくれました。

サー・ジョンと大使館のすべての皆さんにどうぞよろしく。それに、私が一人で食事をとっているとき、あの蹴っとばしたり、どしんばたんとぶつかったり、どっと爆笑したりする相手もいなくなって、まったく寂しくてたまらないということを、ジョニーとパーシイによろしくお伝えのほどを。

敬具

F・E・ヤングハズバンド拝

ウォルシャム夫人に二人の息子がいたことを、図らずもこの手紙が初めて知らせてくれた。彼らはヤングハズバンドを兄貴のように思って、親しんでいたらしい。さてヤングハズバンドは、張家口に来さえすれば、ゴビを横断してハミに出るルートはわかるだろうと単純に信じていた。ところが、これを誰一人として町で知っている者がいなかった。自分の国のことに無関心で、知ろうとも知りたいとも思わないシナ人に対し、ヤングハズバンドは言い知れぬ怒りすら感じた。彼らには地理に関する本能的なものが欠け、のろまのロバのようにしか思えなかった。これは広大な大地に放り出された者なら、誰でも抱くものであろう。ただ親切なロシア商人イワノフという人物が、地図を探し出してくれたのだった。彼は腹を立てながらも、四月十日、手探りのように張家口を発って西に向かった。

洋河《ヤンホー》をさかのぼり始める。進むにつれ、北方のモンゴル高原から吹きつのる厳しい寒風は、かなり厚着をしていてもなお寒かった。あたりはいつしか一木一草もない沙漠で、風が吹くと、黄塵が猛烈に巻き上がった。一面に積もった黄土層は非常にもろいので、道路はいつの間にか浸蝕され、地表面より垂直に三〇~六〇メートルもの断崖の下に通じている。狭いこの道は、馬車が一台しか通り抜けられなかった。四月十四日、とうとうモンゴルの広大な原野に踏み込んだ。草原のあちこちに放牧されている家畜と天幕とが見え、シナ人の不機嫌な顔つきに見慣れた後だっただけに、上機嫌で開けっ広げのモンゴル人は、気持ちのよい人たちに映った。

四月十七日、めざす帰化城に着いた。ゴビ沙漠横断をするための最後の前進基地である。

帰化城に到着したヤングハズバンドは、紹介状を持っていたので（誰が書いたものか不明）、シナ内陸伝導会所のクラーク夫妻を訪れ、ここでたいへんに世話になった。クラーク師は、彼にいろいろと最終的な旅行準備をしてくれたのである。一緒に町を歩いていると、よく露店の間を縫って、日焼けした顔つきの隊商《キャラバン》の男たちにぶつかった。彼らは前かがみになって、申し合わせたように腰が曲がっていたので、それとすぐわかるのだ。隊商の脇を半睡の状態でとぼとぼと歩いたり、ラクダの背にかがんで座っているからである。この帰化城から西方は、いわゆるゴビの沙漠だった。単調な沙漠の旅を因果の糸車のように続けているうちに、彼らはいつか前かがみになってしまうのだった。

馬車ではもうここから西へは行けなかったから、こんな隊商の男たちと、早晩は友とならなければならないのだった。しかし、大隊商を組むならともかく、少人数の長途の旅に喜んでラクダを貸したり、同行してくれる者はなかなか見つからなかった。だが、こんな旅行準備を進めている合間に、また北京のウォルシャム夫人に宛てて長い手紙を書いた。これが最後の便りだったのではないかと思う。夫人は、ヤングハズバンドの旅が心配で、手紙の出せるところからはきっと便りか言付けをくれるよう、彼に言ってあったのであろうが、もうインドまで無理であった。帰化城に到着した三日後の一八八七年四月十九日付のものだ。

レディー・ウォルシャム様

当地に到着いたしまして、北京から郵便物の一束が届いているのを見つけたいへんうれしく存じました。次の手紙を受け取るには、これから先何カ月もかかるでしょう。旅行を成功させるようにとのあなたのご親切な真心と、喉の渇き用甘味入り錠剤を〔お送り下さいまして〕本当に有難く存じました。あなたのご親切がいつ止むのやら、私にはまったく見当もつかぬくらいです。北京では、あなたがいつも、私になにか新しいものを持っていくようにと言って下さったのを、私は畏《おそ》れをなしていたものでした。荷物ばかりが多くなってしまうのを心配したからです。しかし、いまになってやっと、あなたをはじめ大使館の皆さんが私のことを心配して下さり、数えきれぬほどの小さな慰さめがあって、初めて万事好都合に旅行が貫徹できるものであることがわかりました。そして、私に示して下さった温かなご配慮が、やがては私を易々と救い出してくれることでしょう。

時折、私はちょっと北京に舞い戻れたらなと思ったりします。それに、あなたや館員の皆さんと旅のいくらかをご一緒できたらと願ったりしております。あなたは、私のモンゴルでの最初の日のことをたいへん喜んで下さいましたね。私が、開けっ広げで、西方はるかに展開する平原と接触したのは、すばらしい春の朝のことでした。この方向に向かって、私は来る日も来る日も、来る週も来る週も、来る月も来る月も、ヒマラヤにぶつかるまで旅を続けるのです。これはちょうど海に乗り出したようで、まったくどこへなりとも行けるような気持ちになり、気宇壮大な自由な気持ちになるものでした。あたかもこうした喜びが、耐え忍ばねばならぬいかなる困難なことも、埋め合わせてくれるように感じさせてくれるのは、いつも旅に出たこんな一日です――こういった旅の〈上昇〉期の一つは、当分の間、〈下降〉期を忘れさせてくれます。

平原上には、たくさんの生き物が認められます。牛や仔馬やラクダの群れが草を食べ、私を乗せてくれるかのようにすぐ間近まで寄ってくるカモシカの幾群れ、道路脇のすぐ近くで見かけた幾羽かのシャモなどは、あまりに慣れていたので、車夫の一人が鞭で一羽を打ち殺したくらいです。それでも彼らは、道路を横切って飛んだだけでした！　とくに、モンゴル人の動物を愛する特質は、称賛されることでしょう。幾分かは、彼らの宗教である仏教によって、動物を殺すことが禁じられています。ですから彼らは、あらゆる動物は死んだ人間の霊魂があるものと信じています。その日の昼どき、私も〈ユルタ〉、すなわちフェルト製の天幕の中に入ってみました。モンゴル人は、屋根の中央に大きな穴が開けられ、床の真ん中で火を焚くように考案された円型になったものです。モンゴル人は、その単純な仕草や好奇心では、ちょうど子供を大きくしたような陽気な連中です。拡大鏡では、それをのぞくと元の大きさが三倍にも見え、最も恐ろしく見えるのだということで、彼らをすっかり楽しませてやりました。

しかし、旅はそれほど愉快なものではありませんでした。張家口を去ってから三日間、道はフン河の水源に達するまでどこまでもついて行き、その三日間というもの、絶えず強い砂嵐が吹きまくる以外、渓谷はまったく面白くないもので、最も恐ろしい砂埃の嵐が巻き上がっていました。この風もまた身を切るように冷たく、朝など、小さな川は氷に覆われていました。このためいつも私は激しい頭痛に悩まされました。いちばん極端だったのは両手がすっかり〈皸《あかぎれ》〉になり、私がこれまで一度として〈皸〉などになったことのないところが、いつも縮み上っていたことです。私たちは、この渓谷中で万里の長城を通り抜けましたが、ここでは長城といえども、幅数百ヤードほどの大きな裂け目の入った、ただの粘土造りにすぎぬお粗末きわまりない光景です。この〈城門〉は、野外に二本の直立した柱を立て、一本の梁《はり》を横にぴんと渡したものでした。

そのそばに小さな衛兵所があり、衛兵所の前に二門の非常にちっぽけな鉄製の大砲――おそらく数世紀前の代物――が、二枚の厚板に取り付けられていました。このような情景は、当世の世界観光旅行者が感銘を受ける、北京郊外のあの壮大な万里の長城とはよいコントラストを呈しています。このあたりの道は、多く地表面の下一二か一三フィートにあり、恐ろしい風によってこんなにまで深く侵蝕し、えぐられてしまったのです。土壌はたいへんに微細なので、馬車がそこを通過すると土は破砕されて埃塵になり、風がこの埃を吹き飛ばし、馬車が往来すればするほど、ますます埃は吹き払われ、そして馬車道が次第に二〇か三〇フィートもこの道を削っていくまで、幾年にもわたって繰り返されていくのです。

いま一つ奇妙な光景は、洞穴の住居で、シナ人たちは丘陵の側壁に穴をうがち、戸や窓のついた入口を装え、でき得る限り快適に生活していることです。この全国土は、満州とは著しい対照をなしています。満州ではあらゆるものが非常に繁栄し、丘陵には見事に樹木が繁り、平原は豊かに耕作され、物憂さを変える豊富な樹林は、町や村を立派に浮き立たせています。シナのこの地方では、丘陵の斜面は茶褐色でむき出しであり、樹木はほとんど一本だに見当たりませんし、林は貧しく、荒れ果てたような場所です。それに村民たちは半飢餓状態にあるように見えます。満州はたしかにすばらしい国でした。

私は当地に十七日の正午、日曜日に到着し、いま旅行準備に至れり尽くせりにお骨折り下さるクラーク氏と、シナ内陸伝導会所に滞在しております。これからの長い沙漠の旅の準備をするためにやることはたくさんあります。明朝出発しようと言っていた大隊商《キャラバン》と、私は一緒に行く手筈をほとんど調《ととの》えていたのですが、いくつかの理由から二週間かそこら延期され、私は自分で出かけて行ってラクダを捜しました。最短〔日数〕で六〇日、途中、ときに羊一頭でも手に入ればよいほうですから、全旅程、食糧は携えていかねばなりません。私はラクダに乗って行くつもりですので、ゴスチェン氏の仔馬は売ってしまうつもりです。なぜなら、もしこやつを連れて行くようなら、ラクダ一頭分に馬糧を積んでいかねばなりませんから。天幕ひと張りもまずは順当に作りました。六月の沙漠は恐ろしく暑くなるでしょうから、二重張りのインド様式を取り入れて作らせたものです。慣例としては、夜に行進して日中は休むことにしています。幸なことに天文の本を携帯してきておりますので、長い沙漠の行進になったときには、唯一の楽しみになることでしょう。

今日は北京から持ってきた荷物の全重量を量ってみました。と、たったの五二〇ポンドしかありませんでした。満州での馬車一台分の通常の荷物です。ところがどうでしょう、これら卑しむべき北京の車夫輩ときたら、これを当地まで運搬するのに二台の荷馬車と一頭のロバを要求したのです。さて、私の従僕《ボーイ》が携えてきた備品箱を開けて、中に入っている貯蔵品をあれこれみつけるのは愉快なことでした。この従僕の代わりがジョニーかパーシーでなくて幸いでした！　しかし、どうかこのことは彼らに内証にしておいて下さい。私がどうしても持って来なくてはならなかった品物も、彼らは、私には不必要品と信じているに違いありませんから。でも、少年たちが贅沢品と見なしているものも、沙漠旅行の予備品となると必需品であることは、ぜひご理解下さい。

張三というのは、私と一緒に満州を旅した従僕ですが、この激しい風にすっかり疲れ切ってしまい、あまりにひどい打ちのめされようなので、私とは共に行くことができなくなり、彼を見るのもまったく失望のいたりです。私は彼のことが気に入っているだけにこれは辛いことですし、困難に陥ったときなど、彼は頼りにできたものでした。しかし、幸にも別の従僕がうまく見つかり、すぐに自ら進んでインドでもどこへなりとも行くと言ってくれました。かれは一生懸命に働き、いままでのところ喜んでやっていますし、私の想像していたよりずっと英語も理解しますし、目下、彼は私に〔一語不明〕してくれています。

たいへん長い手紙になってしまい、ご迷惑になったのではないかと心配しております。しかし、旅行にご興味を持たれる方に手紙を書いて差し上げられるのは、私自身にとりましてもうれしい限りなのです。

大使館の皆様にもどうかよろしくお伝え下さい。

敬具
F・E・ヤングハズバンド拝

北京のウォルシャム夫人に宛てて出した彼の手紙は、これで終わっている。おそらくこの後、手紙を出せたのはインドに着いてからのことであろう。それはどんな内容のものだったのであろうか。まだそうした手紙がこの世の中に、紛失されず残っていることだろうか。ウォルシャム夫人にしても、この北京出発から帰化城までの彼の手紙を大切に保存していたのは、やはり忘れられぬ思い出が込められていたからであろう。というのはほかでもない、ヤングハズバンドの今回の旅行許可が中止になった電報は、すでに届いていたからである。それを知りながら、彼よりひと足先に帰化城に届いていたウォルシャム夫妻の手紙には、この休暇取消しについてはひと言もふれていなかったことが、この手紙の出現で歴然となった。北京駐在の英国大使は、インド軍当局の命令を完全に黙殺し、業務を明白にサボタージュしたのであった。その隠しおおせぬ証拠がようやく発見されたことになろう。しかし、いまや遅し。当時の関係者はただの一人として生存していない。いや、そのインド軍が存在しない。ヤングハズバンドは幸運な人であった。旅の見知らぬ先で、よき人たちと巡り会えた。ウォルシャム夫人は、子供たちには内証で、予備品の中にお菓子もそっと入れておいてくれたのであろう。旅の無聊《ぶりよう》を慰めようとして。

一方、ヤングハズバンドは、クラーク師と必死の思いで沙漠の案内人を捜し回り、とうとうグチェン（ウルムチ北方の町）住まいのシナ人を見つけた。そしてヤングハズバンドは、彼と積荷一四〇キロを運ぶのに五頭のラクダを賃借し、各一頭宛に一八〇両《テール》（約四五ポンド）を支払うこと、ハミまで一人の道案内人をつけること、六〇日でハミに到着することといった契約を取り交わした。ヤングハズバンドは、無知につけ込まれてだめなラクダをシナ人から押しつけられ、その結果、旅は遅れに遅れたのであるが、このときは知るすべもなかったのである。ただ早く出発したいと焦りながら、出発日の選定に手間どり、ようやく四月二十六日が最良の日と決定された。

ついに四月二十六日がやってきた。期待と不安の入り混じった日だ。砂の大洋に乗り出すにはあまりにも小さな船であったが、後に引き返すことはできない。食糧も十分携帯したし、二つの水樽も準備した。本格的に水が得られなくなったとき、真価を発揮してくれるに違いない。

この小さな隊商《キャラバン》には同行者が三名いた。シナ人の従僕の劉三、シナ人のラクダ追い兼案内人、モンゴル人の助手マ・テ・ラ、それにラクダ四頭である。恐ろしくなって中止した張三の代わりとなった劉三は、半分しか英語が話せないし、利口な男ではなかったが、まあ勇気はあるし、信頼はできそうだった。道案内は典型的な沙漠の人といってよかった。体が二つに折れ曲がったような小男で、長い人生の旅の末、顔は皺だらけだった。彼の沙漠の路《ルート》に通暁しているその勘と精確さとには、驚嘆するものがあった。二〇年間もの間、彼は沙漠《ゴビ》をさまよいながら、阿片の吸飲という悪癖から抜け出せず、人生でなに一つ残ったものはないようだった。

午後五時、まだ夕空の明るいなかを、この小さな隊商はチリチリと鈴を鳴らしながら、帰化城の北門を抜けて、北西へ進路をとった。耕地を通り、陰山山脈を越えると初めて沙漠地帯に入る。旅に出て不安になったのは、まず強盗団の出没だった。旅に必要な馬蹄銀は従者たちにもわからないように、小麦粉の袋の中や空き缶内に隠してあったが、いちばんの問題は従僕の劉三の取扱いであった。沙漠の只中で彼にもし反乱されたら、隊商はたちまち難破である。が、彼を疑うより信じることにした。そこで弾丸を抜いた拳銃を彼に渡してみたが、こういった中途半端なことはあまり意味がないと思い直して、弾丸をこめてやった。この主従の信頼関係がたいへんな効果を発揮し、劉三はヤングハズバンドをヤン大人《ダーリン》と呼んで、人々にその偉大さを吹聴してまわった。これは成功のよい例である。なかには従者に殺された旅行者もいたのであり、人の運・不運は偶然としかいいようがない。

五月に入ったが、いまだ北と南に続く低い赤茶けた連山の間からは抜け切れなかった。草木の姿も見えない、広漠たる荒れた土地だ。六〇〇年の昔、不朽の名を持つヴェネツィアのマルコ・ポーロが旅して以来、ヨーロッパ人で旅した者がいないという現実を前にすれば、若い彼は感激で身を震わせる思いだったが、しかし、自然はいっそう厳しかった。五月の中旬に近づくにつれ、明らかに沙漠の心臓部に近づいていたからである。

ゴビでは、五月はもう夏であった。午前中がいちばん暑いので、出発は午後三時頃にし、真夜中かそれより遅くまで星を頼りに西へ西へと進んだ。太陽が没すると、星が一つひとつ現れる。その星も休みなく天空を旅していた。そして、星が地平線下に隠れるのを見てその日の進んだ行程を知るのだった。

「その行程はきわめて単調だったが、夜は実に美しいことが多かった。ヒマラヤの高所でさえこれに匹敵するのを見かけなかったくらい、星は荘厳に輝いていた。金星は燦然と輝く目標で、その星に導かれながら、われわれは何マイルとなくあの沙漠を越えたのである。……大気が清澄なのは、たぶん著しく乾燥していたためであったろう」

こういった大気の乾燥は異常なもので、電気を帯び、毛布を地面に広げるとパチパチと音を立てた。さくさくという柔らかな駱駝の足音を除けば、風や雨のない夜は絶対的な静けさが支配していた。「清澄な空気の中で、星たちは煌々と光芒を放っていた。そして来る夜も来る夜も、来る週も来る週も、こうした夜の時間、星の瞬きは私の新鮮な若い心に、長い歳月、深く刻みつけるような印象を与えたのであった」と、彼は言っている。そして、「私は星に親しみを感じはじめるようになったのだ[6]」と。彼はゴビ沙漠で星との不思議な出会いを持った。後年の神秘主義への扉が初めてわずかに開かれたのである。

間もなく、シェイトン・ウラ山脈を西に越えた。砂嵐が吹きすさび、カーブル・テントは危うく吹き飛ばされてしまいそうだった。五月十三日、沙漠地帯としては最悪といわれるガルピン・ゴビの砂地に入った。どこを見ても砂の海である。漆黒の夜、暴風が荒れ狂い、どしゃ降りの雨まで降った。これが五月十五日のことだった。風が吹くと、動物の踏み跡が消えてしまうので、方向がわからなくなってしまう。しかし、道案内人だけは、不思議な勘で井泉《せいせん》を見つけた。このガルピン・ゴビも無事に通り抜け、フルク丘陵の東端に達した。山といってもせいぜい二〇〇メートルたらずのもので、これを越すとまた砂原だった。

ヤングハズバンドがいま通過していたルートは、ゴビのかなり北寄りの、ヨーロッパでは未知のものであったが、ただ、以前ロシアの探検家プルジェワルスキーが南から北へ縦断したことがあり、このルートも横切った。はるか東方を望むと、これまでたどってきたガルピン・ゴビの茫漠たる沙漠が果てしなく広がっていた。一行はフルク山脈の南麓を西に抜けるつもりだった。この付近はタクラマカンの沙漠と違って、まったくの無人地帯ではなく、モンゴル人のユルトもあり、新たに二頭のラクダを購うことができたが、非常に貧しいところだった。一行はここでしばらく体を休め、二十八日、再び出発したものの、春の突風で進行は滞りがちだった。それでいて夜は、気温がぐっと下がって寒くなるのだ。

五月の最後の日が来た。ヤングハズバンドの二四歳の誕生日である。しかし、祝福は砂の乱舞だけであった。あたりは雑草に覆われた起伏の多い地となり、モンゴル人がこんなに荒れたなかで遊牧生活を送っていた。六月四日、トウ・プ・チというモンゴル人の屯営地に着いた。ゴビで見かけたそれでもいちばん大きな居住地だった。いつか南に砂の連山が姿を見せていた。高度は約三〇〇メートル、道案内人はフン・クア・リンと呼んでいると言った。ようやく三五〇キロも続いたフルク丘陵が尽き、北西方向にアルタイ山脈の山々が映じだした。ただし、目的地はここからはまだざっと一三〇〇キロも彼方にあった。

六月八日の夕暮れどき、砂丘を通過して低い丘陵地帯に近づくと、道案内人は、このあたりは盗賊が出没するので拳銃を用意するようにと促した。そこでラクダの鈴を外し、そっと山に近づいたのだが、ヤングハズバンドのような白人が加わった隊商を襲撃することは、盗賊団にしてもまずなかったのである。モンゴル人は時と場合によって、いつでも盗賊に変身できたが、それだけ相手も見ていた。しかし彼には体験もなく、すっかり緊張してこの丘陵地帯の隘路を抜けてほっとしたようである。「この山々ぐらい荒れ果て、物寂しいところもない。植物はまったくなく、一面黒ずんだ砂礫に覆われていた」と言っている。蒸し暑い夜を過ごし、また平原に出た。この長い単調な旅の中のスリルといえば、これぐらいしかなかったろう。[7]

六月に入ってから、ヤングハズバンドも次第に焦りを感じはじめていた。まだハミまでの距離は三分の一が残っている。それなのに最初の予定の六〇日にはもう一三日しか残っていなかった。心配してこの点を道案内に問いただすと、あと二〇日はかかろうという。ベル大佐の約束はそれでは間に合わない。腹を立てて彼を難詰し、ハミに行ったら約束不履行だと訴えると脅してみたところで、帰化城で悪党どもから劣悪なラクダを押しつけられていた以上、どうしようもなかったのである。劉三も帰化城でいくらかリベートを取っていた。隊商の連中が大同小異、小悪党なのだから考えれば腹を立てるほうが間違っていたし、初めから敗けであった。ヤングハズバンドの得た教訓はただ人を信ずるなという、体験と忍耐だけだった。

アルタイ山脈が北方四〇キロのところに姿をのぞかせていた。高度二七〇〇メートルはあろう、雪も見えていた。しかし、砂礫の平原はまだまだ続いていて、草もきわめて乏しい。こんな原野に野生のロバや馬が棲息していた。隊商の従僕マ・テ・ラの故郷はここにあり、彼はシナ人の悪どい賃金のピンはねに不満も言わず、喜々として帰っていった。

六月二十三日、砂礫の平原が消えはじめ、藪のある粘土質の土地に入っていった。水も豊富で、耕地もあり、ゴビに入って初めてぶつかるオアシスだった。ヤー・フーというアルタイ山脈山麓にある所で、ここから沙漠路は大きく南に転じる。六月二十五日、ウラ・クトゥンに着く。西に行くとグチェン、ウルムチに、南に進むとハミに出る分岐点で、ゴビの砂礫原上にある貧しい、小さなところだ。この付近は砂が消えて砂礫原だった。あの夏の暑熱と冬の霜の風化作用によって、山脈の岩石が崩壊し、礫原になるのである。これをゴビ灘と呼んでいる。

路《ルート》が南に行くにつれ、突如として雪をいただく天山山脈が行く手にそびえだした。感激すべき瞬間である。この山脈が「長く沙漠旅行の終わりを示していた」からにほかならない。ゴビの一部のジュンガリア沙漠に入ったのであるが、中央アジアはなんと不毛の土地であろう。生き物の兆しはさらになく、これまで横断してきたゴビより一段と

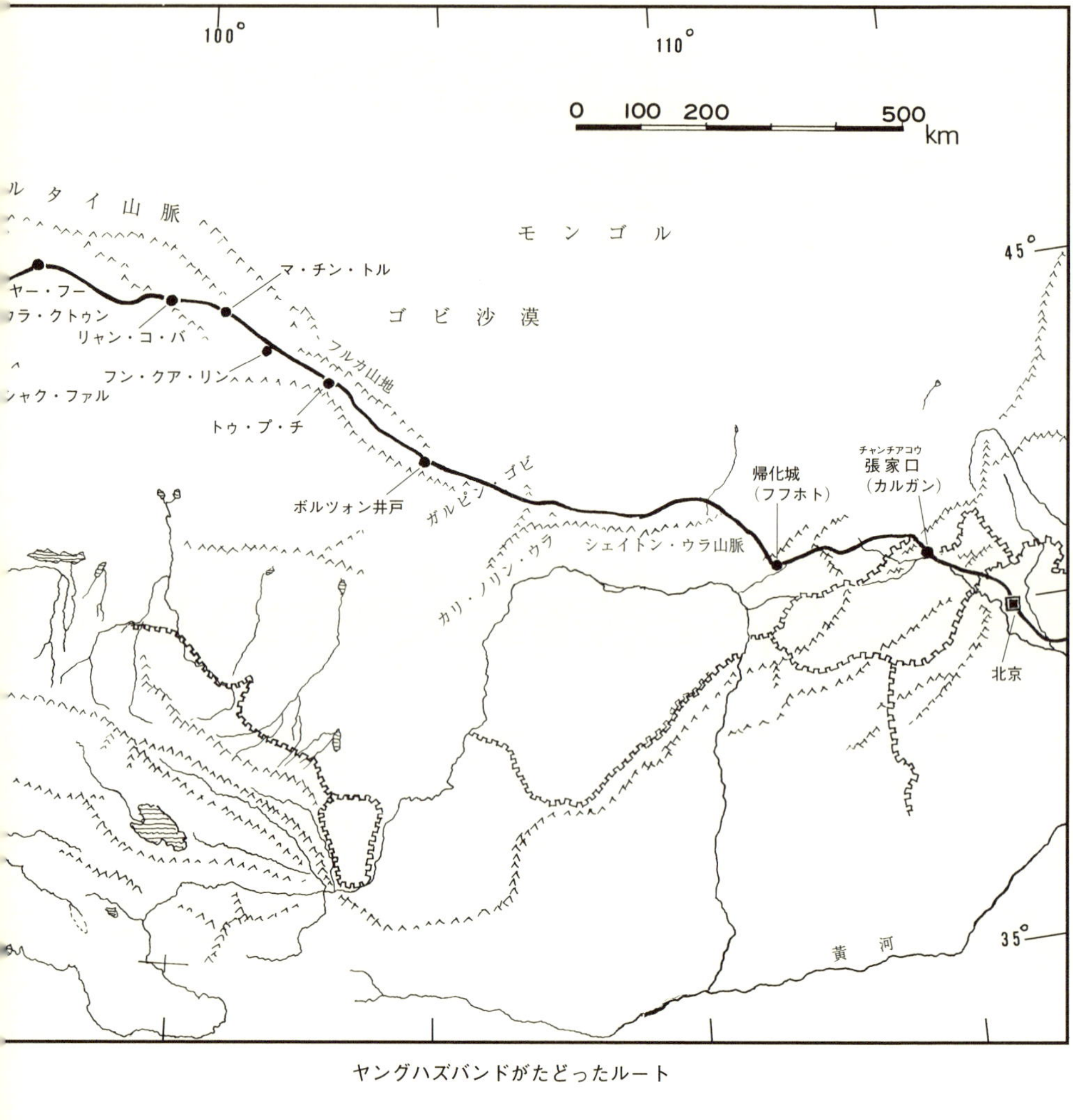

ヤングハズバンドがたどったルート

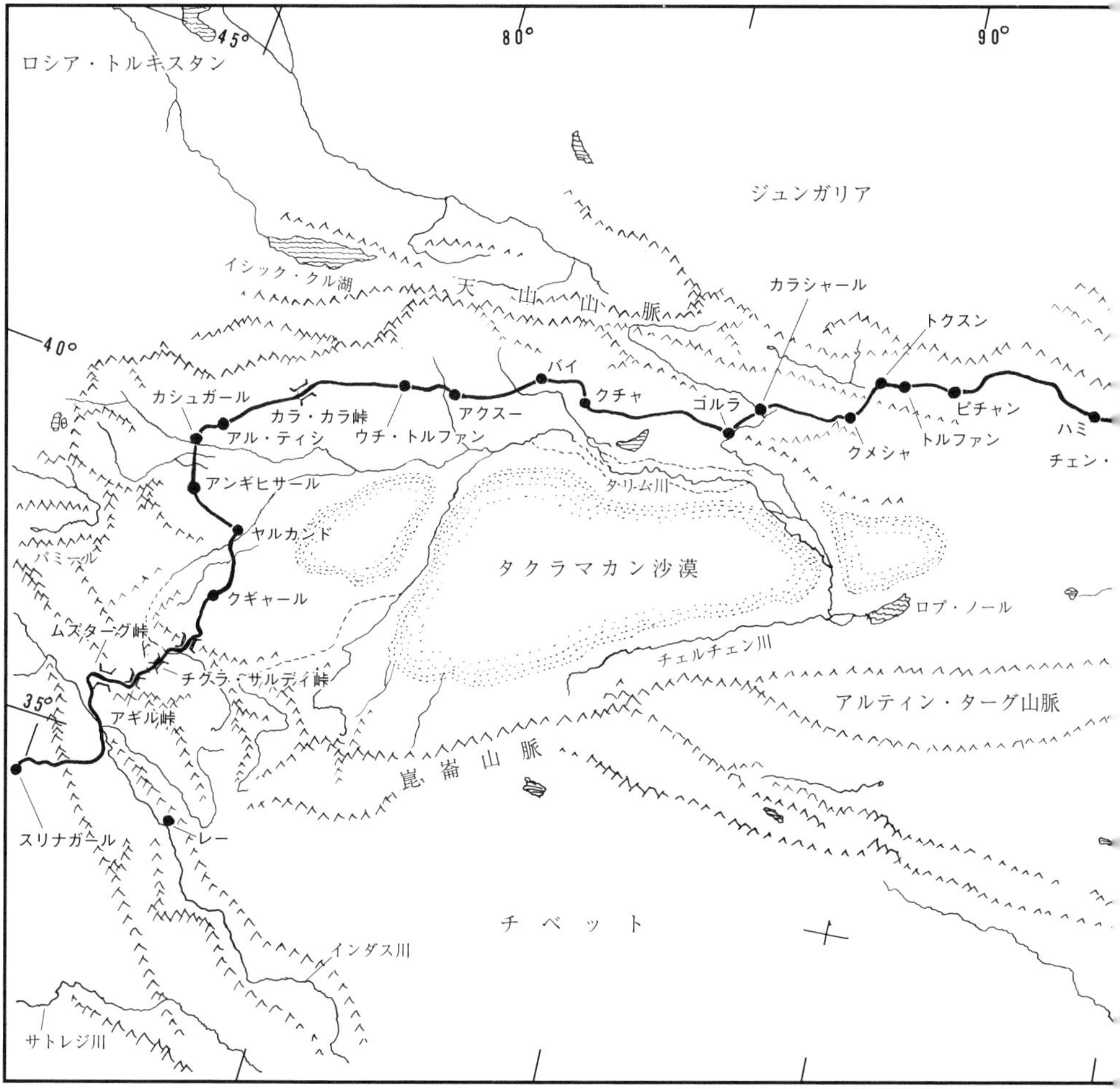

45°
80°
90°
40°
35°
ロシア・トルキスタン
ジュンガリア
イシック・クル湖
天　山　山　脈
カラシャール
トクスン
カシュガール
カラ・カラ峠
バイ
クチャ
ゴルラ
アクスー
ウチ・トルファン
アル・ティシ
ピチャン
ハミ
トルファン
クメシャ
チェン・
タリム川
アンギヒサール
ヤルカンド
パミール
タクラマカン沙漠
クギャール
ロプ・ノール
ムズターグ峠
チェルチェン川
チグラ・サルディイ峠
アルティン・ターグ山脈
アギル峠
崑崙山脈
スリナガール
レー
チベット
インダス川
サトレジ川

すさまじい礫原だった。陽が昇れば熔鉱炉のような暑さで、井泉もない。この苦痛の礫原は約一一〇キロと推定された。ところがいくらか水があると虻《アブ》が現れ、どこにでも入り込んできた。ゴールを目前にして、このあたりがヤングハズバンドにとって最も絶望的なところであった。「私はこれまで生をうけた人間のなかで、最も愚か者と自分を責め、地球の未開地をうろつく旅には、もう金輪際出かけまいと神に誓った」ほどの土地だったのである。(8)が、朝が来れば、また旅を続けねばならなかった。中央アジア内陸部の旅行記が比較的少ない英国で、とくにヤングハズバンドの業績が高く評価されたのは、実にこの未知のゴビ横断にあった。苦しみは決して無駄ではなかったのである。

突然、木立の間から東トルキスタンの女が現れ、案内に立ってくれた。満州の騒々しい女とも、単純で蒙昧なモンゴルの女とも、纏足《てんそく》のシナの女とも違った、トルキスタンの女は綺麗である。神秘の国トルキスタンにとうとうやって来たのである。この最初のしるしだったのだ。しかし、まだ天山山脈を越える難渋のコースが残っていた。この全行程を通じていいえたことは、水が得難いことだった。だから彼は後年に回想して、「時々、われわれはわずかな水が浸み出してくるまで沙漠で穴を掘ったものだった。が、こうした水は沸かすか茶にしなくては飲むに適さないものだった。私の人生のうちでいちばんおいしかった水といえば、沙漠の旅も最後にかかった、天山山脈を登っている途中で見つけた、新鮮で、清澄は小流からすくって飲んだものだった」と言っている。この天山も無事に突破して、七月四日、午前一一時、ようやく長い目標のハミにたどり着いた。そして一軒の旅宿の前でラクダから降り立ったのである。帰化城から数えて二〇一九キロ、これを七〇日きっかりで踏破したことになった。

第8章　氷雪への魅惑――ムズターグ峠

ハミ、なつかしい名である。それはシナであってシナでない町、西域の門にあたるところだった。西域に憧れた人たちが人生のうちでこの町を訪れ、その門をくぐれたとしたら幸運な人といえた。一九世紀の末期、ヤングハズバンドが訪れた頃は、ヨーロッパ人が通過することもきわめて稀であり、いまだこの町は遠い薄明のなかに沈んでいるといってよかった。その町にとうとう入ったのである。しかしヤングハズバンドにとって早速しなくてはならないのは、マーク・ベル大佐がいったい到着しているかどうかというニュースを探ることだった。約束の日から十数日遅れていたが、ベル大佐は遠い迂回路をとっていたから、まだ着いていないかもしれないという一縷の望みがあったのである。だが彼は、すでに三週間（ベル大佐は五週間と言っている）も前に確実にやって来て、丸一日待っていたが、ヤングハズバンドが出現しないので、急いで西に向かったという。完全にすれ違ってしまったのである。

ヤングハズバンドにとって、これはがっかりさせられるニュースではあったが、これからの旅行に別に差し障りのある事件でもなかった。すでに満州旅行とゴビの単独横断で十分自信をつけていたし、後から追いかけて行けばよいのである。それより問題は、次の目的地カシュガールまで何日で行けるかであった。カシュガールまでのルートはほとんど天山山脈の南麓沿いに行けばよいし、古来有名な道路だから少しも心配はなかったが、どうやら七〇日はかかるらしいということだった。遅くなると、標高四〇〇〇メートルを越すカラコラム山脈の峠は氷雪のため閉鎖されてしまう。なんとしても早くカシュガールからヤルカンドへ行き着く算段を考えなければならなかった。帰化城での苦い失敗から、今度は従僕の劉三に責任を持たせて契約を取り交わした。四〇日間でカシュガールに荷を届ける、これより早く着けば一日計算で二両《テール》ずつ割り増し料金をはずみ、遅れれば逆に二両ずつ損をするものだった。これなら怠ければ怠けるほど損をすることになり、仕事に真剣になるはずである。一方、ヤングハズバンドは悠然と相手任せにすることができた。

ハミに四日間滞在しただけで、カシュガールをめざして出発した。旅行の第二段階であり、楽なコースであるが、ただ真夏になっているため炎暑だけが災いであった。荷物は九〇〇キロもあったから、二輪馬車一台と、駄獣四頭（ロバ二頭、小馬《ポニー》二頭）を購《あがな》い、ヤングハズバンドは小馬に乗った。こういった旅行資金がどこから出たのかいろいろ調べてみたが、ついにわからなかった。おそらくインド総督の許可電には旅行資金の援助も入っていたと思える。結局、これは軍の機密費から出たのであろう。北京の大使館がそれを一時立て替えたのであろう。道路はまあまあだから、馬車の通行は可能である。かくして七月八日の夕刻八時、一行は西行の途についた。

ヤングハズバンドの旅した一八八七年の時点で考えると、このカシュガールへの旅も当時は未知の部分が多く、探検史に記録されるに十分値するものだった。ところが、その後の半世紀は新疆探検の黄金時代を迎え、ヨーロッパや日本からも多くの探検家や旅行者が殺到し、なかにはその探検に生涯をかける者まで出、さらに回乱（回教徒民の反乱）が起こったりしたため、余すところなく紹介され、未知の土地もほとんどなくなってしまった。そこでいままでは当時の旅行の新鮮さも魅力もすっかり失われてしまったのである。しかし、多くの旅行者は、ヤングハズバンドの旅行記を貴重な参考資料に携えるのが常であった。それは出版されたときからすでに古典だったのである。

彼は七月十五日にピチャンに、二日後の十七日にトルファンに着いた。旅は暑い日中を避け、もっぱら夜行していた。とくにトルファンの夏は非常に暑いので、住民は地下の穴蔵に生活しているとヤングハズバンドはなにか本で読んだことがあったが、長いこと信じていなかった。しかし、海面下六〇～九〇メートルも低いこのタリム盆地の町では、嘘ではなかったのである。宿屋の中庭には地下室に通じる狭い階段があり、そこへ下りて行くと、一人のシナ人が横になって阿片を吸っているのが見られた。地下はたいへんに涼しく、黴《かび》臭くもなく、地上との換気孔もついているようだった。翌日、トルファンを発ち、七月十九日にトクスン着。ここから北へ天山山脈を越えて行くと新疆省の省都ウルムチに通じる。しかしいまは差し当たり用のない所だった。ただしヤングハズバンドにとって、この機会は生涯二度と巡ってはこなかったのである。

道はずっと天山山脈の南麓に沿って、西へ西へと続いていた。多くは沙漠地帯を抜けて通じてはいたが、いたるところ天山山脈からの雪解け水が流れ下り、小さなオアシスが緑の美しい点となって繁栄していた。だから「いつも一日の旅が終わると、私は涼しい家を見つけ、それからたくさんの果物——メロン、葡萄、桃、杏《あんず》などにありつけるのだった。ここの住民（トルコ系）たちはたいへんに友好的であった。が、彼らは進取の気性に富んだ人種でもなく、冒険的でもなく、好戦的な者も見られなかった。彼らは臆病で、物ぐさなところがあった。しかし、少なくとも彼らは親切で、非常にしばしば、私の馬車や一行に中庭を提供してくれたことへの謝礼を、受け取ろうとはしなかったものである」。

七月も終わりに近い七月二十四日、カラシャールに滑り込んだ。泥土造りの城壁に囲まれた小さな町にすぎない。彼の旅より数十年後には、この沿道もヨーロッパや日本からの考古学発掘隊によってごった返すのであるが、いまはまったく外国人の姿はない西域の町である。西行するには、川幅約一〇〇〇メートルほどのユルドウス川を舟で渡らなければならなかった。それでいて水深は一メートル前後しかない。のちにこれはコルラ川と名を改め、ロプ湖《ノール》に注ぐ川の一つだ。

七月二十九日、イエルム・コウという小さな村で、隊商《キャラバン》を再編成し、ハミからの御者を解雇してシナ人を雇った。南はタリム川を隔ててタクラマカンの大沙漠、天山山麓を縫うようにして果てしなく続くこの道は、天山南路として古代の交通路、シルクロードの一つだった。それにしても、なんと貧しいことか。小さなオアシスがところどころにへばりついているにすぎない。気候の乾燥化が沙漠を拡大しているのだった。このあたりでシナの兵士たちの姿を数多く見かけたが、規律が緩んでみな手癖が悪いので評判が悪かったし、「シナ人は抑圧的でしてね」と、地元民は嫌っている風だった。さらにクチャ、キジルの古代の町を走り抜け、八月七日、アクスーに着いた。これまで見たうちでいちばん大きな町で、シナ兵士が二〇〇〇人も駐屯していた。町には商人宿の〈セライ〉があった。市場《バザール》をぶらぶら歩いていると、中央アジアの町から町を行商して歩く典型的な商人によくぶつかった。彼は思わずこう語りかける。――「私はしばしばこういった男たちの、自由奔放で、独立した、それでいてたっぷりと困難と旅のちりばめられた放浪生活、それに嗜好《しこう》をそそる奇妙な国々での危険とを、うらやましく思ったことだった(1)」と。彼らは一種の人ずれからくる幅広い思考と、均衡のとれた性格の魅力のある仲間であった。イスラーム文化圏を旅して歩く、現代版のイヴン・バットゥーダはいたるところにいたのであろう。

ウチ・トルファンに着いたのは八月十一日だった。山の麓にある絵のように美しい町である。この小さな町で、図らずもその昔、カシュガリア一帯を支配したヤクブ・ベクの重臣の一人だったという老人から、「ショー」という言葉を口にしたのを聞いた。あるいはという気持から、急いで人を介して尋ねてもらうと、この老人はロバート・ショーと深くかかわりがあったという。中央アジアでは、歴史は常にめまぐるしく変わる。個人の役割はあたかも砂を払う風のように、一切を歴史の彼方に吹きさらってしまうのであった。ヤクブ・ベクの下にインドから派遣されたサー・ダグラス・フォーサイス(2)や商用で出向した彼の伯父ロバート・ショーの時代から、いまだ十数年しかたってはいなかったのである。が、そのわずかな痕跡をこの老人から聞き出せたのは、幸運であった。

一般にウチ・トルファンからカシュガールに行くのには、南西方向に進んでカシュガール・ダリア（のちのタリム川）の川畔にあるマラル・バシイ経由をとるのが、いちばん便利な隊商路《キャラバン・ルート》だった。ほとんどが沙漠路で、期間も短縮できたからであった。しかしヤングハズバンドはこのルートをとらず、北寄りの天山の南側の山岳路を選んだようである。理由はなにもふれていないが、夏期の暑さに耐えかねて、こちらを通ったのかもしれない。ここは山麓のトルコ人種と異なって、キルギスの遊牧民地帯だった。山々の間には、道らしい道もなく、住民も盗賊に早変わりするような、評判の芳しいものではなかった。それに旅宿はないから、きわめて非友好的な彼らのユルトに無理に頼んで泊めてもらうしかなかったのである。八月十五日にカラ・カラ峠というのを越えた。あたりは草木もない不毛の砂礫の山である。

シルト地方といわれるここの住民は白人に対して悪感情を持ち、ヤングハズバンドも一時は彼らのために身の危険を感じるほどだった。が、連れにしていたアフガン人が巧みに彼らをなだめ、この難局を切り抜けたのだった。その後のヨーロッパ人の旅行者たちにはこうしたトラブルはほとんどなかったのだが、ヤングハズバンド旅は、旅行全盛期には少し早すぎたのである。彼はこうした不穏な土地を少しでも早く抜け出るため懸命に進み、ようやくアルティシュ近くで、再びタリム盆地に出た。このとき、一瞬、啞然とするような光景を西南方向に眺めた。——空中に、白い雪をかぶった山々がそびえていたのである。パミールの山並みだった。ハミ以来、天山山脈をずっと右手に眺めて進んできたが、それがいま左手に新しい重畳とした山群が姿を見せたのである。

アルティシュから最後のコースをひたすら進み、八月十八日、とうとうカシュガールに到着した。「私が北京を出発したとき、カシュガールまでの距離はあまりにも膨大に思われた。その町にとうとう私は来たのだ。そして私の極地点に到達したのだった」。まだヒマラヤ山脈の横断という問題が残っているが、それはすでにヨーロッパ人にも知られている。カシュガールはトルキスタンの町の一つではあるが、それはもう文明の世界の中にいるといってよかったのである。

ほっとひと息ついたのは、旅宿に荷を解いてからだった。名刺と旅券を衙門《ヤーメン》に持たせてやると、すぐアフガン人の長老《アクサカル》がやって来た。彼はシナ人から選ばれた外国貿易商人の責任者だった。また多くのインド人の商人たちも親しげに訪問に来た

カシュガールには、ヤングハズバンドの訪問する七年前からロシアが領事館を開設し、新疆におけるロシア臣民の権益の保護と、情報収集を任務にしていた。しかし、英国側にはなんらそういった出先機関はなかった。のちにその必要性を英国側も認め、ヤングハズバンドが通訳にマカートニを伴ってカシュガールに舞い戻ってくるのであるが、それはこの数年ののちのことだ。一応外交辞礼となると、このロシア領事館を訪問しなくてはならない。疲れと、ロシア人に対する嫌厭感から気分的に行きたくなかったらしいが、無視するわけにもいかず、到着の翌日、しぶしぶ出かけて行った。これをアフガン人の長老はひどく心配していた。彼は、英国人とロシア人とは宿怨の関係、犬と猿ほ

どのようなものと信じていた。だから出かけようとする彼の腕をとらえて、こう囁《ささや》いた。

「ねえ旦那《サヒブ》、できるだけ丁重にやって下さい。あのロシア人と喧嘩したりしないようにお願いしますよ」

一九世紀末期のシナ・トルキスタンの探検史のうえで、このカシュガール駐在のロシア領事ペトロフスキーほど、名の知れた人物もいない。彼の前に出ると、かなり大きな業績を残した探検家の影すら小さくなるほどであり、彼ほど新疆省における該博な知識と権力を振るった者もいなかった。彼に圧力をかけられれば、旅行すら難しくなったのである。ヤングハズバンドが平屋造りのロシア領事館を訪れると、ペトロフスキーと書記のルッチが快く歓迎してくれたし、こんな避遠な国にまで流れて来ていた孤独な宣教師ヘンドリックスにも会えた。友好的な一刻の訪問を終えて旅宿《セライ》に帰って来ると、例の長老は穴の開くほどヤングハズバンドの顔をつくづくと眺めていた。殴り合いをやったかどうか、気をもんでいたのである。翌日、ペトロフスキーは一六騎のコサック兵を伴って、ヤングハズバンドの旅宿まで返礼訪問をしてくれたが、こういった人たちとのさまざまな外交的な駆け引きや策謀については、のちの章で詳しくふれることにしよう。

劉三も荷物と一緒に、四〇日の契約どおり到着したので、慌しくヤングハズバンドは次の目的地ヤルカンドに向かった。そして八月二九日、無事に着いたので、いよいよカラコラム山脈越えの準備に入った。

ヤルカンドは、ヤングハズバンドにとってどうしても通らねばならない、シナ・トルキスタンの最後の町であった。ここからヒマラヤ山脈を越えなくては、インドには帰り着けない。当然、インド側からトルキスタンに入ってくる人たちには、この町が逆に最初の大きな町になったのでる。ヤルカンドは魅力には乏しいうえに、英国人にとってもよく知られた町であった。すでにダルグレーシュやロバート・ショー、ヘイワードといった初期の大胆な探検家が訪れて、多くの情報をもたらしていたからである。が、東インド会社の委託で最も早く訪れたドイツのシュラーギントワイト三兄弟のうちの一人が、カシュガールで殺害されたのと同じように、ダルグレーシュもカラコラム峠でアフガン人に裏切られて殺されたし、ヘイワードもヒンズー・クシュのヤシンでやはり殺され、(3)ショーだけがこういった不幸から逃れられたが、若くして病没してしまった。このように、どちらかというと初期のパイオニアはみな非業の最期を遂げていた。トルキスタンは人々に果てしないロマンチックな夢を誘い続けたが、一方で、まかり間違えば誘蛾灯や蟻地獄になりかねなかったのである。ヤングハズバンドはこういった運命をよく知っていた。しかし、彼が運命論者になるにはいまだ歳が若すぎたのである。

ヤルカンドに着くと、カラコラム峠でしたためたベル大佐の手紙が届けられた。ハミからヤルカンドに至る間、ベル大佐がわずか一週間か二週間先を西に向かって進んでいるのを現地人から聞いて知っていたが、連絡しようがなかったし、一度として置手紙ももらったことがなかった。それがヤルカンドで初めて接したのであった。それにはざっとこう書かれてあった。[4]

「私は君のことについてこれまで何も聞いていないし、〔この手紙が君の手に渡るか〕期待され得るかも不明である……。当地で受け取ったひと束の手紙から、君が休暇を許可されたことを知った次第だ……。ホータン、あるいはヤルカンド経由レーへのどんなルートをもとられないように。それらはよく知られ、みな等しく悪い。私はカシミールへの直行路、すなわち、シムシャル峠《パス》(Shimshal Pass) かムズターグ峠《パス》(Mustagh Pass) を越えられることを望んでいる……。これがいついかなる時にも君にとって最短路――探検せらるべきもの――であり、君はたとえ休暇を超過してしまおうとも理由はつくし、咎《とが》もあるまい。私がインドに着いたら、この旨を当局に連絡しておくから――行くのに躊躇するなかれ……。ムズターグ〔峠〕を試みるのを締めたりしてはいけない――これが君の最短のルートであり、それを試みることが君にとってあらゆる言い訳にもなるのだ」

北京を発ったとき、ヤングハズバンドはカラコラム峠を越えてレーに出る気でいた。それがいまベル大佐からの手紙では、もっと西にある未踏のムズターグ峠を通って帰れと示唆していた。もちろん、これに異存があろうはずはない。ただ持ち金が尽きてしまっているし、地図もない未知の土地であるが、やるだけの価値は十分あるものだった。ヤングハズバンドにとっても、このムズターグ峠を越えてバルチスタンからカシミールに出るルートは、初めて聞くものではなかった。かってシムラの情報局に出張してカシミールの地名辞典を編集していたとき、この峠の名にはちょくちょく出くわしたし、たくさんの古い地図にも記載されていたからである。この峠はかってバルチスタンとインドを結ぶ、よく知られた峠であったが、いつしか忘れられ、ヨーロッパ人で越えた者はこれまでも記録のうえでは一人としていなかった。

ベル大佐が熱心に忠告してくれている以上、ぐずぐずしてはいられない。早速、ヤルカンドでこの峠の情報集めにかかった。ところが何もなかった。なにしろインドと中央アジアの分水嶺をなすものだから、峠とはいえ高峻であり、越えられるかどうかすらわからない。しかし、彼には目的に向かって突進する蛮勇と、男にとって最大の武器があった。それは、若いエネルギーである。ヤングハズバンドはこう記している。

「私はこうした探検の見通しに感動でうち震えた。私にはこれまで登山の経験もなければ、登山の装備も持っていなかった。十分な資金も所持していなかったし、残っているたった一足の靴は、北京の商店で購った〈町用〉の長靴《ブーツ》だった。私は英国で好んで使われている『まずいながらもなんとかやっていくさ』といった具合いに、どうにか切り抜けていけるだろうとたかをくくっていた。しかし、どうにもいかなくなったとき、私の持てたのはヤルカンドのインド商人たちすべての熱心な援助であった。若さだけが私の味方だった」。

ヤルカンドには、インドの商人や中央アジアのあちこちから集まった富裕な商人が大勢いた。彼らはヤングハズバンドの窮状を知って援助の手を差し延べ、委員会まで作ってくれたのである。彼らは、ある日、郊外の果樹園で宴会を開いてくれた。そしてまず峠越えに必要な案内人を紹介してくれたのである。

委員会が最初にやってくれたのは、一人の道案内人を捜し出してくれたことだった。彼はワリといい、二五年前にムズターグ峠を越えた経験を持つ男だった。が、初めて会った印象は無表情、無関心さだった。彼はヤングハズバンドに対して、一つだけ条件を出した。「英国の旦那《サヒブ》は、道案内人より地図を信用していると聞いています。もし旦那もわしより地図のほうを頼りになさるのなら、わしは案内をごめんこうむります」。言うことが正鵠を射ている。無条件で彼を雇い入れることにした。だいたい地図など見たくともなかったし、人跡未踏地だったから精確に測量された地図などは作られたこともなかったからである。次いで隊商《キャラバン》は、モハメッド・イサという勇敢な男に任せた。彼は英国の探検家ケアリーとダルグレーシュに伴われてチベット旅行をしたことがあり、⑸ベル大佐が、有能なのでヤングハズバンドにつけさせるため送り返してくれたものであった。彼はラダク出身で仏教徒であるが、半分は回教も信奉していて変わってはいたものの、風雪にもなににも恐れを知らぬ第一級の男だった。このとき以来、彼はずっとヤングハズバンドのさまざまな探検旅行になくてはならない人物となった。いま一人ラダク人で、シュカール・アリという男も参加した。彼は隊商を統帥するといった技量はなかったが、実に愉快な人物で、どんな困難な状況に立ち至っても、笑いを絶やさなかった。モハメッド・イサと同様に以後のヤングハズバンドの探検に欠せぬ男となったものである。

委員会がいま一人提供してくれたのは、バルティ人（バルチスタン人）のトゥルガンという男だった。彼はフンザのカンジュート人の盗賊に捕まり、ヤルカンドに奴隷に売られていた。委員会は彼を買い戻し、生まれ故郷に連れて帰るように勧めてくれたのである。そこで八ルピーを投じて買ったが、彼は有能であり、その価値は十分すぎるほどだった。峠で小馬《ポニー》が峠を越えられない場合を考えて、彼の他に三名のバルティ人を雇い入れた。そして一三頭の小馬を購《あがな》い、シュカール・アリを含めて四名のラダク人にこれを任せ、その他、良質のロープ、一、二本のつるはし、羊皮外套、毛皮帽、蹄鉄、荷鞍、毛布、深鍋、壺などもみな購入した。問題の三週間分の食糧は、最後の大きな町クジャールで準備するよう命じておいてくれた。しかし、ヤングハズバンドが北京を出発するときに見積もっていた旅費は、すっかり底を突いてしまっていた。このことを口にすると、委員会は黙って必要なだけの経費を代弁してくれたのである。インドにおける絶大な英国勢力の背景も無視できないが、なによりも初期の英国のパイオニアたちは現地民からの信用が大きかったのである。ヤングハズバンドはノートを半分にした切れ端に、借用証を書いて渡しただけだった。彼がこの借金をすっかり返済したのは、これより数年ののちのことだった。

九月八日、準備が整い、ヤングハズバンドはヤルカンドを出発したが、いよいよ旅行の最終段階に入り、最も大きな困難が予想された。成功するか否かは皆目わからない。三日後に、クジャールという村に着く。崑崙《コンロン》山脈の前衛山脈の麓にある大きな村で、山に入る一切の準備はここでいま一度しておかなくてはならない。ここから渓谷に沿い、トウパ・ダワン峠を南に越える。しかし、このあたりはかつてフォーサイスの探検隊が踏査したことのある土地なので、まったくの未知というものではなかった。次いで崑崙山脈が行く手に現れた。これを約四八〇〇メートルのチラグサルディ峠で同じく南に越す。これからインドに抜けるまで、山脈は次々と東西に走っているのである。もう山径も絶え、住民の姿もない。しかし、このあたりはフンザのカンジュート人の剽悍な盗賊の出没する地帯なので、明るいうちに張った天幕は、暗くなると他に移し替えなければならなかった。彼らは隊商を狙っては夜襲を仕掛けてくるので、夜、横になるときはいつも拳銃を手元から離さないようにした。

チラグシャルディ峠を下った翌日、ヤルカンド川のかってヘイワードの到達した地点を通過した。ここからは文字どおり、ヨーロッパ人のこれまで入ったことのないところだった。そして、「その数日後から、本当の探検のスリルと真正の悪戦苦闘が始まった」のである。狭い峡谷をやっと通り抜け、次いでヤルカンド川の一支流スラクワト川にぶつかった。ムスターグ峠は、これをどこまでもさかのぼって、行き止まりになったところにあるはずであった。

一行はヤルカンド渓谷の恐ろしい断崖にルートをとりながら、これまで不明だった一山脈、ヤングハズバンドがアギール山脈と命名した山脈に向かって延びる一支流を遡上していったが、道案内のワリが、「道を思い出せなくなってしまいましただ」と言い出したので、やむを得ず、頂上から数キロのところでビヴァークすることにした。海抜四〇〇〇メートルを越す地点では、夜の寒気はひどかった。渓谷の水は氷のように冷たく、石の間には氷も張っていて、小馬がよく滑った。翌日、こんななかをただがむしゃらに進んだ。ワリとヤングハズバンドは絶えず隊商《キャラバン》から少し前を偵察しながら進み、とうとうアギール山脈の鞍部《コル》に達した。崑崙山脈とカラコラム山脈の間にあって、それまで存在すら確認されていなかった山脈の峠である。そこから眺めた光景は、思わず息をのむようなすばらしいものだった。

「いまだ！　ついにいま、私はヒマラヤの初旅で、カングラのロバート・ショーの家で、三年前に夢想したすべてのものを見たのである。いま私は、まさにヒマラヤ山脈の最奥に達しようとしていたのだったし、最も壮大な光景を眺

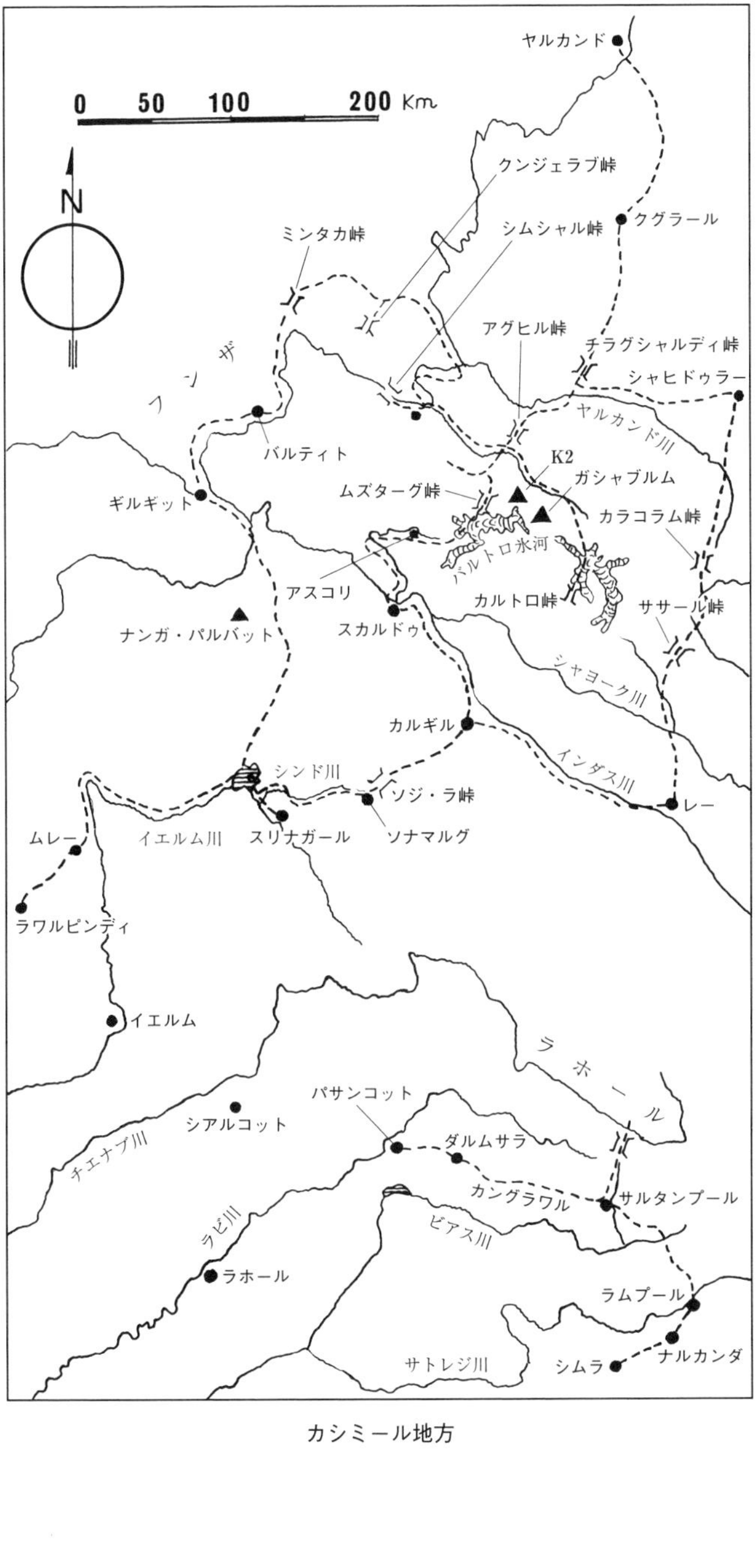

0 50 100 200 Km
N
ヤルカンド
クンジェラブ峠
クグラール
ミンタカ峠
シムシャル峠
アグヒル峠
チラグシャルディ峠
シャヒドゥラー
フンザ
バルティト
ヤルカンド川
K2
ガシャブルム
ムズターグ峠
ギルギット
カラコラム峠
バルトロ氷河
アスコリ
カルトロ峠
ササール峠
ナンガ・パルバット
スカルドゥ
シャヨーク川
カルギル
シンド川
インダス川
ソジ・ラ峠
レー
イエルム川
スリナガール
ソナマルグ
ムレー
ラワルピンディ
イエルム
ラホール
パサンコット
シアルコット
ダルムサラ
チエナブ川
カングラワル
サルタンプール
ラビ川
ビアス川
ラホール
ラムプール
ナルカンダ
サトレジ川
シムラ

カシミール地方

めようとしているのだった」[6]

感動で思わず身を引き締め、興奮に身が震えたといっても、若いだけ無理なかったであろう。すぐ前面の南には七〇〇〇メートルから八〇〇〇メートルの巨峰群が林立していたのである。これまでただの一人のヨーロッパ人も眺めたことのない光景、何万年、いや何十万年もの間、この壮大美麗な峰々はひっそりとここに立っていたことであろう。そう考えるだけで感動するのだった。一時間以上もこのなにものとも比肩し得ない光景に見とれていたが、これからがいよいよ本当に困難な旅になるに違いなかった。

張三は食事の用意をし、ヤングハズバンドは前面に立ちふさがる氷雪の山々に見とれていたが、ワリはこれから右に行くのだったか左だったのか、ルートがはっきりしないと告白した。が、ヤングハズバンドにはそれはどうにかなるだろうと楽観していた。ただ、いま見える山々の障壁の向こう側に、なにがあるのだろうか、それだけが解けぬ謎であった。もうパーティーは一体であった。キャンプ・ファイヤーを囲み、茶を飲み、この地の果てにあって互いに打ち解け、みなが力を合わせていた。そして夜になると、さらに星までが仲間に加わるのだった。

「夜のしじまの中で、星の鎮《しず》まり返った静寂さは、私にこの地球と変わらぬほどの愛《いと》しさを感じさせるのだった。われわれはみな一つなのだ――私の従者も私も、そして汚れなき純潔な山々も、はるかな遠い星々も」

星屑は、寝袋の中から見上げると、ちかちかと不可思議な光を投げかけていた。

「この星はたしかに生きている。いま私が実際に生きているように。いま私はたしかに価値のある仕事をしようとしているのだ。深く、すばらしい心の奥底からの充満感に満たされていた。そして次第に眠りに落ちていったのである」[7]

彼と星との出会いは、ゴビでの体験と同じように、将来大きな意味を持つようになるのである。

翌朝、この障壁の迷路からなんとかして抜け出ようと苦心した。道案内人のワリは二五年前の古い記憶を必死になって思い出そうとしていた。しかし、山脈の麓に達すると謎はひとりでに解けたのである。

峠を下って、どうにかして急峻な岩場を突破し、とある渓流のほとりに着いた。バルティ人はこれをシャクスガムといい、キルギス人はオプラン川と呼んだが、ヤルカンド川の支流の一つであった。この川に沿い、シャクスガムの森林地帯を通り抜け、いま一つの無名の支流に達した。このとき、とある角を曲がってふと左手を眺めると、驚くほど高峻な円錐形をした山が姿をのぞかせた。これが世界第二位の高峰、K２の雄姿だったのである。三年前、伯父の本の口絵の挿絵で心を踊らせながら眺めた、あの山であった。が、白人でこのK２を北側から望んだ最初の栄冠は、若冠二四歳のヤングハズバンドだったのである。

　旅はいよいよクライマックスに達しようとしていた。これまで次々と越えてきた山脈は、これからアタックしようとしている山脈のいわば前奏曲にすぎなかったのだ。サルポ・ラッゴ渓谷をムズターグ峠に向かって上っていくと、この源頭部に峠があるのだとワリが告げた。周囲はぐるりと雪峰で、ここから約三〇キロのところにムズターグ峠があるのだというが、見渡したところそれらしき裂け目はなかった。が、ワリは大丈夫だと請け合った。間もなく、山から崩落してきた岩石の堆積物のところにたどり着いた。この岩山はざっと六〇～九〇メートルあったが、これはこれから三〇キロも続く氷河の末端部の岩屑《デブリ》で、氷の上に岩石が薄く載っているにすぎないものだった。このとき一瞬ではあるが、これからどうやって小馬を連れて進んでよいものか、見当さえつかなかった。氷河が山々から押し出してきていて、氷河の表面も段々と岩石がなくなり白くなっていくようだった。

　ヤングハズバンドは、これまで本当の氷河に踏み込んだ体験は一度もなかったから、ただ困惑し、絶望するしかなかったのである。ワリも内心そう思ったらしく、ヤングハズバンドと相談した結果、小馬の隊商はカラコラム峠を経由して帰らせ、他の二人の従者を加え、自分たちだけでムズターグ峠を攻撃しようと決めた。しかし、これは危険な賭けだった。食糧の蓄えが尽きかかっていたからである。そのうち小馬隊が追いついてきたので、これからの三日間は、氷河の上で小馬を引っ張ったり、押し上げたりの悪戦苦闘を演ずることになった。モハメッド・イサとシュカール・アリは、入り組んだ氷河の迷路の中を小馬を引っ張り上げるのに、躍起になっていた。モハメッド・イサは人と動物の指揮をとり、シュカール・アリは陽気な声を張り上げて、「気をつけろ《カバール・ダー》、気をつけろ《カバール・ダー》」「気にするな《クチ・パルワ・ネー》、気にするな《クチ・バルワ・ネー》」と怒鳴っていた。しかし遅々として進まず、次第に悲観的になった。岩石の縁《へり》を選んでみたが、とても無理なので、また氷河に舞い戻るしかなかった。氷河は暗緑色の透明な氷で、幻想的な洞穴が無数に口を開けていた。こういった光景は、いつかずっと昔に夢見たものが、いま現実になって現れてきたような錯覚さえ覚えさせるものだった。

　野天で寒い一夜を過ごし、翌日、再び氷河を進んだ。表面がつるつると滑るので、人間も小馬もひっきりなしに滑って転んだ。左手からも新しい氷河が流れ込む場所にぶつかった。これをやっと横断したものの、一行はまさしく氷の海に漂っているのに似ていた。見上げると、左右には雪の峻峰がそばたち、行く手を拒むかのように氷雪の山脈がそびえている。氷河地帯に入った二日目の夜、作戦会議を開いた。ムズターグ峠は実際には二つあること、一つは左手、すなわち東方にある旧ムズターグ峠で、かっては利用されていたが、氷が押し出してきたため、いまでは通交が不能になってしまっているという。そこで、この山脈の西の延長上、すなわち右手に約一六キロのところに新しく拓かれた新ムズターグを通ろうというのであった。ワリがこれを越えたがっていた。小馬でもロープを使えば、どうにか通れようという。ちょうどこのときより二五年前の一八六一年、インド測量局のゴドウィン・オースティン大佐が、南側からこの新峠の山麓にまで達していたことがあったが、もちろん、どちらもヨーロッパ人が越えたことのないものだった。ヤングハズバンドもこの新峠のほうに注意を払った。

　三日目に、二人の従者を新峠の偵察に出した。残留部隊は小馬を氷河に引っ張り上げて、ともかく前進したが、日没になって偵察隊が帰ってきて、「峠には氷がひどく堆積し、とても小馬を連れて越えられやしません。人間だって不可能です」と報告した。彼らは新しい提案を出した。まず小馬を後に残し、旧ムズターグ峠で山越えし、すぐ南麓のインド側の最初の村アスコリ（ワリの出身地）まで行き、そこから隊商《キャラバン》を組んでシャヒドゥラーまで行くという方法である。シャヒドゥラーはヤルカンドとカシミールの一般交易ルート上にある村で、ここまで二八八キロある。ともかく食糧を運んでもらわなくては、人間も動物も餓死しかねない状態であった。シャヒドゥラーから隊商はカラコラム峠を越えて行けばよいのである。事態は自然の障壁の他に、食糧という難局に直面していた。あたりは雪と氷の世界で、それを渡って吹いてくる風は身も心も削るような冷たさだった。そして夜に入ると霜が降り、しっかりと動物に最後のとどめを刺すのであった。

旧ムズターグ峠攻撃の前夜、焚火の周りに集まって相談をする。ワリは断固やり遂げる決意を固めているようだった。モハメッド・イサとシュカール・アリとは愉快そうに、あまり事態の重大さに気づいていないようだった。これまで乗り越えてきた数々の困難、危険、辛苦を思い巡らしてみても、失敗するとは考えられなかった。意気軒昂たるものですらあった。ただ燃料がないことから、寒気だけが厳しかったのである。

翌九月二十八日の払暁《ふつぎょう》、ワリは全員を起した。ヤングハズバンドの口髭は、吐く息が凍りついてあご髭としっかりくっついてしまい、鼻の下は氷の塊だった。すぐに熱いお茶を飲み、劉三と数人とが小馬《ポニー》と後に残り、ヤングハズバンドは峠への最後のつめに出発した。持参したのはわずかにヤングハズバンドの寝袋と従者たちの羊皮の外套、ヤルカンドで焼いた硬パン、茶、大きな薬罐《やかん》、ブランデー一瓶だけだった。いまいるのは標高五八〇〇メートルあたりである。こういった高所の雪中を登るのには、一度に二〇歩ぐらいがやっとで、ぜいぜい肩で息をしながらすぐ目の前の峠に行くのに六時間もかかった。特に急勾配というわけではないが、全部が雪であった。そしてとうとうムズターグ峠の頂上に到着したのは正午頃だった。

山は登るより下降のほうがより困難である。せっかく登頂に成功しながら、下山の途中に遭難する例は少なくない。いま峠の頂きから下降路をのぞいてみると、急峻な絶壁以外なにもない。どう見てもそれは通交不能としかいいようがなかった。第一、ヤングハズバンドはアルプスの登山の経験がなかった。また登山用のピッケルもアイゼンも持っていなかった。持ってきているのは、鋲《びょう》のない現地民の皮長靴だけだったのである。これではうっかり動けば、もんどりうって氷の斜面を転げ落ちるしかない。不安と焦躁に駆られたヤングハズバンドも、これでは沈黙するしかなかった。彼はのちに回想してこう言う。

「私がのちに考えたところでは、このとき私の心をかすめた思いは、私の従者たちの心をも同じようにかすめたであろうということであった。彼らはこんな斜面を下降することなど、とても不可能だと考えたに違いないが、私より先に言い出しかねたのである。こういった場合、よく起こることだが、誰もが心の奥底では恐れているものの、怖がっていることを示したがらないものだからだ。自分の考えていることをお互い張り合うのは、自分よりか他人に対してははるかによい作用をもつものなのだ(8)」と。

メロドラマなら、さしずめこのあたりで金を出して従者の歓心を買うか、さもなくば拳銃を突きつけて脅すかの場面であるが、ヤングハズバンドはなに一つしなかったと言っている。この沈黙が逆効果を発揮したのだった。彼は心中、引き返そうかどうしようかと散々迷ったのだが、従者たちはこの沈黙の迷いを前進の合図と受けとったのである。ヤングハズバンドにとっても、ここで負けられない自尊心があった。このムズターグ峠越えは、これまでの長く苦しい中央アジア横断の最後のクライマックスの場面だったのだ。もしここで舞台を下りたら、あたりの山々はただ雪と氷のものにすぎないが、たちまち劇場の聴衆のように嘲笑の叫びを上げることだろう。手に入れられるべき美女を、むざむざ他人の手に渡すに等しい。断じてそれはできない。結局、彼は無謀な峠越えに挑戦し、その栄光を得たのであるが、運命は、皮肉にも彼の手に恋人を渡してはくれなかった。しかし、それはいま少し後年のことだ。ムズターグ峠下降の運命は、たった一本のつるはしとロープだけに賭けることになった。

ワリはつるはしを振るい、氷に足場を刻んだ。彼の腰に巻きつけたロープを残りの一人一人がしっかりと握った。登山の本でかつて読んだことがあったので、ロープの使用を思いたったのである。斜面は硬い氷で、非常に急峻だった。まず三〇メートルほどの急斜面を横切って、雪と氷から突き出た恐ろしい岩と絶壁まで達しなくてはならない。ワリ、ヤングハズバンド、シュカール・アリ、トゥルガン、バルティ人、モハメッド・イサと続く。あまり急なため、途中が見えず、数百メートル下の氷河の表面しか見えない。この急な下降路をワリは懸命に足場を刻んだが、あの奴隷から解放してやったトゥルガンという男は、この氷の破片を蹴飛ばして斜面から落とし、声を立てて笑ったりした。この情景を見ていたヤングハズバンドは胸が凍るほどの思いだったという。悪いことには、勇敢なモハメッド・イサまでが恐ろしさのあまり、とても正視できないと言い出したことだった。そこでワリの次に置いてやったものの、身体がぶるぶる震えてこれ以上はかえって荷物になるので、隊商のいるところへ帰すことにした。それから二〇年後、彼はスヴェン・ヘディンに伴われて探検中にチベットで死んだが、あの恐れを知らぬ男ですらムスターグ峠は越えられなかったのである。ヤングハズバンドが『大陸の胸奥』(*The Heart of a Continent*. London, 1896)の中で、彼の落伍をそっと伏せてやったのは、彼への思いやりだったのであろう。

太陽に照されて、足場の氷はすぐ溶けた。もし誰か一人が足を踏み外したら、万事休すである。下の氷河めがけて空中を飛んでしまうことであろう。一本のロープがまさに生命の綱であり、文字どおり、一蓮托生といってよかった。しかし、まだ下降が始まったわけではなく、単に下降点に向かって急峻な壁を横切っているにすぎなかった。

ムスターグ峠の横断は、後年の人工登攀の全盛期から見れば、たいした困難なルートではない。あらゆる器具がそろっているからである。しかし一八八七年九月のこの時点での初横断は、完成できればたしかに中央アジア探検史のうえでもエポック・メーキングなものであったことは事実である。カラコラムの氷河地帯は未知に閉ざされていたし、地図もなく、反対側から下ることはきわめて危険であった。が、かつてこのルートが使用されていたとすれば、こんな困難なものではなく、人はもっと容易に通れたのであろう。これは私の推測だが、地震かなにかで山が崩れてしまったのではあるまいか。

一行はようやく氷の間に姿をのぞかせた棚状の岩の上に出た。ほっとひと息ついたものの、ここから今度はこの岩壁を下らねばならない。これは、まさに切り立った断崖というのがいちばん適切だったであろう。ところどころに小さな手がかりか足場が見つかるくらいだった。それはもう峠などといえる代物でなかった。

一度だけ、風化作用でぼろぼろになった岩が崩れ落ち、ヤングハズバンドのすぐそばにぶつかって、半分ほど下っていた二人の男に危うくぶつかりそうだったが、うまく外れてくれた。ともかく事故もなく、絶壁の下部に達したので、次いで下方の氷河へ下った。あらゆるロープや男たちのターバン、腰布をみなつなぎ合わせて長いロープを作り、これをくり出して次々と岩から岩へと斜面を下っていった。途中、一人の男が足を滑らせ、仰向けにひっくり返り、恐ろしい速度で斜面を転がったが、うまい具合いにロープを片手で摑んだので、九死に一生を得た。が、いちばん最後に下りる者は、岩からロープを外してこなくてはならない。この大任をワリは峠の頂上付近の氷の斜面を横断中、氷片を絶壁の下に蹴飛ばして笑っていたトゥルガンに命じた。指導者は指導者として、無責任で勝手な行動を決して許していなかったのである。それでも彼は無事に下り、さらに二つの氷の斜面をなんとか突破してやっと安全なところに着いたのであった。

ヤングハズバンドは、とうとうヨーロッパ人として初めてムズターグ峠の横断に成功したのだ。もうここはインド領だった。太陽が西の山々に沈む頃、峠の麓に着き、夕日に薄れゆく明かりのなかで、いま一度ムズターグ峠をいつまでも眺めていた。ほっとした言いようのない救われた気持ちと、とうとう自分に与えられた栄光とに感謝する瞬間だった。こうした感動的な瞬間は、長い人生のうちにもそうめったにあるものではない。彼の一生を見ても、これほど純粋な感動はついに訪れなかったろうと思う。

夜の帳《とばり》が下りたが、幸いにも満月に近い月が出ていて、空には一点の雲もなかった。雪峰と氷河に囲まれたあたりは、あたかも円形劇場のようであり、それに降り注ぐやわらかな月の光は、さながら妖精たちの住むお伽の国のような情景だった。この月夜をよいことにどんどん下った。危険が去ったという一種の安堵感にうたれ、クレヴァスの多い氷河をどしどし進むうち、ふと一人いないことに気づいた。慌てて引き返すと、例のバルティ人がクレヴァスに落ちてしまっていたのだった。が、彼は奇蹟的にけがもしていなかった。今度はロープで結び合い、ヤングハズバンドが殿《しんがり》を務めて行くと、前を寝袋を担いで行く男の包みからあの強い刺激的な臭いがした。慌てて包みを開いてみると、なんと北京でウォルシャム夫人がくれた二本のブランデーの残りの貴重な一本が壊れていたのだった。一本はすでにゴビで飲んでいたから、ムズターグ峠を越えたら飲もうと大切に運んできたのである。不用意に荷を投げ下ろしたとき、割れたに違いなかった。こういうときこそ、心底がっかりさせられた。危険なときには、すっかり黙りこくっていたシュカール・アリがまた陽気に喋りはじめ、トゥルガンは自分の故郷に近づいたというので、すっかり喜んでいた。夜の一一時を回った頃、山腹の雪のない地面にやっと着いたので、一八時間ぶりにぐっすり眠りについた。しかし、燃料になるような木はあたりに一本もなかった。

翌朝、夜が明けるとすぐ出発。茶も焚き火もない。峠の向こう側では氷河の中で残留隊が食糧を待っていたし、実際、いまある食糧も少なかった。南へ進むにつれ、世界最大の氷河、バルトロ氷河にぶつかる。この氷河は東に延び、あたりにガシャブルムその他の高峻な山々がそばだっている。またすぐ南側にはマシャブルムの山群が山列をそろえているのが見えた。わずかにインド測量局のゴドウィン・オースティンが入ったにすぎない、仙境であった。氷河の縁《へり》の氷堆石《モレーン》に沿って下った三日間は、苦難の多い旅だった。靴は破れ、足は傷だらけだったし、氷河の末端では、流れ出る冷たい川を渡るのに、シュカール・アリが背負ってくれたのはよいが、川の半ばで転倒し危うく溺死しかけるところだった。これで身体はすっかりしびれ、一時間は寝袋の中で暖めなければならなかった。この夜は洞窟の中で眠り、翌日の昼頃、遠くにやっとアスコリ村の緑の木々を認めた。

十月の最初の日も暮れようという午後四時、一行はアスコリ村に入った。カシミールの藩王《マハラジャ》の統治下にある小さな村である。ヤングハズバンドはすぐ村長を呼びにやり、食事の用意をさせた。インドを植民地下に置く英国人の命令には、絶対服従しなくてはならない時代である。しかし、アスコリ村の家屋や住民たちはどこか汚く、それでいて、山地民である彼らは、ヤングハズバンド一行によい感情を持っていなかった。道案内のワリはこの村の出身であったが、二五年も昔に村を出ており、村民たちの態度に不安がって、ヤングハズバンドのそばから一刻も離れようとしなかった。ワリはこの理由をこう語って聞かせた。

「旦那《サヒブ》、もし旦那のような英国人がいらっしゃらなかったら、村民たちは私を殺したでしょう。山地民というのはどこでも、自分たちの山を隠しだてするものです。長い年月、彼らはこの山を防御壁と見なしてきました。山地民はもし自分らの山の秘密が知れてしまったら、悪いことが自分らを襲うと恐れているのです。彼らは、これまでヤルカンド方面からは安全だったのです。しかし、いま、なんの前触れもなく、一人の英国人が現れました。英国人が越えて来られるなら、フンザの盗賊どもも同じように越えて来るでしょう。私は反逆人として、殺されねばなりません。こういうわけなのでございます。旦那が行ってしまわれたら、私も一日だって、彼らのなかにはいられなかったですよ」

ワリは村民たちから強迫されたのであろう。事実、彼はヤングハズバンドとカシミールまで行き、のちレーを経由してヤルカンドに戻ったのである。ヤングハズバンドも外部の人間にはうかがい知れぬ、現地民の秘められた感情についての貴重な教訓を学んだのであった。

ヤングハズバンドにとって、仕事はまだ完全に終わっていなかった。峠の北側には隊商《キャラバン》が食糧を待っていた。ところがこのやっかいな仕事に住民はなかなか協力的でない。それでもやっと食糧を運ぶ一行が、ロープや棒を持っていま来たばかりの道を峠へと引き返していった。ヤングハズバンドにはいま一つ仕事が残っていた。旧ムズターグ峠の西にある、新ムズターグ峠をぜひ見ておきたかった。本心を言えば、もう山に向かうのは嫌だった。心は南のインドに向かっている。しかし、二人の従者の北方からの不確実な偵察以来、新ムズターグ峠の情報はなにもなかった。この際、やはり見ておきたかったのである。到着の中一日おいてアスコリを出村し、ワリと住民たちを連れて行く。バルトロ氷河に出る前に北へとプンマ氷河をさかのぼり、出発三日目に、新ムズターグ峠から流れ出る氷河がプンマ氷河と合流する地点に到着した。しかし、そこは巨大な氷が氷河に雪崩れ落ち、とても乗り越えて行ける状態ではなかった。これもおそらく地震による被害だったのであろう。これだけ知れば十分だった。もと来た道を引き返し、十月十三日、再びアスコリ村へ戻った。ちょうどアスコリ村に着いた日に、同じくムズターグ峠を越えて、峠の向こう側にいる劉三やその他の従者や小馬たちに食糧を運んで行った連中が帰ってきた。隊商はカラコラム峠からレーに向け出発していったという。これで面倒な問題はすべて片づいたのだった。

すべてが満足にいったので、十月十四日、カシミールからパンジャブ州への旅に出立した。狭いブラルドゥ川の峡谷を抜け、幅三～五キロもある広いシガール渓谷へと下り、小馬に乗った旅は愉快なものだった。あたりの風景は美しかったが、渓谷は魅力に乏しかった。ただ、紅葉した杏《あんず》の木の葉越しに白雪をいただくすばらしい山々が、紺青色の空を背景に浮かぶ姿はたとえようがない。一年を通じていまがいちばん美しい季節なのだった。シュカール・アリは朝から晩まで笑顔を絶やさず、終始上気嫌であった。

十月十七日、絵のような小さな町、バルティスタンの首都に着いたので、ここでアスコリの人夫たちに賃金を払って帰らせた。ここから電信線も通じていた（ヒンズー語しか通用しなかったが）。このあたりは広くバルティスタンと呼ばれ、住民のバルティ人は辛抱強い苦力《クーリー》（人夫）として知られている。間もなくインダス河畔のスカルドゥを経由し、ムズターグ峠越えの五人の仲間とも別れる日が来た。彼らのうち幾人かは、その後またヤングハズバンドの重要な旅仲間となるはずである。この道すがら、てっきり英国人と見間違える人物に会ったが、彼はロシア人で、紛れもなく彼はキプリングの小説『キム』の中に登場するロシア人のモデルであった。彼はラダクに帰る途中だということだったが、なんとも気障《きざ》な男だった。

ヒマラヤ山脈の西の延長上にあたる前衛山脈を、ゾジ・ラ峠（三四七七メートル）で南に越す。これがこの長い旅の最後の楽な峠だった。南側の斜面はびっしり森林に覆われ、ヤルカンドからこれまで耕地か谷底以外では樹木らしい樹木も見ていなかったので、この著しい自然の変化は目を楽しませてくれた。美しいシンド渓谷を一気に下り、十月三十日、とうとうカシミールの首都スリナガールに到着する。なにしろ風呂にも入らず、髪も髭もぼうぼうの伸び放題、ヤルカンドの上衣《ローブ》に腰ひもを締め、日焼けと雪焼けで真黒な顔、あまりにも汚いので会った者も白人とは誰も思わなかった。スリナガールに着くと、すでに知らせてあった旅行の成功を知って、インド軍総司令官のサー・フレデリック・ロバーツ（のちのロード・ロバーツ）の祝電や、インド主計総監のチャップマン大将の手紙が届いていて驚かされた。一若輩の中尉に寄せる彼らの好意は異例といえたのである。

スリナガールには一日しか滞在せず、急いでラワル・ピンディに向かった。旅行許可の七カ月で旅を終わらせたかったからである。途中、生まれ故郷のムレーを通り、船と徒歩と馬車を乗り継いで、十一月四日、とうとうラワル・ピンディの連隊の食堂に滑り込んだ。四月四日に北京を出発して以来、ちょうど七カ月目であった。

所属連隊の食堂をのぞいたが、誰も見当たらなかったので、次にヤングハズバンドは連隊に出かけて行った。すると自分の隊の郵便伍長が手紙を配っているのにぶつかった。そこで自分宛の手紙は来ていないかと、何気なく尋ねてみた。すると、「お名前はなんと申しますか」と逆に尋ねられた。びっくりしたヤングハズバンドだよ。君は僕を忘れてしまったのかね」と言うと、彼のほうもびっくりして、「申し訳ありません。でも貴下はあまりにも黒すぎましたから」という答えが返ってきた。満州、ゴビ沙漠、トルキスタン、そしてカラコラム山脈横断の長途の旅は、同じ仲間ですらわからないほど相貌を変えてしまっていたのである。

第9章　青春の野望と挫折

人の心の中で燃えさかった冒険心という火は、青春というブレーキの効かない願望を背景にすると、たとえ一時は燃え尽きたように見えても、たちまち火の手を上げるものだ。一年半もの長途の旅が終わってみると、そこにはかえって目的を失なった空疎さと物足りなさとが残り、本来の職業でもある軍務ですらが、なんともばからしく思われてならなくなった。形式的で、同じ日課の繰り返し、そこには新しい創造性も、新鮮さも、希望すらも起こらない。動物のように寝て、食べて、運動する。そこには青年の心を捕えて離さない、あの漠然とした名声と、危険と、未踏への魅力という荒々しい野心を満足させてくれるものはなかった。

連隊に帰って一日すると、今回の旅行の予備報告を書くため、二週間、シムラへ出張を命ぜられた。シムラでは久しぶりにベル大佐に会ったが、彼はすでに一カ月も前に帰任していたのである。彼はシナ・トルキスタンを東から西へと横断し、インドへ出た栄冠者であったが、彼の旅行の報告は当時、内陸アジアの軍事視察が主目的であったため、極秘扱いとして公表されず、詳しい内容が不明であった。それにベルという人が感情を表面に現わさない性格だったから、別にヤングハズバンドに向かっても大仰に旅行の成功を讃えたりはせず、ただ無事に帰れてよかったということ以上は、なにも言わなかった。しかし彼は、陰でヤングハズバンドのためにいろいろと便宜を図ってくれたことは事実であり、彼のおかげでどれほど救われたかわからないのである。

時間が限られてきわめて短かったが、一〇日間で一応この報告書を書き上げた。いわば役所へ形式的に提出するものので、内容などはそう問題でない。それには「北京よりゴビ沙漠、カシュガリア、ムズターグ峠を経てカシミールに至る旅行報告」（Report of a Journey from Peking to Kashmir via the Gobi Dessert, Kashgaria and the Mustag Pass）という題をつけて提出した。おそらくこれは軍機密ということで活字にはならなかったであろう（この報告書には満洲旅行の記述が欠けている）。こんな仕事もすんだので、またラワル・ピンディの連隊に戻った。

連隊に帰ってはみたものの、長い間中断していたため、演習をどうやったらよいのかすっかり忘れてしまっていた。だいたい軍隊生活に退屈してしまっていたから、いっそういけなかった。軍人は一日中、厳しい規律のなかで生活しなくてはならない。籠の中の鳥と同じようなものだった。一度、自由な空気を吸ってしまったヤングハズバンドにとって、また籠の中へ逆戻りさせられるのは、なんともやりきれないことだった。だから、精神がたるんでいると散々意地悪された。中隊長がちょっとした慰めの言葉をかけてくれたが、これだって文字どおりにとるわけにはいくまい。曰わく、「君の教練はなっていない。が、軍隊では誰よりも実戦に向いている」と。だからヤングハズバンドも自ら慰めてこう結論を下すしかなかったようだ。「結局のところ、私の旅行は軍隊勤務にとって必ずしも有害ではなかったということだ」。

この野外教練中のこと、インド軍総司令官のサー・フレデリック・ロバーツ将軍がわざわざやって来て、夜、一同と会食をとったことがあった。大演習というのならともかく、一連隊の教練に軍の最高責任者が姿を見せるのは異例であった。そこで全員、食堂の天幕の入口に整列して待つと、ロバーツはまず連隊の司令官の大佐と握手を交わし、次いですぐ、「ヤングハズバンド氏は？」と尋ねた。明らかにヤングハズバンドに会いたくて出かけて来たのであろう。ロバーツはきわめて打ち解けた態度で、ヤングハズバンドに質問をしたものらしい。仲間の士官のいる前で自ら声をかけてくれるのは、若い士官にとっては最大の感激だったし、例外ともいえた。ロバーツはヤングハズバンドの旅行に興味を抱き、その行動を高く評価していた。おそらく軍当局のなかには、初め休暇の取り消しがあったように、ヤングハズバンドの行為には賛否両派があったであろう。こういった事情を知ったベルが総司令官に打ち明け、ヤングハズバンドの問題に結着をつけたかったのであろう。総司令官が称讃している以上、反対派は沈黙するしかなかったはずである。

二年前、偶然にシムラの情報局に出張し、その折りにふと思いついた行動が実現したということでも、ヤングハズバンドにとっては少なからぬ感慨があった。ロバーツとの会見はごく簡単ではあったが、今回の旅の最後の仕上げになるものであり、大いなる名誉と満足に浸ることができた。軍当局としても、彼が携えてきたロシアの東方進出の現状報告には、得るところも多かったであろう。ヤングハズバンドはその結論として、クロパトキン将軍のシナからの脅威は根拠がないものだと決めつけた。(1) そして、満州方面のシナ軍の装備は一応整っているが、軍と国民の怠惰によりその意味をなしていないこと、またシナ・トルキスタン（新疆省）は清朝政府にとってもう維持できないところにきており、もしロシアがその気にさえなれば、たやすく領有できるであろうと判断していた。これを防ぐため、間もなくインド政庁はカシュガールへ外交代表部を置く必要に迫られるのであるが、これにはヤングハズバンドの状況判断が大きくものを言ったはずである。それから数年後（一八九四年）に勃発した日清戦争によってシナの国力が脆弱であったことがはっきり暴露されたことからも、満州およびシナ沿岸部についての彼の見通しがやはり正しかったことを証明してみせた。

ヤングハズバンドがインドに着いてから一カ月半近くたった十二月の中旬、遠くカラコラム峠を回る迂回路をとった劉三たち一行の哀れな隊商《キャラバン》が、ようやくラワル・ピンディに到着した。冬の高峻な山岳地帯の旅だったため、劉三は肋膜炎にかかっていた。しかし暖かいインドの空気にふれて、間もなく元気をとり戻した。彼は賃金が欲しいがために中央アジアからヒマラヤを横断してインドまで来たのだが、この苦しい旅で得た金はせいぜい四〇〇ポンドにも満たないものだった。彼の長く困難な旅は、シナ古代の旅行者、玄奘三蔵にも比肩されるものだったであろうが、彼はただの旅人にすぎなかった。病気も回復したので、ヤングハズバンドは彼を停車場へ連れていった。やがて汽車がプラットホームに滑り込んでくると、彼はやにわに、「ハイ、ヤー、街路がそっくりやって来たぞ！」と叫んだ。彼はこれまで汽車というものを見たことがなかった。道路が走っていると思ったのだ。彼はカルカッタまでこの汽車で行き、そこから汽船で故郷の天津に帰れるようにしてもらったが、それから一、二年後、アメリカの外交官ウィリアム・ロックヒルに伴われてチベット旅行に行った。ロックヒルは禁断の都ラサを狙ったのだが、これは成功しなか旅を共にすることはなかった。[2]この都ものちにヤングハズバンドによって解放されるのであるが、劉三は、ヤングハズバンドとは生涯二度と

明けて一八八八年の四月初旬、ロバーツはヤングハズバンドの上司に宛てて電報を打ってきた。それによるとヤングハズバンドに英国王立地理学会で中央アジア横断旅行の講演をするため、三カ月間の休暇を許可するという内容であった。ロバーツはこの若い士官に相当好意を寄せていたようであるが、また、ヴィクトリア朝の爛熟期を迎えていた当時、王室をいただく英国王立地理学会から、おそらく彼にロンドンで講演してほしいという依頼と許可願いが、軍当局に届いていたからであろう。よい具合いに戦争もないし、軍にとっても異存はなかったのであろう。辺境地トルキスタンの現状を知りたい風潮はヨーロッパの学会にみなぎっていたから、よい機会でもあった。が、なにしろ当時の交通機関は汽車か汽船ぐらいしかなかったから、三カ月の休暇でもけっして長くはなかった。この短い機会を利用して、ヤングハズバンドは久しぶりに両親のもとでくつろぐことができた。

四月二十九日、六年ぶりに家に帰ってみると、老いた両親と姉妹たちがひっそりと生活していた。姉の目に映じたしばらくぶりの弟の第一印象は、どこか昔と変わっていたようだった。なによりも子供っぽかった弟が、ずっと大人びて寡黙がちになったように見えた。しかし、それも家庭的な雰囲気のなかで次第に消えていった。これも結局は子供っぽい青春時代がやがて去り、規律に縛られた形式的な軍隊生活と長い孤独な旅が、いつしか心を外面より内面に向かわせ、将来への宗教的な開眼が目ばえはじめる時期にぶつかっていたからかもしれない。彼はレナンの『イエス伝』やシーリの『この人を見よ』やトルストイを読んでいたというし、自然詩人であるワーズワースやスコット、バイロン、シェリー、テニスンを愛読していたというから、人間的な成長も大きかったのであろう。さすがに女性としての姉の鋭い目は、こういった微妙な心の動きを見逃さなかったのである。

地理学会での講演のある日、一家はそろってロンドンに出、会場に足を運んだ。こういった講演会は夜開かれるのが常で、一般にも開放されていた。一八二〇年に創設されたこの学会には、リビングストンやスタンリー、ヴァンベ

リーといった世界中のあらゆる探検家や旅行家たちが、さながら幽霊のように現れて、誰一人見たことも聞いたこともない、世界の不思議で神秘に満ちた出来事を、次から次へと語っていったものだった。この権威ある学会で紹介され、自分の体験を語ることは非常に名誉であったし、この学会はなによりも当時の世界のトピック・ニュースの中心でもあった。だから、間もなく二五歳を迎えるばかりの若い弟が、年長の名士や学者たちに交じって講演するのを聞くのは、ヤングハズバンドの家族にとっても、めったにない感激すべきときだったのである。そして、ヤングハズバンドはこの名誉ある学会から創立記念金《ファウンダーズ》メダルを授与されたのであった。このことは、彼の真価が初めて世間で認められたということであった。ともかく旅行の出発から終わりまで、まったく幸運に恵まれたといえよう。

間もなくまた悲しい別れの日が来た。六年間の空白はいつか青春時代によくあるように、ヤングハズバンドと家郷との間の絆《きずな》をどちらかといえば薄いものにしていた。手紙という頼りない手段では、人の心と心とを強く結ぶことは、たとえ両親や血を分けあった姉妹ですら難しかったのである。しかし、いよいよまた別れるというときになって、むしろ別離に身を切られるように感じたのは、彼よりも彼の姉妹だったという。男と女の違いからもしれなかったし、なによりも彼の心は野生を求めていた。六月十五日、ヤングハズバンドは英国を後にするとまたインドに帰った。わずか三カ月の間に、彼は計り知れぬ経験を持った。もうこれまでのように無目的な青年であってはいられない。地質学者や氷河学者、植物学者、人類学者、民族学者が続々と彼のもとになにか新しい資料はないかと訪ねてきていたし、地理測地家は未知の土地の地図を描くために、彼の助言を求めてきた。しかし彼には、そのどれにも十分満足のいく説明ができなかった。単なる冒険がいかに空しいか自分を顧みて恥ずかしかった。これを償《つぐな》わなければ、本当の探検家とはいえないであろう。彼にとって一つの大きな人生の転換期に差しかかったのである。

人生というものはサイコロの目のように、不思議と同じ目が続くことがあるものだ。インドに船が着き、そのわずか数日後にまたヤングハズバンドにはヒマラヤ山麓への旅が待っていたからだった。船を降りてから七月中旬のインド平原を二日三夜汽車で揺られていくと、その殺人的な暑さにすっかり参ってしまった。暑さと埃と騒々しさで、ほとんど安眠できなかったからだ。しかし、早朝、ラワル・ピンディに到着し、すぐ連隊に戻って帰隊の報告をすますと、ここから二〇キロ離れたバラカオへ騎馬で行くように命令された。彼の連隊はリレーに向けて行進中なので、これに追いつくためである。追いついたら連隊とともにさらに二〇キロ夜間行軍しなくてはならないという。これはどう見ても楽しいものではなかった。身体はすっかり休暇で体が鈍《なま》ってしまっている。が、この夜、どうにか分遣隊に追いついたので、数時間仮眠をとり、午前二時にはまた徒歩でトレトの丘陵地に向かった。兵士も将校も徒歩で行進するのに、ヤングハズバンドのような騎兵隊員は楽でありそうなものだが、それがこれまで体験したことのないほどつらい行進だった。快適なヨーロッパの夏から一挙に灼熱のインドに放り込まれたうえ、長い汽車旅行と睡眠不足が重なって、行進は地獄のような苦しみだったのである。さすがの彼も、トレトに着いたときには完全にのびてしまった。ところが、このトレトの高度はたった九一五メートルしかないのに、いくらか睡眠もとれ、翌日、またムレーに向かった。彼の生まれ故郷ムレーは標高二一三五メートルもあり、ずっと涼しいはずであった。

これから一、二日して、厚い雲が群がりだし、夕刻になるにしたがって雲はさらに黒味を増してきた。夜の一〇時頃になると、突然、雷鳴が轟き、稲妻が走った。それとともに突風が巻き起こり、天幕の柱をへし折り、樹木をなぎ倒したが、次いでドッとばかり天幕という天幕を山麓にたたきつけるほどの、篠突く大雨が降りはじめた。モンスーンがやって来たのだ。インド平原に住む人々には待ちこがれていた雨であるが、いまヒマラヤ山麓に天幕を張って生活している兵士たちにとっては、やり切れないものだった。

兵士も将校もみな天幕の中に退避したものの、この混乱の最中に、兵士の一人がコレラにかかったと医師から伝達があった。この病人はいまにも吹き飛ばされそうな天幕の中で、夜が明ける前に息を引きとった。しかし、一行はムレーのはずれのいくらか風と雨を避ける場所へ移動し、やれやれこれで少しは息がつけると思った矢先、またもやコレラが発生したという。ある夕刻、ヤングハズバンドは病気になったと感じた。コレラらしい。幸い医師の天幕が隣にあったのでこれを伝えると、医師がすぐに飛んできた。彼は強力な薬をヤングハズバンドに与え、「ともかく、死ぬか回復するか、君の生命はこの薬にかかっている。うまくコレラをやっつけてくれるか、君を倒してしまうかだ」と言った。医師はヤングハズバンドの強靭な体力を計算に入れたうえで、かなりの分量の薬を与えたものらしい。この一発勝負で、ヤングハズバンドは奇蹟的に命拾いし、一週間で回復した。一八八八年は名声への橋と、いま一つ危険な橋を渡っただけで、平凡な軍隊生活のなかで過ぎていった。

青春というものは移ろいやすい。だからその一刻々々は万金にも値するものだ。多くはこの貴重な時期を知らずに過ごしてしまうものだが、鋭い感覚で、その価値を本能的に嗅ぎつける人がごくわずかながらいる。ヤングハズバンドがまさしくそれであった。明けて一八八九年四月の休暇中、再びヒマラヤ山麓をうろつくことはあったが、それ以上のことはなかった。ラワル・ピンディの連隊から時々、ヒマラヤ山麓の丘陵地帯を馬でさまよいながら、またあの荒っぽい旅に思いを馳せた。未知の誘惑は強いが、規則はそれを許さなかった。軍隊生活はまったく無味乾燥でやりきれない。こんな無為のなかで、青春や才能を消耗させてしまうことがたまらなかった。せめて情報局か主計総監局がなにかよい役職を見つけてくれればよいと思うが、それには多くの試験をパスしなくてはならないという。だいたい騎兵隊に入ったのは、実戦に参加したいがためだったのに、それはことごとく裏切られた。ある日、司令官の大佐が彼を司令室に呼んでこう言ったのを聞いては、いっそう嫌気がさしてきた。

「教練では、あたかも実戦に備えてやっているように。わしはやっているが、そんなことはこれまで一度もなかったし、それに備える必要もない。われわれのやっているのは、将軍か誰かが来られたとき、行進のパレードがうまくいくようにしているためで、それで名を上げるためなのだ」

軍事教練は遊びだったのだ。たしかに戦歴によって名声を上げられる時代は、四〇年前に終わっていた。青年の血は名声を呼んで騒ぐが、インドをめぐる世界情勢が静かになってしまったのでは、軍人としての生涯は意味をなさない。なんとしても若さのもつ余分なエネルギーを発散させるものが欲しかった。他になにがあったろう。

一八八九年四月、数日の休暇をとってシムラへ出かけた。この折、汽車の中で偶然にも一人の英国人と乗り合わせた。彼はネイ・エリアスと名乗った(3)。ヤングハズバンドが三年前にゴビを横断して中央アジア旅行をする以前、彼はすでにトルキスタンを横断し、英国地理学会から同じく金メダルを授与されている大旅行家であった。彼はヤングハズバンドの今回の旅行を興味深く聞いたうえ、「この次には、どちらへお出かけになられますか」と尋ねた。ごく平凡で、単純な質問だった。しかし、この瞬間だった。ヤングハズバンドの頭にひらめいたものは、なぜ旅行のことを考えなかったのだろう、なぜチベットへ行くことに思い及ばなかったのかという気持ちだった。愚は人の悲しむべき本性であるが、あふれるばかりの才智の片方で、こんな単純なことが、いま人に言われるまで気づかなかったのだった。五年前、あのカングラとクルで初めてヒマラヤを体験したとき、チベットへの憧れを抱いていたのではなかったか。それをなぜいま実行しようとしないのか。よろしい、ラサへ狙いをつけよう。英国人がそこへ行くのをチベット人が許さないことは百も承知している。ならば、変装して行こう。また新しい考えがひらめいた。三年前、シナ・トルキスタンからカラコラムを越えてカシミールに入ってきたとき、ヤルカンド人の服装をし、日に焼けていたので、カシミール人ですらヤルカンド人と見間違えたくらいではなかったか。ヤルカンド人としてチベットへ潜入できまいか。レーに行き、モハメッド・イサとシュカール・アリのかつての旅仲間を誘い、ヤルカンドの商人という触れ込みでラサへ行けばよい。これは奇抜で、すばらしい考えだった。シムラへ到着すると、まっすぐ外務省に行き、外務次官に面会を求めた。こういった大胆な空想と実行とが、すぐ直結するのがヤングハズバンドの得がたい長所だったし、また保守的な人々から憎まれる短所でもあった。

ヤングハズバンドの藪から棒の話に、サー・マルティマー・デュランドは驚いたが、同情的に話だけは聞いてくれた。チベットの探検も、インド政庁にとっては必要なことだったのである。が、「楽しい計画ですが、あなたに休暇を許可するわけにはいかないのです」と、断られてしまった。こうあっさり断られると思っていなかったヤングハズバンドは、慌ててチベット入国の別の計画案を持ち出した。これが具体的にどういう内容だったのかはわからない。デュランドはヤングハズバンドの態度があまり熱心だったのでおかしかったのだろう、「君の熱意には負けましたよ。お出かけなさい。旅費として五〇〇〇ルピー出費してあげます」と、笑って同意してくれた。これはすばらしかった。なんと簡単に夢がかなえられるのだろうとさえ思われたのだった。そこで急いで連隊に帰ると、すぐ司令官の大佐に報告した。ところが、ヤングハズバンドの話を聞いただけで、司令官は言下に、「だめだ。君は連隊をあけすぎる。他の士官連中が休暇をとるのを妨げることになるから、許すわけにいかない」と言った。たしかにそのとおりだった。ただこの司令官は、本当の職業軍人だったのであろう。新しいものを求めて前進することよりも、ただ与えられた職務だけ墨守していればよいという、保守的な人間だったのである。ヤングハズバンドはこの言葉を聞いて、ただ引き下がるしかなかった。

つかの間の喜びの後の絶望ほど、人を打ちのめすものもない。青春の歳月は少しも待ってはくれないのだ。また物憂い夏のインドの駐屯地で、だらだらとむなしい日課を務めるしかなかった。ヤングハズバンドにとって、あの大旅行から何かもっとましな役が回ってくるものと望みをかけていた。しかし、どこからも何も言ってこなかった。届いたのは試験にパスしたという知らせだけだった。軍事法、防御、作戦などの試験に通ったからといって、なんの意味があろう。こんなものはむしろ人間の独立独行の芽を摘んでしまうだけではないか。軍当局は、なに一つ自分に合った職務を見つけてはくれなかったのである。それは軍ではなく政治局で、シムラへ出頭すべしという、外務省からの一通の電報だった。

めまぐるしい人生の変転である。水車が逆に回りはじめたらしいのだ。すっかりしぼんだ精神が、また活発に活動しだした。シムラに着いてデュランドに会うと、

「君も先刻ご承知と思うが、フンザの山岳地帯から出没してくる、例のヤルカンド人の言うカンジュートの盗賊団のことだ。彼らはレーからヤルカンドの交易路の隊商《キャラバン》を襲い、またトルキスタンの僻遠な村やキルギスの遊牧民を襲撃するので、ほとほと手を焼いている。君がムズターグ峠を越えた翌年の一八八八年、彼らは隊商路に出没して多数の商品を奪い、身代金を要求するため商人たちを拉致《らち》し、シャヒドゥラー近くのキルギス人の天幕地をも襲って、奴隷として彼らを連行してしまったのだ。首長のトゥルディ・コルがシナ官憲に保護を訴えたが、拒否されてしまった。そこでトゥルディ・コルは、レーの英国弁務官《コミッショナー》のラムゼー大尉に保護してくれと頼み込んできて、盗賊団の出現するシムシャル峠への道へ案内すると請け負った。問題は微妙になっているのだよ」

と言う。デュランドが知らせてくれたことは、かなり重要なことだった。彼はさらにこう付け加えた。
「同じ年の一八八八年のことだがね、ロシア人の士官グロムチェフスキーと六名のコサック兵が、フンザに侵入したのだ。フンザは明らかに分水嶺の南側にあって、インド領に属する。彼らはフンザの首長を訪問し、ロシアとの関係を結ぼうと策動したらしい。この士官は今年に入って、二度目の訪問を試みているという話だ」

こうした一刻も予断の許さぬ事態は、当然、インド政庁も放っておくことができず、アルジャーノン・デュランド大佐をギルギットに派遣して政治代表を置くことに決め、そこからフンザを訪れ、フンザの首長を英国側に引き入れる手はずであった。こうした手の他にインド政庁は、ヤングハズバンドをシャヒドゥラーに派遣し、トゥルディ・コルに会わせ、彼にシムシャル峠を案内させようという決定を下したのであった。半分軍事的、半分政治的という曖昧な使節を、カシミール北部国境に送り込もうという計画だったのである。が、ヤングハズバンドは、このシムシャル峠について何も知らなかった。ともかくこの峠と、さらにカラコラム峠とパミールとの間にあるに違いない、軍事的に見ても重要な峠を調査せよというのが、命令であった。それからフンザに入り、ギルギット経由でインドに帰るという手順である。これは困難ではあるが、魅力のある探検になりそうだった。ヨーロッパ人の訪れたことのない、地図上空白の土地である。

サー・マルティマー・デュランドは、ヤングハズバンドに大いなる期待を寄せてくれていた。(4) そして何なりとも必要なものを申し出よと言ってくれたので、いま一人の士官と護衛兵、旅費と備品を頼んだ。この探検は人跡未踏の山岳地帯に入るので、食糧はぜひ必要だったが、またできるだけ軽装であるべきだった。そこで士官の同行は中止し、護衛兵と地図製作のための現地人の測量官一人を伴うことにした。護衛兵はアボタバットの第五グルカ連隊から選抜していくことにした。グルカ族は山地民族で、兵士としては最も勇敢だったのである。今度は軍側も反対せず、第二ベンガル槍騎兵のなかから測量官一人を提供してくれることになり、費用として五〇〇〇ルピーが支給され、準備は完了した。

カシミールの山岳地帯の探検は、夏と秋しかない。限られた期間を有効に使うため、七月五日にシムラを辞すとラワル・ピンディに舞い戻り、数日後にアボタバットに行った。ここで六名のグルカ兵を選抜するためである。彼らには特別の防寒具類が支給され、エッカ（現地の馬車）でカシミールに先行させると、次いでヤングハズバンドはムレーに回って自分の荷物を取って行かねばならなかった。面倒なようでも、この小さな旅は心楽しかった。渓谷や山々の風光は美しかったし、はるか彼方にナンガ・パルバットの雄姿もちらりと姿をのぞかせていた。

準備のため七月十二日までムレーで過ごし、翌十三日に新しい遠征に出発した。チベットへの旅ではなかったが、探検に出られたことで幸福だった。翌日にはもうグルカ兵たちに追ついた。しかし、この呑気な馬車道もムレーから五日行程のところで終わりとなり、あとは小馬《ポニー》で行くしかなかったが、小男ぞろいのグルカ兵たちは騎馬が好きでなかった。スリナガールは避けて、まっすぐシンド渓谷に向かう。あたりの風景は変わり、探検よりむしろ自然の美しさに心を奪われるくらいだった。気候は暑くも寒くもない。しかし、これもゾジ・ラ峠を越えるとまた一変し、あたりはむき出しの、茶色で丸い山々が、レーまでずっと続く。測量官の土民兵シャザド・ミールも途中で合流し、七月三十一日、ようやくラダク州の首都レーに着いた。

レーはもうチベットである。ここの英国代表は二年前、北京からスリナガールにヤングハズバンドが到着した折に世話になった、ラムゼー大尉だった。レーには、シャヒドゥラーから英国当局にカンジュート人の襲撃で嘆願書を持って来たキルギス人のムサがいたので、彼から詳しい現地の地理を聞き出し、カラコラム峠を越えてシャヒドゥラーへ行く作戦計画を練った。とくに未知のシムシャル峠について、ムサから聞くことが重要な任務だった。この峠を越えて、カンジュート人がフンザから繰り出してくるからである。また、デュランド大佐が調査するよう手紙で知らせてくれた、〈サルトロ〉という謎の峠もこれに含まれていた。この峠はどうもカラコラム峠とムズターグ峠の間にあるらしいが、いまだ誰も確認した者はいなかった。

ヤングハズバンドにとって、肝心のカンジュートの盗賊団のことなどなんとも思っていなかった。こちらには勇敢なグルカ兵がいるし、むしろ襲撃は望むところだった。しかし問題は、村もないこの一帯を行くための荷物の運搬をどうするかである。シャヒドゥラーを出れば食糧は得られないから、人夫はかえって無駄になる。あれこれ考えた末、結局、ラクダを利用することにした。これなら糧秣も少なくてすむからである。シャヒドゥラーまで約四〇〇キロあるが、途中、カルドゥン、ササール、カラコラム峠を越えなければならない。そこで護衛のためにカシミールの土民《セポ》兵《イ》を一七名選んだものの、彼らはなんとも意気の上がらぬ連中だった。北からロシアの脅威があり、しかも国土はフンザの狂暴な民族に荒され、カシミール人がすっかり疲弊しているのが、こんなことからもうかがえた。

第10章　カラコラムの探検

一八八九年当時のカラコラム山脈の探検は、まだ夜明けを迎えたばかりであった。その主稜山脈を越えてシナ・トルキスタンに通じるカラコラム峠は、古くから交易路としてすでに知られていたし、ヤングハズバンド以前にもこの峠を越えたヨーロッパ人は決して少なくなかった。しかし、一歩このルートを外れれば、いまだこの高峻な山岳地帯はいたるところ未知に閉ざされ、地図の上では空白にすぎなかった。そこにどんな山があり、氷河や、峠が隠されているか誰も知らなかった。サー・マルティマー・デュランドが与えてくれた任務は、あくまで政治的色合いの濃い使節であったが、地理学的発見という喜びも大いにあったのである。

レーでは、古い山仲間のシュカール・アリがやってきた。ムズターグ峠を越えたときのラダク人の従者である。今回も彼を料理人として連れて行くことにした。ヤングハズバンドは、「彼ほどつらい仕事に耐えられる者もいないだろう」と、高く買っていたし、性格も朗らかであったが、案外食えない意地悪な男だったのを、ヤングハズバンドは長いこと気づいていなかった。もっともシュカール・アリはあくまで主人公に忠実だったのであるが(1)。しかし、当時の同じ仲間モハメッド・イサは不在だったので、代わりにラムザンという小さな男を隊商《キャラバン》用に雇った。

八月八日、準備も整ったので、レーを出発した。差し当たっての目標は、シャヒドゥラーである。彼はこの第一日目の日記に、「レー出立、カルドゥン峠《パス》の麓に露営」とだけ記している。鉛筆書きのこの日記は、すでにかなりの部分が消えてしまって判読不能なのであるが、これまで未公表であり、毎日の出来事が連続的にきわめてリアルに描かれ、緊張した旅の雰囲気を漂わせている。しかも、彼の報告書に書かれていないものが大半なので、読める範囲内で

この日記をもとにこれからの行程をたどっていってみることにしよう。(2)

八月九日、一行はカルドゥン峠《パス》（五三二八メートル）を北に越えた。「私は非常に高度を感じ、終日、頭痛で頭が割れるようだった。探検家にとっては最悪だった……。スラバイ・タグ（グルカ兵）は容態がきわめて由々しく、二人の男に雪の斜面を横断するのを手伝ってもらわねばならなかった」。旅行の翌日、早くもヤングハズバンドとグルカ兵一名が、極度の高山病にかかったのだ。これを克服できないと、任務の遂行どころか、第一目標のシャヒドゥラーまで、さらに高い三つの峠すら越せないことになる。ヤングハズバンドは心配したようであるが、これも次第に回復していった。十日になると、シャヨーク川を小舟《フェリー》で越し、初めての隊商に出会った。バタフシャンとアンディシャン出身の男たちである。

ヤングハズバンドは彼らから、シャヒドゥラーにおけるキルギス人の村長トゥルディ・コルとキルギス人たちが、シナの按班《アンバン》（総督）にカンジュート人の襲撃をなんとかしてくれと、請願に行ったという情報を流してくれた。それによると、「（シナの）按班《アンバン》は、彼に英国人が来ることを告げなかった」という。そこでトゥルディ・コルはシャヒドゥラーに戻ってキルギス人の全集会を開き、「ラダクに代表者一名を派遣して英国の援助を要請することを決定し、もし彼らが拒否したら、そのときには〈別の国〉へ行こうということにした」という。またカンジュート人のほうは、使節をヤルカンドからカシュガールまで送り、ロシア側に武器・弾薬を援助してくれと頼んだという。ヤングハズバンドはこういった微妙な部分を報告書（Report of a Mission to the Northern Frontier of Kashmir in 1889, 1890）ではぼかしかなかったが、事実は、キルギス人は英国に、カンジュート人はロシアにと、はっきり色分けされており、シナ側はどちらとも煮え切らなかった。それだけヤングハズバンドの今回の旅行は、かなり重大な任務だったのである。そして、それを裏づけるかのように、二人のロシア人が出没していることを、早くも知らされた。

公刊された報告書を読む限り、ヤングハズバンドのカラコラム探検はグルカ兵を伴った勇壮な小軍事遠征に映るが、実際は実に神経細やかに、道中で出会う隊商から、次々と細大漏らさず中央アジアとチベットの情報を収集している。そんなある晩、ヤルカンドの老商から、カンジュート人はいま〈三重《トリプル》のゲーム〉を演じていると指摘された。まずシナに話を持ちかけて従うように見せかけ、次いでロシアへ、さらに英国へと。「もし本当にカンジュートの奴らの気持ちを摑んでおきたいのなら、一人を永久的にそこへ張り付けておくべきでしょうな」と彼は言った。この商人の雑談風の指摘が、のちに英国の政策に大きな影響を与えていくのも興味深い。そして、彼はまたこうも告げた。「カンジュート人のアカル・ジャンという男は、キルギス人のなかに住んでいて、富裕な隊商が来ると、カンジュート人に情報を流すのですわい。カンジュート人は、ヤルカンドの隊商は攻撃しません」と。カンジュートの強盗団も決してでたらめに攻撃しているのではなく、ちゃんとスパイまでいたのであった。

八月十四日、ヤルカンドから来たパターン（パシュトゥーン）人の商人から、重要なニュースが知らされた。ラクダ四〇～五〇頭を伴った二〇名からなるロシア人が、カルガリックでホータン道を折れて南行し、クギアールに向かったというのである。ロシア人は、しきりにホータンへ行くと言いふらしているらしいが、フンザ方面へ向かう予定であることは火を見るより明らかだった。このニュースは、フンザ方面へ行っているアルジャーノン・デュランド大佐にも手紙で知らせ、十一月末から十二月初めに会いたいと伝えた。

道々で情報収集にあたるため、隊はそう進んでいなかったようだ。彼は八月十五日、チャン・ルンを出発する前、ダク（インドの駅便）に託していろいろの人に手紙を出している。目的はインド外相のマルティマー・デュランドにロシア人の接近を知らせることであったが、そのほかにネイ・エリアス、サー・J・ウォルシャム、ジェームスなど、いずれもおなじみの顔ぶれである。そのなかに、エワート夫人宛のものが見える。ヤングハズバンドの恋人の母親の名前である。ヤングハズバンドは、彼女に現在の任務を伝え、ぜひ娘さんを私にと言外に願ったものだったのであろう。探検中ですら、彼は片時も彼女の思慕を忘れていなかったらしい。この日記の中で初めて明かされる名前である。しかし、しばらく先のことであるが、エワート夫人は彼に無慈悲な仕打ちをした。

ロシア人接近のニュースを受け、ヤングハズバンドは本隊より先行することにした。八月十六日、ササール峠《パス》（五三四〇メートル）を越えたが、「実際には、予想していたほど悪くなく、いくらかこの困難さが誇張されていると思えた」と書いている。しかし、この部分は日記の鉛筆の跡が消えていて、判読が難しい。が、彼はこうも書いている。

「ササール（峠）の光景は非常に雄大である。とくに左手にそびえ立った巨峰は側面が険しい。南側のいちばん低い氷河は、トク・アイラクの端で高度一万五〇〇〇フィート（四五七五メートル）あり、北側のいちばん低い氷河は一万七〇〇〇フィート（五一八五メートル）ある。私は氷河の後退している兆候はなにも見かけなかった」。シャヨーク川を小舟で渡ってから、雪と雨が激しく降り出した。雪は一日中降り、道は上り下りが激しく、五〇〇ヤード（四五七メートル）進むのに、実に六〇〇フィート（一八三メートル）も登らねばならないこともあった。

八月十八日には午前七時に出発し、オイプソン平原を横断し、チヤ・ジルチ・ジルガに夕刻の六時半に着いた。この折に望んだ巨峰（デュプサン、七九三〇メートル）は、これまで眺めた最もすばらしい山であった。八月だというのに厳しい寒風が終日吹き、十九日には、夜のうちひどい降雪があった。やがてカラコラム峠（五六五五メートル）への物寂しい行進が続き、峠の上にも近くの山々にも雪がなく、あたりはさらに魅力がなくなった。カラコラムとは〈黒い礫〉（Black Gravel）を意味し、この峠の南側の水はインド洋へ、北側はタリム盆地へ流れ、アジアを画《かぎ》る分水嶺になっている。この峠で前年（一八八八年三月）、英国の旅行家アンドリュー・ダルグレーシュがアフガン人のダッド・モハメッドの邪剣で殺され、世界を驚かせた地点というほうが、当時は有名であった。翌二十日には、ずっと容易なシュゲト峠（五四九〇メートル）を越えた。

ヤングハズバンドは、出会う隊商がどれもこれも道中を警戒して、武装しているのを目撃した。そして彼らは、「ロシアの遠征隊はプルジェワルスキーが死んだあと指揮をとった遠征隊で、現在ではペトコフ（ペフソフ）大佐のもとにあるものに違いない」く、シャヒドゥラーからホータン、ラサへ向かう探検隊だと、また前と違った情報を知らされた。別のニュースでは、ロシア人の総員は八七名だと伝えていた。

またヤングハズバンドは、シュゲトで隊商《キャラバン》に穀類を売っている商人イアン・モハメッド・ハンからかなり貴重な噂を聞いた。それによると、フンザの領主《ラジャ》サフデール・アリは、ヤルカンドのシナ人官吏に手紙を寄せ、シナ臣民を部下が捕らえた詫びを言い、自分はカシミール人とヒンズー教徒だけを捕らえるつもりでいるのだと、伝えたという。これは英国に対する露骨な敵意であった。ヤングハズバンドは、この商人から、シムシャル峠とギルギットへ行くルートと、シムシャル峠へは一二日ほどで行けること、ササール峠より難しくなく、氷も張っていないことを教えられた。カンジュートの領主《ラジャ》はフンザからギルギットまでわざわざ出てきて、捕虜たちを見て、これら強盗団に指令を与えたという。

八月二十三日の朝、サンジュー・キルギス人がヤングハズバンドの天幕を訪れ、トゥルディ・コルが自宅に帰ってきたので、もうじき到着するでしょうと、報告しに来た。そこでヤングハズバンドは直ちにシャヒドゥラーに向かったが、うまい具合に途中でトゥルディ・コルに出会った。この部分の日記には判読できない部分が多くて、文章を成さないのは残念であるが、彼がこの使節でぜひ会わねばならない人物に早くも遭遇できたのはなにより幸運だった。

ヤングハズバンドが最初に彼から受けた印象は、トゥルディ・コルが「やつれた顔つきをし、老人であるが、非常に勇敢で、物静かで、きわめて威厳」があり、「ともかく彼は信頼できる人物であると感じさせた」と、たいへん好意的に書いている。トゥルディ・コルは、カンジュートの強盗団について詳しく説明してくれた。いわゆるカンジュート人がカラカシ渓谷に侵入してきたのは、今回が初めてであるという。彼がシュゲトのテントで眠っていると、彼を呼ぶ声に目を覚ました。呼んだ男はイウマといい、すでにカンジュート人に捕まっていたもので、両手を縛られ、銃を突きつけられて（この部分、判読不能）いた。様子がおかしいと察知したトゥルディ・コルは銃撃を加えたので、カンジュート人は犠牲者を出して、逃亡したものらしい。トゥルディ・コルはこういった由々しい事態をヤングハズバンドに訴えたが、ヤングハズバンドは「時間は十分ある。少なくとも急ぐ必要はない」と諭したので、彼もようやく打ち解けてきた。そこでヤングハズバンドは、〈大総督《グレイト・ロード・サヒブ》（インド総督）〉は、キルギス人を救うべく自分を派遣したのであり、別のサヒブ（デュランド大佐）をカンジュート人たちのところへ派遣し、「今年から、英国人はカンジュート強盗団が終息するように配慮しているのだ」と、諄々と説明してやった。

この言葉を聞いたトゥルディ・コルは安心したらしく礼を言い、「これからはこの渓谷も再び豊かになり、キルギス人たちも平和になるでしょう」と言ったので、ヤングハズバンドはすかさず話題を転じ、「自分はこの行進を中止するつもりはない」と告げた。ヤングハズバンドは、キルギス人たちを英国側につけた以上、いま少し、カラコラム地域の西の土地を探検調査しておきたかった。できれば、フンザ方面へ通じるルートを開拓したかった。トゥルディ・コルはフンザにも行った経験があるので、彼が援助してくれるのは隊にとって好都合だったのである。

そこでヤングハズバンドは、臆病なキルギス人たちに示威を込める意味もあって、カシミールの土民兵《セポイ》、グルカ兵を整列させ、彼も制服を着用し、彼らに忠誠を誓わせ、キルギスの首長たちに贈物の贈呈式を行なった。この儀式は、彼がいみじくも言うように、キルギス人の団結と英国への服従を印象づけ、「ロシア人が一歩たりともこの土地に踏み込めないよう」にする、予防策でもあったのである。シナ人たちは、キルギス人の苦情には少しも耳を藉《か》そうとはしなかったので、キルギス人の英国への依存度はこれで強固なものとなった(3)。

ヤングハズバンドは、カラコラムの登山と探検の最も早い時期に活躍した人であったが、彼の探検の舞台はむしろカラコラム山脈背稜部の北西部であった。そして彼はパイオニアの宿命として、ピークよりも峠の発見に主力を注いだ。まずは通行可能か否かを確認する時代だったのである。おそらく、一つのピークの登頂に全力を注ぐより、道を峠から峠へとルートを求めてさまよった彼の探検は、危険の確率も大きかったが、魅力の点でもはるかに優れたものだったであろう。特に今回の旅行で、未知のシムシャル峠と、謎に包まれたサルトロ峠の存在確認への期待は大きかった。これまでヨーロッパ人の誰一人越えたことのない峠である。

ヤングハズバンドが書き残したカラコラム探検の日記帳二冊のうち、一冊の終わりに「カンジュートへのルート(Route to Kanjut)」として、たどった地名と日付とが番号を記して書かれている。しかし、日付のほうは九月末からほとんど記入されていない。しかも残念なことに、二冊目の新しい探検部分の日記帳は、鉛筆の文字がほとんど消えてところどころしか読めない。そこで、活字になった抄集の旅行報告書の助けを借りて、読める範囲内でこの日記帳から旅の行程をたどることにしよう。

これからヤングハズバンドが計画している西方は、かつてその一〇〇キロほどを英国の旅行家ジョージ・ヘイワードが旅していたが、ムズターグ峠越えをした先年のヤングハズバンドの旅行以上に未知のままであった。しかし、この暗黒部を縫うようにしてカンジュート人たちが出没してくる以上、フンザまで人が通れぬ峠もルートもないはずはなかった。ヤングハズバンドの目的もここにあった。

九月三日、ヤングハズバンドは準備も整ったので、シャヒドゥラーを発った。問題は無人地帯のため、食料をどうするかであったが、これはシナ・トルキスタンから購い求めることにし、のちの不足分は動物で転送してもらうことにした。今回は少人数のほうがなにかにつけて機動的なので、グルカ兵六名、測量夫一名、通訳一名、ほかの従者・キルギス人七名で、このなかにトゥルディ・コルも参加していた。この合計は一六名のほかに、小馬《ポニー》二四頭とラクダ一三頭が含まれた。一行はシャヒドゥラーから真西へ向かい、楽なソク・ブラク峠を西に越えた。標高は五〇〇〇メートルを越えるが氷河はなく、暑くもなく寒くもなく快適で、ヤルカンド川にほぼ沿って上流へと進んだ。

九月六日、二年前の一八八七年、北のヤルカンドから来たルートとぶつかるところに出た。「われわれは生活を楽しむことができたし、冒険への予測がもうずっと手元に近くなったので、心も軽く渓谷を下っていった。そして九月六日、チラグ・サルディ（ここは一八八七年、ヤルカンド川にぶつかった地点である）を過ぎてから、ウルドク・サルディ――焚火用の潅木が豊富で新鮮な緑の牧草がある――に着いた」と、彼は後年『ヒマラヤの驚異』のなかで、このことを懐かしく回想している(4)。

しかし、この付近は深い渓谷で、川の流れが速く、渡渉するのが難しかった。かなり面倒な行進ののち、ヤルカンド川へ南からスラクワト川の注ぐ合流点のカルルと呼ぶ地点に出た。緑の草が密生し、この渓谷一帯にはかつてかなりの定住者がいたが、カンジュート人の襲撃で、いまは無人地帯になり果てていた。

一行はヤルカンド川を離れて、ルートを南へ向けた。アギル山脈を同名の峠で南に越えて、オプラン川の渓谷へ入ろうという計画である。しかし、このルートは前の旅でたどったのと同じルートで、彼は最初で、二番目の旅行者でもあった。彼は言う。

「楽しい休息をしてから、私が二年前にたどったルートによって、アギル山脈をまっすぐ詰めていった。そして再び頂上からの光景――大主稜山脈、いまやろうとしている峠を越える通路――を眺めようと、一生懸命に進んでいった。

私は前の旅で、自分の目にふれた光景が、どんなに深い感銘を与えてくれたかを、まざまざと思い出していた。そして私は、今回は失望を味わわされるのではないかと半ば恐れていた。私に与えた効果や、荘厳さ、雄大さが、誇張されて思い出されていたに違いないからでもあり、いま一度それを冷静に眺めたとき、結局は、ごく当たり前以上のなにものでもないことを発見するのではないかと思ったからだ。しかし、そんな失望で悲しまずにすんだ[5]」

　ヤングハズバンドたちは、九月十日にオプラン川畔のシャクスガムに着いた。彼の二冊目の日記は〈サルトロ峠《パス》の探検〉と珍しく表題がつけられ、九月十一日から書きはじめられている。同じルート上の記録は略したのかもしれない。「クラン・ジルガ着。バルチスタンの□〔一語不明〕サルトロ峠に寄って、オプラン川をさかのぼるルートの探検準備の手配をする云々」と。それから持ち物（食糧・衣類・観測器具・筆記具）にいたるまで一切が明細に書き込まれていて、驚かされる。この折、彼が携帯した本は、英国王立地理学会で出している『旅行者必携』（*Hints to Travellers*）、ヘイワードと彼自身の旅行報告だったという。『ヒマラヤの驚異』のなかに「夜はノートをつけ、緯度観測のため、六分儀を使って星を観察した[6]」とあるノートとは、日記帳のことを指すのであろう。

　オプラン川を北から南へとつめて行くと、西側にK２がそびえ、さらにその南方にガシャブルム峰が姿をのぞかせ、最も壮大な光景が展開する。さらにオプラン川に沿って南に進むと、オプラン川の渓谷を横断して延びる氷河の上に〈サルトロ峠〉と呼ばれる神秘な峠があるといわれていた。この峠は、この何年もの間、現地人も南に越えてバルチスタンに行ったという者はなく、もちろん、ヨーロッパ人では誰も眺めた者はいなかった。ヤングハズバンドも後年にはこう言っている。「私がこれまで出会った誰一人からも、どこにそれ〔サルトロ峠〕があるか、いささかのほのめかしも得たことはなかった。誰一人としてこれを耳にした者もいなかった。ただインド側からだけこのような峠が存在するという噂が流れていた。そして、このような噂はどれもこれもきわめて漠然としていた[7]」と。しかし、このとき、ヤングハズバンドは少なくともサルトロ峠の存在を信じていた。ムズターグ峠と同じように難しい峠に違いないが、その発見にかなり自信があったはずである。彼が懐疑的になったのは、その確認が失敗してからだと思う。

　そこで本隊は後に残し、アタック隊としてシャザド・ミール、シュカール・アリ、バルティ人一名、それにポニー五頭を連れていくことにした。偵察をし、できれば峠の頂上を踏んでもとに戻るつもりだった。だから食糧は一〇日分を持っていくことにした。九月一三日のいまはほとんど消えて判読ができない日記に、彼はこう書いている。「オプラン川の幅広い渓谷を、私がガシャブルム〔一語不明〕・ジルガと呼んだ場所へと進む。これはガシャブルム山のちょうど東〔?〕にある」。それからの数行はところどころしか単語が読めないが、峰《ピーク》と主山脈の高度測定できわめて多忙だったと言っている。精確な山の位置と高度だけは将来の旅行家のために測っておきたかったのであろう。

九月一三日になると、彼の日記の記載は非常に長文になる。しかし、テントの中でつけたと思われるこの部分は、第三者にはよく意味がとれない。ともかく、「〔今日は〕興奮させられる日だった」という書き出しで始まっている。それは、このルートに関する限り、もう道案内人《ガイド》もなく、自分自身の判断で進むも退くもしなくてはならなかったからだった。オプラン川に次々と氷河が流れ込み、その雪と氷塊を縫って進むことは、きわめて危険な仕事であった。「私はなんとしてでも、主稜山脈上のある地点に出会うまでの道を見つけねばならない。私の最初にぶつかったものは、巨大な氷河——右手（西側）にあるごく普通の氷河で、オプラン川の渓谷を横断してほとんど対岸の断崖にふれんばかりのものだった」。しかし、川は氷河の末端の氷を洗い流しているので、そこを渡ることがかろうじて可能だった。「この氷河はガシャブルム山から流れ下るもので、末端で幅がざっと二マイルはあった」。彼はまた、こうも書き加えている。「われわれはオプラン川を氷河の末端と断崖の間で四回横断し、それからこれを離れると、サルトロ峠へと導くいま一つの氷河の左端を登りはじめた」。

ヤングハズバンドがのちに公刊した旅行記『大陸の胸奥』（*The Heart of a Continent*. London, 1896）を読むと、このバルトロ峠の探検もそう悲観的でなく、案外と平静さを装っているが、日記ではとてもそういう状態には思えない。氷河の滑りやすい氷の上にある、氷堆石《モレーン》の粗い丸石を越えて登るのはきわめて困難だった。勇敢なシュカール・アリも周囲の光景に仰天してなすすべもなく、測量夫はお手上げの状態で、ヤングハズバンドも先発して道を見つけるのが不可能と思いはじめたらしい。日記の肝心の部分が読めないのは残念であるが、九月十三日の時点で、もう半ば諦めかかっていたのではないかと思う。そして以下十七日ぐらいまでよく読めないので、報告書のほうに頼ることにしよ

う。(8)

ヤングハズバンドは、十三日の日記のなかで、「そこにある峠」がよく見える地点で停止したと書いていながら、三日かかってもそこまで登れなかった。彼は悲観的にこう述懐する。「非常に厳しく、不満足な一日。今朝は、どこへでも行き、なんでもしようと心も弾む思いで出発したのだが、まったく疲れきって、どうにでもなれと思って中止にした。この氷河は登るに恐ろしく厳しく、丸一日がかりで、つい昨日行こうと思っていたところへやっと達しただけで、峠はいまだずっとはるか先であった」。六〇〇メートル登って、報われたのはただガシャブルムから流れ落ちてくる大氷河を眺めたにすぎず、その反対側は、雪雲にすっかり閉ざされていた。先発してルートを探していた彼は、氷瀑《アイスフオール》で進退窮まり、キャラバンも氷塊《セラック》とクレヴァスで前進が阻まれてしまった。手も足も出ないといった状態だった。

九月十五日、そばだつ峠のすぐ下にテントを張った。彼はこう説明する。「私はサルトロ峠《パス》に違いないと見当をつけた尾根の裂け目の下に、テントを張った。しかし、もしそうなら、これはムズターグ峠より始末が悪そうだった。これはたっぷり一〇〇フィート（三〇〇メートル）を超す氷と雪の壁になっていて、専門家か十分装備した登山家でもない限り通り抜けられないであろうし、一般に峠という言葉で受け入れられるようなものではない」(9)と。

そして翌十六日、午前三時半から深雪を越えて最初で最後のアタックを敢行したが、失敗に帰した。峠は雪に視界を遮られて見えず、しかも、きわめて危険な日でもあった。峡谷の氷の斜面をステップを刻んで登っているとき、突如、すさまじい音が真上から聞こえてきた。雪崩とはわかったが、なにも見えず、身を隠す場所すらない。あっという間に雪崩が一行の横を峡谷めがけて落下していった。恐ろしい一瞬だった。出発が一五分ほど早くても遅くても、一行はこの雪崩に襲われたことであろう。

それでも行進は続けられたものの、氷の大きな裂け目にぶつかり、峠越えはついに不可能と判断が下された。下る途中、雪の上に少し前につけてあった足跡が、雪崩ですっかり消えていた。こんなところにいつまでもうろうろしていたら、結局は雪崩の犠牲になるだけだったろう。サルトロ峠《パス》は、雪と氷で埋まり、軍隊など通過はまったくできないことが明らかとなった。これがわかれば、ヤングハズバンドの目的も任務も十分果たされたのである。

いったいこのサルトロ峠《パス》が存在するという仮説はどこから出たのだろうか。東インド会社のウィリアム・ムーアクロフトは、一八一二～一三年にかけて、優れた現地人を見出し、カラコラム峠を越えて、この男を東トルキスタンのヤルカンド、カシミールに派遣した。サイード・ミール・イゼット・ウーラーというこの人物は、大任を見事に果たしてインドに帰ってきたが、彼がもたらした情報のなかにサルトロ峠《パス》が入っていたのである。(10) 名前だけはこれで広まったが、誰もその峠を見た者がなく、謎は深まるばかりだった。ヤングハズバンドの探検も結局、成功しなかったが、この峠の存在については彼の探検からなんと二二年目、アメリカの登山家ファニー、ウィリアム・ワークマン夫妻によって新説が出された。ワークマンたちは南のシアチェン氷河を北につめて行ったが、一九〇九年にトーマス・G・ロングスタッフが〈ヤングハズバンドの鞍部《コル》〉と名づけた、いわゆるサルトロ峠とおぼしきものも、またこの峠があれば当然存在すべきはずの尾根も見当たらなかった。ただ、「この誤った鞍部の向こうには深い雪の凹部があるだけ」だったという。(11)

ワークマン夫人が、かなり激しい口調でロングスタッフを批判したのが事実だったとすれば、北側からは北崖に隔てられて南側はなにも見えず、一世紀間さまよい続けたサルトロ峠《パス》は幻影だったことになる。しかし、現在はインディラ・コル（標高五七七九メートル）と呼ばれて存在する。しかし、ヤングハズバンドの時代は、こんな僻遠な未知の土地にヨーロッパ人はただの一人として入ったことはなかったのであった。ヤングハズバンドは、永い夢を捨てきれないまま、オプラン川の基地に重い足を戻した。

ヤングハズバンドは本隊と合流し、オプラン川に沿って南西方向にあるスゲト・ジャンガルに向かった。そして、ようやく夜に入って到着した。二年前、ムスターグ峠に向かったとき、ここから南行したところである。しかし今回のヤングハズバンドの目的は、この峠のさらに北西方向にあると伝えられる、シムシャル峠《パス》の確認であった。この峠もいまだヨーロッパ人に越えられたことはなく、噂だけの峠である。キルギス人はそんな峠はないと断言したが、自分の目で見るまではなんとも言えなかった。

彼がこの新しい探検に出発したとき、いまだ二六歳にすぎなかった。しかし、この旅行が彼にとっていままでの旅とは違うことは、彼にもなんとなく自覚されだしていた。旅は同じであったが、そういった外面的なものではなしに、内面的な成長といえたのかもしれない。いままで感じたことのない、深い内面的な心のうずき、宗教的な目覚めと、善なるもののためには自己犠牲さえ厭わぬという感情的変化であった。彼は、忠実な従者に囲まれていたが、やはり孤独だったろうし、世界で最も壮大で高峻、静寂な山岳地帯にあって、宗教的な啓示を受けたのであろう。彼にはこの探検が心からのものであり、内面的な存在、真の力を発見しようとすら思った。だから、次の謎の峠、シムシャル峠《パス》への新しい探検行は、実は彼にとって別の意味で精神的な冒険にほかならなかったのである。

トゥルディ・コルは、このシムシャル峠がムズターグ峠の西のどこかにきっとあると請け合い、言われればたしかにありそうだった。そこでヤングハズバンドはムズターグ峠の方向に進み、そこから西に取り付くことにした。氷河の道は、サルトロ峠ほどには悪くなかった。ただし、天候が荒れ、猛吹雪の中を手探りで進むという、きわめて芳しからざるものとなった。しかも氷河の表面に口を開いた、無数のクレヴァスの迷路の中に踏み込んでしまったのだった。これはまさににっちもさっちもいかない最悪の事態で、氷河を下り、再び別のルートを捜すしかなかった。そこで本隊をスゲト・ジャンガルに帰らせ、三人の従僕だけで攻撃しようというのである。しかし、氷河が融けてできた湖のところで再び行く手を阻まれ、ついにこのルートで峠へ達することは絶望と判断された。ヤングハズバンドは、この通行不能だった氷河に〈クレヴァス氷河〉と名づけて撤収したが、この峠はいま一度別方向から攻撃し、ついに発見に成功することになる。しかし、重い気持ちを抱いて氷河を下りたこの日は、美しく陽光の降り注ぐ朝であった。雪盲にかかり、鼻や耳、唇は凍傷にやられ、氷河で滑って転んで、傷だらけの体を引きずり、彼はようやくスゲト・ジャンガルの基地に舞い戻った。彼が三十代の半ばになると、年齢よりずっと老けて見えたのは、こんな厳しい自然と難しい政治・軍事問題に忙殺されたためだったかもしれない。

第11章　パミールとフンザ

ヤングハズバンドの探検家としての人生は、けっして長いものではなかった。しかし、その人生のなかで最も張り切っていたのは、おそらくこの未知のカラコラムとパミール地域を探検して回った時期であったろう。純粋な地理学上の発見の他に面倒な政治問題が含まれていたことを考えると、彼の任務は相当大きかったに違いない。

スゲト・ジャンガルで一日休養をとってから、九月三十日、彼はオプラン川の渓谷を下る旅を数日続けた。このオプラン川源流もヤングハズバンドの発見したものだった。川を下るにつれて水の量は増え、氷河から溶けた冷たい急流を幾度となく渡るのは、つらいことだった。ここで、ところどころ消えて判読の難しい彼の日記を、いま一度読み解いていくことにしよう。

「十月一日、オプラン川の渓谷をヤルパク・タシへと一三マイル下る。初めは重い雲の垂れ込めた、きわめて嫌な日……。日中に雪霙《みぞれ》のスコールが来襲したが一五分しか続かず、時間がたつにつれ渓谷の上のほうに去って、すっかり静穏になり晴れ渡った。しかし、われわれはいま標高わずか一万一五〇〇フィート〔三五〇七メートル〕のところにいるが、渓谷の底では、日なたですら、寒暖計は最高温度も変わらず、それでも風が吹かないと〔華氏〕五四度〔摂氏一二度〕になる。……私の哀れな小馬はもうとても自力で歩いて行けないので、射殺することにした」

彼は変わりやすい天候に悩まされているのがわかる。この山岳地帯では、もう冬に間近かった。翌二日になると、彼の日記はきわめて長文になるが、オプラン川を一一回も渡らねばならなかった苦しみを綴っている。「われわれはシング・シャル川（シムシャル川の誤り）を渡った。この上流はカンジュートに至るルートであるが、小馬の食糧が尽き」てしまったので、横目で睨んで通り過ぎてしまったと書いている。これはシムシャル川が、オプラン川に注ぐ地点に達したことを指している。彼はシムシャル川に沿って南行し、シムシャル峠とこの途中の断崖上にあるカンジュート人の砦に立ち寄る計画だったが、すでに食糧が底を突いていたので、これができなかったのである。すでにかなり前、アギル峠で、トゥルディ・コルは食糧調達のため引き返し、チョン・ジャンガルに食糧を運んで来る約束になっていた。このチョン・ジャンガルというのは、オプラン川がヤルカンド川と合流する地点にあったが、地図にもなかったのでヤングハズバンドには自信がなかった。

彼は日記にこう書く。「私はそこ〔チョン・ジャンガル〕にまず初めに行くのが最上と考えた。もし自分の計算が正しければ、明日の昼にはそこに着くだろう。この地域はまったく地図になく、シャヒドゥラーでも、オプラン川を下ってチョン・ジャンガルまでかつて行ったことのある者は、誰一人見つけることができなかった。まるで暗闇の中を手探りして行くようなものだった」と[1]。彼が内心不安だった理由はあった。このオプラン川がヤルカンド川と合流するということ自体が、トゥルディ・コルとヤングハズバンドの一つの賭けであって、この推定が正しいのか誤っているのか誰にもわからなかったからである。もしこの勘が外れたら、無人の山中で食糧が得られず、一行は餓死しかねなかった。

十月三日は緊張させられる日だった。「川を信用してはならない。このいまいましいオプラン川は、いままでずっと規則正しい方向に流れていたのに、ちょうどチョン・ジャンガルにぶつかってもよいときになって、ぐるっと向きを変え、再び私の観察をすっかり覆してしまった。そしてつらく、厳しい一日の後、正午頃には当然着いていてよいはずと思っていたチョン・ジャンガルからずっと離れてしまった」と、驚きと絶望の声を上げている。深い渓谷は、ぐるっと山を巻いて逆方向に流れていたのであろう。「今日、三度ばかり浅瀬を探して偵察していると、私の小馬が危うく脚を流れにさらわれそうになった。小馬の頭と私の上体が水から出るだけで、鞍の座席を水が洗っていった。私はこの間、毎度、今度こそ泳がねばならないだろうと考えていた」。氷河から流れ出る水は肌を刺すほど冷たく、肉体的にも精神的にもすっかりまいってしまった。

「十月四日、とうとうチョン・ジャンガルに着いたが、トゥルディ・コルも食糧も、駅便《ダク》も届いていなかった！」と、彼は日記を書き出している。「私は、けっしてここにはたどり着けないものと考えていた」と、告白もしている。旅の苦しみですっかり悲観的になっていたらしい。小石の平原を流れる川を渡ると、広々とした密林《ジャングル》が見えた。「私は初めこれはヤルカンド川に違いないと思った。しかし、これは私がスリクワトで離れたときよりもずっと小さく、泥濁り色していた代わり、澄んだ青色をしていたので、私はヤルカンド川ではあり得ず、チョン・ジャンガルは数キロ前方の山脚の反対側にあるに間違いなさそうだと判断を下した。それゆえ、荷物が届いたとき非常にうれしかった〔一行の旅行用荷物のこと〕。キルギス人の案内人《ガイド》のスラク・バイは、これはたしかにヤルカンド川だと言った……」。また五日の日記には、「地図製作の観測に日を過ごす。依然、トゥルディ・コルは姿を見せない」と、ただそれだけを記している。

　心労のなかで六日を迎えると、一つのニュースがもたらされた。「今朝、キルギス人が一人、大いに歓迎すべき駅便《ダク》を携えてテントに乗り着けた。彼（飛脚）はアギル峠からオプラン川を下り、ぐるりと回って私の跡をたどって来たのだ。彼は二つの駅便《ダク》をもたらした。一つは特別緊急駅便《ダク》で、デュランドはフンザの領主《ラジャ》と困難にぶつかっており、ニスベト大佐は、まず私にカンジュート（人の国）に入るには気をつけるよう警告していた……」と。日記は残念ながら、ここから十四日までの間の重要な部分が読めないが、これからいよいよカンジュート人の国へ入るにあたり、大きな困難が待ちかまえていること、あらかじめ覚悟が必要なことを伝えている。

　そうこうするうち十月十日になって、ようやく待ちに待った食糧がトゥルディ・コルによってもたらされた。そこでヤングハズバンドは、いま一度、もと来た道を引き返し、オプラン川に注ぐシムシャル川をさかのぼった。この川の合流点から八キロほど行ったところのシムシャル峠の北側に、ダルワザというところがあり、フンザの強盗団の砦《とりで》があった。この砦は、いわば彼らの前哨基地で、強盗団が出撃する際はこの砦から出るのであった。ヤングハズバンドとしては敵中に自ら乗り込んで、カンジュート人というものがどんな連中か、敵の内情と併せて偵察してやろうという魂胆であった。当然、すんなりとはいくまい、かなりの敵対行為を受けるだろうと想像だけはしていた。十分な危険を計算のうえでの行動であったが、生命の保証はなにもなかった。

驚くような急峻な雪峰が周囲にそばだち、その渓谷の上に立っている〈フンザの関門《ダルワザ》〉、すなわち城砦に登っていくには、切り立つような絶壁に取り付かねばならない。こういった鳥の巣のような城砦は、山地民族がよくやる驚くべき芸当で、こうでもしなくては生存競争の激しい世界では生きていけなかった。だから、ヒンズー・クシュやパミールなどで広くこの種の城砦は古くから見られ、断崖でも下から取り付けるところには、粘土で固めた銃眼のついた壁で囲まれているのが普通で、さらに監視用の望楼が各場所についている。狭い渓谷からもし誰かが接近すれば、すべてが手にとるようにわかるようになっているのだ。ヤングハズバンドは望遠鏡で注意深く偵察したが、場面はまさにジンギス・ハンやタルメランの時代と少しも違わなかった。

カンジュート人の巣窟に乗り込むには、渓谷からジグザグの小道をたどって、この城砦の下にまず行かねばならないが、うっかり彼らの射程距離内に近寄ろうものなら、皆殺しに遭いかねない。そこで渓谷のこちら側にグルカ兵六名を配置し、まさかの際、カンジュート人に銃撃を加える手はずを整えた。そこで彼は通訳のラマザン、ペルシア語のできる従者のジャザド・ミールを伴って、いよいよ出発した。旅に出て四一日目に初めて人間に会えるという日が、こんな危険な日であったのも皮肉であるが、地上最高の舞台配置のなかで、地上最も狂暴な現地人を相手に生命がけの交渉のできた時代は、ヤングハズバンドがもう最後に近かった。時代は急激に変化し、このような時代は二度と訪れることがなかったのである。

一度、渓谷の底へ下りて凍った流れを渡り、反対側の城砦に向かって登りはじめた。この遠征における最大のクライマックスに近づいていたのだ。彼はこのときの印象をこう書き綴っている。「(この企ては)悲惨な失敗に終わるかもしれないが、このとき、完全な成功などありっこないといった考えは、一度として思いもよらなかったのも、私の若さと楽天さからだったであろう。トゥルディ・コル、サティワリィ、その他数人のキルギス人がラクダと一緒に私について来たが、彼らとて決して確信があったわけではない。しかし、これらフンザの強盗団と相まみえるというので、グルカ兵たちは意気軒昂としていた。山側に沿って強盗団が配置についている荒れた道を、私は荷物を先にやって、陽気に進んでいった[2]」。そして、さらにこう続ける。「ついに強盗団の巣窟を見たときには興奮のため身ぶるいがした」と。

どうしたわけか望楼への入口は開いていたが、突如、戸がばたんと閉まり、粗暴なカンジュート人が大声でなにやら叫ぶと、壁の背後から一行に火縄銃が向けられているのが見えた。この間わずか一五メートル。戦闘準備である。あわや最悪の事態が起こる直前であった。が、相手は発砲せず、何か叫んでいる。ヤングハズバンドはすかさず立ち止まって指一本立てて手招きし、「ビ・アダム」と、トルコ語で一人出てきて交渉するよう合図を送った。相手がこの提案を受けるかどうかである。「両側の（カンジュート人の）叫び声はしばらく続き、この間じゅう私は、彼らがわれわれに銃撃を浴びせてくるのではないかと恐怖を覚えた[3]」と、恐ろしい瞬間を述べている。

しかし、この大胆な行為は相手の意表をつき、やがて戸が開いて二人の男が現れ、下りてきた。通訳を通しての約一時間にもわたる長い談判が始まった。ヤングハズバンドは、自分の身分や任務を告げ、フンザの領主《ラジャ》に会いに来たのであり、このことはすでにデュランド大佐が領主のサフデール・アリに承諾済みであることも説明した。彼らもこのことは知っていて、話し合いは一応ついたので、この砦に踏み込んだ。ところがカンジュート人が二列になって並んでいるところを通りかかると、やにわに一人の男がヤングハズバンドの小馬めがけて駆け寄って来て、手綱をぐいと摑んだので、ヤングハズバンドも一瞬、しまった、図られたと思った。このときの緊迫した様子を日記の中で、「もしいま一瞬、相手が馬の手綱を握っていたら、彼はてっきり私が拳銃で撃たなくても、私のちょうど後ろにいたグルカ兵から、首に銃弾を見舞われたろう」と記している。

しかし、グルカ兵が全員すっ飛んで来て、結局、相手も冗談でやったまでだと笑ってすんでしまった。本当はどういうつもりだったのか、わからなかったようである。

気候はもうひどく寒かったので、ヤングハズバンドたち一行とカンジュート人たちは一緒になって、大きな焚火の周りを囲んで雑談と談判とを続けた。カンジュート人たちは、フンザから派遣されてきた役人ミランバシーが、シムシャル峠の向こう側の村に待っていると告げた。そしてまた、キルギス人たちは全部がフンザへ行くべきだと主張してきかなかった。が、トゥルディ・コルは帰らねばならないので、ヤングハズバンドはこの申し出を拒否した。(4) ヤングハズバンドもこの際は、なんとしてでもカンジュートの連中とは妥協できなかった。というのは、以前カンジュート人たちが襲撃した折、キルギス人の村長トゥルディ・コルに仲間が一名射殺されていたのを恨んでいて、彼をぜひ捕えたいと言い張っていたからである。その本人がこの場に居合わせたので、ヤングハズバンドは相手が彼の顔を知らなかったのをよいことに、サテワリィと彼を呼んでうまくごまかした。それにいまはグルカ兵と地の利を得ていたので、もし交戦となっても負ける心配がなかったからである。この場の緊迫した情景は、やはりのちに整理して出版されたものより、はるかにリアルである。

　粗野で厳しい顔つきをしたカンジュート人たちと、焚火の前にみな立って話している光景は、たしかに奇妙な眺めであった。ヨーロッパ人はヤングハズバンドただ一人である。その一人のヨーロッパ人によって雑多で複雑な多民族が、次第に平和で相互理解を示しはじめているのも不思議であった。ヨーロッパ人と接した現地民は抵抗をやめて協力するが、今度は他民族を圧迫することになる。(5) ヤングハズバンドは、フンザの領主《ラジャ》の派遣した役人と早く接触するため、すぐに小さな支流をいくつも渡って、カンジュート人七名を道案内に、これまでヨーロッパ人が越えたことのないシムシャル峠に向かった。

　十月十五日付の日記に、彼はこう書いている。「ついに今日、主稜山脈を越えてシグハル〔シムシャルの誤り〕峠を巡ることに成功した。これはたいへん容易な峠で、恐ろしく窪んだ山脈を横断する、いたって低い（たった一万五三〇〇フィート〔四六六六メートル〕）のものである。この地点からそばだつ大ムズターグ山脈は高峻で、稜線はきわめてぎざぎざし、突然、シングシャル〔シムシャルの誤り〕峠へ向かって落ち込む……〔判読不能〕。〔この峠の〕北側〔?〕の山頂は厚い雪の作用で滑らかになったように、緩く、丸っこく見える。われわれはショルシマギルと呼ぶ地点でテントを張ったが、ここには一ダースほどの石小屋（現在無人）が、この村落の上手一マイルほどのところにある氷河から流れる川のほとりにあった」。

長いこと捜し求め、困難なものだろうと覚悟していたシムシャル峠が、予想外にたわいない峠だったので、ヤングハズバンドも拍子抜けしたらしい。彼は、十六日はこの峠の南西部の渓谷を少し探検してみるつもりで進んでみた。しかし、「カンジュート人は、これから先の道は本当に悪いと告げたので、こう私は伝えた。私は少し行ってみて、もし道がひどいようだったら戻るだろうと。渓谷を約八マイルほどシングシャル〔シムシャル川のこと〕川との合流点近くまで下り、この場所では道もしっかりしていて、山の斜面も緩やかであった」が、前方の山は険しく、荷を積んだ小馬では通り抜けも無理らしく思われたので、道を引き返し、タグドゥムバシ・パミールに戻ることに決めた。

ここでヤングハズバンドは、領主《ラジャ》の派遣したマラルバシー出身のサルタン・ベグという男に会えた。「彼は背のすらっとした男で、ペルシア語とトルコ語が話せた。彼は一五名の男を伴っており、私になんなりと援助をしたいと言った」。そこでヤングハズバンドはパミールに戻りたいと言うと、どうぞお好きなようにと言ってくれたので、ほっとしたと告白している。なぜなら、このままフンザに行ってもらいたいと言われては探検も途中だし、困ると内心は気になっていたからである。「彼〔サルタン・ベグ〕はサフデール・アリの手紙を持って来ており、[6] 領主《ラジャ》はあらゆる援助を私にするように」と命じてあった。いまはカンジュート人たちも英国へ傾斜しているらしいし、ヤングハズバンドもそう心配せずに北に引き返すことができそうだった。そこで十七日に出発した。

ヤングハズバンドの伯父にあたるロバート・ショーは、たしかにカラコラム探検の黎明期におけるパイオニアの一人であったが、なぜか彼はカラコラム山脈の存在を否定し、これを崑崙山脈の西の延長と考えてしまった。この推論は未探検地の多かった当時としては無理からぬことであったが、ヤングハズバンドの探検はこの伯父の業績を一応白紙に戻し、あらためてカラコラムの深奥部を探ることにより、多くの謎を白日の元にさらけ出すことになった。他人にやられてしまうより、身内の一人として早くカラコラム全域の空白部を埋めてしまいたかったのであろう。だから、調査を終えるまで、シムシャル峠からすんなりフンザへ行くわけにはいかなかったのである。

ヤングハズバンドは、十月十八日にシムシャル峠を北に越えてトゥルディ・コルたちと合流したが、これまで警戒心を緩めなかったカンジュート人たちも、いつしかすっかり打ち解け、彼らは「キルギス人は英国の友人だから、これ以上は彼らから強奪しない」とまで言い切った。ヤングハズバンドとしては満足すべき成果だった。彼は十月十九日の日記に、「カンジュート人は前哨〔砦〕に戻り、私はオプラン川を下ってチョン・ジャンガルへ向かった」とだけ書き、翌二十日には、「チョン・ジャンガル着。ここで駅便《ダク》を持ったジャン・モハメッドに会う。終日、手紙を書くために過ごす云々」と記している。以前、シャヒドゥラーで会ったキルギス人のアカル・ジャンという男が、インドから手紙を持って来てくれたのである。この手紙の中に、ロシアの探検家グロムチェフスキー大尉が、パミール経由でインド国境に向かっているという、重要なニュースがあった。またアカル・ジャンは、ハミルトン・バウアー中尉の手紙も持参しており、やはりロシアの探検家の接近を報じていた。この広大無辺な世界の屋根で、すでに西トルキスタンを併合したツァー・ロシアの先遣隊が、インドへの進入ルートを求めて出没していることは、インド政庁ならずともヤングハズバンドにとっては緊張させられる問題に違いなかった。

十月二十一日、ヤングハズバンドはチョン・ジャンガルを発ってヤルカンド川を下り、パミール高原のタグドゥムバシへと北へ向かった。「ヤルカンド渓谷のこの辺一帯は、かつてはよく人も定住していたらしく、たくさんの家屋の廃墟や、人の住んだ形跡が残っている。樹木はいまも見られ、ウルク渓谷では、すばらしい杏《あんず》の樹があった〔ウルクとは杏を意味する〕」。翌二十二日、川幅の広い渓谷を行くと、上品に着込んだアンディシャン人〔ロシア領トルキスタンの住民〕が、一通の手紙を持ってやって来るのにぶつかった。「グロムチェフスキー大尉から、カイン・アクサイ〔私の次のキャンプ地〕にいるからということづけの手紙を、今日受け取った。この手紙はトルコ語で書かれ、キルギス人が携えてきた。私はペルシア語と英語で、著名な探検家にお会いできる機会が持てるのは、たいへんうれしいと伝えた」。日記では手紙を持って来た人間をキルギス人と書いているが、このときはよくわからなかったのであろう。

ヤルカンド川の渓谷を後にし、狭い渓谷を登ってカイアン・アクサイに行くと、前方にロシア風のキャンプが見えた。こちらが小馬《ポニー》で近づいたのを知って、三十代半ばぐらいのロシアの軍服を着た人物が姿を現した。「彼はすばらしく背が高く、立派な顔立ちをしていて、自分はポーランド系だと言った。彼はドイツの博物学者コンラドという人物と一緒だった」と日記に記している。

これを最後に、彼の「カラコラム日記」は終わりとなっているので、この後の記録は別の資料に頼らなければならない。[7]

ヤングハズバンドとグロムチェフスキーとの邂逅は、単なる探検家同志の出会いというより、インド国境地帯で、英国とロシアの権益を代表する代表者の初顔合わせといってよかった。お互い表面上は穏やかであったが、心中は決して単純ではなかったであろう。当然、言葉の数も少なく、グロムチェフスキーが食事にお招きしたいという誘いで、この堅苦しい雰囲気をほぐす一場面もあった。食事が始まるとすぐグロムチェフスキーは笑いながらこう言った。「あなたにはたいへん悩まされましたよ。ペテルスブルグを出発する前、これらの国境地帯は、まだヨーロッパ人に探検されたことがないので、高く買っていたのですからね。それがいま、この未知の土地に踏み込んで来たら、途端にこの全域を探検して回っている英国人にぶつかってしまったんですから」[8]と。しかし、グロムチェフスキーは前年すでにフンザへ訪問していて、恐るべきライバルだったのである。

食事が進むにつれ、ウォッカの酔いも回ったのか、グロムチェフスキーはますます饒舌になった。「英国人はロシア人の競争相手《ライバル》だ」こう言ってからコンラドのほうを向いて、「私は英国人を憎むより一〇〇倍もドイツ人が憎らしい」と付け加えた。[9]コンラドは、パミールに行く途中、たまたまトルキスタンで一緒になって同行していたらしい。

グロムチェフスキーの今回の探検は、ロシア政府内でもかなり問題視されて、なかなか許可されなかったという。まず軍事大臣とアジア局長が、この旅行はロシア政府を難しい立場に立たせる危険があると言って反対した。そこをロシア皇后が個人的にバックアップし、ロシア帝室地理学会が資金を出した。やむなく政府は六名のコサック兵と下士官一名をつけてくれた。彼の目的は、カフリスタンに入ってペシャワールへ行こうとしたが、アフガンの軍隊に阻止され、アフガン国王に二度にわたって入国許可の手紙を出したが、ことごとく拒絶されてしまった。そこでレーに行ってチベットに入ろうか、それとも再度フンザへ行こうか、ヤングハズバンドに会った折、彼の態度は決まっていなかったらしい。ヤングハズバンドにカシミール入りの斡旋を依頼するくらいであった。彼の立場はいま不安定だった。しかし、グロムチェフスキーのような優れたロシアの探検家が、インド国境地帯に入ってくることは、英国人にとって放置できぬ事態には違いなかった。

グロムチェフスキーの遠征隊の構成員は、コサック兵七名、現地人書記一名、従者一名だった。彼はロシアのインド侵略について、士官も兵士もきっと行なわれると信じて疑う者はいないと請け合った。しかし彼は、ヤングハズバンドにロシア政府の〈秘密主義〉をこぼしたという。なんの情報も知らされないので、ヒンズー・クシュを越えて、ヨーロッパ人として初めてフンザ入りをしたと思っていたら、すでに英国のロックハート使節団が入っていたし、「それにまた」と言って、彼はこうも続けた。「ムズターグ山脈北側斜面に沿って、まだ英国人は誰一人探検していないと思っていたのに、それをたったいま総舐めしてしまった英国人に会ったのですからね」と。ヤングハズバンドには、プルジェワルスキーの弟子であるこの著名な探検家にして、あまりに国境問題について無知なのには驚くよりほかなかった。

グロムチェフスキーとコサック兵たちは感じのいい連中だったので、ヤングハズバンドは二日間を楽しく過ごし、ちょっとした贈り物などを交換して別れた。彼とはまた翌年ヤルカンドで会うことになる。しかし、これはあくまで表向きのことで、ヤングハズバンドは彼が道を迷うようにわざと陰謀を企て、このためロシア隊は馬匹《ばひつ》を失う結果になったという(10)。

十月二十五日、ヤングハズバンドはタグドゥムバシ・パミールに向かって北西へと出発した。そして二十六日には、クルブ峠（標高四四一〇メートル）を西に越えたが、これはきわめて楽な峠で、いわゆる〈世界の屋根〉パミール高原の名にそむかず、あたりは緩い平原状の平坦な土地であった。しかし、風が吹き抜けるので寒気が厳しく、これがたまらない。ヤングハズバンドはこの旅行ではシナの旅券を持っていなかったので、シナ新疆省に入るには、ちょっと気を遣わねばならなかった。それでもタシュクルガンにいるカンバーランド少佐とバウアー中尉には会いたかったので、護衛兵を後に残して出かけることにした。こんな辺境部では、旅券などあってもなくても、そう心配することもなかったのである。

ヤングハズバンドは、久しぶりに同国人に会えてやはり楽しかった。なかでもバウアー中尉は、のちに中央アジアとチベットの探検で大きな業績を上げた探検家であった。派手な探検家ではなかったが、そのある種の業績から評価すればあるいはヤングハズバンドをしのいだかもしれない人物である。このカンバーランド少佐とバウアー中尉の旅行には、旅行家のドゥヴェルニュが同行していたが、彼はタシュクルガンで別れてワハンからバロギル峠を越えてギルギットへ行ったという。ヤングハズバンドは会わなかったかもしれない。しかし、このカンバーランド少佐のところに元ワハンのハン（汗）であったアリ・ムルダン・シャーの兄弟のサー・ブランド・シャーがいて、ヤングハズバンドは彼と会った。彼は、ワハンがカーブルの国王に占拠されて以来、ここで流謫《りゅうたく》の生活を送っていたという。権力者といえども決して安住できなかった。いつ追われるかわからないのが、このパミール周辺の群小部族の首長の運命だったのである。

季節はすでに冬に入っていた。しかし、まだ主稜山脈上の二つの峠を探検しなくてはならない。そこで十月三十日、カンバーランド少佐に別れを告げ、急いでタグドゥムバシ・パミールに戻り、翌日、クンジェラブ峠に向かった。しかし、前夜、雪が降って一面は雪に覆われていた。この峠はやはり楽なもので、正午頃には小馬《ポニー》に乗ったままで峠に達することができた。しかし、この峠の南側は狭い峡谷が続き、いまのような時期には通交は不能であった。ここにオプラン峠があるということだったが、このルートは難しく現在は廃道になっているという。このルートでフンザへ行けないとすれば、さらにこの西にあるもう一つのミンタカ峠を探るしかなかった。早く行かないと雪のためフンザに入れないかもしれず、ヤングハズバンドも不安にかられはじめた。

ヤングハズバンドはようやくにしてミンタカ峠の北麓に着いたので、キルギス人に給料や贈り物をやって帰した。彼はこれまで同行してきたキルギス人に対して、こう観察を記している。「キルギス人は、性格的にはよい面を多く持っている種族ではない。彼らは欲が深く、なんでも欲しがり、移り気で、彼らと別れたことにもなんとも思わなかった。また彼らと親交をいま一度結びたいと、別に願いもしなかった」と。かなり冷たい意見であるが、それだけの理由があったのであろう。

十一月八日、めざすミンタカ峠を南に越えた。海抜四三二〇メートル、よく晴れた日で、峠には雪があったが、たいして難しくはなかった。いよいよフンザの国に入るのであるが、ここはすでに四年前、ロックハート大佐の使節団が訪れていたし、今年はデュランド大佐も入っていたので、もう秘境でもなんでもなかった。ヤングハズバンド一行は、インダス川の分水界の南を下り、ムルクシに着いた。ここはただのキャンプ地にすぎない。これでヤングハズバンドの探検も事実上終わりを告げた。

寒さと、雪と、氷と、氷雪に閉ざされた山々が背後に去った。山を下るにつれ、空気はどんどん暖くなった。この数カ月、高度は平均三七〇〇メートル、ときには五五〇〇メートルの高地を歩いてきた。いまわずか三〇〇〇メートルのところをどんどん下っているので、力が再びわき上がってくるようだった。しかし、いま差し当たって心配なのは、フンザの人間がどんな態度に出てくるかであった。最初のムルクシで、ごく少数のフンザの役人と二〇名ばかりの人夫の出迎えを受けたが、彼らが友好的かどうかはにわかに判断ができなかった。

絶壁に沿った峡谷を抜けて南へと、ギルチャに向った。荷物はすべて人夫の背で担がねばならない。ギルチャでは二人の興味深い人物が待ち受けていた。一人はフンザの領主サフデール・アリの異母弟モハメッド・ナジム、いま一人は宰相《ワジール》ダドゥである。モハメッド・ナジムは、のちにフンザの領主になった男であるが、このときは愛想もよく、友好的で、それでいていつ自分の生命が奪われるかとびくびくしている小心な小男だった。一方、ワジール・ダドゥは非常に有能な人物で、礼儀もわきまえていた。そして、彼はヤングハズバンドに、サフデール・アリはあなたを歓迎するために、異母弟と私を派遣したのだと告げた。

ギルチャから二日の行程でグルミットへ行くと、ここでフンザの領主サフデール・アリが歓迎に待っているとのことだった。そこでヤングハズバンドは竜騎兵の正装をし、同行のグルカ兵も礼装をした。グルミットに近づくと一三発の礼砲が鳴り響いた。こんな歓迎はヤングハズバンドも初めてだったので、まんざら悪い気持はしなかったという。

山腹には何百人もの群集が集まり、領主のテントの正面には火縄銃と剣で武装したカンジュート人が二列に並んでいた。この列の先でヤングハズバンドは小馬を降り、領主に会うため前に進むと、領主がテントから外に姿を現した。ところが驚いたことには、フンザの領主の容貌はヨーロッパ人と少しも変らぬことだった。

二人がデュランド大佐から贈られたテントに入ると、サフデール・アリはたった一脚しかない椅子に腰を下ろしてしまったので、ヤングハズバンドは地面に座るしかなかった。しかし、こんなこともあろうかと思い、ヤングハズバンドはあらかじめ椅子を運んできていた。こんな小さなことにまで注意を払わなければ、たちまちアジアの専制君主の前に跪《ひざまず》かされかねなかったのである。なにごとにも一瞬も油断ができなかった。会見の最初はまったく純粋な儀式だった。ヤングハズバンドは型どおりの歓迎の礼を述べると、相手もお決まりの謝辞を述べた。会話はヒンドスタニー語がペルシア語に訳され、次いでペルシア語がフンザ方言に訳される。今度はこの逆が返ってくるといった具合いなので、やりとりはいつまでもだらだらと続いた。

グルミットは汚い村だったので、ヤングハズバンドはテントに泊まることにした。翌日、再び領主を訪問し、贈り物を手渡すと、彼は、なぜ北からわしの国へ入ってきたのかと切り出した。「なぜ私がですって」と、ヤングハズバンドはびっくりして訊き返した。「私は北方からフンザへ入った最初のヨーロッパ人ではありません。なぜなら、たった数週間前、ロシア人に会い、彼はこの同じルートをたどってフンザへ入ったと私に告げたのですから。ロシア人が行けるところは、英国人にだって行けると思いましたからね」と。するとサフデール・アリは、「グロムチェフスキーがフンザに来たのはたしかだ。しかし、彼はすぐ帰ってしまった」と答えた。フンザの領主は英国に対抗するため、ロシア人の援助を取りつけようとしていたので、わざと初めしらばっくれた可能性もなくはない。これに対してヤングハズバンドは、「私は交易ルート上の襲撃の原因を調査するため、シャヒドゥラーへ派遣され、いまフンザを通ってインドへ帰るところだ」と返答した。サフデール・アリは、襲撃で得る利益からフンザの歳入を賄っているので、中止を望むのなら、インド政庁から補償金を出してくれと、厚かましい要求をした。彼の考は粗野で無知であったが、ヤングハズバンドはぴしゃりとこれを拒否した。

こういった無神経で野蛮な君主には、こちらの強さをぜひ示す必要があった。そこでグルカ兵に標的射撃演習をして見せることにした。まずグルカ兵を一列に並ばせ、テントにいたサフデール・アリとヤングハズバンドに銃口が向くようにしたので、彼はたちまち恐怖に陥った。彼は実父を殺し、二人の兄弟を絶壁から突き落として殺した過去を持っていて、自分の身になにかふりかかるのではないかと、絶えず怯えていたのである。しかし、グルカ兵が渓谷を隔てての標的射撃をして見せると、生きているものでなくてはだめだと言い、ちょうど対岸の道を歩いてくる男を見つけ、あれを撃つよう命ぜよと言った。これを聞いてヤングハズバンドは大声で笑い、そんなことはしないのだと言うと、「撃たないのはどうしてか。あの男はわしのものだ」とぬけぬけと言った。彼は自分の生命には神経過敏になっていながら、他人のことにはまったく無関心だった。この結果、彼はこれからわずか二年後にフンザを追われる身になっても、人々はなんの同情も示さなかったのである。[11]

十一月二十三日、バルチスタン人の荷役人夫が到着したので、ヤングハズバンドはグルミットを出発した。そして、その日のうちにバルティトに着いた。ここにはフンザの頷え主の王宮が断崖の端に建っており、その背後には海抜四五〇〇メートルものぎざぎざした高峰がそびえていた。しかし、冬が急速に近づいていたので、急いで通過しなくてはならなかった。ニルトを抜け、絶壁に沿う山道を縫って一〇〇キロを超えるルートを突破し、ようやくギルギットに到着した。ヤングハズバンドがギルギットに来ることは前もって知らせてあったが、護衛兵も伴わず、先行して夜の一〇時に突如現れたヤングハズバンドを見て、カシミールの政庁は仰天した。ヤングハズバンドは一刻も早く同国人に会いたかったのである。なぜならギルギットには、アルジャーノン・デュランド大佐とマナーズ・スミス中尉とが駐在しており、彼は二人から歓迎を受けたのだった。[12]

しかし、ギルギットに滞在できたのは、わずか二、三日であった。早く帰って報告する任務が残っていたからである。十二月十三日、ブルジル峠（四〇八七メートル）、十六日にトラグバル峠（三四一六メートル）を越え、ようやくにしてカシミール渓谷に出ることによって、カラコラム—フンザ一周の探検は終わったのである。この探検旅行で、一七の峠を越え、二つの峠にアタックした。この旅行によって、それまで未知と伝説の謎に包まれていたカラコラム深奥部の全貌を浮かび上がらせたヤングハズバンドの貢績は大きかった。そして、このようなカラコラムの発見に次ぐ発見の時代は、もう二度と訪れることはなかった。[13]

第12章　カシュガールの一年

フンザからようやくインドへ帰ったヤングハズバンドは、シムラへ行き、次いで連隊に復帰した。連隊長からは今回の旅行の成功を祝してもらったが、まだインド総督への報告がすんでいなかった。インド総督は、冬の間、暖かなカルカッタに滞在していたので、ヤングハズバンドはカルカッタまで行って、ともかく緊急な報告はランズダウン卿に伝える任務があったのである。ヤングハズバンドはカルカッタで総督に会い、フンザへ出るまでに探検した未知の峠、ロシアの南下に機先を制したこと、中央アジアへの隊商ルートの強盗団の襲撃を安全にした点を説明し、総督を満足させた。このカルカッタ滞在中、ヤングハズバンドはアルバート皇子やコンノート侯夫婦などの貴賓に会ったが、口下手な彼にはこういった社交には向いていないなかった。

厳しい自然との闘いでもあったカラコラム探検の旅は、ヤングハズバンドにとって改めて一つの大きな人生の岐路に立たせることになった。探検のほかに、複雑な軍事的・政治的な国境問題に深入りするにしたがって、いつか単調な軍隊生活に戻るのが嫌になったからである。政治情勢では、一般に公表されるものがことごとく嘘であることが、ますますこれまでの生活に戻ることを嫌にさせた。軍隊はもう戦争のためというより、せいぜいパレードの行進のためにあるようなものであり、ただ退屈の一語に尽きていた。軍はやめてしまおう、そして政治局に入ろうというはっきりした決断ができた。

インドをめぐる国際情勢は、きわめて平穏であった。戦争の差し迫った危機もなかった。しかし、これは見せかけのものであり、シムラの情報局に戻ってみると、そこの極秘ファイルにはロシアの南下政策に関する秘密資料で埋まっていた。インド北西部国境は、いましのぎを削っての領土拡張戦に入っていた。ロシア、アフガニスタン、シナ、英領インドの四つの国が、無人に近いパミールの領有をめぐって争っていた。ロシアとしては、なんとしても中央アジアの分水界を越えて南のインド側に出たがっていたし、もしアフガニスタンとシナとがロシアに押されてしまったら、ロシアによるインド侵略の可能性が増す恐れがあった。ロシアは国境委員会を通して、ロシアとアフガニスタンの国境画定を決めていた。しかし、パミールのアフガン領の東端部はいまだ曖昧で、将来、問題が起こることは火を見るより明らかである。事態は一刻の猶予もなかった。

ヤングハズバンドは、極秘資料から得られた結論から、この調査のためパミールとシナ・トルキスタンへ派遣されるようインド政庁に申請した。精確な国境線は不明であるし、ロシアの動きをなんとしても知っておく必要があった。インド政庁はこの申し出に許可を与えてくれた。早ければ早いほどよい。それに、もう軍に気がねしなくてもよい身分になっていた。

一八九〇年の夏から行なわれたヤングハズバンドのパミールとシナ・トルキスタンの旅行は、資料が必ずしも十分でなく、これを完全にたどることは現在かなり難しい。旅行が純粋な探検でなく、当時公表できなかったからであろう。今回は、護衛兵を伴わず、シナ語の通訳として外交官のジョージ・マカートニが同行したが、マカートニは生涯、回想録を一切残さなかった人だったので、興味深い事実は大半が埋没してしまったのである。

一八九〇年六月下旬、ヤングハズバンドはマカートニと共にシムラを出発した。若いマカートニは、ロンドンのシナ公使館の書記官をしているサー・ハリディー・マカートニの子息であるが、彼の出生は複雑で母親は純粋なシナ人であった。父のハリディーが帰国後は母親と南京に残ったものの、母は早く世を去り、のちにロンドンの父親の元に呼び寄せられ、英国とフランスで教育を受けた。しかし、混血だった理由もあって、外交官としてのよい地位は望み薄となり、結局、インド政庁の低いポストを得、人も通わぬ陸の孤島カシュガールへ、ヤングハズバンドと共に出かけることになったのである。[1] このときヤングハズバンド二七歳、マカートニは二三歳であった。もちろん、当時、カシュガールに英国領事館などあるはずもなく、ロシアの進出を阻止する目的も兼ねて、二人はささやかな外交（通商）代表部を設立するつもりでいた。この旅行には、難しい仕事をしようとしているこの二人の他に、狩猟をしにパミールに行こうとしているビーチとレナードという二人の英国人が参加していた。

レーでは、ヤングハズバンドのいつもの従者であるモハメッド・イサが待っていた。彼は春にヤングハズバンドから手紙をもらって、旅行準備をしていたものらしい。この旅にはヤングハズバンド一行四名の他に、いま二人のサヒブ（白人）も参加していたと、この旅行の従僕に雇われた現地人の少年グラム・ラスル・ガルワンが回想している。この少年はまだ幼いので、ヤルカンド行は無理だとモハメッド・イサから断られたのを、たまたまヤングハズバンドが拾い上げて同行を許してくれたのだという。そして、夏のこの時期は、洪水の最悪のときであるが、流水を渡るのは大変だろうと、ヤングハズバンドはこの少年にインド産の小馬《ポニー》を与えてくれた。しかし、この小馬は意地の悪い従者シュカール・アリに取り上げられてしまった。

こんなある日のこと、パナミックというところに着くと、ロシア人が来ていて、レーに行きたがっているという噂が飛んでいた。しかし、ヤングハズバンドは、この男にレーに行くことを許さず、ヤルカンドへ追い返せと命じたと、この現場を目撃した少年は言っている。たしかにこの人物は白人で、貧しい身なりをしていたが、実際はロシア人ではなく、昆虫採集をしていたオーストリア人だったろうという。ヤングハズバンドにどれだけの権力があったのか不明であるが、ともかくロシア人でなくても正体不明の人間は、北方からインド領域内に入れまいとする断固とした態度がうかがえて、これは興味深いエピソードである(2)。

シナ・トルキスタン、いわゆる新疆省に入って行くには、前と同じようにカラコラム峠を越えて行かなくてはならない。ヤングハズバンドもこの峠だけは嫌いだったらしく、物淋しく、夏でさえ夜に入ると水流は結氷して気が重くなり、「いまわしい旅」だったと言っている。ともかく、一カ月近い旅と、九六五キロの行程の末に崑崙山脈の北側を下り、八月三十一日にヤルカンドに着いた。ヤルカンドでは、ヤングハズバンドもシナ人の高官と会見して、さまざまな情報を収集するのが今回の旅行の目的の一つでもあった。

ヤルカンドの粘土造りの家々はなにか眠たげで、三年前に訪れたときと少しも変わっていなかった。ヤルカンドでは、シナ側の応待もきわめて丁重で、按班《アンバン》は紅い衣と高い帽子をかぶり、従者を多数引き連れてヤングハズバンドを訪問した。ヤングハズバンドも答礼を兼ねてアンバンを訪ね、これがお互い数回に及んだ。シナ側は砲礼でヤングハズバンド一行を迎えたというから、相当の歓迎ぶりだったことがうかがえる。

ヤルカンドに着いて二、三日すると、前年に会ったロシアの探検家グロムチェフスキー大尉が到着し、早速、彼はヤングハズバンドを訪ねてきた。彼は前にフンザ国境で別れてから、シナ・トルキスタンの南側を調査し、厳冬期にカラコラム峠を越え、チベットへ入ったものらしい。彼はいまロシアへ帰る途上であった。二人は会食をし、次いでヤルカンドの商人の接待で食事を共にした。英国とロシアの権益を代表する二人の探検家が、お互い国家間の政治的ライバル意識を捨て、旅の友情を温め合ったことは、当時のきわめて微妙な時代にはむしろ例外的な事件であった。彼はさまざまな旅の体験を語って聞かせてくれたが、これから判断すると、彼は決してシムシャル峠を見ていないことがわかった。峠の高度を実際の高度よりも六〇〇メートル高く見ていたので、この誤った情報がロシアのインド侵略に二の足を踏ませた結果であろうと、ヤングハズバンドはのちに推測している。[3] グロムチェフスキーは、ヤルカンドに数日滞在してから東方へと去っていった。これが彼と会った最後であった。[4] 一見穏やかな別れであったが、ヤングハズバンド一行がヤルカンドを発つと間もなく、このことをカシュガールのロシア総領事に報告した。グロムチェフスキーがヤングハズバンドを訪ねて来たのは、単なる友情だけではなく、情報収集のスパイ行為でもあったのである。

もう秋になった九月十五日、同行者だったビーチとレナードとはここで別れ、ヤングハズバンドはマカートニと共にパミール高原へ向かって出発した。この出発間際、ヤングハズバンドの面白いエピソードが残されている。

ヤングハズバンドはムスターグ峠の横断以来、この旅に参加したモハメッド・イサとシュカール・アリとを特別扱いし、身内以上に信頼した。しかし、このシュカール・アリはヤングハズバンドが旅行記に書いて世間に紹介したほど善良な男でなく、探検家の食糧を盗んでは転売するような手合いだった。そして、この旅行に参加した例の従僕の少年がヤングハズバンドから可愛がられるのを憎んで、ヤングハズバンドにこの少年の悪口を吹き込んだ。従者たちがみな新しい衣服を支給してもらったのに、この少年だけもらえないように仕向け、そのうえさらに、ヤングハズバンドに請求してみろと、少年をそそのかした。なにも知らぬ少年は、たまたま朝、ベランダにいたヤングハズバンドに新品の衣料のもらえないことを訴えると、ヤングハズバンドから厳しく叱責されたという。「お前はちっとも仕事をしないというではないか。だから、お前にはもうなにもやらない。ここからお前を追い出してしまうつもりだ」と。これに少年が弁解すると、「もうお前はいらない。お前は怠け者だ」「出て行け」と、シナの銀貨数枚を与えて追い出しにかかったという。ところが、ヤングハズバンドに同行していた士官のうちの医師（インド人）とシナ人とが、この少年の無実と窮状とをヤングハズバンドに説明してくれたため、ヤングハズバンドも丁重に詫びて、少年がレーへ帰る便宜から旅行資金一切の面倒を見たという。これはどこにでもある従者間の嫉妬によるささやかな争いであったが、こういった問題の処理をうっかり失敗すると、探検中では致命的になることが少なくない。

ヤングハズバンドが計画した今回のパミール旅行は、新疆省の西端、ロシア国境に近い〈世界の屋根〉を探ることにあった。新しい地理学的発見は目的外で、かなり政治色の濃いものであった。しかし、この頃はまだ一九世紀末期、パミールにはいたるところ神秘的な雰囲気が漂っていた。一行はまずルートを南西方向にとり、サリコル地域の要地タシュクルガンに向かった。ここに行くには、パミールの東端部を形成する山脈を次々と越えなければならないが、この辺一帯は無人地帯で、山には草も木もない荒れた土地だった。九月下旬にこの町に着いたが、タシュクルガンは海抜三〇〇〇メートルものところにある小さな城砦の町にすぎない。

十月三日、タシュクルガンを出発し、さらに西行する。西には巨大な雪の山脈が姿をのぞかせている。これがパミールの分水界で、東へ流れる流水はヤルカンド川へ注ぎ、タリム盆地を東流してロプ湖で一生を終える。一方、西へ流れる川はオクサス（アム・ダリア）川に流入し、アラル海に注ぐ。この山脈の背後に小パミール、大パミールとパミール高原の主要部があった。道は急で険しい。草も木もない平坦な四〇〇〇メートルを越す平原は、年間を通して凍結しているので、河水による浸食は停止したままである。気温も当然ながら厳しく、九月末から十月にかけては、摂氏零下二〇度にもなる。強風と寒気と、高度からくる無気力感は覆いようがない。

小パミールの西側の山脈を越えてイスティグ川の渓谷部に入った。このあたりのパミール高原東部地域の山々は、霜の作用で全体が丸っこく、山越えは困難ではない。サリ・タシ峠を西に越えてチャディール・タシに行き、ここからさらに南西へ進み、バシ・グンバスから小馬《ポニー》でアリチュル川に沿ってヤシル・クル湖へ向かった。一行の目的はアリチュル川がこの湖水に注ぐ東岸部のソマタシを訪れることであった。おそらく、ヤングハズバンドがカシュガールの按班《アンバン》から聞いた、この湖畔にあるという石碑を見るためだったに違いない。たしかにヤングハズバンドとマカートニが訪れたとき、この碑文（漢文、満文、トルコ語）を彫った石の記念碑は建っていて、一七五九年、シナ人によるホージャ駆逐と、バダフシャン国境までの追撃の事蹟を記したものだった。このことは歴史的に見ても、シナの領有権を証する重要なものだったに違いない。しかし、この石碑はのちロシア人が撤去してしまい、またヤングハズバンドたちが訪れた二年後の一八九二年には、ヨノフ大佐の率いるロシア軍が、アフガニスタンの配置した守備兵一五名ほどを全滅させたところとなった。新参のロシアにとっては武力行使に訴えても、領有権を主張したかったのであろう。

ヤングハズバンドは、ここをパミール到達の西端として東へチャディール・タシまで戻り、ここから今度は北へ進路を変えた。ネザ・タシ峠（四三三一メートル）を北に越え、アク・スー川に沿って北東方向に進む。この川の右岸にムルガビがあった。キルギス人のテントが四つ五つしかない荒れて侘しいところであったが、その後、海抜三七八二メートルもあるこの荒れた土地に、ロシア軍は前哨基地を設立した。もしこのとき、ヤングハズバンドにもっと強力な権限を与えていたなら、英国側もパミールに潜在的な領土権が得られていたろうし、ロシアとてそう簡単にパミールの領有権は主張できなかったであろう。しかし、英国側は常に守勢に立つ方針だけが続けられた。インドの富源に寄生した政治家たちにとって、パミールなどの遠く、いまわしい土地など考えたくもなかったに違いない。

あたりはただ不毛の高原が続く。ラン・クル湖のほとりを抜ける。このあたりからはるか東方に高度七五〇〇メートルのムズターグ・アタの高峰が姿をのぞかせていた。カシュガールへ向かうなら、ここから東へ行けばよかったが、ヤングハズバンドはこの際ぜひ、パミールにある神秘的な大カラ・クル湖が見たかったので、陰鬱な山々の間を縫ってキジル・ジク峠、カラ・ザク峠を次々と北に越えた。気温はすでに零下三〇度近くまで下がっていた。

出口のない、山々に囲まれたカラ・クル湖は美しい湖水であったが、風が猛烈に吹き、湖面は一面に泡立っていた。ともかくこれでパミールの一応の視察もすませたので、ヤングハズバンドは東へ進路を変え、カラ・アルト峠（四八二〇メートル）を越え、マルハン・スー川沿いに草木のない山を抜け、カシュガールの暖かな平原地域に急いで下った。とうとう高原地帯を脱出してウパルに着いた。ここからは、カシュガールはもう目と鼻の先である。十一月一日、ようやく一カ月半にわたるパミールの旅を終えてカシュガールに入った。ヤングハズバンドにとっては、冬のさなか氷を浮かべた水風呂を浴びるほどの強靱な体力の持ち主だったからよいものの、マカートニにとってはかなりつらい旅だったであろう。しかし、この旅は楽しいものだったと、のちに夫人に語ったという。

カシュガールに入ったヤングハズバンドとマカートニに、シナの道台《タオタイ》は郊外の城壁の外側に一軒の現地民の家を提供してくれた。ここが後年、英国領事館の敷地になるところであるが、このときはただ間口が広く、北に雪をいただく天山山脈と、西にパミールの高峰ムズターグ・アタが望まれただけであった。この家の周囲にある庭園はチニ・バグ（シナ庭園）と呼ばれ、ここにパミールの旅行中、たまたますばらしいキルギス人のユルト（天幕）を見つけたヤングハズバンドが、無理に頼んで譲り受け、それをここまで運んで建てたのだった。快適なこのユルトで冬を越すつもりだった。

ヤングハズバンドがカシュガールに腰を落着けたわずか数日後、道台から手紙が届けられた。それによると、アリチュル・パミールのソマタシの砦をアフガン人の指揮者と一一名の兵士が占拠し、シナ人を追い出したので、仲裁してもらえないかという依頼であった。これは好機でもあった。この土地はわずか一、二カ月前に訪れ、そこの石碑から明らかにシナ領と考えていたので、すぐさまシグナンのアフガン総督に、シナ側はここの領有権を要求しており、アフガン軍は撤退してはどうかと言ってやった。しかし、アフガンの領主《アミール》はこのヤングハズバンドの要求に大いに憤慨し、抗議してきた。ヤングハズバンドには残念ながらこれ以上の力もなかったし、シナ側にもアフガン軍を排除するだけの力もなく、そのままの状態に放置され、のちロシアの領有に帰してしまった。

ヤングハズバンドがカシュガールにシナ語の通訳官としてマカートニを伴ったのには、実は大きな意味があった。ロシアをアフガニスタンとシナ国境地帯から追い出すには、〈攻撃法〉でやるしかないという、ネイ・エリアスの献言をインド政庁が取り上げ、ヤングハズバンドにシナ側と交渉させようとしたからである。だから当然、ヤングハズバンドはシナ側の官憲、とくに道台《タオタイ》や提台《ティタイ》と友好を深め、訪問を繰り返した。この難しい外交目的の他に、いま一つヤングハズバンドはインド商人の交易促進と保護の問題について、シナ側とぜひ話し合う必要があった。カシミール地方から、インド商人によるカラコラム峠越えの交易品は、阿片、綿、反物、香辛料などで、新疆省に入るまで一一の峠を越えていかなくてはならなかった。そして帰りには、大麻《ハシーシ》、シナ産の茶、絹、絨毯、金、銀などが輸入された。

ヤングハズバンドは元来が活動的な性格で、一カ所にじっとしているのが耐えられなかった。そのため、カシュガールのような雑多な民族の集まった都会の生活にはなじめず、盆地特有の夏の暑さと、チニ・バグのような無防備の住居では、いつか〈閉所恐怖症（claustrophobia）〉にかかるしかなかった。ただ、こうした不安定な精神状態をなぐさめてくれたのが、アジア各地からやって来る交易商人たちだった。彼らはロシア、インド、シナ、アフガニスタン、ブハラ、コンスタンチノープルなどから集まって来たものであり、みな温和で、呑気で、丁重な礼儀をわきまえていた。彼らは旅から旅へとさまよい歩いていたので、近隣諸国の政情にも通じ、流動的な中央アジア情勢にもきわめて敏感だった。彼らの商売はそんな動き一つで決まったからである。ヤングハズバンドは彼らから積極的に情報収集を行なった。

中央アジア（西トルキスタン）を南下したロシアは、早くからシナ・トルキスタンに目をつけ、一八五一年、早くもシナ政府から交易の特権を獲得した。しかし、コーカンド人のヤクブ・ベクがカシュガリアに侵入し、この一帯を統治すると、ロシアの特権を取り上げてしまった。ときのインド総督メーヨー卿は好機到来とばかり、この際、ロシアをシナ・トルキスタンから一掃する計画を立てた。が、ヤクブ・ベクの政権はどうにも弱体で、たちまちロシアの圧力に屈し、一八七二年にロシアと交易条約を結び、シナ・トルキスタンの各町々に代理人を置き、商人の自由通交を認めざるを得なかった。

前にもすでにふれたように、これに慌てた英国は、翌一八七三年、フォーサイス使節団をカシュガールに派遣したが、ロシアを恐れるヤクブ・ベクからはあまり色よい返事がもらえなかった。しかし、ヤクブ・ベクがきわめて英国寄りであったこと、一人ぐらい代表者を置いてもよいとの意向を受けて、一八七七年、インド政庁はカシュガールに英国代表を送り込むつもりでいた。しかし、シナ（清朝）政府は左宗棠に軍事遠征軍をつけて派遣し、各地で敗れたヤクブ・ベクは自殺したため、英国側の夢はまたもつぶれてしまった。

一八八〇年、インド政庁の意を受けたネイ・エリアスの尽力で、北京政府からようやくヤルカンドで通商してよいという黙許が得られた。ロシアは新疆省の西部地域を完全に掌握していたので、英国としてはつけ入る隙がなかったのである。ダファリン卿がインド総督になった一八八五年、ネイ・エリアスを再び新疆に送って、永久的な代表者を置く交渉をさせたが、北京政府はこれを拒否し、きわめて非友好的な態度を示した。このシナ政府の一方的な政策は、一八八九年まで続いていた。ヤングハズバンドにとっての今回の使節は、相手が相手だけにかなり重い責任を負わされているといってよかった。

とはいっても、ヤングハズバンドがカシュガールに入った一八九〇年の時点では、北京政府の新疆支配はともかく他人任せで、しっかりした視点というものがなかった。まして新疆省の西南部の国境地帯は曖昧で、独自の見解も定まっていなかった。この頼りないシナ側との折衝がヤングハズバンドの任務であったが、彼はじきに、シナ官吏より気を遣わねばならぬ人物が別にいることを悟った。誰もがシナ道台より重要人物と認めてはばからなかった、ロシア領事ペトロフスキーである。

彼とはすでに、数年前に一度会ったことがある。しかし、一旅行者だった当時と違って、今回はインド政庁から派遣されて来たヤングハズバンドを、彼は疑い深い目で見ていた。後年、彼はある英国の旅行者に、「インド政庁は、彼のような若僧で無経験な士官を派遣するなど、愚の骨頂だ」と、あからさまにこき下ろしたという。(5) たしかに彼は、ヤングハズバンドより二倍ほども年上であったし、経験も多く積んでいた。しかし彼は、ヤングハズバンドを評して、シナ語も喋れなければ、シナ人の表裏ある性格にも不慣れな人間になにができるか、と言った点では、明らかに偏見があった。なぜならペトロフスキーはシナ語が喋れなかったし、彼の館員も同類で、彼は新疆以外に旅したことすらなかったからである。彼の知識はきわめて狭い地域に限られていた。

ペトロフスキーは〈ペテルブルグ条約〉(一八八一年二月に調印されたシナとロシアの間のイリ返還条約)の翌年の一八八二年十一月に、カシュガールに着任して以来、ずっとこの地位にあった。この条約で、ロシアに占拠されていたイリはシナに戻ったが、シナ政府はこのときロシア側に妥協して、新疆省にロシア領事館を二つ設置することを認めた。その一つがこのカシュガールであった。ペトロフスキーは典型的な海千山千のロシア外交官で、ヤングハズバンドにとって、彼ほど嫌な相手はなかった。彼は賢い人物だったかもしれないが、見かけ倒しの人物だったとヤングハズバンドが言った言葉は、むしろ控えめな批判でしかない。彼は第一にユーモアのセンスに欠け、嘘も平気でついた。ヤングハズバンドにとっては一刻の油断もならず、全力で闘わねばならぬ相手であり、友情などとても結べるような手合いではなかったのである。

しかし、ヤングハズバンドは、ペトロフスキーと表面的にはあくまで友好的に付き合っていかなくてはならなかった。時々の表敬訪問も欠かせない。したくない雑談もしなくてはならなかった。ペトロフスキーの能力は、彼を知る者は誰もが認めた。しかし、彼のエゴイズムと復讐心は異常なほど大きく、ロシア人の仲間ですら彼を嫌い、恐れる始末であった。シナ人も同じように彼を憎んでいたが、権力があまりに強大だったため、手も足も出ないありさまだった。彼の権力が大きかったのは、彼の能力ばかりでなく、その背後に絶大なツァーが控えていたからだ。彼は虎の威を借りていただけである。またロシアは新疆省を非公認の植民地と見なしていた。だからなにか問題が起きれば、ペトロフスキーは直ちに北京に電報を打ち、北京駐在のロシア大使を通じて、シナ政府にいくらでも圧力をかけることができたのである。新疆にいた者は誰でも、英国はロシアよりずっと弱いと思われていたから、英国側の要求はことごとくロシア側につぶされる運命にあった。

陸の孤島カシュガールに滞在した約一年たらずの間、ヤングハズバンドはこの手ごわい相手から一刻も目が離せなかったのである。

第13章　パミールをめぐるロシアの陰謀

一八九〇年から九一年の冬にかけて、珍しくヨーロッパの旅行者がカシュガールにやって来て、ペトロフスキーとヤングハズバンドを訪問していった。一人はフランスの旅行家M・ビ・ブラン、いま一人は十二月中旬に、フェルガーナ渓谷から雪のパミールの峠テレク・ダワンを越えて来たスウェーデン人のスヴェン・ヘディンであった。ヘディンは二五歳、ヤングハズバンドより二歳年下であったが、スウェーデン国王のペルシア使節の通訳官の役目が終わっての帰途、はるばるホーラッサンからトルキスタンを経て、この町まで来たのである。ヘディンはトルキスタンのロシア人たちからかなり優遇され、トルキスタン総督ウレフスキーの紹介で、カシュガールへ来るとロシア領事館に宿泊していったが、到着したその夜、ペトロフスキーに伴われて、一キロほど離れたヤングハズバンドとマカートニの天幕を訪れた。そしてこの折、ヤングハズバンドから満州やゴビ沙漠、カラコラムの体験談を聞き、ちょうどこの旅行記『大陸の胸奥』(*The Heart of a Continent*) を書いているのを親しげに見ていった。

ヘディンは慌しく去って行ったが、これからしばらくしてフランスの著名な旅行家デュトリューユ・ド・ランとグルナールがやって来て、ヤングハズバンドのところに泊まっていった。ド・ランはこの旅行中、チベット人に殺害されてしまったが、カシュガールの訪問者は、ヤングハズバンドとマカートニがささやかな外交代表部の事務所を開設してから、明らかに二分した。ロシア側を好意的に見る者、英国側により親密感を抱く者とで、この慣習が以後ずっと半世紀以上も続くことになる。こんな政治と無関係なたまさかの訪問者の間にさえ、英露両国代表者は目に見えない火花を散らしていた。最初にどちらを訪れるかで、その旅行者の心情と好感度とを判断したからである。

いつしか一八九一年の三月を迎えたが、カシュガールはまだ本格的な春からは遠かった。あたりは灰色の中に沈んでいて、水路《アリク》の水音も聞えず、若草の緑も見えない。この暗い気候に似て、ヤングハズバンドの気持ちもさえなかった。こんな侘しい町に来ると、頼りになるものはただインドと家郷への思慕であった。時折、飛脚《ダク》がインドから運んでくる手紙だけが、蓮の花のか細い糸で結ばれたようなはかない楽しみだったのである。しかも冬の間は雪で飛脚は途絶えるし、また春になって手紙が届けられるようになっても、いつも幸運を運んでくるものとは限らなかった。彼がカシュガール滞在中に書き進み、のちに出版した中央アジア旅行の体験記録である『大陸の胸奥』の中で、一カ所だけ読者に理解できない部分がある。うっかりすると読み落としてしまうものであるが、これにふれず先に進むことはできない。次のようなくだりである。

「この頃、私の人生は人間の身に降りかかる二つの最も厳しい痛手を受けて、悲しみに沈んだ。その二つとも突然で、予期できないものだった。こんな僻遠な土地にいると、友人たちからの手紙は私の手に届くまでに何カ月もかかり、何週間も間を置いてまとめてやって来るのだった。私はいま一度家に帰りたいと思い、家郷にいる人々は、私を必要とする以上に、私のほうで彼らを必要とさせているのだった。しかし、いま三カ月を、私はカシュガールに駐在しなくてはならず、長い日々がゆっくりとなんの変化もなく単調に過ぎていった」(1)

「二つの最も厳しい痛手」とは、いったいなんだったのか。その手掛かりは彼の著書の中にはどこにもふれられていない。ヤングハズバンドは青春時代、初めてヒマラヤを一人旅した頃から胸に秘めていた若い恋人を、いまなお忘れずにいた。こんな野鄙《やひ》な土地にいればいるほど、この恋人への思いは募ったし、それだけが生きがいでもあった。人は孤独になればいつか神への信仰心も芽生えてくるものであるが、これも多くは年をとってからで、若い時代、とかく神は母であり、恋人である場合が多いものだ。ヤングハズバンドにとっても、そういつまでもこの恋人を放っておくわけにはいかなかった。カシュガールでの役目が終わったら、結婚するよう話し合うことにしよう。一人前の男になったら娘をあげようと、相手の両親は約束してくれた。その時期はもうたしかに来ているのだった。

しかし、この娘にはいつもがっちりと母親がついており、娘はあたかも傀儡《くぐつ》人形のように、自分の意志はすべて母親に代弁されていた。娘の気持ちがどこにあるのか、当のヤングハズバンドも知ってはいなかったであろう。とかく軍隊勤務と探検旅行と、しかも社交嫌いときては、ヤングハズバンドには人を恋する機会がなかった。初めて出会った女性、自分の意志表示すら母親を通じてでなくては言えない娘であっても、彼にとっては唯一の女性であり、渇仰になったのも無理がなかったであろう。しかし、この三月、カサウリーの娘メイの母親から待ちに待った手紙がとどいた。おそらくヤングハズバンドの手紙の返事ではなかったかと思う。彼女の決心が、ついにこの手紙の中で語られているに違いなかった。

三月二十八日に届けられた、このインドからのエワート夫人の手紙を読んで、ヤングハズバンドは心臓が一瞬停止する思いがし、自分の目を疑い、次に絶望した。あらゆるものが信じられず、あらゆるものに希望を失った。なぜなら、この手紙の中で、娘は前年の十二月に別の男と婚約いたしましたと、非情にも書いてあったからである。いまから考えれば、エワート一家がヤングハズバンドに冷たかった理由もわからないことではなかった。初めて会ってからすでに数年の歳月が流れていたのに、正式な婚約はしていなかった。していなかったというより、娘の両親がさせなかったのであろう。なぜだったのか。おそらく、娘の母親がヤングハズバンドを好いていなかったのであろう。スマートでダンディーで、社交界にでも噂を立てられるような男に娘をくれたかったのであろう。汗と泥にまみれ、年がら年中、なにが出るかわからないヒマラヤの彼方に探検に行っているような、毛むくじゃらの男などまっぴらだったに違いない。あるいは、ヤングハズバンドの母と相手の母親とがしっくりいっていなかったのかもしれない。しかし、こういった推測はいまではもう誰にもわからないことだ。ただはっきり言えるのは、彼女あって初めてゴビ沙漠を横断し、ムズターグ峠を越え、そして未知のカラコラムとパミール高原を探検して回れたということだった。二十代の前半は彼女あっての人生だったのである。その希望の灯が突然消えてしまったのだ。そしていま残されたものは、探検の成果と世俗的な名声だけであった。なんとむなしかったことか。

しかし、この五日後、ヤングハズバンドはいま一度奈落の底に突き落される思いを体験しなくてはならなかった。それはロシア経由で故国から届けられた手紙であった。その中で、一月末、母が身罷ったことを伝えていたからである。彼にとって打ち続く精神的打撃はあまりに大きかったが、しばらくしてからカサウリーには丁重な返事を出したという。娘の変心を恨んだり、自己憐憫などひと言もふれず、二人のカップルの幸福を祝福する簡潔なものだった。また家郷の父親にはなぐさめの手紙を書いて送った。このことだけでも早く帰りたいと思ったことであろう。のちに母の死をみとった兄のジョージから彼はこんなことを聞いた。母親は遠く離れた息子のことを最後まで思い、幸福な結婚を願いながらも、いまの恋は片思いに終わるだろうと暗に告げたという。(2) 母はなにもかも知り尽くしていたのに違いない。所詮はかなわぬ恋だったのである。

同じ一八九一年の春のことだった。二通の衝撃的な私信を受け取って間もない頃のことらしい。ヤングハズバンドは一つの由々しい噂を聞いた。(3) ロシア軍が国境地帯で出撃準備に入ったらしいというのである。しかも夏には、トルキスタン総督自らフェルガーナ渓谷南部のアライ渓谷に出向するという。いまのところ、ロシア軍がパミールに移動したということを示すものはなにもなかったが、トルコ人たちが、トルキスタン総督は戦争のとき以外に出歩くことはないのだと言ったとき、事態が容易でないことがわかった。

そこで四月、ヤングハズバンドは道台を訪問し、ロシア軍がパミールに向かう可能性があり、それにしてはシナ側の防備はあまりにお粗末すぎることを指摘した。道台はすぐチャン将軍に三〇名の兵士をつけて、国境地帯のムルガビとソマタシに派遣し、状況視察をさせ、万が一のロシア側の襲撃に備えてカシュガールの城砦の防備を固めた。ペトロフスキーはこれを知ってか知らずか、ヤングハズバンドとマカートニに対してきわめて慇懃であったが、陰に隠れての陰謀工作には、二人とも手が出なかった。(4) ペトロフスキーは、昨年のヤングハズバンド一行のパミール旅行を歪めてロシア側に報告したので、神経を高ぶらせていたトルキスタンのロシア軍は、さては英国側がパミール占拠に乗り出すものと、その対抗策を打ち出したのであった。「長い日々がゆっくりとなんの変化もなく単調に過ぎていった」という彼の言葉は、必ずしも真実を伝えたものではない。事実は激動していたのだ。

春から夏にかけての二カ月間、一通も来なかった手紙がやっとインドから届いた。その中で、帰国したいと当局に請願してあった返書が入っていた。レー経由かギルギット経由か、どちらでも好きなほうを選んで帰ってよいという内容だった。カラコラム峠経由のルートはすでに知っていたので、パミールよりギルギットを抜けて帰ることにした。ただマカートニはこの不安定な立場のままカシュガールにとどまることになり、以後、数回、休暇で英国に帰った他は二八年間もこの僻地で過ごすことになる。一方のヤングハズバンドは、精神的にすっかり打ちのめされていた。

心に痛手を負っていたヤングハズバンドにとって、帰国できることはうれしいことだった。活動的な彼の性格では、じっとこんな場所にいることは精神的にも耐え難かったし、早くこの町のことも忘れたかった。彼はこれを最後に人生で二度とカシュガールを訪れることはなかった。ただこのとき、彼のあまりに報われることのない仕事に対して、C・I・E（インド帝国勲位）が授けられたことが、一つの慰めになった。

夏に入って間もないころ、シナ当局者から通告が入った。英国人の旅行者が一人レーからシャヒドゥラーに到着し、カシュガールにいるヤングハズバンドに会わせてくれと言っているという。このニュースがヤルカンドから伝えられ、旅行者は間もなくシナ側に助けられ、カシュガールにやって来た。彼はインドの英軍士官デヴィソン中尉といい、ヤングハズバンドが一八八七年に越えたムズターグ峠を同じように越えるつもりでやって来たのであるが、なんの資料も、地図も、道案内人すら連れずやって来たので、たちまち山々の迷宮の中に道を失い、小馬《ポニー》も荷物も金も使い果たしてしまった。さらに悪いことに、従者には逃げられ、病気で動けなくなり、かろうじて一人残った従者に助けられる始末であった。彼は九月にならなければ無理であるというヤングハズバンドの警告すら無視し、再び出かけようとするのをやっと説得して、パミール地方を経由して一緒に帰ることにした。

他人の成功の顰《ひそみ》に倣って、無謀な冒険をし、名声を得ようとする者はいつの時代でもいる。しかし、政治的にぴりぴりと緊張しているこのパミール地域に、現役の英国士官が現れたことは実は頭の痛いことであった。しかも大袈裟な遭難騒ぎを引き起したので、噂は野火のように広がった。噂を聞いたものは誰しも、単なる野心的な旅行者などと思うはずもなかった。難しい立場にある外交官は、こういう旅行者ほど手を焼かされることはない。案の定、ロシア側はすぐに反応を示した。いよいよカシュガールを後にするというので、ヤングハズバンドはシナ官憲すべてを回り、次いでロシア領事を訪問すると、ペトロフスキーはぴしゃりと面会拒否をした。のちに表向きの理由を午後訪問したからだとマカートニに説明したというが、事実は、デヴィソンを英国のスパイと信じて疑わなかったからである。問題は難しい局面に移りつつあった。

一八九一年の七月二十二日、ヤングハズバンドとデヴィソンとはカシュガールを発って南に向かい、マカートニも見送りとして二日ばかり同行した。これからマカートニはただ一人で陰謀の渦巻く新疆に残ることになるが、彼はわずか一年足らず生活を共にしている間、いつしかこの勇敢、冷静な先輩を尊敬するようになり、彼の人生の形成に大きな影響を及ぼしたという(5)。

平原部の夏の暑さは相当なもので、気温は毎日、摂氏四〇度近くに上る。冬は寒く、夏に暑いトルキスタンは何事にも活気というものがない。住民が穏やかに見えるのは、気力がないからだった。やがてマカートニは一行と別れ、ヤルカンドに向かった。スパイ工作のためである。一方、ヤングハズバンドたちは雪をいただくムズターグ・アタの方向に進んだ。前とはまったく違うルートをとって、パミールに入る予定である。山地に入るにつれ、夏の増水で小馬はほとんど行き悩んだ。岩石地帯なので、道らしい道がない。しかし、ゲスの隘路を抜けると、一面平坦な高地に出た。そして、ムズターグ・アタの北西約四二キロにあるブルン・クル湖の畔で、ヤングハズバンドはデヴィソン中尉と別れた。『大陸の胸奥』の中では、ただこうとしか書かれていないが、この間にはかなり面倒な政治問題がからんでいた。

この旅に出発する直前、ペトロフスキーはデヴィソンを伴ったヤングハズバンドとの面会を拒否し、ペトロフスキーがデヴィソンを英国のスパイと見なしたことにはすでにふれた。それだけなら、穿鑿《せんさく》好きなロシア領事の単なる気まぐれとして割り切ることもできた。しかし、噂はすでに、ロシア軍の一隊がフェルガーナ渓谷のマルギランを発ってパミールに進行中であること、二人の英国士官がこのロシア軍の動静を監視するため現地に急行していることを、伝えていた。こんな噂話は、トルキスタンではたちまちパッと広がる。二人の一挙手一投足は誰の目からも逃れられなかった。ヤングハズバンドも旅行中の八月初めに、かなり詳しいロシア軍の動きを察知したものらしい。それによると、ヨノフ大佐の指揮する一二〇名の騎兵と歩兵からなるロシア軍が、すでにパミールに到着して隊を分散し、歩兵はアリチュル・パミールへと西に進み、騎兵は南のヒンズー・クシュの峠に向かった。ロシア軍が分散行動に出たため、ヤングハズバンドは苦肉の策として、デヴィソンに歩兵の後を追うように命じ、彼自身はロシア軍が着く前に、タグドゥムバシ・パミール沿いに急いで南行する決心をしたのである。事実は、楽しい帰国の旅というより、〈グレイト・ゲーム〉ならぬ一刻を争うシーソー・ゲームだったのである。

しかし、それだけならよい。パミールをめぐる国際政局はさらに混迷の度を深めていた。ヤングハズバンドがまだカシュガールにいた五月、ギルギットとノーマルの間に英国が道路を建設したことから、フンザとナギールが英国に対して騒乱を起こした。カラコラム山脈の南側で起こったこのささいな事件が、実は大きな問題を孕んでいた。七月に入ると、フンザの領主サフデール・アリが小さな使節団をカシュガールに派遣したからである。彼らはカシュガールに着くとシナ道台に親書を手渡したが、それなのに英国代表のヤングハズバンドを無視した。親書の内容は不明であったが、シナはフンザをシナの属領と見なしていたから、話は複雑である。しかも、彼らは次にロシア領事を訪問し、白タカを買い付けるのだと言ってロシア領内に入ってしまった。これは放っておけない問題であった。理由はだいたいわかっている。シナとロシアに頼んでフンザを英国から防備してくれというのに決まっていた。

これはさらに数カ月のちのことであるが、十月になってフンザの使節団はアライ山地より帰国の途についた。この折、ロシア側から贈られたと思える八丁のロシア製ライフル、小馬《ポニー》一〇頭分の荷、そのうち二頭分は少なくとも弾薬が入っていたろうという。彼らはヤングハズバンドの目をかすめて、適当な時期にパミールに入り込み、しかも彼らよりひと足先にフンザの領主《ミール》宛のトルキスタン総督の親書をたずさえた使者が、帰国していた。このようなフンザの領主の小細工が、いずれ自らの運命を破滅させてしまうのであるが、愚昧な領主にはわからなかった。しかし、一八九一年の夏は、事態の進展が雲を摑むほど不明だったので、ヤングハズバンドにとってはきわめて神経の苛立つものだった。ロシア軍の移動といい、フンザ使節の隠密の行動といい、その調査の全責任が彼の肩にかかっていたので、気を抜くわけにいかなかったのである。

デヴィソン中尉と別れたヤングハズバンドは小カラ・クル湖を通り、ウルグ・ラバト峠を越えてタシュクルガンに着いた。前にも二度ばかり訪れたところである。ここに一日滞在し、八月五日に出発すると、ずっと西のチトラルに通じるバロギル峠から他の峠を経て、ギルギットに行くつもりだった。しかし、一昨年通ったフンザへのルートを避けたのは、目下、英国とフンザが交戦状態にあったし、ヤングハズバンドはロシア軍の本隊とぜひ遭遇したかったからであろう。一般にいわれているように、偶然にパミールで出会ったのではなく、ヤングハズバンドはロシア軍を追跡していたのである。標高約四六七〇メートルのワキジュルイ峠《パス》は楽な峠で、これを西に越え、八月十日、ボザイ・グンバスに着いた。

ボザイ・グンバスはワハン・スー川のほとりにあり、ときにやってくるワハンの遊牧民が唯一の住民で、このとき一〇名のコサック兵が駐屯していた。村でも町でもない場所だった。本隊はさらに西にあるボロギル峠方面の偵察に行っていて不在だったが、そのうち八月十三日になって偵察隊が帰ってきた。ヤングハズバンドがラントの入口から眺めていると、約二〇名のコサック騎兵と六名の将校が、ロシア国旗をなびかせて騎馬で通り過ぎていった。ヤングハズバンドは従者に名刺と将校宛の紹介状を渡し、なにか飲み物でも飲みに来てほしいと伝えさせた。間もなく、幾人かのロシア将校がやって来て、隊長はヨノフ大佐という者だと紹介した。

ヨノフ大佐は口数も少なく控えめの、物静かな人であったが、善良な性格の人とはいい難かった。ヤングハズバンドは茶やロシア産の葡萄酒《ワイン》を出し、ヨノフ大佐にこう告げた。「本官はインド政庁の代表者であります。現地人から、ロシア軍がパミールを併合しているという噂を聞きました。現地人の単なる噂としてインド政庁に報告したくありませんので、これが本当かどうか個人的にお訊きしたいと思いますが」。これに対してヨノフ大佐は、「そのとおりです」と答えた。噂は事実だったのである。「それでは地図の上で正確な併合の範囲を示していただきたい」と言うと、彼は地図を取り上げ、ヤングハズバンドに示しながら、インドの分水界の南のほうへの広大な範囲を線で印をつけた。[6]これだと境界はなんとタグドゥムバシ地区を除く全パミール高原がすっぽり含まれ、ヒンズー・クシュ山脈の分水界にまで及んでいた。これを一見しただけでも単に問題になるというだけでなく、ロシア側の要求するところが明らかにアフガンやシナ領だったということだった。この範囲について、ヤングハズバンドはなんのコメントもつけず、ただこう言っただけだった。「ロシア人は本当に口を開けましたな」。するとヨノフ大佐は笑って、「これは単なる始まりですよ」と答えた。これ以上、この問題には二人とも立ち入らなかった。幾分か厳しいやりとりではあったが、ロシア人はきわめて友好的であった。そもそもトルキスタンに新参のロシア人が、パミール領有を主張できる歴史的背景はなにもなかったのであるが、その根拠は、パミールはキルギス人が住んでいるから、というのであった。キルギス人はロシアの領有に帰した前のコーカンド汗国（フェルガーナ渓谷に繁栄した汗国。一八七六年滅亡）から出ているので、キルギス人の住むパミールは当然全域がロシア領であるという、おかしな論理であった。

ロシアの将校たちは一時間ばかりいて、自分たちのキャンプの整理に引き揚げ、夜に会食にくるようヤングハズバンドを招待した。夜になって出かけていくと、ロシア人のテントは丈が低いうえに狭く、七名が地面にしゃがんで座るのがやっとだった。しかし、彼らの食事はきわめて豪勢なもので、飲物もウォッカ、ブランデー、葡萄酒《ワイン》が出た。みな親切で、食事の終わりにはヨノフ大佐がヴィクトリア女王の健康を祝って乾杯し、ヤングハズバンドはロシア皇帝《ツァー》のために乾杯をやった。彼らは今日帰ってくるまで、ヒンズー・クシュ山脈を越えてさらにダルコット峠に登り、コーラ・ボルト峠の南に入って分水界のインド側を眺め、チトラル領の一部に足を踏み入れたものらしい。間もなく英国にとって大きな紛争問題になるチトラルを、ロシア軍が偵察していたことになる。しかし、チトラルに英国代表が置かれていないことに、ロシア人は驚きを隠さなかった。会食は楽しいもので、あらゆる興味ある問題が自由に論じられた。真夜中を過ぎてようやく散会し、ヨノフ大佐と将校全員が八〇〇メートルほど離れたヤングハズバンドのテントまで見送ってくれて、幾度も友情を確かめ合ってから別れた。一行は翌朝、パミールのアリチュル地区に去っていった。

ヤングハズバンドはデヴィソンを待っていた。別れたとき、このあたりで落ち合う約束をしていたのであろう。ところがロシア軍の一隊が去ってから三日たった八月十七日の夜の一一時、ちょうどヤングハズバンドがベッドに潜り込んだとき、テントの外で馬蹄の響きが聞こえた。そこでテントの外をのぞいて見ると、月光に照されて三〇騎ばかりのコサック兵が一列に並んでいるのが認められた。ヤングハズバンドは、このときの異常な体験を現地から故国の父親に手紙で詳しく知らせている。(7) その生々しい報告をたどっていくことにしよう。

遠く去ったはずのコサックの一隊が、突如として真夜中に出現するというのは、どう見ても普通ではない。ヤングハズバンドはわずかな従者を除けば一人きりで、奇襲を受ければひとたまりもない。ともかく従者をやって相手方にどうしたのかと尋ねさせると、大佐（ヨノフ）が戻ってきて、緊急のことですぐ会見したいと言っていると報告した。そこで素早く衣服を身につけ、テントに入ってくるよう促すと、ヨノフ大佐は彼の副官と入ってきて、きわめて好ましからぬことが起こったのだと告げた。

彼が段々と説明するところによると、この日、ヴィクトリア湖近くの大パミールに着くと、ロシア領からヤングハズバンドを退去させよという命令を（トルキスタン総督より）受け取ったという。そこでヤングハズバンドはヨノフにこう尋ねた。「しかし、私はロシア領にいないはずですが」。するとヨノフは、「あなたはここをアフガン領とお考えかもしれませんが、われわれはロシア領と見なしているのです」と言った。そこでヤングハズバンドが重ねて「では、もし私が出て行くのを拒否したらどうなさいますか」と尋ねると、「実力で連れ戻します」という答えだった。ロシア側は力で対抗する決意を固めていることが、これで十分わかった。

ヤングハズバンドには、ロシア側の態度が推測されればそれでよかった。「あなた方は三〇名のコサック兵を擁しておられるが、私はたった一人きりなので、あなたの言うなりにするしかありません。しかし、私は異議を留保したうえで行動しますし、すべて一切のことをわが政府に報告します」。するとヨノフ大佐は、「私は、あなたが私のとっている行動を許していただきたいと思っています。私はただわが政府から直接命令のまま行動をとっているにすぎません。前にわれわれが会って友情を結んで以来、このような行為をとることをきわめて残念だと思っています」と、個人的な意言を述べた。彼自身は、命令とはいえ嫌な役目だと思っていたのであろう。ヤングハズバンドも個人というものが、国や団体の前にいかに微力であるかよく知っていた。「私は、あなたがただ命令のまま遂行されていることがよくわかりました。しかし、これは私にとって不愉快なことですが、個人的な遺恨は感じていません」と説明し、それから話題を変えて、「あなた方も長い旅行の後で、きっと空腹でおられるでしょう。みなさんここにとどまって、私と食事でもなさってください」と言った。

いわば小さな戦争であるこの緊迫した状況のなかで、ロシア人たちもまさか食事の招待を受けるとは思っていなかったらしい。このヤングハズバンドの言葉を聞くと、ヨノフ大佐は立ち上って、ヤングハズバンドをしっかり掴み、この厚意に心から感謝するのだった。「こんなことを他の将校にするなど、一軍人にとっては本当に嫌なことです。このように扱わねばならない相手の方が、本当の紳士であるとわかった場合には、なおさら嫌なことです。私の受けた命令は、あなたを国境まで護衛していくことで、もし私が協定書に署名しましたら……」。いうなれば、ヨノフ大佐は自分の一存で護衛などせず、ヤングハズバンド一人で行かせたかったらしい。そこで、ロシア側の提示した峠を越えないという一札をとることになったらしい。

ヨノフ大佐は、フランス語で協定書形式のものを書いた。「ロシア政府の指令により、ヨノフ大佐はロシア領土内よりヤングハズバンド大尉を退去させ、ヤングハズバンド大尉はこれに異議を留保したうえで同意し、ワキジュルイ峠によってシナ領土内に入ることとし、ヨノフ大佐の上げた一連の峠のどの一つをとっても戻ってはならない……」。この協定書に署名し、転写した。これがすんだので、ヤングハズバンドはヨノフ大佐に向かって、「さて、これで仕事も終わったものと考えて下さい。以前のような友好的な関係に戻り、一緒に夕食でもとっていただきたいと思います」と言った。彼の荷物はずっと後方に置いてきてしまっており、しかもほとんど真夜中に近く、ロシア側が夕食もとっていなかったはずだからである。そして、儀礼抜きの夕食の座に全員がつき、食事が終わると、ロシア将校たちは帰っていった。翌朝、ヤングハズバンドがテントを撤収して出発すると、ヨノフ大佐はしきりに詫びていた。ヤングハズバンドはワキジュルイ峠に向かった。

ヨノフ大佐の挙げた通行を禁止した峠は合計二一。しかし、どの峠だったか明細なリストはない。ともかくヤングハズバンドは、フンザ経由かカラコラム峠経由以外、インドには帰れなかった。フンザは目下、英国との関係が悪化している。ヤングハズバンドもここで急いでインドに帰ることもなかったので、キリク峠の北の入口にテントを張って、フンザへのロシアの動静を眺めることにし、併せてデヴィソンの帰りを待つことにした。

ヤングハズバンドは、ただ便々とデヴィソンを待っていたわけではない。彼はすでにヨノフ大佐との会見がすんだ一時間後には、特別の急便を仕立てて、直ちに事件の詳細をインド政庁に知らせたので、事件は彼の不在の中で急激にドラマティックに展開し出したのであった。ソールズベリー卿は事件があってからわずか一三日後には、厳重な抗議をサンクト・ペテルブルグに打電することができた。サー・ロバート・モーリャーから英国政府の抗議を突きつけられたロシア外相ギールスは、とっさに戦争と思う始末だった。ロシア政府はこの事件について何も知らされておらず、内容を知った彼は英国大使に陳謝し、事件を調査することを約束した。結局、このヤングハズバンド拘留の命令はロシア政府の意向ではなく、タシケント政府(タシケント総督府)の勇み足で、英国側の通報で初めて知るといった状態だったのである。そして、ロシア政府は、ヨノフ大佐が述べたボザイ・グンバスはロシア領にあらずと明言した。

これにはさらに後日譚がある。ヤングハズバンドがインドに帰ってから初めて知ったことは、ヨノフが陰険だったということだった。なぜなら、ヨノフが通過を禁じたリストに載っている峠は、少なくともこれではヤングハズバンドはインドに帰れないだろうと推測のうえで提出したものだったからである。しかし、ヤングハズバンドはこの網目をくぐって、新しい峠を発見してインドに帰ってしまった。しかし、ヤングハズバンドから通報されたインド政庁は、彼がパミール山中で拘留された事件を秘密にしたので、インドでも新聞でもセンセーションは起きなかった。もしこのニュースが外部に漏れていたら、確実に戦争にまで発展していたことであろう。

一方、ヤングハズバンドはフンザへ入るキリク峠でテントを張った。フンザと英国の関係が悪化していたため、知らせを受けてステュアート中尉が警備隊を率いてギルギットから、ヤングハズバンドの保護のためにやって来た。しかし、海抜四五〇〇メートルもあるこの地方は、八月末にはすでに薄氷が張り、九月末ともなると気温は零下一七度にも下がった。

ようやくにして、十月四日、デヴィソン中尉が戻って来た。憂鬱なこのパミール山中で数週間待っただけであった。

デヴィソンはソマタシからフェルガーナ渓谷のマルギランまでロシア軍に連れて行かれ、そこから新疆省に戻され、九月十八日にカシュガールに着いたので、大急ぎでヤングハズバンドに合流すべくやって来たのだった。冬はもう来ているので、翌五日にはテントを引き払ってワキジュルイ峠の南約一三キロの無名の峠を越え、さらに雪の中を無名の峠を探し求めて、(8) ようやく分水界をインド側に下ることができ、十月十三日、ギルギットに到着した。ヨノフの悪意ある陰謀のおかげで、ヤングハズバンドはさらに峠を発見する特殊な技能を身につけることになった。ギルギットでデュランド大佐のもとに数日滞在し、雪の中を暖いカシミールへと再び下った。一七カ月間のつらい旅はみな過去のものとなった。

スリナガールでデヴィソンと別れ、以後とうとう会うことがなかった。無謀な冒険家としてデビューした彼も、ヤングハズバンドと過ごしたわずかな期間のうち、優れた辺境の探検家までに成長した。しかし、惜しいことには、これから二年後、彼はギルギットに行く途中のバージル峠を北に越えたところで、腸チフスにかかって死んだ。

カシミールでヤングハズバンドは、たまたま当地を旅行中のインド総督ランズダウン卿と会見し、パミールの問題について話し合ったが、ランズダウン卿は分水界のインド側に正規のロシア兵が越境することを、断固拒否する決意を示した。次いでカシミールからクエッタに行き、インド軍総司令官のロバーツ将軍に会った。彼はヤングハズバンドをアフガニスタンに通じるコジャク・トンネルの開通に向かう列車のサロンの中で引見してくれた。そして、この事件のあらましを説明すると、彼は想像以上に深刻に受け止めていて、「ロシアを叩くのはいまをおいてない。われわれは準備ができているが、彼らにはできていない」と漏らした。

ヤングハズバンドはクリスマスまでに英国に帰り、父親と過ごしたいと思っていた。しかし、帰れば帰ったで三カ月間の短い賜暇休暇ではとても足りず、いつしか国境問題の専門家《エキスパート》になった彼には寧日暇がなかった。ロンドンのインド事務相クロス卿は彼をインド省に招き、パミールの情勢について尋ねたが、あまり関心がなく、むしろ次官がその逆であった。彼は実に熱心で、質問をしては自分の意見を述べる。しかもあらゆることについて知っていた。ヤングハズバンドはこの次官のことを、「私の出会った誰も——インドばかりでなく——彼ほどよく事情に通じ、熱心だった者はいない」と評している。まだ若く、有能だったこの人物はジョージ・カーゾンと名乗った[9]。この偶然の会見が、図らずも以後三四年もの長い付き合いになろうとは、彼にとっても知るすべもなかったろう。しかも、カーゾンとの友情は、アジアの探検史上で不滅の名を残すことになったが、現実の世界ではヤングハズバンドの一つの華やかな人生を終わらせてしまうことになる。しかし、これはまた別の話である。

一八九〇〜九一年にわたるヤングハズバンドのパミールとシナ・トルキスタンの精力的な旅行によって、これまで曖昧だったロシアのインド進出の野望がはっきりとわかり、その精確な情報蒐集により、ロシアのインド分水界を越えての南下政策は事実上頓挫した。ツァー・ロシアは以後、チベットのラサをめぐる陰謀とシベリア、満州への東方進出に方針を転じたのである。

第14章　チトラルの反乱

ヤングハズバンドがまだパミールにいた一八九一年の秋には、フンザ方面の騒動はかなり由々しい情勢にあった。彼が一時英国に帰って、明けて一八九二年の春にインドに戻った頃も、インダス渓谷沿いの騒乱の余震は一向に鎮静化していなかった。

ヒンズー・クシュ山脈の南麓、いわゆるインダス渓谷周辺部には、さまざまな異なった山地民族が住んでいた。彼らは回教徒で、大半がカシミールの藩王《マハラジャ》に忠誠を誓っていたが、フンザとチトラルというはるか離れた二つの土侯国だけは、むしろ立派な半独立国としての体面を維持し、とくにフンザは、曖昧ではあったがシナの属国として振舞うありさまであった。インド政庁としても分水界の南側にシナにせよロシアにせよ、他国の主権を認め、このまま放置しておくわけにいかず、その影響力を排除するため、デュランド大佐が一八八九年からギルギットを拠点として、これら辺境地帯で活躍することになった。

ヤングハズバンドがカシュガールに滞在していた一八九一年の春から蠢動《しゅんどう》を始めていたフンザで、ついに一族間の争いとして大きな動乱に発展していった。そこでインド政庁は、ギルギットにいたデュランド大佐に討伐隊を組織させ、渓谷に橋を架け、山岳地帯の狭い道を新しく開鑿《かいさく》して道路を造り、半年がかりで軍隊は活動を開始した。この配下の部隊は第五グルカ連隊一五〇名が主力部隊となり、その他の後続部隊として約八百数十名の大部隊が準備されたが、相手はなにしろ四〇〇〇～五〇〇〇名の武装した剽悍な山地民であり、堅固な山砦によっているので、これを撃破し、陥落させることは至難の業であった。

一八九一年の十一月中旬、いよいよフンザに入ったデュランド大佐指揮下の部隊は、翌一八九二年にかけてニルトとマユンの難攻不落の山砦《さんさい》を白兵戦を交えてようやく陥落させたが、この激戦中、デュランド大佐は膝を撃ち抜かれて陣頭指揮がとれなくなり、英軍側の士官にも死傷者を多く出し、相当の苦戦を強いられた(1)。しかし、シナやロシアに密使を派遣し、暴君の名をほしいままにしたフンザの領主サフデール・アリはついにヤルカンドに逃亡し、彼の残忍な宰相《ワジール》ダドゥも逃亡中に死亡した。

このフンザ遠征は、ヤングハズバンドの直接関係しない戦闘であったが、のちヤングハズバンドはこの英国側の軍事行動にかなり批判的であった。「私はあえて言いたい。この戦闘が必要だったか否か、私は疑っている」と。彼は、たとえ無知な山地民であっても、武力行為だけはいちばん最後に行使されるべきものと考えていた。なぜなら、一八八九年に彼がフンザを訪れて以来、英国士官はまったく派遣されておらず、もっぱら離れたフンザの出入口にあたるギルギットに駐在していた。彼は、この現地民との対話と彼らに対する親密さを欠いた政策が、誤りだったろうと指摘している。「われわれはロシア人よりもフンザに密接しているし、ロシア人よりずっとこういったゲームをする才に長けており、経験も積んでいるからだ。われわれは戦闘などせずに、かかる事態に必要な一切を処理できる(2)」。しかし、出先の軍と行政官とはすぐ武力政策に訴えたがる傾向があり、結局、危険と混乱を重ねるだけであった。このフンザ戦役があってから間もなく勃発するチトラルの動乱でも、英国側は同じ轍を踏むことになる。

一八九二年の春、ヤングハズバンドがインドに帰るとすぐカシミールの副駐在官に任命された。同じ年の五月、例のフンザ戦役も無事終了し、シムラに帰ったデュランド大佐は、足の負傷の経過が思わしくなかったので、一時帰国することになった。その準備をしているさなか、今度はアフガニスタンと国境を接するチトラルの領主《メター》が死んだという知らせが入った。これを合図に、やっと鎮静したと思ったインダス渓谷の山岳地帯の雲行きが怪しくなり、反乱と暗殺が頻々と起こったというニュースが、次々ともたらされるようになった。インド西北部国境で数年間体験を積んだデュランド大佐は、帰国する代わり、またギルギットに舞い戻らねばならなかった。

一方、ヤングハズバンドは、八月に今度は行政官《ポリティカル・オフィサー》としてフンザに派遣された。彼にとってはフンザ赴任は楽しいものだった。現在はモハメッド・ナジムという前領主サフデール・アリの異母弟が、領主として支配していた。

海抜一五〇〇メートル、うだるような暑さのなかを、草木ひとつない岩石地帯のギルギット渓谷を騎馬で進み、さわやかなフンザ渓谷に入っていった。雪をいただく五七〇〇メートルの垂直なラカブシ峰が、突如その秀麗な姿をのぞかせたが、それは思わず立ちつくすほどのすばらしい眺めだった。一木一草もない山腹沿いに渓谷を通り抜けると、ところどころに李畑《すもも》の濃い緑や、微風にそよぐ麦畑が目につき、ときには岩がちの早瀬を渡らねばならない。戦争さえなければ、仙境のようなところだった。フンザの首都バルチットに着いたが、ここには領主が住み、砦になった宮殿があった。この背後にはぐるりとそばたつような岩峰が立ち並んでいる。

当時フンザには治安維持のためブラッドショー大尉指揮下の一〇〇名ほどの分遣隊が駐屯しており、その駐屯地のすぐそばにある李畑の涼しげな草地に、ヤングハズバンドはテントを張った。この草地の斜面から、周囲にそびえる六、七〇〇〇メートルもの山々が一望のうちに眺められる。ここでヤングハズバンドは二カ月半を過ごした。しかし、いつしか夏は去り、李やポプラの樹々が、燃えるような秋色に染まり始めると、その背後の白い碧青の山と空の色彩と、黄や紅色の木葉のコントラストは日一日と染まっていく。ヤングハズバンドの仕事といえば、住民たちとのポロ競技や、数カ月前に行なわれた戦争の後始末に集めてあった、現地民の刀剣や火縄銃を溶かして鋤頭《すきさき》に造りかえたり、襲撃者を徴募兵にしたりする、あまりぱっとしない仕事であった。しかし、こんな平和な日はやはり長くは続かなかった。ある秋の日、すぐ西に続く山岳地帯のチトラルで、紛争が起こったというニュースがもたらされた。デュランド大佐の手紙によると、チトラルの領主が殺されたので、フンザ兵を徴集して、すぐギルギットに来てほしいとあった。

国境地帯では、ちょっとした事件でも緊急を意味する。デュランド大佐の手紙はこの種のものに違いなかった。二時間あまりで身のまわりの品をまとめると、フンザ兵は後から来るように命じ、直ちにギルギットへの道を騎馬で進んだ。しかし、夜に入ると星影もなく、漆黒の闇のなかを、急峻な絶壁にかかる山道をたった一人で行くのは、それなりに困難なものだった。が、一〇四キロの道を無事に突破でき、夜半の一時にギルギットに着いた。そして翌朝の一〇時には、フンザの徴募兵も完全武装で、しかも徒歩で到着したのである。彼らもまだ一年前には、英国人と激しく渡り合うほど慓悍な土着民だったのである。

このデュランド大佐の手紙は、チトラルの老領主だったアマン・ウル・ムルクが、一八九二年の八月下旬に死に、彼の次男のアフズル・ウル・ムルクが後を継いだが、その新領主も前領主の異母弟に暗殺され、さらにこの領主が叔父に殺されて、チトラル人がその簒奪者のもとに結集したというニュースだったのである。新しい動乱の動きであった。

ここで、話を進める前に、チトラルの複雑な内部抗争にざっとふれておくことにしよう。

一八九二年の春から夏にかけて、インド北西部国境の山岳地帯で、かなり大きな反乱が起きたらしいというニュースが流れた。が、この地域は西はすぐアフガニスタンに接し、インドのいちばん近い英国の救援地区からでさえ数百キロも離れており、そのニュースの真偽はなかなか摑めなかった。

反乱のあったというチトラルは、北と西にアフガニスタン、さらにそのすぐ北にロシアの影響をもつパミールがあり、きわめて微妙なところにあった。首都は同じくチトラルといい、ここから北のヒンズー・クシュ山脈の分水界まで、わずか七二キロしか離れていなかった。住民はすべて山地民で、人口は七、八万。チトラル城がここにあった。

チトラルがともかくインドにとって重要だったのは、ここがインド政庁の影響範囲では最末端にあったからであり、また、北からのロシアの浸透を峠で食い止めておかねばならなかったからでもあった。一八七七年にビダルップ少佐がチトラルに派遣され、ここの領主《メター》と初の親善関係を開いたが、このときはとりたててどうということもなかった。

しかし一八八五年に、英露間でにわかに戦争の機運が高まってから、英国は急遽、ダファリン卿をチトラルに送って、より緊密な関係を結び、国土の防衛をするという協力関係を築いた。ともかくロシアとの戦争は回避されたが、それからロックハート大佐はチトラルとヒンズー・クシュ南麓の近隣地域に一年以上滞在して、インド政庁とチトラルの

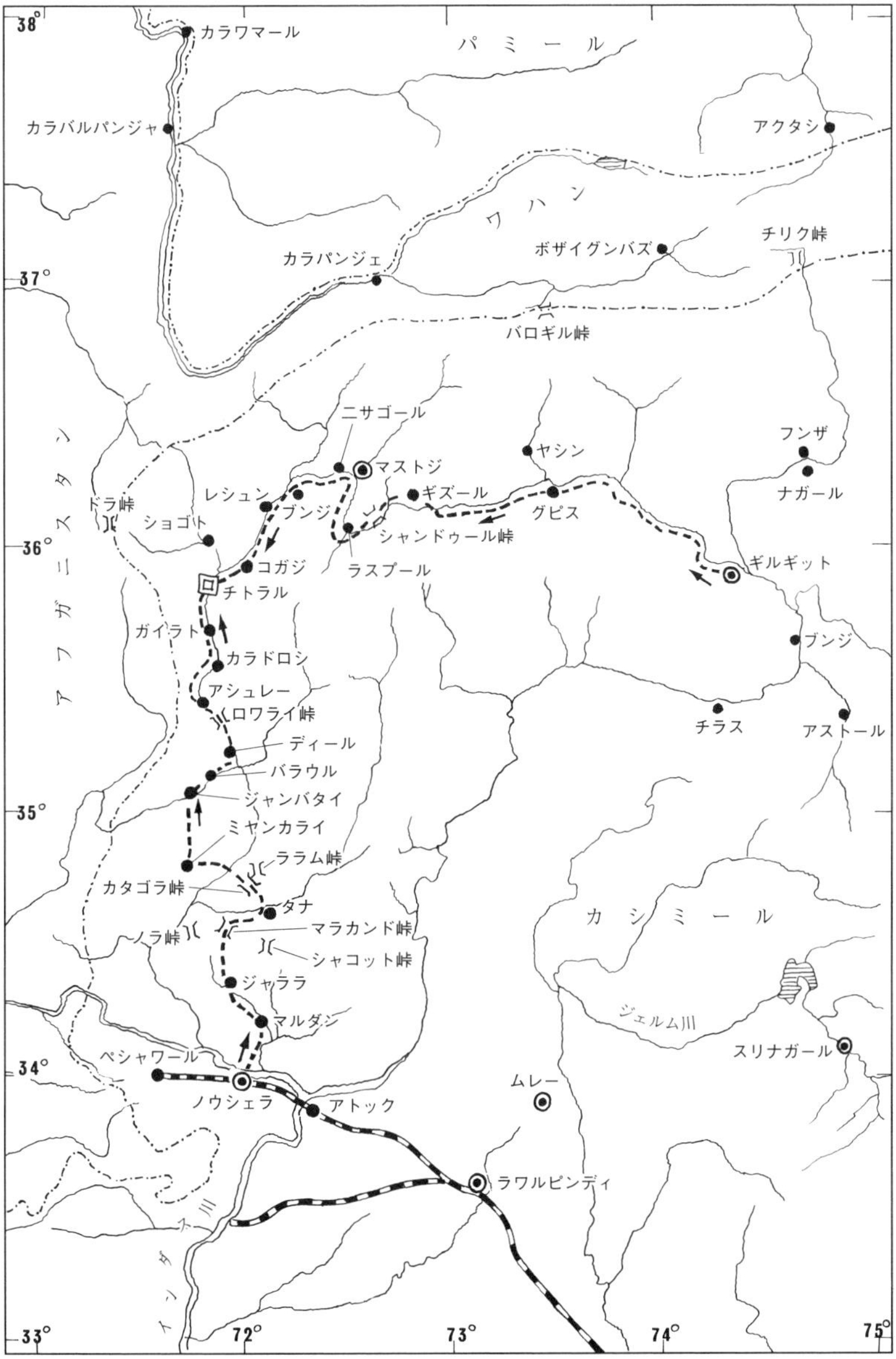

パミール
カラワマール
カラバルパンジャ
アクタシ
ワハン
チリク峠
ボザイグンバズ
カラパンジェ
バロギル峠
アフガニスタン
ニサゴール
マストジ
ヤシン
フンザ
ナガール
ドラ峠
レシュン
ブンジ
ギズール
グピス
ショゴト
シャンドゥール峠
ラスプール
ギルギット
コガジ
チトラル
ガイラト
ブンジ
カラドロシ
アシュレー
ロワライ峠
チラス
アストール
ディール
バラウル
ジャンバタイ
ミヤンカライ
ララム峠
カタゴラ峠
タナ
カシミール
ノラ峠
マラカンド峠
シャコット峠
ジャララ
ジェルム川
マルダン
スリナガール
ペシャワール
ムレー
ノウシェラ
アトック
ラワルピンディ
インダス川
38°
37°
36°
35°
34°
33°
72°
73°
74°
75°

チトラル

領主《メター》との間はますます親しさを増していった。

この当時のチトラルの領主《メター》は、先述の老アマン・ウル・ムルクといい、頑固で、抜け目のない支配者だった。彼の強引な性格は、競争相手《ライバル》を巧みな奸計によって次々と殺し、絶えず内紛を繰り返していた近隣の多数の小土侯国を一本に統合させた。ともかく彼の生きている間、チトラルではあえて彼に反抗しようという者は出なかった。が、回教徒である彼には息子だけて七人もおり、彼の生前から早くも世継ぎの複雑な悶着が起こるものと予想されていた。

案の定、一八九二年の八月末、七〇歳を起えていた老アマン・ウル・ムルクが死んだとき、正妃の所生である二人の若い王子が、正統なる王位継承者になった。この二人の王子は、これより数年前、インド総督に招待されて、わずかながらインド政庁から補助金をもらった。インド政庁としては、チトラルに潜在権を要求できる下地を作る計画だったのであろう。この王子のうち長子は、ニザム・ウル・ムルクといい、弟をアフズル・ウル・ムルクといった。父の領主《メター》が死んだとき、たまたまチトラルには弟がいて、兄のほうはここからはるか遠い地域の統治者として義務を遂行するため、首都から二六〇キロも離れたヤシンにいた。父が死んだと同時に、弟のアフズルは直ちにチトラル域内にあった武器と財産とを掌中に収め、王の部下の帰順を命じ、異腹の多数の弟たちを殺害した。なんのことはない邪悪な競争者をことごとく消したのである。ここまでは内紛を未然に防ぐ防御であったが、次いでヤシンにいる兄の制圧に出陣するに及んで、彼の野心は露骨になった。弟のアフズルは大胆なところがあったが、一方の兄は、どちらかといえば勇気に欠け、軟弱な男だったので、弟の軍隊と一戦を交える代わり、英国の政治代表部《ポリティカル・エイジェント》の司令部のあるギルギットに逃げ込んだ。ここには国境防備のため英国軍が駐留していた。戦わずして勝ったアフズルは首都に凱旋し、住民から新領主《メター》として認められた。インド政庁も民族自決を一応建前としていたのでこれを承認し、祝福した。正統な王位継承とはいえなかったので、住民の抵抗が出るのではないかという取り越し苦労もともかくなくてすみ、彼はもう反対はあるまいと数週間は思い込んでいたのである。ところが、現実はそう甘くはなかった。

この新王たる領主《メター》に叔父が一人いたのだ。世間からはすっかり忘れ去られていた人物であるが、チトラル人が忘れていただけであって、相手はけっしてチトラルの王位から目を離したことはなかった。この男はシェル・アフズルといい、もうはるか昔に異母兄にあたるあの老領主と王位を争って敗れ、アフガンの領主《メター》から年金をもらって、一説には半ば捕われの身で、アフガン領内に不満を抱いてときの来るのを待っていたのである。が、あの宿怨の王が死んだと聞くと、早くも彼はチトラルに舞い戻ってきた。チトラルでも、けして新領主に心服した者ばかりではなかった。反抗的な多数の者が、チトラルへの道をこの不遇なかつての対抗者《ライバル》に開いてやったのである。そして、瞬く間にチトラル城からたった七五・四キロしか離れていない峠を越えてバダフシャンに入り、ここの支配者を血祭りに上げ、ひたひたとチトラル城下に迫った。おそらくこの流浪の人物にこれだけの力があるはずがなく、アフガン側の肩入れがあったのであろう。吉か凶か、彼の運命は数時間のうちに決まる。

城下の騒々しさに驚いた新領主《メター》は、様子を確かめようと慌てて城から飛び出したところを、銃弾に当たってたちまち絶命してしまった。運命は一瞬のうちにどんでん返しをしたのである。この地方の慣習では、王を倒した者が王になるのであった。いまさら臆病な長男の帰国を待つこともできず、長く他国を流寓して歩いたこの叔父シェル・アフズルは、こうして念願の新領主になるに至った。デュランド大佐がヤングハズバンドによこした手紙は、この変を知らせたものだったのである。シェル・アフズルは住民にあらゆる甘言と欲しいものを与え、たちまち信望を得た。しかし、英国側が色を失ったのは、なんと彼が英国側に戦争を仕掛けたことだった。現地にいるインド側の代理人や医師たちの生命が危険にさらされ、救援のため直ちにヤシンに向かう必要に迫られたのである。

一方、前領主《メター》の兄ニザムは、ギルギットの英国人の保護下で平和に過ごしていたのであるが、弟が叔父に殺され、王位が簒奪されたと聞くや、たちまち勇気を奮い起こして叔父を追放すると言い出した。彼は、ギルギット駐在の英国代表デュランド大佐に援助してくれるよう申し入れ、もしこの願いが聞き届けられて、自分が勝利したら、チトラルに英国代表の駐在を許可しよと約束した。これは、英国にとって願ってもないことだった。なるべく現地民の感情を刺激したくないため、これまで遠慮して外交代表部を置かないようにしてきたのである。これを相手方から認めてくれるなら、大義名分が成り立つのだ。ところが、デュランドはこの申し出に当惑し、危険な賭けだと思った。戦争に勝つならよい、もし敗れでもしたら、この周辺の山地民の反乱が次々と起こり、その鎮圧は不可能となるばかりか、ギルギットさえ危くなるかもしれないからである。

そこでデュランド大佐はフンザで自分の副行政官《ポリティカル・オフィサー》であるヤングハズバンドに至急便を送り、同時にフンザ－ナガールの徴募兵を伴ってくるよう命じたのである。これはすでに前にふれたとおりである。デュランド大佐は、二五〇丁のライフル銃、大砲二門、徴募兵一〇〇名をまずヤシンに送った。ここでニザムも強力な英国の援助を受けられたので、多数の兵員を伴ってチトラル渓谷に進撃した。いつしか兵力は一二〇〇名にも膨らみ、これを知ったシェル・アフズルは急遽マストジに兵を進めたものの、たちまち一敗地に塗《まみ》れ、せっかく獲得した新領主《メター》の地位を捨てて、三日天下のチトラルからまたアフガンに風を食らって逃亡してしまった。だが彼は不死身ともいうべき相手で、間もなくチトラルに舞い戻ると、動乱の主役になるのである。


英国のバックアップで勝利を得たニザム・ウル・ムルクは、新領主《メター》になると、前約どおり、英国将校を一人チトラルに派遣してほしいとデュランド大佐に要請してきた。そこでインド政庁も急いで軍医少佐ジョージ・S・ロバートソンを団長とする使節団を派遣することに決定し、(3)一八九三年の元旦に一行はギルギットを発った。この一行にはヤングハズバンド、ゴードン、ブルース中尉と五〇名のシーク人の護衛兵が参加した。しかし厳寒期のこの山岳地帯は雪も多く、ギルギットからチトラルまで三五キロもあり、それに高度三七二〇メートルのシャンドゥール峠を越えなければならなかった。途中、マストジで一時停止し、再び雪中行軍でこの山地を西南に進み、一月二十五日、ようやくチトラル城に到着した。

この旅は、冬のシャンドゥール峠越えの記録として残るべきものであったが、ヒマラヤ遠征史から見ればそう取り立てて語るべきものではなかった。ただ一つだけ記憶されてよい挿話を除いては。この使節団に同行していたC・G・ブルースは、この単調な旅の間、ふとヤングハズバンドに向かって、「マウント・エヴェレストに登ろうじゃないか」と真面目に打ち明けたのであった。(4)しかし、このときヤングハズバンドの胸中を占めていたものは、遠いネパールやチベットの国境上にある未知の高峰よりも、このすぐ北に続くパミールまで進出してきているロシアのことだったので、ブルースが熱心に語ったことにもたいして関心を引くことがなかった。無想家と現実家の違いだったのであろう。二人がいま一度この問題に取り組むのは、このときから三〇年も後のことであった。

ロバートソンはチトラルの治安もまずまず収拾できたので、五月にはチトラルを去ることにしたが、この新領主は狩猟とポロ競技が好きで、一週間のうち二日か三日は相手をしなくてはならなかった。ヤングハズバンドは狩猟は好きでなかったが、ポロは好みに合っていた。チトラルに着いた頃は冬だったので、窓も煙突もない現地民小屋の生活は気がふさぎ、チトラル人の顔つきすら陰気臭く見えた。狭い谷間にぱらっとばらまかれた小さな現地民小屋、これが一つに集まって村を形成していた。しかし、三月になって、渓谷や山腹の雪が消えはじめ、若草が萌える頃になると、野原は黄色や紅の草花が咲き乱れる。桃、李、梨、リンゴの果樹園の花も一斉に開花し、暗かったチトラルは見違えるような明るさに変わる。英国人一行がチトラルに滞在しているということだけで、民心も落ち着きを見せたので、目的はほぼ達せられた。この一刻を、ブルースとヤングハズバンドはチトラル周辺の山登りで過ごした。おそらく、ヤングハズバンドが登山らしい登山をしたのは、一生を通じてこれが最初で最後ではなかったかと思う。

ブルースは、「チトラルは恐ろしい山の国であり、おまけに恐ろしい断崖の国でもあると言っている。[5]岩山が裸山できわめて急峻だったからである。ヤングハズバンドはこんな危険な山に登ろうとするブルースを心配したが、五月中旬、小パーティーを組んで、イスペロ・ゾム（白い絶壁）という尾根をアタックすることにした。このパーティーはチトラル人の護衛兵二人とヤングハズバンド、ブルースの四人と、これにブルースが伴っていったグルカ兵四名のうち二名は、かってサー・ウィリアム・コンウェーのカラコラム遠征に行った経験もあった。チトラルの短い夏にこういった正統的登山を行なったにもかかわらず、ヤングハズバンドは終生登山に熱中することがなかった。彼は峠の発見に情熱を注ぎ、谷間に咲く草花や、遠く雪をいただく山々眺めるほうが好きであり、博物学にむしろ興味や関心があった。その一方で、きわめて政治的関心が強かった。のちに帝国主義者といわれた所以である。

五月末に、ロバートソンとブルースはギルギットに帰り、ヤングハズバンドは残留することになった。彼がチトラルに駐在していたこの頃は、インド政庁の外交方針はまずまずの線をいっていたといえよう。インド国内で起こりつつあることは事前にチェックしていたし、チトラルの領主《メター》との関係もよかったからだった。が、不幸なことには、インド政庁の考えが変わって、一朝ことあったとき保護するのが困難であるということから、ヤングハズバンド一行に対してチトラルからマストジに移動するように命じてきた。すでにチトラルへ来る途中、休息したマストジである。ここはギルギットから九六キロも離れていた。この命令に対して彼は、マストジはチトラルと同じくらい危険で、チトラルでなにか事件が発生した際にも事前に予測できず、領主との日々の接触もできないので再考してほしいと申し送った。すると、インド事務相サー・ヘンリー・ホウラーは、この要請を考慮し同意してくれたのであるが、役所の業務は怠慢であり、一年間も放りっぱなしにされたままになっていた。ヤングハズバンドが次第にこういった官僚機構に嫌気を感じてきたのも、無理なかったのである。そして、ようやくチトラルへ戻ろうとしたとき、チトラルで反乱が起き、すべては後の祭りになってしまったのである。ヤングハズバンドの予測は正しかったのであるが、こうしたことが正しく当局に取り上げられることはまず稀であった。しかし、これらの事件は後のことである。ヤングハズバンドは、命令どおり、チトラルを引き払ってマストジに移った。

ヤングハズバンドがマストジに移ったのは、チトラル入りしてから一年たった一八九四年の冬の終わりだった。この時期、辺境地帯は、表面上はいたって平穏に見えたが、近隣の部族国家の主領者たちは、まだ激しい反乱の兆しを見せていた。一八九四年の六月には、ロシアをめぐるパミール問題は未解決のままで、あまつさえ前年の秋に締結したデュランド条約によるチトラルとアフガン国境画定線（デュランド・ラインの設定）も、まだ実行されていなかった。そして南方では、ジャントールの小領主であるパターン人のウムラ・ハンの動きが不穏であった。このような微妙なときを迎えた一八九四年の秋、珍しい人物がこの僻遠なマストジにわざわざ訪ねてきた。すでに前にもふれたインド事務次官のジョージ・カーゾンである。ロンドンで会ったとき以来、手紙のやりとりだけはしていたが、最近に届いた手紙では、公務の夏季休暇を利用し、初めてフンザを訪れ、次いでパミールを回り、その帰途にこの辺境のチトラルまで足を延ばしてみたいとあった。その彼が予定どおりやって来たのである。

こんな辺境の山岳地帯に来る以上、まず途中まで誰かを案内に送って、飲食物でも持たせてやらねばと、ヤングハズバンドも思った。カーゾンは元気にやって来たので、久々の再会を喜び合い、大いに飲み明かしたのであるが、のちカーゾンはこのときのことを回想して、「ヤングハズバンド氏が私に贈ってくれた最上のものは、なんといってもマストジに行く途中でくれた一本のビールだった」と書いている。しかし、この贈り物をした本人は、こんな古いことはとっくに忘れてしまっていた。ただ、カーゾンと会ったときの思い出としていまだに忘れられないことは、その翌朝、朝食にジャムを出したときだった。

「どうかね、私はこれを君の持っている最後のジャム壜《びん》だっていうことを賭けるが」

「そのとおりです」

そう答えると、彼はすかさずテーブルをどんと叩いて、

「そうなんだ。国境上では、客人は提供される最上のもののうち最後のものを、いつも手に入れられるっていうわけなんだ」

一本のビールと一壜のジャム、これがカーゾンとヤングハズバンドとの切っても切れない運命の綱となろうとは、誰一人予測したものはなかったであろう。そして誰が最後に苦いビールと甘いジャムを口にしたか、これも運命の女神だけが知るものだった。

十月にヤングハズバンドとカーゾンは一緒にチトラルへ行った。領主《メター》のニザム・ウル・ムルクは心から歓迎してくれたうえ、ポロ競技をしたり、食事をしたり、この仙境での秋を楽しく過ごした。

カーゾンはこの旅で新しい体験を得たはずである。彼は絶えず国境政策を論じていたが、ヤングハズバンドの意見にはことごとく異を唱えた。これにはいらいらさせられたが、なぜこうまで反論してくるのかがわからなかった。カーゾンはこのとき「タイムズ」紙に連載の通信を出していて、国境問題に詳しいヤングハズバンドの意見を引き出すため、ことさら彼に反対しては優れた考えを聞きただしていたのである。だから、彼がここで受けた印象をまとめたチトラル通信の一束の手紙をカーゾンから見せてもらったとき、内容はなんとヤングハズバンドの見解とそっくり同

じだったのである。カーゾンはなにしろ理屈っぽい人間だった。下院議員の習慣で議論を張るが、こと国境問題では現地の駐在官と意見が一致したものはほとんどなかった。彼は数年ののち、ついにインド総督にまで地位を高め、彼独自の国境政策を強引に推し進めたが、それは成功より失敗であった。彼の外交方針に関しては、どちらかといえば彼自身の考えは薄弱であり、他人のアイデアを巧みに利用し、先取りしていたといえなくもない。ともかく、ヤングハズバンドをはじめとする士官たちは、カーゾンの独断的な態度に腹を据えかねていた。カーゾンは軍人などまったく理解していなかったし、好きでもなかった。そのため、軍人のほうでも、三〇歳を少し出たばかりで、政治家気取りの洟垂れ小僧という気持ちも強かった。それでもカーゾンは、国境地帯に勤務する士官たちに対しては特別の感情を抱いており、とくにヤングハズバンドには胸を開いて親愛の情を見せた。(6)

　チトラル地方もやがて深い秋色の中に沈みはじめた頃、ヤングハズバンドは任務を終えて、チトラルを去る日が来た。十月十一日、チトラルの領主《メター》は何キロも馬で送ってきて、別れを告げて戻っていった。「このとき、中央アジアの火山のような危険な地方は、まったくあり得ぬほど静かで、落ち着いているようだった」とヤングハズバンドは回想している。嵐の前の静けさ。これから三カ月後、恐ろしい反乱の火の手がこの地方に再び上がろうとは、誰が予想したであろう。

　この年の十二月、ヤングハズバンドは英国に渡った。彼はいま行政官の地位に就いていたが、これは永久的なものではなく、一応、公務員（司法）試験のような国家試験を受けなければ、政治局には籍が一時的にしか置けなかった。彼自身は狩猟も嫌いだったし、実戦の兵士であることよりもむしろ行政に興味があり、その分野で腕が振るいたかった。あるいはカーゾンもそれを勧めたかもしれない。ヤングハズバンドは、このためチトラル滞在中にも、こつこつ受験勉強をして、国際法、インド刑犯罪法、政治経済、インド史を学んでいた。試験はともかくパスしたものの、一番ビリだったと彼は言っている。しかし、なによりもヤングハズバンドを失望させたのは、国のために国境問題に全力を尽くし、トルキスタン、パミール、カラコラムを命がけで調査したと思っていたのに、当局はそんな個人の努力はまったく評価せず、関心も払ってはくれていなかったということだった。危険な国境など一歩も踏まず、適当に受験勉強していた者がよい成績を収め、よいポストを得ていくのだった。「(英国)政府などは、私などいなくてもちゃんとやっていけるのだという印象を与えられた」だけだった。まだ年齢も若かっただけ、絶望は大きかった。それに、これまでのような任務に召還される可能性はもう二度とないようにも思われたし、急速に興味を失っていった。ヤングハズバンドのこの微妙な心の変化は、裏づけ資料がなくて現在、不明である。しかし、彼がインド総督や、インド軍総司令官ロバーツ将軍、ロンドンのインド省などから評価が高かったので、同僚やそのすぐ上の上司あたりから毛嫌いされた可能性は十分ある。

しかし、歴史はそんなこととは無関係に休みなく流動していた。ヤングハズバンドがインドを離れているわずかな間に、事件が国境周辺に渦を巻きつつあった。彼はチトラルを離れる折、後事をゴードン中尉に託していったのであるが、ゴードンがたまたまチトラルに滞在中、あのチトラルの領主《メター》が暗殺されるという突発事件が起きてしまった。ともかくゴードンは事態に冷静に対処し、ロバートソン少佐と数人の英国士官、それに三〇〇〜四〇〇名の軍隊がチトラル救援に駆けつけたのであるが、あれほど温和だったチトラル人が突然、はっきりと英国人に反抗の態度を見せ、チトラル城を包囲するに至ったのである。最も心配される事件がヤングハズバンドの不在中に起こったのも、不幸な出来事だったといえよう。ヤングハズバンドは、英国の行政官がチトラルに駐在し、領主と接触することが重要であると繰り返し献言したのであるが、ロバートソンがこれに反対だった。ヤングハズバンドはこれに憤懣やるかたなく、ロバートソンを能なしだと難じている。ロバートソンはチトラルの業績で名を上げた人物であるが、チトラル人の本当の心まではとても理解していなかったのであろう(7)。

殺されたチトラルの領主《メター》ニザム・ウル・ムルクは、人物はともかく、そう理想的な領主ではなかったらしい。勇気はあっても、人民の評判は必ずしもよくなかったし、貪欲でもあった。が、まずまずといってよかった。ところが、一八九五年一月一日、鷹狩りの最中、異腹の弟アミール・ウル・ムルクに突如射殺されてしまったのである。かってアフズル・ウル・ムルクが異母兄弟を片っ端から殺したとき、おそらくまだ幼少だったため見逃された一人だったのであろう。このような土地では妙な慈悲心がかえって大きな災いをもたらす、好例といえよう。

この無知で無分別な少年の撃った一発は、やっと二年間平和を保っていたチトラルを、再び動乱の世界にたたき込む結果となった。この年少の暗殺者は、なんと自分を領主《メター》にしてくれるよう、チトラルにいたゴードン大尉に代表を送って申し入れてきた。英国側もことの重大さにようやく気づいて兵力を増員しはじめた矢先、ヤンドゥル国の首長ウムラ・ハンが南からチトラルを侵攻しだした。上辺《うわべ》はあくまでもアミールを援助するのだと公言してはばからなかったが、本心はこの混乱に乗じてチトラルを乗っ取るつもりだった。油断も隙もない。彼は一ヵ月間、チトラル領内にとどまったが、チトラル人からとくに反抗がなかったので、ますます彼の野心を募らせる結果となった。このウムラ・ハンはやはり兄を殺していまの王位についた男だったから、他国を乗っ取ることになんの罪の意識もなかった。三〇〇〇の兵は、雪に閉ざされた峠を越えてチトラルに侵入してきた。

この難しい時期、英国側はこの兄殺しのアミール・ウル・ムルクを新領主として承認していなかったから、チトラル人は主を失って団結心を欠いていた。一方、ウムラ・ハンはキラ・ドロシを陥落させた。これだけならまだ事態は単純だったであろう。ところが、またあの不敵で不死身の叔父、アフガニスタンに逃げ込んでいたシェル・アフズルが逃亡先のアフガニスタンから姿を現し、しかも、二月中旬以降、キラ・ドロシにいるウムラ・ハンと合流してチトラル侵略をうかがったのだから、事態はいっそう複雑になった。

シェル・アフズルは、自分はマストジに帰るつもりだ、自分はチトラル人だからだ。しかし、もし、この提案を英国側が拒否したら、そのときはウムラ・ハンはチトラルに侵入するぞと通告してきた。弱味につけ込んだ恫喝である。この二人の謀反人は明らかに英国人に悪意を抱いていた。この申し出を受けたロバートソンは、チトラルはカシミールの藩王《マハラジャ》に宗主権があるので、ウムラ・ハンであれ誰であれ、インド政庁の許可なくしてチトラルの領主《メター》にはなれない。ともかくインド政庁に問い合わせるまで待てと回答した。

ではチトラル人はどうだったかといえば、彼らは英国人のほうが劣勢であることを早くも見てとり、この際、圧倒的にウムラ・ハンに頼ろうという機運が見えた。ロバートソンはわずか四〇〇名の部下しか擁していないのだから、チトラル人の離反に遭ったらひとたまりもない。このような事情からか、ロバートソンは殺害人アミール・ウル・ムルクを保護下（こういえば聞こえはよいが、人質というべきであろう）に置き、インド政庁の意向を汲んで、いまだ一〇歳のスヤ・ウル・ムルクという少年をチトラルの新領主に決めた。おそらくこの少年も前領主アマンの子供の一人だったのであろう。この少年のほうがアミールよりずっと賢明だったという。

三月三日、ついにチトラル・英国連合軍と、ウムラ・ハンとシェル・アフズルの侵略軍との間に戦端が開かれた。戦闘はかなりの激戦で、英軍の将校のうち早くも数人の死傷者を出した。なにしろ多勢に無勢、英国軍はチトラルの城砦内に閉じこもり、攻防戦に入るのを余儀なくされた。古くからさまざまな脚色をもって語り継がれる、インドの密林《ジャングル》の中で演じられた数々の伝説的な戦闘の一つが、こちらはチトラルの山岳地帯を舞台に、いよいよ切って落とされた。ここには緑の密林はない。しかし、雪をいただく高峻な山々、深い渓谷がその効果を高めていた。

チトラル城は敵軍に完全に包囲されたため、これから何週間も、外部との連結は一切断たれてしまった。チトラルの戦況が重大化したというニュースは、三月七日にインド政庁にもたらされた。が、城内に閉じ込められた兵士を救出するとなると、距離からいってきわめて困難であった。しかし、一刻を争う。そこでインド政庁はウムラ・ハンに向かって、四月一日までに撤退しなければ攻撃をすると警告を発する一方で、サー・ロバート・ロウ少将麾下の野戦軍第一師団に動員令を出した。そのうちにも、英国士官の戦死の報が続々と入り、ウムラ・ハンもシェル・アフズルも、英国側の勧告を無視して公然と敵対行為に出たことが判明した。あるいはという期待はあっさり覆ってしまったのである。

またケリー大佐の第三二工兵隊にも、ギルギット地区での戦闘命令が下された(8)。しかし、東のギルギットからチトラルまでざっと三五三キロ、高度四〇〇〇メートルもの雪の深い峠を越える行軍では、チトラル救援は望み薄に思われた。しかし、南のペシャワールから直北にあたるチトラルへの道は、少なく見積もっても三二〇キロはあり、いまだ雪の下に埋もれた高度三〇〇〇メートルの峠を一つ北に越さねばならない。ともかく、チトラル救援は、この南からの比較的容易なルートによる、サー・ロバート・ロウ少将の軍隊に一任された。

サー・ロバート・ロウの南方軍が、チトラル域をめざして北上している頃、チトラル北部では、いまだにチトラル人の一斉蜂起を知らない英国軍の一隊が、チトラルの英国守備隊に供給するための武器弾薬、工具品を運ぶため、ロス大尉の命令でエドワーズとホウラーの二人の中尉に、若干名の兵員を伴わせ、三月五日、マストジを発っていた。ところが敵意を募らせていたチトラル人から、狭い渓谷部で襲撃され、ついに激しい銃撃戦になったが、相手側の巧みな奸計にはまって多くの死傷者を出したうえ、二人の英国士官が捕らえられ、チトラルに護送された。敵側はこの二人の捕虜を使って、チトラルの籠城者を誘い出す計画を立てたが、これは成功しなかった。すると彼らはこの二人をウムラ・ハンの居城にあるムンダに護送した。この頃、南から強力なサー・ロバート・ロウの救援軍が接近しつつあるニュースが敵側にも入った。敵意は野火のように広がっていたが、なにを思ったか、ウムラ・ハンは妥協案としてこの二人を釈放した。

この二人が釈放されるしばらく前の英軍側の推移をざっと見ておいたほうが理解しやすいであろう。

チトラルの友軍が現地民軍に包囲されたとのニュースが入ると、すでにふれたとおり、ペシャワールを基地に置くロバート・ロウ将軍麾下の完全武装した第一師団一万五〇〇〇名が、スワートとディールを通ってウムラ・ハンの蜂起軍を排除しながら北上し、一方、四〇〇名のケリー少佐指揮の小隊が、チトラルからギルギットを通り、マストジを落として北東方向からチトラルに迫る計画が立てられた。ロバート・ロウ隊は輸送手段がないため苦しい追撃を開始したが、ペシャワールより約六四キロ北で、事実上、英領インド支配下は終わっていた。もしこのまま追撃するには、一応は現地民の了解を得なくてはならない。シャコト峠《パス》とモラ峠《パス》を越えて北に進むという当初の作戦は、好戦的な現地民軍の攻撃にさらされる恐れがあったため中止され、その西からマラカンド峠《パス》を越えた。このロバート・ロウ隊にはヤングハズバンドの兄のジョージが参加していた。チトラル救援部隊は北東と南の二隊に分かれて作戦を遂行していたのである。どちらが先に到着するかであった。

さて、話をいま少し前にさかのぼることにしよう。ヤングハズバンドは、チトラル地方で反乱が起きたというニュースをロンドンで聞いた。そこで直ちに任務に復帰したいと当局に申し出たが、ポストがないからだめだと軽く断られてしまった。国境問題に最も通暁し、反乱の起きる前までチトラルにいた人物を排除するところに、役所の不思議な世界がある。憤りと不満にのぼせていたこんな折、思わぬところから相談を受けた。ロンドンの「タイムズ」紙が、特別通信員としてチトラル救援隊に同行し、取材をしてくれないかという打診だった。これはカーゾンあたりからの陰からの口添えだったのではあるまいか。しかし、今度は当局が職務を勝手に離れてはいかんと、おかしなクレームをつけてきた。ところが「タイムズ」紙のほうも黙ってはいない。チトラル方面でやっているインド政庁の施政には、どうも不明なところが多すぎる。情勢に通じ、しかも不遇をかこっているヤングハズバンドほど、特派員にうってつけの者はいない。新聞社は政府当局に直接かけ合って、ようやく許可が下りたのは、船の出発八時間前であった。

この頃からヤングハズバンドは、国の最高機関である政府に対し、根強い不信感を抱きはじめたようである。国のため少しでも尽くそうという情熱に水を差し、足を引っ張るのは他ならぬ自国の政府当局だった。しかし、もっと絶望させたのは、まったく先見のない上司たちだった。無能でありながら、出世のことしか頭にない。行動と直感に優れ、経験豊かなヤングハズバンドは、それだけ敬遠された。今度の従軍許可も、渋々出されたものである以上、ヤングハズバンドの純粋な感情をいっそう不快なものにした。しかし、三月二十九日、怱忙のうちロンドンを発ってインドに向かい、十七日目には南方軍に追いつき、スワート渓谷で初戦を終えたばかりの兄のジョージと再会できた。軍人で前チトラル行政官だったヤングハズバンドは、いまは従軍記者として剣をペンに替えていた。

南方軍のロバート・ロウ隊が苦心したのは、なんといっても高峻な山脈が次々と行手を遮ることと、狭い渓谷を流れる急流を渡っていかねばならないことだった。英国人にしても初めて入る地域が多かったから、満足な地図もなく、この戦闘に参加した測量官が詳細な地図を作製していく始末だった。チトラルの最新の地形の知識は、皮肉にもこの遠征のおかげだったのである。遠征軍はやがてウムラ・ハンの領域内に入り、初の白兵戦が行なわれた。この戦闘で敵側は約一八〇〇名ほどの死傷者を出したが、英軍とシンド人部隊は一七名の死傷者ですんだ。興味あることには、こんな戦闘のあったマラカンド峠の近くで古い仏跡と古道が発見されたことだった。

英軍はマラカンド峠を北に越えたスワート渓谷で、数千名の敵と交戦したが、四月五日にこの敵軍を切り崩し、スワート川を横断すると再びタナで決戦を挑んだ。ちょうどこの頃、例のエドワードとホウラーの二人の英国士官が、ウムラ・ハンの掌中に捕らえられているというニュースが入って、英軍を愕然とさせた。これまでの数多い例からいって、人の命を虫けらほどにも感じていない冷血な現地人に捕まってしまったら、とても助からないと考えられたからである。進軍は急がねばならない。しかし、ジャンドウル渓谷の北を画《かぎ》るジャンバタイ山脈が標高三〇〇〇メートルもあり、しかも岩がちの山肌と狭い峡谷を山砲や重い銃器を持って進むのは容易なことではなかった。しかもディールの北にそびえる主稜山脈は六〇〇〇メートルもあり、これをロワライ峠《パス》（標高三一二一メートル）で北に越えなければならない。チトラル渓谷は狭く、かろうじて山道を開鑿《かいさく》して作ったものだから、軍隊の通過には初めから無理があったのである。ともかくこの南方軍は、四つの主稜山脈、三つの大きな山岳河川、おびただしい山流を跋渉《ばっしょう》しなくてはならなかった。

では南方軍と同時に、北から進撃したケリー大佐一行はどうしたか。こちらもやはり自然の障壁に阻まれ困難を極めていた。この北方隊は少人数のうえ軽装で、一刻も早くチトラルに到着しようと焦っていた。四月十三日、この北方隊はマストジに着いた。しかし、まだチトラルまで九六キロあり、敵は続々と増強しているという。チトラル城の食糧は四月二十二日までしかない勘定だから、余すところあと一週間しかない。頼りになる南方軍には、ウムラ・ハンの一〇〇〇名の精鋭部隊と、さらに三つの険しい山脈が立ちはだかり、行く手をふさいでいた。勝敗はあと時間だけにかかっていたのである。

南方軍はようやくチトラル渓谷に入ったが、行く手に再び一〇〇〇の敵軍が対峙しているのにぶつかった。殺しても殺しても群がる蟻さながら、山々谷々からわくように現れてくる。ここで一人の農民を通じてウムラ・ハンの手元に手紙が届けられ、英軍と彼との会見の同意が得られた。しかし、一部の狂信的な反対者によって会見は流れ、戦闘に突入した。この戦闘でウムラ・ハンの居城ムンダはもろくも廃墟となり、つまらぬ一時的な野心に駆られたばかりに、一生寝食いしても使い切れないほどの金銀、宝石を残したまま、彼は逃亡してしまった。インドでは黄金は稀にしか産出しなかったから、こんな辺境地帯にもロシアの金貨が流れ込んでいたのである。英国軍が戦利品として捕獲した品々の中に、それらが含まれていた。

四月十七日、ウムラ・ハンは敗走し、永久にこの戦場から退場した。彼の力を恃《たの》んだシェル・アフズルとその反乱軍も山岳地帯に遁走することによって、二人の反乱の首謀者も次々と舞台から消えていった。そして、老獪な火付け役だったシェル・アフズルは英国軍に捕まり、インドへ護送されることになる。わずかひと握りの野心と無知な男たちのために、国土は荒れ、人民は貧窮し、しかも莫大な戦費が費やされる典型だったといえよう。北方ルートをたどったケリー大佐の一行は四月二十日、困難な山岳地帯を突破し、チトラル城を解放した。回教徒軍に包囲されていたチトラル城の英軍はここに無事救出された。

南方から進むロバート・ロウ隊は、これに比べるといくらか遅れていた。ヤングハズバンドはこのとき、本隊よりひと足先にロディー・オウェン少佐と追撃中だった。オウェン少佐は、馬術の達人であるばかりか、ごく最近までアフリカの戦闘に従軍していた体験の持ち主で、誰もが賞賛を惜しまぬほどの人物だった。彼はいまは工兵隊の通信員としての役を果たしていたので、自分の連隊を率いておらず、自由な立場にあった。

南方軍もいよいよロワライ峠《パス》を越え、めざすチトラル城まであとわずか七〇キロの地点に迫っていた。一方、ケリー大佐の北方軍はすでにチトラル城を解放して、一週間たっていた。しかし、いまだ敵の残存部隊はあちこちにいる。このときふと、ヤングハズバンドの頭にひらめくものがあった。南方軍として、チトラル一番乗りはできないものだろうか。このことをロディー・オウェン少佐に、「もうチトラルまで一日で行けるんだが、まっすぐ乗り込んでしまう気はありませんか」と尋ねてみた。すると彼は早速この提案に飛びつき、「よし、やろう」ということになった。

ところが軍規律というものがある。将軍の許可を受けず独断で行くことはできない。するとオウェンは「なに、黙ってやってしまったって構いやしないさ。どうせ言えば許してくれないだろうからな」。これで話は決まった。しかし、この企ては無謀で危険であった。チトラル人の性格は、昨年までの体験で知っているつもりだが、いまはまだ戦争中であり、どうなるかわかったものではない。しかし彼らは単純な住民であり、北方と南方軍との挟み撃ちにあって、すでに武装解除しなくても怖気《おじけ》ついているはずであった。この予想がもし外れていなければ、そう危険視しなくてもよいであろう。

山々の間に白々と夜が明け染めるころ、二人は歩哨の間を巧みにすり抜けて、チトラルの方向へと馬を走らせた。緊張と快感を覚える一瞬である。「この日は」とヤングハズバンドは言っている。「さんさんと陽光の降り注ぐ日だった。ちょうどガテェカー将軍が率いてロワライ峠《パス》を越えたばかりの先発隊とチトラルとを隔てる、四〇マイルの道を行くにつれ、国土はすっかり春の装いに包まれ、畑には芽を吹いた小麦が風にそよぎ、木々は花をつけ、あらゆる自然が微笑《ほほえ》んでいた。しかし、住民の表情とは著しい対照《コントラスト》を示していた。やつれ果て、震え、そしてひどく怖気《おじけ》づいており、護衛兵一人つけず、英国士官たちが騎馬で自分たちの国土を行くのにさえ、チトラル人は尻込みしていた。彼らを見るのは哀れですらあった⑨」。

間もなく、一群の小さなチトラル人のグループにぶつかった。発砲してくるか、友好的であるか、数分後に決まる。しかし、後退するにはもう遅い。思い切って彼らの真っ只中に乗り込んでみると、彼らは幸いにも温順だった。「お前たちはなぜわれわれに反抗しようなどと、バカなまねをしたのだ」と尋ねてみると、彼らはまるっきり子供のように手をぎゅっと固く絞る仕草をして、こう言うのだった。「なぜですかって。私たちはパターン人を憎んでいるのですよ。彼らは私たちの家を掠奪し、女たちをさらっていくのです。しかし、彼らは強くて、あなた方が遠く去ってしまってから近づいてきました。あなた方がこれほど強いとは思ってもいませんでした。わたしたちは戦いたくなかったのです。誘われてしまったのです⑩」。

単純な彼らは、こうなったら先がどうなるかまったくわからず、ただ唆《そそのか》されるまま、衝動的な行動をしていただけだったのだ。

ほどなくドロシ砦に着いた。チトラルの総督の住居である。そこで一人のチトラル人に、「ヤングハズバンド・サヒブが外で待っていて話をしたいと言っている、と告げてこい」と命じた。すると、まるで「小羊のように」おずおずと総督が出てきて、小馬《ポニー》とチトラルへの案内人を一人つけてくれた[11]。まるで戦争中とは思えぬほどの静かさである。そして四月二十七日の夜遅く、なんの妨害もなくチトラル城に無事到着したのだった。そしてこの反乱軍の囲みを解いたケリー隊の士官たちに会えた。彼らはもう何カ月も前に、ヤングハズバンドが住んでいた家の中に座って夕食をとっていた。ここはまた昨年十月、カーゾンと一緒に殺された領主《メター》と夕食をとった思い出の場所であった。チトラル城はこの家から約半マイル離れたところにあった。ケリー隊に解放され、やっといくらか落ち着いたところであるが、それでもまだロバートソンや士官たちは顔色が青白く、やつれた様子をしていた。

元来、チトラル城というのは、チトラル川の右岸にある木造の砦にすぎなかった。チトラル渓谷のこの部分は長さ一・六キロ、幅〇・八キロほどの狭い地域で、現地民の住居があちこちに点在し、単なる領主《メター》の館にすぎないものだった。城の敷地は六七平方メートル、高さ七・五メートル、厚さ二・五メートルほどの木造りの壁がぐるりと取り囲み、この四隅には城壁より六メートルほど高い塔がついていた。城は、木材を組み合せて構築されたもので、いまだ銃器を考慮せずに作られたものだった。この城砦に閉じこもった英軍は軍医少佐ロバートソン指揮下の五四三名の兵員で、大半はシーク人、カシミール人といった現地民兵だった。が、うち続く敵の夜襲に英軍将校の負傷者も多く、チトラル城の防御はもっぱらタンスヘッド大尉、ゴードン、ハーリィ中尉によって指揮されていた。

ヤングハズバンドの無謀ともいえる博打《ばくち》は成功を収め、チトラル救援の本隊（南方軍）はずっと遅れて、この一週間後にようやく到着した。ヤングハズバンドは、いち早くチトラル攻防戦の一部始終をロバートソンたちから聞き出し、その絶望的な籠城戦の記事を「タイムズ」紙に送り、掲載することに成功したのだった。「このことは、新聞の特ダネとなり、われわれは大いに感謝されたものだ」と彼は述懐している。

チトラルの戦争は終わったが、インド辺境部はきわめて不安定であることが図らずも証明された事件だった。当然ながら、英国議会でもこの問題について激しく論戦が交わされた。チトラルのような辺境問題に深入りすることは無駄であるという意見と、いやそうでないという意見である。英国軍がもしチトラルから撤兵してしまったら、すでにパミールに確固たる地位を確立したロシア軍が入ってくるに違いなく、そうなれば、もう抗議の根拠も薄弱になるに違いない。ヤングハズバンドの意見もこれに近かった。カーゾンは辺境問題で将軍たちと激しく渡り合っていたが、自由党が天下を取るに及んで、チトラルは放棄されることに決まった。しかし、その決断はいまだ最終的に下されていなかった。

シムラに到着するまで、インド政庁の態度はヤングハズバンドにもさっぱりわからなかった。三等級の下っ端役人の、彼の意見なぞ見向きもされなかったのだ。シムラに行ったところで、ただお偉方の論議を遠くから見ているにすぎまい。ところがシムラに着いてみると、たいへんなもて方だった。「タイムズ」紙に連載された新聞記事によって、状況は一変していたのだ。インド総督エルギン卿、インド軍総司令官ジョージ・ホワイトなどから、〈「タイムズ」紙特派員〉として歓迎されたのである。

インド政庁の指導者層は、ヤングハズバンドと膝を交えて徹底的に議論し、彼の意見を心よく受け入れてくれた。チトラルはなんとしても保持しようということになった。もしこのとき彼が「タイムズ」紙の特派員でなかったら、彼は自分の意見を伝える機会がなく、あるいはチトラルは放棄され、北方からロシアが侵入して、二〇世紀末期まで、ロシア領中央アジアの領域に入っていたかもしれない。ヤングハズバンドには先見の明があったといえよう。

ただ彼は、チトラルでの無駄な攻防戦には批判的で、あのとき英国の行政官がチトラルに駐在していたら、今度の反乱など起きなかったろうし、自分がいて自由に任せられていたら、平和だったろうと言っている。チトラルの反乱はまったく政治的無策から起きたものだった。

第15章　ボーア戦争前夜の南アフリカ

インド北西部国境地帯における戦闘では思いがけず山岳戦をつぶさに観戦できる好機を持てたが、内心ではなにか大きな空虚さに襲われたことだった。インド軍の軍人としてスタートを切ったヤングハズバンドにとって、その本拠で自分だけがいつかあぶれ者になってしまった悲哀さも、たっぷり味わわなければならなかった。明らかに、彼はいつしかインド軍の主流から外れてしまっていたのだった。

そんな気持ちも手伝ってか、一八九五年の秋に二年間ほどの休暇をとって英国に帰ると、大学の生理学のクラスに入って学びはじめた。ヤングハズバンドには生来、自然科学に対して興味があり、これまでさまざまな土地を旅して歩くにつれ、単なる旅行というものにむなしさを感じていた。当然、世界に衝撃を与えたダーウィン、ハックスレーの著書を愛読していた。「生命の源」という漠然としたものを知るには、新しい学問としての科学をぜひ学びたかった。

しかし、ヤングハズバンドの内面からの向学心という情熱とは裏腹に、彼はすでに第一級の旅行家として、また政治・軍事情報収集の専門家《エキスパート》としてあまりに著名になりすぎていた。世間が放っておくはずがなかったのだ。一八九五年十二月、「タイムズ」紙の支配人モーベリィ・ベルから手紙が届き、三カ月間の予定でどこかへ行ってみる気はないかと尋ねられた。ヤングハズバンドはこの申し出を承諾した。彼はやはり旅行家だったのだ。他人から誘いを受ければ断れなかったのであろう。ヤングハズバンドは、おそらく初めのうちはヒマラヤか中央アジアへでも行ってくれという希望だと思ったに違いない。それなら他人に任せるわけにはいかない。

さて、モーベリィ・ベルに会って、一緒に夕飯をすますと、ベルは今回の計画を腹蔵なく打ち明けた。「あなたにひとつお願いがあるんだが」とベルは言う。「南アフリカへ行ってもらいたいんだ。そこの鉱山関係について調査してもらいたいと思ってね」。これを聞いてヤングハズバンドは驚いた。鉱山などはなにひとつ知らないからだ。これはだめだ。しかし、ベルは平気でこう言い添えた。「なに、心配ご無用。表向きはあくまで目下盛んな鉱山関係の取材をすることであるが、実は内密に、次第に緊張を高めつつある政治情勢について、南アフリカの内情を探ってきてほしいのだ」。それならヤングハズバンドにもおおよそ見当がついた。新しい英領植民地南アフリカも、富源インドと同じく難しい問題をたくさん抱えている。しかも、この国は金とダイヤモンドというインドに勝る富を抱え、さらに現地人やオランダ、フランス系移民との問題がこじれているという。並の記者ではこの複雑な政治情勢を分析し、予測することができない。さすが「タイムズ」紙は目のつけどころが違っていた。

驚き、ためらっているヤングハズバンドに向かって、ベルはこう説明した。「実はこういうことなんだがね。面倒な問題がトランスヴァールで企てられているらしいという。ヨハネスバーグのエイトランダー(外国人)が説明もろくにされず税金を課せられているのに憤慨しているのだ。どうやら暴動が起こりそうで、彼らを支援するためにローデシアから軍隊が派遣されたという話だ。で、ひとつご足労だが出かけて行って、情勢がどうなっているのか正確に報告してもらいたい。たいして重要でない問題なら、短い電報を打つだけでよい。しかし、なにか重要な事件だったら、電報に制限はいらない。たとえ「タイムズ」紙一面を埋めるほどであってもだ(1)」。

南アフリカの白人社会の歴史は、一六五二年六月、ケープ半島のテーブル湾に上陸したオランダ人ヤン・ヴァン・リーベックから始まる。彼は東インド会社に送る水や食糧の補給所をここに建設したのであるが、これを機会にオランダ人の数は次第に増えていった。ボーア人(Boer)というのは、元来は「農民」という意味であるが、主にオランダ系の南アフリカの移住民を指す古い言葉である。ボーア人は現地人のホッテントット、ブッシュマン、バンツー族と絶え間なく紛争を繰り返しながら、北へ北へと新天地を求めて移動していった。しかし、一七九五年に、このケープ地方が英国人に奪い取られ、一八一四年に英国領に併合させられてしまうと、今度は英国人が流入しはじめた。現地人、オランダ、ドイツ、フランス系の移民の他に、強大な軍事力をバックにした英国人がこの国に加わったのである。この結果、南アフリカにはまったく新しい闘争態勢がそろった。狂暴なバンツー族、不屈なボーア人、狡猾な英国人との間の三つ巴《どもえ》の戦いである。

英国人の勢力伸長とボーア人への圧迫に伴って、一八三六年、数千名に及ぶボーア人の大移動が始まった。彼らは新天地をめざし、家族を引き連れ、ズール族との血みどろの戦闘を繰り広げながら平原を馬車や手車で越え、オレンジ川、ヴァール川を渡河して最初の入植地を定めた。そして一八五二年に、ボーア人は現在のトランスヴァール州に南アフリカ共和国を建設した。その二年後の一八五四年、オレンジ自由国が誕生した。英国側もこれを無視するわけにいかない。絶え間なしに干渉を続けたあげく、一八七七年に南アフリカ共和国は卑劣な条約違反によって、英国に併合されてしまった。何事につけても世は帝国主義の時代である。他人の食べているうまい果実を黙って見ている法はどこにもない。どんな手段に訴えてでも取り上げてしまうのが当然の時代であった。この場合、相手を打ちのめすことのできない弱者は、常に悪者になるのだった。

ボーア人の国が、単に南アフリカの強烈な太陽に照されただけの土地ならば、なんの問題はなかったのである。ところが、これに先立つ一八六七年、オレンジ川流域にダイヤモンドが発見された。人間の生命より貴いと考えられたダイヤモンドの妖しい光に加えて、今度はその翌年の一八六八年、トランスヴァール州で金鉱が発見されたのである。この文明から隔絶された土地と考えられたところは、一朝にして無尽蔵の富源を地下に秘めた土地となった。地を掘りさえすればどこからでも出るかもしれないダイヤモンドと金の国南アフリカは、それだけでも放っておかれずにすむはずがなかった。

多種多様な民族、カネになる土地、この複雑をきわめた舞台を背景に、二人の偉大な、しかも恐るべき役者が登場した。一人はボーア人を代表するトランスヴァール共和国の大統領オーム・パウル・クリューガー、いま一人はケープ政庁の首相であり、大英帝国の野望の権化でもあるセシル・ローズである。どちらの一人をとっても役者に不足がなかった。あとはいつ、どこで導火線に点火されるかということだけであった。これがヤングハズバンドが「タイムズ」紙のたっての希望で南アフリカを訪れた、一八九五年十二月までの推移である。その二年を待たずに、導火線は発火、大爆発を起こし、ボーア戦争が勃発する。その複雑で不確実なボーア戦争前夜の緊張した世界に、ヤングハズバンドは足を踏み入れようとしていた。

　十二月の初旬にケープタウンに着いたヤングハズバンドは早速、モーベリィ・ベルの指示どおり、セシル・ローズに会いに出かけていった。前もって連絡はついていたのであろう。ローズは当時、ケープ政庁の首相であり、英領植民地の南アフリカでは最高権力者の地位にあった。

　ローズは、そう一筋縄でいくような相手ではなかった。ヤングハズバンドもこれまで将軍連や総司令官、総督といったお偉方に会った体験はあるから、そう物怖じはしないけれど、ローズはだいたいが敬語などが嫌いであった。「ござ《サ》います《ー》」調で話された途端、態度や言葉つきが粗野になるといった具合いで、気取ったものが大嫌いだったのである。しかし彼の心は立派な紳士だったと、ヤングハズバンドは言っている。彼には開拓者としての荒々しい流儀があったのであろう。彼はきわめて心の広い人物であり、訪問客の誰にも自宅を開放していた。彼には家族というものがなかったのだが。

　ヤングハズバンドは、なにがなんでもトランスヴァールについて詳しく知りたかった。そこの情勢についてはなに一つわかっていなかったからだ。セシル・ローズは、ヤングハズバンドを彼の有名な〈グロートシュール〉の自宅に、夕食に招いてくれた。彼はなにか夢でも見ているように、独り言でも言っているように色々なことを語るのだった。しかし、いまいちばん聞きたいヨハネスバーグについては、「私の弟のフランクがヨハネスバーグにいるので、彼に会って相談してくれ」と忠告してくれた。

　ケープタウンには結局、数日しか滞在しなかった。この町にいても南アフリカの一触即発の情勢はなにもわからない。なにしろこの町とヨハネスバーグまで直接距離にしても、千数百キロも離れているのだった。そこで、すぐ汽車

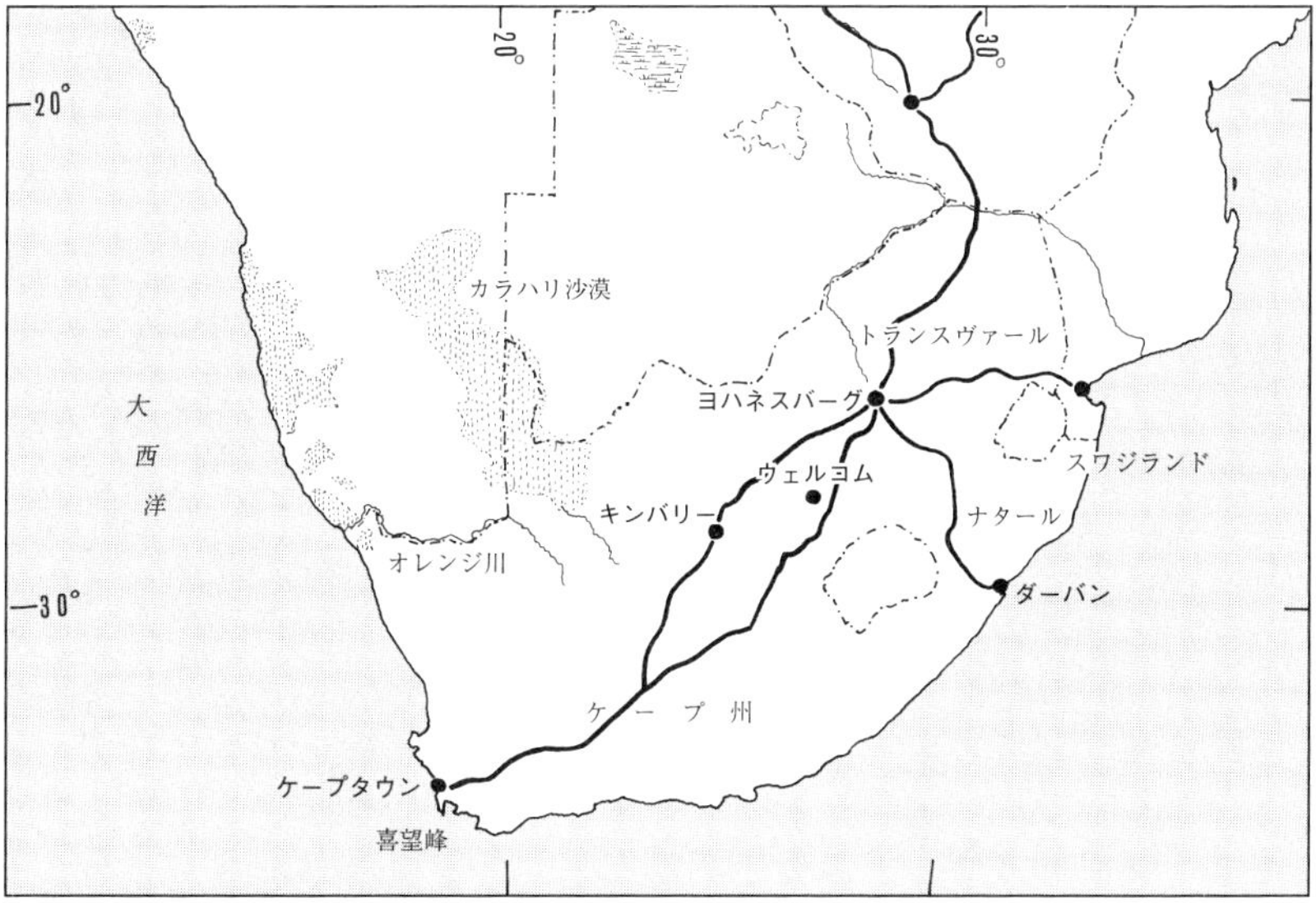

南アフリカ

でヨハネスバーグに向かった。

汽車は北東へと走り、薄気味悪い荒れたカルルーを通り抜け、オレンジ自由州の無限に広がる草原へ入っていく。ところどころに孤立した農家があり、とても村といった尺度ではない。しかも、ケープタウンからヨハネスバーグ間で町と呼べるのは、たった一つ小さなブロエンフォンティンというところだけだった。ようやく三日目の朝、緩く起伏する草原の彼方に、鉄骨の建物、鉱山の工場が姿をのぞかせた。いまや黄金の町《ゴールデン・シティ》に変貌を遂げたヨハネスバーグに近づいたのだった。まだ生まれて一二年ほどしかたっていない新興の町である。

ちょっと見た目に、ヤングハズバンドはアメリカ西部の町と同じような印象を受けたが、見かけは汚らしくとも、内面はどうしてきわめて清潔な町で、あらためて一驚した。人口では白人が五万に黒人が五万、富の争奪戦に圧し潰されたものを除けば、町の誰もがみな鋭く、エネルギッシュに見える。町は予想とは裏腹に立派なビルディング、素敵な家、すばらしいクラブがあり、朝っぱらから酒を飲ませるのを除けば、聞くところの西部の町などとは似てもつかない。

町のたたずまいは、表面的にはいたって静かであるが、いま革命が進行しているという。真偽はともかく、その内情を詳しく説明してくれる人を探し出さねばならない。ヤングハズバンドは、セシル・ローズに紹介された弟のフランク・ロード大佐を訪問した。彼は普通の人とはまったく違って見えた。初めて会ったヤングハズバンドをすっかり信頼して、親切丁寧であり、好きなだけいくらでも自分の家に泊まっていくように言ってくれた。

フランク・ロードと一緒にいるうち、ヤングハズバンドも次第に町の指導者たちを知るようになったし、どんな事態が進行中かも聞くことができた。町の空気は、陰謀でぴりぴり緊張していたのである。ヨハネスバーグ人はボーア人に対し、なんの発言権も与えられていないにもかかわらず税金だけはびしびし徴収されることに、何年にもわたって抗議してきた。国庫歳入のほぼすべてはエイトランダーからのものなのに、ボーア人は自分たちだけで選挙権を握ってしまっている。ヨハネスバーグ人たちはこのことを喧伝し、代理人を派遣したりしたが、なんの効果もなかった。当然、残された手段は実力行使しかないということになる。密かに武器を輸入し、英国領からの援助を期待した。一揆を起こし、政府を転覆してやろうというのである。

暴動を計画することはたやすいが、この実行にはきわめて危険が伴うのが常である。まずこの計画の立案者は他に知らせ、陰謀の輪を広げていかねばならない。となれば、やがて計画が漏れる恐れが出てくる。といって少人数では暴動は起こせない。秘密保持が無理なのである。実際、ヤングハズバンドがヨハネスバーグに着いたとき、町ではこの噂で持ち切りだったし、小さな記事なら新聞にも出ていた。当然、ボーア人たちもこのことは感知していた。相手側に筒抜けの反乱計画など、最初からまったく意味がなかったのである。

こうした暴動の例は、これまでインド辺境でヤングハズバンドは幾度も体験していた。暴動の起こりそうなニュースはきまって事前に届いたが、さて情報の真偽がどうかということになると誰にもわからない。まことしやかに計画が練られているらしいという情報が入ったにもかかわらず、なにも起こらないことがよくあった。むしろ、暴動が起きるのをじっと待つことが多かったのである。いまのボーア人の立場もこれと同じであろう。ボーア人は、これら一揆の指導者たちを改革派《リフォーマー》（Reformer）と呼んでいたが、彼らが何をやらかそうとしていたかは、ほぼ正確な情報を摑んでいたに違いない。が、資本家にしろ労働者にしろ、革命をやろうなんていったところで、カネがかかりすぎてなにもできやしないさと、一笑に付していたに違いなかった。

実際、ヨハネスバーグの指導的経済人たちは、ボーア政府の大統領クリューガーから受けている横柄な扱いに腹を立てていたものの、といって生まれながらの革命家ではなかった。労働者にしたところで、一日一ポンドの高給をもらっているようでは、腑抜け同様で役に立ちそうにない。

十二月末になると、ボーア人を痛い目に遭わせてやろうとしていた指導者たちもとうとう考えを変えて、ヤングハズバンドに、ケープタウンに戻ってセシル・ローズに会い、現在どういう状態にあるかよく説明してもらえまいかと言ってきた。ヤングハズバンドは反乱計画の挫折を部外者でいながら克明に知ったことになる。そして、彼らはさらにこう依頼してきた。「どうせ勝ち目などないのだから、リアンダー・スタール・ジェームソンがトランスヴァールに侵入して、反乱軍を支援しようとしているのを、ローズに頼んで思いとどまらせてもらえまいか」と。特派員として訪れているヤングハズバンドなら、町を出ようが入ろうが、誰に会おうがボーア人の警戒は薄かったろうし、ヤングハズバンドもその間の微妙な立場はよく理解していた。「タイムズ」紙への電報にもそんなことはおくびにも出せない。帰国してこれら連載を単行本としてまとめた『今日の南アフリカ』(*South Africa Today*)の中でも、セシル・ローズに会った微妙なことも、これらの裏舞台も一切伏せてしまった。

ヤングハズバンドはよい情報を得る代わり、きっと煩わしい問題に巻き込まれたと思ったであろう。しかし、十二月二十六日に、トランスヴァール国民連合の会長チャールズ・レオナルドが声明文を公表した。これは英国人とオランダ人、すなわちボーア人との連合を平等にしようという、しごく当然な権利をうたったものだった。内容は共和国の独立の維持、平等の権利の獲得、不平不満の是正だった。なにしろエイトランダーは人口の大半を占めていたし(当時、エイトランダー一三万、ボーア人四万)、土地の半分以上、財産の一〇分の九を握っていたのだから、言語、宗教、法律、教育などの不平等を撤廃せよと要求しても不思議ではなかった。要求案は表面的には穏便であるが、ボーア人にはそう簡単にはのめない。ヤングハズバンドは、この町に入ってすぐ感じられたのは、ヨハネスバーグの雰囲気がなにかいら立ち、殺気立っていることだった。

ケープタウンに戻って、あらかじめ約束しておいた時刻にロード邸を訪問すると、南アフリカでもっぱら〈ストープ〉と呼ばれているヴェランダに腰を下ろしているローズを見かけた。彼は、日なが一日、のらくら過ごす以外にこれといってなにもすることがないといったような、一ダースほどの男たちに取り囲まれていた。彼は、ヤングハズバンドがいつこれに加わったのか気がつかなかったようであるが、一刻ほどしてからふと近づき、「どちらから来られました」と尋ねた。知っていながらとぼけて訊いたのであろうが、ヨハネスバーグからだと答えると、「あちらの状態はどんな風にいっているかね」と重ねて尋ねた。「いつもと同じようです」と答えると、ローズはまた別の男たちと話しはじめた。

しかしすぐローズは、なに気なくヤングハズバンドに語りかけた。「私の咲かせた紫陽花《あじさい》を見られませんか。そいつをご覧に入れたいと思うんですがね」。そして彼は、ヤングハズバンドを伴って、ぶらりぶらりと庭のほうへ歩いていった。ところが誰からも話が聞こえないところに来るなりすぐ、「あなたの言おうとしているものを、はっきり言ってもらいたい。長いこと離れているわけにいかんし、さもないとあの連中が疑うからね」と言う。そこでヤングハズバンドは手短に語った。ヨハネスバーグ人は一揆を望んでいないし、ジェームソンを止めてもらいたいのだと。すると、「なんだって？　ヨハネスバーグには立ち上がって革命を率いようという男は一人もいず、彼〔ジェームソン〕が射殺されたって構わないと、あんたは言うつもりなのか」とせき込むように言った。そのとおり、革命など望んでいないのだと告げると、「あんたはそれをやる気はないか」と尋ねた。「いや、そんな気はありません。ヨハネスバーグで革命を指揮するなんてごめんです」。

これを聞くとローズは、ヤングハズバンドをも含め、あたかもみながみな臆病風に吹かれている連中ばかりだと考えているかのように、いつものお決まりの不平をぶつぶつ言った。しかし、「ヨハネスバーグで蜂起しないように電報を打って、ジェームソンを思いとどまらせることにしよう」と渋々承知した。図らずも、一通信員にすぎなかったヤングハズバンドが、ジェームソンとローズが自分たちの運命を賭けていた、歴史上かなり大きな事件で重要な役割を演じていたことになる。

ヤングハズバンドの会った印象から判断すれば、セシル・ローズはボーア政府の転覆を望んでいたのであろう。しかし、当のヨハネスバーグの人間が腰砕けで一揆をやる気がなくなったので、仕方なく国境に待機してヨハネスバーグで反乱が起こったら進撃しようとしていたジェームソンに、行動中止を命じたのであった。二人は同じ穴の狢《むじな》だったのだ。

ローズから約束を取りつけたので、ヤングハズバンドはケープタウンにわずか数時間いただけで、その夜、慌しく発つと、またヨハネスバーグに取って返した。こうした隠密の使者の行動を嗅ぎつけて情報を取るのが通信員の使命であるが、なんとヤングハズバンドは自分がいつの間にかその主人公になってしまったのだ。これではトップ・ニュースをスッパ抜くこともできない。しかし、一刻も早く帰って、改革派にローズの言葉を伝え、反乱の火の手を未然に防ぐことである。ところが戻るといったところで汽車で三日かかる。この時間が気がかりだった。

改革派も、ヤングハズバンドの報告を受けてやれやれこれでひと安心と思った。彼らは口では勇ましいことを言っても、けっして血を流してまで闘争する革命家ではなかった。目的はあくまで金儲けであり、現在のボーア政府の統治下では、税金ばかり高くて十分稼げなかった。だから、ここの住民たちによる政府が欲しかったのだ。ボーア人がただ憎かったからではない。血を見る反乱などごめんだったのである。ところがなんとしたことか、ヤングハズバンドが帰って一日か二日もたたぬ十二月三十日、仰天するようなニュースがもたらされた。

十二月三十日（月曜日）付の新聞「スター」紙を広げると、ジェームソンが行動に移り、ヨハネスバーグに進撃中だという。ヤングハズバンドも思わず息をのんだ。町は一種のパニック状態に陥り、人々は先を争って家族を逃避させる。しかし、ジェームソンが先月から、ベチアナランド国境上に彼の軍隊を待機させ、もしヨハネスバーグで暴動が勃発したら、直ちに国境を越えて救援に向かう準備を整えていたことは、ヨハネスバーグでは誰一人知らぬものがなかった。しかし、改革派である一揆組が戦意を喪失し、武器弾薬も十分でない以上、ジェームソンに入って来てもらっては困るのであった。そこでヤングハズバンドに遠路わざわざケープタウンまで行ってもらって、ローズに中止の説得をしてきたばかりだったのである。ジェームソンがローズの電報を読んでいたことは間違いない。むしろ読んだからこそ、直接行動に出て、ヨハネスバーグの日和見主義者に決起を促す気だったに違いない。これを〈ジェームソンの襲撃《レイド》〉と呼ぶ。

それでは、ボーア政府はジェームソンの襲撃までいったいなにをしていたか——。ただ眺めていただけではなかった。政府側はいち早くこの危険な兆候を察知し、計画をつぶしてしまおうと考えた。クリューガー大統領は、改革派の声明文に対して布告を発し、まず食糧を移動すること、この危機に臨んで政府側につくと明言した者には、選挙権を与えるといった内容を発表した。しかし、この約束は、ヨハネスバーグではあまり本気ではとられなかった。一方、一揆派はプレトリアにあるボーア人の武器庫に夜襲をかけ、武器を奪ってしまおうという計画を立てた。が、ボーア人側もおさおさ油断はしていないから、これは問題にならない。しかも、ボーア軍はよく組織され、武装されているので、戦っても勝ち目がない。こんな不安定な状況のなかで、ヨハネスバーグの指導者たちは、月曜日の正午頃、マフェキングという人物から一通の個人的な電報を受け取った。それには、「獣医ハ出発シタ。七〇〇ポンド返却セルツモリ」とあり、これを読んだ指導者たちは色を失った。獣医とは、ドクター・ジェームソンにほかならなかったからである。明らかな進撃の合図であった。

十二月三十日の朝に流されたジェームソン襲撃の第一報は、ヨハネスバーグではあまり本気では受け止められなかった。しかし、地方紙「スター」の夕刊は号外を出し、プレトリアからの電報として、これは事実であると報じた。人々は呆気にとられたが、翌日は商店も銀行も平常どおり開かれた。ところが正午頃になると、人々は改革委員会に集まり、武器が渡された。改革派もどうしてよいのか判断がつかなかったのであろう。町はようやく騒然とし、武装した男たちが町を徘徊しだした。銃声が聞こえ、人々の神経も高ぶりはじめた。

ビルにトランスヴァール共和国の旗が掲げられ、数時間というものは、町の支配権はボーア政府から改革委員会の手に移ったといえよう。それでも英国人は静かに武装して指定された場所に向かい、オランダ人（ボーア人）も別に騒ぐことなく警官を引き揚げさせ、交戦する気配はなかった。この異常に緊張した夜、妙に静まり返り、秩序立った人々の動きを窓から眺めていると、とても信じられない世界に映った。

さて、不安な一夜が明けた十二月三十一日（火曜日）の朝を迎えると、新しく兵役についた男たちが町に入って来て、なんとなく町の雰囲気が変わってきた。それでも改革派が圧倒的多数を占めている。もしこのとき改革派《リフォーマー》が先制攻撃を仕掛けていたら、ボーア人側は勝ち目はなかったろう。夜に入ると、ボーア政府側は代表者をプレトリアへ派遣し、ジューベルト将軍とこの問題について話し合えるかどうか打診してきた。この間は、お互い攻撃しない約束である。ところがジェームソンに対しては別に行動の規制をとらなかったから、改革派にはそもそも一揆を起こす資格がなく、戦意も作戦もあったものではなかった。

改革委員会は、代表としてリオネル・フィリップと他の二名を一月一日の朝、プレトリアに向かわせた。ボーア人側の時間稼ぎだった。代表団の出発する少し前、プレトリア駐在の英国代表サー・ジャコバス・デ・ウェットから、高等弁務官の布告を伝えてきた。それによれば、ジェームソンの行動を認めず、トランスヴァールの英国人は彼に手を貸してはならぬという。だいたい、ぐずぐずした革命で成功した例などない。噂が広まれば中止がかかるのがおちである。驚いた改革委員会は、プレトリアにいる代表団に電報を打って、ジェームソンに反抗せず彼の軍をヨハネスバーグに入れてくれたら、ジェームソンを引き揚げさせるので認めてほしいと、ボーア政府に申し込ませた。しかし、この提案は少しも埒が明かない。武装襲撃軍を町に入れてくれなどという要求が、すんなり受け入れられるはずがない。慌てた委員会は、今度はジェームソンに町へ来てもらっては困ると伝える代表団を派遣した。委員会の行動はもう支離滅裂で、もはや戦いではなくなってしまったのである。

そうこうしているうち、この日の午後になって噂がパッと広まった。ジェームソン軍がヨハネスバーグの西三二キロの小さな鉱山町クルーゲルスドルプ近傍で、ボーア軍と戦闘状態に入ったという。しかし、ジェームソン軍の装備は十分なうえ、すばらしい武器と騎兵隊を擁していたから、万が一にも敗れるとは考えられなかった。ボーア人は周章狼狽していた。だから、ヨハネスバーグの誰もが、明日にでもなればジェームソン軍は、町に凱旋行進をしてくると信じて疑わなかった。腰抜けになった町の改革派に代わって、彼こそ将来の頼りになる指導者《リーダー》になってくれるであろうと。

一月二日の朝になると、ジェームソンは初め報じられていたほどうまくいっていないという、曖昧な噂がまた流れてきた。どれが本当なのか誰にもわからない。しかし、彼がクルーゲスドルプを通過中だというので、町の連中は大挙して彼を出迎えに、町の郊外に出かけていった。

ヤングハズバンドも、オランダ語のできるヘイゲイトを伴い、ともかくジェームソンとの会見に出かけた。この大きな事件を取材しないわけにいかない。道はボーア軍の前哨に閉鎖され、どの村も彼らが占拠している。なんとなく様子がおかしい。これを迂回して約一九キロ進むと、ボーア軍のパトロール隊に遭遇した。彼らは不快な仕草でライフル銃を突きつけてきたので、両手を挙げて無防備であることを示すと、彼らは道を通してくれた。ある尾根の頂上に達すると、突如、眼下のブラクフォンテインの村落近くに、ジェームソン軍とボーア軍との衝突したとおぼしき土地が望まれた。ここに二つの死骸が転がり、見ていると、一隊が反転し、小さな鉱山町クルーゲルスドルプにゆっくりと戻りはじめた。遠いが、その動きから判断して、どうやらこれはジェームソン軍らしく思える。まさか彼が降伏したとは思えないが、どうも様子がおかしい。そこですぐボーア義勇軍《コマンド》へ乗りつけ、司令官のクロンジェのところへ行き、いったいなにが起こったのかと尋ねた。

するとクロンジェは、たったいま、ジェームソンが降伏した。だから自分はすぐ出かけて行って、行進中の彼と彼の部下に会うつもりだと言う。ヤングハズバンドの嫌な予感は当たっていたのだ。幸い、引き返す部隊についていってよいという許可を得たので、ジェームソン軍と接触はできたが、将校や兵士と言葉を交わしてはならぬと命令された。ジェームソン軍はボーア軍に武装解除され、シャツ姿のみすぼらしい様子である。彼らはすっかり疲れ果て、もう自らの運命を悟っているようだった。彼らの敗北の原因は、疲労であった。なにせ向こう見ずに九〇時間も騎馬に乗り続け、しかも一日九六キロもの強行軍で、最後の二四時間は絶え間なしに闘い、わずか数時間しか眠らず、食事すらとる暇がなかった。この結果、ボーア軍にたちまち敗れてしまったのだった。彼らは決してボーア軍に劣っていなかったが、ボーア軍が、前面が広く緩いスロープになった岩尾根の背後に隠れていたため、これを攻撃してもなかなかうまくいかない。そこでジェームソン軍は、その右手を通り抜けようとしたが、これもうまくいかず、次第に狭い窪地に誘い込まれ、この包囲網を突破できず、とうとう降伏してしまったのだった。ジェームソン軍は七〇〇名中、約二〇名が戦死したという。

さあ、大変である。予想外の大事件である。ヤングハズバンドは直ちに取って返すと、ヨハネスバーグの電報局に駆け込んだ。「タイムズ」紙へ「ジェームソン敗ル」の一報を打つなり、次いで改革委員会の事務所へ飛び込んだ。この災厄の第一報をもたらしたのは、もちろんヤングハズバンドが最初だった。改革派《リフォーマー》はもうただの無気力な烏合の衆にすぎなかった。武器も人員もない。勝利に酔ったボーア人は町を包囲しはじめている。

ジェームソン降伏のニュースがヨハネスバーグに広まると、たちまち恐ろしいほど人々を意《い》気《き》沮《そ》喪《そう》させた。ジェームソンはヨハネスバーグを救出するためにわざわざ出てきて、しかもわずか一九キロ足らずのところで敗れたのだ。このとき、当然、彼を助けに行くべきだったのだ。約一〇〇〇名のスコットランド隊が彼を奪回しに行きたいと申し出たが、いまからではなにもかも遅すぎる。もし失敗すれば、ジェームソンや彼の人員の生命も危ないと無理矢理説得された。それでも夜に入ると、怒った群衆が改革委員会の事務所を取り囲み、なぜ救出に行かなかったのかとなじり始めた。

この差し迫った問題を打解するためには、改革委員会はヤングハズバンドを頼りにするしかなかった。ヨハネスバーグのすぐ北にあるプレトリアに行って、あちらの様子を探って来てほしいという。中央アジアでロシア人と息詰まる体験をしてきたヤングハズバンドにとって、改革派たちの無能ぶりは見るに忍びなかった。が、いまはなによりもボーア側のニュースを知る必要がある。ヤングハズバンドはすぐプレトリアに向かった。まずボーア軍の司令官たちの充満するホテルに行き、そこで話を聞いてから、ボーア政府の事務所に出かけた。「司令官—将軍」と書かれたドアをノックして入ると、「タイムズ」紙の通信員であることをジューベルト将軍に告げた。いまはエイトランダーの息の音を止めた総司令官である。彼は、ヤングハズバンドの紹介を聞いて、「タイムズ」紙はボーア人にひどく噛みつく新聞だと言った。そこですかさず、いまこそボーア人が自らの立場を述べるにふさわしい機会だがと切り返すと、彼はそれもそうだと同意した。

翌日、ヤングハズバンドはこの返事を持ってヨハネスバーグに引き返し、改革派に伝えた。ボーア人は改革派を窮地に追い込むつもりでいること、ジェームソンよりむしろ改革派のほうをぼろくそにけなしていることなどであった。悪いことに、降伏したジェームソン軍の将校の一人が、ヨハネスバーグの改革派五名の署名のある手紙を所持していたことから、ボーア人はこの五名の降伏を要求し、ヨハネスバーグの無条件降伏を要求するに至った。改革派のうちの一人、二人は、しばらくケープタウンにでも行っていたらどうかと提案したが、フランク・ロードやリオネル・フィリップなどの指導者は、いま少し情勢を見てからという意見で、この逃亡計画は見送られた。激昂した者たちのわき上る声はとどまることなく広がり、これをどう鎮めるかが急務であった。新しい戦争の危機が迫ったのであった。

ジェームソンは降伏したものの、ボーア人もヨハネスバーグをすぐ攻撃できるという情勢ではなかった。大衆は暴徒化し、二、三〇〇〇名の連中は武器を捨てていない。町には二万丁のライフル、機関銃、それに大砲までそろっていた。しかし、もしヨハネスブルグで戦闘が始まれば、ジェームソンと彼の幕僚は銃殺されるだろうという噂が流れていた。ボーア人も自分らの独立が危うくなっている以上、ここで妥協するわけにいかない。

一月七日の昼前、サー・ジャコバス・デ・ウェットは、この緊迫した情勢のなかで、大衆に訴える演説を行なった。ヤングハズバンドもすぐ隣のベランダで彼の話を聞いたが、建物の下は群衆で埋まっていた。デ・ウェットは、ボーア人との闘いは現状では難しいこと、武器を捨てなければ女子供の身が危険になると説いた。ところが激昂した連中にはとても受け入れられそうにない。しかし、サー・シドニー・シップバードの訴え《アピール》は、より効果的だった。武器を捨てなければ、ジェームソンたちは確実に殺されるだろう。が、もし高等弁務官の要請を聞き入れるなら、この件についても考慮されるだろうと言い、これを聞いた暴徒化した大衆も一応は承諾して収まった。間に高等弁務官が入るなら、あえて危険な橋を渡る必要もなかった。そして、ヨハネスバーグの武装解除も混乱なく遂行され、ヨハネスブルグとプレトリアでは血生臭い戦闘も起きることなく、事態は終息に向かったのである。

両者は一発の銃弾も撃つことなく冷静に事件を処理したものの、このジェームソン事件は決して小さな問題ではなかった。ボーア人はエイトランダーに対して不信感を深めたし、エイトランダーもこの失敗に長いこと良心を苦しめられたからである。これが最終的には後年のボーア戦争（南阿戦争、一八九九～一九〇二年）まで必然的に尾を引いていくものだった。

武器を捨て、平静になった一月九日の夜、改革委員の全員が逮捕され、プレトリアの牢獄に放り込まれたのである。まさかという裏切り行為に等しいものだった。とくに四名の指導者は手ひどい扱いを受け、小さな窓しかない、極端に狭い部屋に押し込められ、ジェームソンも同じ牢獄に囚れの身となった。ヤングハズバンドは「タイムズ」紙の特派員という肩書きを大いに利用し、ジェームソンと初めて面会を許されたが、彼は捕われた人たちのなかでは、すっかり押しつぶされ、いちばん弱っているようだった。ジェームソンと改革委員との間には大きなギャップがあり、それがいっそう彼を心身ともに弱らせたに違いない。しかし、世間では彼らやこの事件をそう深刻には受け止めてはいなかった。ところがである、いよいよ改革委員の指導者全員とジェームソンに死刑の判決が下されたとき、全南アフリカと英国はこのニュースを聞いて一瞬耳を疑い、仰天したのだった。ジェームソンは英国政府を蚊帳《かや》の外に置いたのだから当然だろうという議論もある。しかし、ヤングハズバンドは、そんなことはなかったと断言している。英国政府はジェームソンの行動計画を十分知っていて、英国の軍隊も実は国境に待機していたのだという。が、まさか彼が単独でこんな愚行をしでかすとは信じていなかったのだった。

のちに重要な影響を及ぼすこの事件の現場にたまたま居合わせ、ときに重要な役割まで演じたヤングハズバンドは、南アフリカの裏と表を知り尽くしていた。しかし彼は、その裏舞台をそう詳細に書き残していない。ともかく、こうなったら、ヤングハズバンドはぜひボーア人の強力な指導者クリューガー大統領に会って、彼の真意をぜひ知っておく必要があった。この会見はうまく設定できたので、クリューガーに、エイトランダーに選挙権を与える気はあるのかどうか尋ねてみた。すると彼は、「英国と戦うと宣誓する者には、誰にでも認めるつもりだ」と答えた。簡単明瞭である。意志の塊のようで、勇敢、頑強そのもののこの老人に、ヤングハズバンドは称賛の気持ちは抱いたが、こんな非妥協的な態度ではもう戦い以外ないと痛感した。後進的なボーア人のパイオニアには、トランスヴァールの金鉱工業の発展に有能な人材を確保する気持ちなど、思いもつかなかったに違いない。愚かな点では、セシル・ローズも似たりよったりだったと、彼は言っている。しかし、ローズは自分の指令を無視したジェームソンを非難したりせず、捕まった彼や改革委員の一人につき二万五〇〇〇ポンドもの科料を支払ったのであった。なぜ、という問いに、彼は大物だったからという答えしかないであろう。

〈ジェームソンの襲撃《レイド》〉失敗後の結末もともかく沈静化した一八九六年四月、ヤングハズバンドは英国へ帰った。[2] 一応、自分の使命も終わったと思ったからであろう。そして、週末をタイムズ社主のアーサー・ウォルターとベアウッドで過ごした。ヤングハズバンドのスクープは「タイムズ」紙の価値を大いに高めていた。このときはまだジェームソンの結審は出ていなかったらしい。この折、ヤングハズバンドは後にも先にも初めて、陸軍総司令官ウルズリー元帥と会った。すると彼はこんなことを言った。「誰もかれも〈ジェームソンの襲撃〉について批判しているが、非難されるべき唯一の人間は、革命を指揮させるためフランク・ロードを仕立てた者だ」。ウルズリーは一八八四年、スーダンのハルツームでのゴードン将軍救援作戦を指揮したことがあるが、彼の暗に非難したフランク・ロードもこの同じ戦いに参加した経験があった。

ヤングハズバンドはまた、植民地相のジョセフ・チェンバレンと植民地省で会見した。彼の論旨は明解であり、すっきりした考えの持ち主で、辛辣に意見を述べた。彼は改革派にはとても我慢がならなかったが、「もしクリューガーが彼らの死刑を執行しようものなら、それは戦争だ」[3] とも言った。英国においては、煮えきらない改革派より戦争遂行家ばかりが幅をきかせていた。事実、チェンバレンはその後のボーア戦争を徹底的に遂行させ、植民地獲得の遂行者になっていく。

英国に滞在している間にも、南アフリカの情勢は依然として不安定で流動的であった。とうとう七月になって、「タイムズ」紙はいま一度、南アフリカへ行って、あちこち広く情勢を見てきてほしいと要請してきた。そして、新しい事態を完全に報告してくれるようにとのことだった。ヤングハズバンドはこれを引き受けた。南アフリカからもたらされるニュースは、ボーア人が武装を強化しているらしいというものであったが、トランスヴァールに着いてみると、この報道は決して大袈裟なものではないことがわかった。彼らが戦争準備に入っていることは明らかだった。頑強な砦をプレトリア周辺に構築していた。クリューガーはセシル・ローズ同様に大きな野心を抱いており、ローズがユニオン・ジャックの旗のもとに南アフリカ連合国の構想を持っているなら、クリューガーも負けじとオランダのもとに連合しようという野心が明らかだった。

ともかく、ボーア人の考えをぜひ知っておきたい。そこで特派員という特権を大いに活かしてクリューガー、ジューベルト将軍、最高裁判所長コッツェなどの指導者に会って、彼らの真意を聞きただしておきたかった。英国側にとっては、ヤングハズバンドの報告は貴重な情報源だったであろう。しかし、なぜだったかわからないが、彼の記事は実は公表されていない。彼の希望は案外スムースにいって、クリューガーと二度目の会見が実現した。しかも今回はより自由で、あまり形式にとらわれないものだった。

ヤングハズバンドの印象では、クリューガーという人物は、無骨で、世界の指導者と同一に論じられない人間だった。「ここにいるのは、まさしく少年として一八三六年の〈大旅行〉にケープ植民地を発ったままの彼であり、独立闘争に全生涯を賭けた彼であった」(4)と、ヤングハズバンドは書いている。彼はなまじっか教育を受けなかったので、かえって人間性の知性というものを救うことになった。他の者ならたちまち圧倒されてしまいそうな危険をも顧みず、巧みに人民を導いていけたのもこのためである。聖書は彼が読んだ唯一の書物だった。クリューガーはヤングハズバンドに、「わしの国が攻撃されない限り、他を攻撃などしない」ときっぱり明言していた。一方で一般のエイトランダー、とくにヨハネスバーグ人を疑いの目で見ていた。「かつてトランスヴァールはいたずらに侵略を受けた。だから、また同じように侵略されるときの防備をしなくてはならぬ」と述べ、会見の終わりに彼は立ち上がって別れを言うと、いま一度、語を強めて繰り返して言った。「英国の人たちに伝えてくれませんか。われわれがあなた方を攻撃しない以上、あなた方も攻撃しないでもらいたいとね」。

クリューガーとの会見も、彼の国民議会の参観もすませ、ボーア人の考え方もおぼろげながら摑んだ。彼らはエイトランダー（外国人）に対する徹底的な課税を緩和する気もなく、選挙権を与える気もないことだった。そこには無知というか、後進的な頑迷さが見て取れた。若いボーア人たちはジェームソン事件ののち、英国を侮る気持ちがきわめて強くなったことであった。この問題の解決はただ一つ、ボーア人とエイトランダーとの流血の争い以外にはなさそうだということだった。

ヤングハズバンドは、南アフリカを広く旅行してみることにした。彼にとって南アフリカはインドと違って異国であった。ただし、彼の風物に対する印象描写はまったくない。まずヨハネスバーグより南に広がるオレンジ自由州を通り、その東にあるバストランドを訪問し、さらにケープ植民地の東部州を見て歩いた。細かなルートは不明である。次いで東部海岸のポンドランドから北上してナタールに入り、一度プレトリアに戻った。ナタールで彼は、インドの移民として弁護士をしていたマハトマ・ガンディーに会った。のちにガンディーはインドに帰り、民族独立運動をするが、その下地はここで学んだ。ここからまた東海岸のモザンビークのデラゴラ湾に出、汽船で北上してベイラ港に行き、陸路をとってマショナランド（ローデシア）の首都ソーリスベリイを訪問した。当時、マショナランドはマショナ族の反乱のさなかで、白人は手当たり次第に虐殺されていた。植民地の支配はけっしてバラ色ではなかった。

セシル・ローズの夢は、あのジェームソン事件ですっかり打ち砕かれてしまい、ケープ植民地における彼の地位も威信も失われてしまっていた。マタベリ族はブラワヨを包囲し、マショナ族はソーリスベリイを包囲していた。あまつさえ牛疫が蔓延し、家畜の死骸は野にあふれ、ローズにとってはなにもかも最悪であった。ヤングハズバンドはたまたまソーリスベリイでローズと一緒になることがあったが、彼には、ついちょっと前までの面影すらもうなかった。

不思議な縁で南アフリカを巡って歩いた期間は、いつの間にか一二カ月にもなっていた。英国の植民地の難しい問題は、いまは中央アジアよりこの南アフリカに移っていたから、ヤングハズバンドは政治がらみの国境問題では重要な立場にいたことになる。しかし、このことが彼の将来の出世にプラスになったかどうかは、また別である。彼は世俗的にあまりに有名になりすぎていた。彼を受け入れてくれる社会があるかどうかであった。

ともかく南アフリカでは、いたるところ白人と現地人（黒人）との争いが起こっており、また白人は後進派、進歩派の二つのグループにはっきり分かれていた。ヨーロッパから群がって移民して来た白人たちの目的はあくまで金儲けであり、紛争の根源はトランスヴァールの富、すなわち金鉱にあった。この無尽蔵の金鉱こそ、あらゆる争いの種子であった。トランスヴァールのオランダ人、すなわちボーア人は、「南アフリカのお前らの領分では好きなだけやればよいさ。しかし、おれたちのことは放っておいてくれ」という意見に代表されていた。とはいえ、自分たちの独立のためには、最終的には戦争しかないと、ヤングハズバンドは将来を予測している。それはすぐ数年後に勃発するボーア戦争を予言するものであった。トランスヴァールは周囲を英国領に取り囲まれている。来たるべき戦争準備はどちらの側でも着々と進められていた。

ヤングハズバンドは、南アフリカを二度訪れ、一二カ月を過ごしたといわれながら、いつ帰国したのかはっきり書いていないが、どうやら一八九七年三月初旬には船で英国に帰ったらしい。

ヤングハズバンドの足跡を調査したパトリック・フレンチ氏の教示によると、ヤングハズバンドはたまたま南アフリカからの帰国の途中、カイロでネリー・ダグラスという既婚の女性と知り合い、かなり熱い関係となって、一八九四年末から二年半も続いたという。この間の書簡は、ヤングハズバンドの娘のエイリーンから寄贈を受けたインド公文書館にあるが、現在も公開が禁止されているという。南アフリカの旅は意外と謎の多いものだったといえよう。

第16章　インド——安逸と怠惰な日々

インドに生まれ、青春時代にインドで勤務を始めた者にとって、いかに体内に英国人の血が流れていても、インドはやはり心のふるさとであった。繰り返し行なわれる軍隊行進《パレード》、実戦のない怠惰な軍務生活、そこから逃げ出してインド政庁に移ってみたところが、一切融通のきかない官僚機構にがんじがらめになっている哀れな自分の姿をあらためて見せつけられただけであった。自分の人生に悔いはなかったが、楽しいはずの青春時代はもう終わっていた。いくらかでもやり直しができるかもしれないと思い、インドにはもう二度と戻ることもあるまいと決意して英国に帰ったのだった。いくらか心の隅に未練は残ったが、その冒険欲を満たすには、なにもインド辺境部でなくてもよく、南アフリカの未開の土地でも十分癒されるものと信じていた。

ところがいざ南アフリカから中央アフリカを巡って知ったことは、アフリカを知れば知るほど、ますますアジアが好きになるということだった。アジアという別れ難い恋人をさっぱり忘れる旅が、実は逆にその思い出にますます浸るという皮肉な結果に終わったのである。しかも運悪く、中央アフリカを旅行しようとしていた矢先、ベイラで熱病の発作に倒れてしまった。この折、アジアと結びついた数々の思い出をよみがえらせたのであった。自分は、熱帯よりも雪のほうに向いた人間であることを。そして、パミールやカラコラムの雪と結びついて、いま一つの映像を熱っぽい頭の中で思い浮べていた。

ヤングハズバンドは、カシュガールで初恋の人を永遠に失ってから、しばらく世の中がすっかりむなしくなった。しかもアジア大陸の真っ只中、敵対者ばかり多いなかでのこの精神的衝撃は、彼を心底から打ちのめさずにおかなかった。失意のなか、彼はパミールを経由しインドに帰る計画を立てたが、今度はロシア軍の追い討ちに遭い、ここでまた独力で難局を切り抜けなければならなかった。精神的にぼろぼろになっていたこの時期の活躍は、ヤングハズバンドが残した数々の業績のなかでもひときわ目立ったものだった。彼は肉体的にも限界だったと思えるのであるが、ロシアとの〈グレイト・ゲーム〉、キプリングが皮肉を込めて言った「四つに組んだ大勝負」、いわゆる大博打《ばくち》を見事にやってのけた点では、(1) ついに彼に比肩できるものはそれ以前にもそれ以後にもいなかったのである。しかし、これですらインド政庁から大した評点はもらえなかった。再び失意を味わった彼は、一八九二年の春にかろうじてカシミールの駐在補佐官になったが、このときインド政庁の非公認の駐在官をしていたチャールズ・マンジャクという人物と顔見知りとなった。こんな関係から、彼の長女ヘレン・アウガスタと知り合うようになった。年齢こそもう若くはなかったが、インドでも英国でも、そうめったにお目にかかれないような美貌の持ち主であった。(2)

よほど殊勝か変わり者でもない限り、男は移り気なものだ。一生を独身で一人の女性に捧げ尽くすほどの男など、薬にしたくても見つけられない。永遠の女性など、詩人が言葉の魔術で作り上げた一つの策謀に違いない。ヤングハズバンドだってやはり一人前の男だった。カシミール駐在補佐官になって早々知り合った仲間の娘に、もう早速手紙を出して、心の秘密を書き並べている。「最近、私たちはしばしば会うようになりましたし、次第に友情を深めていくようになりました。そこで私は、私の人生についてひとつの大きな事柄、このことについてふれるのは耐え難いのですが、ぜひあなたに知っておいていただきたいことを申し上げたいと思います」と彼は書いている。ヤングハズバンドよりいくらか年上であり、母を亡くしたばかりの彼には彼女との出会いが一つの救いだったのであろう。こう書き出した彼の手紙は、寡黙な彼にしては初めて開いた心の秘密を、すべて語り尽くしている。彼は失恋した理由からその経緯まで、まだ知り合っていくらもたたぬ女性に、洗いざらい告白しているのだ。彼三二歳のときである。

インドに住む英国の男たちをいつも悩ませるものは、〈インドラの情熱〉（灼熱の太陽）でも、コレラやチフスの疾病でも、金銭の問題でもなかった。黄金をいくら積んでもそう易々と手に入らない女日照りに、絶えず苦しまなければならなかったのである。シムラやカルカッタの小さな社交界ならまだしも、女っ気のないインド北西部国境勤務となったら、もう世捨て人と同じであった。汗臭さと、日ごと繰り返される単調な日課しかない。

英国の女たちの場合、国内でよい亭主が見つからないと、最後には決まってインドまで流れつくのだった。インドの男たちは白人の娘に恋い焦れていたから、乞食の娘を玉の輿に乗せることぐらい平気でやったからである。英国で売れ残った女たちは、インドが自分たちのよき〈結婚市場〉であることをちゃんと心得ていた。そして、ただそう安くは売らないことも肝に銘じていた。男たちのほうも、船で運ばれてくる〈肉体市場〉の商品が、稀少価値はあるが、そう上質なものでないことぐらいは知っていた。知ってはいたが、どうにもならなかったのだ。白人の娘はみな女王様に見えたのである。こんな女たちがインドにでんと居ついた途端、インド人の家政婦や使用人たちとの間でもめごとが絶えず、インド人との協力関係は難しくなっていった(3)。

ヤングハズバンドの青春時代も、見かけは女っ気がないままに去ってしまった。周囲にいる仲間たちは大同小異、自分のライバルであり、いくら友人であっても自分の弱気の一面を披露するわけにいかなかった。また心の悩みを打ち明けてみたところで、相手も同じような境遇であってみれば無駄なことだった。だから、知り合って、少しでも優しくしてくれた女性にすがりつきたい気持ちがあったとしても、別に不思議ではない。孤高な探検家といえば聞こえはよいが、彼もやはりわれわれと同じ人間だったのである。「私はたった一人ぽっちだったので、孤独に身震いし、そこから逃れようとし」て、身近に一人でも友人が欲しかったと告白している。その友人は男ではだめだったのだ。自分の言うことを素直に聞いてくれる女性なら、誰だってよかったに違いない。

しかし、ヤングハズバンドはこの女性とそう深い仲にはならなかったらしい。お互いの育ちが違ったし、汗と泥にまみれた国境勤務の男に、相手はそう魅力を感じなかったのであろう。英国の社交界に出られる身分の娘なら、なおさら自分を安く売るはずがなかった。そのうち、チトラルの騒擾が起こり、身動きがとれなくなった。さらにインド政庁に絶望して英国に帰り、アフリカに渡るまでの数年間は、思い出したように手紙の交換はあってもすれ違いが多く、デートを楽しむことはまずなかった。彼女の家族もインドには長くいなかったらしい。

チトラル戦役で二年間を空費し、英国から南アフリカを巡っているうち、いつしか彼女と馴れ初めてから五年の歳月が流れようとしていた。そして南アフリカの旅の途次、ふと自分の風のような一所不定の旅の人生を振り返り、深く反省させられることがあった。それは、家庭を持って身を落ち着けたいという、冒険家にとって縁遠い考えだった。ヤングハズバンドには、残念ながら、一つの仕事に専念して打ち込める自分自身の専門がなかった。考古学者とか植物学者だったら、その旅から決まって一つの成果が期待されるはずであった。しかし、彼にはそれがなかった。一つの体制から離れると根なし草になりかねない。無能で無策で護身術ばかり発達した官僚機構を憎みながら、そこから離れた自分は社会ではただの人になってしまうことも発見した。

それでも一八九六年十月三十一日、ベイラからソールスベリーに向かう途中、ヤングハズバンドは古い女友達に手紙を書いた。それは旅の人生に疲れ、自分にも一つの区切りにしたいと決心した手紙でもあった。「英国に滞在していなかったのは、本当に愚かなことだったと思います」と、まず後悔し、次いで、「いま少し長く英国に滞在していましたら、私は当然結婚していたに違いないと、いま思っています。もちろん、私の心の中に、意中の人が誰一人いるわけではありませんが。私はそのことについて、いままでとまったく違って感じるようになりました」と書く。そして、すぐにでも南アフリカの旅を切り上げて帰国したいと言っている。[4] アフリカが彼の性格に合わず、そのため一種の情緒不安定になったのであろう。

ヤングハズバンドは南アフリカから英国に帰る船で、彼女と一緒だったという。[5] おそらく、これは一八九七年の春（北半球での）の頃だったろうと思う。二人がどういう具合いで南アフリカで落ち合ったのか不明だが、船上で一、二週間ゆっくり将来の問題について語り合う時間があったことだけは確かであろう。それでもまだヤングハズバンドには、彼女に自分の気持ちを率直に打ち明けるだけの勇気はなかったらしい。逡巡する彼女の心を測りかねてもいたのであろう。英国に帰ってから、一八九七年四月十八日付の手紙で、自分は二週間したらすでに結婚している姉妹とウェールズに行き、一方、父も姉のエミーも行くが、「〔この折〕あなたにお会いし、いま私の心をいっぱいにしている問題について、この後ゆっくりお話ししたいが、ここで書くわけにいきません」と書いている。そして、それから約一週間後の手紙（四月二十六日付）で、「私は〔あなたに〕恋してしまいました」と告白し、だいたい彼女も承諾したのであろう。随分まわりくどい手順である。彼にとってはパミールやカラコラムの峠越えより難しかったのかもしれない。この結婚話にヤングハズバンドの父親は喜んだというが、姉だけは、弟が結婚してしまうことで、すっかり意気《い》沮《き》喪《そ》《そう》してしまったという。彼女は弟とインドに行き、家政を取り仕切るつもりでいたらしいが、新夫人が来てしまってはインド行きはお流れになってしまうからだった。

こんな事件はあったが、長い道程はようやく終わりとなり、七月二十三日に婚約が正式に発表された。彼女の母親オウガスタ・フィッツパトリックはアイルランドの貴族の出であったことや、生い立ちが違いすぎたため、結婚になかなか踏み切れず、回答はぐずぐずしていたものらしい。そのうちヤングハズバンドのほうも、これまでの人生にすっかり絶望し、前途に望みを失っていた時期だったので、心の支えがぜひ必要だった。そこで、躊躇する彼女をいささか強引に説き伏せてしまったものらしい。彼女もすでに華やいだ婚期は逸していたから、年下の男ではあったが諦らめたのであろう。若い頃の初恋の情熱はお互いすでになく、どちらかといえば冷静なスタートで、性格もまったく違ってはいたが、二人はまずまず幸福な人生を送った（最晩年はそうともいえなかったのだが）。彼女は一八世紀のフランスの歴史に造詣が深く、美的鑑識があり、貞淑で、出しゃばることもなかった。おそらく、純粋な英国人でなかった血統が、高慢にもならず、浮き沈みのとくに激しい夫の人生のよき伴侶となったに違いない。挙式は八月十一日、ウィンドソー近くのダチェット教会で行なわれた。

気ままな独身者がいざ結婚して落ち着いてみると、空想と現実は大違いだった。社交界にいるほうが自然な新夫人であってみれば、彼がいくら氷雪の世界に憧れてみたところで、異国での生活は考えられなかった。まして探検家には戻れまい。タイムズ社はヤングハズバンドにずっといてほしいと言っていたから、別に職や生活に困ることはなかったが、親しい友人でもあるハリー・カストがしきりにインドに帰ることを勧めた。「君の本当の仕事はインドにある。君はインドで訓練を積んだし、体験もあるのだから、君に適した職がきっとあるにちがいない」と、説得してやまなかった。おそらくヤングハズバンドの本心は、平穏で単調な英国に飽きて、本心はインドに戻りたかったであろう。しかし、夫人はそう乗り気だったとは思えない。まだ結婚して二、三カ月たったばかりである。しかし、カストの熱心な説得で、いつしかインド行きに心が変わっていった。

一八九七年十一月、ヤングハズバンド夫婦はインドに旅立った。職を得るとすればやはり官吏しかない。行く前に、一応打診だけはしておいたが、よい場所がなく、バクダッドかペルシア湾岸、あるいはインド北方ギルギットの南、マイソールのどこからしいという漠然としたものだった。行政官《ポリティカル・オフィサー》として望み得るようなよい任地は、いくら人材不足のインド植民地とはいえ、どこにでも転がっているわけではない。しかし、ボンベイに船が着くまでいったいどこに配属されるのか、なにも知らされていなかった。第一、インド政庁を勝手に飛び出しておきながら、いままた職を求めて今度は家族連れで舞い戻って来るような男に、喜んで応じてくれるところなどどこにもなかった。それでもインドに来ると、ラジプタナ（ラジャスタン）のマウント・アブにある、インド行政官庁の三等官に任命された。喜ぶべきかどうか、インド政庁がヤングハズバンドに提供した地位は、過去の業績など一切お構いなく、最下等の官位であり、ヤングハズバンドはこれを聞いただけで、いいかげんうんざりさせられた。誇り高い探検家スヴェン・ヘディンのような男だったら、こんな地位を提示されたら鼻の先でせせら笑ったことであろう。探検歴とその業績から見たら、この時点ではヤングハズバンドのほうがはるかに上であり、アジア大陸の横断、パミールの探検ではそのパイオニア・ワークを凌駕できた人はいなかった。しかし、官僚機構はそんなことは問題にしなかった。それでもヤングハズバンドはこの地位を甘んじて受けた。彼は宗教的に謙虚であり、また忍耐強かった。

ラジプタナはデリーの南西部にある州で、決して悪いところではない。その北西部はとくに大沙漠（インド沙漠）であるが、南東部は肥沃な土地であった。住民の大半はヒンズー教徒で、かつてはムガール帝国の支配下にあったが、一八一七年に英国の保護領に入った。カラチとほぼ同じ緯度（北緯約二五度）にあるが、暑さが去ればしのぎやすいところであった。行政官としての任務を早く習得しなくてはならなかったが、ともかく、家でくつろげるなど少尉として連隊に勤務して以来、初めてのことだった。人生をスタートしてからというもの、いつも国境地帯の旅行や探検などをしていたので、テントか現地民の小屋が仮の住まいであった。いま、少なくとも一軒の庭付きの家に夫人と住めることだけでも、不満は言っていられなかった。

英国の保護領下にあるインド諸州には、まず英国総督代理者《リシデント》（知事にあたる）がおり、その下に駐在官《リシデンシー》と行政官《ポリティカル・エイジエンシー》が配属されている。ラジプタナでもがっちりとこの機構に組み込まれていた。ここの膨大な事務処理はすべて書類でやっていた。ヤングハズバンドの同僚はインピ大尉とブルース大尉で、その主任がサー・ロバート・クロスワイトであった。重要な問題は彼らが裁可し、小さなことは指示を出し、多くのインド人の書記を使って仕事を片づけた。こういった方法は、ヤングハズバンドが辺境地帯でやっていた、人と人とじかに接するというのと大違いであったから、すぐに決めることのできるものにも時間がかかり、これが気分をいら立せた。だいたい、こういったお役所仕事に彼は向いていなかったのだ。一例にこんなものがあった。互いに国境を主張する藩王《マハラジャ》がいたが、これは川を挟んで係争を起こし、各々相手側の対岸を自分の領土という。両者とも古い書類を持ち出して頑張るのだから、とても収まりがつかない。ヤングハズバンドは、では川の中間を国境にしたらよかろうと提案しようとしたが、主任に却下されて実現せず、それからだらだらと数年間も争いが続いた。教育、税、政治、裁判が万事この調子だったから、即決主義の彼にはとても耐えられなかった。

約一年間、ヤングハズバンドは慣れないこんな仕事で、通達を書いたり、「年報」を編集したりして惰弱な生活のなかで呻吟した。自由に野を飛び回っていた小鳥が、急に籠の中に閉じ込められたようなものである。そこで、ここよりましなところがないかどうか、シムラに職探しに行った。すると外務省は、ラジプタナのデオリに行政官として配属を決めてくれた。しかし、このとき、ヤングハズバンドの身の上に大きな事件が起こっていた。夫人はこちらに来て身ごもっていたが、男の子を生んですぐ、その子が死んでしまったのである。辺地にあっては、子供も生存していくにはそれなりに大変なはずであった。初めて父親になったのもつかの間、愛児を失い、悲しみに暮れた。夫人の精神的ショックはとくにひどかった。デオリへの転勤は一八九八年の九月六日であったが、むしろ気分を一新するにはよかったろう。

デオリは英国保護領で、ヤングハズバンドはラジプタナ（ラジャスタン）の三つの州を監督することになっていた。ヒンズー教徒のブンティとシャープラ、イスラム教徒のトンクである。ここはナシラバードの鉄道駅から九六キロも離れたところにあり、険しい丘陵の間の狭い場所にあった。ここの仕事はヤングハズバンドにとってすばらしい経験となり、興味あるものだったが、一方、辺境と比較したとき、なんとも刺激に乏しかった。まったく安全で、これらの州が他から侵略を受ける心配も、首長が兄弟に殺されて動乱の起こる可能性も、まず考えられなかった。平和はよいことだったが、その障害もなくはない。ここの住民には刺激がないから勤勉さというものがなかったし、領主たちは形式的な儀式ばかりやっていた。

デオリは平穏なインド内陸部に位置し、ヤングハズバンドもせいぜい一年ばかりここで勤務しようと考えていた。ここにはあっても飢饉かペストぐらいで、たいして深刻な問題は起きない。ところがヤングハズバンドが赴任してから情勢がおかしくなった。一八九九年の七月、いつものようにモンスーンが襲って一週間たち、穀物も芽を吹きはじめた。ところが、突然、このモンスーンの雨がぴたりとやんでしまったのだった。空は依然としてかき曇り、重い雲が垂れ込めていたが、一滴の雨も降らない。こうして一週間が去ったが、人々は別に注意を払うこともなかった。モンスーンにはこんな中休みの例が、いままでにも珍しくなかったからである。ところが、一週間がたち、二週間が去り、やがて一カ月がたったのに雨は一向に降らず、芽を出した穀物が枯れはじめた。そして、いつしか雲も去り、モンスーンの時期が終わっていた。予想外の飢饉は確実で、着任早々、ヤングハズバンドはこの降ってわいたような困難に直面したのである。

広大なインドでは、たとえ飢饉といっても一度に国土の三分の一以上が被害を受けることはない。残りの三分の二から穀物を輸入すれば、なんとか切り抜けることができた。しかし、ブンディのような後進的な州はそうはいかない。首都は鉄道駅から一四五キロも離れており、こんな飢饉がひとたび襲えば、州の行政機構はたちまちお手上げであった。しかも、こういった緊急事態になると、経験のないヤングハズバンドもどうやってよいのか皆目見当もつかなかった。

ヤングハズバンドは、早速、首長のところへ行き、腹蔵なく個人的に長い話し合いをやってみた。事態は由々しい。いったいどうなさるつもりかと尋ねてみた。ところが首長は、「神を信じます」と言うだけで、なんの対応策もない。彼は、「こんな災禍は神がつかわしたもので、これに逆らうのは不敬虔です。わが州の飢饉における伝統は、神の意思に服従することです。もし飢饉が最悪の場合には、新しい寺院を一つ建造すればよいでしょう」といった具合いで、まるでとんちんかんな答えであった。ヤングハズバンドとしては、もし望むなら、人民の救済に人を派遣し、資金も借与する用意のあることを告げたが、インド政庁がやりたいならご自由にといった調子で、飢饉を天災としてなんら考えていない様子であった。こんな無知な為政者のもとにいて、苦しむのはいつも住民であった。

モンスーンが去った後は晴天が続く。心配したヤングハズバンドは村から村へと騎馬で視察して回った。すると住民たちは彼を囲み、なんとか助けてくれと懇願するのだった。しかし、相手は手強い自然である。人間など無力に等しかった。それでも彼は、もし自分に命令が下せたら、彼らを救えるのだがと悔しがっている。ただ、これは彼の権限外のことであった。ことは簡単だったのだ。村民に現金があれば、食糧は手に入ったのである。彼らは昔から自給自足でやってきたから、現金を持っていなかった。ブンディ州に金はないし、インド政庁も他のインド諸州のことを考えれば、ここだけ無料で助けるわけにいかなかった。またたとえ穀物を運んで来たところで、分配の手段がなかった。過去、こんな組織がなかったからである。支配者も政府も、苦しむ住民はそっちのけで、自分のエゴをむき出しにしていた。それなら公共事業、たとえば、道路、鉄道、運河などの土木工事をやって、それに村民を働かせ賃金を支払う方法があった。インド政庁もこの方法をとったが、今度は村民が村を離れて仕事に出たがらなかった。女たちはなけなしの衣料や装身具を売っても、働きに出なかった。政治の無策と住民の無知にあって、結局は飢えるしかなかったのである。

翌一九〇〇年五月、事態はさらに悪化しだした。もう蓄えは尽き、住民は木の実、葉、根を食べていたが、ヤングハズバンドはたまたま火葬した残り物から、焼けた人間の肉を摑んで齧《かじ》っている悲惨な情景を目撃した。しかも焦げるような熱風は乾ききった平原を吹き抜け、太陽は無慈悲だった。井戸水は尽き、かろうじて底に残った水も飲めたものではなかった。それでも住民はこれを飲み、コレラにかかってばたばた斃れた。コレラが猛威を振るい、ペストがこれに追い討ちをかけた。路傍には死体がごろごろ転がり、飢えた子供、骨と皮ばかりになった女たち、何万もの住民が死んでいった。

六月が終わり、七月の最初の週が去っていったが、雨の気配もなかった。ヤングハズバンドは悪い予感に襲われていた。自然に対して無力な人間をあらためて思い知らされた。ところが、奇蹟が起こったのだ。七月の二週目に入って、雨が降り出し、旱魃は一年でかろうじて終わった。南インドから、飢饉委員長官サー・ダンロップ・スミス（のちのインド総督秘書）が、六〇〇〇頭の畜牛を連れて、ラジプタナ救援に入って来たのだった。

インドの民衆は、天候ひとつで運命が左右される。それには領主も、植民地を支配する為政者も無力であり、みな利己主義者であることに変わりなかった。その支配階級の中にあったヤングハズバンドも、雨が降り、救援の牛がやって来たのを見て、ただ「この光景を目の当たりにしたとき以上に、深い満足を覚えたことはなかった」と言うしかなかった。[6] 住民の男たちは神に感謝を捧げるだけである。この旱魃で約五万人の死者を出したが、ヤングハズバンドのこの飢饉の対応策についての批判、無策無能な領主や英国支配者への批難の言葉は聞かれない。天候はいつまた同じことを繰り返すかわからないのだが、ヤングハズバンドたちが空腹を抱えて苦しむことはなかった。

この問題が一応決着してから、十月にヤングハズバンドはインド総督カーゾンから、妻と一緒にシムラへ一週間招待された。かつてインド西北国境で知り合ったカーゾンは、前年の一八九九年、ロンドンのインド省事務次官からインド総督に就任していたのである。インド帝国を支配する事実上の最高権力者である。これは永らく不運をかこってきたヤングハズバンドにとって、運命の転機になるかもしれない事件であった。インドの官吏としては最下級のヤングハズバンドに対し、カーゾンはきわめて丁重に、昔の仲間を部下としてではなく、友人として遇してくれ、決して尊大なところは見せなかった。当時カーゾンは、傲岸不遜な人物ともっぱらいわれていた。

しかし、これからしばらくの間は、休息というもののなかった彼に、初めて平穏無事な日々が続いた。変わった事件もなく、役所と自宅の間を平凡に通った。波乱含みのこれまでの生涯のなかでぽっかりあいた空白が、この一九〇〇年後半からの二年間である。ところが、一九〇二年の正月に娘が生まれ、エイリーン・ルイゼと名づけられた頃から、息子を失ってとかく湿りがちだった寂しい家庭に、再び明るさが戻ってきた。冒険の人生から遠ざかり、平和な家庭の人となったいま、新たな冒険の人生は考えられなかったし、珍奇なインドの風土のなかで、インドの官吏として過ごすより他に方法がなくなっていた。人生の恐ろしさはこういった一種の慣れであり、いまのこの生活がいちばんよいと信じ込んでしまうことだった。ヤングハズバンドの冒険の人生も、なにか特別の事件がない限り、もうおしまいであった。しかし、娘が生まれて数週間たった頃、またインド総督カーゾンが、彼を友人としてシムラに呼び、歓待してくれた。そしてインドールの英国総督代理者《リシデント》（駐在官）に任命してくれたことだった。友人として抜擢してくれたのである。

新しく赴任したインドールは、ブンディの東南、インド亜大陸のほぼ中央部にあり、一つの州というよりインド中央部に散在する肥沃な土地を寄せ集めたようなところだった。インドールの領主はホルカー（Holkar）として知られ、一八世紀にムガール帝国から分離したマラッタ族（好戦的なヒンズーの一支族）の一兵士が支配しはじめた、比較的新しい国であった。いままでいたブンディは古い国であったものの貧しく、インドールは新しい割に豊かであった。ただ、ブンディの領主は紳士であったが、インドールの領主は粗野といってよかった。一八〇四年に英国のレイクに敗れ、領土の大半を失って、一八一八年に英国の保護領に入った所である。

インドールに着任したものの領主《ホルカー》がなにも言ってこないので、ヤングハズバンドはこちらから挨拶に行く旨を知らせると、言うことがふるっていた。「お出ましの節は、料理人をお連れいただきたい。そうすれば、あなたが万が一死んでも、私が毒殺したと言われないですみますから」。そして、会見すると開口一番、「あなたは、私が不忠の徒とお聞きでしょうな」と言う。「いや、私の目を通した公式報告書にそんなことは見かけませんでしたが」と答えると、「ああ、そうですか。私はインド政庁とあなたのような総督代理者《リシデント》を憎んでおりますから」と、ずばり言ってのけた。

そして、「ですが、君主には忠実ですよ」と付け加えた。彼の発言は礼儀作法などにまったくこだわっていない、自由奔放なものだった。彼はさらにこうも言ってのけた。「ヴィクトリア女王は、醜い婆さんだと聞きましたがね」[7]。

領主《ホルカー》は多芸多能な人物だったし、他から支配を受けたくない性格だったから、実際、彼の近くに仕えることは危険を伴った。ヤングハズバンドは多くのことには目をつむって、見て見ぬふりをしたが、それでも彼に注意しなくてはならないこともあった。すると彼はこう反駁した。「私の人民をどうやって支配するかなど、教えようとしないでいただきたい。われわれ領主たるものは、あなた方ヨーロッパ人よりどうやって人民を統治したらよいかぐらいよく知っとります。ヨーロッパやアメリカでは、国王や大統領はちょくちょく自分の国民に暗殺されたり、射殺されたりしていますな。しかし、インドでは、ただの一人の領主たりとも、自分の国民に殺されたりしたなど聞いたことがありません」。たしかに彼の抜け目のない議論は、真実をついていた。王位継承にからんで暗殺の絶えないフンザやチトラルの場合でも、領主が人民に殺されることなどはまずなかった。インド人たちは、おそらく支配者は神が定めたものと信じていたから、このような事件は起こり得なかったのだ。領主《ホルカー》はこんな破格な人物だったので、とくに〈ダーバー〉（インド総督の謁見）などの折には、とんでもないことをしでかさないよう、ヤングハズバンドは絶えず気を配り、式の直前などに耳打ちをしたりした。

インドールにいた間、ヤングハズバンドはインド人と肌で接し、彼らから学ぶことも多かった。そしてとくに大きく影響を受けたのは、多くのヒンズー教徒の聖者と知り合い、宗教について語り合ったことだった。彼自身がこういった貴重な体験に喜びを感じていたが、そんな平穏な年はたった一年で終わりを告げた。一九〇三年の五月、シムラへ出頭されたしとのカーゾン卿からの電報が届いたからである。これは、安逸で平穏な時代がついに終わったことを言外に知らせていた。そして、新しい人生の始まりを告げるものでもあった。

第17章　〈チベット使節〉

一九〇三年五月のある蒸し暑い日のことだった。ヤングハズバンドは、突然シムラから一通の電報を受け取った。直ちにシムラへ出頭し、チベットへ派遣される使節を率いるための訓令を受けよ、という内容であった。ただ詳しいことは電文からではよくわからない。しかし、チベットでなにかが起こっているに違いない。このニュースは単調な生活に倦みはじめていたヤングハズバンドにとって、新しい冒険とスリルを予感させるものだった。

英領インドの対外的な問題は、この一世紀近く、常に北西部国境地帯で生じていた。二度にわたるアフガン戦争、中央アジアを南下し、西トルキスタンを併合した帝政ロシアとの確執は、次第にシナ・トルキスタンに移っていたし、ここでの虚々実々の駆け引きではヤングハズバンドの右に出るものはいなかった。しかし、独断的判断で、相手側と丁丁発止と渡り合えるような名人芸の時代は、すでに終わりつつあった。上司や議会にいちいち了解をとってしか動けなかったり、煩わしい外交事務を、二枚舌で巧みに遊泳するのを得意とする外交官のような術策は、ヤングハズバンドのように短気で行動的な性格の持ち主には不向きであった。が、こうした外交折衝ではもうすまない差し迫った問題が、インド北東部国境のチベットであったと思ってよいであろう。難しい局面打開の切り札として、再び自分にお呼びがかかったに違いなかった。

ヤングハズバンドは大急ぎで荷物をまとめると、シムラの外務省へ出頭した。ここで初めて一切の関係書類を渡され、ロンドンのインド事務省から最終的な訓令が届くまで、この書類に目を通しておいてもらいたいと申し渡された。ヤングハズバンドは、インド政庁がこれからチベットで行なおうとしている計画の一部始終を初めて知った。ここにも東インド会社からインド政庁へと、過去一世紀にわたって続けられてきた、チベットとその宗主権を主張するシナ清朝との、困難な問題があったのだった。(1) ヤングハズバンドはその交渉の大任を任されたのである。

この日からしばらくたった、ある日の午後、アナンダーレの競技場に、彼はインド総督カーゾン卿とインド軍総司令官キッチナー卿から午餐に招かれた。食後、ヒマラヤ杉《シーダー》の木陰に座って、カーゾンはヤングハズバンドにこれからのより詳しい計画を打ち明けた。競技場では、たくさんの男や女たちが騎馬や曲馬の技を競っていた。一年のうち最も快適なこの季節、シムラにいる貴顕淑女は今日のこの日をと、美々しく艶やかな装いで繰り出していたのだった。遠くから眺めたこの光景は、爽やかな五月のインドの太陽の下で、のんびりと平和なものに見えたし、木陰で語り合う三人の姿を誰も不思議に思っている様子はなかった。

しかし、カーゾンとヤングハズバンドは、こんな華やいだ雑踏とは裏腹に、これから予想されるさまざまな困難な問題にどう対処していったらよいか、そのあらかじめの可能性について熱心に語り合っていたのである。チベット人はなかなかの曲者で、交渉相手としては手強いものだった。交渉がすんなりいくどころか、最悪の事態にもなりかねない。また、なるべくこのことは人に知られたくない。もしシムラの宏壮な総督官邸で話し合うとすれば、必ずや狭い社会で話題に上るであろうし、揣摩《しま》臆測が世間に漏れ出る恐れがあった。広い野天で競技を見物しながら、のんびり雑談を装うほど安全な方法はなかった。

カーゾンは、まず最初に事態をはっきりさせておこうとしていた。(2) ただそれがどういうものだったのか、ヤングハズバンドも具体的な内容についてはふれていない。(3) しかし、カーゾンは現在のチベットの状況、過去のチベットと英国とのかかわりについて、縷々説明したはずである。とくにこの数年間の微妙な推移は公表されていなかったから、ヤングハズバンドもほとんどなにも知らないものだった。カーゾンは、おそらく自分の決意をヤングハズバンドに語ったに違いない。それは、事態の推移とともに次第に明らかになっていくであろう。ただ、ヤングハズバンドに全権を任せてチベット側と交渉を開始させるまでの歴史は、ここでざっとたどっておく必要があろう。そうでないと、カーゾンが〈チベット使節〉を派遣しようとしているそもそもの意図がわからないからだ(4)。
カーゾンがインド総督に就任（一八九九年）するまでの僅々一、二〇年に限っても、チベット人はたびたびヒマラヤの天険を越えてシッキム領内に侵入し、あってなきがごとき国境を蹂躙した。インド政庁からのたびたびの抗議も、チベット人はほとんど無視するか拒否したし、チベットに潜在的宗主権を主張するシナ（清朝）政府も、チベット人を取り締まる能力をほとんど欠いていた。だから、ときのインド総督ランズダウンとシナ駐蔵大臣《アンバン》との間でようやく調印した一八九〇年のシッキム条約も、ほとんど何の役にも立たなかったのである。

まがりなりにも国境について、チベットとシッキム間の問題解決を見たシッキム条約の次に英国側の希望したものは、インド商人とチベット人との自由な交易ができることであった。そこでどこか国境付近に一カ所市場を設けようということで、ヒマラヤ山脈の南麓パーリを提案した。ところがシナとチベット側はこれに同意せず、かろうじてさらに南のチュンビ渓谷南端にあるヤートンで、どうやら落ち着いた。そして一八九三年十二月、英国とチベットとの間で交易を取り決める通商条約が締結されたのである。そこでシッキム駐在英国政務官クロード・ホワイトが(5)、翌一八九四年五月、ヤートン視察に赴いたが、市場としてのヤートンは山の窪地のようなところにあって立地条件がきわめて悪いうえ、チベット人は条約に定められた自由交易の権利をなに一つ遵奉せず、勝手に関税をかける始末だった。まるっきり話にならなかったのである。

チベット人の傍若無人ぶりは、なにも交易ばかりではなかった。今度は国境問題で悶着を起こした。彼らはシッキム条約で取り決められたインド領シッキムに侵略し、占拠するまでに至った。そこで英国代表にホワイトが起用され、シッキム側から登れる各峠に国境標式を立てることで、ともかくチベット、シナ両当局と意見が一致した。ホワイトはゼラップ峠に標柱を立てたものの、シナ側はなんとか理由をつけて国境画定の延期を申し出た。ラサの三大寺院の僧侶たちが難癖をつけ、国境画定を妨害しているのだという。

ホワイトはこの後すぐガントクに引き揚げてしまったのだが、せっかく立てた標柱は、たちまちチベット人によって破壊されてしまったのだった(6)。ベンガル州副知事のサー・チャールズ・エリオットは、国境から退出したのは明らかに国境画定の放棄を意味すると暗にホワイトを批判し、この結果チベット人は英国人を侮って高飛車な行動をとり、侮辱するのだろうと言った。そして彼は、チベット人のような約束を守らぬ辺境民族には、粗暴で高圧的手段によるしかあるまいという意見だった。しかし、インド政庁はことを荒立てないよう、隠忍自重で臨むことに決定した。英国政府がかかる頑迷な連中に対し、こんな手ぬるい方法で事が解決できると考えたところに、そもそも根本的な誤りがあった。

一八七三年以来、英国側が絶え間なしに続けてきた宥和と忍耐という対チベット政策は、ただいたずらに時間を空費したにすぎなかった。そして、一八九九年、外務次官だったジョージ・カーゾンが新しくインド総督になると、途端にこれまでの消極外交は一転して積極的なものに一八〇度の方向転換をした。当時、彼ほどアジア人の手の内を知っている者もいなかった(7)。

カーゾンは就任早々の一八九九年の秋に、シナ当局者を排して、チベット当局と直接交渉をしようと試みはじめた。彼は、英国が表立つとよくないと考え、ダージリンのブータン代理人ウグェン・カジをまず雇い入れ、彼の名でラサのダライ・ラマ一三世宛に手紙を書かせた(8)。そして、国境と通商問題を話し合うため、チベットの高官を派遣するよう、ごく普通の言葉で交渉を進めさせた。ところがこの返事は好ましくなかった。そこで今度は、毎年、西チベットやレーに旅するカシミール副駐在官のケニオン大尉に、ダライ・ラマ宛のインド総督の手紙を託した。この手紙はチベット人を通じて手渡されたのだが、半年もたってから外国人の手紙をラサに送るわけにいかぬと、チベット官憲から突き返されてきた。相手をなんとかいら立たせないで、穏便な方法をと思ったこの二つの試みがいずれも失敗したので、今度は、インド総督から直接ダライ・ラマに宛てた手紙を、前にふれたウグェン・カジに託し、ラサへ持って行かせた。この手紙はたしかにダライ・ラマの手元に届いたが、一九〇一年八月、帰って来たウグェン・カジの報告によれば、ダライ・ラマは自分の一存ではどうしようもなく、シナ駐蔵大臣、チベットの諸大臣、僧侶らと十分協議してからでないとなんともならないと、返答を拒まれたという。(9) たとえ敏腕で活動的なカーゾンであろうと、さっぱり埒の明かぬ状況に腹を立てても、もしこのところまでだったなら、最終的な決断を迫られるにはいま少し時間がかかったであろう。そして本国の英国政府となれば踏ん切りがつかなかったに違いない。ところがここで、インド政庁の心胆寒からしめるような事件が発覚したのである。

ペテルブルグ駐在の英国大使サー・チャールズ・スコットは、一九〇〇年十月二日（新暦の十五日）付の「ジュルメール・デ・サン・ペテルブルーグ」紙をロンドンの英外務省に送ってきた。これには、外国人を極度に嫌っている張本人たるダライ・ラマが、密かにロシア皇帝《ツァー》へ代表団を派遣し、ロシア皇帝に謁見を賜ったという記事が載っていた。インド総督が、しきりにダライ・ラマに親書を送ってむなしい返事を待っていたとき、彼は一方で、ロシア皇帝に媚を売っていたのだった。英国側の必死の調査の結果、チベットの代表団を率いる首席はドルジェフと名乗る僧侶であり、彼はダライ・ラマから託されたロシア皇帝宛の親書と贈り物とを携帯して、ロシアを訪問していることがわかった。ただ、ドルジェフなる人物について、いまだこの段階では詳細は不明だった。(10)

間もなく、彼の出自について少しずつ判明してきた。ドルジェフは、東シベリアのチョビンスカヤ生まれのブリヤート・モンゴル族出身で、なんとロシア領生まれ、ロシア臣民であった。ドルジェフは二〇年もの間チベットに住んでいたが、とかく裏外交に長《た》けたダライ・ラマが、チベットにおける英国の勢力増大を抑えるため、ドルジェフを利用してロシアに接近することにしたらしい。が、これはあくまで表面的な見方であって、ロシアの意を受けたドルジェフがダライ・ラマを唆《そその》かし、ロシアへ傾斜させたというのがいちばん真実に近いものだったであろう。このような新聞記事がしばしばロシアの新聞を賑わすことで、さすがのロシア外相・ラムスドルフも、なんらかの釈明をしなくてはならなくなった。彼は英国大使に会って、チベット代表団のロシア訪問は、なんら外交的使命を帯びたものでないと、噂を打ち消した。(11)

カーゾンは、チベット人のヨーロッパ人に対する不信感はぬぐい難いから、ロシアへすっかり傾斜することはあるまいと、比較的楽観していた。ところが、ドルジェフはロシアでは特命全権公使の待遇であり、一九〇一年二月二十三日には、前年に引き続いて、ロシア皇帝ニコライ二世に謁見した。チベット代表団の使命は政治的・外交的性質を有するものではないという、ロシア外相の重ねての否定にもかかわらず[12]、英国政府の疑心はいやが上にも募っていった。とうとう業を煮やした英国側は一九〇一年九月、チベットにおける現状の変更や攪乱のような行為には、黙っているわけにいかないとロシア側に通告した。

これにはさらに驚くべき事実が隠されていた。彼はロシアの中央アジア探検家ニコライ・ミハイロヴィッチ・プルジェワルスキーの第四回の探検に、アグアン・ドルジェフという名で参加していたことだった[13]。このドルジェフがいつの間にかラサへ来てダライ・ラマに取り入り、さらにロシア皇帝の覚えめでたくなったのにも驚かされるが、このドルジェフが、なんと一九〇〇年の五月か六月、ロシアへ行く途中、こともあろうにヒマラヤ山麓のダージリンを通っていたという事実が判明した。インドの英国人にとって不倶戴天の相手が、なんとこちらの庭先を勝手に通って敵国へ旅していたのだった。

これまでの慣例で、インドの英国人はチベットへ入ることは禁じられていたが、チベット人がインドを訪れることは自由とされてきた。ドルジェフはこれを巧みに利用し、ぬけぬけとラサからダージリンに出て、海路でロシアへ行ったに違いない。そっと隠れてインドを通って行ったというのなら、長い国境線と接する以上仕方がなかったと言い訳もできる。ところが豪胆というのか図々しいというのか、ドルジェフはダージリンのある僧院に滞在中、インドの著名なチベット語学者サラット・チャンドラ・ダスに会っているというのだ。ダスも相手がドルジェフとは知らず会ったらしいが、英国人にとってこれほど小馬鹿にされたこともないし、面子も丸つぶれだった。

さすがのカーゾンも、ダライ・ラマの二枚舌と、ドルジェフの悪知恵と、ベンガル州庁のふがいなさにすっかり不信感を募らせた。なかでも彼を怒らせたのは、ドルジェフの二度目のロシアへの旅であった。一九〇一年四月、ドルジェフと三人の仲間は、なんと今度はネパールからセゴウリィを経由し、汽車でインドを横断し、ボンベイから汽船でシンガポールを経由し、北京からシベリア鉄道と中央アジア鉄道を乗り継いで、オデッサまで行ったという。そして悠々とロシア皇帝に謁見するとなると、なんとも間抜けなのはインド政庁ということになる。彼らが長期に渡ってインドを旅をしているというのに、国境のスパイもベンガル州庁の連中もまったく気づかなかったというのは、怒りを通り越して呆れるばかりだったろう(14)。そこでカーゾンは、これまでのベンガル州庁の仕事を取り上げ、インド総督の手に一切を集中させた。また、従来の柔軟な態度を一変させることを決意した。インド政庁のスパイ網はお話にならぬくらい貧弱で、チベットの情報も、ラサに潜伏中の河口慧海からダージリンのサラット・チャンドラ・ダスにかろうじてもたらされるニュースを回してもらっていた。カーゾンはこうした情報をもとに推測を立てるしかなかったのである。

カーゾンの腹はだいたい決まった。ただいつその機会を摑むかである。そうこうするうち、一九〇二年八月二日、北京駐在英国公使サー・アーネスト・サトウから、英外相ランズダウンへ電報が届いた。シナの新聞が報ずるところによると、ロシアはシナの領土保全を保障する代わりに、チベットにおけるシナの利益一切をロシアに譲渡するという密約があるという。このニュースはシナ当局者から否定はされたが、この噂をすべて打ち消すことは難しかった。なんらかの密約があると勘ぐって間違いないであろう。ロシアの勢力がラサに及ぶことは、インド政庁にとって一つの脅威であった。ことここに至って、インド政庁も直ちに行動に移す決意を固めた。おそらく、こうしたことは一九〇三年の初めまでには、すでに決まっていたのであろう。

なにもダライ・ラマ一三世に限らず、歴代のダライ・ラマはチベット仏教の最高位にあるばかりでなく、あまりに外交家すぎた。ただ頭が切れ、芸が細かすぎ、表と裏を平気で使い分けるとなると、短期間の外交術では相手を騙してそれなりに効果が上げられるが、相手にその手口が見破られてしまうと、もうどうしようもない。そしてカーゾン相手では、かえって国家を危うくしかねないのであった。

ロンドンの英国政府も、次第にチベットへは強圧手段しかないという、カーゾンの考え方に傾き、これまでのチベット側の不法行為に対し、しかるべき処置をとることを認めざるを得なかった。ここでカーゾンは一九〇三年四月、ラサのシナ駐蔵大臣《アンバン》に、カンバ・ゾンへ代表を派遣して、ここで英国代表と会談することを提案した。

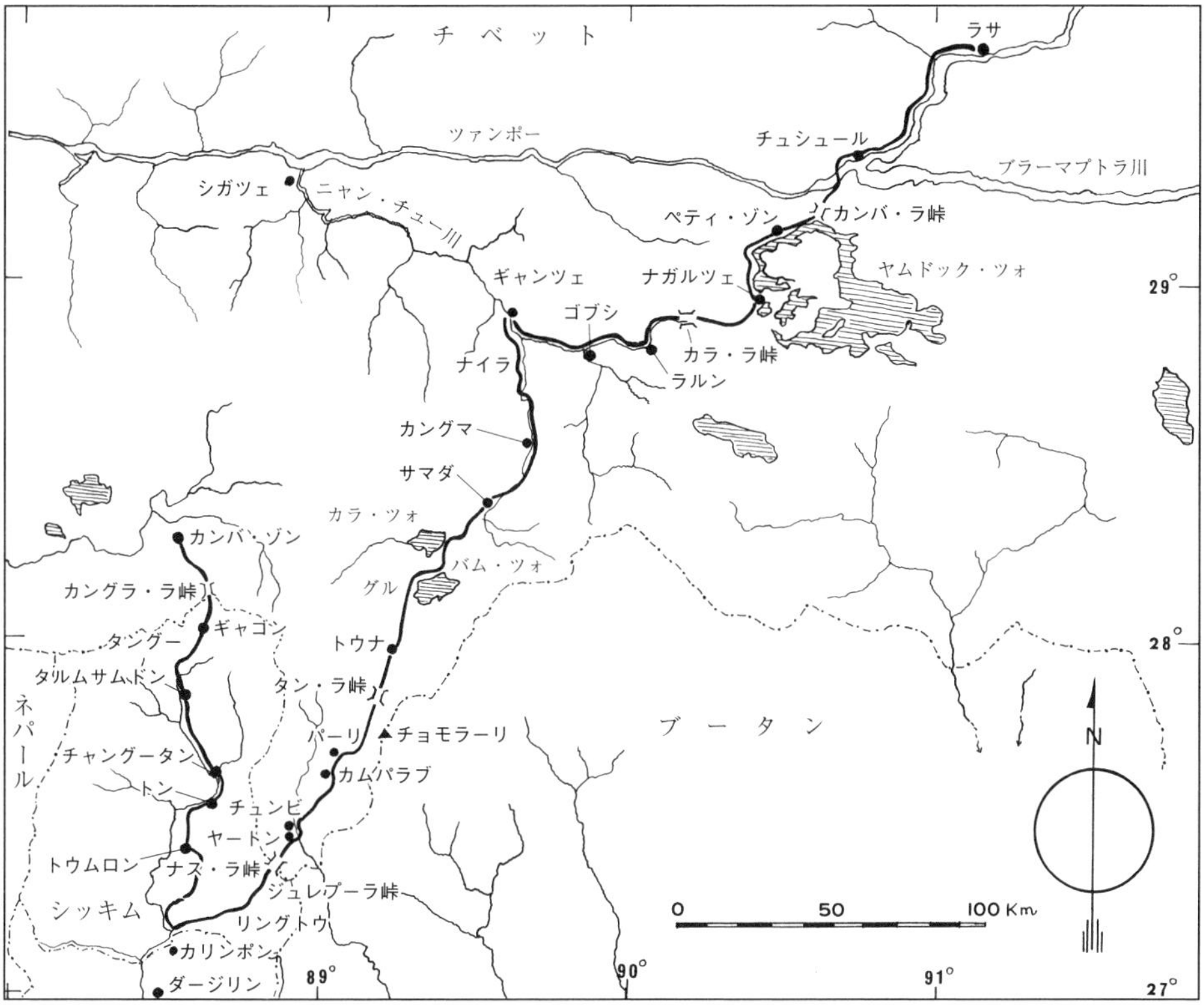
チベット
ラサ
ツァンポー
チュシュール
ブラーマプトラ川
シガツェ
ニャン・チュー川
ペティ・ゾン
カンバ・ラ峠
ヤムドック・ツォ
ギャンツェ
ナガルツェ
ゴブシ
カラ・ラ峠
ナイラ
ラルン
カングマ
サマダ
カラ・ツォ
カンバ・ゾン
バム・ツォ
グル
カングラ・ラ峠
ギャゴン
タングー
トウナ
タルムサムドン
タン・ラ峠
ネパール
チョモラーリ
ブータン
パーリ
チャングータン
カムパラブ
トン
チュンビ
ヤートン
トウムロン
ナズ・ラ峠
ジュレプーラ峠
シッキム
リングトウ
カリンポン
ダージリン
89°
90°
91°
29°
28°
27°
0
50
100 Km
N

チベット

カンバ・ゾンは、国境を越えたチベット領内にあるが、英国代表には二〇〇名の護衛兵をつけ、別の予備軍はシッキムに配置しておく、もしシナ側とチベットの代表が会談に姿を現さぬような場合には、ツァンポー＝ブラーマプトラ河畔のチベット第二の都市シガツェかその南にあるギャンツェに前進し、ラサからの代表の到着を待つという提案だった。これは、チベット側がなにかと理由をつけてずるずると約束を引き延ばすこれまでの手口を封じるだけでなく、相手が来なければラサまで乗り込みかねないという恫喝にほかならなかった。ところが、この提案を知ってむしろ慌てふためいたのはロンドンのインド事務省で、カンバ・ゾンでシナ、チベット代表と会見することや兵の配備には異存はないが、ラサまで進軍してしまうのは行き過ぎなので、あらかじめ許可なくしてカンバ・ゾン以北に進まないようにと、釘を刺すのを忘れなかった。いつの間にやら主客は転倒して、本国政府はカーゾンの言いなりになりかかっていた。

カーゾンの手にカードが握られたのだ。これまでなにかと狐疑逡巡し、問題を先送りしてきた本国政府を、とうとう決定的な舞台の上に引っ張り上げることに成功したのである。そこでカーゾンは、二枚目のカードを切って、この難しい外交折衝に古い旅の仲間であり、最も信頼できるヤングハズバンドをあてることにしたのだ。そして、その補佐としてこれまで種々チベット側と交渉を重ねた実績のある、シッキム駐在政務官ジョン・クロード・ホワイトを推薦することにした。ともかく、ここまではカーゾンの予定の行動だった。あとはヤングハズバンドが、どのように自分の意のままに、上手に動いてくれるかであった。そして、このことが決まってから、彼をインドールから呼び寄せたのである。

これから間もなく、ヒマラヤ山脈を越えたすぐ北側のインド北東部国境でどんなに困難な事態が起こるかも知らぬ人たちは、競技場で華やいだ一日を過ごしていた。誰一人として、これからカーゾンとヤングハズバンドがやろうとしている大博打など、知る由もなかった。ラサではロシアの影響力が日々増大していくらしい。人によっては、ロシア国境から数千キロも離れたチベットでいかにロシアが勢力を大きくしたとしても、インドを攻略することはできっこないと言ったし、また、先年のセポイの反乱で見るように、植民地下のインド人は決して英国人に信服を置いていない。機会さえ与えられれば再び同じことが繰り返されるだろうと言った。どっちにしても、カーゾンの計画が失敗すれば、世界中から批難が集中するであろうし、カーゾンもヤングハズバンドもいまの地位にとどまれる可能性は少なく、これからの生涯すら棒に振りかねなかった。実際、〈チベット使節〉は一応は成功裡に終わったのであるが、結局、二人とも地位を去った。しかし、ヤングハズバンドはこの危険な橋を勇躍して渡ることに人生を賭けた。インド中部の土侯国でもうこれ以上くすぶっていたくなかったのだ。歳月は人を待たない。

六月に入って、カーゾンはヤングハズバンドと十分打合わせをすませていたので、ラサのシナ駐蔵大臣《アンバン》に宛てて、カンバ・ゾンにヤングハズバンドを派遣するので、七月七日までにシナとチベットの代表も同地に来てもらいたいと伝えた。もしこの交渉に応じなければ、軍事遠征隊の派遣も辞さないという強い態度に、これまでなにかと理由をつけて交渉のテーブルにつくことを頑なに拒否してきたシナ清朝側も、チベット人を逆に説得しかかったのであった。どうも今度は危険だと、察知したらしい。このような背景のなかで、カーゾンはヤングハズバンドに、これまで常に討議の主要テーマだった、一八九〇年のシッキム条約で規定された国境線などはもう肝要なものではなく、問題は通商条約の改正、ヤートンの代わりにギャンツェを市場として相手に承認させることにあると言った。そして、インド政庁、いうなれば独裁者たるインド総督の許可を得ず、インド政庁を拘束するような言動だけは慎むようにと言うことも忘れなかった。ヤングハズバンドは有能、忠実な配下であるが、カーゾンはあくまで主導権は自分が握っているのであって、彼の独走は抑えるつもりであった。〈チベット使節〉はこれまでと違って、きわめて程度の高い政治的使節であったからである。(15)

第18章　密かな旅――チベット国境へ

カーゾンの計画した〈チベット使節〉は、ここでようやく始動し出した。頑迷で、小細工好きなチベットとシナの連中を、なんとしてでも交渉の舞台に引っ張り出し、ロシアの影響力をラサから一掃しなくてはならない。ヤングハズバンドはこの大任を果たしてくれるであろう。そこで彼も望んでいたよき相談役として、シナ語、チベット語、インド北東部の政情に通じた人物を、カーゾンはヤングハズバンドにつけてくれた。

まず最も重要なチベット語の通訳官として、フレデリック・オコナー大尉を推薦してくれた。オコナーは、ドルジェフの二度目のインド旅行を突きとめて、カーゾンの覚えがめでたかった。当時、インドにはチベット語のできる人材がほとんどいなかったから、彼を除くことはまず無理だったろう。のちに、彼は〈チベット使節〉の条約文書の作成などをやった。いま一人はシッキムに一四年間もいて、北東部国境の生き字引といわれたジョン・クロード・ホワイトである。ホワイトもヤングハズバンドがシムラへ着いた一、二日後に、同じようにシムラにやって来た。カーゾンから呼ばれたのであろう。ホワイトは、どちらかといえば、チベット人に対しては高圧的手段以外にないという意見の持ち主だった。彼は、チベット人は頑迷で手のつけられない手合いであることを、ヤングハズバンドに淳々と語って聞かせたが、このときヤングハズバンドは相手も話せばわかるという考えで、ホワイトの説に必ずしも同調していなかった。おそらく、彼のほうがヤングハズバンドよりいくらか年上で、政務官で軍人でなかった彼の口から、外交使節が軍事使節になりかねないことをヤングハズバンドが聞いて、気にかかったのであろう。しかし、ヤングハズバンドの考えの間違っていたことが、じきに証明された。ホワイトの独断的なやり方に、ヤングハズバンドも絶えずいらいらしていたが、結局、ホワイトのほうが正しいことがわかったのだった。ホワイトは初めから、こうなった以上、最終的な交渉はラサ以外ないという明快な結論だった。

今回の〈チベット使節〉が、従来のものと異なっていたのは、あくまで外交交渉を旗印にしていながら、武力を背景にちらつかせたところにあった。だから、ちょうどシッキムでチベットへの道路の改修工事をしていた第三二連隊から、二〇〇名を護衛として連れていくことに決めた。他の地方から軍隊が移動するのは、人目について好ましいことではない。数カ月前から、これはすでに計算ずみだったのであろう。なぜならこの工兵隊は、ヤングハズバンドがすでにチトラルで知っていた連隊だったからだ。

隠密裡に準備万端が整った。ヤングハズバンドとホワイトは六月初旬、シムラを出発し、汽車でダージリンまで行くのである。シムラの社会は狭い。しかも大半がインド政庁となんらかのかかわりを持っている英国人の社会では、ちょっとした不注意な発言が、ぱっと野火のように広がってしまう。今回の計画を事前に知っているのは、総督をはじめとする外務省のごく限られた人たちと、軍の上層部だけである。シムラにはロシアのスパイもうじゃうじゃいたから、いましばらくこちらの手の内を知らせたくなかった。ヤングハズバンドは、知人たちにもこれからダージリンに物見遊山に出かけるのだと話した。だから、夫人や生まれて間もない子供も一緒に連れて行った。この密やかな出発に、カーゾンとシムラ外務省の外相サー・ルイス・デーンが、しっかりやって来てくれと激励してくれただけだった。

インドの夏の平原は、摂氏四〇度を超える暑さである。汽車の中はまるで蒸し風呂のような暑さだった。が、汽車は東へと走り、やがて朝の光の中で、ヒマラヤ山脈の雄大な姿が浮かび上った。これはいままで自分の裏庭のように歩き回ったカラコラムやパミールの山並みとは、やはりひと味違った重厚な眺めであった。やがて山麓鉄道に乗り換え、ダージリンに向かった。鬱蒼と茂った熱帯雨林には、さまざまな花が咲きこぼれ、この中を山岳鉄道はゆっくり登っていく。ダージリンにやっと着いたときには篠つく雨が降り、肌寒いばかりであたり一面は霧の中に沈んでいた。この当時は観光客もめったに訪れず、カンチェンジュンガ周辺も登山家が殺到することもなく、ひっそりとした聖地のようなところだった。

もともと、ヤングハズバンドの〈チベット使節〉団長としての抜擢は、カーゾンの高度な政治的判断で、階級や慣例をまったく無視するやり方だった。そこがカーゾンの偉大だったところであるが、もし途中でカーゾンに万が一の事故があったら、ヤングハズバンドはたちまち孤立してしまい、〈チベット使節〉は機能麻痺してしまいかねなかった。だから当然、ヤングハズバンド自身もこうしたことに内心気を遣った。一方、本国の英国側はロシアの動静が心配だった。ロンドン駐在のロシア大使は、いましきりに噂になっている「ロシアとチベットに秘密条約が存在する」というのは事実無根のデマだと、英国政府に語ったという（一九〇三年三月二十四日付）。このことをしっかり確かめておかないと戦争に巻き込まれる恐れがあった。カーゾンはこのことをふまえて、チベット側との交渉地をカンバ・ゾンと決定した（一九〇三年五月三十日）。

ヤングハズバンドがダージリンに到着すると、ベンガル州副知事代理サー・ジェームズ・ボーディロン、総務長官マックパーソン、弁務官マリディーンらが歓迎に出、援助を申し出てくれた。ベンガル州とはいえ英植民地インドの一州であるのだから、〈チベット使節〉に援助をするのが当然であるが、過去からのいきがかり上、そうとばかりいえないところに今回の使節派遣の難しさがあった。ヤングハズバンドはチベット人と交渉する以前に、まずベンガル州庁の役人たちと冷戦を覚悟してきた。長年、ベンガル州庁の管轄していたインド北東部の聖域に、勝手に乗り込んできた他所省の干渉者、侵入者のような気がしてたまらなかったのである。一八七三年以来、とくにベンガル州庁はチベットとの国境問題でずっとかかりっきりだったから、その専門家も担当官もたくさんいたのである。

チベット人は手に負えない相手だった。国境をせっかく決めても、撤退すればすぐ侵略してくる。まるでいたちごっこであった。が、ともかくベンガル州庁としても、いよいよ最終的解決をと思っていたその矢先、一人のまったく見知らぬ男が、ヤングハズバンドの言葉を借りれば、「シムラのオリンピア山の頂から天降って、最後の仕上げをしようとしている」とあっては、誰だって心穏やかではあるまい。ヤングハズバンドは、ベンガル州庁の官吏たちからごく形式的な待遇を受け、あとはお手並み拝見という態度をとられるだろうと考えていた。しかし、胸中はどうであれ、彼らはヤングハズバンドを丁重にもてなし、あらゆる知識と体験を提供してくれたのであった。彼らは夫人たちともども、後に残ったヤングハズバンドの夫人をたいへん親切にしてくれたのであった。そうでもされなかったら、とても仕事に没頭できなかったであろう。

ベンガル州庁の高官たちは、ともかくヤングハズバンドの予想に反してきわめて慇懃であった。しかし、カーゾンの今回の行為をどう思っていたのだろうか。だいたい過去数十年、ベンガル州庁はチベット問題で散々手こずってきたのだった。すでにこの問題は、一州庁には手に余るものがあったから、次第に彼らの手を離れてインド政庁に移り、さらに本国政府へと移っていったのである。しかし、この中央集権化がけっしてよい結果を生んだとはいえない。ベンガル州庁の官吏たちは、このことから国境問題に熱意を失い、さらに責任感さえなくしてしまい、解決しようという自信も喪失するに至ったからだ。このため、有能な国境問題の専門家が育たなくなってしまったのである。彼らは、こんな泥沼からむしろ足が洗えて、ほっとしていたかもしれない。ヤングハズバンドが交渉に失敗し、ついには武力行使になり、世界中から非難を浴びる姿を、彼らはその官吏特有の鋭い触覚と保身術で感知していたことであろう。

一九〇三年六月十九日、激しい雨の中、ヤングハズバンド一行はダージリンを発って、北をめざして出発した。雨と霧と耐え難い暑熱のため、汗が一滴流れるたびに力が抜ける思いだった。ホワイトは準備のため一行より先発していた。

山道は美しい山林の中を通じ、シャクナゲやマグノリアの木々が生い繁り、ランの花が怪しく咲いていた。道が次第とティスタ川の渓谷へと下っていくため暑さが募り、それがたまらない。シッキムは高度差が非常に大きく、熱帯植物から高山植物まで見ることができる、まさに植物の宝庫なのであった。植物学者ジョセフ・ダルトン・フッカーがこの地を旅してから、すでに半世紀がたっていた(1)。やがてガントクに着いた。ホワイトがすでに着いていて、出迎えてくれた。ここに英国領事館があったのである。

ガントクにはわずか数日滞在しただけで、すぐチベット国境へ向かった。いま夏の盛りであるが、すぐ秋が来て冬になる。うかうかしていると、チベット側と交渉が終わらぬ前に、冬に追いつかれてしまう。なんとしても冬の前に問題を解決したかった。雨はひっきりなしに降り、もう全身びしょ濡れである。途中、参加することになっている道路の改修工事中の第三二連隊とすれ違ったが、これほどみじめで重苦しい光景はなかった。テントも衣服も、なにもかも濡れ、暑さと昼夜をおかず襲いくる蚊、蚋《ブヨ》、虻《アブ》に痛めつけられていた。

六月二十六日、海抜三六六〇メートルのタングーに着いた。山の斜面にはサクラソウやリンドウ、青いケシなどさまざまな草花が咲きこぼれていた。タングーからだと、チベット人が自国の領土だと主張するギアゴンまで、もうわずか一日行程のところまで来ていた。ここからいよいよ遠征隊本来の仕事が始まるのだが、慎重に行動しないと、面倒な事態を招く恐れが多分にあった。まず、ブランダー大佐のもとに、護衛兵二〇〇人、予備隊三〇〇人が集結した。高所に達し、気温がいくらか下がったので全員元気を取り戻し、交渉開始に意気込んでいたが、シナとチベットの高官が到着したという知らせがまだ入らなかった。そこで、準備をさせるためホワイトとオコナーに、護衛兵二〇〇人をつけて先発させた。英側とチベット側との会見の約束の期日は、七月七日であった。

ホワイトとオコナーは、七月四日、タングーを出発し、ギアゴンの防壁に達した。ここは、チベット人がチベットとシッキムの国境だと主張しているところである。

ホワイトがカンバ・ゾンの城砦司令官に会うと、ダライ・ラマの将軍と大臣とが、国境問題を討議するために派遣されて来ていると告げた。翌日、オコナーが同じ場所でギアゴンの城砦司令官に会ったところ、彼は、馬から降りて問題の討議に移ってくれるよう、オコナーにしきりに勧めた。しかしオコナーは、討議はヤングハズバンドとシナ代表がカンバ・ゾンに到着したうえでなくては始めることができないと伝えた。チベット側はカンバ・ゾンでなくて、この国境上で話をつけたいと望んでいることは明らかであった。だから、うっかり彼らの手には乗れなかったのである。彼らは、一八九〇年のシッキム条約で定められた国境を武力占拠していたにもかかわらず、チベット領域内では交渉したくないというのであった。しかし、英国側は、これまでのベンガル州庁のようには妥協せず、強引にこれを押し切った。

ホワイトは、シナ（清朝）代表の何長榮《ホー・クアン・シー》とチベット側の妨害などものともせず、護衛兵とともにカンバ・ゾンへ向かった。彼はチベット人の性格を十分知っていたので、ここで小競り合いになるようなことはあるまいと判断したのだった。ところが後方のタングーにいたヤングハズバンドはそうはいかない。ホワイトのチベット側の抗議など歯牙にもかけぬ行為にいささか不安を感じ、これは危険だ、冒険的すぎると思っていた。ヤングハズバンドはこれまでシッキム、ブータン、東チベットの体験がなかったので、交渉開始以前に戦闘になってしまうことを極度に恐れていた。戦争が目的ではない。チベット人は英国人の行動にいら立ちはじめており、かなり興奮状態にあったので、いっそう心配だったのだ。ラサから代表が来ているのなら、交渉地はギアゴンでもいいのではないかと思った。毎日、彼はホワイトからの飛脚便をいまかいまかと待ち続けた。カーゾンからインド事務相に宛てた電報（一九〇三年七月一六日付）で、七月七日に、英国代表（ホワイト他）はカンバ・ゾンに到着したが、シナ、チベット側は交渉に応じないと言っている。

七月十一日になって、インド総督に宛てたシナ駐蔵大臣《アンバン》の書簡の中に書かれたチベットの二人の官吏がホワイトを訪れ、英国側は国境を侵犯したと抗議を申し入れた。しかし、ホワイトはこれを受け流した。オコナーは彼らに、あなた方はどのくらいの権限を持ってここに来たのかと聞き出そうとしたが、彼らは明言を避けた。彼らは、ギアゴン国境で条約締結する権限を与えられているのだと言ったが、実際にはなにもできなかった。英国側は最後の最後まで、ラサへ進撃し入城するまで、このことがわからなかったのである。

予想に違わず、交渉は難航の気配を見せていた。シナとチベットの代表がカンバ・ゾンに来たというが、ホワイトとオコナーでは話がまとまるわけがない。そこでヤングハズバンドはカンバ・ゾンへ行って、交渉の進展を確かめることにした。相手方を刺激しないために、数名の護衛兵とシッキムの技師ドーヴァーを伴うささやかなものだった。

タングーから北へ向かうと、次第に草木が少なくなり、荒々しい光景になってくる。明らかにシッキム領であるが、チベット側が自国領だと主張するギアゴンを越え、標高五〇〇二メートルのカングラ峠を北側に抜けると、もうここは完全にチベットで、広々とした平坦な高原が果てしなく続き、一木一草とて目につくものがなかった。そして東を見るとチョモラーリ（標高七三〇一メートル）が、西にはエヴェレストの雄姿が見えた。七月十七日、目的のカンバ・ゾンに到着した。

七月二十日にヤングハズバンドは、シナ代表の何長榮《ホー・クアン・シー》とチベット代表[2]を公式に訪問したが、このときには交渉の問題点についてはなにもふれなかった。インド総督から命令が届いていなかったし、初めから相手に警戒させたくなかったからだった。この二日後に、彼らは返礼にやって来た。いたって丁重であったが、ヤングハズバンドがチベット語に訳したインド総督の見解をオコナーに読み上げさせようとすると、チベット代表はカンバ・ゾンを会談交渉地にするのは反対であり、国境上のギアゴンにすべきであると直ちに異議を唱えた。これに対しヤングハズバンドは、こういったことはインド総督とラサの駐蔵大臣《アンバン》が決めることであって、われわれの関与すべきことでないと反駁した。次いでチベット人は、ヤングハズバンドの護衛兵が多すぎると難癖をつけた。

雰囲気はなんとなく険悪になっていったが、そんなことにはお構いなしに、インド総督の見解を読み上げさせた。それは過去一世紀にわたる英国とチベット、シナとの外交交渉の経過と、いかにチベット側が約束を遵守せず、シッキムを掠奪したかということを述べ、この問題解決のため、インド総督は高官（ヤングハズバンド）とホワイトをカンバ・ゾンに派遣したのだと伝えた。ただしこの交渉にあたるのは、チベット政府を代表する権威ある官吏でなくてはならないとインド総督は要求しているのであって、この交渉のためホワイトと自分は当地に来たのであると、とくにヤングハズバンドは強調した。

ヤングハズバンドは、補足的に、インド総督としてはチベットをインド（英国）に併合しようというような意図はまったく持っていないこと、これは自分が保証すると告げ、さらにこう言った。

「あなた方チベット人は、望むときインドに来て、旅行をし、商売をしている。あなた方は好きなところへ行き、好きなだけ滞在することができる。ところが、インドからチベットへ交易のため出かけようとする者は、誰であれ国境で足止めを食わされ、誰とも近づくことすら許されない。ロシア、ドイツ、フランス、その他すべての大国でも、シナ帝国のあらゆる属国、満州、モンゴル、トルキスタンでも、出かけて交易することができる。ところがどうだろう、あらゆる国の中でチベットでだけ交易ができないのだ。これは一方的な取り扱いであり、あなた方のようなきわめて公平で、文明開化せる国民にとってこれはふさわしからざるものである。インド総督は、あなた方の国を併合しようなどと思ってもいないが、事実、もし交易の承認に関して誠意を示すならば、ギアゴン近くの国境地帯であなた方に譲歩してもよい。が、総督は長年の間、インドとチベットの間の交易の方法でとってきた障害を、いま一度、かつ永遠に除去されることを主張するに違いない[3]」

ヤングハズバンドの独演は格調の高いものではあったが、相手がチベット政府の高官なのか責任ある地位にあるのかさっぱりわからぬのだし、こんなことを言うだけ無駄であった。彼はこのとき、シナとチベットの代表者について、詳しい情報は摑んでいなかったらしい。オコナーのスパイ網はいささかお粗末なものだった。

しかし、こんなものは一つの儀式のようなものであり、形式的な通告であった。案の定、チベット人は英国人がギアゴンに戻らぬ限り、これらの報告をラサへ伝えることはできないと言った。間に入ったシナ代表の何長榮は、チベット人はなんともわからず屋で困ると言った。シナ側ですらチベット人には手こずっていたが、シナ代表の秘書がここで妥協案として、オコナーの読み上げた文書の写しをチベット人に渡したらどうかと言ってくれたので、一応シナ代表の何長榮の許可を得て、写しをチベット代表に手渡した。ところが彼らは、これは受け取れぬと言って、秘書に突き返した。こんなことがあって以来、チベットとシナ代表は、二度とやって来ることはなかった。

こうした手口は、チベット人の常套手段であった。じっと時間をかけ、相手がいら立って結局は妥協に出るか、あるいは諦めて引き返すか、待っていればよいのである。この手はヤングハズバンドもカーゾン卿も十分知り尽くしていたことだし、急いで国境から帰る気はなかった。妻や幼な子と別れているのはつらいことだが、これはみな同じであり、ましてせっかくの〈チベット使節〉の大任を放り出してインドに帰っても職はない。むしろ久しぶりのチベット旅行で、ヤングハズバンドの意気は大いに上がっていた。仲間たちもみな愉快で、気候も爽やかだったし、じめじめした雨も降らなかった。この使節団には地質学者のハイデンや、植物学者のプレイン大佐なども参加しており、暇つぶしにはもってこいだった。だからチベット人が頑強に抵抗したり妨害しようとしても、彼は平気でいられた。

ヤングハズバンドは、インド総督カーゾン卿に宛てて、一応の経過報告を書いた。チベット人の態度から見て、交渉が非常に長引くことが予想されるため、あるいは強圧的な態度をとる必要があるかもしれない。ホワイトの長年の国境地帯の体験からすると、いまのチベット人は妨害的で、自分も十分説得を試みたものの、現在のところでは圧力をかける以外、解決の見込みは少ないようだと伝えた。早期解決はこれで遠のいた感じであるが、もともと何十年たっても一向に埒の明かなかった難問が、そんなにするするいくと思うのが間違っていたのである。ただ、インド総督がこれに十分理解を示し、援助を惜しまないことだけが、心強かった。

ラサの代表が姿も見せぬ間に、シガツェに住む、チベット第二の地位にある活仏パンチェン・ラマの代表が、ヤングハズバンドを訪ねてきた。彼らは英国人がカンバ・ゾンに滞在しているので、パンチェン・ラマがラサ政府に対して困った立場にある、なぜなら、カンバ・ゾンはシガツェに近く、ラサ当局は英国人にチベット国境越えを許したのはパンチェン・ラマの責任だと言っているからだという。だから国境外に退くか、あるいは会見場所としてヤートンに引き返し、われわれを窮地から救い出してくれるようにと、ヤングハズバンドを泣き落としにかかった。こんな古い手口にいちいち乗っていられない。条約の不履行を持ち出せば、自分たちはラサ当局と関係がないからと逃げるし、まるっきり話にならない。

ヤングハズバンドは彼らを評して、「チベット人はまるっきり子供のようであるが、たいへん愉快で、陽気な国民である」と、非難という衣に辛子《からし》をつけたが、河口慧海になるとそんな上品な言葉を弄《ろう》することはせず、チベット人は一見純朴に見えるが、どうしてなかなか食えない国民であると、ずばり言ってのけている。手玉にとったと思った人間が、逆に手玉にとられかねない。

いしつか八月に入った。その七日に、四川省成都で英国領事をしていたウィルトンが到着した。シナ通を買われて、彼は東チベットと国境を接する四川省からやって来たのである。彼はすぐに、いまここにいるシナ代表もチベット代表も、とても交渉に足る資格も権限もない、交渉するなら駐蔵大臣《アンバン》かダライ・ラマの顧問《シャベ》以外だめだと、はっきり忠告した。ヤングハズバンドは情報不足だった。前途はますます暗くなったが、このウィルトンの報告は直ちにインド総督に伝えられた。そこでインド総督は、八月二十五日、シナ駐蔵大臣《アンバン》に書簡を送り、駐蔵大臣《アンバン》かダライ・ラマの顧問《シャベ》が速やかに交渉のテーブルに着くべきだと申し入れた。しかし、チベットといいシナといい、連絡手段は限られていたから、時間はいたずらに過ぎるばかりだった。

　カンバ・ゾンでの交渉は、ほとんど停滞したままだった。しかし、周辺には数千のチベット兵がおり、一時は襲撃される恐れが十分あった。そんな八月二十一日、シガツェのタシ・ルンポ寺院のある高僧が、パンチェン・ラマの代表として訪ねてきた。彼は丁重で、親切な人物に見えたので、ヤングハズバンドもあるいは打開の糸口が得られるかもしれないと期待したが、これも無駄な論議に終わった。彼も会談の場所をギアゴンにせよといい、新鮮さはなかった。しかもパンチェン・ラマは、ラサの政府に対して実質的になにも力はなかった。

　この高僧は、自分は幼少の頃から僧院で生活してきたので、政治問題の折衝には慣れていないと言い、個人的にキャンプに訪ねて来てもよいかと尋ねた。そして、八月二十四日に再びやって来ると、ラサ代表に会って、カンバ・ゾンで交渉するようにと勧めたと言った。彼は、ヤングハズバンドにたくさんの要求をしたと言って詫びた。

　彼は人物がきわめて温厚で、しかも社交的で如才がなかった。ところが知識のほうは中世の時代のままで止まっていた。ヤングハズバンドがふと地球は球体であると言うと、彼はそれは間違っており、地球は平らであって羊の肩骨のように三角形なのだと訂正した。それでも彼はすっかり打ち解け、オコナーやのちに探検家として有名になったベイリーと話したりしていった。しかし、彼の好意はあくまで個人的なことであって、チベットを代表したり、ラサ政府を動かすほどの力はなにもなかった。

　チベットでの問題は、常に時間との競争であった。短い夏と長い冬を勘定に入れなくてはならない。八月も最後の日、ヤングハズバンドはある特殊な筋から情報を得た。それは事情がどうにもならない限り、チベット人は何もしないつもりでいるという、かなり憂慮すべきニュースだった。チベット側は、絶対に英国側と交渉のテーブルに着かないということだった(4)。

シナ政府は北京駐在英国公使に対し、カンバ・ゾンで交渉する条件はダライ・ラマと了解ずみであるとしていたから、ダライ・ラマはカンバ・ゾンを両代表の会見地とすることに異議のないはずであった。ところが、ヤングハズバンドとホワイトとがやって来ると、彼らは手のひらを返すような態度に出た。ヤングハズバンドはここでようやく一つのことに気づいた。それは、シナ政府もシナ駐蔵大臣《アンバン》もダライ・ラマも、カンバ・ゾンがチベットの領域内にあることを知らなかったのではないか、ということであった。だから初めのうちは交渉地として了承しておきながら、後になって拒絶的な態度をとったに違いない。ここから引き出せた教訓は、「ラサにおいて、（チベット人と）面と向かって交渉する絶対の必要」があるということだった。

九月一日になると、シナ代表の何長榮《ホー・クアン・シー》は健康を害したという理由で、ラサへ帰ると通告してきた。いてもいなくてもよい相手であったが、病気はいつも使われる手であった。しかし、ヤングハズバンドは極力、強圧的な態度に出ることを慎んでいた。ただしラサへ帰る何長榮に向かって、貴国の駐蔵大臣《アンバン》はチベット側を説得して、交渉の努力をしようとしていない、かくなるうえは、英国政府としても自ら事件の解決を図るため必要な手段をとることになるだろうが、この責任はあくまでシナとチベット側にあると知っておいてもらいたいと、かなり強い口調で伝えた。「武力に訴えてもやります」という意思を暗にほのめかしたのであったが、シナ側もチベット側もその重要性はまるっきりわかっていないようだった。

チベット高原は八月下旬からすでに秋の気配が漂う。九月二日、インド政庁はヤングハズバンドに、もしチベット人が依然として頑迷な態度をとり続けた場合、どう対処したらよいかと問い合わせてきた。交渉のテーブルに相手が着かない状態がこれ以上続くと、国内外の反対論者から外交の失敗を批判されかねない。ヤングハズバンドは九日付でこれに回答し、シナ人もチベット人も今回の〈チベット使節〉は、かつてシッキム国境にやって来てはむなしく帰っていったのと同じように、ささやかなものと思っている。彼らは、夏と秋の期間さえのらりくらりとやり過ごせば、冬にならぬうちわれわれがインドへ帰って行くだろうと考えている。こんな状況では、単なる言葉だけの説得では不十分であり、直接行動が必要となるであろうと言った。そして彼の結論は、ネパールからヤクの提供を受け[5]、チュンビ渓谷へ進入することが最善の方法であろうとした。

ヤングハズバンドとホワイトは、すでに二カ月の滞在の体験から、ラサ以外では最終的解決は望みなしという意見で一致していた。しかし、「当時、ラサという言葉を口に出すことは、ごく身近にいる友人にすら極秘であった。そのような煽動的言辞は、英国で反逆の原因を作り出すからであった[6]」。ロンドンの政府にとって、ラサへの進出など考えてもみないことであったのである。

時はまた一カ月無駄に流れ、事態が改善される見通しもつかなかった。すでに三カ月も無為のうちに過ごしたことになる。シナ人は交渉にはまったく無関心で、チベット人に対してすら関心がないのであった。それにチベット人は相変わらず妨害的であり、軍隊を集結し、ラサはいよいよ戦時態勢に入っているという噂が流れた。そこでヤングハズバンドも護衛兵を一〇〇人増強させた。新任の令を受けた駐蔵大臣《アンバン》は悠々と四川省成都を出発し、来年の一月でないとラサへ到着しないというし、病気で離任したシナ代表の何長榮も、病気ならさっさとラサへ戻ればよいものを、まだネパールあたりでぐずぐずしていた。ラサへいつ着くのかさえわかったものではなかった。

ではラサ代表はなをにしているかといえば、最初の公式訪問以来、三カ月間、公私とも一切会談を拒否しているのだから、まったく話にならなかった。だからヤングハズバンドがついに、「問題の平和的解決は、もはやチベット政府に対してなんらの望みも抱くことはできない」と、決断を示したことも驚くにあたらなかったし、むしろ遅きに失したくらいであった。

チベット高原もすっかり冬支度に入った十月十一日、ヤングハズバンドはこれからの行動計画をインド政庁と協議するため、カンバ・ゾンを一時離れてシムラに向かった。ヤングハズバンドとしてはむしろ待ち望んでいたものだったろう。ただ心配は、インド政庁とロンドンの政府とが、ラサ進撃という現実の前に腰砕けになってしまうのではないかということだった。

しかし、吹きさらしの高原で、わけのわからぬチベット代表との話し合いを便々と待っている間、ロンドンの政府がなにもしなかったわけではなかった。九月には北京駐在公使サー・アーネスト・サトウに訓令して、シナ政府に対しチベット代表がカンバ・ゾンで交渉に応じないこと、シガツェで英国臣民（シッキム人）二人が不当に投獄されていること、(7)チベット軍が集結し敵対行動の準備に入っていることを抗議させた。そしてダライ・ラマがこの要求に直ちに応じない場合、英国政府は必要と思われる手段を講ぜざるを得ないと申し入れた。これは一つの恫喝《どうかつ》であったが、また侵略だと批判されることを正当化するための、外交上の一つの技《わざ》みたいなものであった。

こうは言ってみたものの、ロンドンの英国政府は及び腰で、最初はチュンビ渓谷の占領以上の行動は許可しない方針であった。しかし、こんな生ぬるい方法で相手が屈してくれると考えるほうがどうかしていた。これに遅まきながら気づいたインド事務相のジョージ・ハミルトン卿は、交渉の決裂が避け難いことが明らかになった場合には、ギャンツェまで使節団を派遣することを許可する旨、インド政庁に通告してきた。これはカーゾンとヤングハズバンドにとって、願ってもない朗報だったであろう。ギャンツェまで行けば、ラサへはあとひと押しなのである。

ここまで頑迷な本国政府を追いつめた重要な時期、ヤングハズバンドはシムラへ向かったのである。シムラに到着してカーゾン卿に会い、まず最初に状況を説明すると、彼は、君はいま何をしてもらいたいと思っているのかと尋ねた。ヤングハズバンドは考えていたことを次のように語った。「ラサへ行かなければことはうまく運ばないでしょう。ともかく、ラサへの半分行程のギャンツェへ行くことだと思います」。するとカーゾンは猛烈に反対した。そんなことをしたら全国民を向こうに回すことになるだろうし、護衛兵も増強せねばならぬ。まして、いったいどうやって兵員をヒマラヤ越えさせるのかね。物資はどうやって受け取る。どこで輸送手段を見つけられると思うんだね。彼は思いつく反対意見を全部並べたてた。ヤングハズバンドは準備していた回答をした。こんなに反対しておきながら、翌日、カーゾンは参事会の会議で、ヤングハズバンドとまったく同じ意見を述べたのだった(8)。

インド政庁の行政参事会に出席を求められたヤングハズバンドは、まず状況報告をし、ラサまで行かなくては問題の本当の解決は得られないと強調した。かつてラサは禁句であり、反逆罪に値するものだったが、ときはそれを氷解の方向に向けていた。そして彼の意見は、半分認められたといってよかった。なぜなら、問題解決にはチベット進出(advance)しかないとし、インド政庁は新しくインド事務相になったブロドリックに打電したからであった。その理由として、これまで幾度もふれたように、チベット代表が交渉に応じないからだといった数カ条を挙げてあった(9)。そしてギャンツェを新しい会談交渉地とする利点について、ヤングハズバンドの意見が大いに採用された。もちろん、カーゾンも同意見である。

「ヤングハズバンド大佐は、チベット国民と接触することをきわめて重要なことと見なしている。なぜなら、彼らはわれわれと関係を築く十分な準備をしており、かつ友好的だからである。が、ただ、ラサの僧侶政治が反対している」。とはいえ、カーゾンはギャンツェに到着しても、軍隊はここを攻撃すべきでなく、防塞を築いてチベット人とシナ人との交渉の再開を図るべきであるとした。


こうしたインド政庁からの要請もあって、十一月六日付でインド事務相は、使節団がギャンツェに前進してよいという正式の許可を電報で通告してきた。この電文には、「この処置は、占拠もしくはどのような形にせよ、チベット問題の永久的干渉をもたらすことを許可するものではない。この前進は満足を得る目的だけのものであり、賠償が得られれば直ちに撤収すべきものである云々(10)」とあって、許可は得たもののヤングハズバンドは、狐につままれるような思いがした。なぜなら、この使節団はあくまで国境画定と承認、正常な外交・通商関係の確立が目的であって、賠償金を取り立てるなどという発想は思いもよらぬものだったからである。この頃、ロンドンの政府は完全に感覚が狂っていたとしかいいようがない。

英国側の態度がようやく決定するにつれ、新しい局面が展開してきた。ランズダウン卿は十一月七日、駐英ロシア大使ベンケンドルフ伯を呼んで、英国政府はチベット人の不当な行為により、適当な護衛兵を伴った使節団をチベット領土内に派遣することにしたが、この処置は「チベット領土を併合、もしくは恒久的占有するなんらかの意図を有するもの」ではないと、[11]事前通告をした。それから一〇日ほどしてベンケンドルフ伯はランズダウン卿を訪ね、ロシア側の憂慮を表明し、ロシア政府は英国軍のチベット侵入(invasion)は、中央アジアに重大な混乱を惹起させるものと感じざるを得ないと、強い口調で抗議した。

ところがどうした風の吹き回しか、英国政府はここに至って、不思議なくらい強硬な態度になっていた。ランズダウン卿は、インドとチベットとは国境を接するが、ロシアはチベットと地理的にも遠く隔たっており、英国とまったく立場が異なっていると主張し、「近隣諸国を侵略(encroach)するに躊躇せぬある強国の政府(the Government of a Power)がかかる抗議を行うとは、奇怪千万に思われる」[12]と言い返した。

おそらく、ロシア政府もシナ中央政府もチベット政府も、まさかあの英国がこんなに強硬な姿勢で使節団を送り込んでくるとは、これまでの軟弱外交からは想像もつかなかったに違いない。いまもうラサでは、ロシアの代理人たるドルジェフは隠然たる支配力をダライ・ラマに振るっていたし、チベット人たちはたとえ英国軍がチベットへ侵入して来ても、きっとロシアが追い払ってくれるものと迷信ともいえるほど信じ切っていた。英国の真の目的は、このドルジェフを追放し、チベットからロシア色を一掃することであった。国境の画定や通商正常化などは二の次だったのである。

第19章　政策の転換——軍事使節へ

チベットの冬が足音高く近づいていた。ヤングハズバンドはホワイトとオコナーと、冬のチベット前進について討議し、とくにシッキム国境に詳しいホワイトに、冬季の山越えに難しい障害があるかどうか尋ねた。彼は、そんなことはない、この際、早く新しい行動に着手すべきだと言った。ヤングハズバンドは冬のカシミールとカラコラムの体験は十分持っていたし、準備さえしていれば問題はなさそうであった。そこで政府に、春まで待たず冬でも交渉のためチベット領内へ進出すべきだと献言した。

ヤングハズバンドはここで使節団をカンバ・ゾンに残し、ひとまずダージリンに戻った。うっかり使節団全員を撤収したりすると、チベット人は英国人が逃げ帰った、自分らは勝ったのだと錯覚を起こさせる心配が多分にあったからである。

チベットの遠征隊の本部は、ダージリンのロックヴィル・ホテルに置いてあった。ヤングハズバンドはホテルの窓から、これから行なおうとしている計画と冒険とを、毎日のようにヒマラヤの雪の連山を眺めながら思い浮かべた。チベット領内深く入ったからといって、会談交渉の成功の保証はなにもなかった。期待を込めたカンバ・ゾンの交渉も見るも無残な失敗だったではないか。もしカーゾン卿でなかったら、ヤングハズバンドはとっくの昔に使節団長を解任され、更迭されていただろう。しかし、いまインド総督カーゾン卿の絶大な信任を受けていたし、ロンドンの本国政府からギャンツェ進出の正式のお墨付きをもらっていた。意気はいやがうえにも上がっていた。

「この企ての危険さとロマンと珍奇さとは」とヤングハズバンドは言う。「すぐにまた血をかき立たせるのであった。

これから乗り出そうとしているのは、卑劣な小英国主義者（ignoble Little Englanders）といわれるような、下劣でつまらぬ攻撃などではない。これはあらゆる道徳的正当性を背後に持った企てだった」[1]。

ヤングハズバンドがダージリンに戻ったのは、一つに〈チベット使節〉を援護する軍指揮官のＪ・Ｒ・Ｌ・マクドナルド将軍と、これからの行動を打ち合わせることにあった。使節団の役割はチベットとシナ側の代表者と外交的に交渉することであるが、交渉は暗礁に乗り上げ、いつチベット軍が襲撃してくるかわからない。そこでヤングハズバンドと別の派遣軍の指揮官が任命されたのだった。これからは両者は協力して、行動しなくてはならなかったのである。

ヤングハズバンドは十一月にシムラへ行った折、すでにマクドナルド将軍と会っていたらしく、今回がどうも初対面ではないようだ。ヤングハズバンドの考えでは、使節団の本隊はカンバ・ゾンから真東の方向にあるカラ・ツォ湖へ進み、一方、チュンビ渓谷を北上するマクドナルド将軍の軍隊とやがて合流する考えだった。このほうが無駄がないし、チベット人に後ろを見せないですむと考えたからであった。しかし、マクドナルド将軍はこの案に反対だった。ネパール側が提供してくれたヤクがチベット人に追い払われてしまったため、輜重《しちょう》の点で困難があるということだった。たしかに、少人数の使節団がチベット人から襲撃を受けた場合を考えると、慎重であるべきだったろう。

さて、ここで新しく登場したＪ・Ｒ・Ｌ・マクドナルド将軍についてふれておかねばなるまい。彼は〈チベット使節〉が生まれたときには、まったく名が出ていなかった。それは当然で、彼が使節団の軍の指揮官として任命されたのは、一九〇三年九月二十三日のことだったからである。彼は最初、ダージリンへの登山鉄道の終着駅シリグリから続く道路の護衛の総括責任者に任命された。だからヤングハズバンドはこんな人事にまったく関知せず、これ以前に彼と会ったことがあるかどうかも不明である[2]。

マクドナルドのこのときの地位は大佐で、〈チベット使節〉の護衛指揮官になってから准将に昇進した。しかも、彼のほうがヤングハズバンドより年長だったようである。ともかくこの人事は失敗であった。彼の人柄も好ましくなかったし、使節団長より地位が上になったため、ヤングハズバンドの命令をすんなり受けなかったからである。彼はこの三年前（一九〇〇年）、北京の義和団事件の際、英国軍の一員として北シナに派遣された体験を有していたが、そうぱっとした人物でも才能ある軍人でもなかったらしい。そして、今回の任命も誰もが欲しがるようなポストではなく、たまたまシッキムの仕事に適しているらしい、という人事のようであった。

マクドナルドは、こんな複雑な外交使節の軍事面の責任者になる器でも、それに向いた人物でもなかった。彼はすでに一八九二年、三〇歳のとき、東アフリカである事件を起こしたことがあり、当時かなり知られた問題だった。だから当時、外務次官をしていたカーゾンが、あれほど注意深い性格だったのに、これに気づかなかったのはなんとしてもいぶかしい。しかし、軍関係は彼の管轄外だったのであろう。

その事件とは、次のようなものであった。マクドナルドは、一八九二年、内乱の吹き荒れていた東アフリカのウガンダで、たまたま困難な立場にあったフレデリック・ルガード大尉[3]に会った。ルガードは、ウガンダでの英国の支配権を回復するため、護衛して沿岸地帯まで連れて行ってほしいとマクドナルドに頼んだ。この折、マクドナルドはこの申し出を承諾はしたものの、道中の態度がきわめて傲慢で、散々意地悪をしたらしい。そして文書で自分に謝辞を書けとまで要求したという。

ルガードは熱心な愛国者であったが、マクドナルドの問題行動を記した報告書はロンドンに届いておらず、さまざまな中傷から、彼は政府の審査委員会にかけられることになった。しかも彼が最も恐れたのは、マクドナルドがこの委員の一人になったことだった。うっかりすると、まさに身の破滅になりかねなかった。しかし、幸いこの告訴は脚下され、彼は救われたが、元をただせばみなマクドナルドがその元凶だったらしい。彼は相手が少しでも自分より弱い立場にあると、途端に高慢になったり、邪険になる性格の持ち主だったらしい[4]。

ダージリンでヤングハズバンドが、これから一緒に手を組んで難しい問題に直面しなくてはならない相手が、こういう前歴の人物であった。マクドナルド将軍は、ヤングハズバンドの提案したカラ・ツォ湖への進出にまず反対した。

しかし、こんなささいな問題に二日間もかかったのはどう見ても異常で、おそらく彼はヤングハズバンドの意見にことごとく異を唱え、つぶしてしまったに違いない。彼は自分の強い立場を利用し、相手を屈服させたのであろう。結果から見れば、ヤングハズバンドは彼に妥協し、主力部隊がチュンビ渓谷を進んでから、けっしてチベット側に負けたのではないということを示して、使節団をシッキムに戻らせることにした。ところがこのときになって、冬季の荷物運搬用になくてはならぬ数千頭のヤクが、ある種の疫病でほとんど死んでしまった。しかし、全力を挙げて努力したおかげで、進攻許可が出てから一カ月もたたぬうち、マクドナルド将軍は出発の準備を完了させた。

チベットへの出発は十二月五日と決まった。これは、ヒマラヤの彼方の土地での、新しい困難が始まることを意味した。ヤングハズバンドには、たとえ使節が成功したとしても、それが十分報われるのかどうか疑わしかった。ティスタ渓谷に入り、十二月十日、ヤートンでマクドナルド将軍の幕僚と一団の軍部隊、ホワイト、オコナー、ダージリン弁務官代理ウォルシュと再会し、これでいよいよチベット進攻の面々が勢揃いした。

このときの英国側の兵力は、大砲二門、第七山岳砲兵中隊、英国砲兵隊、ノーフォーク連隊のマキシム機関銃分遣隊、大砲二門、七ポンド砲、第八グルカ連隊、第二工兵連隊のうち半中隊、第二三シーク工兵連隊中の八個中隊、第八グルカ連隊中の六個中隊からなり、これに野戦病院、工兵輜重、武器弾薬、電信・郵便、測量隊などが加わって、かなり大がかりなものとなった。

マクドナルド将軍はこれら一一五〇人の兵員と砲四門、マキシム機関銃四丁を率い、十二月十一日に厳寒のジェラプ・ラ峠（標高四三八九メートル）を北に越えた。この峠はヒマラヤ山脈の主脈中にあるわけではないが、岩だらけで険しく、シッキムとチベットの国境にもなっているので、チベット軍の攻撃も予想された。しかしヤングハズバンドは、英国側には戦争の意図はないこと、ただし行進を妨害されたら攻撃することを事前に通告しておいたせいか、峠に達したときは雲のない明るい天気だったが、チベット兵は姿を見せなかった。峠の頂上からは、行く手にチュンビ渓谷がずっと続いているのが望まれた。峠の麓のランラムで、シナ地方官、チベットの将軍と会見した。彼らはただ引き返すことを要求してきたが、ヤングハズバンドはこれを拒否した。問題は翌日の朝のヤートンであった。ここにチベット側の強固な城壁があるといわれていたからである。

ヤートンの町の防御壁は、聞いていたとおり、たしかに谷から山腹まで延びるたいしたものだった。が、門は開いていたので、ヤングハズバンドはチベット兵の襲撃を警戒して兵力を散開させ、遠征隊はここをくぐって町に入った。前日、もし門が閉じられていたらぶち壊してでも突入すると言ってあったので、無駄な抵抗だけはしなかったらしい。ただ、チベット人たちは形式的な抗議をしただけで、村民のなかには食物など売りに来る者さえいた。やがてここを通過し、チュンビ渓谷に入ると、この谷は幅が二、三〇〇メートルもあり、耕作すら可能であった。この谷に滞在中、カンバ・ゾンに残留していた使節団の人たちが、一行に合流した。

十二月二十日、チュンビ渓谷を北進し、マクドナルド将軍は七九五名の兵とともにパーリに到着したものの、ここには燃料がほとんどなかった。しかもチベット人の頑丈な城砦があって危険なため、ひとまずマクドナルド将軍はチュンビ渓谷に引き返さねばならなかった。薪《たきぎ》すらなく、せいぜい牛糞ぐらいでは多数の兵員を滞留させるのは難しかったのである。このあたりでは、英国の威信はすっかり地に落ちていた。

一九〇四年の新しい年が明けた。その一月四日、使節団と前進部隊とはチュンビ渓谷を出発して、六日にパーリに着いた。パーリではラサ三大寺院の代表者と将軍がすでに到着していて一行を待っていたが、彼らはまったく不気嫌で、ヤートンに戻らぬ限り交渉に応じないと凄んだ。チベット人たちはロシアの支持をすっかり信じ切っていて、いまではシナ人にすら無視する態度に出て、手がつけられなかった。シナ人もチベット人も、やって来た英国側の兵員が少なかったことから、少しも恐れている風でなかった。彼らはロシアの援助でラサで製作したライフル銃を持ち、戦闘で敗れるなどまるっきり思ってもいなかった。

一月七日、遠征隊は峠の麓で夜営した。気温は零下一八度だった。ヤングハズバンドはこのときのことを、こう記している。「翌朝、日の出の最初の曙光が射しはじめる頃、テントの外を見ると、非常な高度でしか体験できぬほど、大気はきりっと身を引き締めるように覚えた。星はほとんどこの世と思われぬほどの輝きを放ち、空は鋼のように晴れわたり、底知れぬほどの深淵をのぞくようであった。チベットの入口を守護するチョモラーリの巨大な山の背後から、夜明けの最初の光線がまさに現れようとしていた。大気は森閑として息を潜めていたが、あらゆるものは凍結していた……」(5)。遠征隊は四六四〇メートルの峠を越すのに遅々として進まなかったが、ようやくにして横断した。そこにトウナの村があった。村は標高四六〇〇メートルのところにあり、荒涼として、寒気だけがあたりを支配していた。

トウナに着いて最初の感触は、チベット側がトウナで交渉に応じてもよいというものだった。これはかなりの進展である。しかし彼らは、もし英国側が前進してくるなら、他の強国の救援を求めるつもりだと言った。毎度のように繰り返されるこんな接触に、ヤングハズバンドも次第にうんざりしてきた。一月のチベットは身を切るほど寒い。こんな夜、テントの中でふと目を覚ましたとき、チベット人の中に飛び込んで行って話し合ったなら、あるいはなにか平和的な解決の糸口が得られるのではないかという考えがひらめいた。それは事前通告せず、通訳官のオコナー大尉とソーヤー大尉のみ伴い、護衛兵も一切つけず、二二キロ先にあるチベット人のキャンプ地に騎馬で乗りつけようというものだった。ヤングハズバンドの考えでは、英国代表としてではなく、あくまで一個人の資格で、相手側と膝を突き合わせてみようという、強い衝動だった。六カ月もたったのに、向こうからやって来たチベット人しか知らない。彼らのことはなにも知らないに等しいのではないか。こういった一種の天の啓示に似た行動は、ヤングハズバンドの生来の直感によるものであったが、それだけ危険でもあった。英国領事のウィルトンはこれに強く反対を唱えた(6)。

しかし、ヤングハズバンドは夜が明けるとすぐに出発した。グルは山の麓にへばりついたような僻村だった。見たところ軍事的な防御も警戒もしている様子でなかったので、三人はまっすぐ村の中央に馬を進めた。六〇〇名のチベット兵があちこちのひしゃげた家畜小屋の中に固まっているのが見えた。彼らはダージリンあたりにたむろする車夫か人夫にしか見えなかった。しかも武器といえば時代がかった火縄銃か槍にすぎない。彼らは一行を認めると集まってきて、笑ったり、なにか見世物でも見物しているといった状態だった。

ヤングハズバンド一行は、いちばん大きな家に案内してもらって到着すると、非常に丁重で礼儀正しい人物の出迎えを受けた。彼はチベットの指揮官《リーダー》とのことだった。他の指揮官たちも笑って一行と握手した。ラサから来た三人の僧侶の座っている部屋に案内されて入っていくと、これまでの様子が一変した。僧侶たちが横柄な態度で、座ったまま形式的に挨拶しただけだったからであった。この場の情景を一見して、ヤングハズバンドは瞬間的に、ここまでやって来て虎穴に入った目的を達したと思った。チベットの現在置かれている事情も、さまざまな妨害の原因もここにあったのである。問題の元凶はラサの僧侶たちなのだ。

いよいよここから危険な賭けが始まる。ラサの将軍とシガツェの将軍たちが、部屋の上座の座蒲団《クッション》に僧侶たちと向き合って座った。一行の三人はこの右側の座蒲団に、二人のシガツェの将軍と一人のシガツェの代表は左側に座を占めた。茶が出された。これはけっして悪い前兆ではない。まずラサの将軍がスポークスマン役として、ヤングハズバンドの健康を尋ねた。

そこでヤングハズバンドはひととおりの挨拶をすませてから、「私は英国代表として、公式にあなた方を訪問しようと思って来たのでもなく、またわれわれの間にある、いろいろな見解の相違について議論しようと思って参ったのではありません。私はぜひあなた方と会い、あなた方を知り、友人として、非公式ではありますが、一般の情勢を友好的に自由に話し合おうと思って来たのです」と語った。そしてさらに、「お互いがこうして顔と顔を合わせた以上、見解の相違を解決し、これから末長い親善関係を結ぶ方法を、ぜひ見つけたいと思っているのです」と言った。

ラサの将軍はこれに対し、「チベットの住民はみなヨーロッパ人の入国を許さぬ誓約を持っていて、その理由は自分たちの宗教を守りたいからなのです」と言った。僧侶たちもこれに相槌を打ち、「われわれの宗教は維持されねばならない。なんとしても、ヨーロッパ人の入国を許すわけにいかないのだ」と言い添えた。

ヤングハズバンドはここでずばりと、「チベットはロシアと親善関係を結んでいると聞いているが、英国とはさっぱりしようとしない。たとえばドルジェフである。あなた方がロシアと親しくして、一方で英国と友好を拒む理由が私にわからない」と言うと、彼らはそれは真実ではないと答え、ドルジェフはモンゴル人であり、彼らは寺院に寄付をする習慣を持っているのだと弁解した。ここまでのやり取りは穏やかに運ばれていったが、ヤングハズバンドがそろそろトウナへ帰らねばならないと言った途端、居合わせた僧侶たちは悪鬼のように真っ黒くなって、「いや、ならぬ。ここにとどまらねばならぬ」と叫んだ。部屋の空気はぴりぴりと緊張した。

将軍の一人が丁寧な口調で「あなた方はわれわれの国に入って来るとき、道路の掟を破りました。パーリ城砦の占拠の際にとられた行為は、盗人か山賊の所為にほかなりません」と言い、ラマ僧たちは、「いつトウナから撤退するか日時を言わなければ、この部屋から出さぬ」と大声でわめいた。ここで冷静さを欠き、少しでも誤ったことをしたら、大事件が起こることは確実だった。ちょっとした身振り、言葉遣いすら慎重でなくてはならなかった。こういった場面で取り乱す人は多いのである。将軍の一人が部屋から外へ出ていくと、外でラッパが鳴った。すると付添兵がぐるりと三人を取り囲んだ。

この緊迫した状況を見て、ヤングハズバンドは冷静に彼らに語りかけた。オコナーはさらに冷静にこれをチベット語に通訳した。「あなた方が政府の命令に従わねばならないように、私も従わねばならない。私はあなた方の言われたことを政府に伝えるので、あなた方も私の言ったことを伝えていただきたい」。そして、さらに「ここは寒くて、不毛で、不衛生な土地です。私はダージリンに妻と子を残してきていますが、できるだけ早く戻って会いたいと思っている」と加えた。ここまで言うと、張り詰めていたこの場の雰囲気が少し緩んだ。このとき、将軍の一人が、一緒にトウナへ戻って、インド総督からの返事を待ったらどうだろうかと提案をすると、部屋の緊張がようやく解けたのだった。

ヤングハズバンドたちは笑顔をつくり、ゆっくりとここから離れると、直ちに早駆けに移り、僧侶たちの気の変わらぬうちに一散に帰途についた。他から見れば無謀な冒険にすぎなかったろう。英国を代表する最高責任者のとる行為ではないと、非難を受けるのは当然だったろう。しかし、ヤングハズバンドには計算があった。そして危険を冒しただけの価値は十分あると思っていた。交渉はラサの地以外で、また僧侶の勢力を排除しない限り、いかなる解決方法もないという結論であった。が、この行動は軽率だったとして、カーゾン卿とマクドナルド将軍から手紙が届いた(7)。どう見ても、近く戦闘は避け難い状況に次第に進みつつあった。

第20章　ギャンツェへの進出とラサ進撃

冬のチベットでは、二月に入っても自然の状態は最悪だった。しかも交渉になるとチベット側は一向に妥協する気配がなく、ヤートンに戻らねば交渉には応じないと繰り返した。ただ、マクドナルド将軍の主力部隊はチュンビ渓谷にいたが、いつでも出撃する準備はできていた。

補給線が延びるにつれ、問題は東側、すなわちブータン人がどちら側につくかにかかってきた。もし宗教を同じくするチベット側に加担すると、使節団は側面が危険に晒されてうっかり動けない。なんとしても彼らを中立に立たせるか、味方につけるしかない。この結果、トリムプク・ジンペンという担当官がトウナに到着し、彼は英国側について援助を惜しまないと約束した。そしてブータン代表はチベット側と接衝してくれたが、なんの進展も得られなかった。新任のシナ駐蔵大臣《アンバン》もラサの代表たちも、ついに姿すら見せなかった。しかし、あまり進むのが早いと本国での反対派の批判がうるさいので、二月、三月はじっとトウナで待機することにした。この時期、インドのほうから雲が流れてくると、たちまち気温が下がり吹雪になるのだった。心配なのは、こんな零下一五度もあるなかで、いつチベット人が襲撃してくるかわからぬことだった。

三月二十八日、マクドナルド将軍がチュンビから一群の兵員を伴ってトウナへ到着した。一〇ポンド砲二門、七ポンド砲一門、第三二工兵隊の四個中隊、第八グルカ連隊の三・五中隊、それに野戦病院、工兵部隊がこれに従った。そして三月最後の日（三十一日）、チベット側に警告を出したうえで、遠征隊は再び前進を始めた。もうチベット使節というより軍事使節に近かった。地面にはうっすらと雪が覆い、チベット人が戦闘配置についたとの報告も入って、いよいよ戦争か平和かの岐路に立った。

砂礫の平原を行進中、前方約一〇〇〇メートルの山腹に、胸壁を並べたチベット軍の陣地が見えた。そこで停止すると、やがてチベット人が騎馬でやって来て、最後の談判をやった。彼らはここでもヤートンに引き返せと主張したが、ヤングハズバンドは、ギャンツェ以外ではもう交渉するつもりはないと、この要求を拒否した。それからヤングハズバンドは彼らに帰還後一五分の猶予を与えるから、この期間を過ぎたら前進を再開する、もし妨害を受けたら容赦なく排除すると通告した。

ちょうどヤングハズバンドがトゥナに滞在して、チベット側の出方を忍耐強く待っていた二月十日、極東を揺るがすような事件、日露戦争が勃発した。一九〇二年の日英同盟の締結により、英国は日本側に立っていたが、ロシアの目が極東に注がれ、兵力がシベリア、満州地方に集中するにつれ、当然、ロシアのチベットへの影響力は弱くなるはずであったし、もし日本軍の敗色が濃くなれば、日清への圧力とあいまってチベット人のロシアへの傾倒は雪崩をうつことであろう。これからの数カ月は国際情勢もきわめて流動的となり、一刻も予断は許されなかった。ヤングハズバンドがいつこの日露戦争勃発のニュースを知ったか不明であるが、数日後にはすでに知らされていたことであろう。

一五分が経過した。が、ヤングハズバンドは最後のチャンスを与えるため、一一時になったのをさらに一一時五九分まで、すなわち一時間待った。それでも相手方からはなんの反応もなかった。そこでヤングハズバンドは、チベット人が最初に発砲しない限り、こちらから発砲しないようマクドナルド将軍から兵隊たちに命令してもらい、進撃することにした。これは危険な賭けであった。相手方から先制攻撃を受けた場合、被害は甚大になる恐れがあるばかりか、うっかりすると破滅しかねない。こちらの兵力は英国人一〇〇名、インド兵二〇〇名にすぎず、高度四五〇〇メートルを超す場所で、しかも後援部隊が期待できないとなると、もし対応に失敗したらヤングハズバンドの責任は重大であったろう。だからなんとしても流血の惨事だけは回避したかった。

英印軍は静々と胸壁に接近しチベット軍と対峙したが、もし相手方が防壁の背後から一斉射撃を浴びせたら、手がつけられなかったに違いない。しかしヤングハズバンドは、なんとしても「非武装チベット人の虐殺」（massacring unarmed Tibetans）という世論の批判だけはかわしたかった。この使節団には英国の新聞の特派員もいたから、証人がいるわけであった。[1] ヤングハズバンドはのちに述懐して、もしマクドナルド将軍に自由行動をとることが許されていたなら、彼は直ちにチベット人を急襲したであろうと言っている。[2] しかし、ヤングハズバンドはこれまでの体験で、アジア人の気持ちがわかっていた。この冒険も十分計算ずみだったのだ。

チベット人のほうも、どうやら先に発砲しないよう命じられていたらしい。このためじりじりと接近する英国軍と相対峙するようになってしまった。このときヤングハズバンドと面識のあるラサの軍の長がやって来て、英国軍はこれ以上の前進をやめるようにと言ったが、ヤングハズバンドはこれを拒否した。しかし、周囲の状況から察して、これで一応山は越えたとヤングハズバンドは思ったのである。ところがここで急に様子が変わった。チベットの将軍は道路に出て来ていたチベット人を、再び彼らの部署へ呼び戻したが、ここには道路を横切って新しく構築した防壁があったのである。彼らは直接戦闘する意図はないが、防壁から撤退する意思もないということらしい。

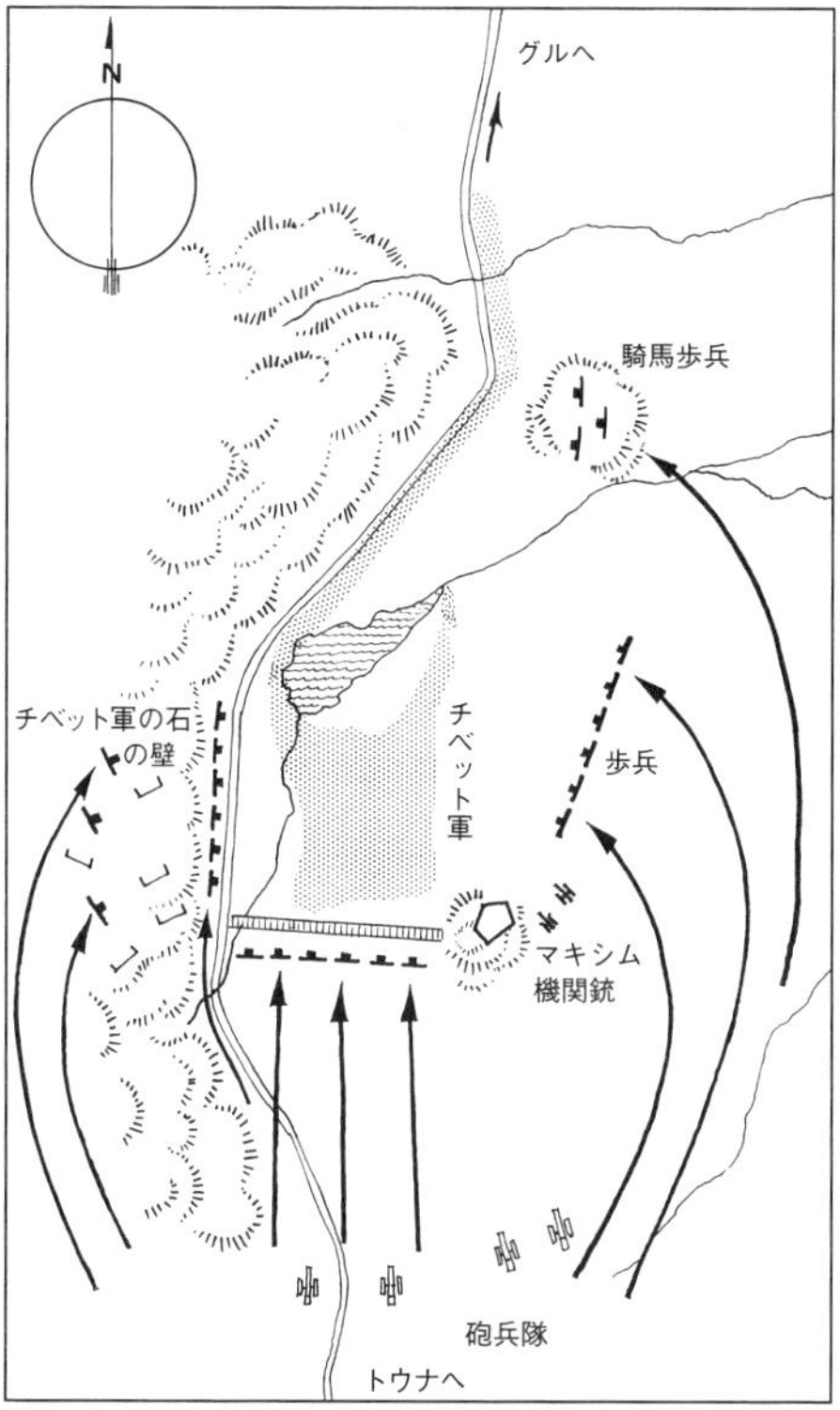

グルの戦闘

これは土壇場になって好ましくない形勢になってきた。チベット人は防壁の背後に固まっている。英国軍と彼らとの間はわずか二〇メートル足らずしかないが、ただ英国軍は山腹によい足場を占めていた。この反対側の二〇〇メートルのところには、マキシム機関銃と大砲がチベット人に照準を合わせていた。ところが、なんとインド兵は防壁のすぐ真際に立っており、一メートルもないところからチベット人に向けライフル銃を構えていたのだった。ラサの将軍とその幕僚は、まずいことに防壁のこちら側、すなわちインド兵の中にいたのである。

英国兵たちは四〇〇メートルも離れていたから、戦闘になっても犠牲の出るのは明らかにインド兵に違いなかった。この緊迫した状況下で、ヤングハズバンドとマクドナルド将軍は相談のうえ、チベット人の武装を解除しようということに決した。しかしそうは言っても、すんなりいくはずがなかった。ラサの将軍はただどうしてよいかわからず、うろうろするばかりだったが、ヤングハズバンドはオコナー大尉を彼のところへやって、武装解除することに決した旨を告げさせた。将軍はむくれ面をしていたが、武装解除がいよいよ始まると、なんと近くにいたインド兵に飛びかかり、ピストルを抜くやインド兵の顎を撃った。

これは、誰にも予想できない突発事件だった。ラサの将軍は自分の発作的な精神錯乱が、どんな結果を生むかわかっていなかったろう。この一発の銃声は、たちまち戦闘の合図となった。チベット人は射撃を開始し、英国側も一斉に応射した。もしこのときチベット側が集中的に攻撃してきたら、いかに英国軍とはいえ、一瞬のうちになぎ倒され、〈チベット使節〉団は終わりを告げていたに違いない。

ところが相手側は無計画だったため、英国側の大砲と機関銃の集中砲火を浴び、ラサの将軍をはじめチベット兵はあっという間に殺され、地面には三〇〇人ものチベット兵の死体が散乱していた。わずか数分間の出来事だった。この戦闘を聞いて、カラ・ツォ湖付近に集結していた二〇〇〇人のチベット人は総退却した。

四月五日、ヤングハズバンドはギャンツェに向かって進軍を始めた。この事件を機会に、ヤングハズバンドがいかに相手側の非を説明しても、世論は彼の味方ではなくなってしまった。そして、ぐずぐずしていればいるほど、彼の立場がよくなる望みはなくなってしまった。途中、散発的にチベット人の攻撃はあったが、すべて武力で切り開いた。そして四月十一日、〈チベット使節〉団と軍とはギャンツェに到着したのである。ギャンツェはツァンポー＝ブラーマプトラ川へ注ぐニャン・チュー川の畔にあり、ここからラサへはもう一二〇キロほどしかない。渓谷は樹木に覆われ、かなり立派な村落と田畑が見られた。渓谷の中央の高地にはすばらしい出城があって、チベット軍が立て籠もっていたが、マクドナルド将軍の勧告に従って彼らは退散し、四月十二日、この出城は落ちた。

ギャンツェの町自体はごくささやかなもので、地図で見ると北西方向のシガツェ、北東のラサへの分岐点上にあるが、市場としてはとても有望な場所には見えなかった。町の中央には、平野から一五〇メートルもそそり立つ岩峰の頂上に堂々たる城砦が壁を重ねて乗っており、この麓にパルユール・チョイデと呼ぶ僧院が建っていた。心配していた住民は温和で、食糧など売りに来たし、戦意など少しも持っていない様子だった。標高はトウナより幾分か低いとはいえ三九〇〇メートルはある。それでも暖かく感じられたし、ここにもいつか春が巡り来て、柳に芽が吹きはじめていた。英国の使節団が軍隊を伴ってやって来たというのに、町全体は平穏に見えた。しかし、ギャンツェはいまだ冬のさなかで、交渉開始の気配はまるで感じられなかった。噂では、ラサの政治上の重要問題を処理する担当官吏はダライ・ラマにことごとく投獄されているという。こんなチベット人の頑迷さを伝えるシナ駐蔵大臣《アンバン》からの連絡がようやく届いた。

ともかくシガツェまで来さえすれば、停滞した交渉が進展するものと淡い期待はしていたが、いざやって来てみれば予想どおり、なに一つ打開しなかった。待つのは時間の無駄である。ヤングハズバンドは四月二十二日、政府に向けて、チベット側の遅延政策に対処するには、準備ができ次第、使節団をラサに進め、途中のどこかではなく、直接首都ラサで交渉を持つのが得策であるという電報を打った。これが安上がりで、万全な方法であるとも言い添えた。チベット人のわからず屋にシナ人までがうんざりしていることは明らかだったし、チベットの民衆もすでにラサの僧侶政治に見切りをつけているようだった。彼はあとひと押しで、ラサの政府は崩壊必至と勘定に入れていた。ラサとギャンツェ間に配置されたチベット兵も実際はわずかで、ギャンツェへの戦闘にチベット側はたった五〇〇〇の兵しか繰り出せなかったことからも、ラサの威信が低下していることが見てとれた。

しかし、ことは緊急を要するというのに、ここに問題があった。英印軍はギャンツェを占領すると、その主力部隊はマクドナルド将軍が率いて一時チュンビ渓谷へ撤退していたのである。別に嫌がらせではなかったろう。多数の兵員をギャンツェに滞在させることは、食糧の調達を困難にし相手側に刺激を与えかねないので、後方へ撤収するしかなかったはずである。が、案の定、チベット軍は英印軍がいなくなったことで気勢を上げ、再び集結を始めたというニュースが伝わってきた。ギャンツェの使節団の護衛兵はわずかだった。チベット人はラサへの通路のあちこち、とくにカロ・ラ峠に強固な防壁を作っているということだった。ヤングハズバンドはブランダー大佐に命じてこれを探らせたところ、五月一日になって、偵察隊長ホジソン大尉から、峠の五キロ先に六五〇メートルに及ぶ防御壁をチベット人が構築し、一〇〇〇～一五〇〇名のチベット人が防御していることを発見したと報告してきた。

事態は急におかしくなってきた。約四〇〇〇名のチベット兵がシガツェに集結し、その一部がギャンツェから北西二〇キロのドンツェに移動しているという。これにはいち早くこちらから先に攻撃に出ないと面倒なことになりそうだった。しかし、残留部隊はなんとしても少ない。カロ・ラ峠は五〇六〇メートルもあり、ギャンツェから七二キロも離れている。しかも護衛隊の三分の二を連れて行ってしまうと、使節団に兵員はわずかしか残らず、もしチベット軍から襲撃されたら、支えられるかどうかすらわからなかった。ともかく機先を制しなくてはならない。ブランダー大佐は五月三日、第三二工兵隊の三個中隊、第八グルカ連隊の一個中隊を率い、チベット側が交渉のため接触してくる場合も考え、ウィルトンとオコナー大尉をこの攻撃隊につけてやることにした。

五月五日の払暁、テント近くで銃声と人の叫び声を聞いて、ヤングハズバンドは飛び起きた。なんとチベット兵が、わずか数メートルしか離れていない英国側の防壁の銃眼から狙い撃ちしてきたのであった。八〇〇名の敵兵は夜陰に乗じてシガツェ方面からそっと這い寄って、寝込みを襲ったのである。英国側のキャンプ地はかなり広い家屋で、塀に銃眼を作っておいた。この攻撃は早朝四時半から六時半まで続いたが、英国隊はかろうじて防戦に成功し、チベット兵は二五〇名の死傷者を捨てて逃亡した。

しかし、付近にはチベットの大部隊がおり、英国側はすっかり包囲されていることが、次第にはっきりしてきた。これらは、チベット中央政府の派遣したチベットの正規軍であることもわかってきたし、いまは交渉などよりも、使節団が生死の境にあることも明確になってきたのである。英国側の護衛隊はわずか一七〇名を出ることがなかったのだから、いかに高性能なライフル銃があったとしても、相手方に優れた戦略を展開されたら、ひとたまりもない。幸い、五月七日に、ブランダー大佐麾下の兵がカロ・ラ峠で二五〇〇名のチベット兵をなんとか敗北させ、帰還してきた。この戦いに参加したオットレー大尉[3]や「タイムズ紙」の特派員のパーシバル・ランドン[4]は、のちに詳細な報告を書いたが、ヤングハズバンドはこの戦闘に直接参加していなかった。

　問題は、難攻不落のギャンツェ城砦に立て籠もる敵をどうしても掃討できないことだった。ギャンツェに到着したとき、ここは水利の便が悪いということで、マクドナルド将軍はあえてこれを占拠しなかったのである。ところが城砦を叩くのに七インチ砲でも無理で、膝を交じえての呑気な交渉などという段階はもうとうに過ぎ去り、いまやギャンツェとその周辺では、絶え間なしの戦闘が始まっていた。

　このような状況のなかで、五月十四日、インド政庁から電報が届き、チベット側がギャンツェで交渉を開始することを肯《がえ》んじない場合には、使節団はラサへ前進させる以外なしとする意見に、同意する旨の知らせが届いた。ただし一カ月間待てという。これでは貴重な時間が無為に流れていくだけだ。はやるヤングハズバンドはいらいらが募ったが、マクドナルド将軍の増援部隊は厳しい高地を突破して、ようやく五月二十四日にギャンツェに到着した。事態はもう完全な戦闘状態であった。宣戦布告なき戦争である。

　五月二十六日、ブランダー大佐は英国側のキャンプ地からわずか一四〇〇メートルしか離れていない、パラ村に防壁を作っているチベット軍の陣地を強襲した。これは夜闇に紛れて、彼らの立て籠もる家屋に爆薬を仕掛けて突破口を作る作業で、オコナーがこのとき重傷を負った。大砲で援護射撃してもらい、肉弾攻撃で相手を鎮圧する完全な戦闘方法なため、チベット人はすでに追いつめられて狂暴になっていた。彼らは英印軍を捕まえたら首をたたき切り、シナ人まで殺してやると言っているという。五月三十日の夜、チベット側は攻撃を始め、銃撃戦が展開した。が、近代的な軍事教育を受けていないチベット軍は烏合の衆であり、せっかくの好機も逸して手痛い反撃を食い、これ以降とうとう攻撃ができなくなった。
いまではチベット側と会談しようなどということは、すでに幻想であった。六月に入ったが、事態は一向に改善されない。初夏の六月は貴重な季節である。これからの数カ月を失うと、また冬と闘わねばならない。インド政庁も本国政府もチベットの自然環境など少しも知っていなかったに違いない。気を揉むヤングハズバンドは、六月五日の午後、訓令をインド政庁から受け取った。チュンビに赴き、マクドナルド将軍と協議すべしというのであった。ギャンツェからチュンビまでざっと二四〇キロもある。途中の村々に若干名ずつの守備隊を配置してあったが、まさに〝点と線〟といってよかった。重要な任務を帯びた一使節団の首席代表が、軍事指揮官と協議するため、最先端の前進基地から元に戻れなどというのは、だいたい指揮系統が狂っているとしかいいようがない。少なくともマクドナルド将軍は途中まで出てくるか、護衛隊を派遣してくるべきであったろう。ヤングハズバンドの胆は煮えたぎるほどだったに違いない。もっとも彼はギャンツェなどから離れられてうれしいと言っているが。

政治的折衝でつまずき、戦闘が起こった。このあたりのいきさつはきわめて煩雑で、いまでもわからないことが少なくない。それはヤングハズバンド自身が著わした彼の報告書『インドとチベット』(*India and Tibet*. 1910) の中でも、政府を批判するような部分は一切削除されているし、のちに議会報告書である『青書《ブルー・ブック》』(Tibet Papers) の中でも、お互い都合の悪いことにはふれていない（削除している）からだ。だから微妙な部分は個人的な日記や手紙の類から類推するしかない。

〈チベット使節〉の生みの親であり、ヤングハズバンドを推薦し、よき理解者でありパトロンであったカーゾン卿は、四月の最後の日に英国へ一時帰郷し、後事は総督代理のアムプヒル卿に託していった。いちばん難しい場面になって当の責任者が不在になることは、戦争でも政治の社会でもほとんど致命的失敗の原因になりやすい。アムプヒル卿はヤングハズバンドに、従来どおりあらゆる援助を惜しまないと手紙をくれていたが（五月二日付）、カーゾンのようにいくかどうか疑わしかった。

案の定、ヤングハズバンドがブランダー大佐にカロ・ラ峠でチベット人への先制攻撃を許可した件を、アムプヒルがロンドンに知らせたため、総司令部はヤングハズバンドを（シムラに）戻らせて、この説明をさせるようにせよと至急報が届けられたのであった。もっともアムプヒルは彼を裏切ったのではなく、うっかりこの事件をロンドンの本国政府に漏らしたため、では無断でやらかした奴に釈明させろということになったものらしい。

ブランダー大佐のカロ・ラ峠の攻撃は、一見ラサへの進撃を示唆するような行動に映ったので、神経過敏になっていたインド政庁、本国政府がヤングハズバンドが業を煮やして独断専行をとったと思ったのは無理なかったし、この際、責任を追求せよということにもなったものらしい。ところが困惑したのはむしろインド政庁の当局者だった。インド政庁はこんなつもりではなく、ロンドンに事実の報告をしたまでだったのである。実際は、チベット軍がギャンツェを攻撃してきて、手薄な使節団が危殆に瀕しているという情報に接したインド政庁は、シムラの外務大臣ルイス・デーンからマクドナルド将軍に宛てて、ヤングハズバンドを救援するよう電報を打った。それでもあくまで救助であって、ラサへ追撃する許可は保留にされた。この電報の趣旨はインド軍総司令官キッチナー元帥の差し金だったろうという。ラサ進攻をとるヤングハズバンドはこんな内輪もめですっかり落胆してしまった[5]。

どうやら、意思の疎通を欠いたこうした例は他にもすでにあったものらしい。それはインド政庁が五月二十日付のヤングハズバンド宛の電報の中で、チベット政府に対する最後通牒の伝達についての命令を追認し、記していたのに、彼のほうでなぜか放りっぱなしにしてろくに返答もしなかったことから起こったものらしい。このあたりはやりとりが混線してわかりづらいのであるが、ヤングハズバンドには彼なりの考えがあったのだろう。それが政府側の命令に不服従ととられ、彼に対する不信感を募らせ、政府側の態度を悪化させてしまったのだった。

そこでインド政庁は六月三日付、次のような内容の電報をヤングハズバンドに宛てて打った。「貴下は五月二十日付の当方の電報に応えていない。よってわが帝国政府の希望をチベット政府ならびに駐蔵大臣《アンバン》に連絡するに、貴下はいかなる行動をとられんとされるや、（ラサへの）進出（advance）の日時に関して、いつマクドナルド将軍と連絡をとられるや、直ちに連絡されたい。……インド政庁はこれを緊要と考慮し、貴下は彼らおよびマクドナルド将軍と直接連絡をとられたし。それ故、貴下は即刻チュンビに帰還されんことを。もし貴下がいまだシナ及びチベット当局者へ伝文を送付しあらざれば、ギャンツェ出発前に伝達を乞う」(6)。

しかし、前にもふれたように、これはいくらインド政庁の当局者でも少しやりすぎであった。ここまで言われて、それでも使節団の責任者にしがみついている人物は、広い世間でよほどのあぶれ者か能なししかおるまい。政府を差しおいてのヤングハズバンドの独断によるカロ・ラ峠襲撃は正しかったに違いないが、従軍した兵士たちや士官たちの間では妙な噂が広がっていた。ブランダー大佐は、このカロ・ラ峠のチベット人の戦略はこれまでと違うことに気づいた。明らかにヨーロッパ人の作戦方式としか思えなかったからだった。あるチベット人は、この城砦には四人の白人がいると言っていた。そうであるなら、彼らはロシアの軍事顧問団に間違いなく、チベット人を指揮し、彼らのために戦略を立てているに違いないと英国人は信じた。確実な証拠はなかったが、もし事実ならば、少数の英国側は全滅させられないとも限らない。形を変えた英露の戦争である。ただヤングハズバンドだけは、こうした不確実な噂や情報に一切耳を藉《か》さなかったが。

一度はヤングハズバンドを叱責したいと思った節のあるインド政庁も、どうした心境の変化からか、この二日後の六月五日付の電報で「マクドナルド将軍との会見に自ら出かけるか、ギャンツェにとどまるかは、貴下の裁量に任せる。おそらく、貴下は当地(ギャンツェ)にとどまるほうがよいと考える」と、寛大な態度になった。が、この電報がギャンツェに届いたとき、彼はすでに出発した後であった。

さて、話を前に戻すことにしよう。ヤングハズバンドはチュンビに向かう途中、カングマ村で泊まることにしていた。ここはピアソン大尉が約一〇〇名の兵で守備についていた。この村はこれまで一度としてチベット人から襲撃されたことがなかったのに、彼の泊まった夜に限って約三〇〇名からなるチベット兵から夜襲を受けた。寝込みを襲われたヤングハズバンドは、チベット式の平らな屋根の上に出たものの、屋根から下りるに下りられぬくらい激しい攻撃であった。彼らはここにヤングハズバンドがいることを事前に知っていたに違いない。

うっかりすれば全滅しかねないこの状況下で、英国人は押っ取り刀で手当たり次第ライフル銃を射ちまくり、かろうじて危機を脱し、チベット人を撃退することができた。チベット側には六、七〇人の死者が出た。彼らは勇敢であったが組織的な軍事教練をしていなかったことや、武器が旧式でろくに当たらなかったことが敗因につながったのだった。そうでなくては英国側に勝目はなかったであろう。

ともかくヤングハズバンドはカラ・ツォまで南下し、ここで朝まず政府から受け取った電報への返事をした。政府側はヤングハズバンドからの詳しい報告に接していなかったので、具体的な状況報告を求めていたのである。政府側も、兵站線が延びるにしたがって連絡が途絶え、全体的な把握ができなくなってきたのであった。総司令部には、チベットのような厳しい自然環境のなかでの戦闘を体験したことのない、軍事専門家と称する連中がいたが、彼らが頭の中だけで考えて、今度は逆に秋以降、ラサなどに軍隊を駐留できっこないなどと進言するのを聞くに及んで、ヤングハズバンドもかちんと頭にきたものらしい。

そこでヤングハズバンドは、これに反駁する返電を送った。まず冬季間も、ラサに英印軍を駐屯させるべくあらかじめ努力すべきであること。ラサとチュンビ渓谷には一〇〇〇名の兵員を駐留させ得る可能性があること。現在の優秀な兵力でチベット側をたたいてしまえば、ギャンツェ、ラサに冬季中も兵員を駐留させ得ること。また軍事専門家が言うように、冬季にラサに英印軍を駐留できないというのなら、それこそ一刻も早くラサへ進撃すべきであり、ラサ以外では頑迷な彼らと話し合いはできないことなど、進言というよりもう諫言に近いものだった。ヤングハズバンドはあくまで上部の指揮を受けて行動すべきものあって、相手に命令したり、指示する立場にはない。指導部が気嫌を損なうのは当たり前だったが、彼はこの頃すでに、肉体的にも精神的にも相当まいっていたものらしい。

五月から六月にかけて、たしかにヤングハズバンドは頑なで、彼の行動はいささか常軌を逸していた。ブロドリック卿がアムプヒル卿に宛てた六月十七日付の手紙の中で、「彼（ヤングハズバンド）は最近、どちらかといえば〝神経質《シャビィ》〟になっているように思える」と言っている。[7] 内容もさることながら、ヤングハズバンドの電報の調子が強かったため、当局者は当然、面白くない。好意的に取らないから、こんな噂がヤングハズバンドの耳にも入ってくる。

しかし、彼は反省もしていた。「この（私の）電報の内容を、私はいまでもまったく正しかったと思っている。しかし、その調子は自己弁護するために冷やかだったとも思っていない。私は、ギャンツェの全期間を通じて、代表者として当然あるべき落ち着きと沈着さとに欠けていたことは、告白せねばならない。おそらく、あまりにも長く高地に滞在していたことが、こんなことを言わしめたのであろう。なぜなら、ギャンツェですら一万三〇〇〇フィート（三九六二メートル）を超えていたのだから」[8]。

こうは弁解はしていたものの、彼はいらいらしていた。英国から送られてきた新聞には、チベット使節団がチベット人を虫けらのように虐殺している残虐非道なものだと、大っぴらに非難糺弾していたし、本来ならなぐさめの言葉ひとつぐらい寄こしてもよいはずのインド政庁までもが彼を拒絶するに至って、ヤングハズバンドの感情はますます悪化し、もう金輪際、こんな仕事なんかするものか、一切合財放り出してしまおうとすら考えた。が、彼はここで思いとどまった。「私はいま悟ったのだ。ばかになって、愉快にやっていくべきだと。なぜって、政府だってまた同じように、自分が抱え込んでいるような、数えきれぬ難問を持っていたであろうから。とはいっても、当時、このことはそう容易なことではなかった」[9]。

インド政庁は、なんとしてでも国際情勢を横目でにらみながら行動しなくてはならない状況に置かれていた。これはもちろん、本国政府の意向ではあったが、だから、もう見切り発車してラサで交渉すべきだというヤングハズバンドの意見に対し、インド政庁は、「現在の計画が実行不可能であることがはっきりするまで」全力を尽くせと言い、「［ヤングハズバンドが自ら］ラサに到着して情勢を調査したうえ」でなくては、冬季間の兵員の滞在の判断は無理であると言うのであった。たしかにインド政庁の言い分はもっともである。が、ことは慎重であるばかりがよいとは限らない。カーゾンなき後の雰囲気は、明らかに（政治的考慮）から（軍事的考慮）に変わってきたことであった。インド総督カーゾンとインド軍総司令官キッチナーはのち大喧嘩をして、結局カーゾンは総督を退位するほど仲が悪いのであるが、すでにこの頃からおかしくなっていたのかもしれない。

お家の内紛の他に、煩わしい問題は再びロシアの政治介入であった。〈チベット使節〉が組織され派遣された頃には、日露戦争はまだ勃発していなかったが、いま極東では激戦が続いていた。英国政府がなぜロシア政府にひどく気を遣う必要があったかは不明であるが、清朝政府は日本に好意的であったし、日英同盟で英国は日本側に立っていたから、ロシアに対して強く出られる好機に違いなかった。しかし、政治の世界は不透明である。また、日露戦争中に火事場泥棒のようにチベットを掠奪したと思われたくなかったのかもしれない。

四月十三日、ランズダウン卿は駐英ロシア大使に〈チベット使節〉の派遣は従来どおりで、なんの変更もないと説明した。そしてさらに六月二日付のランズダウンからロシア大使宛の書簡の中で、彼は〈チベット使節〉のギャンツェ前進の認可に関して、こう説明した。帝国政府はインド政庁に対し、「この処置はチベットの占拠、ないしはチベット問題の永久的干渉を承認したのではない。この前進は満足を得るためだけの目的でなされたものであり、補償(reparation)が得られたら直ちに撤退されるであろう、と述べた。帝国政府はこれに加え、チベットに恒久的な使節を置く用意はなく、チベットにおける通商の便宜を図る問題が、この決定に鑑みて考慮されるものとした」。ランズダウンはさらに続けて、「しかしながら、わが帝国政府は、他の強国がチベット問題に干渉しようとしない限り、チベットを併合して保護領とするか、あるいはその内政干渉をするがごときいかなる手段もとらぬことを、断固強調しておきたい[10]」と記している。

ロンドンの本国政府は、ロシア側の疑いを晴らすために公明正大なところを見せたのはよかったが、余計なことまで言ってしまったため、後になってインド政庁は自由な行動がとれず、ひどく困ったのであった。ランズダウンがロシア大使に大見栄を切って、英国はチベットに永久的使節なぞ置く気はないと啖呵を並べたばかりに、のちラサにもチュンビ渓谷にも英印軍を駐留させることができなくなってしまったのである。ラサにはロシアの代理人ドルジェフがいるにもかかわらず、英国はびくびくした外交政策しかとれなかった。ヤングハズバンドは自己擁護するばかりで弱腰な政治家に、無性に腹が立って仕方がなかった。

六月十日、ヤングハズバンドはチュンビにある前進基地に到着した。絶え間ない危険、重苦しい圧迫感と情報不足、いちいちインド政庁の許可を得なくては、なに一つ勝手な行動のできないもどかしさから解放されて、久しぶりに気分が爽快になったと、彼は言っている。高度四〇〇〇メートルの荒涼としたギャンツェと比べると、二七五〇メートルのチュンビ渓谷はまさに天国であった。いたるところ高山植物が咲き乱れていた。

ヤングハズバンドはチュンビに来る途中のパーリで、ブータンの支配者（のちの藩王《マハラジャ》）のトンサ・ペンロプという、年の頃四七歳ぐらいの恰幅のいい男に会ったが、彼はなかなかの人物でヤングハズバンドとマクドナルド将軍に会うため、わざわざチュンビに来る途中だった。チベットとインドの間に挟まれたヒマラヤ山中の小国ブータンは、国境上にある小国ならどこも同じように、政治的な見通しの失敗がすぐ亡国に直結するため、支配者はどちらについたらいちばん身が安全なのか、機を見るに神経質すぎるくらい鋭敏だった。彼はネパール同様ダライ・ラマの政治の火遊びに見切りをつけ、英国側に加担するためわざわざ挨拶に出て来たのだった。それだけに、彼は実によい情報を持っていた。英国側がラサへ行ったところで、到着前にダライ・ラマとラサ政府の責任者は逃亡してしまい、交渉する相手は一人もいないだろうと不気味な予言を行なった。ブータンでは、ヤングハズバンドはすでにギャンツェで殺されたとか、ロシア人がカルカッタへ上陸して、英国軍を破ったとかいう噂がもっぱら流れていると告げた。トンサ・ペンロプはダライ・ラマにすでに書簡を出してあると言った。彼は、チベット人は頑迷だが、ダライ・ラマはまだ若く、ラサに悪い人間がいてチベット人を迷わしているのだと言い、六月二十五日までにチベットの代表がこちらに到着するだろうとも言った。

一方、インドから新たに派遣されて来た増援部隊が到着した。ひと冬過ごした部隊は寒さと高地での戦闘ですっかり疲れ切っていた。新しい部隊はフーラー少佐麾下の山岳砲兵中隊の残り、フェージリア連隊（その昔、火打ち石銃を用いた連隊）、第四〇パターン人連隊、第二九パンジャブ連隊である。そこで六月十三日、ヤングハズバンドとマクドナルド将軍とはこれらの連隊を率い、ギャンツェに戻ることにした。

ギャンツェでは今度こそひと波瀾はあるだろうし、もし交渉が決裂すればそのままラサへ進撃する予定だった。交渉期限は六月二十五日であるが、チベットの夏は短い。うかうかしていると八月の雨季に入ってしまう。パーリにいたブータンのトンサ・ペンロプから電報で、チベット側は高位の僧侶と顧問《シャペ》をギャンツェに向かわせているという連絡が入ったので、ヤングハズバンドは交渉期限を六月三十日まで延長することにした。彼は〈チベット使節〉の全期間を通じて、実に信じ難いほどの寛容さと忍耐心を見せたが、チベット人を相手にしたとき、こういう態度はかえって外交的に無能と思われる恐れがあった。こんなこともあって、ヤングハズバンド一行がギャンツェに到着したのは、六月二十六日だった。小戦闘はすでにあちこちで開始されており、誰の目にも交渉が進展すると信じている者などいなかった。

ギャンツェの平原上にそびえ立つ岩峰上の城砦は、まさに難攻不落に見えたし、ここに立て籠もるチベット人がすんなり英印軍に降伏する可能性は、まずないと言ってよかった。彼らは意気盛んであり、交渉期限前の二十八日、マクドナルド将軍は、まず手始めに尾根の上にあるツェ・チェン寺院と数基の防備をこらした塔と胸壁のある、強固な陣地を先制攻撃することにした。そして、尾根の下にある平野部の村落をまず掃討し、次いで夕刻五時から、この尾根上で激しい戦闘を行った。敵陣地はついに陥落させられた。この先制攻撃は、英国側の規約違反といわれても異論はないであろう。

ター・ラマというラサの高僧がシガツェに着いていたが、英印軍が戦闘をしているので、ギャンツェに来られないというニュースが届いた。そこでヤングハズバンドはマクドナルド将軍と協議した末、チベット側の要求する休戦を六月三十日の日没までとする、そしてター・ラマにはギャンツェ到着の便宜を与えると約することにした。それでもチベット軍はギャンツェ城砦から絶えず射撃してくるので、英国側はチベット人は城砦を撤去し、カロ・ラ峠以北へ一切の兵力を撤退せよと要求した。これはチベット側に呑めるような条件でなかった。チベット側はギャンツェで負けると思っていなかったし、もう残された道はギャンツェでの戦闘でしかなかった。

七月一日の午後三時になって、ようやくター・ラマがギャンツェに到着したものの、ここでまた話し合いがこじれた。そこで無理矢理、翌日の午前一一時にヤングハズバンドは彼と会見したが、この席にはラサ三大寺院の代表六名と、ブータンのトンサ・ペンロプも連なった。ここでもヤングハズバンドは、これまでの交渉の経過と、いかにチベット側が約束を守らなかったかを縷々説明し、あなた方に全権が委任されていないならば、直ちにラサへ進むつもりであるとまず通告した。

チベット側代表は、長官がター・ラマに代わって返答した。[11] 彼はここでも、英国人はチベットへ侵入し、チュンビ、パーリを占領し、あまつさえグルでは英国人はチベット人に発砲して多数を殺害した、と非難した。また、自分らはとくに（ダライ・ラマからの）信任状は持参していないが、ター・ラマのような高位の人物が来ている以上、まじめに交渉するつもりであると言った。しかし、こう話し合いがこじれていては、言い争いになるのが落ちであった。

結局、すったもんだの末、七月三日の夕刻（午後四時）に再び会見が行なわれ、英国側はヤングハズバンドとその幕僚、マクドナルド将軍は部下の士官すべてがそろって席に着き、お互いにらみ合いの沈黙が続いた。最初に口を開いたほうが負けである。英国側はチベット側に無言の圧力をかけた。気まずい時間が過ぎ、とうとうター・ラマが弁解を言った。これに対し英国側は、七月五日の正午まで残すところ二日間の休戦の猶予を与えるので、チベット軍はギャンツェの城砦を撤去してもらいたい、もし万が一撤退しない場合には軍事行動をとるであろうという、最後通牒を伝えた。こうして会議は物別れで終わった。ブータンのトンサ・ペンロプが両者の間に入って妥協案を模索したが、いちばんの問題は、チベット側に強力な決定を下せる人物がいつもいないということだった。だからチベット代表も城砦指揮官も、戦いを唆《そその》かすダライ・ラマ一派の僧侶に反抗できず、最終決定が出せないまま時間切れを迎えた。英国側の思う壺であった。

七月五日一二時半、ヤングハズバンドはマクドナルド将軍にいつ発砲しても構わないと伝えた。とうとう戦闘の幕が切って落とされたのであった。よくも悪くも、ヤングハズバンドの名が大英帝国主義の侵略者として歴史に残る瞬間であった。戦闘になれば、侵略者側の英印軍とチベット軍の比率が仮に一対一〇であっても、チベット側に勝算の見込みはまったくなかった。

ヤングハズバンドは政治的使節の団長であり、あくまで〈チベット使節〉の統師者ではあったが、この戦闘指令を

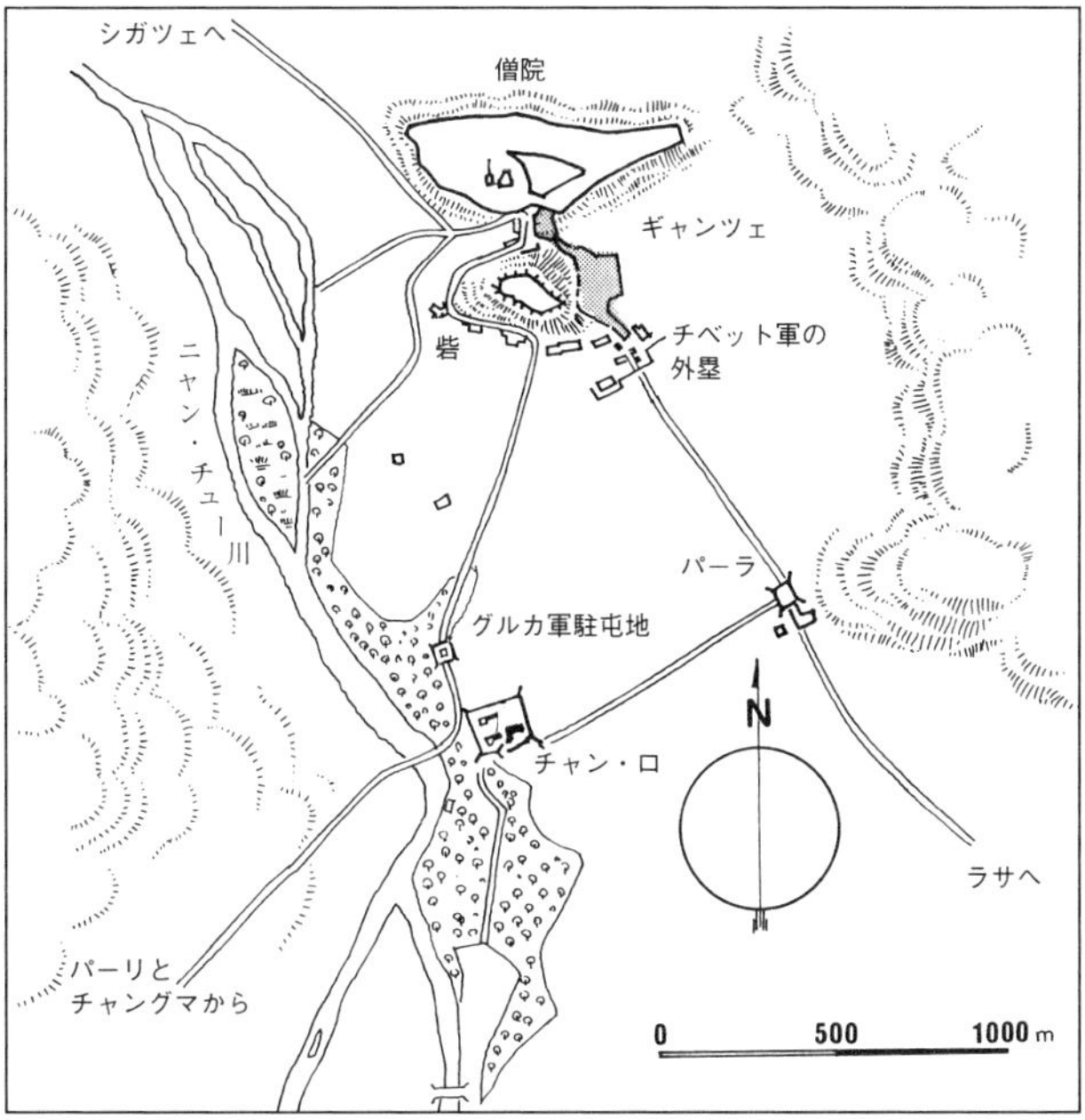

ギャンツェの戦闘

発してからは、実権は彼の手から離れた。彼はこのときどこにいたのかはっきりしていないが、英国側の基地《ポスト》の塁壁の上あたりから戦況の推移をじっと見守っていたはずである。

険しい岩峰上にそびえるギャンツェ城砦は、一年間にわたるチベット側の戦争準備で、ますます難攻不落にさせた。岩峰のすぐ下には堅固な城壁が造られ、チベット人が守りについていたし、兵の数では、チベット軍は英印軍のざっと三倍はいた。チベット軍は射程が一〇〇〇メートルに達するラサ製（ロシアの協力によるのであろう）ライフル銃で武装していたので、なかなか侮り難かった。また数門の大砲まで擁していたため、ブータンのトンサ・ペンロプまでもが英国側の絶対的勝利を危ぶんでいるように見えた。

午後一時四五分、マクドナルド将軍が攻撃開始を命じた。今回は英国側も人命の損傷を狙う榴散弾の他に、通常の砲弾を持ってきていた。こうでもしないと石造りの建物を破壊できなかったからである。まず、城壁に向かってライフル銃を射ち、三時半には大砲三門と兵員の一部を城砦の北側にある寺院のほうへ向かわせた。これは一つの陽動作戦であった。敵の勢力を分散させる必要があったからで、チベット側はまんまとこれにひっかかった。暗くなってから、英印軍はそっと引き揚げ、真夜中を少し過ぎた頃、ギャンツェ城砦南東にある敵陣地を占領するため、二隊に分かれて出動した。ここにチベット軍の最も強力な陣地があったのである。夜を選んだのは、少しでも損耗を減らすためだったのだろう。

敵陣地は午前三時半までに落ちた。「夜はまだ明けなかった」とヤングハズバンドは言っている。「あらゆるものはいまだひっそりと、静まり返っていた。星はこの高地の空にきらきらと瞬き、この澄みきった夏の夜ほど清らかで、これほど平和な情景もなかった。突如、二、三発の銃声が轟き、敵側がわが偵察部隊を発見したことを告げた」(12)。次いで鋭い爆発音が響いたが、これは英印軍が城壁を破壊したものらしい。これを合図に戦闘が始まった。いたるところ銃弾の飛び交う光が夜空に乱舞した。英印軍は部隊が二つに分かれ、キャンペルの率いる第四〇パターン連隊は右翼から、ムレー少佐麾下の第八グルカ連隊は左翼から、各々匍匐前進から突撃に移り、チベット軍の守る防壁に取り付き、爆破穴から突入したのだった。組織的訓練の欠けたチベット軍は烏合の衆になりやすく、午前七時、チベット防御陣地は陥落した。彼らもこんなに早く敗れるとは思っていなかったであろう。

しかし問題はむしろこれからだった。こんなそそり立つ岩峰を攻撃することほど危険で、損害の大きくなるものもなかったからだ。孫子が言うとおり、城を攻めるは愚の愚であったが、チベット兵をこの岩山の城砦に封じ込めたままラサへ進出したら、英国軍は弱くて実戦ができないという噂がぱっと広がるに違いなかった。だからヤングハズバンドにしては、是が非でもここで完膚なきまでたたくことが必要で、将来、有利に交渉ができるはずであった。

さて、足場は確保できたものの五、六〇〇〇人もいる岩峰上の城砦を落とすには、なんとしてもこの急峻な岩をよじ登らねばならない。そこで午前中は兵の休養にあて、午後二時、キャンペル大佐が東端から攻撃をする許可を、パラ村の司令部にいるマクドナルド将軍から得た。これにはまず城砦を囲む城壁を破壊しなくてはならないので、これに向かって集中砲火を浴びせ、午後四時頃には急襲部隊が突入できる突破口が開いた。

ここで一斉に城砦に向かって急射撃を浴びせ、岩峰に取り付きはじめた。一方、チベット兵は上方から銃火の雨を降らせ、石まで転げ落した。遠くから見ていると、グルカ兵たちの姿がまるで蟻が攀じ登っていくように見えたという。やがて大砲がやみ、続いて突撃部隊が喚声を上げて突破口から突入していった。ほとんど垂直に立つ建物から建物へと英印軍は敵を追いつめ、ついに城砦のいちばん高い場所に、英国旗《ユニオン・ジャック》がひるがえるのが見えた。

ギャンツェ城が落城したのだった。どうして逃げたのか、チベット兵はクモの子を散らすように四散した。翌日、ヤングハズバンドがこの岩峰の砦まで登って四囲を展望したとき、初めてチベット人が英国人を侮り、自信にあふれ、ター・ラマやその他のチベット代表たちが、なぜあれほどまで傍若無人に振る舞ったかがわかる気がしたという。そこはまるで人を寄せつけぬほど堅固にできていた。

戦闘は予想にたがわず勝利に終わったが、ふとわれに返るとヤングハズバンドは、ますます交渉を急ぐ必要を感じたと言っている。英国政府からまたぞろ交渉はギャンツェで努力してみること、「チベット代表の資格かチベット政府の誠意を疑う十分な根拠がない限り、ラサ進軍は差し控えるべきである」という電報（六月二十五日付）を受け取ったからである[13]。しかし、交渉しようにも、もうどこにもチベット代表団の姿はなかった。彼らは風を食らって逃げてしまっていた。そして、七月九日になってインド政庁は、悩みに悩んだ末の決定として、ラサ進出は避け難いことと考えると打電してきた。七月十三日までにマクドナルド将軍も準備が完了し、翌十四日、いよいよラサへ向け英印軍の進撃が始まった。

高度があっても日中の気温は結構上昇して、暑いくらいだった。七月十七日、カロ・ラ峠の麓にテントを張ったが、峠の向こう側にある城壁から、チベット軍は発砲を仕掛けてきた。この情勢では一戦を交えねばとても通過できそうになかった。

ギャンツェにいる間から、この峠には二〇〇〇人のチベット兵と、その補充にさらに二〇〇〇人はいるだろうと予想を立ててあったが、偵察隊の報告では新しい城壁が造られているらしいという。この両側はすぐ雪線に面していて、この城壁は石など積み上げられており、とても迂回など無理であった。だから通過するにはこれをぶち破らねばならない。この峠は海抜五〇六三メートルもあり、周囲の山々は七三二〇メートルにも達し、テントのすぐ近くまで氷河が流れ落ちていた。ラサへ通じる交通路といったところで、ささやかなロバや人の通る道でしかなかった。こんな難路で戦争をしようというのである。(14)

七月十八日の朝七時、霜の下りた厳しい寒さのなかで進撃が開始された。正面をクーパー大佐麾下のフェージリア連隊、側面を第八グルカ連隊が進んだ。ヤングハズバンドはフーラー少佐の山岳砲兵隊の脇に座って、戦況の経過をじっと見守るしかなかった。チベット側との交渉は完全に決裂していた。

砲兵隊は峠より一〇〇メートルほど高所に位置を占めていた。このような大気の稀薄なところでは、普通の薬莢《やっきょう》や照準器ではだめで、砲弾の炸裂も効果がないため、当て推量で砲撃するしかなかった。峠の横手からグルカ人とパターン人の兵士が長く困難なルートで、五四九〇メートル付近に達すると、チベット人はたちまち後退してしまい、夜に入っても陣地を守備しているのは、七〇〇名の勇敢なカム人ばかりだった。英国の騎兵隊はさらに追撃して、ナガツェ・ゾンまで行ったが、ここには一三〇〇名に及ぶ東チベットのカム人が守備についているという噂だった。

七月十九日に、ナガツェ・ゾンに到着した。ここにはラサから派遣された代表団、ユトク・シャペ、ター・ラマ、書記長、その他のラマたちがヤングハズバンドに会見を申し込んできた。この日の午後、両者の会見が行なわれたが、彼らの条件は虫のいいものばかりで、ギャンツェに引き返し、そこで交渉してほしいというものだった。ヤングハズバンドは城砦《ゾン》は占拠する、交渉はラサでするつもりだと回答した。

ただ、ヤングハズバンドとしてはあくまで強圧的態度をとることを、極端にまで避けた。いくら待っていてもあなた方は交渉に応じようとしなかった、だからチベットへ進撃するが、交渉は途中でもよいし、もしチベット軍が反抗しなければ、戦うつもりはない。昨日も、城砦からわれわれは攻撃を受けた、と言った。一時間ほど、ヤングハズバンドはチベット側の抗議を聞いていたが、とても飲める条件でないので、話し合いを打ち切るしかなかった。自分はあくまでインド総督の命令でラサへ行くのであり、そこで和解できれば、ラサに居座るつもりはない。あらゆる購入物に対して支払いはするし、宗教的な建物には敬意を表するであろうと告げた。

チベット代表者たちの話を聞いているうちにわかったことは、彼らもダライ・ラマも、この機に臨んですら事の重大さをさっぱり理解していないらしいことだった。考えると、彼らと和解条件を話し合うことがどんなに大変なことか、いまから思いやられた。ましていま彼らと喧嘩別れして城砦で戦闘になれば、双方に相当の死傷者が出るのは確実だった。そこでオコナー大尉が代表者たちを伴って行き、ともかく城砦での戦闘だけは回避させた。ヤングハズバンドがこうしたことにいかに神経を遣っていたかは、残念ながら当局者にほとんど理解してもらえなかった。

翌日、ヤングハズバンドはチベット代表たちと再び三時間半の会談を行なった。彼らはラサへだけは入らないでほしい。あそこには大勢の僧侶がいるし、法に従わないならず者もいるので、騒擾の起こる危険があると言った。またもしラサへ行ったところで、おそらく人っこ一人いないだろうとも付け加えた。これに対しヤングハズバンドは、なら人々が戻ってくるまで待っていると答えた。まるで子供じみた禅問答であった。しかし、彼が図らずもこう言っているのは間違いないであろう。「われわれに対してとった一強大国の代表と交渉するために、丸一年間も待ちぼうけを食わせるという事実は、まったく無礼きわまりないことであり、大概の国であったなら、交渉など一顧だにせず怒って一戦に及んだであろう。しかし英国政府は、避けられることなら戦争を避けたかった。そこでチベット人にいま一度のチャンスを与えるよう、私に命じた。たとえこのチャンスがラサであろうとも。この交渉の機会の大半を彼らの手に委ねたのだ[15]」。

いよいよラサから数十キロの地点まで進軍してきた英印軍を前に、それまで我を張りとおしてきたチベット代表たちの間にも、さすがに焦りといら立ちがありありとしてきた。今回、彼らは宗教を持ち出し、もし英国人たちがラサへ入れば、自分たちの宗教(仏教)が損われてしまうと主張した。ヤングハズバンドは、でもラサには回教徒も住んでいるではないかとやり返した。次に彼らはもし英国人がラサに入れば、他国の人間もラサに行きたがり、代理人を駐在させたがるだろうとまくし立てた。が、ヤングハズバンドは、「私はこれっぽっちもラサを見物したいと思っていない。すでに、たくさんの違った国々を巡り歩き、ラサで見るよりもっとすばらしい光景を眺めてきた。ラサへ代理人を駐在させることでは、われわれはこうした意図を持っていない。どこかの国が望んでいるというのなら、聞かせてはくれまいか」と言った。彼らはロシアだと答えた。そこでヤングハズバンドは、ロシア政府はラサへ代理人を駐在させるつもりのないことを、英国政府に伝えてきていると知らせてやった。[16]

ナガルツェには一日滞在し、できるだけ事を荒立てないようにしながら、じりじりと北へ向かった。やがてヤムドック・ツォ湖の西岸に達し、この湖岸に沿って進んだ。この湖水の色は紫色からトルコ玉色に、さらに緑色へと変化し、ヤングハズバンドがこれまで眺めたなかで最も美しい湖だったという。[17] この細長い西岸について北進する間、ひどい驟雨に遭ったが、夜に入ると雪に変わった。二十二日に湖岸の小さな砦ペテ・ゾンに着いた。

やがて湖水も去り、ラサへの途上で最後の峠、カンバ・ラ峠（標高四七〇〇メートル）にさしかかった。ここからだとツァンポー＝ブラーマプトラ川を隔てて、ラサのポタラ宮が望めるのではないかと淡い期待を抱いたが、どうやらこれは無理であった。ラサまでまだざっと八〇キロはあった。急な峠道を北に下って、この日はツァンポー川の岸辺にテントを張った。いよいよ旅行者なら夢にまで見るツァンポー川に達したのだ。当時、この東流するツァンポー川が、インドのブラーマプトラ川と同一河川であるかどうか、地理学的にはいまだ解明されていなかったのである。幕営地はまだ海抜三五二〇メートルもあった。

ラサ進出の難所にぶつかった。予想はされていたが、これまでは高所の戦闘と行進で精いっぱいだった。川幅はわずか一二七メートルにすぎないけれど、問題は、急湍《きゅうたん》になって渦巻き流れるツァンポー川を多数の兵員がどう渡河するかであった。まずフェリー・ボートを見つけることであったが、大半はチベット人が対岸へ運んでしまったため、二艘しか入手できなかった。ところがここでまた頭の痛い事件が持ち上がった。

英印軍がついにツァンポー対岸まで姿を現したというので、チベット国民議会から、初めて「英国政府より派遣された全能なるサヒブ」に宛てての書簡が届けられたからである。こんな不遜なチベット政府から公式文書が届けられるなどということは、一八世紀のワーレン・ヘースティングス以来のことであった。この中で、貴下がたとえラサへ来てダライ・ラマと会見しようとしたところで無駄であるから、当地にいるチベット代表と会見してもらいたいと述べてあった[18]。そして、この書簡を持って来た伝達使は、新しいチベット代表団がツァンポーの北岸のチスルに待機しているとと告げた。

さて、これをチャンスと見るかどうかであった。ラサにいる四〇〇〇人もの僧侶は不穏な動きをしているというし、ラサへの進入は大きな危険があるといえる。ロンドンの政界も野党は新しいアフガン戦争だと批難の声を上げていた。そこでヤングハズバンドはチベット代表者と会見はするが、ラサ進出をやめるわけにはいかぬと回答した。そしてダライ・ラマには、これまでのチベット側の数々の非協力を指摘し、ラサでは宗教に妨害を加えないと重ねて強調した。

七月二十五日のダライ・ラマ宛の返書を出した夜、密かにインドから運んで来た四艘の分解式ボートと土地のボートに分乗して、歩兵七中隊と騎兵一中隊とがツァンポーを渡った。が、ここで悲劇が起こった。急流でボートが転覆し、これまで数々の功績を上げてきたブレザートン少佐と二名のグルカ兵が、濁流に呑み込まれてしまったのである。彼はこれまでインド北西部国境で多くの体験を持ち、今回は物資輸送の責任者だっただけに、彼の死は〈チベット使節〉全体の損失でもあった[19]。

七月二十七日、ヤングハズバンドは新しいチベット代表と会った。彼らはダライ・ラマからの書簡を持参しており、同じようにラサへ入らないでくれと書いてあった。もし英国人がラサへ入るようなら、ダライ・ラマは死ぬことになるだろうと泣き落としにかかった。この書簡は、歴代のダライ・ラマのうち英国人に差し出した最初のものであった[20]。個人的なものならともかく、数千人もの軍隊を率いた一国の代表が、たとえ活仏からの涙の訴えであっても、もうすんなり聞くことはできなかった。ヤングハズバンドはきわめて丁重に、しかも忍耐強く、ラサにはわずか数週間しか滞在しないことだし、われわれもあなた方の宗教を学んだから、死ぬことなどないだろうと答えた[21]。

七月最後の日（三十一日）、英印軍はごくわずかな守備隊を除いて、全軍がツァンポーを渡河し、ラサへ進軍を開始した。ツァンポー河畔で貴重な一週間を失ったのは、この期に及んだ入れ代わり立ち代わりやって来る、チベット代表のぐちと脅しにかかわっていたからである。ラサへはもう五〇キロ足らずしかなかった。

それでも次の二日間は北への進軍が続いた。とうとう先発隊から、遠方にポタラ宮の光輝く屋根が見えたという報告が入った。八月二日が、ラサから二〇キロ離れた最後の宿営となった。またまたチベットの代表がやって来て、ラサへ入らぬよう最後の訴えをしたが、交渉についてはほとんどなにも内容がなかった。ヤングハズバンドはこの訴えを拒否し、最後の会見が決裂したので、小さな村や、ポプラや柳の並木を通り抜け、八月三日、とうとう目標のラサに着いた。谷の中央部に、ぎらぎら輝く屋根のついた、まるで城砦のような宮殿が姿を見せたが、これが、歴代のダライ・ラマが居住し、五〇年にわたって白人の入ることを拒み続けたチベット仏教の上に君臨するポタラ宮であった[22]。

第21章　ラサにおける条約交渉とラサ撤退

めざすラサに入った印象は、ヤングハズバンドにとってけっして感動的なものではなかった。ラサにたどり着くまでの一年もの長い道程のうち、すっかり期待感は失せてしまっていたし、これからどうやって難しい相手と交渉していけるか自信もなかったからである。戦争で敗けた相手には、いくらでも強圧的に条約を締結させることができる。しかし、この〈チベット使節〉の最大の目標は、あくまで相手側を尊重して交渉のテーブルにつかせ、両国の同意のうちに平和的に条約を結ぶことにあったから、なんとも頭の痛いものだった。相手がごねたらどうするか。ごねるに決まっていた。ヤングハズバンドはともかく一カ月半か二カ月はラサに滞在し、冬の到来前に引き揚げる予定だった。なにがなんでも急がねばならない。が、そんな素振りは毛筋ほどにも見せてはならなかったのである。

　条約の草案はすでに六月三十日付で、インド政庁から届いていた。この中でいちばんの問題は、ラサに英国駐在事務官を置くことであった。英国には、チベットに大英帝国の影響力を扶植《ふしょく》したいという狙いがあった。どんな立派な条約を締結したところで、英国軍が引き揚げたらすぐチベットは条約を反故《ほご》にしかねない。元の木阿弥《もくあみ》にならないためには、その監視も含めぜひチュンビ渓谷を確保する必要がある。[1] それはともかく、もし英印軍が十月までチベットにいたとしたら、その経費はざっと六四八万ポンドかかると見積もられた。

　そこでインド政庁は、あらためてチベットへの要求の概要（案）をまとめた。それによると、ラサに駐在事務官を置く。もしこれがだめなら、ラサへ入れるという条件つきでギャンツェに代表を置く。政治的影響力の排除を認める。賠償金の請求、安全のためチュンビ渓谷の占領、ギャンツェ、ヤートン、シガツェ、ガルトックの各交易市場の開設、シッキムとガルワール国境地帯の決定、関税義務、交易の調整といったものであった。また一方、英国政府はチベット側に賠償支払い期間として、三年ということを至急便で出していたらしいが、これはなぜか交渉妥結後までヤングハズバンドの手に届かなかったという。これは意図的にヤングハズバンドが握りつぶしていた可能性がなくもない。こんな厳しい条件を持ち出したら、まとまる話もぶち壊しだったからだ。

ヤングハズバンドは、ラサへ到着した午後から早速、条約交渉の下準備にとりかかった。ラサ駐在になったシナ駐蔵大臣《アンバン》の有泰《ユータイ》は、シナ人官吏に見られるような、そう賢明な人物とは思えなかったが、それでもこれまでの愚にもつかぬチベット人との会見と比べたら、ずっとましな気がした。ところがこのシナ代表は高慢なのか常識がないのか、ヤングハズバンドが訪問するまで、けっして自分のほうから挨拶に出向いてくることがなかった。

しかたなくヤングハズバンドがシナ代表の有泰を訪れると、彼は正装して一行を出迎えたが、英国側も全員が正装していった。彼はヤングハズバンドに会うと、儀礼的に丁重な挨拶をしたのち、チベット人とは早急に事態を決着するべく、協力したいと言った。そして、もっと前にお目にかかりたかったのだが、チベット人が旅券の発行を拒否したので、ラサから離れられなかったのだと弁解した。

そこでヤングハズバンドは、チベット人のことは十分理解している。なぜなら、私も体験したことだし、彼らはこれまで出会った最も妨害的な人たちだと言った。われわれは戦うために来たのではなく、交渉のために来たのである。現在のところ、交渉か戦闘かどちらの準備もしている。しかし、あくまで交渉するつもりでいる、と伝えた。

ここでヤングハズバンドは、軍事行動の費用の一部として、賠償金を支払ってもらいたいと思っているという案を持ち出した。ヤングハズバンドはもともとチベット人から賠償を取り立てるなどということは、考えてもいなかったらしいが、これは英国政府の強い要望だった。この条件は、〈チベット使節〉が攻撃を受けてから、条約が批准された一カ月後まで、一日につき五万ルピーというものであった。ヤングハズバンドのこの提案は、どうやらチベット側の引き延ばし策を封じるためだったらしい。もし例のだらだら交渉を冬まで持ち込もうとすると、チベット側の財政は破綻してしまいかねなかった。これに対し、シナ代表はなかなか結構な案だと賛成してくれたが、内心は仰天していたに違いない。翌日、ヤングハズバンドは再びシナ代表を訪問した。

ヤングハズバンドは、また一つ問題を持ち出した。シナ代表はラサ郊外に住んでいた。だからここを訪れるにはラサの市中を横切って行くか、遠回りするしかない。ところが、町にはチベットの狂信的な僧侶たちが徘徊していて、きわめて危険であった。もしなにか事件が起こったら、自分は必ずや故国で批判を受けるだろう。しかし、チベット人の排他性をなくすため、あえて市中を通って行くのだと、ヤングハズバンドは説明した。これも一種の脅しである。シナ代表は、護衛をつけると申し出た。

ラサ入城という興奮状態が次第になくなっていくにつれ、ようやく落ち着きが取り戻され、あらためてこの聖なる都ラサを眺める余裕が出てきた。

「〔これまで〕たくさんの旅行者がラサをひと目見たいと恋い焦れた。ところが、われわれはいま実際この聖都にいたのだった。ただ残念ながら、ポタラ宮を除いての話であるが。街路は不潔で汚れていたし、住民も街路より綺麗とはお世辞にもいえなかった。家屋は堅固な石造りであるが、街路と同じような汚さだった。われわれの通りかかった寺院は、どっしりとしていたが、なんとも野暮ったかった。このなかでポタラ宮だけがひときわ際立っていた。これは堅牢で、頑丈な石造りの階段になっていて、その足元にあたる汚い町からそびえ立っていた。そして、建築的な美しさや均整といった見かけのものが一切なくても、その大きく垂直になったところや、あたりを威圧するような場所からすれば、やはり印象的であった[2]」。

ヤングハズバンドは、世に喧伝されるほどラサの風物には感銘を受けなかったようだ。それは彼が芸術や建築などの評価ができなかったのでなく、他のことで頭がいっぱいであり、またきわめて冷静だったからといえよう。ラサの市中にはおびただしい数の寺院があり、頭を丸めた僧侶たちがいたるところでうろうろしていた。なかには一つの寺院だけで八〇〇〇人もの僧侶がいたのもあったという。彼らの大半は宗教の名を借りた徒食無頼の輩であり、怠け者で、農民や町の住民よりはっきりと劣っていたと、ヤングハズバンドは言っている。

八月五日、いよいよシナ、チベット側代表と折衝を始める準備を整えたが、相手が手強いだけにヤングハズバンドは、ラサに長く駐在していたネパール代表と、ブータンのトンサ・ペンロプの助けを借りることにした。トンサ・ペンロプはいまではブータンの藩王《マハラジャ》になっていた。とはいっても、相手側はまったく準備ができていなかった。ヤングハズバンドもとうとう八月八日に、チベット側はまったく混乱状態にあるという状況を、インド政庁に報告するしかなかった。最高責任者ダライ・ラマ一三世は、英印軍のラサ入城直前にラサを逃げ出してしまっていたし、国民議会も烏合の衆で話し相手にならず、いったい誰がチベットの責任者なのかわけがわからなかった。以前会ったことのあるター・ラマはすっかり面目を失っていたし、ユトク・シャペは重大な局面にぶつかって病気になってしまった。他の顧問連中もまったく役に立たなかった。

ネパール代表がヤングハズバンドを訪ねて来て、こんなことをそっと知らせてくれた。ダライ・ラマが国璽《こくじ》を渡していった摂政のティ・リンポチェに、ネパール代表が会いに行くと、彼は英国側の要求する日に五万ルピーの賠償金は、法外だと考えているという。しかし、彼は寛大な人物で、彼とダライ・ラマの兄弟はヤングハズバンドに会いたがっているということだった。そうはいうものの、チベット人はまたぞろいつものように、交渉の前段階でだらだらと果てしない引き延ばしを始めた。すでに貴重な一週間が去ったというのに、条約交渉ではまだひと言も言葉を交わしていなかった。さすが忍耐強いヤングハズバンドも、「チベット人は沼地の中に落ち込んだ人のようだ。彼らはますます深みにはまり込んでいく。昨年、彼らはまだ膝くらいの深さにあった。一カ月前には腰まで浸かってしまった。それがいまや首まで達してしまったのだ。もう間もなく、彼らは摂政の差し伸べた手を受け入れなかったら、頭まで浸かってしまうだろう」(3)と言うしかなかった。

ダライ・ラマはラサを逃げ出したとはいってもせいぜいラサから二、三日行程のところにとどまって、事態の推移をうかがっていた。だからシナ駐蔵大臣《アンバン》は、彼にラサへ戻るようしきりに説得していた。ところが、どういうことがあったのか、彼はロシアの秘密代理人のドルジェフとともに、さらに八日行程の遠方に離れてしまい、とうとうシベリアかモンゴルに蒙塵《もうじん》する可能性が出ていた。ドルジェフはダライ・ラマをなんとしても手離したくなかったのであ

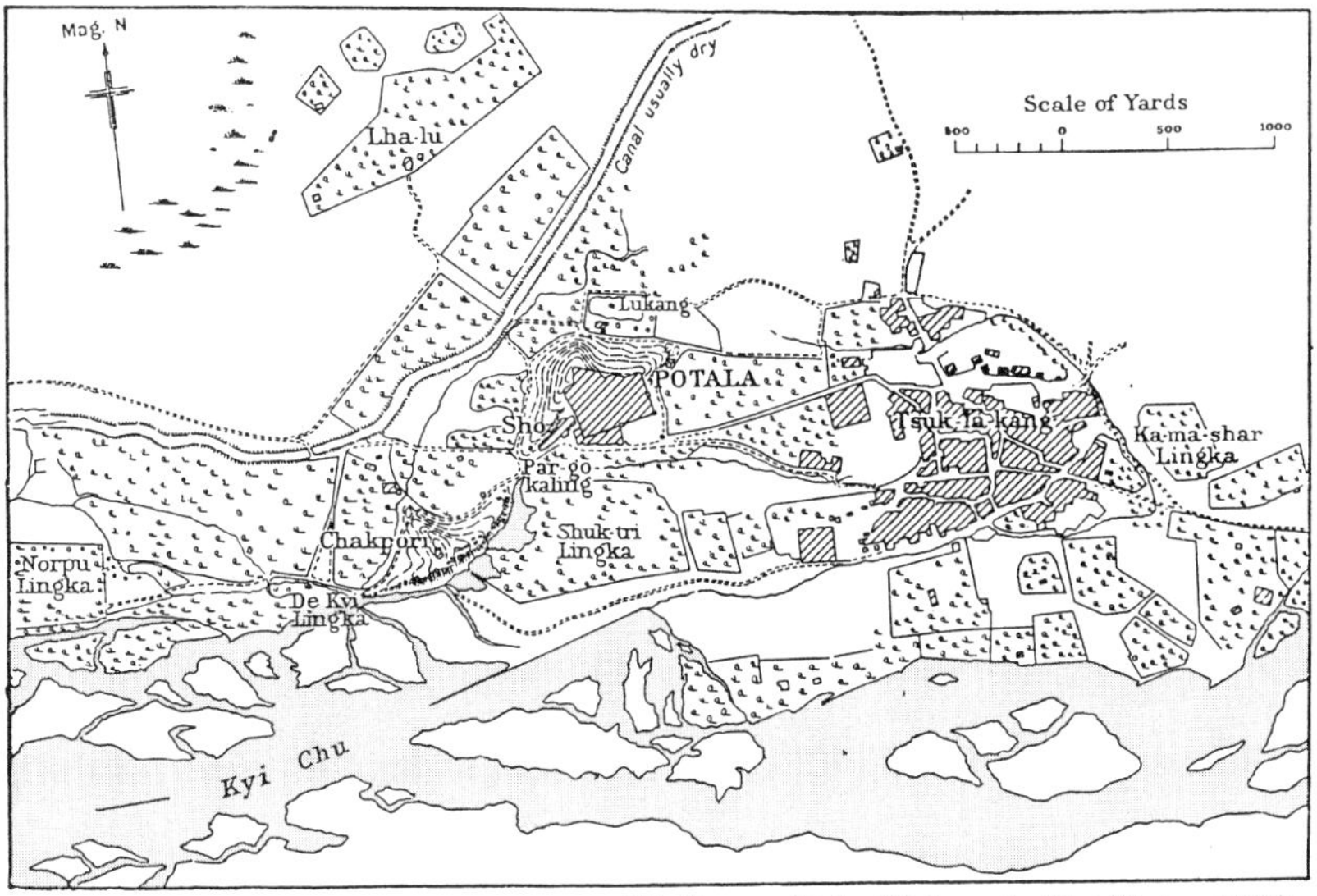

(The Surveys of Colonel Ryder on the Tibet Mission of 1904)

ラサ市街図（1904年）

ろう。

八月十三日に、二人の顧問《シャベ》、ダライ・ラマの私設僧侶、国民議会書記、経理局長といった面々がヤングハズバンドを訪れた。彼らは、いま少し穏当に、性急でなく論じてもらいたいと懇願し、「われわれは物事を時間をかけて論ずることに慣れています」と言った。チベット人はこの条約交渉にだいたい三週間かかるだろうと言っていたが、すでに一〇日が過ぎていた。それでいてまだ足踏み状態だったのである。ヤングハズバンドのいらいらは募るばかりだった。

この翌日、初めてティ・リンポチェが訪ねてきた。彼はチベットきっての宗教学・思弁哲学博士であった。彼はすでに老人であったが、尊敬すべき僧侶だった。ダライ・ラマが彼に国璽を預け、チベットの事務代行にしていったのも、彼の教養のある、気持ちよい温雅な態度からもよくわかった。彼はまだ少年の頃の一八四七年、ラサを訪れた最後の白人である、フランスのラザロ派の神父ユクとガベを憶えていた[4]。ヤングハズバンドは、彼に会った瞬間、キプリングの『キム』[5]の中に登場するラマ僧にいちばん近いと感じたと言っている。そして、ダライ・ラマの兄弟から預かってきた砂金と若干の絹を、贈り物としてくれた。

ティ・リンポチェはヤングハズバンドに、英国人は輪廻転生を信じていますかと尋ねた。そこで、われわれは死ぬと肉体は地上に残るが、魂は天国へ行くのだと答えた。するとティ・リンポチェは、なるほど善人は天国に行くでしょう、でも悪人はどこへ行くんですかな、と重ねて畳みかけた。ヤングハズバンドは、われわれに悪人はおりません、みな善人ですと答えると、彼もとうとう笑い出してしまい、お互い交渉の期間中も同じように良好な状態でいたいものです、と言った。まるでチベットの禅問答のようであったが、こうした会話が互いの疑心暗鬼を解く、よいきっかけとなった。

ティ・リンポチェは政治的なことをひどく嫌っていた。というのも長い人生を宗教的な研鑽で過ごしてきたので、俗世間のことに無知だったからである。しかし、顧問《シャベ》と宮中の人たちからダライ・ラマのメッセージを渡され、ダライ・ラマの不在中は事務代行を勤めるように言われたのだという。彼の考えでは、こうした条約はもっと早く結ぶべきものだったという。

この正当な意見は、ヤングハズバンドがチベットの責任ある地位の人物から、初めて聞く言葉であった。そこでヤングハズバンドは、こうした面倒な事件を引き起こした当事者たちの代わりに、割に合わない役柄を押しつけられたことを同情すると言った。そして、どうもチベットの国民議会は条約を承認する様子ではないが、承認させるのに武力以外にどんな方法があるだろうかと尋ねてみた。ティ・リンポチェ自身もなんでも反対というのは同意しかねるが、と言って彼らとて別に深い意味があってやっているのではない。ただ最初から弱気に出ると相手に押し切られるから、この条約案を蹴ったのだと言った。政治的駆け引きというわけである。そして、彼はどうかご考慮をいただきたいと、丁重にヤングハズバンドに言った。

八月十五日に、ティ・リンポチェはヤングハズバンドを招待し、一年前にカンバ・ゾンでチベット側の捕虜になった、二人のシッキム人を釈放した。そして、この席に出席したチベットの顧問《シャベ》は、解決条件の一つはどうやら早急に同意できそうだと、ヤングハズバンドに告げた。これは明らかに一歩前進であった。ヤングハズバンドはインド政庁に宛てて、一般的状況は改善されつつあると報告した。このような明るいきざしのなかで、ダライ・ラマが最終的に逃亡したという、信頼すべき情報を受け取った。ダライ・ラマは国民議会に宛てて、英国人はきわめて狡猾な連中だから、彼らと協定を結ぶにはくれぐれも注意すべきだと警告し、結束をするようにと呼びかけて行ったという。彼をそこまで反英的にさせていったドルジェフの力量は、恐るべきものと言ってよいであろう(6)。

ティ・リンポチェも、自分の意見では、賠償金の点を除いて反対はないと言った。彼はチベットは貧しい国なので、この金額はあまりに重すぎると思うと言った。この時期、たまたま狂信的な一僧侶が英国人を襲って重症を負わせたことで、ヤングハズバンドは罰金として五〇〇〇ルピーをチベット側に支払わせたが、ティ・リンポチェは、こんなわずかな科料ですら、チベット人には支払うのが大変だし、国民議会に黙認させることも難しいと訴えた。

チベット人は閉鎖性の強い国民であるが、どうしてなかなか金銭感覚には敏感だといわれていた(7)。だから、ティ・リンポチェとの話し合いで暗礁に乗り上げるのは、この賠償金の問題だった。ヤングハズバンドも、英国が貧しいチベットをゆすって、金を巻き上げようとしているイメージだけはなんとしても避けたかった。だから、チベットの指導者の愚かさから引き起こされた、戦争の経費の金額を支払えと要求しているのではない、その一部を負担せよと言っているのだと、淳々と説明した。

ティ・リンポチェは、チベット人は現金をまったく持っていないと言った。それなら賠償支払い期間を延長することを考慮してもよいと、一種の妥協案を出した。このカードはあまり早く切ると、チベット人のペースに巻き込まれる恐れがあった。

ヤングハズバンドは、チベット人の英国人に対する不信感を和らげるため、ブータン人とネパール人を積極的に利用した。ブータン国王のトンサ・ペンロプとネパール代表が、「チベット、ネパール、ブータンはみな同じ仏教国であり、しかもインドと国境を接している。それでも四国はけっして内政に干渉したりしない。この国は仲良くすべきだ」と、ティ・リンポチェを説得した。もともとが温厚で政治性のないティ・リンポチェに、「この解決をみたら、チベットと英国とは友好的な間柄になると確信しています。チベット人は、他の強大国との関係を持ちたいと思っていないが、英国とならよい関係になれると願っています」と、ついに言わせることができた。これはヤングハズバンドの外交的な粘り勝ちであった。

しかし、チベット人を最終的に屈服させるには、こんな手ではとても安心できるものではない。そこでヤングハズバンドは新手を編み出した。それは四名の人質を出せという、外交交渉では聞いたこともない、奇想天外な方法だった。一名は政府から、他の三名は大寺院から差し出すようにという要求である。条約を締結するためにはなりふり構わぬといったところだ。これにはさすがのチベット人も恐れた。そこでラサ政府も、外国人に一切かかわらぬよう布告を出し、また二人の英国士官を襲ったチベット人を縛り首にして晒したので、狂信的な襲撃もなくなってしまった。効果はあったのである。

八月二十八日になって、ティ・リンポチェと他の二人の代表者が、連れ立ってヤングハズバンドを訪れ、自分たちは国民議会から直接解決について議論するよう任命されたと告げた。彼らは賠償金の支払いと将来の市場開設予定を除けば、ともかく条約に合意すると確認した。ただ問題は一つ、賠償金だけはとても無理で払えない。戦争での死傷者や家屋や寺院の亡失があり、この建設費やら寺院の什器、備品の購入のためとても支払いは無理であると、泣きごとを並べたてた。もはやチベット人の最大の関心事は、外交も商業もそっちのけで、銭勘定だけだったのである。

が、いつもなら妥協するヤングハズバンドも、今回は折れなかった。遠い昔のシッキム戦争といった黴《かび》の生えた事件まで持ち出し、あのときの戦費は一〇〇万ポンドかかった、今回も同じように一〇〇万ポンドは軽い。シッキム戦争の代償は要求しないが、今回のは慈悲深くも半分に負けておくと、なんとも稚拙な論法を振りかざした。どうしても三年の支払い期間がだめだというなら、五年に延長できるようインド総督に願い出てもよいと言った。

チベットの代表者たちは、ヤングハズバンドの回答を聞いて、すっかり失望していた。自分たちの顔を立てて、きっと免除してくれるものと踏んでいた。これがすっかり当てが外れたのだ。でも、ティ・リンポチェは諦めない。「われわれは、運べる以上の重い荷をロバに積んでいるんですよ」と、厭味たらしく言った。が、ヤングハズバンドも負けてはいられない。「なにもわれわれは、一度の旅で、ロバに全部荷を運べと言っているわけではない。軽い荷をつけさえすれば、幾度だって往ったり来たりできるでしょう」。ティ・リンポチェは笑いながら、「でもロバが死んでしまったら、どうなされます」となおも食い下がる。馬鹿らしいがこんな問答に答えなければ、ここで負けるのだ。売り言葉に買い言葉で、ヤングハズバンドは言い返した。「ロバは、適度に扱われるよう見張っていてくれと、シナ駐蔵大臣《アンバン》に頼んでおきます。そうすれば死なないですみましょう」。

相手を愚弄するような言辞は、外交儀礼として避けるのが普通であったが、ややもすればヤングハズバンドもついこれを使うことがあった。「私が厳しい言葉を用いたり、脅したりしたときでも、ティ・リンポチェは、これは愚かで妨害的な人々に対して使われたのであり、自分に向けられたのではないと考えていたに違いない(8)」とヤングハズバンドは回想している。この化かし合いの幕間劇もやがて終わる。

八月もいよいよ終わりに近づき、ヤングハズバンドは追いつめられた気持ちだった。自由にことを運べないのが、いらいらさせられる原因だった。ヤングハズバンドは、チベット人は貧しいとはいっても、賠償金は支払えると信じていた。ただ三年という期限を設けたら、今年いっぱい交渉しても応じる可能性は少ないであろう。そこで英国政府に宛て、一年一〇万ルピー（六六六六ポンド）で、長期の賦払いでもよしとして、自分の自由裁量に任せてくれるよう電報を打った。こうでもしなくては条約交渉の打開は無理であった。

ラサ撤収の予定日をヤングハズバンドは決めていなかった。早くても十月初旬ぐらいと考えていた。ところがマクドナルド将軍は、最終予定日を九月十五日としていると、ヤングハズバンドに告げたのである。これはヤングハズバンドを慌てさせるに十分だった。ラサ撤収は、国務大臣からインド総督宛の電報で、軍事専門家とヤングハズバンドと協議の上で決めるようにと知らされていた。マクドナルド将軍はぎりぎり九月十五日としていたが、医療専門家たちは、九月一日が最後の安全な日と考えていたし、部隊指揮官たちは九月十二日でも危いとしていた。なぜなら、ラサやナガルツェ周辺の山々はすでに雪化粧していたうえ、カロ・ラ峠はすでに深い雪に埋もれているという。インドへの帰還に十九日間かかることを考えると、本当にうかうかしていられなかった。時間との競争が始まった。ラサの冬は想像以上に早く近づいていたのである。

チベット側の高官と接触した限りでは、誰もが早く条約を結びたがっていたが、問題は誰がこの嫌な役割を買って出るかであった。この雰囲気を察知したヤングハズバンドは、時機到来と判断した。あとはこれを行使するだけである。

そこで彼は、条約の最終草案を持ってシナ駐蔵大臣《アンバン》を訪ね、九月一日に貴下を訪問する際、チベット参事会と国民議会の議員《メンバー》にも出席していただきたい、そして、シナ駐蔵大臣《アンバン》の面前で、ラサの指導者、僧侶、官吏など全員に、条約を調印するかそれとも拒否するか、通告したいと伝えた。これは、ヤングハズバンドが〈チベット使節〉に出発する前に決心していたが、やはり一つの賭けであった。たしかにこの方法は失敗するはずはなかった。数千の軍隊が事実上ラサを占拠していたからだ。

九月一日、ヤングハズバンドと彼の幕僚とは正装し、ラサ市中を騎馬でシナ駐蔵大臣《アンバン》の衙門へ向かった。彼は一行を丁重に迎え、ラサの顧問《シャペ》を呼び入れた。顧問は一行に挨拶し、部屋の中央に置かれた床机《しょうぎ》に腰を下ろした。他のチベットの要員たちもどやどやと入って来るなり、部屋の隅に座を占めた。

全員が席に着いたところでヤングハズバンドが立ち上がり、英・支・西蔵文で書かれた条約の最終草案を、シナ駐《ア》蔵大臣《ンバン》に手渡した。駐蔵大臣はこのうち西蔵《チベット》語文のコピーを顧問《シャペ》に渡し、また全員が着席した。ヤングハズバンドは条約について、チベット側に二、三話したいことがあるので許可が欲しい、国民議会相手の議員に初めて演説できる機会なので、これまでの経過をざっと話しておきたいと言った。われわれは、ただ交易と国境問題だけを取り決めたいと思っているのであり、賠償金を要求するつもりはなかった。これはシナ駐蔵大臣《アンバン》の忠告によるものである。あなた方は戦争を選び、そして敗北した。この結果は当然ながら償われなければならない。ここまで喋ってから、ヤングハズバンドは、チベット側の代表者を唖然とさせるような、いささか詭弁じみた芝居をやってみせた。町の金貸し業者も顔負けの手口であった。

ヤングハズバンドは厳かにこう言ったのだ。「賠償金の額は、もし明日にでも署名がされたら、ギャンツェの襲撃の日〔五月四日〕から条約締結後一カ月まで、一日当たり五万ルピーの割合で計算すると七五万ルピーとなる。もしこれが九月三日の調印となると、総額七五万五〇〇〇ルピーで、九月四日だと七六万ルピー、以下このようにどんどん増えていく。そこで一週間の猶予を与えるが、それ以上はだめだ。この条件は受け入れられなければならない」。ただ、この計算方法はよくわからない。

とんでもない話を聞かされて、チベット側は呆気にとられ、最終草案なるものをもらって、びっくり仰天して帰っていった。

最後通告を申し渡したものの、まだ問題が残っていた。英国政府からヤングハズバンドが受けていた協定案は、ヤングハズバンドとダライ・ラマの間で結ぶことになっていた。ところがダライ・ラマは逃げてしまっていないのだ。ではいったい誰と条約を結ぶかであった。シナ駐蔵大臣《アンバン》は、ティ・リンポチェが摂政で国璽を任されているのだから、彼でいいのではないかと言う。しかし、チベット人の心変わりは秋の空より頼りなく、安心がならなかった。

九月四日、ティ・リンポチェと参事会の書記とがヤングハズバンドを訪れ、チベット政府は、もし賠償金支払い期間の延長を認めてくれるなら、条約を締結してもよいと言った。ただし、この支払い期間は年間一〇万ルピーずつで七五年間という気の遠くなるようなものだった。支払いが完了するとき、この交渉にかかわった者は一人も生きてはいまい。ボールはチベット側から投げ返されてきたが、これは英国側の予想もしていなかったものに違いない。ヤングハズバンドは通訳のオコナー中尉に数分間、交渉を中断するよう命じ、さてどうしようか、最終決定を下す前に真剣に思いめぐらした。

いちばん簡単な方法は、英国政府に問い合わせるまで、この申し出を待つことだった。が、こんな悠長なことをしていたら、帰る時期を失ってしまう。ただ賠償金の額も支払い期間も国務大臣から、そのときの状況に照らして判断してよいという訓令をもらっていたから、チベット側の提案を受け入れたところで、ヤングハズバンドの独断専行の謗《そし》りを受ける心配はなかった。が、いったい七五年が妥当かどうかだった。ティ・リンポチェはじっとヤングハズバンドの出方を見守っている。この難問を数分のうちに解決するには、いささか荷が重すぎた。

ところが支払い期間だけならまだしも、これに付随した厄介な問題があった。賠償金の支払い期間中、チュンビ渓谷を占拠するという条件がついている。七五年の年賦償還となると、七五年間チュンビ渓谷を英国側が占拠することになるが、これはロシアへ与えた誓約に違反しないかどうかであった。しかし、状況の急速な変化があったから、これには目をつぶることもできよう。そして、英国側も長期占拠が大変なら、途中で廃棄すればよいであろう。

なによりもヤングハズバンドは、これが自分に与えられた最後のチャンスかもしれないと思ったことだった。この好機を逸したら、またどんな不測の事態が起こるかわからない。シナ駐蔵大臣《アンバン》はこれは自分の関与したところでないと避けているし、チベット国民評議会はすっかりふて腐れているに違いない。なんと言われようが、「チュンビ渓谷はチベットの鍵」であった。戦略上重要なところだから、長期の占拠はむしろ望むところかもしれない。香港やビルマの例もある。ここまで考えて、彼はついに決断し、七五年で承諾すると返答した。チベット側も、全額支払い終わるまで、チュンビ渓谷を英国が占有することを了承した。そこでティ・リンポチェはこの条約草案に、彼の個人の印を捺した。ぎりぎりで間に合ったのだ。面倒な仕事がようやく片づいたのである。

外交交渉というのは、外交のプロが時間をかけ虚々実々の駆け引きをするのが普通で、軍人で探検家の彼のような者のやる役柄でなかった。だから、後になって大きな誤りに気づいたとしても、そう非難するのは当たらないであろう。

彼らの帰った後、ヤングハズバンドは、ギャンツェに駐在官を置いた場合、彼らが必要なときに応じてラサへ入れる許可を得ておくのを忘れていたのだった。うっかりしたのだ。こうした一切を彼の与えられた訓令内でやったのではないこと、自分の責任でしたことは十分承知していたが、失敗は失敗だった。が、これはのちチベット側が反対せずすんなり受け入れてくれたので問題にならずにすんだ。

チベット人との交渉はなんと言っても忍耐が必要である。いくら時間があっても、とても足りるということはない。

今度はさて調印式をいつ、どこでするかで揉《も》めた。ポタラ宮で調印式をやりたいというヤングハズバンドの提案に、シナ駐蔵大臣《アンバン》はとくに異議を唱えなかったが、チベット側が猛反対した。そして、シナ駐蔵大臣《アンバン》の衙門《ヤーメン》で調印したいと述べ立てたが、ヤングハズバンドはポタラ宮で一歩も譲らず、シナ駐蔵大臣《アンバン》のとりなしで、とうとうこれと決まった。どの部屋でするかはここではわからないので、ヤングハズバンドはチベット人に部下を案内させ、適当な部屋を決めさせた。そして、調印式は翌日（六日）ということになったが、シナ駐蔵大臣《アンバン》の有泰《ユータイ》は、北京からの訓令が届くまでこの条約に同意するというわけにいかぬが、ともかく調印式には出席すると約束してくれた。あとは調印するだけであった。

その夜、ヤングハズバンドは後から後から不安が募って、眠り難かったという。最後の段階になって、何か誤りを犯していなかったかどうか心配だったのだ。ポタラ宮はあの奇矯《ききょう》な旅行者トーマス・マニングが訪れて以来というもの、ヨーロッパ人が入ったことのない聖域であった。だから異教徒がこの宮殿に入ることで、市中にいる二万人もの野放しの粗暴な僧侶どもが、いつ暴徒と化すか知れたものではなかった。ではポタラ宮を避けるべきだったろうか。いや、広くアジアを知っているヤングハズバンドは、ポタラ宮で調印したというだけで、条約そのものに意義があることを知っていたのである。

当日、三〇分前にはポタラ宮の沿道や内側に、兵士がずらりと並んだ。午後三時、ヤングハズバンドとマクドナルド将軍は使節団の隊員と軍幕僚を伴い、ポタラ宮へ到着した。

一行は謁見の間で、シナ駐蔵大臣《アンバン》の出迎えを受けたが、ここはこれまでダライ・ラマが謁見用に使っていた大ホールで、英印軍の二〇〇名の兵士、一〇〇名のシナ人、一〇〇名のチベット人を収容できるほど広いものだった。左側に暗い戦闘服の英印軍兵士と士官、右側に黄衣をまとったチベット人、そして正面に正装したシナ駐蔵大臣《アンバン》と配下が、僧侶の衣《ころも》を着た摂政のティ・リンポチェを案内して入ってきた。

豪華な絹のカーテンを背に、右手にヤングハズバンド、すぐ左手にシナ駐蔵大臣《アンバン》とが並んで椅子に座り、ティ・リンポチェはシナ駐蔵大臣《アンバン》の隣りに座った。全員着席すると、チベット人の給仕が茶を持ってきて、英国とシナの士官たちに茶碗を渡し、乾し果物が饗された。これが片づけられると、やがて調印式が始まった。

まずヤングハズバンドが、条約文をチベット語で読み上げさせ、次いでチベット側にこれに調印されるかと尋ねた。彼らがこれに賛成すると、紙が用意され、同じ紙に英・支・西蔵の三カ国語で記入された。ヤングハズバンドはいちばん最後に署名した。

すべてがすんだので、ヤングハズバンドは資料をティ・リンポチェに手渡し、こう言った。「これで平和が回復しました。二度とこれが損なわれないよう望みます」、約一時間半で、この調印式は無事に終了した。

この式の後で彼は一場の演説をし、これで将来にわたって相互の友好が続くであろうと述べ、英国は宗教に一切関与せず、国土を併合する意図もなく、シナの宗主権を認め、拘束中の捕虜を釈放すると告げた。そして、シナ駐蔵大臣《アンバン》の労に感謝の意を述べた。心配していたチベット人たちは終始上機嫌で、調印の光景に声を上げて笑ったりした。彼らは別れ際に英国士官たちの誰彼摑まえては握手していった。標高四〇〇〇メートルを超えるチベットで演じられたこの歴史的事件の記録も、いまではすっかり遠い過去のこととなって、手に取る人もないまま、埃をかぶった資料室の中に埋没してしまっている。


調印の翌日、マクドナルド将軍は捕虜を釈放し、チベット側も古い政治犯を釈放した。驚いたことにはこのうち二人のチベット人は、ベンガルの学者《バブー》サラット・チャンドラ・ダスが一八八一年当時チベット潜行中、彼を助けたという咎で捕えられていた者であった。彼らは一九年間も鎖で繋がれていた。頰は落ち窪み、目はどんよりとして、とても正視できぬ様子だった。チャンドラ・ダスは英国側のスパイとしてラサに入り、情報を探っていたが、のち身元が露顕して大騒動になったのだった。彼がインドへ去った後、ラサでは彼とかかわりのあった多くのチベット人が処刑されたり、投獄されたのだった。いま残りの二人は、一九〇一年に河口慧海のラサ潜伏を助けたといわれる者たちであった。河口慧海の場合も身分がばれる直前に逃亡し、多くのチベット人が逮捕投獄された事件だった。

インドの英国情報部は、ラサによい情報源がなく苦労していた。こうしたなかでチャンドラ・ダスと彼の弟子の河口慧海のもたらした情報ほど貴重なものはなかった。河口慧海を通して、ラサにおけるロシアの秘密代理人ドルジェフの存在や活動が確認でき、〈チベット使節〉の大義名分も成功も得られたのである。ただ、彼ら政治犯を救出できたのは、みなオコナー大尉の尽力によるものだった。(9)

調印六日後に、早くもインドから続々と祝電が届いた。英国国王、国務大臣、インド総督代理、英国にいるカーゾン、インド軍総司令官キッチナーのものも含まれていた。

インドへ帰る予定日はどんどん遅れていった。そして、とうとう九月二十三日になってしまった。この出発の朝、ティ・リンポチェがお別れの挨拶にやって来ると、彼はヤングハズバンドとマクドナルド将軍に、同じ仏像を一体ずつ贈り物としてくれた。彼は手ずからこの仏像をヤングハズバンドに渡すと、自分はこの世の財産はなにひとつ持っていないので、この仏像を差し上げるしかないと、印象深げに伝えた。そして、こう語った。「私は仏像を眺めているときはいつも平和のことを考えております。あなたがこれをご覧になったときは、チベットのことを思い出して下さい」。ヤングハズバンドは、この言葉がうれしかった。(10)

ラサから一・五キロほどの道路脇に、大きなテントが張られ、ラサの要人たちやシナ駐蔵大臣《アンバン》などが集まっていて、最後の別れを惜しんでくれた。そしていよいよ小馬《ポニー》に乗り、永久にこの忘れ難い町を去った。

ヤングハズバンドは一人そっと人々の群から離れて山脇に行ってみた。これまでの一切の感情を整理するつもりだったのである。自分に課せられた仕事はこれで終わったのであり、心配事もなくなったのである。いま雄大な山々の風景を眺めると、ヤングハズバンドの気持ちをそっと抱擁してくれるようであった。雲一つない空は神々しいまでに青く澄み渡り、山々は次第に柔らかい紫色に変わっていった。神秘な紫色の霞を通して見ると、聖なる都ラサは再びこの霞の中にくるまれてしまい、もうあの憎悪を少しも恐れる心配がなかった。いや、霞のかかった彼方から、ラマ僧の平和な読経の声だけが響いてくるようであった。このようなぬくもりの中で、印象的な別れの言葉が聞こえてくる思いがした。この夢見るような秋の夕刻、なにか媚びるような、またよくわからぬ気分に浸っていると、得意と好意の酔うような感覚に、ごくわずかであるが満たされる思いだった。この一瞬の気を引き立てさせられるような感情は、圧倒的な激しさで、次第に体中をぞくぞくさせるように増大していった。そして、二度と悪意を抱いたり、人と不和になるようなことはないに違いないと思った。あらゆる天性や人間性はバラ色に輝く光の中でうるおされ、将来の生活は無であるが、浮力があり、なにか軽いように思われたのだった。

だいたいこういった感情はごく稀なことであり、日常生活ではすぐぼんやりとしてしまうのであるが、この稀な現象が、はっきりと彼の心の中に映し出されたのであった。ラサを離れたばかりのこのときに、図らずも人生で最も価値ある境地を体験したのである。このときヤングハズバンドは、一種の精神的恍惚状態にあったに違いない。一年以上の緊張した重圧がとれ、この空隙にぽっかりと異常な精神状態が訪れたのであろう。彼が次第に神秘主義思想に深入りしていくのは、実はこのときからであった。

さて、〈チベット使節〉の一件が落着した段階で、全員が粛々とインドへ帰途についたかというと、実はそうではなかった。この好機を大いに利用しようという計画が練られた。ただしヤングハズバンドは一刻も早くインドへ戻って、正式で詳細な報告を当局にする義務があったし、マクドナルド将軍は将兵を率いて、同じくインドへ至急帰還する任務があったが、選抜されたごく少数の人たちが後に残って、ある調査をすることになったのである。

オコナー大尉は、新条約で決まった英国交易代表としてチベットへ残ることになり、のちシガツェに行って活仏たるタシ・ラマの優遇を受けた。これは別として、実は三つのパーティーが各々異なったルートをとって、チベットを実地調査することが決められたのである。一つはツァンポー川を下って、インド北東部のアッサムへ出ようというもの、いま一つは、ツァンポー川を逆に西へさかのぼって、西チベットのガルトック経由でシムラへ行くもの、残りの一つは四川省成都の領事だったウィルトンが、東チベットを通ってシナへ行こうというものであった。

ところがこれらの計画は惜しいことに、二番目のものを除いてすべてつぶれてしまった。この当時、チベット領内を流れるツァンポー川とブラーマプトラ川とが同一河川であるかどうか、まだ明確でなかった。そこでラサから以東へ流れるツァンポー渓谷を下り、測量官のライダー大尉が参加して調査するつもりであったが、この渓谷部とアッサム丘陵の山地民が獰猛であるということから、急遽インド政庁が危険を理由に中止にしたのである[11]。ウィルトンの東チベットの旅は、具体的にどのルートを通るつもりだったのか不明であるが、ただしこちらは〈チベット使節〉の報告書編集などにヤングハズバンドが必要なため、旅行を中止させてしまった[12]。残りのC・G・ローリング大尉指揮下のガルトック遠征だけが実現したのだった。測量官としてライダーとウッドが、ツァンポー川の沿岸の山々を測量し、ツァンポーの源流を探って見事な地図を描いた。この途中、チベット側から初めてエヴェレストを望み、のちにこれがエヴェレスト登山の基礎となった。これらが〈チベット使節〉の最も大きな地理学的成果だった[13]。

一方、ヤングハズバンドはホワイト、ウォルシュ、ウィルトンを伴って、ひたすらインドへと急いだ。すでに一メートルも雪の下に埋もれたタング・ラ峠を南へ越し、この一、二週間後にマクドナルド将軍一行もなんとか通過した。そして、最後のナツ・ラ峠を越えると、嘘みたいに植物の繁るシッキム領内に入り、降り注ぐ太陽の光の中を進むと、生き返えるような思いであった。が、常夏の国が次第に近づき、ちょうどダージリンに到着するまさに前日、緊張感が緩み、再び安易な気持ちに入りはじめると、あのラサを離れるとき得たすばらしいインスピレーションは、きれいさっぱりと消えてしまった。これにはさすがのヤングハズバンド自身も深い衝撃《ショック》を受けるに十分だった。

やがてダージリンが目睫《もくしょう》に迫り、郊外の鉄道駅で、待ちくたびれていた妻に会った。ダージリンにはベンガル州副知事のサー・アンドリュー・フレーザーも出迎えに来てくれていたが、滞在はたった一日で、ともかくホワイト、ウィルトン、それに妻と幼い娘を伴い、一路シムラへと急いだ。

第22章 〈チベット使節〉の後始末――「身代わりの山羊」

ヤングハズバンドが急ぎラサを撤収してインドへ戻って来たとき、彼が成功に酔ったり、歓喜を嚙みしめたりすることはけっしてなかった。ごく身近な身内との争いが彼を待ち構えていたのだ。後世、〈チベット使節〉ほど悪名高いものはなく、すべてはその責任者ヤングハズバンド一人に帰せられていた。四〇〇〇人ものチベット人を殺し、チベットに支払いきれぬほどの賠償金を科し、その担保として重要なチュンビ渓谷まで領存してしまったと。彼は文字どおり、侵略者大英帝国を一人で代表しているかのようであったが、同時に責任もすべて彼一人に負わされていた。「身代わりの山羊」でもあったのである。

ヤングハズバンドが、長い一日の騎馬のあとベースキャンプに着くと、十月二日付の国務大臣、インド事務相のブロドリックから厳しい譴責の電文が届いていた。彼は馬上でこれを読むなり、そのまま馬から下りず、鞍の頭のところに紙を置いて、十月十一日付で電送用の返信を書いた。この中で彼は、自分の職務遂行上、皇帝政府に不服従であったことはないこと、ラサを去るわずか一週間前には国務大臣が支持すると言っておきながら、いまそれを破棄するというのは不当としかいえない、と書いた。そして、チベットの事情がよくわかっていない政府が細かく政策を決定し、これをただ自分が代行したにすぎないのであって、はなはだ遺憾であるという内容だった(1)。

馬上でかなり無雑作に書いたこと、そのためかなり屈折した感情を押し殺しているものの、むらむらと怒りがこみ上げている様子が文面に現れている。自分は一介の代行者にすぎないが、朝令暮改にはとてもついて行けないという批判が込められている。ヤングハズバンドは自分の行為はあくまでも正しいと信じ、謝らなかった。明らかにヤングハズバンドの上司に対する、かなりあらわな反感を本国政府は微妙に感じ取り、国務大臣ブロドリックは、断固としてヤングハズバンドを許さないという気持ちになっていったのであろう。

世界の屋根ラサでの調印式は、ヤングハズバンドの最終判断で行なわれはしたが、けっして独断だったわけではない。ラサにいたヤングハズバンドの照会に、本国政府は回答し、指示を出したのだった。しかし、それがなし崩しに変更されていったが、遠いラサにはそれがすぐ届かない。ヤングハズバンドがチベット側と結んだ条約文がわかるにつれ、ブロドリックはただちにそれを修正するよう要求してきた。とくに条約文の第六条と七条が問題にされた。

第六条　賠償金（七五〇万ルピー）は、一九〇六年一月一日より始まり、毎年一月一日に七五カ年の賦払い金として、各年一〇万ルピーずつ支払うものとする。

第七条　賠償金支払い担保として、英国政府は賠償金支払い完了に至るまで、かつ交易市場が三年間、効果的に開設されるまで、この期間を問わず、チュンビ渓谷の占拠を継続するものとする。

この二点が紛糾の種であった。

まず九月十二日に、インド総督代行からブロドリックに宛てて、ラサで調印が無事にすんだと伝えられた。これは本国政府にも最終的に承認された。一件落着である。ところが実際のところ、詳しい条約の内容がこのときまでシムラにもロンドンにも知らされていなかった。問題はここから起こった。

シムラにいるインド総督代行アムプヒル卿もロンドンにいるインド総督カーゾン卿も、ヤングハズバンドを信頼しているから、ヤングハズバンドの条約締結を無条件に同意した。この連絡を受けたブロドリックは九月十三日、「私は心からヤングハズバンド大佐を祝福する。……彼の行為を支持する」と表明した。この国務大臣が承認したことを、九月十七日にヤングハズバンドはラサで知った。ところが、いま少しこの条約の詳しい内容が判明するにつれ、ブロドリックの態度ががらりと急変したのである。この間わずか七二時間の豹変だった。ただ気持ちが変わったという生やさしさでなく、彼は仰天したのだった。それが第六条と七条であったのである。

賠償金の支払い期間が七五カ年というのは、七五年間、チュンビ渓谷を占拠するという意味である。これは一世紀に近い。世界は半永久的な占拠ととるであろう。英国はチベットに支払いきれぬ賠償金を科し、その上さらにその保証として領土の領有を主張していると考えられるのは当然だった。九月十六日、ブロドリックは直ちに総督代行アムプヒルに宛てて、賠償金は二五〇万ルピーに値下げし、これを三カ年以内で支払うようにせよと訓令した。

ブロドリックにしてみれば、賠償金額を三分の一に減額したのだからこれでよいと考えたのだろうが、一度調印をすませてしまったものを、急に変更しろといったところで無理な話である。たしかにブロドリックの言うのにも理由があった。しかし、いまさらとてもできない相談であるし、ヤングハズバンドは大混乱に陥ってしまうのであった。ヤングハズバンドが個人的に記したノートによると、[2]こんなことをチベット側に再提案したら、たちまち疑われてしまい、この使節の成果をすべてぶち壊しにしてしまいかねなかった。「そこで私は政府に返電し、条約を再修正するため訓令を遂行することはできず、翌日、ラサを去った」と記している。

この訓令違反の反論に、ブロドリックは恐ろしく腹を立てた。ヤングハズバンドの態度が気に入らなかったのだ。ブロドリックはなんとしても賠償金を二五〇万ルピーにし、チュンビ渓谷三年間の占有を主張してやまない。インド政庁は本国政府からのこの訓令を、九月十九日付の電報でヤングハズバンドに伝え、この条約再修正のため、十月十五日まで、ラサに滞在するようにと伝えた。もうなにもかも滅茶苦茶だった。ヤングハズバンドはこれにすべて無理だと返答した。

ヤングハズバンドは、自分が結んだ条約がけっして不当なものでないことを、いくつか例を挙げて反論している。それはまずチベットに現金がないこと、このため三年間で二五〇万ルピーを支払えといったところで不可能であること、これを僧院に課税すれば、紛争が起こるだけであり、結局、民衆がこれを負担することになり、まずできない相談である。チュンビ渓谷七五年間の占拠は、こちらから要求したのでなくあくまでチベット側からの要請であり、むしろ彼らはこれで満足している。ヤングハズバンドのこの条約締結にアムプヒルとカーゾンが同意したものの、ブロドリック一人だけが突っ張っていた。彼は国内ではなく、ただロシアの出方に気を病んでいたのであった。

シムラに急ぎ着いたヤングハズバンドは、のちに回想したものや伝記作家の書いたものとは裏腹に、現実の精神状態は相当ひどいものだったらしい。ブロドリックの要求に彼は怒り狂っていた。形のうえではシムラで彼は、凱旋将軍並み、英雄的とまではいかないまでも大いに歓迎された。シムラからは雪をいただくヒマラヤ山脈がすぐ近くに見渡され、その彼方の神秘なチベットの扉を開くのにどれほど困難だったか、その煩雑な交渉の過程もいま手にとるようにわかった。口先ばかり発達し、政争と名誉に取り憑れた政治家たちにはヒマラヤの峠一つ越すことすら無理に違いない。ブロドリックはインドもヒマラヤも見たことがない。それがどんなに困難な仕事か、まったくわかっていなかった。

シムラでの歓迎は表面的には温かかったが、裏面ではきわめて複雑であった。それにヤングハズバンドの精神が、きわめて危険な状態にあった。総督代行のアムプヒルはヤングハズバンドを心から歓迎したものの、相当手こずったらしい。十月二十日付で、アムプヒルがブロドリックに伝えたように、ヤングハズバンドはきわめて不機嫌で、彼との二時間の会談が、日課の六時間にも相当したとこぼしている。そして、いささか内容が微妙でわかりにくいが、ヤングハズバンドの夫人が「うぬぼれて」おり、「ひどいヒステリー状態」だったということである。(3) どういう意味なのかわかりにくいが、夫の名誉に高慢になっていたのか、それとも政府からの批難を浴び、激情に駆られたのか、このあたりの事情はなんとも測り難い。夫の怒りが夫人にも感染して狂乱状態だったのかもしれない。ヤングハズバンドも、冷静になって、自分の行為がたとえ誤っていなかったと思っても、一応は形だけでも少々独断的だったと謝罪してみせる勇気があったら、問題はこうまでこじれなかったに違いない。しかし、彼はあまりに片意地だった。

不思議なことに、ヤングハズバンドがいつシムラに到着したのかわかっていない。多分、十月十日前後だったろうと思われる。インド議会ではヤングハズバンドの今回の業績として、バス上級勲爵士（ＫＣＢ）の叙勲を授与されるよう、本国政府に推薦した。しかし、ブロドリックはまったく歯牙にもかけなかった。それどころか彼は怒り心頭に発していたのだ。彼の言い分は、ヤングハズバンドは明らかに「命令違反」を犯しているということに尽きていた。ブロドリックによれば、「彼がわれわれを売り渡した」ということになるのだった。さらに「不服従」「命令無視」「指示表明の反抗」といった言葉を、矢継ぎ早にヤングハズバンドに向けて投げつけた。(4) 本国のインド事務相であるブロドリックがこうまで言い張る以上、立場上アムプヒルも個人的にヤングハズバンドを叱責せざるを得なかった。やんわりと小言を口にしても、神経のぴりぴりしているヤングハズバンドは、言葉以上に重大にとったろう。すっかり憂鬱になってしまっていた。

そこでヤングハズバンドにとって残された唯一の手段は、一刻も早くロンドンい行って総督と国務大臣の頭越しに、首相と国王に直訴することだった。十月十八日、ヤングハズバンドはシムラで大至急、「ヤングハズバンド・メモ」なるものを作成した。この内容は、すでにふれたものをまとめたものなので略すことにしよう。この七項目からなるメモの中で、彼はとくに賠償金の支払い期間を七五年に延長したのは私個人の責任であったが、これはこちらから提案したのではなく、あくまでチベット側から申し出たものである。「チベット人の利益に合うように」行なったものだと強調したい。

ヤングハズバンドは自分の不手際、誤りだとは頑として認めない。本国とインドとの間に板挟みになったアムプヒルは、こうなるとヤングハズバンドは「身代りの山羊《スケープ・ゴート》」としかとられかねないと、インド省次官のサー・アーサー・ゴッドレイに憂慮の意を伝えた。(5) 政治家は世間の人気がなによりも恐ろしい。たかが探検家風情、インドの一文官ぐらいに見ていたものの、ヤングハズバンドの人気はいまや英国の青少年の間で絶大だったし、秘密の国チベットの堅い扉を開いた彼の名声は隆々たるものだった。彼は、アジアをめぐるロシアとの間の不断の闘い〈グレイト・ゲーム〉の主人公の一人として、英国人の夢の代表者でもあった。だから、これらをあらかじめ計算に入れておかないとひどい目に遭いかねないのである。しかも、同時に議会という狼の巣窟にヤングハズバンドを投げ込んでしまう恐れもあった。たしかにブロドリックのヤングハズバンドに対する態度はいささか度が過ぎていたし、異常としかいえないものだった。

ロンドンへ帰航中、幸いエジプトのポート・サイドで、インドへ戻る途中のカーゾンに会った。本来なら〈チベット使節〉の総責任者である。彼にチベットでの出来事を詳しく説明すると、彼は心から感謝し、自分を破滅から救ってくれたのはみなあなたのお蔭だと言った(6)。

ロンドンに着いたヤングハズバンドは、インド省事務室にブロドリックを訪ね、単独で会見した。顔を合わせない遠い場所で、互いに闘鶏のように争ってきた仇敵同士のような間であったが、いま面と向かえば紳士として喧嘩などはしない。ブロドリックは、四日前にインド総督に送付したという、インド政庁側の抗議を論駁したメモの写し《コピー》をヤングハズバンドに手渡した。多分、黙って渡したのであろう。これについてのコメントはなく、また質問もなかった。お互いの面談は丁重であったが、ひんやりと氷のように冷たく堅苦しいもので、ごく短いものだった。

年も押し迫った十二月十六日、ヤングハズバンドは国王エドワード七世に謁見した。国王は、〈チベット使節〉の推移を注意深く見守っていたのだという。だから経緯も結果も十分承知していたが、あえて問題には深く立ち入らなかったようである。あくまで父親のようであり、好意的で、話す言葉に耳を傾けてくれた。いま少し立ち入った内容もあったと思われるが、ヤングハズバンドはなにもふれていない。

〈チベット使節〉の成果が英国政府にとってきわめて不本意なものであっても、使節団がラサから引き揚げてきてしまった以上、いまさら条約改正は事実上不可能であった。こうした意地の張り合いとは別に、ともかく使節団の責任者への褒賞が問題になった。世界に植民地帝国を築いた大英帝国華やかなりし頃とはいえ、ロンドンの国王を取り巻くサークルは狭いものであり、この社交会ではしかるべき身分を示す称号が、国家へ対する貢献度のバロメーターにもなっていた。そして、それがまた上流階級のパスポートでもあった。国家への忠誠への称号に〝サー〟のつく一代限りの準男爵、永代の貴族としての〝ロード〟(卿)があり、それによってその人物や家系を推測することができた。

人間の価値がこうした称号一つで定められるとすれば、たまったものではないだろう。作家のラデヤード・キプリングは、インド総督カーゾンから〝サー〟の称号を与えたいという申し出を二度も断っている。後年、〈アラビアのローレンス〉として知られるトーマス・エドワード・ローレンスも同じように断っているが、これらはむしろ例外であったろう。サーにもさまざまな種類があるが、ヤングハズバンドになにを与えるかでまず議論になった。ブロドリックはなんでも反対であったが、いつまでも反対しているわけにはいかない。初めはバス上級勲爵士（KCB）の案もあったが、これは見送られ、インド帝国上級勲爵士（KCIE）がちょうど手頃だろうということになった。これはインドで出される最下級のナイトの称号で、それでもこれを授与されれば〝サー〟がつくのである。〈チベット使節〉には二人の指揮者がいたのだから、当然、マクドナルド将軍にも与える必要がある。彼は陸軍省が推薦するので、ほぼKCBに決まり、官報にも載ったが、ヤングハズバンドとのバランスが問題となり、その褒賞に格差があるのはまずいということで、二人ともKCIEに落着したのだった。ここでもブロドリックの寄り切りに屈したといってよいであろう。

一方議会に報告する〈チベット使節〉の総決算ともいうべき『青　書《ブルー・ブック》』の編集が、ブロドリックの手で進められていた。当然、自分の都合の悪い資料は除き、ヤングハズバンドに都合のよいものは削除された。(7) しかし、世論を誘導するにはブロドリックの手段は下手な見本でしかなく、マスコミからはすぐ見抜かれた。この一種偏執狂的な中傷と批判は、元をただせばブロドリックとカーゾンとの確執だったらしい。英国上流社会のこんな見苦しい政争などヤングハズバンドにはまったく無縁だったし、そんな世界はさっぱりわからない。しかし、ヤングハズバンドはあくまでカーゾンの身替わりであったから、直接カーゾンに向けられるべき批判を、犠牲の山羊としてヤングハズバンドが一身に受けることになった。ともかく〈チベット使節〉がインドに帰着したのを知って、カーゾンはロンドンからシムラへ戻った。彼の任期は尽きかけていた。翌一九〇五年、彼は正式にインド総督を退位することになる。

一方、カーゾンとインド軍総司令官のキッチナー元帥との間では、〈チベット使節〉の統帥権問題をめぐって暗闘が続けられていた。これは後世、最も見苦しい争いといわれたものである。そもそもの発端は、カーゾンにひと言の事前の相談もなしに、ブロドリックがキッチナーをインド軍総司令官に任命したことにあったらしい。キッチナーはインド総督になりたかったというし、狭いシムラでは、この総督の席をめぐって虚々実々の駆け引きが演じられていた。結局、カーゾンの後任人事はミントー卿の即位でけりがついたが、この政争は以後ずっと続いてロンドンで繰り広げられる。第一次大戦時にキッチナーは陸相、カーゾンは国璽尚書《こくじしょうしょ》として入閣し、カーゾンは位人臣を極めたが、今度は彼の希望した首相にはついになれなかった。しかし、当人たちはそんな虚飾のむなしさがわからない。

そもそも〈チベット使節〉では、一九〇四年にいよいよラサ進攻が決まってからもおかしなことが起こっていた。この使節団の護衛隊の司令官に決まったマグドナルド大佐が、任命されるとすぐ准将に昇進した。一方のヤングハズバンドは退役したままの中佐である。階級社会にあってはバランスが最も重要である。階級の下の者から上の者に命令は出しにくい。これでは協調がとれない。こんな小細工をやったのもカーゾンと仲の悪かった相手であったに違いない。そのため、インド省の外交文書はヤングハズバンドを大佐として記している。

それから数年した一九〇八年二月八日、あれだけもめ続けたチベットの賠償金の問題は、ブロドリックの主張してやまなかった二五〇万ルピーを三期に分けて、シナ政府から全額支払われた。この結果、チュンビ渓谷から英印軍が撤兵し、チベットへ返還されあっけなくけりがついてしまった。そもそも、チベットには現金がないという理由から長期の賠償支払い期間が設定されたのであるが、ブロドリックの値下げはシナ政府のまたとない機会で、チベットの宗主権をここではっきり決定するものとなった(8)。

チベットは独立国か、それともシナ政府の属領国の一部なのかが最大の問題だったのだ。チベットに一度風穴が開けられると、たちまち情勢は流動化してしまった。ヤングハズバンドのチベット語通訳だったオコナー大尉が、一九〇四年の秋、シガツェにパンチェン・ラマを訪問すると、彼は翌一九〇五年、インドを親善訪問することになった。しかし、一九〇九年、長年シナ各地に流浪の旅を続けていたダライ・ラマ一三世も、オコナーの勧めもあって一九〇九年十二月、五年ぶりにラサへ帰って来た。しかし、趙爾豊《ちょうじほう》率いるシナ軍のチベット攻撃と、一九一〇年二月のラサ占拠により、せっかくラサに戻ったダライ・ラマは、今度はインドへ亡命するしかなかった。〈チベット使節〉は安定していたヒマラヤの彼方の国を、まったく混乱させ、インドとロンドンでの内輪争いの醜い政争とは違って、チベット民衆に悲惨と苦痛をもたらしただけであった。そして、インドにおける一切の昇進を閉ざすため、ブロドリックは自分のブラックリストにヤングハズバンドの名を加えた。

夫人と幼い子供を同伴してロンドンに戻ったヤングハズバンドが、文字どおり血相を変えてロンドン市中をきりきり舞いしていた間にも、二人はロンドンの社交からはひきもきらぬ招待を受けていた。陰湿な政官界の暗闇とは裏腹に、世間は彼を英雄として扱っていた。そして、インドの一地方の官吏夫人として、本国ではほとんど名も知られず問題にもされていなかった女性が、一朝のうちに時の人となり、レディーとして下にも置かぬ扱いを受けることは、どんなに貞淑な女性であったとしても、大いに自尊心をくすぐられたことであろう。彼女は名誉をめぐって、ことあるごとに夫を擁護して口を挟み、夫を批判する者には誰彼なしに嚙みついたようである。ヤングハズバンドは孤独な探検家であり、元来は寡黙な人であった。雪や氷や沙漠を友としてきただけに、人との付き合いは得意とするところでない。それだけなんにでも口を出す夫人には、いかに美貌とはいえ政界のお歴々もいささか持て余し気味で、うんざりさせられていたようである。ヤングハズバンドを尊敬する人たちも、こと夫人に対してはまったく沈黙を保っている。

ヤングハズバンドは、政治的にはまったくの失敗者だった。しかし、世俗的にはラサのポタラ宮にユニオン・ジャックの旗をなびかせた人物として、大英帝国の威信を世界に示してくれた真の英雄であった。しかも、時期が彼を大いに後押ししてくれた。最強のライヴァルたるロシアは、目下、満州で日本軍と死闘を繰り広げていたし、鬼のいぬ間の洗濯の譬えどおり、ロシアがチベットの干渉に強固に出てくる心配はさらになかった。

ヤングハズバンド夫婦は、文人宰相として著明なバルフォア卿、市の名士やさまざまな学会などから連日連夜招待され、毎晩どこかの晩餐会に出席し、まさに応接に暇がなかった。ヤングハズバンド八〇年の人生のうち、このつかの間が人生の最も得意のときであり、幸福な一刻であったろう。だから、密室政治の政界の一部にくすぶり続けるヤングハズバンド不信の動きにも、いつしかそう神経を使う必要もなくなっていた。ヤングハズバンドは、実は一九〇一年に王立中央アジア学会を創立していたのであった。

クリスチャン皇女をはじめ、一九〇二年の日英同盟締結の立役者であった外相のランズダウン、またゼトランド卿などの上流階級の名士たちがこぞって各々自邸に招いてくれた。アフガン戦争の常勝将軍であるロバーツは、わざわざ彼に手紙を寄こし、「この要約したものを読んだ限り、大衆はあなたを味方するでしょうし、インド事務相のとった行為に非を唱えるであろうと、確信いたしました」と書いてくれた(9)。軍の元老までも、ヤングハズバンドの肩を持ってくれたのである。社交会とはまるで縁がなく、無骨一点張りだった彼も、今回は妻に随分と助けられたようで、彼はいつしか「妻が妻が」という恐妻家になっていた。たしかにこれを機に、彼は探検家からすっかり足を洗ったし、またなりたくともなれなかったろう。彼の探検家としての人生は一九〇四年、四〇歳をもって終わったのであった。ケンブリッジとエジンバラ大学は、彼の功績に対して名誉学位を授与してくれたし、スコットランド地理学会は金メダルを、またアルパイン・クラブは彼を名誉会員に推薦してくれた。しかし、社交慣れしていない者にとって、こうしたことは本当にストレスになると、彼もこぼしている。

多忙であるが幸福と不幸のいっぱい詰まった一年間が、いつしか去ろうとしていた。しかし、この一九〇五年という年は、英国でもアジアでも大きな時代の変わり目になるものだった。英国では保守党のバルフォア首相が辞職して、自由党のカンベル・バナマンが政権を取り、チベット政策は一変してしまう。

八月、ポーツマスで日露講和会議が開かれ、一方、第二次日英同盟が調印される。そしてアジアの小国がロシアという大国に勝ったことは、インドの民衆に測り難い影響を及ぼすことに違いない。そのインドでは、ヤングハズバンドを大いに引き立ててくれたカーゾンが、キッチナーとの見苦しい争いからインド総督の座を放り出し、正式に退位して、英国に戻ってきた。ロンドン政府は喧嘩両成敗で、カーゾンもキッチナーも斬ってしまうことにしたらしい。

一九〇五年十二月、カーゾンは英国に帰ってきたが、ヤングハズバンドはドーヴァーまでわざわざ出かけて行き、かつてのボス、カーゾンに会った。そしてロード・ワーデン・ホテルで真夜中まで、さまざまなことについて語り合った。彼はキッチナーとの争いで、すっかり疲労困憊していた。カーゾンの統治時代、インドは最も華やかだったといわれる。彼は精力的に辺境問題の解決に着手し、インドの行政、教育にも力を尽くした。考古学の面でも援助を惜しまず、中央アジアの探検においてもスタインを見出し、資金の援助を行なった。もしカーゾンがいなかったら、のちのオーレル・スタインは存在しなかったろう。しかし、カーゾンは、明らかに自分は政府によって退位を余儀なくされたと思っていたらしかったという。カーゾンがインドから去ることは、ヤングハズバンドの人生にとっても、明らかに一つの時代が終わったことを意味していた。その次の人生がどうなるのか、これは神のみぞ知りたまうものだった。

第23章　カシミール駐在官として

一九〇六年の春（三月）、一年半近くいた英国を引き払って、ヤングハズバンドは再びインドへと戻った。インドは彼の生まれ故郷でもあったのである。英国では前年、政権が交代して新しい税法も導入され、古きよき時代の英国はすっかり様変わりすることになるが、ヤングハズバンドにとって、人生の新しい二度目の船出となるこの旅では、こうしたこととももしばらくは無縁となるものだった。

カーゾンのいないインドは、彼にとってぽっかり空いた寂しいものだったが、幸い彼にはカシミールの駐在官のポストが与えられることになっていた。これは事実上の知事に相当する。世界の仙境といわれたヒマラヤとカラコラムの山麓にあるカシミールは、チベットやトルキスタンとインドとを結ぶ、古代からの交通の要衝として重要な位置を占めていたし、日露戦争後、中央アジア方面からのロシアの圧力はなくなったものの、やはりインド防衛の要となる辺境地帯であった。カラコラムに最も造詣の深い彼をこの地の駐在官にしたのは、やはりいちばんの適任の人事だったといえよう。

しかし、一九〇六年の六月まで、前任者の任期が尽きていないので、彼はとりあえずシムラの外務省に出仕して、一、二カ月の間、とりとめもない雑事をして時間をつぶした。もちろん、公務としてである。そのうち一つは、当時の英皇太子がインドを訪問されるので、その接待用の仕事と、いま一つはざっと百数十年前の埃をかぶった古文書類をひっくり返す仕事だった。皇太子がインドを訪問するというので、ベナレスの藩王《マハラジャ》が初代インド総督だったワーレン・ヘースティングスに没収された領土を、この際ぜひ返還してほしいという訴えを審理することだった。

その一部分であれ、大英帝国支配下のインドの根幹をなす土地を返せといわれ、はい左様ですかと言うはずもない要求であるが、ともかく一応は古文書に当たって、当時の事情がどうだったのか調べてみなくてはならなかった。ちょうど暇のあったヤングハズバンドに、こんな仕事が回ってきたのであろう。ヘースティングスの原資料、肉筆で書かれた書簡類、なかにはヘースティングスと絶えず争った、ベンガル政庁の参議会員だったサー・フィリップ・フランシスの書き込みの入った、ヘースティングスの手紙もあった。ヘースティングスの政策に強硬に反対したフランシスは、一七八〇年にヘースティングスと決闘までして、傷ついた人物である。ヘースティングスには身内の敵も多かったが、第一次マーラータ戦争（一七七五年）、第一次マイソール戦争（一七八〇～八五年）など、戦うたびに英国の領土を拡張し、インド支配の基盤を固めるうえで大いに功績があった。

いま色褪せた古文書を見ていくと、まるで一つのドラマを見ているような興味を覚えるのだった。英国がフランスに宣戦を布告するニュースをもたらす、一般の帆檣船がカルカッタに着く。すると直ちにインドで戦争の準備が始まる。英国、フランスのどちらがインド支配権を握るか、インドの土侯国にとっても勢力の均衡や推移に無関心ではいられない。このときベナレスのチェイト・シンが、インド側の権力を持った有力者だった。彼はベンガルが脅威に晒されたときには、英国に武器や資金を援助するという約束をしていた。ところが英国がフランスから脅かされ、ヘースティングスのチェイト・シンへの援助要請が袖にされたのだった。彼は洞ヶ峠を決め込んだのである。

そこでヘースティングス自らベナレスに乗り込むと、チェイト・シンの回答は英国の駐在官とその護衛を殺すということであった。この殺害事件の起こった日には、ヘースティングスの身にも同じ運命が降りかかる恐れが多分にあったのだが、そんなとき彼は、知ってか知らずかテントの中に座って、カルカッタの議会に宛てて報告書を書いていた。その生の資料を手にとって見ると、驚いたことにその緊迫した手で書いたにもかかわらず、書体が少しも乱れていないのだった。この豪胆さが、チェイト・シンに打ち克ったのであろう。資料を調べていけば、現藩王《マハラジャ》の領土返還要求を却下することは難しいことでなかった。ヤングハズバンドはこの結審として、「チェイト・シンは悪い馬に金を張ってしまったのだ、だからその結果に苦しまねばならない」ということに尽きていた。だめはだめというのだ。

一九〇六年五月末、古文書の塵を払う仕事が一段落つく頃、ヤングハズバンドにとって直接かかわりのある業務ではないが、いささか気の重い仕事が持ち込まれた。それは一人の古い友人、同じアジアという探検のフィールドを分かち合った北欧の探検家がシムラにやって来るので、出迎えに出てくれまいかという要請であった。

単なる歓迎の身替わりなら、別にたいしたことではない。しかし、ヤングハズバンドにとってこの役割は嫌な仕事であった。うっかりすると公私の板挟みになりかねず、どちらからも嫌われかねなかったからである。スヴェン・ヘディンと名乗るこの探検家は、一八九〇年という遠い昔、カシュガールに外交代表部を作った頃、わざわざ訪ねて来た人物だった。当時、二十代の若者だった二人も、いまはお互い世界的に知られた地位を得ていた。この一六年の間、会う機会がなかった。一度、一九〇二年の冬、チベットを横断して西チベットのレーに着いたヘディンが、カルカッタにカーゾン卿を訪ねるためインドに来たことがある。あのとき会いたいとヤングハズバンドは手紙を出したが、うまく会うことができなかった。その彼が、今度はペルシアの沙漠を越え、セイスタン、バルチスタンを横断してインドへ入ると、汽車を乗り継いではるばるこのシムラへやって来るというのだった。彼の目標は南チベットの地理学的な調査であった。

ヘディンはヤングハズバンドを頼って来たのではなかった。ヘディンはインド総督だった頃のカーゾンから、次のチベット探検は援助してあげますと、約束を取りつけていた。しかし、その直後に〈チベット使節〉が派遣され、あげくにキッチナーとの間での争いとなり、前年に総督を退位してしまっていた。ヘディンとカーゾンとの約束は英国政府間の公的な契約でなく、あくまでカーゾンとの個人的な約束ごとであり、英国政府もインド政庁もなんのかかわりのないことだった。だからヘディンが五カ月近くかけてインドへ来る間にも、インド政庁は一切だんまりを決め込んだのだった。妙な連絡をして、それが約束ごとと取られたくなかったからである。

ヘディンは様子がおかしいとは思っていた。しかし、まさか約束を反故にするとは思っていない。インド外務省が妙な口出しさえしてこなければ、それでよいのであった。ただ英国の政権が交代したのは知っていたものの、チベット政策まで変わったことは知るすべもなかった。

インドから国境を越えてチベットへ入国するには、なんとしてもインド政庁の許可が必要なので、ヘディンとしてもシムラの外務省に出頭しなくてはならなかった。そこでいよいよインド領に入った彼から、シムラへ到着する連絡が入った。インド政庁としても、いつまでもだんまりでいるわけにはいかない。カーゾンがいさえすれば、下にもおかぬ歓迎で迎えようが、その彼がいないのだから困ったことである。招かれざる客がやって来たものの、放っておくわけにもいかない。シムラの外務省にも、ヘディンと面識のある人はいなかった。いたのはただ、たまたま居合わせたヤングハズバンドだけだったのである。

ヤングハズバンドは相当な数の本を書いたが、このヘディン来訪のことにふれたものはない。あるのはただヘディンの回想録にごく断片的に記されたものにすぎない。そのためインド外務省とヤングハズバンドとのかかわりが、さっぱりわからない。外務省が詳しい内情を事前にヤングハズバンドに説明していなかったのか、それともある程度までは知らせてあったのか、これは推測するしかない。しかし、いまインドでチベットの内情についていちばんよく知っているのはヤングハズバンドであるし、またカーゾンの股肱の臣といってもよい。外務省の担当者は、おそらくこの間の微妙な話は彼に告げていたろうし、相談もしていたことであろう。外務大臣ルイス・デーンは、こう言って頼んだのではないだろうか。

「カーゾンはいないし、本国政府からはヘディンを相手にするな、適当にあしらってシムラから追い払ってしまえ、と言ってきている。どうしたらよいだろうか。間もなくヘディン氏はシムラにやって来ることになっている。君、悪いけど、ホテルまで出迎えに出てくれんか。友人代表としてな。外務省から正式な人物を出すわけにはいかんのだ。ホテルその他一切の手配はこちらですませておくから、ただ姿を見せてくれればよい。チベット旅行については、君は一切口に出さないでほしい。外務省に彼と一緒に出頭するときは、ただ案内してついて来てくれるだけでよい。そのとき旅行の件はわしがすべて彼に話すから、ぜひ頼むよ」

シムラの駅頭にヘディンが着くと、二人の召使いが出迎えに出ており、荷物を受け取るとグランド・ホテルまで案内して行った。外務省の役人はただの一人として姿を見せない。ヤングハズバンドは一人ホテルで待っていた。間もなく日焼けした精悍な旧友が姿を現した。ヘディンにとって長い夢の目標、ラサへ入ってしまった自分を、いささか恨めしく思っているのではないだろうか。しかし、二年前、ラサへ入ったとき、英国人たちからは「ヘディンと一緒に行ってほしかった」という声が聞かれ、誰もが親しみを感じていた探検家だった。ともかくヤングハズバンドはひと通りの挨拶をすますと、「では汗でも流して下さい、今夜、ユナイテッド・サービス・クラブで夕食をご一緒しましょう」と告げて、ひとまず引き揚げた。

常夏の国インドのなかでも、ガルワール・ヒマラヤの氷雪の山々に抱擁されたシムラは、まさしく物語に出てくる夢のような町である。高地の風は爽やかで、この町にいるとこの世の苦しみはないように思えた。事実、この夜、ホテルの食堂での一刻は、二人にとって探検に託したこれまでの走りづめの人生を語り合える、またとない機会でもあった。しかし、余計なことは口に出すわけにいかなかったから、なごやかな雰囲気のなかにも、どこか奥歯にものが挟まったような感じである。相手もそのことを察知しているようであるが、あえて尋ねてこない。お互いどうしても、現実のいちばん重要な話題を避けるようになってしまった。他の探検家と違って、二人はライバルではなかった。だから相手より少しでも早く地図の空白部に入ろうという競争心はない。そこで情報を隠したり、しらばくれる必要もなかったが、ヤングハズバンドは組織の一員であり、インド政庁内部のことを話すわけにはいかなかった。しかし、ここでヘディンがシムラの状況を尋ねてきたら、ある程度まで話すしかなかったろう。しかし、ヘディンはヤングハズバンドが「まるで墓場のように沈黙していた」と言っている。喋らない相手には尋ねようがない。とうとうこの夜、ヤングハズバンドはこれからのヘディンのチベット探検計画について、なにも尋ねることなく別れた。(1)

五月二十三日、この日は水曜日で、めくるめくような日である。外務省では外相のサー・ルイス・デーンが、ヘディンに直々にチベット旅行についてインド側の態度を説明するというので、ヤングハズバンドが案内することになった。よい話ならよいが、嫌な役回りである。外務省の大臣室に案内していくと、デーンは親しげに二人を迎え入れた。そして、ヘディンにペルシアの旅のことなどちょっと尋ねてから、こう告げた。「すぐ知っておかれたほうがよろしいかと思うのですが。実は、ロンドンの政府がインド国境を越えてチベットへ入る許可を拒否したのです」。

ヘディンはひどく衝撃を受けた様子だった。すっかり失望した友の様子を見ることは、ヤングハズバンドには耐えられないことだった。デーンの言うことは一応理が通っている。カーゾンのいた昨年末まで、ヘディンはインドに来なかった。それに昨年十二月に英国では政権が交代し、これまでのチベットの政策を変更して、インド事務相はブロドリックからモーリィに代わった。モーリィは断固としてインドからチベットへ、旅行者を入れないだろう。インド政庁としては、本国政府の方針に従わざるを得ない。

精神的に混乱していたヘディンは、それでは英国首相に旅行許可願いを電報で打ったらどうかと尋ねた。デーンは、それは自由だが、首相も事務相も相手にすまいと答えた。ただ、新総督ミントー卿ならなんとか助けてくれるかもしれないと暗にほのめかしたが、ヘディンはこれに気づかなかったようだった。ヘディンはミントーを知らない。

ヘディンは昨年の十月にストックホルムを発ち、七カ月もトルコ、ペルシアの沙漠横断の旅をしてインドへようやくたどり着いたのだ。それがまったく希望が打ち砕かれたのだから、友人としては見るに忍びないものだった。外務省を出て、落胆するヘディンを馬車でホテルまで戻る間、ヤングハズバンドにも慰める言葉が見つからない。ただこう言うのが精いっぱいであった。「私も英国軍とラサから二年ぶりに撤収してきて、今度こそチベットはヨーロッパの探検家に開かれるものと、子供っぽい希望で胸を膨らませていました。しかし、今日はっきりしたのは、チベットの扉は、これまでどおり、がっちり閉ざされてしまったことです。私はあなたと同じように悲しく思います」。

ヘディン側の記録から推測すると、ヤングハズバンドも事前に詳しく内情を知らされていなかったように思える。ただヤングハズバンドの上司にあたるデーンは、ヘディンにそう好意的と思えなかったが、といってヤングハズバンドにもこの場を救う方法はなかった。幸いこの窮状を見かねたミントー卿が援助の手を差し伸べ、ヘディンは総督官邸に移っていった。しかし事態はそう好転しているように見えなかった。そしていつか季節は六月半ばを過ぎていた。(2)

六月二十六日、カシミール駐在官のピアーズ大佐が、五五歳の誕生日を迎え、退官することになり、ヤングハズバンドがこの事務を引き継ぐことになった。キプリング風にいえば、シムラは陰謀の渦巻く町である。できれば早く任地に去りたかった。わずか数カ月滞在しただけで、精神的にもくたくたになった。ちょうど新任地のスリナガールに行く準備をしていたとき、ヘディンはチベット旅行を諦め、東トルキスタン（新疆省）に計画を変更するため、こちらも出発準備のためホテルに移ってきた。ヤングハズバンドにもその連絡が届いたので、お別れを兼ねて挨拶に出向いた。そのとき、「私はカシミールの駐在官に任命されました」とヘディンに伝えると、相手は一瞬ぎくりとした様子だった。それは当然だったろう。ヘディンが行くと言明しているヤルカンド方面は、彼の新しい任地カシミールを通って行かねばならない。ヘディンの目論見はあくまでチベットであり、もしヤングハズバンドがインド外務省の手先となって旅行妨害をされたら、とても旅行などできない。といってヤングハズバンドは、あなたの味方ですと公言できる立場にもなかった。ここでもお互い沈黙することにした。のちにヘディンはヤングハズバンドに本心を漏らさなかったことを、たいへん悩むのである。ただ、ヘディンは若干ヤングハズバンドを疑っていた。

シムラの外務省の官僚たちは、この頃まですっかりロンドン寄りになっていて、いうなれば、ヘディンのチベット旅行を阻止する方針である。このことを知ってヘディンはすっかり用心深くなっており、ヤングハズバンドに対してもいくらか警戒し、疑心暗鬼になっている様子がうかがえた。しかし、シムラ最後の夜、二人は再び水入らずのお別れの宴を張った。この前、ヤングハズバンドがカシミール駐在官になると言ったとき、ヘディンが、「私の決意を煩わさないでいただけるでしょうか」と探りを入れてきたことから、ヘディンがチベットへ潜入するつもりでいることははっきりわかっていた。そのときには、キャラバンの従者をお世話してあげましょうと言ってあったので、お互いもうこの問題についてふれる必要がなかった。シムラにはスパイがいたるところにうじゃうじゃいたから、壁に耳ありの譬えどおり、うっかりチベットだのなんだのと喋らぬほうがよかったのである。二人はこの夜なごやかに別れたが、ヘディンは慌しくスリナガールへと出発していった。

ヘディンが去って数日してから、ヤングハズバンドもその後を追うことになった。スリナガールでは、退職を五日後に控えたカシミール駐在官のピアーズ大佐が、六月二十二日付の手紙をヘディンに出していた。内容は、「インド政庁は電報で貴下に対し、カシミール、チベット間の国境を越えることを許さない。ただし、シナ・トルキスタンへ行くことは構わない。ところが聞くところによると、貴下はシナ政府発行の旅券がないとのことなので、目下インド政庁に問い合わせ中である」というものだった。インド政庁は執拗にヘディンを追っているらしい。幸い、インド政庁からの返電が届く前に、ピアーズ大佐は去って行ったようである。

新しくカシミール駐在官になったヤングハズバンドのもとに、インド外務省から電報が届いた。それには、もしヘディンがシナの旅券を持っていない場合、レーから国外に出してはならないとあった。どうやらヘディンはロンドンの大使を通じて、シナの旅券の交付を申請中らしいが、これには時間がかかるようである。ぐずぐずしていると、旅行に最適な季節を逃す恐れが多分にあった。オーレル・スタインはこの春、ペシャワールからカシミールを抜けて、シナ・トルキスタンへ向かっている。彼はシナの旅券は所持していたが、この点、インド外務省のヘディンに対する扱いは公平ではなかった。そこでヤングハズバンドは一計を案じ、旅券は後から送るので旅に出発されるとよいと手紙を出した。

スリナガールにヤングハズバンドが着任すると、ヘディンも挨拶にやって来たし、お互い藩王《マハラジャ》の客になって顔を合わす機会も少なくなかった。しかし、かかわりはあくまで深くならないよう気をつけた。ヘディンのほうも旅行準備を着々と進め、あとは出発するだけとなった。なら安全である。ヤングハズバンドは、初めてのムズターグ峠越え以来、数々のチベット探検に伴い、最近では一九〇四年の〈チベット使節〉にも同行したモハメッド・イサを、ヘディンに付けてやることにした。彼は勇敢であり、ヨーロッパ人との経験も多く、チベット語も喋れて、最も信頼できる人物だった。彼がキャラバン頭になり、同じくシュカール・アリも参加することになった。彼は一八九〇年、ヘディンがカシュガールにヤングハズバンドを訪ねて来たとき、従僕として働いていた男であった。ヘディンの探検には、ヤングハズバンドの子飼いの郎党が参加し、これは暗黙のうちにヘディンを助けることになるのだった。そしてヘディンは、英政府の命令を一切無視して強引にチベットに入ってしまった。

カシミールは文字どおり、全インドはいうに及ばず、世界の中の仙境であった。清澄な大気、高原の涼気、美しい風景、山と水の国であり、この地に職を得られた人は桃源郷の中にしばし住めることを意味した。ヤングハズバンドがカシミールに移ってきたとき、一九〇六年はすでに半年が去っていた。しかし、残りの半年足らずはそうゆったりと過ごしてばかりはいられなかった。カシミールは仙境であると同時に、トルキスタン方面との国境交通の要衝にあったから、人の出入りが激しかったこと、またインドの低地に住み、仕事に倦み疲れた高級官吏や政治家たちが、引きも切らず訪ねてきたからであった。

　九月に入ると、インド軍総司令官のキッチナー卿が三人の幕僚を連れてやって来た。キッチナーはゴードン将軍救援のためスーダンのハルツームの戦闘で名を挙げ、さらに南アフリカのボーア戦争のときロバーツ将軍を助け、のち総司令官になった連戦将軍である。ヤングハズバンドはボーア戦争なら知っていた。こうした輝かしい業績からキッチナーの令名は轟き、世間では彼を厳格な人物と思い、彼の前に出ると誰もが萎縮するとまでいわれていた。しかし、実際の彼と接してみると、話しても楽しい人だった。ヤングハズバンドはカーゾンの直弟子か身代わりのように思われていたから、カーゾンと仲の悪かったキッチナーは、ヤングハズバンドによからぬ印象を持っていたろうと思われていた。ところが、そんな感情はなかったようで、悪かったら来るはずもなかった。

　次いで訪れたのは新インド総督のミントー卿であった。ミントー夫婦と三人の若い娘たちが家族連れで遊びに訪れたが、公私の二人の秘書官、外務大臣も伴ってのものだった。彼らは数日、ヤングハズバンドの官邸に滞在したあと一カ月近く、カシミールの藩王《マハラジャ》やプンチの領主《ラジァ》の客となっていった。ヤングハズバンドの目から見ると、仕事の面からすればミントーはカーゾンの才能と包容力には及ばなかったものの、カーゾンに欠けていたお行儀よさと直感力があったと言っている。ミントーもキッチナーも数カ月前、シムラとロンドンの間で激しくもめにもめ、ただしカシミールから強引にチベットへ潜入したへディンを陰から援助した人たちであり、さらに世間からへディンを助けて英国の法律を破った張本人のように思われていたヤングハズバンドは、これで本国政府からの非難を受けずにすむ免罪符を受けたようなものだった。

　インドの北方に立ちはだかる大ヒマラヤ山脈が断ち切られるのは、その両端のカシミール地方とシッキム地方である。ここからチベットへ入れるルートが開いていたが、どちらかといえばカシミールのほうがなにかにつけ、東のシッキム地方より気分的にも明るかった。この二年余り、インド北東部国境で煩わしい外交交渉をやってきた体験からしても、同じ北西部国境が微妙な国際問題の火種を孕んでいながら、自然も環境も明るかった。こうしたこともあって国外から訪れる人も少なくなかったのである。

一九〇六年もそろそろ終わりに近づいた十一月、東トルキスタンから一人のドイツ人がカシミールに出るという連絡が入った。シナ新疆省、かつて一八八〇年代に慌しく旅したトルファン、キジル周辺では、その後、一九〇二年から断続的にドイツから派遣された中央アジア遠征隊が考古学調査をしていた。この学術調査隊は一般にドイツ・トルファン隊と呼ばれたもので、隊長はインド美術史の専門家アルベルト・グリュンヴェーデルであったが、その主導的な立場にあったのはのちに加わったアルベルト・フォン・ル・コックであった。第三次探検は一九〇五年十二月から一九〇七年四月まで行なわれたが、体調を崩したル・コックだけが一九〇六年秋に、発掘品を持って帰国することになった。そしてカシュガールからロシア経由で帰国しようとした矢先、現地民の反乱が起こってこれが難しくなったため、カシュガールの英国外交代表のマカートニが、カラコラム峠でインドへ出ることを勧めてくれたのである。ル・コックは数年の探検ですっかり半病人になっていて、簡単とはいえ、六〇〇〇メートルものカラコラム峠越えの旅をマカートニはたいへん心配してくれた。それにル・コックは多量の壁画の梱包したものを運搬中であった。

シナ人を母にもったマカートニは、ヤングハズバンドと二人でこのカシュガールに来てから以後すでに十数年間、ずっと一人で頑張っていたが、その間、休暇を利用して英国に戻り、結婚して妻を伴ってきていた。だから彼はこんな陸の孤島のような場所にいても、決して天涯孤独というわけではなかった。彼はカシュガールを訪れた人には誰にでも親切で、人種的な差別はなかった。病気で苦しんでいたドイツ人のル・コックに対しても、それは変わらなかった。マカートニは病弱の身を案じてくれ、ヨーロッパ人の一人旅というのは心配だからといって、ちょうどカシュガールに居合わせた、バルチスタンのクエッタ守備隊のJ・D・シアラー大尉と同行するよう勧めてくれた。

シアラーはパミールで熊撃ちまでしたという頑丈な人だったが、いざカラコラム峠にかかるとひどい高山病にかかってしまった。ヤングハズバンドが一九世紀末に越えた頃と比べるなら、この峠はすでに未知でもなんでもなく、ずっとポピュラーなものとなっていた。しかし天気が変わりやすく、数千メートルの峠を次々と越えていくのは難儀で、シアラーがついに力尽きてしまったのだ。しかも相当な重態になり、ル・コックがシアラーを山中に残してチベット人に救助隊を求めに行く一方、レーのキリスト教の伝導会所、モラビア教団に助けを求めると、医師のショウェがモルヒネを送ってくれた。また一方、さらに一七日行程もあるスリナガールのヤングハズバンドのもとにも、この緊急事態を知らせてきた。

高山病は放っておくと生命が危ないが、ル・コックの八面六臂の活躍で、シアラーは十一月四日、なんとか馬でラダクのレーまでたどり着くことができた。そしてモラビア教団の病院に彼を任せたル・コックは、今度は重い壁画の荷を積んだキャラバンを引き連れ、レーからスリナガール間を一二日で突破してやって来た。ホテルに荷を解いたル・コックが、ヤングハズバンドを官邸に訪れたのはその翌日だった。彼の来ることはすでにカシュガールのマカートニの連絡でわかっていたが、カラコラム峠でのとんだハプニングで、礼を言うのはむしろこちら側であった。官邸に泊まるように言ったが、ル・コックは荷がたくさんありますからと辞退するので、食事には来るようにと招いた。英国側で西域での考古学調査をしているのは、いまやかろうじてスタイン一人であり、この珍客によってドイツ・トルファン隊の内情がかなりわかった。しかし、ドイツ隊はシナ領内での政治活動はまったくしていない、純粋な学術調査隊でもあることがわかっただけでも意味があった。③

南と北から後から後へと絶え間なく人を運んでくるいたずら好きな風がひとまずやんで、多忙だった一九〇六年が去っていった。するとこれまでの心地よい風向きががらりと変わって、突如これまでにない突風が吹き込みはじめた。一九〇七年が明けて早々、南のインドから暴動が広がりつつあるという由々しいニュースがもたらされた。一八五七年に始まり、数年間インド各地を荒れ狂ったセポイの反乱から、この年はちょうど五〇年目にあたった。このセポイ（インド傭兵）の反乱は、英国軍によって弾圧・鎮定されたが、英国側の被った損害も尽大だった。この教訓は生かされたものもあり、またすでに忘れ去られたものもあり、人々がちょうど過去を忘れかけた頃に再発したのだった。

この暴動の発生の原因は、いくつか挙げられよう。有能だったインド総督（カーゾン）の失脚、本国政府が強力な労働党に依存した自由党に政権交代したこと、などである。しかし、ヤングハズバンドにはこの直接的な原因が、いま挙げた理由はむしろ小さく、実際は日本がロシアを破ったことだと思えた。この戦争がアジア人たちを覚醒させたのだった。人口三五〇〇万にすぎない日本が、ヨーロッパの強大国を敗北させることができたのなら、人口三億のインドになぜできないことがあろう。もしインド人が自分のいる場所の地面に穴を掘れば、インドにいる英国人のことごとくが溺れ死ぬだけの大きな水溜りができるだろう。こうした考えがインド大衆の間に急速に広がり、忌しい暴動が起こりはじめた。日露戦争は一九〇五年に終わり、九月にポーツマスで日露講和条約が締結されている。暴動が発生するまで、一年半ほどたっていた。

ついに、激しい暴動がカシミール辺境地帯のラワル・ピンディで起こった。ヨーロッパ人をカシミールから一掃しようというスローガンを唱える煽動家たちが、当然カシミールにも侵入してきた。これを阻止することはほとんど絶望に近い。カシミールという薪はからからに乾燥している。燃えた火さえ近づければ、すぐにでも発火する。こんな不安定な状況下で、もし藩王《マハラジャ》が少しでも彼らと同じ考えを持っていたら、駐在官などさっさと国外に追い払い、ヨーロッパ人をことごとく荷造りにして放り出してしまうだろう。なかにはヨーロッパ人など皆殺しにしてしまえと唆《そそのか》している者もいる。

カシミールはインド辺境に位置しているため、他のインド諸州のように英国領に囲まれてなく、英国領とはたった一方側でしか接していなかった。他のどこも開け放しだから、人の出入りが激しく、監視も取り締まりもできない難点があった。スリナガールに駐在する英国官権もまったく心もとなかった。カシミールは平和のときこそ人を魅了する仙境にちがいなかったが、ひとたびなにか事があったら、まったく不安定であった。いちばん近くに駐屯する英国軍とて、山を越えて二〇〇マイルも彼方にいたし、肝心の駐在官所の護衛ですら英領インド人でなく、カシミール兵であった。だから心配のあまり士官たちがヤングハズバンドのところへ来て、妻子をどう保護したらよいだろうか、季節の残りを退去させておこうかと相談を持ちかけられたが、ヤングハズバンドはとても彼らを保護する手だてはないと答えるしかなかった。

事態は、一刻の猶予も許さぬところにきていた。薪にはたっぷりと油が注がれている。あとは藩王《マハラジャ》の肚一つであった。ヤングハズバンドには、長年、現地人との生活のなかで得た貴重な体験があった。それはこちらから直接談判することだった。カンジュート族の場合にも、チトラルでも、チベット人の場合でもみなこれが効を奏した。アジア人とはこのタイミングが重要であり、残虐ではあるが勇敢な行動を貴ぶところがあった。ヤングハズバンドはいま一度、この使い古されてはいるが唯一の手段に訴えてみることにした。時間はそうない。

親善を込めてのパーティーなら毎日のように開かれている。こんな駐在官所での園遊会《ガーデン・パーティー》のとき、藩王《マハラジャ》と庭の中をあちこち歩きながら、まったく変則ともいえる話し合い、いうなればそっと内密の話をした。壁に耳あり、障子ならぬ戸にも目があった。なまじっか部屋の中での密談は従僕《ボーイ》や下女《メイド》に怪しまれ、人目にもつきやすく、藩王の配下の者の耳に入る恐れが多分にあった。ここでもかつて南アフリカで、セシル・ローズのときの故知を真似たのであった。

ときのカシミールの藩王《マハラジャ》は、幸いこのあたりの反覆常ない土候国の王と違ってたいへん紳士であった。しかも、きわめて忠誠心のある人物でもあった。だからヤングハズバンドも妙な小細工を弄さず、包み隠すことなくはっきりとものを言うことができた。いや、言わねばならないところにきていたのである。なぜなら彼は、一方側——煽動者たち——ばかりから話を聞かされていて、その反対側からの説明を耳にしていなければ、容易に影響を受けてしまうであろうからである。

そこでヤングハズバンドは、ずばりこう切り出した。「煽動者たちがどんなことを吹きまくっているのかは、私も知っています。もしあなたが小指をつと挙げさえすれば、この園遊会に出席している者が、一巻の終わりになることもわかっています。が、われわれの最後がすべての物事の終わりではないでしょう。英国人はやっとの思いでトップの座を占めたのです。だからわれわれに対抗するより、われわれの側に立ったほうが賢明ではないでしょうか。あなたの父君は、王位継承権がだめになったとき、英国側の計らいで相続権が与えられたのでして、あなたがわれわれの側につくことは、別に遺憾なことにはならないと思いますが」。

ヤングハズバンドも、こうまではっきり言ったのではないと言っている。遠回しだったり、婉曲だったりしたろう。しかし、藩王《マハラジャ》の反応は素早かった。彼はこう言ったのである。「すべてを私に任せてください。煽動者たちをすぐ抑えてしまいますから」。翌日になると強力な布告を出して、万事を終息させてしまったのだった。彼の英国への忠誠心は終生変わらなかった。カシミールの藩王《マハラジャ》は、英国人にはきわめて好意的な人物で、とくに歴代の駐在官の子供たちのペット役を、彼はいつも引き受けていた。ヤングハズバンドがカシミールに赴任してきたとき、娘のエイリーンはまだ五歳にすぎなかったが、彼は彼女をかわいがり、一緒に手をつないで駐在官所の官邸の庭を散歩して歩いた。そして少女が片言で話しかけたり、花について話すのをじっと聞いている様子は、まったくほほえましい光景だった。こうしたヤングハズバンドの咄嗟の機転で、カシミールの暴動は未然に防ぐことができたのだった。カシミールはインドの火薬庫であった。この頃、この火薬に火を入れかねない日本人の出現に、とくに注意しなくてはならないことをも学んだのだった。

といってカシミールの藩王《マハラジャ》プラタブ・シンは、すぐれた行政家とはいえなかった。彼の祖父はジャムーのささやかな首長にすぎず、彼の子孫といえ、カシミールのとるに足らぬ領土を支配する好々爺というのがおちであった。しかし、彼は臣民から好かれていたうえ、兄弟の領主《ラジア》アマール・シンはきわめて有能な大臣であった。ところが本来仲がよいはずのこの兄弟は、生涯を通じて積年の不和な間柄だった。お互い〈黒い魔術〉をかけあっては疑い合っていた。しかし、二人は生きている間中、密かに闘っていたにかかわらず、肚の底では好き合っていたのである。アマール・シンが死んだとき、ヤングハズバンドは死んだ三〇分後、その死体の傍にいたのであるが、藩王《マハラジャ》プラタブ・シンは自分が身替わりだったらよかったにと、激しく啼泣しているのを目撃している。こうした矛盾に満ちたのがアジアであり、現実のカシミールであった。このような複雑な社会を統治するのは、考えるほど容易なことではなかった。

ヤングハズバンドがカシミールに滞在していた間、実にさまざまな人々が訪れては去っていった。このなかで印象に残った人に、三人のフランスの若い貴族がいた。彼らはインドを旅していた。また、のちにペルシアの大使になったドイツ人の伯爵がいた。(4) しかし、こうした訪問客のなかに日本人もいた。

一九〇七年十月、一人の日本軍人がスリナガールのヤングハズバンドの駐在官所をわざわざ訪れた。その人物の名は日野強《つとむ》という陸軍歩兵少佐で、参謀本部の将校だった。日野は前年の秋からシナ内陸部の旅行を始め、西安から蘭州を通り、ゴビを突破してハミに出、あとはかつてヤングハズバンドが旅したとおりトルファンに行った。ここからウルムチに入り、ロシアとの国境地帯のタルパガタイ、イリを訪れ、再び天山南路に出てカシュガールに到達した。この日本の将校はかつて一九〇二年、西本願寺の一行（大谷光瑞他）の通ったギルギット・ロードを通ってインドに出たいとカシュガールのマカートニに交渉したが、このルートは英国の軍用道路であり、他国の情報将校に見せるわけにいかず、通行はインド政庁から拒否された。

日本の軍人からの許可願いはカシュガールのマカートニから、当然、カシミールのヤングハズバンドのもとに伝えられた。しかし、カシミールのみならずインドでは、一九〇七年はとくに暴動に怯えた年であった。こともあろうにインド人にとって尊敬と渇望の的である日本軍人の出現は、ときがときだけにまことに迷惑でしかなかった。カシミールではいつ暴動が再発するか、恐怖にかられている。といって英国人にとっても、ましてヤングハズバンドにとっても、日本人に対し別に悪意はないし、お互い同盟国でもある。〈チベット使節〉の直接の原因も、もとをただせばラサにいた河口慧海からの秘密報告からであり、英露二大強国による中央アジアとチベットを舞台にした〈グレイト・ゲーム〉に、いつしか日本もがっしりと組み込まれてしまったことだった。

日本は一九〇二年の日英同盟以来、英国は同盟国と信じていた。そして一九〇五年には第二次日英同盟が調印されている。これも日露戦争の勝利のお蔭だった。が、これはインドの英国人にとって実は困ったことでもあったのである。しかし、日野にとってそんな微妙なインドの内情はわからない。十月二十七日、スリナガールに着いた彼は早速、ヤングハズバンドをその官邸に表敬訪問した。幸い、ヤングハズバンドが在宅しているとき訪問を受けたので、日野少佐と中央アジアの話にもなったらしい。日本人がカラコラム峠を越えて来たのは、この日野少佐が初めてであり、ヤングハズバンドもその旅行の労苦を称えた。日野もそれに感謝し、こう記している。「大佐身長高からざるも、よく肥満し、温乎たる状貌、淳々たる言語、親しむべく、敬すべく、さすがに有名の遠征家だけ、少なからぬ同情を以て予を迎へられしを感謝す(5)」。

ヤングハズバンドにとって、この住民間の微妙な時期、日本の参謀本部将校の出現は歓迎すべき状態でなかった。そっと姿を隠すほうが賢明であった。実際、日本人をひと目見ようと彼の泊まったハウスポートの周辺はたくさんの人だかりという。数日後の三十日、日野少佐が出迎えに来た稲垣中佐と再び駐在官所を訪れたとき、ヤングハズバンドはすでにジャムーへ避寒した後であった。後でヤングハズバンドが副官から聞いたところ、この日本将校はイリ副都統から贈られたカラシヤール産の名馬を、町で売るに忍びないから飼ってほしいと残していったという。この駐在官所にはかつてロシア参謀本部員までもがわざわざ訪ねて来たこともあった。この人物はカラコラム峠を越え、ヤルカンド経由で帰国して行った。

一九〇七年八月、ペテルブルグで英露協商が締結され、時代が急激に変わり、もうロシアは英国の仮想敵国ではなくなったのである。新しく〈グレイト・ゲーム〉に登場したのはむしろ同盟国の日本であった。

第24章　カシミール、光と影

ヤングハズバンドにとって、後になって思い返せば、たしかにカシミールの生活はなにからなにまで楽しいものだった。いまではサー・フランシスと呼ばれ、人々から尊敬される身である。それに美しい自然、王侯のような豪奢な生活、たっぷりな年俸、この国の中で彼に指示を与える者はいない。ただ、いい気になっていれば、狩猟、ポロ、クリケット、テニスといった野外スポーツや園遊会《ガーデン・パーティー》が朝から晩までひっきりなしに毎日続く。また、絶え間なしに内外から訪れる客の接待も大変である。人との付き合いも楽しいが、こうした交際をしていたのでは、役人としての本来の業務も、自分自身の仕事もまったくはかどらない。ただしこれはあくまで表面的に見てのものだったが。

すでにふれたように、カシミールの国家としての直接統治はカシミールの藩王《マハラジャ》の手に委ねられているが、一般の行政や監督は英国人の駐在官が行なうことになっている。藩王は、一見民衆の上に君臨しているように見えるが、実際は飾りものにすぎない存在である。ロシア政府が西トルキスタンのブハラ汗国やヒワ汗国で行なったのと大同小異である。カシミールの国家予算も藩王ではなく駐在官が認可し、なにか行なうにしても駐在官の下にいる高級官僚に相談のうえで執行されることになっている。

といってカシミールは英国の直接統治下にはないので、駐在官が勝手に行政処理するわけにはいかず、周辺のインド諸州との関係をうまく取り計らって維持していかねばならない。しかし、いちばん重要な司法権は駐在官が握っていた。それだけ舵取りは非常に微妙であり、とくに国民の大多数が回教徒であることが、民族問題同様に難しい問題である。

カシミール人を含め、英国人も英領インド人もヨーロッパ人も、裁判の一切合財は駐在官の下の法廷で行なわれている。また、この国を旅行するヨーロッパ人のみならず、当然、他の外国人を含めすべてが、駐在官の認可が必要であり、もし好ましからずと判断が下されれば、カシミール領内への立ち入りも単なる通過も禁止された。駐在官はまさに生殺与奪の権を持っていた。

ヤングハズバンドがカシミール駐在官だった当時、一つの時代の変わり目にあった。日露戦争以後、北方からのロシアの脅威がなくなったことだった。カシミールは新疆省のカシュガールとともに、ロシアによるインド侵入の重要な監視所でもあった。怪しい旅行者が新疆に現れると、カシュガールの領事マカートニから直ちに報告が入った。彼はのちにナイト爵の〝サー〟に叙せられるほど、ヤングハズバンドにとって信頼できる人物だった。

ヤングハズバンドがカシミールから去って数年後、第一次世界大戦が勃発すると、アフガニスタンに潜入しようというドイツ人が出没したし、その後はインドで革命を起こそうという扇動者の排除と摘発が、重要な任務になるのだった。しかし、ヤングハズバンドの任期のあった一九〇九年いっぱいまでは、まだそんな不穏な外部からの動きは見られなかった。

これだけ絶大な権力を与えられている駐在官といっても、国内の細かな行政には、なるべく口出ししないように努めなくてはならない。うっかり住民の慣習に干渉することになれば、反乱も心配である。回教徒の多いカシミール人は豚肉を口にしない。一方、インド人は牛を神聖視する。宗教上のこうした生活習慣は、理屈や理論でなんとかなるものでなかった。しかし、国の根幹である課税、土地収入、道路の建設・改修、洪水の防止、病院の建設、流行病の予防、教育、学校の拡充、犯罪の防止、農業の改良、またトルキスタン方面とインドとの交易促進、森林の保護、国境地帯の監視も重要な問題だった。こうしたものにまで十分監視の目を光らせているには、毎日浮かれている場合ではなかったのである。

ただ夏季には、駐在官の仕事を軽減するため、個人的な補佐官を一人置くことが認められていた。またとかくすぐ紛擾の起こりやすいギルギットには、政務官《ポリティカル・オフィサー》が置かれ、軍隊もつけられた。これも緊急な国境問題に対処するためで、これは駐在官の管轄下に置かれた。

インドに限らず、英領植民地下で高級官僚になった者のなかには、役人としての仕事だけを義務的にこなし、あとはその日暮らしをして、富の収奪といわぬまでもせっせと蓄財し、老後の蓄えを考える手合いも少なくなかった。だから、インド国内のとくに農業生産の豊かな国や、鉱物資源に恵まれた地域にポストを得るため、激しい猟官運動は当然あった。インド以外でもビルマやセイロンでよい地位が得られれば、巨万の富を築くこともあながち夢ではなかった。カシミールはとくに森林、鉱山などの天然資源、農業、果実の生産にも恵まれていたから、これらの増産も考える必要があったが、カシミールの特色は、なによりも政治的緊張のみなぎる土地だったことである。事態が難しくなってくると、並の役人の手には余った。外交的にはカシミールの藩王《マハラジャ》を懐柔し、暴走しないように手綱だけはしっかり握ったうえで、摩擦を起こさぬよう油断なく見張っている必要があった。こういった国家間の紛争、国境問題の解決にはヤングハズバンドはうってつけの人物だった。彼のカシミール駐在官というポストは、まさしく適材適所だったといえたろう。

ヤングハズバンドの生涯のなかで意外にわからないのは、一九〇六～九年のカシミール駐在官時代のことである。激動の時代を駆け抜けてきた人生のうち、たしかにこの数年間は彼にとって最も安定した、平穏無事な時代だったように映るし、一部でたしかにそうだったろう。大きな戦争も地域紛争もなく、次々と訪れてくる人たちの接待は煩わしくとも、これが結構楽しいものだった。カシミールは見かけは仙境であるが、内実はさまざまな民族や宗教が複雑にからみ合い、それだけ気を遣うことは多かった。しかし、このことで彼が苦情を述べたり、批判したものは記録の上ではほとんどなく、彼が個人的に日記をつけていたかも不明である。

ただ、あらためて〈チベット使節〉から帰った直後のあの狂乱としかいえない出来事を、いまやっと冷静に見返すゆとりはできた。あれはいったいなんだったのか。世間では、秘密の国の扉を開いてくれた人ということで、とやかく批難する人はいなかった。ただ神秘の都ラサになんとか一番乗りしたいと思っていた、とくに白人の探検家のなかには、その夢が破れて内心がっかりした者も当然いたはずである。なにも文明国の旅人なら河口慧海がいたろうと思う人がいたかもしれないが、日本人はチベット人と同じくアジア人だった。慧海がラサにいた当時、ロシア国籍のティビコフや例のドルジェフがいたが、彼らはモンゴル人種だった。(1) 一般に、彼らは例外と考えるのが常識だったし、ヘディンもこの意見だった。ヨーロッパ人から見れば、彼らはみな同じなのだ。

ヘディンは一九〇一年、チベット北方からラサ潜入を図ったが、チベット人に変装していたにもかかわらず露見してしまった。確実な資料はないものの、これはインド側から流された情報ではなかったか、という噂もあった。なぜなら、当時ラサに潜伏中の河口慧海は、のちヘディンに宛てた私信の中で、ヘディンが潜行中のことはラサの高官たちの間でよく知られていたというのだ。どこから入った情報なのか。ヘディンはロシア皇陛から派遣された、ロシアのスパイと疑われていた。このヘディンのラサ潜入計画をいちばんよく知っていたのは実はカーゾン卿で、またヘディンがインドを訪れた際、会いたいと手紙を出したのはヤングハズバンドであった。

ヘディンは一九〇五年にスウェーデンで一冊の本を出していた。『スウェーデンと偉大なる東洋』（*Sverige och stora östern*）と題した二六〇頁のものである。この中で〈チベット使節〉は軍事遠征で、罪もないチベット人を三〇〇〇人も殺したと批判していた。この本の内容は三つのテーマからなり、各々の中心人物は、ロシア皇帝ニコライ二世、日露戦争時のロシア軍総司令官クロパトキン将軍、そしていま一人がインド総督のカーゾン卿だった。

ヤングハズバンドにとっては、舞台になった満州も中央アジアもチベットも、みなかかわりのある地域であった。しかし、ヘディンの本の内容とは直接関係はない。ただ〈チベット使節〉の個人的報告書の準備を始めていたから、無関心とばかりは言っていられない。こんなことよりも、インド省のブロドリックのほうがはるかに頭に来るものだった。彼は執拗にヤングハズバンドを批難し続けるが、彼はこれまで一度もインドを訪れたことがなく、彼にはインドもチベットも理解の範囲を超えていた。彼の反対があったものの、なんとかインドで最下位の爵位は受けられたことはすでにふれた。こんな世俗的なことで怒りを露《あらわ》にしたのは、当の本人ではなく、実は夫人のヘレンやヤングハズバンドの実姉のほうだった。夫人はあちこちで夫を弁護したがほとんど無視され、これをなだめるのにヤングハズバンドは大変だった。人生はなるようにしかならない、いつか理解されるときが来るさと諦めるしかなかった。

これはずっと後年の一九一七年の新年のことであるが、寝耳に水の通知を受けて仰天させられた。インド上級勲爵士（KCSI）を授与するというのだ。これこそ盆過ぎの蓮っぱだったろうが、ときのインド事務相のオースティン・チェンバレンが、二〇年前の評価が不当だったからと、あらためて決断したのだという。夫人は夫の不当な評価を認めるようたびたび上訴していたというから、夫人の隠れた貢積が大きかったのかもしれない。

叙勲のニュースでびっくりさせられたのは当のヤングハズバンドだったようで、このことについて考古学者のサー・オーレル・スタイン宛の手紙の中でふれている。これは多分スタインのほうから先にお祝いの手紙を出し、その礼状だったのだろう。(2) たしかスタインには〈チベット使節〉に参加させてほしいとヤングハズバンドに頼み込んだ前歴があったはずで、このときは断られている。(3)

さて、すっかりずれてしまった話をまた元に戻すことにしよう。


一九〇五年から翌年の初めまで、ヤングハズバンドは文字どおり針の筵《むしろ》にいる気持ちだった。世俗的には有名人になったものの、それだけでは生きていけない。最大のパトロンたるカーゾン卿も難しい立場にあり、〈チベット使節〉の真っ最中に総督でいながらインドを不在にしていたこともあって、その責任上の整理が山積していた。しかも、彼はいまだ実質的にはインド総督の地位にあったから、いっそう多忙を極めていた。もし彼がインドにいてくれたら、あれほど激しい集中砲火を浴びずにすんだはずだった。いまインドに残してきた彼の配下の官僚たちも、みながみな味方でもなければ協力者でもない。唯一の変わらぬ同志はヤングハズバンドだけであり、一方のヤングハズバンドにとっても頼りになるのはカーゾンのみだった。

そんな意味からも、カーゾンにしては彼の身のことも考えてあげねばならない。この頃、カーゾンはヤングハズバンドに向かって、いま一度インドに戻って、腕を振るってみる気はないかと勧めた。「それにはどうだろう、カシミールの駐在官では。これなら君にいちばんぴったりのポストだと思うがね」と。一九〇五年のうちならカーゾンもまだ任期中だから、自分の一存で任命できるだろうし、カシミールはインド辺境の中でも最も政治的に重要な場所である上、天然の美に満ちている。ここがいちばん適しているというわけだった。

ヤングハズバンドの個人資料が一般に公開されるまで、こうしたことは一切不明だった。一九〇六年三月、シムラに戻ったヤングハズバンドは、けっして暇つぶしだったり就職先を探していたりしていたわけではなく、仕事は内々決まっていだのだが、一切他言しなかっただけだったのである。だから旧友のヘディンがシムラに来て会ったときも、まったく喋らなかったわけである。一方、カーゾン自身も、国内に反対の気運もあり、予定を早めて一九〇五年の八月にはインド総督を辞任し、新しくミントー卿が総督に就任することになった。ただ心配なのは、新総督がヤングハズバンドをすんなり承認するかであった。人事は難しい。インド政庁内では、やはりヤングハズバンドの任命には反対派がいたという。インドの地方官にも当然ながら格式があって、インド上級駐在官（political agent）のポスト数は一八、ただの弁務官は一〇で、これは二流クラスになるという。ではヤングハズバンドの場合はというと、これは三流クラスの駐在官の地位だったという。ただ、彼はもともとが役人志向ではないから、こんな内部規定などどうだってよいのである。

一九〇七年は、表面的な華やかさの一方で、なにかと落ち着かぬ慌しい年になった。このことはすでにふれた。実は、カシミール駐在官としてスリナガールに腰を落ち着けてからかれこれ半年になった一九〇七年一月早々になって、家郷に残してあった妻のヘレンと四歳になるかならぬ娘のエイリーンが、子守りの女性を伴ってやって来た。やっとひと息ついたところで、七月になると今度はロンドンの南方、テームズ河畔のサレーにいた父が死去したという訃報が届いた。父はヤングハズバンドにとってなにかと相談相手になってくれる、頼りがいのある存在だった。チベットに行っていた間にも、絶えず現地から生々しいニュースを手紙で知らせていた。これは公表されたものと違って、生の声である。(4)

問題はまだあった。母親代わりに父の世話をしてきた未婚の姉エミーが、父を亡くしたため孤独になってしまったのだ。そこで姉は弟を頼ってはるばるインドまで出て来たのだったが、どうも夫人との折り合いがつかず、夫人の怒りを買って、結局、去るしかなかったらしい。詳しい経緯はわからないのだが、どうやら不幸な人生を送ったようだ。ヤングハズバンドにとっては身を切られるような思いだったであろう。彼が中年以降、神秘主義や、信仰の世界や、たわいない草花を愛《め》でる自然鑑賞会などに熱中し、あげくの果てに女性に夢を託して追い求めたのも、みな心の苦悩からの解放だったのかもしれない。

暴動事件にもけりがつき、一九〇八年も去って、任期最後の年である一九〇九年は、ヤングハズバンドにとって後世いくらか話題になる事件が起こった。

この年の初めから、カシミールに大がかりな遠征隊がやって来た。イタリア王室の一員でもあるアブルッツィ公の率いる、世界第二の高峰K2の登山隊であった。アブルッツィ公はスペイン王アメデオの皇子で、海軍の将官というより、むしろ探検家として著名であった。アブルッツィ公は、初めチベット探検を計画していたへディンは、ヤングハズバンドの暗黙の了承のもと強引にチベットに入ってしまったが、アブルッツィ公のような身分では、こんな行動は無理であった。そこで目的を変更しK2遠征になったが、世界最高峰マウント・エヴェレストは、やはり英国の占有権があり、遠慮せざるを得なかったのだろう。

アブルッツィ公は、フィリッポ・デ・フィリッピという名望高い医師で、博物学者、地理学者でもある人物をいつも連れていた。彼は、公の遠征報告の代筆者であった。また、とりわけアブルッツィ公の遠征報告書を世界的な名著にした、山岳写真家のヴィットリオ・セラが遠征に同行していた。そのうえイタリアからわざわざ山案内人やポーターも多数引き連れてきていた。まさに大名の登山隊といってよかった。幸いK2はヤングハズバンドとりわけかかわりの深い山であり、この遠征隊のためにあらゆる便宜の図れる立場にあった。イタリア隊はモンスーンの到来する前の五月にバルトロ氷河に入り、K2に肉迫したにもかかわらず、登頂には成功しなかった。ヤングハズバンドはアブルッツィ公に対し、こう言っている。「現地民に対する公の態度はまさに完璧で、その結果、彼らから最善のものを受けた。公はたいへんに思いやりがあって、日々彼らに報い、十分面倒を見ていた。物事に全力でぶつかっていき、勇気もあり、あらゆる困難に耐えようとしていた。彼は理想的な探検家だった」と。[5]

一九〇九年の前半がイタリアの遠征隊という、結構楽しい、政治的にもなんら煩わしくない訪問客であったとすると、この年の後半はいささか問題のあるものだった。それは日本の西本願寺が派遣した遠征隊にかかわるものだったからだ。この問題にふれる前に、二年前のある条約にふれておかなくてはならないであろう。

一九世紀からのほぼ一世紀、英国とロシアとは中央アジアをめぐって、しのぎを削る領土争奪戦を繰り広げてきた。キプリングの言葉を借りれば、いわゆる〈グレイト・ゲーム〉である。しかし、一九〇四～五年の日露戦争で、ロシアは日本に敗北を喫した。これまで英国はロシアとの間で、絶え間なく争いを続けてきたものの、公然たる戦争は決して行なわなかった。英国は自分で戦う代わり、日本とロシアを戦わせたといわれるのも理由がないわけではない。

一九〇二年の日英同盟で、日本は英国の協力を大いに受けたが、ロシアは国内外の不安定な事情も手伝って、これ以上の拡大主義に耐えられなくなっていた。そこで一九〇七年八月、ロシアと英国は中央アジアをめぐるアフガニスタン、ペルシア、チベットの両国の勢力範囲を決める、英露協商の条約に調印したのだった。これによって英露間の緊張は、少なくとも表面上はなくなったのである。当時、チベットを探検中であったヘディンは、この英露協商によってチベットの旅行がほとんど不可能になったと思ったと、言っている。

北方からのロシア侵略におびえ、とりわけ民族紛争に手を焼くカシミールは、〈グレイト・ゲーム〉が続く限り、とても国内安定など望み得なかった。これが一応なくなったのだから、大いに歓迎すべきであったが、キプリングは小説『キム』の登場人物の口を籍《か》りて、人類がいる限り、〈グレイト・ゲーム〉は終わりっこないと言わせている。たしかにロシアは、表面上は〈グレイト・ゲーム〉から手を引いた。しかし、それに代わるものが出現したのである。いや、出現したのではないかと想像されたのだった。それがなんと新興国日本であった。

本来、友好国であるはずの日本に対し、英国側にはどうしても理解できないものがあった。京都の西本願寺という宗教団体が、一九〇二年から独自の西域調査隊を新疆に送り出していたことである。一行五人のうちの統帥者は、この寺院の法主の嗣子である大谷光瑞という。この隊はカシュガールに入ると、隊を二つに分け、一隊は西域に残り、他の光瑞一行三人はインド政庁の好意で、ギルギット・ロードを通る許可を得た。この第一回の調査隊の後、一九〇八年から第二回隊が新疆に入って来た。ところがこのあたりから英国側は、日本隊の行動に疑念を持ちはじめた。

理由の第一は、日本にも地理学会（東京地学協会）があるのに、この学会はどうもこの探検に直接かかわりを持っている様子がない。第二に、日本政府も表面的には一切関係がないという。京都の一仏教寺院がなぜ探検などするのだろうか、もしかすると探検に名を借りたスパイではないだろうか。そこでなんとしても彼らの動静を探る必要が生じた。探検隊は僧侶というが、見かけは一般の社会人となんら変わるところがない。ましてそのトップの大谷光瑞という人物は、いまは西本願寺の法主であり、彼の夫人の一族は天皇家と婚姻関係にある。しかも僧侶というのに妻帯している。チベットではこんな例は見たことがない。チベット正統派の僧侶はみな独身である。

しかし、この光瑞なる人物が、西域から次第にチベットに関心を抱きはじめているという情報が入ってきた。ラサを離れたダライ・ラマはいまシナにいるが、どうも当地で日本人と接触を持ちはじめているとの噂もある。ダライ・ラマと英国側の関係はすべて切れてしまっているため、ダライ・ラマの心中はわからない。彼は日露戦争で力を失ったロシアにも見切りをつけ、さらに英国を排除して日本との関係を深めようとしているのではないか。なんとしてもこれを早いうちに阻止しなくてはならない。

それに気になるのは一九〇七年七月に締結された日露協約で、これにはシナの分割支配の秘密協定が入っているのではないかという疑問も出てきた。そんなことから、なんとしてもこれ以上、日本隊を新疆に入れず、彼らがインドに入って来ないようにしなくてはならない。ところが、こんな折、第二次探検隊の二人の隊員、橘瑞超と野村栄三郎がインドに出たいと言ってきたという。当時、カシュガールのチニ・バグにあった英国領事館の領事ジョージ・マカートニは、休暇をとって英国に帰省中で、その代行のシャッターワースは二人の行動を疑い、てっきりスパイと思ったらしい。

橋は領事にこう言ったという。「できたらムズターグ峠とレンドゥー経由でインドに出たい。そしてカラコラム峠（経由）で行く野村とは、スリナガールで会いたい」。驚いた領事はこう言ったらしい。「本官の要請はきわめて明瞭であり、両人とも一緒にカラコラム峠（経由）で行ってもらわねばならない。彼にこのことを強く促すことはきわめて困難であった」。

古来、インドへ出るルートは、長く困難な道のりではあったがカラコラム峠を経由するのがいちばんポピュラーである。しかし、軍隊が通るのは無理があった。そこで一八九一年、英国は、軍用道路としてギルギット・ロードを開通させた。この他に、一八八七年、ヤングハズバンドの越えたムズターグ峠があった。橋はこのことを言い出したのであろう。この峠《パス》はもともときわめて難しいものであったが、ヤングハズバンドの通過後、氷河の後退か、地震のためか、人の通行がほとんど不能になっていた。こんなルートはもちろん、論外であった。この領事はさらにこう報告している。「本官がムズターグ峠《パス》でインドへ行くことはできないと伝えると、橋は本官に対し、生意気な態度をとりましたので厳しく対処しました(6)」。

シャッターワース大尉の報告がカシミール駐在官所に届いたので、ヤングハズバンドは、一九〇九年十一月二十日、次のような「極秘」の報告をカルカッタのインド外務省の事務官に宛てて書いた。

　一九〇九年十月十日付のカシュガール駐在英国領事より、インド政庁の情報に鑑み、二名の日本人旅行者、野村と橋の行動に関する報告書が届きましたので、このコピーを送付いたします。これら両名は最近カシミールに到着した大谷伯と連絡をとり、かつ関係を有する当人たちです。大谷伯は僧侶であり、たいへん尊敬すべき紳士であり、オコナー少佐が日本滞在中にたいへん好意的に遇されました。彼は数年前にギルギットを通って、カシミールに来られました。

敬具

フランシス・ヤングハズバンド

追伸

私のレーにおける助手でもあるオリーヴァー大尉は、次のような報告をしてまいりました。彼は友人のレーの商人に、一行を監視し、行動を知らせるよう求めておきました。この商人は、彼らは誰にも好意的に礼儀正しく行動していると伝えてきました。かくてオリヴァー大尉は、「彼らがラダックでスケッチなどをしているという情報は、私も聞いたことがない」と付け加えてきています。

以上

カシュガールのシャッターワースからの西本願寺一行の身元調査の報告に対し、ヤングハズバンドは彼らの総指揮者である大谷伯は立派な人物であり、なんら疑わしいところはないといった内容の報告を、カルカッタのインド外務省に送った。そして、一九〇三～四年の〈チベット使節〉のチベット語の通訳官だったオコナー少佐が、京都で大谷光瑞からたいへんな厚遇を受けたことにふれ、彼はけっして疑わしい行為をするような人物でないことを暗に示唆している。オコナー少佐は一九〇二年、ギルギットの砲兵隊の副検査官をしていたが、たまたま新疆からギルギット・ロードでカシミールに出てきた光瑞一行と、インドに向うブルジル峠付近で会い、すっかり親しくなった。そして一九〇八年にオコナーが日本に行き、京都に立ち寄った折、たいへん丁重な扱いを受けたのだった(7)。ヤングハズバンドはオコナーからこのときの話を聞いていたのであろう。

カシュガールのシャッターワースが疑っている、西本願寺隊が密かに略図か地図を描いているのではないかという疑惑も、また晴らしてくれた。ラダクのレーに出てきた橘と野村について、とくに怪しいところはないと、追記してくれたのである。どうやらこの頃までに、ヤングハズバンドは大谷光瑞とスリナガールで会っていて、面識があったらしい。それだけ、好意のある報告を書いてくれたのだろう。だからインド外務省が、ヤングハズバンドの報告を正しく判断していれば、なにも西本願寺隊を恐れる理由などまるでなかったのである。ところがそうはいかなかった。

一九〇九年の年の瀬も押し迫った十二月二十三日、カシミール駐在官のラムゼー中佐から、カルカッタのインド外務省に宛てて、「日本の旅行者野村は、好ましき訪問者と思えません。ただし明確な見解を申し上げるまでの暇はありません」と電報を打った。このちょうどいちばん微妙な時期に、ヤングハズバンドはすでに任期が切れて、カシミールの駐在官の任務を離れてしまっていた。これでは西本願寺隊を援助してくれる者がおらず、暗転するしかなかった。

明けて一九一〇年一月、インド外務省はカルカッタの平田副領事に宛てて、インド政庁は野村に対し、カラコラム峠の通行を許可しないと通告してきた。このときヤングハズバンドはすでにインドを離れていた。

第25章 新しい冒険——思索と隠棲の日々

ヤングハズバンド一家は、一九一〇年の一月早々には故国英国に帰った。インド生まれの彼にとって、だいたい故国がどちらだかこれまで明確に考えることもなかった。英国はあくまで両親の故郷であり、彼が教育を受けた土地にすぎなかったからだ。インドが英植民地で、英国の支配下にある限り、深くどちらと考えることもなかった。彼からインドを除いては考えられなかったからでもある。四七歳という、当時としてはそろそろ人生の黄昏にさしかかっている年齢としては、なにか人生の新しい局面を開拓するにはすでに歳をとりすぎていた。しかも人生の半分以上の二八年間も、インドで過ごしていたのであり、いくら英国が故国といっても異国に近い存在だった。

一九一〇年一月、ヤングハズバンドが英国の土を踏んだとき、英国は総選挙の真最中だった。一九〇八年、カシミール駐在官の頃、短い休暇をとって帰国していたとき、彼のボスでもあるカーゾンは、保守党党首のバルフォア（一九〇二～五年の首相）と、バルフォア政権時代の外相ランズダウンに彼を引き合わせ、次の議会選挙の際には立候補するよう勧めたらしい。しかし、まだ任期も来ていない駐在官を放り出すわけにもいかず、あまりはっきり態度を決めていなかったものらしい。また保守党としても彼を正式に要請したものでもなかったらしい。

カーゾンは、ヤングハズバンドの政界入りをしきりに画策してくれていたが、口と腹がまず違い、まるで舌先三寸で世を渡る政治家のような芸当は、ヤングハズバンドにはまったく経験がなかった。といっても、本国でいま一度文官として就職する気もなかったし、ヨーロッパではこれまでの辺境での経験を生かす方法もなかった。事前運動もせず、政治もまるっきり知らないまま、どうやら彼は選挙に出たらしい。この間の事情については、どの研究書もきわめて曖昧である。しかし、どっちみち彼に政治は無縁だったろう。二〇年近く英国本土から離れていては、英国の内情にまるっきり暗く、しばしばピントが外れていた。どうやらこの年（一九一〇年）の暮れにいま一度総選挙があったものの、結果はやはり同じ落選だったらしい。いかに政界に大きな足場を持っていたカーゾンでも、民衆相手では手がなかったものらしい。ヤングハズバンドが選挙に当選していたら、閣僚に迎えられる約束もあったらしく、終生、首相の座を狙っていたカーゾンは彼から大いに助けられたろうが、ついにこの願いは果たされなかった。ヤングハズバンドにとって第二の人生は政界という世界でなく、文筆の世界で生きるしかなかった。

インドは精神的な風土でもある。だからこそ多種多様の宗教が生まれている。また人住まぬヒマラヤやチベットでの長い生活では、異なった民族との交流も難しく、自然と感情は内面へ、すなわち精神的な面へ向かいつつあった。このような体験はヨーロッパの社会では得ることもできなかったし、また他に伝えることも難しかった。しかし、ヤングハズバンドの残りの人生は、この精神面での生活体験をぜひ著書にして紹介することだった。新しい知的な冒険だった。

彼がいまだカシミールにいた一九〇九年、一冊の本が出版された。『カシミール』（*Kashmir*）と題されたこの本は、すでに前年の一九〇八年九月の「まえがき」の日付があるから、翌年早々には出たのであろう。E・モルニヤック少佐が、自分の描いた水彩画を入れたカシミールの本を出さないかと勧めたのが、この本の創作の動機だったという。モルニヤックが七〇枚の挿絵（色彩画）を描いたので、本としてはかなり豪華な造りになったが、内容はこの国の紹介を兼ねたもので、探検記でも地理書でもまた政治的なものでもないため、一種の軽いガイドブックのようになってしまった。だからアーサー・ニーブのような同時代の人の手になるカシミールの本とも違い、残念ながら中途半端なものになってしまった(1)。

ヤングハズバンドが引退してロンドンに戻った一九一〇年に、今度は政治と歴史を背景にまとめた、一九〇三〜四年の〈チベット使節〉の報告書が出版された。〈チベット使節〉には英印軍の兵士が数千人も参加したし、報道関係者も大勢ついて行き、その体験記、報告、想い出などがこの数年間に限っても洪水となってあふれ出ていた。だからヤングハズバンドとしてはただ単なる個人的な体験記録や、おざなりのレポートにするわけにはいかず、政府の機密文書や『青書《ブルー・ブック》』を十分利用し、この複雑な遠征隊の報告書をまとめたのだった。それには数年の歳月がかかり、タイトルは『インドとチベット』(*India and Tibet*, 1910) と題された。

一九一〇年という年は、ヤングハズバンドにとっても人生の転換期であったが、アジアをめぐるまた一つの大きな時代の変革期でもあった。年が明けて間もない二月早々、インドから大きなニュースが世界を駆け巡った。長くチベットを離れていたダライ・ラマ十三世が、インドへ逃れて来たという衝撃的な事件であった。有能ではあるが政治的火遊び好きといわれたダライ・ラマは、一九〇三~四年の〈チベット使節〉がついにラサ解放に向かう直前、ロシアの秘密代理人ドルジェフとともにモンゴルの首都ウルガに逃亡していた。ここで一年ばかりは、比較的平穏な生活を送ったといわれる。しかし、狭い町に二人の活仏は不要な摩擦が起こりがちだった。ウルガにはウルガのモンゴルの活仏がいたのである。そこで気まずくなり、ダライ・ラマは再び流浪の旅に出て、しばらく甘粛省に行っていたが、やがて山西省の五台山に移り、一九〇八年の数カ月をここで過ごした。ダライ・ラマは一所不住の沙門のように各地を転々としなくてはならなくなった。しかし、追われたとはいえ彼はやはりチベット最高の権力者である。将来、きっとラサに戻るはずの彼に接触を図る各国の思惑は、けっして少なくなかった。実際、ウルガ滞在中、ロシアのコズロフが拝謁している。また流浪中のダライ・ラマには東本願寺の寺本婉雅が接触したし、(2) 五台山にいた彼のもとには、ロシア参謀本部がマンネルヘイムを派遣し、(3) 西本願寺の法主大谷光瑞は弟の尊由を送って拝謁させていた。ダライ・ラマは内陸アジアに膨大な数の信者を持ち、依然としてアジアの目であった。

結局、ダライ・ラマ一三世は北京に居を移して清朝政府から厚く迎えられたが、清朝としてはダライ・ラマを野に放っておくことに危険も感じていたのであろう。とくに彼の外国勢力との結びつきをひどく警戒していた。一九〇八年、たまたま日本から北京に行った、〈チベット使節〉の際のヤングハズバンドのチベット語の通訳官だったオコナー大尉が、ここでダライ・ラマに面談することができた。本来なら、オコナーは敵方の憎むべき存在だったはずであるが、ダライ・ラマは過去のことはすっかり水に流して打ち解け、当時（一九〇二〜四年）のラサへの使節のことや、チベットや自分に対する英国側の態度を尋ね、とくに先年タシ・ラマのインド訪問について、きわめて高い関心を持っていた。ダライ・ラマは通訳抜きで直接話せることに、ひどく喜んでいる様子だった。

この折には、例のロシアの秘密代理人といわれたドルジェフの姿は見かけなかったが、オコナーがたまたまロシア大使コロストヴェツと会うと、ドルジェフに紹介しようと言われた。この怪僧によって、当時の英国側はどれほど翻弄されたかわからない謎の人物である。いまオコナーの前に現われたドルジェフに、かつての不倶戴天の敵といった感情はもうお互いになかったようである。このときドルジェフはオコナーに、いま一度ダライ・ラマに会ってほしいと告げたという。また、再度ドルジェフに会うと、彼はオコナーにこんな話をした。ダライ・ラマ猊下は自分（ドルジェフ）の話を非常に喜んで聞いてくれた。そして、ダライ・ラマはすでに清朝政府と彼のラサ帰還について話し合いに入ったが、これはシナ側の自分に対する態度がとても満足できるものでなかったこと、権限がずっと減らされていること、チベットをシナの一省に編入しようとしているのがみえみえだったという。ただダライ・ラマとしては、チベットに戻った場合の問題が気掛かりである。このとき、英国側はどんな態度をとるのかぜひ知りたい。そして英国側が過去の恨みを抱かないでもらいたい、という伝言だった。

シナ側の尊大な態度に、ダライ・ラマはもはや見切りをつけていた。しかし、英国側が過去の遺恨をまだ自分に持っているならば、とてもラサに戻れない。数年前、タシ・ラマがインドを訪問し、大歓迎を受けたのを知り、自分もぜひチベットへ戻りたいが、このとき英国側は圧力をかけたりしないよう、ぜひオコナーから説得してもらいたいという希望だった。オコナーは、自分としては英国政府の代表でもないから公の約束はできないが、ダライ・ラマのチベット帰還に対し、英国側はなんの異論も反対もないし、過去の出来事に対してなんの敵意を抱いているものでないと言った。そして、英国側はダライ・ラマとの友好関係を切に願っているのだと説明した。ダライ・ラマはチベットへ帰りたいが、インドと英国側の気持ちを測りかねていた。そこにオコナーが現れてくれたのだ。オコナーはこれはあくまでも自分の個人的な見解と断りながら、ダライ・ラマにチベットへ帰ることを勧めたが、これでダライ・ラマ

の決心は決まったようだった。(4)

オコナーと会ってから一年半後、ダライ・ラマはようやく長い放浪の旅からラサへ戻ったが、座が温まる暇もなく、シナ軍側からの攻撃を受け、今度は一九一〇年二月、ラサからヒマラヤ山脈を越えてインドのダージリンに逃れて来たのだった。オコナーはインド外務省にこのダライ・ラマの一件はすでに報告済みであり、ダライ・ラマも英国側が自分に敵意を持っていないことを十分知ったうえでの、インド逃亡だった。彼は確信犯だったのである。だからなにも知らぬ世間一般は驚いたが、インド側は不測の事態は十分承知のうえ、計算済みだった。ヤングハズバンドもかつての最も信頼する部下から、ダライ・ラマの一件や彼の極東旅行についてあらかじめ報告は受けて知っていた。問題はむしろこれからどう発展するかにあった。

一九一〇年の多分、二月末か三月初め、ヤングハズバンドはストックホルムから旧知のヘディンの新刊『トランス・ヒマラヤ』(*Trans-Himalaya*)二巻(第三巻は一九一三年刊)を受け取ったらしく、この礼状をヘディンに出した。幸いなことに、この手紙の実物が残っている。ブルトン街二一番地から一九一〇年三月三日付の手紙である。おそらくこれが初公開である。

親愛なるヘディン

インド、カシミールの放浪の末に当地に戻ってから、あなたの著書が届きました。ご本ばかりか、この中で私のことにふれられ、このご厚意と身に余るお言葉に、心よりお礼申し上げます。これは立派で、美しく出来上がった本当にすばらしいご本で、直接ご寄贈いただいたものを持てるのは、たいへん名誉なことであります。またお目にかかれますでしょうか。たいへんよいときにインドを離れ、いま英国で政治的な仕事に就いています。たぶん、いずれあなたも当地にお出かけになられるでしょう。お出になれば多くの古い友人から、温い歓迎を受けられることでしょう。

〔中略〕

ダライ・ラマがインドへ出たというのは、驚くべきニュースではないでしょうか。私はシナ人がチベット上部地域を再び占拠するのではないかと心配しております。わが政府が軍事行動をとることに私が賛成ではないと、きっとお思いのことでしょう。たしかにそれは悲しいことで、文明に逆行していると思っています。

匆々

という短い内容のものだったが、ここで図らずもヤングハズバンドが政治的な仕事に就いていること、ダライ・ラマがインドに亡命したことについて言及されている。ヤングハズバンドは当代きってのチベット通であると、自他ともに認めていた。マスコミも彼にチベット問題についてコメントを求めた。たしかにチベットはアジアの火薬庫であり、ダライ・ラマはその発火薬の信管であった。取り扱いに失敗すると暴発し、とんでもない余波が起こる。困ったことにそれがどんな影響を及ぼすか、誰にも予測ができないことだった。ロシアの影響力がなくなったと思ったら、次はシナと日本がチベットに接近を図りはじめたのだ。英国にとって最も憂慮すべき点は、チベット問題がインド人に及ぼす影響だった。それでなくてもインド人は英国支配の桎梏からなんとか離脱したがっているからだ。

一九一〇年もそろそろ終わりに近い十一月二日、ヤングハズバンドは中央アジア学会で、「チベットにおけるわれわれの立場」と題した講演を行なった。ダライ・ラマがチベットからインドへ逃亡していたし、ヤングハズバンドの新著『インドとチベット』が出版されていたからだったろう。この講演の内容はかなり屈折していて、言い回しが微妙で、すでに時代としてもわかりづらくなっているので、かいつまんでその要約を記してみよう(5)。

ヤングハズバンドは、現在のチベット情勢にどう対処すべきか、自分なりのはっきりした見解を持っていると明言したうえで、次のように言っている。

一九一〇年十一月現在、チベットをめぐる事態がどうなっているのか、正確にはまるでわからない。情報が交錯してはっきりしないのだ。チベットはこれまで神秘の国であり、天然の障壁のヴェールの背後に隠れてしまっていた。チベット人がこのヴェールを引き上げようとすると、むしろシナ人がこれを下ろしてしまった。それに英国人までも最近チベットを神秘の国のままにしておこうとして、さまざまな障壁を置いたのである。チベット人は善人で、ヨーロッパ人にチベット旅行をさせたがり、英国士官をラサへ派遣してくれまいかと要請までしてきた。ところが英国政府はこれを拒否してしまったのだ。英国はまるでわかっていない。これはジャーナリズムの怠慢か、政府の控え目な政策なのかさっぱりわからない。

この二月、ダライ・ラマと彼の大臣がインドへ逃れて来たとき、彼は英国士官が軍隊をラサへ派遣してくれまいか、そして少なくとも英国がネパールと結んだのと同じ条約を、チベットとも結んでほしいと求めてきた。ところがなにを思ったのか、この提案を英国政府は拒否してしまったのだ。七月になって英国政府は、軍隊をギャンツェの英国代表を保護するという名目で、国境地帯に派遣することになったが、これも間もなくさっさと撤退させてしまった。

シナ側からの報告によると、シナ側は事態をすべて静観し、チベット人もこの新しい状況に無気力になっているらしいという。ただダージリンにいるチベット人は、ダライ・ラマの地位と、ラサで彼の代理執行の僧侶が処刑をちらつかされていることに、ひどく憤慨しているという。こんな状態というのに、英本国ではチベットがはるか遠い国であることから、それにヨーロッパ情勢に気を取られて、ほとんど無関心である。インド北東部国境の問題は、いまほど危機的な状況にあるときはない。だからといってこれに武力行使は必要でないだろうが、将来に備える深慮だけは、なんとしても必要であろう。それに、シナ人とはいえ、彼らもかつてほどお人好しでないことも知っておくべきである。

チベットに対する関心は、英国側からでなく、常にチベット側からもたらされるものだった。英国人はチベットにまるで興味も関心もないのだ。自分がチベットに入った一九〇四年以前、ラサに到達できた英国人はトーマス・マニングただ一人であったが、彼にはまるで援助をしなかったので、彼は帰国してからも旅の成果を知らせようとしなかった。インドにいる英国士官たちも、チベットに入ることはいつも思いとどまらされてきたし、いまでは英国政府からきっぱり禁止させられてすらいる。一九〇四年に、カーゾン卿のたゆまぬ援助により、効果的な成果が得られたにもかかわらず、次々と後退し、その三年後はせっかく手に入れたチュンビ渓谷すら放棄するに至った。ここは少なくとも七五年間は租借できる権利があったにもかかわらず、である。

歴史的に回顧してみると、いつも先に行動を起こすのはチベット側で、彼らはヒマラヤを越えて南進してくる。一八八六年には一万人ものチベット人がシッキムになだれ込んで来た。これに対し宗主権を主張する清朝政府に抗議したところでナシのつぶてで、まるで無力ですらあった。そこで、ダライ・ラマに宛てて手紙を出すのだが、これに対しても返書すらなかった。

一九一〇年、今度はシナ人によるチベット側からの行動があったが、英国は一九〇四年以来、またもや政策的に失敗したのだった。まさかシナ人がこんな強引な遣り手だとは思ってもいなかったからだ。ただ彼らはときに、このようなきわめて精力的な行動をとる才能を持ち合わせている。永年にわたってまるで不活発だったのに、突然、しかもなんの警告もなしに奮起するのである。

一八八六年にチベット人が英国を攻撃してきたとき、シナ人はこれを止めることすらできなかった。彼らの要求で結んだ条約なのに、内容を十分に検討することすらできないありさまだった。一九〇三～四年のときも同様だった。シナ駐蔵大臣はなすすべもなく、英国側に意見を述べることも、チベット人に影響力を及ぼすことすらできなかった。

このシナが突如、覚醒した。一九〇八年、趙爾豊《ちょうじほう》をシナ駐蔵大臣に抜擢したのだ。彼はすでに東チベット、四川地区で凄腕を振るった清朝の高級官僚で、ラマ教〔チベット仏教〕に情容赦なく弾圧を加え、反対分子は片っ端から処刑した。彼が駐蔵大臣になればどうなるかあらかじめ予想はついていた。彼は早速、ラサの統治権外にあった北方のアムド地方に進出した。

一九〇九年十二月のクリスマスに、ダライ・ラマは一九〇四年以来ようやくラサに戻って来たのに、シナ軍の脅威から、座を温める暇もなく、浮き足立った。シナ軍がラサへ進撃中というニュースがもたらされたからである。ラサに常時駐在するシナ兵はせいぜい五〇〇名か、それ以下だった。ところが、新たに二〇〇〇名のシナ兵がラサをめざしているという。チベット人に警報が発せられた。

もしシナ軍がラサに到着すれば、強腕の趙爾豊《ちょうじほう》はラマ教を死体同前にしてしまうだろう。軍隊がラサに入ると、各大臣のもとに一〇名ずつの兵士を派遣して寄こしたので、大臣たちはダライ・ラマと密議をもち、自分らが捕えられる前にラサから逃亡することにした。そこで夜陰に紛れて逃げ出した。ダライ・ラマがダージリンに到着する前に、すでに清朝政府からダライ・ラマ廃位の布告が北京で発せられていたのだった。チベットの造幣局、兵器庫、武器がシナ人に押収され、ブラーマプトラ川〔ツァンポー川〕には警備兵を乗せたフェリーが配置され、シナ駐蔵大臣の許可なくして一人たりとも渡河を許さぬという。それにラサに居残ったチベットの大臣たちは、駐蔵大臣の同意がなくてはなにもできなかったという。シナ人がチベットの警官に取って代わり、チベット政府は一切合財をシナ人に引き渡したのだった。

＊　＊　＊

チベット国境を越えた越権行為に、英国側は適当な反抗手段がなかった。シナ側とすれば効果的なコントロールのもとで、なんとかダライ・ラマを連れ戻し、チベットに十分な秩序を回復したうえで、宗主権をより明確にしたい。ところが、シナ側の要求はこれをはるかに超えていた。シナ側は宗主権を統治権にしようとしており、チベットから取り上げたパタンとデルゲをシナの領土に編入したように、チベットをシナの一省にしようと考えていたのだ。これがうまくいかないので、さまざまな妨害をしているのだ。ラサ条約で決められた英国代表とチベット側との直接交渉を妨害し、市場の管理・警護すら取り上げてしまった。これはインド事務相モーリィ卿の言葉を借りれば、英国とシナとの友好関係の「著しい欠落」ということになる。

趙爾豊《ちょうじほう》の兵士たちは、チベット人に対して害を加えようとしているのでなく、「他の人々」にだと説明しているが、これは「悪意ある攻撃的な外国人」というのだ。多数のシナ兵がチベットへ進攻したことは、単に秩序を守るというにしてはことが大きすぎ、この結果、英国の辺境諸国に動揺を生じさせている。噂ではチュンビ渓谷のずっと端のヤートンに、シナ側の駐屯所ができたといい、これは国境の平和を脅かすものだ、ヤートンはインド側の分水界上に位置する。

このことから今年〔一九一〇年〕の春、英国政府はシナ側の騒乱行為に対し、抗議を行なった。われわれはチベットの内政に干渉する気はないが、われわれの近隣諸国、とくにネパールの平和を乱す行為には、無関心ではいられないと。チベットの将来に対して、シナ政府の意図するところがどうあろうとも、われわれはチベット政府が存続されることを必要とする。清朝政府はこれに対し、わが政府は現状になんらの修正を意図せず、内政にいかなる変更も考えていないと、回答を寄こした。さらに軍隊は、国土の安定と市場の保護、さらにはチベット人が条約を遵奉するのを見守るために派遣したのだと、説明に及んだ。

このシナ側の回答に対して、インド政府は異議を申し立てた。ラサの全権は一切がシナ側の手に握られており、条約にいわれたように、われわれはチベット人と直接交渉ができないと。ぜひ条約を遵守してもらいたい。それにインド政府と密接なネパール、また近隣諸国に影響を及ぼすような、いかなるチベットの行政的変化をも認めるわけにいかない。この点では、シッキム、ブータンも同様である。こうしてシナ軍がインド国境上に配置していることの得策でないことを知らしめたのだった。

これはあくまで私個人の考えであるが、われわれは「黄禍」を恐れているわけでない。事実、シナ人が「白禍」を恐れる十分な理由がある。シナ人がチベットを抜けてインドへ侵入してくることは、別に恐れることもない。シナ兵による、チベットのラマ僧への手荒い扱いや行動が、北東部国境沿いにずっと不安を巻き起こしている。だからこそヒマラヤの彼方でいったいなにが起こっているのかを認識し、外交手段でこれを阻止する必要がある。シナ側が軟化の兆しを見せるまで、チベットにおける影響力を縮小してはならない。そして、われわれに友好的な態度をとるまで、手を緩めてはならない。なにはともあれ、チェンビ渓谷から撤収することである。

われわれとしては、シナ側の態度が変化し、チベット人に対する取り扱いが良識あるものになるなら、チベットにおけるシナ人の影響力の増大にも、別に異を唱えるつもりはない。ただ最近チベットに入って洋風化したシナ官吏が、反英傾向をとり続けるときには、こちらもねばり強く権利を主張しなくてはならない。

シナ人の優れた性格を云々されるようであれば、つまるところ、インド国境上ではすばらしい隣人であると信じられよう。と同時に、鋭い観察者でもあるバリー氏が、この春に当学会で警告を発したように、「シナ人のためのシナ」というスローガンが公言されるようになって、あげくは「シナ人をぶっ飛ばせ」に変わることもあり得るかもしれない。そうなれば二、三〇年間は、インド北東部国境上で非友好的な精神で戦っていかねばならないかもしれない。シナの動きにはおさおさ目を離していられないが、英国は多事多忙で、とてもこんなことに注意を払っていられない。だからこうしたことに警戒して任務につく人を支えていかねばならない。

英国としては、できる限りチベットと問題を起こしたくない。ただこれを無視していては、問題を避けることができない。しかし、事件はヒマラヤの彼方で起こっているのだ。だから少なくとも事件が発生する前に、これを予知できるなんらかの政府機関が北東部国境上に必要である。目下、チベット人は英国士官をラサに派遣してほしいと言ってきている。ところが私には当地に士官を常駐させても、われわれの抱える難局の解決にはならないと思う。

以上がヤングハズバンドの講演の概要である。この日の座長は、アジアの旅行家でもあったロナルドシェイ伯であったが、あいにく欠席し、サー・アルフレッド・ライエルが代行して進行役となった。ロナルドシェイはのちにシッキム、ブータンの旅行をし、カーゾン卿伝の著者であり、ヤングハズバンドの〈チベット使節〉の役割についての評価をめぐって、いささかやりとりも起こった。(6)

インドの北西部国境から、いつか問題は北東部国境に移っていた。しかも複雑になったのはチベットの問題にシナが加わり、その比重が大きくなったからだった。これまでの宗主権に代わって領有権の主張になったことだった。問題はかなり由々しいにもかかわらず、英本国ではチベット問題を真剣に取り組む姿勢は見えなかった。しかも、チベットの情勢を知ろうともせず、スパイを潜入させていなかったので、チベットでいったいなにが起こっているのかさえさっぱり把握できなかったのだった。ヤングハズバンドはもっと北東部国境の情報を収集すべきだという主張だったが、これが英国政府に影響を及ぼしたかどうかはわからない。多分、なかったろう。

ダライ・ラマのインド滞在は、彼に従行した多数の随行員から構成されていたので、ダージリンの一画にはチベット村ができるほどだった。このことはとかく面倒な問題が生じやすかった。ダライ・ラマは常に時限爆弾のような存在であり、彼のいるところきっと紛争が起こる。そこでインド政庁としても、彼には早くチベットに帰ってもらいたかった。しかし、滞在二年半になった一九一二年の七月、ようやくダライ・ラマ一行がチュンビ渓谷を通ってラサ帰還が実現することになった。チベットを混乱の渦中に巻き込んだ駐蔵大臣の趙爾豊《ちょうじほう》は、前年の一九一一年に四川省の独立運動に連座して殺されていた。清朝のチベットに対する圧力がいくらか減少したこの間隙に、英国に替わってラサ潜入をしきりと図ったのは、なんと日本人だった。(7)

英国政府の方針は、チベットの旅行を一切禁じ、国境地帯を封鎖していた。しかし、一九一三年になって、ヤングハズバンドの〈チベット使節〉にも同行したF・M・ベイリーが、仲間のモーズヘッドとアッサムから国境を越え、密かにブラーマプトラ川の大屈曲部を探り、この謎を解く快挙があったが、(8)チベットは依然として禁じられた国のまま、第一次大戦までのつかの間の平和な時期を送っていた。ヤングハズバンドにとって、チベット問題に直接かかわるような機会は公私ともになかった。ただ、いま一度かかわるようになるのは、これから一〇年後に開始されるエヴェレスト登山計画からである。しかしその前に、一九一一年に辛亥革命が起こり、翌一二年には清朝政府が消滅してしまったことだった。

第26章　死からの生還

一九一〇年、カシミールから帰国したヤングハズバンドは、政治活動のかたわら、ようやく雑務から解放されたこともあって、長年の夢であった哲学の世界にのめり込んでいった。それはすでに古典になっていたヘーゲル哲学だった。ヤングハズバンドが、ヘーゲル（一七七〇～一八三一年）の弁証法を扱う理論のどこまで理解していたのか、これに関する著作は書かれなかったようなので、具体的にはわかりづらい。

ヤングハズバンドの評伝を書いたジョージ・シーヴァーによると、オックスフォードとケンブリッジでの哲学のかかわりから、彼は、当事有名だった「アリストテリアン学会」の会員になっていた。この学会はむしろ「ネオ・ヘーゲル学会」と呼ばれてもいいぐらいのものだったという。一九世紀初期を代表するドイツ哲学の巨匠だったヘーゲルは、二〇世紀に入ってもまだ大きな影響力を持っていたといわれる。ヤングハズバンドはこういった集まりで多くのヘーゲル愛好者と知り合ったが、この頃まだ若かったL・A・レイドととくに親しくなり、彼から相当な影響を受けたと言っている。こうした内面の問題を一つの本としてまとめるため、その原稿はほぼ完成していたものらしい。タイトルは『生来の衝動』（*The Inherent Impulse*）とするつもりだったらしいが、これはある事故によって予定が変更になり、『心の内面』（*Within*）〔後述〕と題した本の中の一章として加えられた。

一九一一年六月、日付がいつだったのかはっきりしない。ヤングハズバンドはこの本の原稿と妻を伴って、ベルギー東部の鉱泉で名高いスパ（温泉）に出かけた。そして、飛行競技会からの帰り道、まっすぐに延びるベルギーの幹線道路を仲間たちとてくてく歩いていた。このときは、妻はいなかった。道路は歩行者や車で混雑しており、町から三マイルほど郊外に出たところでは道も舗装しておらず、埃っぽいなかを歩いていたときだった。近くに車が二、三台いたようである。このとき仲間が「気をつけろ！」と叫んだので、彼は相手の肩越しに見、後ろも見た。すると自動車が彼に向かって突進してくるのが目に映った。あまりに咄嗟だったのでどうしたらよいのかわからず、死に物狂いでジャンプしたものの、たちまち地面にたたきつけられた。目がくらみ、あたりがすっかり真っ暗になったと思うと、そのまま意識を失ってしまった。

彼は奇蹟的に死なず、ずっと道路の端に投げ出されていたのだった。ぼーっとはしていたもののまだ意識があり、苦痛は感じていなかったが、なにかひどい事故が起こったらしいことだけはわかった。そして茫然として、周囲に集まった群衆や、車や、傷ついた婦人たちの顔や、記録をとる警官をじっと見つめていた。自分がいったいどこにいるのかわからず、傷を負ったのかどうかさえ定かでなかった。このとき仲間が「脚が折れている」とつぶやいたのが耳に入った。そして、たしかに自分の脚が体の下でぐにゃりと曲っているのが目に入った。脚が折れていること、自分の負った傷がどんなものかを、ぼんやりと不思議に思ったのだった。

これは明らかに交通事故である。ただ詳しい事故原因はわかっていない。人混みの中で自動車が暴走したのもおかしいが、自動車というものが初めて出現して間もない頃のことだったから、無謀運転というより旧式な車の制御に原因があったのであろう。車がまだ幼稚なものだったので、逆に死なずにすんだのかもしれない。ただし脚は複雑骨折をしており、重態であることに変わりはなかった。

ヤングハズバンドは、二十代という人生の最も早い時期からヒマラヤ、パミール、チベットの高峻な山岳地帯での探検旅行を絶え間なく行なっていながら、これまでひどいけがなどめったに負ったことはなかった。別に意識して危険を回避したりしたわけではない。カラコラムの断崖絶壁を攀じ登ったり、ときに空中遊泳をするような芸当もしたが、いつも無事であった。ところが文明社会に戻った瞬間、まだ一年半もたたぬうちに大事故に遭ったのだった。

ヤングハズバンドは直ちに車に運び込まれ、元の道を引き返してホテルに向かったが、傷ついた脚はとても放置できず、手で支えてもらったものの、副木はなかった。せいぜい幸いといえば、頭を打っていなかったことであろう。しかし、やがて顎ががたがたと震え、激痛が始まったのだった。現代医学では、外傷は比較的容易に処置できるうえ、しかるべき器材をそろえている病院に入院しさえすれば、そう心配せずに治療が受けられる。しかし、時代はまだそんなときではなく、なんと彼は宿泊していたホテルに運び込まれたのだった。

事故と聞いて階段を下りてきた夫人は、おろおろするばかりだった。血だらけの夫の姿を見ても真相がわからない。しかも困ったことに、当地にはよい外科医がいなかった。なんとか捜して呼んだのにもかかわらず、待てど暮せどやって来ない。ホテルの前に車が停まるたびに夫人が窓に駆け寄って外を見るが、三〇分ごとに鳴る時刻が地獄のようなものだった。恐ろしい苦悩の三時間が過ぎて、やっと外科医がやって来た。激痛はますますひどくなり、意識は朦朧となってきて、身動き一つできないありさまだった。痛み止めのクロロフォルムの影響で、気力もなかった。

担当医は、ここではせいぜい脚に副木を当てるぐらいしかできないので、町にあるサナトリウムに移って外科手術をするしかないだろうと言った。脚は二カ所で折れ、腱《けん》も筋肉も神経もみなやられているうえ、いま一方の膝もひどくやられており、道路に投げ出された折、指の関節と額まで傷を負っているありさまだった。出血もひどく、最悪の場合は脚の切断も考慮に入れられた。

翌朝、救急車などないためオープンカーに乗せられ、でこぼこの砂利道を約二〇キロ離れたサナトリウムへと向かった。しかし、車がバウンドするたびに、それこそ死の苦しみを味わわねばならなかった。日中になってようやくめざすサナトリウムに着いたものの、ここは尼僧たちの管理する養護施設にすぎなかった。ともかくヤングハズバンドは手術台に乗せられ、手術が始まり、これでなんとか助かるめどがついたと感じたという。

しかし、それもつかの間で、彼の容態はさらに悪化の一途をたどりはじめていた。ここでは完全治療などとても望みうべくもなく、器材も医師も嘆かわしい状態だったらしい。ここはベルギー領コンゴという豊かな植民地で果てしない富の収奪をやり、大都会の道路を石鹸で洗っていたといわれた国である。しかし、一歩地方へ行けば満足な病院も医師もなく、また未舗装の砂利道ばかりで、このまま成りゆきに任せたらとても生命を保つことは難しかった。そこで、心配した夫人が英国から専門医を呼び寄せることにした。そして、まさにきわどいぎりぎりのときになって、医師のサー・ジョン・ブロードベントがナースのグリフォードを伴って到着し、ようやく一命だけは取り留めることができた。しかし、血の凝結は溶解させたものの、今度は肺炎が進行し、体中の機能が低下しはじめたのだった。しかも痛みがぶり返し、呼吸困難に陥り、もう耐え難い状態だった。隣町から夜分呼ばれ、車で駆けつけたベルギーの医師は、看護婦に病人もせいぜいあと三日が限度だろうと告げたという。

ヤングハズバンドは大量出血によって、事故の一週間後に肺炎の合併症にかかっていたのである。だからもう呼吸することすら困難で、喘ぐのが精いっぱいであり、一、二度ほとんど死ぬ寸前までいった。ところがここで奇蹟が起こったのだった。翌朝になると最悪の状態が去り、患者は死の淵から蘇生することができたのだ。そこでいま一度海底電信でサー・ジョン・ブロードベントが呼ばれ、翌日、英国から再びやって来たのである。

事故があってから一カ月とたっていなかったはずの七月十八日、死の床にほとんど身動きできずに横たわっていたヤングハズバンドは、麻酔剤で朦朧とした意識のなかで、見舞状をくれた友人に礼状を書いたらしい。もう生きる望みがほとんどないので、力を振り絞って書いたのかもしれない。そんな一通が偶然残っており、私は実際に手に取って見ることができた。それはストックホルムにいるスヴェン・ヘディンに宛てて書いた短い礼状であった。

サナトリウム、セント・エリザベスヘウスイ、ベリエル
ベルギー
一九一一年七月十八日

親愛にして親切な旧友へ。あなたからのご厚意あふれるお手紙に、なんとお礼申し上げてよいかわかりません。あなたは最も信頼できる友人です。あなたとあなたの妹さんにも、のちほどまたお便りいたしたく思います。私は目下最悪の状態で□□〔不明〕進行中です。

最愛の友人より

ベルギーからいざ英国へ戻るにしても、これがまたひと苦労だった。駅まで三キロ以上もあり、しかも道がないときている。事故現場からホテルへ運ぶ数倍もひどい道のりで、砂利道は車が走れず、走れば折れた骨がきしみ、とてもまともに走れず、それは歩いているようなものだった。しかもこの年はヨーロッパが異常気象でうだるような暑さとなり、それがヤングハズバンドをいっそう苦しめるのだった。それでもようやく海峡を船で渡り、ドーヴァーに到着すると、いま一度救急車に乗せられた。この頃はもう精も根も尽き果てたほどだったという。ただ、体温が危険なくらい上昇したものの、精神力だけは旺盛だった。

ロンドンに戻ってからの検査で、ベルギーの治療がまったく滅茶苦茶だったことが判明した。骨があちこち幾重にも折れていたためもう手に負えなかったものらしい。そこでロンドンの病院で再び切開し、手術のやり直しをしなければならなかった。痛みはひどく、眠れぬ夜が続いたが、やっと九月になって石膏で固定したため、いくらか身体が動かせるようになった。なにしろ二カ月半、同じ恰好で同じ向きになったままだったから、うつぶせになれることなど想像できないことだったと、述懐している。

再びレントゲン写真で、骨がしっかり接合していないことが見つかり、四度目の手術が行なわれたが、このときにはまだ脚を切断しないですむかどうか不明だったという。なんとか脚を切らずにすませたいという熱意が、医師たちにもあったのであろう。三日間にわたる昼夜の激痛の末、今度はどうやら手術が成功し、銀の鎹《かすがい》で骨を止め、折れた骨は固定されたのだった。

十月に入って、彼はどうやらすぐ退院できたらしい。十月十三日、ロンドンのブルートン街からストックホルムのヘディンの妹アルマに宛てて、手紙が書かれている。

親愛なるミス・ヘディン

私の事故の折には、たいへんご丁寧なお手紙をいただき有難うございました。たくさんの友人たちから心のこもったお便りは、私の苦しんでいたときに□□〔不明〕の励ましとなりました。

私の脚のけがをした□□〔不明〕の間は、本当にひどいときでしたが、いまやっと脚は□□〔不明〕の副木をつけ、昨日などは二本の杖で四分の一マイル歩きました。医師の言うところでは、以前のように再び歩けるようになるには、二カ月はかかるだろうということです。

私のいただいたお手紙から、ご親切なお兄様のことを有難く思っておりますし、お兄様は本当にご親切な方と思っております。お二人方ともすぐにでも当地にお出かけ下さるよう願っております。

心よりお礼をこめて　敬具

ヘディンは、一九〇九年第三回チベット探検の講演のときには妹二人を伴い、また一九一一年の春には妹のアルマを連れてロンドンに来たのだった。とくに一九一一年のときは、ヤングハズバンドが交通事故に遭う直前のことだったはずで、このヘディンと秘書役の妹アルマの歓迎会には、当時の錚々たる人たちが出席したのだった。前インド総督のミントー卿とその個人秘書官のサー・ジェームズ・ダンロップ‐スミス、前インド軍総司令官のキッチナー卿とその副官、ボーイスカウトの創設者のロバート・バーデン・ポーエル、ヤングハズバンド、チベット探検家のセシル・ローリング、その他大使館の人たちだった。ただ不思議とカーゾン卿の姿が見えない。この数年後の第一次大戦が勃発すると、キッチナーとローリングは戦死してしまうのである。このつかの間のロンドン滞在中に、ヘディン兄妹はヤングハズバンドからたいへん心のこもった歓迎をしてもらったらしい。なにしろ二人は二十代にカシュガールで会って以来の友人だった。こんなこともあってヘディン兄妹は、ヤングハズバンドの事故に驚いて見舞状を出したものらしい。

十一月に入って、どうやら脚のほうは切断せずにすみ、ゆっくりではあるが歩行も可能になった。この数カ月の苦しみで、ヤングハズバンドは健康体のときにはけっしてわからない、たくさんの貴重な体験を得たと言っている。そして友人や知人から見舞いを受け、生きていることへの喜びや価値を再認識したのだった。この見舞い客のなかには、事故の一報を受けて仰天したカーゾンの姿もあった。強靭な体力によってともかく一命を取り留めたが、彼はこれから三〇年以上も生きることになるのだった。

予期せぬ骨折、しかも生死をさまようほどの重症からの生還は、彼に得難い体験を与えることになった。彼は痛み止めの麻酔薬で絶えず頭がぼーっとしていたのであるが、回復期に向かっている間、すでに使い古されている〈苦痛〉という問題を熟考することができたのだった。ベッドでなにもすることができず横になっているとき、彼の心に去来した沙漠や山岳地帯で、つかの間に思い描いては消えていったさまざまな出来事が、走馬灯のように再びよみがえったのである。これまでの過ぎ去った人生を振り返る、またとない貴重な時間を持てたのだった。

この心の内面と神の摂理について、彼は幾編か書きとめ、翌一九一二年の秋には『心の内面――病の回復期に抱いた思い』(*Within: Thoughts During Convalescence*) という一風変わったタイトルの随筆集を出版した。この原題にあるwithinは、日本語に訳出するのが難しいが、無理に意訳すると「心の内面」ぐらいの意になるのだろうか。これは「神の御国は汝の心の内にあり」の一句からとられた。

こういった個人的な心の体験記録というのは、だいたい出版に向かないものである。新興宗教の教祖かなにかが信者向けに売るならともかく、一般の読者には難しい。この本の出版は、これまでもまたこれ以後もヤングハズバンドの本一切を出版してきたジョン・マレー社でなく、ウイリアム・ノルゲーオ社が引き受けた。ところがいざ出版されてみると意外なほどの反響で、次々と書評や紹介記事が現れ、翌年には数版まで出た。この世には同じ肉体的・精神的苦痛を持つ人が多いのであろう。期待していなかっただけ、たくさんの未知の人からの訪問やら問い合わせに彼は驚いたが、これらはみな彼に好意的なものだったという。

この本に共鳴してくれた人のなかに、変わった人がいた。当時、英国の内外ですでに著明になっていた空想科学小説家であり、社会の底辺層を描いた特異な社会小説家H・G・ウェルズが、彼の作品を取り上げて紹介したことだった。ウェルズは、「きわめて感動的で、特筆的な書物」として、この本を誉めたのだった。彼は、「これは時代と英国人の心にふれた、典型的な本であり、十分に一読に値する」とまで言ったのである。しかし、ウェルズが考えていた神という考え方と、ヤングハズバンドのそれとは価値判断にずれがあったらしく、ヤングハズバンドには受け入れ難かったものらしい。下からのたたき上げのウェルズと、陽の当たる場所をずっと歩き続け、功なり名をを遂げていたヤングハズバンドとの生活の違いもあったのかもしれない。ただヤングハズバンドにとっては、これを機会にますます哲学的思考と神秘思想にのめり込んでいくのだった。

第27章　第一次世界大戦と新しい改革運動

ヤングハズバンドは、生涯を通じて二十数冊の単行本を書いたが、その大半は紀行と精神面での思想に関するもので、政治書はきわめて少ない。政治の中枢にいたわけではなく、むしろ傍系や裏方に徹したので、政治書を書く機会もなかったのであろう。そのためもあって、彼の政治的な活動が十分にたどれない恨みがある。

ジョージ・シーヴァーの伝記によると、彼がカシミールにいた一九〇八年、中近東を旅し、バルカン半島の複雑な政治情勢について寄稿したという。旅行の翌年に書かれたこの報告書の中で、彼は戦争の危機が迫ったバルカン半島の戦争を予測したが、これが数年後の一九一三年に現実のものとなった。彼の願いは、この戦争を未然に防ぐために明確な英国の政策を立てること、そして本格的な戦争に発展するのをなんとしても防止することだった。彼は、この平和的な解決には大国が協力し合って、青年トルコ党を支援することが必要だと提唱した。彼の意見は、少なくとも大枠では政治的判断として正しかったろう。一九一四年の第一次大戦には、英国をはじめとする西側連合国は、トルコと全面対決することになったからだ。この戦争でアラビア半島からトルコの勢力を一掃し、〈アラビアのローレンス〉のような英雄を生んだが、結局はアラブ人の民族自決を高め、英国の威信は低下するだけだった。第一次大戦当時、イランでは〈ペルシアのローレンス〉と言われたのはパーシイ・サイクス准将で、サイクスとヤングハズバンドは親しく、一九一〇年、英国に帰って身の相談を打ち明けた相手はこのサイクスだった(1)。

しかし、ヤングハズバンドが心ならずも病床に伏し、その後の療養生活を余儀なくさせた一九一一〜一三年までは、ヨーロッパは比較的平穏な時代を送っていた。間もなくヨーロッパを襲う嵐の前の静けさだった。

第一次大戦勃発一年前の一九一三年六月五日、ヤングハズバンドはストックホルムのヘディン宛に本の礼状を書いた。第一次大戦が始まるとヘディンはドイツ軍に従軍して西部、東部、中東戦線と観戦して回り、このため怒った英国王立地理学会はヘディンを名誉会員から除籍してしまう。ただ、ヤングハズバンドは生涯変わらずヘディンとは交流が続いたようで、ちょうどこの時期、ヘディンの『トランス・ヒマラヤ』の第三巻が発行され、それが送られてきたものらしい。

親愛なるヘディン

たいへん歓迎すべき贈物が届きました。そしていまあなたのすばらしい旅行記が完結し、徹底的かつ詳細に語り尽くされています。

さて、いつまた英国に来られますか。私どもはバルツに家を構えましたが——ロンドンから二時間ばかりの所で——まだ家財道具などは一切そろっておりませんが、もしいつかご来駕いただき、思い出話にでもふけられればたいへんうれしい限りです。

病気中に示して下さったご親切は身に余るものでしたし、またご令妹がお見舞いを下さったことも同様です。私はすっかり丈夫になり、再び元気を取り戻し、誰にも具合の悪いところがあるとは思えないくらいです。唯一悪いことといえば、□□〔不明〕一〇マイルも歩いた後では、脚が引きつることぐらいです。

ご令妹にもどうかよろしくお伝え願います。

敬具

この手紙から見ると、ヤングハズバンドはもう傍目にはどこも悪いようには見えぬくらい、骨折も回復したようで、随分歩き回っている様子がうかがえる。しかし、この事故の後遺症で彼は数年間、思うように社会活動ができなかった。

手紙からわかるように、一九一三年の夏までには、ヤングハズバンドの健康もどうやら元に戻ったらしい。彼の第二の人生がとんだ事件でつまずいてしまい、そのため数年間のブランクが出たが、再び活動を始めたようだ。翌一九一四年の二月、彼は二カ月ばかりの予定で、初めてアメリカを訪れた。なんらかの目的があったと思えるが、この間の事情はよくわからない。彼は精力的にアメリカ東部、中部、西部と訪問し、また、アメリカの前大統領ウィリアム・タフトや、セオドア・ルーズベルトとも会った。

ルーズベルトは狩猟好きで、アフリカのサファリ（狩猟旅行）に行ったり、のちには中央アジアや雲南、四川省にパンダを探しにまで旅している。ヤングハズバンドは彼を評して、彼が政界に入らなかったら、偉大な探検家になっていたろうと言っている(2)。はっきり言えば、ヤングハズバンドの人生はインドから帰った時点ですっかり終わっていた。しかし、英国に戻ったところで、彼は浮き草が故郷の浜辺にでも漂い着いたとなんら変わりなく、腕を振るうには十分な場所がなかった。そこで新しい未来の大陸に渡ってみても、彼に新鮮な活躍のエネルギーを与えてくれる下地はどうも見つからなかったものらしい。彼の育った旧大陸やインドとアメリカとは、その風土も社会もまるっきり違っていたのだった。

新しい希望の大陸アメリカから帰国し、数年ぶりにすっかり健康を取り戻したヤングハズバンドは、これからの人生にいま一度挑戦してみるつもりだった。しかし、帰国早々の七月、大きな世界変動を告げるニュースが、東から飛び込んできた。すでに数年前の一九〇八〜九年に予告してあったとおり、火薬庫バルカンに火が入ったのだ。オーストリア皇太子がサラエボで白昼暗殺され、第一次大戦が勃発したのである。

ヨーロッパに漂っていた淀んだ空気が、急にこの事件を契機に乱気流になり、恐ろしい災厄になる可能性は誰の目にも明らかだった。不安の要因はすでに醸し出されていた。骨折で治療中だった一九一一年十月、シナの武昌では孫文率いる辛亥革命が起こり、翌年一月には中華民国が成立し、二月に入ると三〇〇年続いた清朝がついに倒れ廃止になった。ヤングハズバンドがこれまで生きた時代は、一九世紀という古い因襲にどっぷり漬かった世界だった。インドと同様、ヤングハズバンドは清朝とのかかわりもたいへん深かった。そのシナが王制を廃し、共和国になったのである。それはアジアに限らず、これからの世界をなにか象徴するかのような事件だった。

長い間故国と離れて生活していたヤングハズバンドはヨーロッパの地理に暗く、現地もほとんど知らない。狭いこの大陸に大小数限りない国家がひしめき合い、国家といえるのかさえ定かでない小さな王国やら公国が、お互いに利害を主張し合っては、あっちとこっちがくっつけば、今度はこっちとあっちが鞘《さや》当てをし、同盟を結んだり争ったりが絶えない。しかも王国同士の婚姻も複雑で入り乱れ、元をたどればみな一族なはずなのに、さらにいがみ合っている。だから、一つの統一国家を作ろうという発想がまるで浮かんでこない。これがヨーロッパの現実だった。インドにある藩王国よりまだ始末が悪かった。

この不安定な基盤の上に乗っていたのが当時のヨーロッパであり、この両端に英国とロシアという超大国が控えていた。ヤングハズバンドには、この戦争はヨーロッパだけの問題ではなく、やがてアジアをも巻き込んでいくのではないかという懸念があった。トルコがこの戦争に加われば、ヨーロッパとアジアの垣根は取り払われ、たちまちトルコ支配の中近東に波及していくであろう。そして英国の利害の大きいペルシア（イラン）から、さらにインドに影響を与えるに違いない。インド人が英国統治に疑念を持ち、その動きが鬱勃と起こり始めていることは、ちょうど一〇年前の日露戦争以後顕著になった。英国が大陸の戦争に参加し、その隙にインドで第二のセポイの反乱ならぬ暴動が起こったら、英国にそれを抑えることはもう不可能だった。

一九一四年、ヤングハズバンドはいまだ五一歳にすぎなかった。しかし、彼の人生の仕事はすでに終わっていた。彼にとってはまだ十分活動したいと思っていたし、その機会はきっとあるものと信じていた。それにまだ引退するには早すぎた。第一次大戦の勃発を知り、この災厄を避けるには、英国政府はしかるべき明確な政策を発表すべきであると痛感したが、彼は政府にまるでかかわりがなかった。辺境における戦争を体験したことからすると、戦争の火の手は早いうちに処理しなくてはならない。しかし、英国政府や議会はまるで緊急事態の対処ができておらず、のうのうとその日暮らしをしていた。こんなことでは国家の没落になりかねない。

彼はいま一度のご奉公と、まず長年かかわりの深かったインド省へ、次いで陸軍省へ仕事を手伝いたいと申し出た。ところがこの二つからやんわりと断られてしまった。この二つは彼の古巣の省庁である。ところが、彼の軍歴などずっと昔の一九世紀のことであり、陸軍省にしてみればこんな老兵は余計なお荷物にすぎなかった。もっとぱりぱりの兵士が欲しかったのである。彼は旅団を編成してみてはどうかと提案したらしいが、予備の兵員はもう十分余っているということだった。時代はすっかり変わっていたのだった。

しかし、戦争が始まって四カ月ばかり過ぎた十一月に、一度は門前払いをくれたインド省から、仕事を引き受けてもらえまいかという打診があった。これは直接戦場での仕事ではなく、はるか昔、インド北西部国境、チトラル戦での従軍報道をして成功した例から、今度はインド総督へ日々の戦況経過を電報で知らせ、これをインドの新聞《プレス》を通じてインド大衆を啓蒙するという役目であった。

事態が容易ならざることは、官僚たちにもわかりかけてきたらしい。インド人たちは英国統治の軛《くびき》からなんとか解放されたいと願っていたから、ヨーロッパ戦線で英国が苦境に立ち至ったとき、大衆がどう動くか予測がつかなかった。独立運動派が力を増すことは確実だった。英国政府としては、おかしな噂がインドで広まることをなんとしても阻止したかった。実際、この数年後の一九一七年のロシア革命後、レーニン指導のボルシェビキがインド国内の革命派を通じて相当の揺さぶりをかけたが、インド大衆はそれには動かなかった。むしろインド人たちが英国側に加担して兵員を送り、中東戦線やヨーロッパ戦線で戦ったことは、英国側の巧みな広報活動の成果だったことは事実で、ヤングハズバンドはこのことで大いに感謝されたのだった。

教育・文化の面で遅れていたインドでは、人の噂が大衆を大きく動かすのが常であった。ラジオもテレビもない時代、新聞、パンフといった宣伝手段でインテリ層をしっかり摑むことが重要であり、これは統治者である英国人はこれまで身をもって体験していた。ずっとのちに、レーニンがしきりにインド人革命派をロシアで養成してインドへ送り込んでも革命が起きなかった理由は、ロシア側がインド国内で活動できず、英国側がこういった宣伝戦で勝ちを制したことにあった。この点、ヤングハズバンドほどうってつけの人材はなかったが、彼はこんな仕事にたいへん不満で[3]、女子供のやることだと思っていた。

一九一六年になると、ヨーロッパ戦線は膠着状態になり、二月にはヴェルダン攻防戦が、七月にはソンムの激戦が続いていた。一方、東部戦線とロシア情勢は渾沌として、この先なにが起こるかまったくわからなかった。やがてこの年も押し迫った十二月、英国ではロイド・ジョージの連立内閣が誕生した。これで英国は戦争に邁進することになった。明けて一九一七年、ロシアで二月革命が起き、三月にはロマノフ王朝がついに倒れた。五年前にはシナで清朝がつぶれ、これで大国である二つの王朝が姿を消すことになったのだった。残るドイツと英国のともに王室をいただく強大国が、いま死闘を続けていた。いずれどちらが勝ったとしても、やがて共倒れになる危険は多分にあった。

一九一五年の戦争のさなか、ヤングハズバンドは仲間と語らって「権利のための戦い」(Fight for Right) 協会という、一つの団体《ソサエティ》を作ったが、彼は自らは直接表面に出ず、議長にサー・フレデリック・ポロック、総裁にブルース卿になってもらった。この協会は別に秘密組織ではなくサークル活動としての親睦団体であったが、実際の活動はこれまでほとんど不明であった。会員は詩人や作家、大学教授、政治家、外交官といった多彩な顔ぶれであったが、これまで会報などを発行していたかどうかさっぱりわからず、活動の中身や目的も闇の中であった。ジョージ・シーヴァーは会員の名を一〇名ほど挙げているが、それ以上のことに一切ふれていない。おそらく、ヤングハズバンドの生涯のなかで、この部分がいちばんの謎のところであろう。この運動が英国においてもほとんど埋没してしまい、詳細な点が不明だったという事実は、一般に広くアピールせず、あるいは計画が中途でつぶれてしまったということなのかもしれない。

一九七〇年代の中頃、たまたま英国の古書店からヤングハズバンドの手紙一括が出たという連絡を受けた。幸いにもこの資料は、業者が買い取って市場に出さず、そこで直接知らせてくれたものだった。私は内容を詳しく尋ねることもせず購入した。これは手紙、パンフ、メモ、電報の他、ヤングハズバンド以外の人物の手紙も若干含まれており[4]、ある会の設立のための計画や運営などの相談であることまではわかったが、それを深く追求することもなく、そっくり保存してきた。実際はよくわからなかったのである。

たまたまヤングハズバンドの評伝を書いているという英国の研究者が、ピーター・ホップカーク氏から紹介されたといって手紙を寄こした。そこでこの未発表の書簡のコピーを提供したところ、私の所蔵の書簡一括が、これまで英国でも未紹介のものであることがわかったのだった[5]。

この新発見になる資料の中に、二ページのタイプ印刷された配布用らしきパンフレットが入っていた。これは誰が記入したかわからないが、二カ所ばかり青インクで訂正が入っているのを見ると、実際にこれが配布されたものではなく、下書き稿だったのかもしれない。あるいは後で印刷されたかもしれない。ただこのパンフレットが重要なのは、この会の主旨がここで説明されているからで、年代は不明ながら、会の目的、方法、精神、モットー、支持者の五項目から成っている。ごく簡単に要約してみよう。

〈権力のための闘争〉運動

目的

（1）われわれの自らを守る以上のもののために闘いを挑み、あらゆる人道のための闘争を戦い、来るべき世代のために、人権の擁護を国に印象づける。

（2）神聖なる理由から、熱心に奉仕活動する男女を覚醒させ、最適な奉仕活動を見出すべく互いに助け合う。

（3）すでに奉仕活動を行なっている人たちの精神を鼓舞する。

次に文書は〈方法〉と題して、この運動の普及についてふれている。かいつまんで紹介すると、まずはっきりと精神的な特徴のある会合で、この目的を効果あるものとする。そして、会合は日曜日の午後などに開くのがよく、なにより精神が十分に満たされる必要があるから、講演や歌、音楽なども行なわれるとよいと、妙に細かいところまで指示している。

この後が〈精神〉というもので、「この運動の精神は、本質的には信頼にある。すなわち、信頼は善である。ゆえに信頼はわれわれ自身のうちにある。これはわれわれにとっての高潔さ、権利の究極の勝利のうちにある。しかし、権利とは、浄化、努力、それを広めるための人の犠牲で勝利を得ることを、理解すべきである」と、まるで宗教のように訴えている。そして次の〈モットー〉になると、「この運動のモットーは〈権利のための闘争〉である」として、まるで宗教闘争のようなものとなり、運動の趣旨がさっぱりわからなくなってくる。最後の〈支持者〉の項目は、よいアイデアが浮かばなかったらしく、具体的な記述がない。

ヤングハズバンドが人々にアピールしたかったのは、いったいなんだったのだろうか。残された資料で見る限り、意味不明なものだった。政治的権力闘争でもなく、宗教改革でもなく、どうやら人権擁護が目的であったらしいが、曖昧さの残るこうした運動は人々の理解を得にくく、やがて高い理想のまま消えゆく運命にあったのかもしれない。

一九一八年の夏までには、戦争の帰着はおおよそ予測がついた。ロシアでもトルコでもドイツでも、旧体制は倒壊するだろう。英国はどうか。盤石とはとてもいえなかった。英国の経済を支えるインド支配がぐらつきはじめている。一九一八年七月、戦争の終わる三カ月ほど前、インド事務相からヤングハズバンドに、極秘の覚書《ノート》が届けられた。それは戦争が終わった後の「インド憲法の改革」に関する見解を質すものだった。ヤングハズバンドは、インド人が英帝国内にとどまるか、それを拒否するか(独立するか)は、彼らの自由裁量に任せるべきだと、はっきりと明言すべきだと主張した。そして、こう付け加えた。「改革は、あくまでインドとわれわれの関係を政治の面にのみにすべきであって、宗教、文化の問題を扱ってはならない」。インドには、宗教、文化、人種と、どれをとっても難しい問題があり、一筋縄でいくものではなかった。第二次大戦後の一九四七年、インドが英国から独立すると、ヒンズー教のインドとイスラム教のパキスタンが各々分離独立し、内紛が続いたが、このことはヤングハズバンドの予測に誤りがなかったことを示している。

第28章　エヴェレスト遠征の挫折と準備

ヤングハズバンドはもともとが山の頂上をめざすことよりも、峠越えのほうにより魅力を感じていた。スポーツの色彩の濃い登山と比べるなら、辺境地帯の峠はきわめて政治色が強かったからだ。それなのに一八九三年という遠い昔、チャールズ・ブルースはチトラル戦で一緒になると、チベット経由でエヴェレストに登らないかと、しきりに勧めたのだった。(1) しかし、語るはやさしくとも、エヴェレストについては当時ほとんどわからないことばかりだった。それは雲海に浮かぶ山であり、実体はまるで雲を摑むように不明に尽きていた。だから登山仲間に呼びかけて、すぐ出かけられるという山ではなかった。

ブルースがヤングハズバンドに熱い思いを告げた頃、マウント・エヴェレストは発見されてからちょうど四〇年目を迎えていた。インド測量局は、一八四六年からインド北方にそびえるヒマラヤの山々の観測を始めた結果、七九座の高峰を測定したが、なんとその大半は禁断のネパール領内にあるものだった。そのうち一八五二年に精密な観測値を計算した結果、これまでピークXV（15）として登録されていた無名の一峰が、高度二万九〇〇二フィート（八八四〇メートル）という、世界最高であると判明したのだった。

すると当然、次に問題になるのは、このピークにはすでにネパールかチベットでなんらかの名称があるかどうかであった。英国側の説明では、一八六五年までいろいろこの山の資料を漁ってみたが、固有の名称は見つからなかったとされた。そこでなにか新しい名前をということになった。ここで思い至ったのが、インドで子午線を測定し、この子午線に沿って三角測量網を作り上げた、前インド測量局長官のサー・ジョージ・エヴェレストである。彼の貢績を記念し、この山峰《ピーク》をマウント・エヴェレストと命名する案が、彼の後任のアンドリュー・ウォーによって提案されたのだった。これは英国王立地理学会、インド政庁が承認し、ここに山名として決定されたのである。だからこの山名はあくまでマウント・エヴェレストが正しい名称であり、ただエヴェレストといえば人名ということだった。

山や川などに人名を命名することは、あまり好ましいことではない。こんなことが放任されたら、ときの権力者は勝手に名をつけるであろう。後世、よく議論されることは、エヴェレストが発見された当時、英国側は真剣にこの山の現地名を調べたかということだった。初めから無視したのではなかったか。この曖昧さがいよいよエヴェレスト登山が本格的に開始された一九二二年になって、北欧の新聞に発表され出した(2)。それは一七七三年のフランスのダンヴィルの有名な地図のうち、マウント・エヴェレストとほぼおぼしき位置に、チョモルンマという山群名が記入されていたのだった。たしかにこれは一つの山名に与えられた名称ではなかったが、十分検討してみる必要があったのである。一九二〇年、英国がエヴェレスト登山の許可をチベット政府からやっと得たとき、ダライ・ラマ一三世はこの山群にロー・チャ・マ・ルンと書いたのであった。なんのことはない、チョモルンマと同じであったのだ。しかし、英国側が先任者の怠慢を突かれたからといって、インドを支配する超大国にとっては痛くも痒くもなかったろう。ただ戦後、インドが独立し、ネパール、シナが自立するやたちまちこの名に取って代わってしまったのだった。しかし、これはずっと後のことである。

さて二〇世紀に入ってからも、頑に鎖国政策を続けるチベットは、一九〇四年の〈チベット使節〉で門戸が解放され、交渉次第ではチベット・ルートで登山ができるのも、あながち夢物語ではなくなっていた。ただネパールが依然として外国人の入国を一切禁止しているので、チベットのルートがきわめて重要になってきたのだった。一九〇四年に逃亡したダライ・ラマは一九一〇年まで国外に流浪の身であり、一方、チベットに残ったタシ・ラマは、一九〇五年にインドを訪問しており、インドとチベットの関係はきわめて良好だった。登山計画の機は熟しつつあった。そこで一九〇七年、ブルースはあらためて山仲間のマムやロングスタッフと語らい、今度こそとエヴェレストの登山計画を練ったのである。

しかし、エヴェレストはただの山でなかった。登山にはまず解決しておかなくてはならない問題がたくさんあった。第一は人材（登山家《クライマー》）の確保で、当時はヒマラヤ登山の経験者がろくにいなかった。第二は資金の問題で、個人負担の限界を超えていた。第三はチベット入国許可の件であった。チベット政府がすんなり許可を出してくれる保証はまずなかった。もし許可が出ても、チベット経由はたいへんな遠回りで、多数のポーターを雇い、食糧・資材の運搬をしなくてはならない。これには現地の担当者の協力がぜひ必要となる。そこで登山委員会を組織し、ここで一切の事務処理をしなくては、とても実現の可能性はなかった。次いで一九一四年、前インド測量局長官のC・H・D・ライダーがエヴェレスト遠征計画を立てた。これには一九〇四年に一緒にガルトック遠征を行ったC・G・ローリングも参加する予定だったらしいが、インド政庁はチベットの政情が不安定であることを理由に許可を出さなかった。そうこうしているうち、一九一四年に第一次大戦が勃発し、一切がうたかたと消えてしまったのである。

一九一八年十一月、四年間続いた第一次大戦がようやく終わったが、この戦争の余波はあまりに大きかった。直接戦禍を受けなかったインドにも、ロシア革命の影響を受けた革命分子が国内に入っていて、独立の気運は抑え難いものになっていた。戦後のヨーロッパでは、人々もすっかり虚脱状態にあり、狂乱物価のドイツほどではないにしても、英国の威信はすっかり低下していたし、戦争で多数の人材を失くしていた。ヒマヤラでの豊富な体験の持ち主も戦場に倒れ、チベットに詳しい有能なローリングも戦死していた。しかし、平和が戻ると、待ちかねていたように、戦前に計画していた夢を今度こそ実現したいという動きが起こった。

第一次大戦が終わってまだ一カ月半もたたぬ一九一八年十二月十九日は、英国王立地理学会は著名な探検家でもあるトーマス・ホルディクの名で、インド事務相に宛てて長文の書簡を出した。これは、英国王立地理学会はアルパイン・クラブと共同で、状況が許せば早急にエヴェレストの探検と登山の準備に入りたいので、その趣旨をインド政庁に書類として提出したいというものだった。(3) この中でホルディクは、インド政庁は次の三点の提案を承認してもらいたいと述べた。

（1）マウント・エヴェレストの探検と登山を希望する。
（2）この事業は、この二、三年のうちに、王立地理学会とアルパイン・クラブの共催、インド政庁の全面的支援の下で、英国の地理学者によって行なわれるものとする。
（3）この事業は、適当な科学的かつ技術的な準備のもとで行なわれるものとする。

とくに（3）では、高所登山のための酸素吸入の問題についてふれ、A・M・ケラス博士が計画しているガルワール・ヒマラヤのカメット山群で、この実験をする予定が記されている。これから見ると、エヴェレスト登山の目的として、主に高度が人体に及ぼす科学的調査に力点が置かれていた。とかくインド政庁が政治的理由を持ち出してはエヴェレスト登山計画をつぶし、許可しないので、作戦を変えて科学調査を前面に出してきたのかもしれない。学者と政治家の暗闘でもあったろう。

明けて一九一九年一月八日、ロンドンのインド省から手紙を受領したことを知らせ、これをインド政庁に転送すると言ってきた。そして、この正式の返書が一月十七日に王立地理学会に届いた。なんとこれが〈秘密文書第一号〉であった。これらは最近まで公開されないものだった。この中で一九一四年四月のローリングの計画していたエヴェレスト遠征は、当時のチベットの事情から不可能になったが、いまは状況も変わったことなので、学会側の希望が受け入れられるかどうか見守りたいという、まあまあ好意的な内容だった。

政治家の言葉や外交辞令など、もともとが信用できるものではない。やはり、それから二カ月以上音信がない。それでは登山計画など立てようがなかった。三月十日、G・B・L・ノエル大尉がロンドンの王立地理学会で一つの講演を行なった。この折の会長はフレッシュフィールドで、アルパイン・クラブの会長がG・P・ファーラーであり、またヤングハズバンドやケラスも出席していた。ノエルはこの講演でエヴェレスト登山はぜひ実行すべきだと強調した。同席していた人たちも、この提案に反対でなく原則的に賛成である。ではどうやってネパールかチベットへの入国許可を得たらよいのか、このためにはなんとしても政府を通じて、インド政庁に申請するしかないということになった。これには相当な時間とそれなりの外交が必要である。ただ、登山家でも研究者でもないノエルがなぜこの遠征計画に突然登場したのか、理由がよくわからない。しかし、結局、この種の事業に無知だった学会が、その後、彼一人に振り回され、計画が目茶苦茶にされ、あげくの果てに不名誉な結末を招くことになるのだった。

いつまで待っても埒《らち》の明かないことに業を煮やした学会側は、三月二十八日付で書記のアーサー・ヒンクスの名でインド事務相宛に書簡を送った。(4)

とくに今夏、C・ハワード‐ベリーが敢行しようとしておりますエヴェレスト山の偵察に関し、貴下ならびインド政庁に許可をお願いいたしたく思います。もしお許しいただけましたら、貴下に面談する代表団にアルパイン・クラブの会長と会員とともに、わが学会の会長サー・トーマス・ホルディク、ダグラス・フレッシュフィールド、サー・ヘンリー・マクマホン大佐、サー・フランシス・ヤングハズバンド中佐を加えていただきたく、右お願いいたします。

敬具

今後のエヴェレスト遠征の成否の鍵は、ロンドンのインド省とインド政庁が握っていた。これを泣き落とさない限り話は先に進まない。マクマホンはインド外務大臣だったとき〈マクマホン・ライン〉を設定した著名な人物である。(5)ホルディクもヤングハズバンドもマクマホンも、もとはインド軍に所属していた。みな昔の仲間なのである。暗に脅しをかけたのだろう。なんとしてでも全面協力と許可を早く取り付けたかった。ただ幸いなことに、今回、インド省に当たってみた感触は悪くなかった。この返答が四月十九日に届いた。(6)しかし、委員はこれを読んで仰天した。

「チベット政府が（エヴェレスト登山の）提案に同意を示すことがあっても、チベット問題が十分決着を見るまで、チベット旅行と探検の禁止政策から逸脱すべきでないと考える。一九一四年に提案された遠征の際にとられた反対は、いまだに重視されている」

返電にはこう明記されており、さらに「現在、チベットへ入るいかなる探検家にも承認はできない」とし、「近い将来、予定の遠征隊が許可されるような、なんらの約束も言明もできない」と、ぴしゃりと断ってきた。

このインド政庁からの通知を受けて、王立地理学会は恐慌状態に陥った。エヴェレスト登山はまたもや絵に描いた餅になったのだ。ヒンクスは問題打解を図って、いま一度インド事務相に宛て書簡（五月十四日付）を出した。いくらか皮肉をこめた文面である。

> 当委員会は、マウント・エヴェレストの登山と探検のための予定せる遠征の許可に対し、インド政庁の拒否をたいへん遺憾として拝受いたしました。このきわめて重要な事業遂行に、なんとはるか昔の政治状勢を持ち出し、認可しないということを確認いたしました。

なんとも意味のとりにくい持って回った言い方であるが、要するにヒンクスは怒っているのだ。第一次大戦前の黴《かび》の生えたような理由を持ち出して、チベット関係がよくないからだめだという。インド政庁の余計なお節介、職務怠慢を批判したかったに違いない。インド省はもっとしっかりインド政庁を監視しろと言いたかったのだろう。いくらインド政庁が威張ったところで、所詮は本国政府のもとにあった。総督の人事も政庁の官吏登用もロンドンが握っている。本国政府の膝元にいる小うるさい連中を敵に回したら、結局、身分の保証がなかった。個人プレーの遠征にはお上の威光が使えたが、学会相手だとまず難しいことが次第にわかってきた。エヴェレスト登山にぜひ必要な酸素吸入の実験のため、ケラスの計画しているカメット遠征には、インド政庁は全面的に援助すると言っていた。インド政庁はエヴェレストとインド国内にあるカメットをすり替えたかったらしい。

偶然だったのか、登山の手順に狂いが生じた一九一九年の春、ヤングハズバンドが英国王立地理学会の会長になった。委員からの輿望を担ってのものだったろう。ロンドンのインド省にコネを持ち、自他ともに認めるチベット通だったから、彼の会長就任はいちばん時宜を得ていたに違いない。こうしてインド政庁から手痛い肘鉄を食わされた王立地理学会は、大急ぎで態勢を立て直し、いま一度説得工作に打って出ることにした。

王立地理学会は、できれば一九一九年の夏には、ハワード - ベリーをエヴェレスト偵察に行かせ、翌二〇年には遠征隊の本隊を送り出したい意向だった。ところがインド政庁はこの提案を再び蹴ってきたため、計画はまた白紙に戻ってしまった。ただ、カメット遠征のケラスには全幅の援助を惜しまず、酸素吸入の高所実験に協力していた。その代わりエヴェレスト問題にまったくふれようとしなかった。これらの問題に関して資料の面では一通も現れない。ただ学会書記のヒンクスが、ケラスに関するインド省への書簡（一九一九年五月三十日付）の中で、ごくわずかに「彼（ケラス）は、来年度に予定している（エヴェレスト）遠征のための詳細な計画案を、よい時期に貴下にご説明いたしたいと思っております」と言うにとどまった。まだ諦めていないぞということだろう。しかし、鬼ごっこをしていようとも、相手の鬼が隠れ場所から出てこない限り、ゲームにはならなかった。こうして一九一九年はむなしく暮れていった。

新しい年を迎えたので、学会としても面子にかけ、今年こそはなんとしても遠征隊を出さなくてはならない。四月にヤングハズバンドはアルパイン・クラブの会長と協議した結果、なんとしても遠征隊を出すことに決めた。インド省やインド政庁などにかまっていられない。こちらの腹が決まらなければ、彼らは一寸延ばしにしていくに違いなかった。

これから一カ月した五月、英国王立地理学会は創立一〇〇周年を迎えることになり、会長のヤングハズバンドがこの記念講演を行なうことになった。このなかで、一〇〇周年の記念行事の一環として、マウント・エヴェレストに関する問題にもふれた。彼はいみじくもこう言った。「次の数年のうちに、われわれは地球上の最先端部に人類が立てたニュースを耳にしたいと思っている。もしも、『この地上最高峰に登ることに、いったいどんな益があるのか』と尋ねられたら、『いや、まったくない』と答えるしかない。……このことは人の懐にびた一文入れてくれないばかりか、むしろ人様の懐からたっぷりお金を絞り取ることになるだろう」。こう言ってから彼は、さらにこう結んだ。「もしもなにか役立つことがあるのなら、マウント・エヴェレストに登ることは、間違いなくよいことなのだ。こうした偉業を達成することこそ、まさしく人間の精神を高揚させるものに違いない」。エヴェレストの登山とはいったい何なのだろう。学術でもスポーツでもなく、なにやら精神的なものに取って代わってしまったようである。精神面がやたらと強調され出すと、きまって国威発揚がちらつきはじめ、悪い結果が出やすくなるのだった。(7)

英国経済は、この戦争で壊滅的な打撃を被っていた。辛くも勝ったとはいえ、とても戦勝気分にはなれない。この打ちひしがれた国民の意気を高めるため、エヴェレスト登山はたしかに効果的なものだろう。エヴェレストはいやしくも世界最高峰であり、神秘の国チベットとの国境にそびえ、当時の人々にとって世界の果てにある山だった。人の夢を誘うこれほどうってつけのものもなかった。しかし、この山に接近するのには、政治的な駆け引きがどうしても必要だった。山に登る前にまずわからず屋のお役人連中を説き伏せ、籠絡しなくてはならない。

だいたい計画というものは、あまり早い時期に公表しないほうがよいものなのだ。きまって中傷やら、妨害やら、妬みが出てきて、大概は計画倒れになってしまう。ましてエヴェレスト登山などはショーとしても最高で、計画だけが一人歩きしてしまいかねない。しかし、隠密をよいことに計画がさっぱり実現する可能性がないことから、ヤングハズバンドが一般にはっきりと公表してしまったのだった。こうなると、もう後に退けない。インド政庁が〈秘密〉として扱っていたエヴェレスト登山計画は白日のもとに晒され、もはや秘密でもなんでもなくなったのだった。これがヤングハズバンドの計画だった。

公表から一カ月後の五月二十六日、王立地理学会はあらためて正式にインド事務相に宛て、会見を申し入れた。エヴェレスト遠征計画の説明と協力を要請したいというのだった。ちょうどこの頃、ハワード‐ベリーはインドに直接行き、エヴェレスト遠征についてインド政庁に直接談判するつもりだったらしい。しかし、急遽中止して、この会見に出席することにしたらしい。この間の慌しいやりとりはインド省の文書の中に残されている。インド省からも、六月二十三日午後五時、インド事務相が直接に代表団と会ってもよいと連絡が届いた。今回、交渉はヤングハズバンドが代表としてやることになり、一応名の通った人を同行することにした。初めはノーマン・コリーとフレッシュフィールドも加えたが、当日はブルースとハワード - ベリー、アルパイン・クラブの会長ファーラーに落ち着いた。

六月二十三日（水曜日）、一行がインド省を訪問すると、肝心の事務相は首相に呼ばれていて欠席し、代わりにシンハ卿と秘書官数名が出席して、早速話し合いが始まった。ヤングハズバンドはお話ししてもよろしいかと断ったうえで、エヴェレストに登る意義について要領よく説明した。政治家や官僚には山登りなどまるでわからない。そこで登山と探検の歴史から説き起こし、その科学的調査の重要性にもふれ、今年（一九二〇年）の四月末、地理学会とアルパイン・クラブの会長が出席した会議で、エヴェレスト登山をぜひ行なう決意をしたのだと述べた。この席には空軍省の担当官も出席したと言った。そして、インドへはハワード - ベリーに行ってもらい、インド政庁に対して説明するつもりであると加えた。

こう前口上を述べてから、ヤングハズバンドはさらにこう続けた。(8)「もちろん、インド政庁がチベットと微妙《デリケート》な関係にあることはよく承知しております。しかし、エヴェレスト登山はなんとしても通してもらいたいものです。また現在、チベット政府と交渉するには最善のときでないことも、先刻承知しております。しかし、われわれがなにより望んでおりますことは、わが方の代表がとくとこちらの考えを、インド政庁側に説明したいことです。これがどういうことかと申せば、もし万事うまくいき、インド政庁とチベット政府とが同意したら、来年、エヴェレストとその周辺の山の偵察のため、パーティーを派遣したい……。そうなれば一九二二年には、アルパイン・クラブは登頂のための優秀なクライマーを、二人派遣することができます。これは大雑把な計画でして、当然、チベット政府の同意を得ることが微妙な問題であることを承知のうえで、インド政庁に申し上げたいと思っているのです。しかし、これは大規模な計画でありますから、実行に移す前に、ぜひチベット政府からはっきりした同意を得る必要があります。遠征隊はシッキムを通ってカンバ・ゾンへ行き、カンバ・ゾンからエヴェレスト山麓に行く予定で、この間の距離はざっと一二〇マイル〔約一九〇キロ〕あります。〈チベット使節〉のとき、私はカンバ・ゾンに二カ月いたことがあります」。

こう述べてから、ヤングハズバンドはエヴェレストのパノラマ写真を取り出し、インド省側の役員に見せて、登山予定コースについて説明に及んだ。そして、ハワード‐ベリーは今週の金曜日（二日後）にインドに行き、インド政庁にも説明して、登山の援助を要請するつもりだと言った。

写真は効果的だった。エヴェレストがなんだかわからない役人に望遠レンズで撮影した拡大写真を見せ、さらに以前（一九〇四年）、ライダーがチベット側（北）から撮った写真も示し、チベット側からのほうがネパール側（南）から登るよりずっと楽だろうと述べた。そして、この際、空中写真をぜひ撮ってもらいたいこと、直線距離で一六〇メートルぐらいまで（山頂に）接近できるが、これはネパール側から撮られるべきだと説明した。

飛行機による偵察は、インド省が心配するチベット側からではなく、ネパール側から行なうべきだとヤングハズバンドは言い添えた。このことでは一応はネパール政府の許可もいるだろうが、空中からだからたいして問題はないだろうと言い、シンハ卿もこれに同意した。いくら領空を侵犯されても、ネパール政府には手も足も出なかったろう。また当時の飛行機の性能では、六〇〇〇～七〇〇〇メートル級の高峰を飛び越えていくのは技術的にも難しかった。

これに対しシンハ卿はこう告げた。「昨年、遠征隊派遣の提案が持ち込まれたとき、インド政庁とインド省とは、この事業の重要性を認め、全面的に援助することにしました。このことはいまも変わりありません。しかし、ちょうどその頃、チベット政府とかかわるある問題が持ち上がり、当面、このことを取り上げるのは不適当であると判断したのでした。ですから彼ら（インド政庁）はこの提案に同意はしているのですが、だからといって自分たちのほうから積極的にしようとは思っていなかったのです。王立地理学会からの最近の手紙は、たしかにインド政庁に転送されていますし――五月六日付で送られているはずで――間もなく、返事が届くものと思っています」。

シンハ卿はこう言ってから、インド事務相も以前と変わらぬ意見だろうし、インド政庁もチベット政府と連絡をとり合うようになるだろうと言った。そしてさらに、インド政庁はこの遠征隊派遣に、まったく反対はないだろうとも言ってくれた。しかし、これは少し話が違う。昨年はまるで門前払い同様の扱いだったではないか。なにか事情が変わったのではないのか。しかし、資料はそんなことは語ってくれない。ヤングハズバンドはこのことに対し、「チベッ卜人を扱うえでの配慮《デリカシー》には、十分承知しているつもりです。私はいま外部にいるとはいえ、しっかりやっていくつもりです」と言って、彼の好意に感謝し、会見を終えた。

ヤングハズバンドの作戦は、どうやら第一ラウンドでは成功したらしかった。頑なに拒否し続けてきたインド省とインド政庁が軟化し、話し合いのテーブルに着いてくれたからである。しかし、まだ第二ラウンドが残っていた。どうやってチベット側を説得するかである。これには一つしか手段がなかった。チベット側と直接交渉することである。ヤングハズバンドはいちばんのチベット通と思われていたが、彼の知識もすでに一五年前のものである。しかし、チベット人との交渉は直談判が最善であることは学んで知っていた。六月の王立地理学会とインド省との会談の後、ヤングハズバンド自筆の数通の手紙が残されているが、字が小さいうえ、崩し字でよく判読できない。しかし、内容はたいしたことではないようである。インド政庁側は王立地理学会側の心配をよそに、どうやら今回は約束を守って、チベットの情報を探りはじめたのだった。

一九二〇年七月二十四日付で、インド総督からロンドンのインド省に〈秘密〉電報が届いた。これは六月二十九日に、インド政庁がシッキム駐在政務官のチャールズ・ベルにチベット情勢を調査するよう命じた返答だった。ベルは七月十九日付の電報で次のように回答してきた[9]。

一九二一、二二年度のチベット経由によるマウント・エヴェレスト遠征に関する、七月七日付の貴下の書簡に対して。マウント・エヴェレスト周辺には、当地に住んだ仏教徒であるチベットの詩聖(ミラレパ)[10]の若干の聖地があります。チベット人は、ヨーロッパ人がこれらの土地をうろつき回るのを好んでいません。たぶん、これらの土地を避けることは可能と思いますが。

しかし、最も厳しい反対は、探検が現在の状態でチベット政府と人民の感情に生じさせる疑惑です。一九一九年四月十日付の電報でキャンベルは、チベット政府はマウント・エヴェレストの予備調査とその後の探検には反対しないだろうと言っていますが、私はこの考えに同意できません。チベット人はこの探検がただの地理学的な知識や科学のためのみで行なわれるとは、信じないでしょう。彼らは、われわれが説明している背後になにかが隠されているものと感じるに違いありません。もしインド政庁が探検のために隊《パーティー》を派遣する決定をされるなら、これに対しチベット政府はなんら強い反対をするとは思えません。しかし、現在の政治状況では、きわめて好ましからざる不信を引き起こすことでしょう。昨年来、チベットの政情は好転していないことを、本官は付け加えたく思います。甘州使節団がチベットへ残していった影響力だけは、なんとしても払拭しなくてはなりません。

チベット問題がシナとの間で決着を見るまで、こういった遠征は認めるべきでないでしょう。

これがチャールズ・ベルの報告だった。インド政庁はエヴェレスト遠征を中止しろとインド省に進言しているのである。地理学会やアルパイン・クラブの連中が聞いたら、気が狂うほど怒るであろう。チベットの政情が安定していない理由については具体的にふれられていないが、どうも背後でシナが圧力をかけてきているらしい。

このベルの報告の後に、とくにインド総督の短いコメントが加えられている。「これらの〔ベルの〕見解に、われわれは全面的に賛成である。武器・弾薬の供給問題、またチベットに関するその他の重要な政治問題が落着するまで、〔地理〕学会のためにチベット政府に接すべきでないと強く思っている。〔ハワード－〕ベリーは当地に到着したので、事情を彼に説明した」と。

インド総督からの電文は、インド省を通して王立地理学会に転送されてきた。この受領の返事が書記のヒンクスから八月四日付でインド省に出されたが、その二日後の八月六日、今度は会長のヤングハズバンドが比較的長文の公式の返書を出した。ただ、この手紙も例によって字が小さいうえ、文章も一部消えていて読みづらく、完全にはたどれないので、要約してみたい。

拝啓

インド政庁からの電文をお送り下さり、感謝いたします。これ〔電文〕を同封のうえ、お答えいたします。〔電文の内容には〕すっかり失望いたしました。電文で述べられている事情は、遺憾の極みです。

この後が若干読めないのであるが、どうやらインド滞在中のハワード - ベリーが、インド政庁と地方官の前で、王立地理学会側の見解を説明したことにふれているらしい。そしてこう続ける。

しかしながら、第一に、ベルの電文からわかることは、キャンベルはチベット政府がマウント・エヴェレストの予備調査とその後の探検に反対ではなく、第二に、ベル自身もチベット政府が強くは反対を唱えないだろうと考えていることです。……私が推察するところ、インド政庁と地方官が、マウント・エヴェレスト遠征〔派遣〕を不可能だとは見なしていないことです。ベルは〔なぜか直接〕私には理解を求めてなにも言ってきていません。彼はインド政庁に探検隊について語っていますが、インド政庁は、〔だからといって〕遠征隊派遣をなんら問題視していません。王立地理学会は遠征隊派遣を希望しており、インド政庁を通してチベット政府と交渉してもらいたいと思っています。

この後また判読が難しくなるが、この事業は世界最高峰の登山という世界規模の企てであり、政府の協力を期待しているし、ベルが心配しているチベット人の聖域は容易に避けられるだろうと言っている。

ヤングハズバンドは冷静に対処しているが、この協力拒否に当惑しており、ひどく不快感を表している様子がうかがえる。しかもベルの進言が気に入らなかったようだ。ベルはインド政庁に喋る一方で、自分にはなにも言わなかったと不満を述べている。これには大いに理由があった。ベルは一九〇四年の〈チベット使節〉の際に同行し、チベット語を学んで著名なチベット通になった人物だった。ベルにとってはヤングハズバンドはかつての上司であり、いろいろ世話になった。いまあるのも彼のお蔭であり、なによりも彼は自分の親分《ボス》であった。この親分《ボス》の面子《めんつ》をつぶされたのだから、ヤングハズバンドは内心腹に据えかねたに違いない。ベルもまた自分の報告がそっくり王立地理学会に通知されるとは思ってもいなかったろう。ベルにとっても、あちらを立てればこちらが立たずという状態で、随分困ったろう。ベルはこののち全力を尽くして、なんとかチベット政府から許可を取りつけたが、王立地理学会やアルパイン・クラブの間にベルの非協力的な態度が知れ渡ってしまったため、彼を好意的に見る者は誰もいなくなっていた。しかも英国内では、エヴェレスト登山をめぐって政府と民間との間で大きな争いに発展しそうな状況だった。

ヤングハズバンドがインド省に宛てた返事の中でふれていたように、インドに行ったハワード‐ベリーは猛烈に活動を始めていたらしい。シッキムの政務官（ベル）からインド外務大臣宛ての七月三十日付の電報では、ハワード‐ベリーが国境を越えてヤートンに向かうというので、チベット入国の公式の通行許可を出してもらいたいという許可願いが出されている。これに対し七月三十一日付で、ヤートンに短期訪問することで貴下が差し支えないと思うなら、インド政庁としては別に問題はないと、まったく投げ槍な態度である。「彼（ハワード‐ベリー）をパーリに行かせるか行かせないかは、貴下の自由裁量に任せる。ハワード‐ベリーには現地の実情をよく説明し、貴下と話し合ったうえ、調べるにしても制約があることはわかってもらうように」と言っている。ハワード‐ベリーは、たぶん、ヤングハズバンドと十分相談のうえ、強引に国境を越えて遠征隊のルートを下調べしてくるようにと言われていたに違いない。たかが辺境勤務のベルごときが偉そうなこと言うな、といった雰囲気が濃厚である。ヤングハズバンドにとって、このあたりは家の裏庭のようなものだった。インド政庁もあえて妨害はしなかったものらしい。

調査をすませたハワード‐ベリーは、八月二十七日付でインド外務大臣に一つの提言を出した。この文章は長いので、かいつまんで説明しよう[11]。

（1）インド政庁はチベット政府に対し、一九二一、二二年の遠征のためのチベット国境通過の同意を得ていただきたい。ルートはシッキムからカンバ・ゾン、テングリ・マイダン経由。隊の構成は白人五名、その他ポーター。
（2）インド測量局の測量官の同行許可。
（3）ネパール政府に、エヴェレスト山群の写真撮影許可を得ていただきたい。
（4）インド政庁は、一九二一年度の遠征費用として一〇〇〇ポンドを出していただきたい。
（5）本官に対し、本年、ギャンツェで政務官と会見するため、チベット入国許可をいただきたい。これはチベット当局者と協力を要請するためである。

第二ラウンドは、どうやら王立地理学会側が、インド政庁側を押し切ったようである。するといよいよ残りはチベット政府から入山許可を得ることだった。新しい舞台はしばらくラサに移っていく。

第29章　エヴェレストとチベット政府

一九二〇年代のエヴェレストは、いまからでは想像もできぬくらい崇高な山であった。まるで地の果てに神秘的にそびえる幻の山でもあった。八〇〇〇メートルを超える山にそれまで人類が到達したことはなく、いったいこの世界最高峰の頂上に空気があるのか、人が酸素吸入器の助けがなくても登れるのかも、誰一人答えられなかった。この山の様子は、遠くから撮影した写真があるだけで、この山にどのルートをたどってよいのか、まして山麓まで行けるのかさえはっきりしていなかった。これまでにこの山へ登りに行った人もいなければ、調査に入った人もいず、謎のまま残されてきた。しかも山のある場所は、禁断秘密の国といわれたチベットにあることだった。

ハワード‐ベリーは、シッキム駐在政務官のチャールズ・ベルに強く働きかけたらしい。ともかくベルに動いてもらわなくては話が一歩も先に進まない。インド政庁も、消極的ではあるがチベット政府の態度を探ってくれと言っている。ただしこれは命令ではなく、できたら登山は中止させたいのだ。それでも十月二十六日には、シムラのインド外相からヤートンにいるベルに宛て、次のような電報が打たれた(1)。

「貴下のラサ滞在中、万が一適当な機会があり、反対がないようなら、この間の事情をチベット政府に打診されたい。またもしチベット側からの厳しい反対を恐れる理由もなく、科学的探検の重要性のためとして許可が得られそうなら、インド政庁としても満足である」

ベルはチベット語が堪能で、ダライ・ラマやチベット政府の高官たちとも顔見知りで親しく、彼らから再三チベットへ来るように招待を受けていた。そこにインド政庁からは、エヴェレスト登山の許可が可能かどうか調べてくるようにと訓令が届いており、ベルもいつまで放っておくわけにいかなかった。そこですっかり冬に入った十一月になって、ラサへ向かった。この旅の三、四カ月前から、王立地理学会とアルパイン・クラブから、チベット政府と交渉してきてほしいとしきりにせっつかれていたからだったと言っている。[2]しかし、ベルはインド政庁の官吏であり、他からの要請では勝手な行動はとれない。インド政庁から了解を得て出かけたのだった。

のちにベルは回想して、当時のダライ・ラマは、ベルの言うことならなんでも嫌だということはないと思えたので、初めは許可願いを一筆チベット政府に出すだけでよいと思っていたという。ところがこの考えを急に引っ込めた。というのはチベット人には登山など理解できず、この背後になにか隠された意図があるのではないかと疑うに決まっていたからだった。彼らに地理学的調査などわからず、第一にチベット人は、地霊（土地に住む精霊）を騒がすことを恐れていた。それにチベットとネパールは仲が悪く、このこと（登山）が事前にばれたりしたらろくなことが起こらない。そこでベルは、直接ダライ・ラマと交渉することに決めたのだった。[3]

エヴェレストは、カイラスとかブータン国境上にそびえるツア・リのような聖なる山には属していなかった。しかし、チベット人は万年雪をいただく山を常に神聖なものと考えていた。チベットでは年老いた者は常に尊敬され、その土地独自の精霊がいたるところに住んでいるとされるが、こんなことを信じない、仏教徒でもない白人の遠征隊は、土地の精霊をひどく乱すことになるだろう。そこでベルは、すでにふれたように、チベット政府に登山許可を認めないように勧めたのだと言っている。[4]これは旧インド省にある〈秘密〉文書からも明らかである。しかし、ベルはエヴェレスト登山計画などないということで、ラサに来たと言っている。そしてラサに到着すると、インド政庁はまたこの問題を蒸し返し、登山許可の諾否の交渉は自由裁量に任せるが、いま一度思い直して交渉してみるようにと言ってきたという。これはどうも間違っているようだ。彼はラサには明らかにエヴェレスト登山許可の交渉のために行ったのであり、単に物見遊山で行ったのではない。彼は真実を隠蔽しているとしか思えない。

この間の事情がどうもわかりづらい。それにまたベルが退職していたか、その直前だったか、かなり微妙な時期でもあった。インド政庁の印象を悪くしたら、もらえる爵位ももらえなくなる。しかし、ともかくベルはエヴェレスト登山問題の一部始終をダライ・ラマに説明したことは明らかだった。直接対話したほうが、お互いの誤解を取り除いてくれるからだ。ベルはダライ・ラマに拝謁した際、こう説明したという。「登山というものは、人類に益する科学的成果をもたらしてくれます。英国民の大多数は、世界の最高峰に最初に登攀したいものと願っております。ただ、チベットの人たちが、こういった遠征に疑いを抱いておりますことは、十分承知しておりますが」。

そしてベルは、ダライ・ラマに地図の上でエヴェレストの位置を示し、あとでじっくり考えられるようにと地図を残してきた。こうすれば彼も官房長と討論できるからだった。

この日から七日たって、ダライ・ラマはベルを内院の彼の房に招いた。この折、どんな話し合いをしたのか、ベルは具体的な内容にふれていない。ところがここで信じ難いような事件が起きた。ベルがラサにまだたった二週間しかいないのに、突如、インド政庁からインドへ戻るようにと訓令が届いたというのだ[5]。明らかに召還であった。インド政庁内でいったいなにが起こったというのだろう。

ここから完全に、ベルはチベットと英国間の政治問題に巻き込まれてしまったのだった。チベット側はベルにこう言ったという。シナはチベットに領有権も宗主権も持っていない。このシナ問題を英国政府はなんとか解決してほしい。そしていま、インド政庁がベルを呼び戻すことは許さない、と申し渡した。だから言わないことはなかった[6]。きわめて由々しい政治問題に巻き込まれてしまったのだ。彼にとってはエヴェレスト登山などという、やってもやらなくてもよいことを持ち出した結果、藪蛇になってしまったのだった。ベルは人質に取られて身動きがとれず、とうとう翌年の夏までラサを離れられなかった。

ともかくダライ・ラマは、ベルとの会見の二日後にいま一度彼を呼び出し、インド政庁がラサ滞在を許可したことを祝福してくれたという。そうであるならば、帰還命令が届いたのはこの直後と思われる。ダライ・ラマは、このとき自分のほうからエヴェレスト問題を切り出し、登山許可を出すと言った。こう告げてから、ダライ・ラマは署名のない小さな細長いチベット製の紙片をベルに手渡したという。これには「岩がちの渓谷内（ザ・ロン・ブック）の僧院近くの、白玻離《はり》の砦（シー・カル・ゾン）の管轄区内にある、大きな雪山（カン・チェン・ゾーナ）の五つの宝蔵の西は、（鳥が飼育されている）ロー・チャ・マ・ルン南の国と呼ばれている所にある」と記されていたという。[7] さっぱりわけがわからない。

ともかくこの紙片の記事は、ダライ・ラマの側近の誰かが記したもので、明らかにエヴェレスト山群を示したものであり、チベット人は英国の命名したエヴェレストなど知らなかった。このことをベルはチベット側から説明され、エヴェレスト三群のチベット名は〈カン・チャ・マ・ルン〉（Kang Cha-ma-lung）といい、その意味は「鳥の詞われている国にある聖山」、すなわち「鳥の聖域の雪山」ということになるのだということだった。この山は、ただ簡単にチャ-マ-ルンと呼ばれていたという。エヴェレスト登山の問題から、図らずも従来は存在しないといわれていたエヴェレストの現地名が、実は存在したことをうかがわせる結果をもたらしたのだった。ダライ・ラマの内々の承諾から間もなくして、チベット政府から正式の登山許可が下りた。

ベルはこの報告を早速、インド政庁に知らせてきた。

ラサ　十二月十日発
本官は、最近ダライ・ラマとの会見で、エヴェレスト登山で希望している目的と、チベット領内を通過する旅行の必要性を説明した。このことをインド政庁にご報告できることを喜びとする。昨日行なわれた会見で、猊下はチベット政府が遠征隊派遣に同意し、このことをインド政庁に知らせるようにと言われたことを、お伝えしたい。

遠征中に、宗教あるいは（チベット人の）感情を損なわぬよう配慮をたまわりたい。

この許可のニュースは、一九二〇年もそろそろ終わりに近い十二月十五日、インド総督から電報[8]でインド省に届き、ヤングハズバンドに回送してきた。

「ベルは、希望せる探検目的と、チベット領を通過する旅行の必要性をダライ・ラマに説明し、チベット政府の承認を得た旨、電報で連絡してきた」

そして、この正式の登山許可は、明けて一九二一年元旦に、ロンドンに届いたのであった。待ちに待った登山許可がやっと下りたのだ。その代わり、ベルはチベットに半分捕われの身となった。しかし、そんな内情などロンドンでは知る由もない。ヒンクスは一月三日付でインド省に返事を出したが、この中で会長のヤングハズバンドは、今季中に準備が整って登山隊が出発できるかどうか心配していると言っている。ともかく英国王立地理学会とアルパイン・クラブは、早々にエヴェレスト合同委員会を設立し、各々から二名の委員を選出し、会長にヤングハズバンドを推し、第一回の会議を一月十日に開くことにした。

この十日の会議の様子は、翌十一日の「ロンドン・タイムズ」紙の記事になった。今年度（一九二一年）に予定していた登山計画は変更し、この代わり本年は偵察隊を出して、本格的な登山隊は来年に回すことにしたというものだった。そしてこのことは一月十二日に、ヤングハズバンド自身からインド省に正式に伝えられた。新聞には報道されなかったが、討議はもっと具体的なものだった。遠征資金は、二つの会が六割方の八〇〇〇ポンドを負担し、あとはニュース報道や写真撮影からの収入を当てることにし、一般からの寄付を募ることにした。しかし、チベット人ではないが、なぜこれほどの大金を使ってまでして、なんのために山に登りに行くのか、ヤングハズバンドの十八番《おはこ》の精神力《スピリット》だけでは、なんとも大義名分に欠けた。そこで王立地理学会としては、エヴェレスト山群の気象と自然史（鉱物、博物学一般）を調査することにしたが、これがのちにベルが心配したとおり、チベット人の疑惑を一層深めることになったのである。そして、単に物議を醸すばかりか、ついには遠征隊の派遣中断にまでなってしまう。そしてもっと煩わしいことには、エヴェレスト登山は名誉欲に憑かれた人間の浅ましい現実を見せつける、格好の場になったことだった。ヤングハズバンド一人の腕ではもうどうにもならないところまできていた。

エヴェレスト遠征がようやく軌道に乗ったものの、この遠征の目的はいまださっぱり定まっていなかった。学術的探検といってみたり、登山隊といったり、よくわからない。結局、初めの科学的探検事業という大義名分が大いに後退して、登山が主流を占めるようになったのは、歴史がよくこのことを示している。科学調査はチベット側のクレームで、事実上できなくなった。会長のヤングハズバンドが科学者でなかったことにも大きな原因があったろう。

一九二一年度の遠征が時間切れによる準備不足で、急遽、偵察隊になったものの、次いでこの隊長に誰を据えるかが頭の痛い問題だった。この人選を早急に決めなければならない。一九二一年一月二十三日は、書記のヒンクスからインド省に連絡がいった。(9)

拝啓

遠征隊長をハワード‐ベリー大佐に一任することは、月曜日の夜に会長から発表されるでしょう。彼はすでにインド政庁にも、また昨年の調査でも成功を収めたことで、地元のチベット人によく知られています。このことでは、インド相も彼に遠征隊を任せることで異存はないものと思いますし、すべてにおいてインド政庁とダライ・ラマとの関係を、できる限りスムーズかつ好ましく運ぶようにするでしょう。この件につきましては、会長の発表があるまでごく内密に、他言なされなきようお願いいたします。

敬具

一月二十四日が土曜日だから、ヒンクスは日曜日を挟んで事前に情報がマスコミに漏れないよう、苦心した様子がうかがえる。この同じ日、会長のヤングハズバンドからの言付けとして、ヒンクスはチャールズ・ベルの言うとおり、チベット人の宗教や住民の感情に十分配慮するという誓約書を、インド省の政治局宛に出している。このことは初めこそチベット人に対して、きわめて神経を遣うことを意思表明するつもりであったが、のちにことごとく裏目に出てしまうのである。

一九世紀末に、ヤングハズバンドにエヴェレスト登山をしようと言ったブルースは、当然この偵察隊の隊長になってしかるべき人物だった。理由は軍当局と調整がつかなかったとされたが、準備段階でのハワード‐ベリーの尽力が大きかったから、ここで彼をお払い箱にするわけにいかなかった。そこで、急いで遠征隊を偵察隊にし、隊長の人事をブルースからハワード－ベリーにしたのも、なんとなくあらかじめ計画的な手段だったように見える。そこで次に登山隊員が選ばれた。ハロルド・レイバーン、A・M・ケラス、ジョージ・マロリー、ジョージ・フィンチの四名に決まったが、出発時にフィンチが病気になったため、G・H・バロックが参加することになった。この他に、医療と動植物の調査を担当するウォラストン、インド測量局からE・O・ウィラーとH・T・モーズヘッドが測量のため参加することになった。またインド地質調査所からはA・M・ヘロンが加わることにほぼ決まった。

一九二一年のこの偵察隊は、どう間違っても登頂成功などおぼつかなかったから、むしろこの際、ツァンポー＝ブラーマプトラ川の南側の山群の測量に期待をかけた。一九〇四年、のちにインド測量局長官になったライダーが、ツァンポー渓谷沿いに地図を描いたが、このとき川の北側にそびえるヘディンのトランス・ヒマラヤ山脈も、南側のヒマラヤ北山麓の山群も測量ができなかった。そこで今回の偵察行では、地図製作の部分の期待は大きかった。とくに今回参加するモーズヘッドは、一九一三年、有名なベイリーとツァンポー大屈曲部の探検を行なった、貴重な体験を持っていた。

これまでの探検方式は、だいたいが単独で行うのが主流を占めていた。大枠で計画を立て、あとは現地の状況に合わせて適宜に変えていく。ヤングハズバンドも〈チベット使節〉を除けば、みなこの単独方式で探検をしてきたのだった。しかし、時代が変わり、また今回のように大所帯、また寄り合い所帯の遠征隊になると、途中でなにが起きるかまるでわからない。事実、旅行中にいちばん重要な隊員のケラスが病没してしまった。しかし、問題はやはりチベットであった。ヤングハズバンドは一九二一年一月二十日、ダライ・ラマに宛てて次のような親書を書いた[10]。

謹啓

小生は、われわれがマウント・エヴェレストと呼んでいる偉大な山を探検すべく、チベットに派遣する遠征隊に対し、貎下が許可を下されましたことをインド事務相より通知を受けました。当委員会は、今般、貎下が登山許可を下されたこと、また貎下の全チベット官吏及び臣民が、遠征隊員にできる限りの厚遇をするよう、強く申し渡されたことに対し、貎下に感謝の意を表するよう小生に希望してまいりました。また隊員がチベットの宗教的感情に全幅の敬意を示すことも、申し上げるよう求めてまいりました。

貎下の変わらぬ安寧とご健勝を切にお祈り申し上げます。

敬具

一九〇四年にヤングハズバンドがラサに進軍したとき、このダライ・ラマ一三世はモンゴルへ逃亡してしまった。ダライ・ラマは当時、ヤングハズバンドを憎むべき悪魔の化身と思っていたはずだ。その後のかつての悪の親分からの親書をダライ・ラマがどう思って見たかはわからない。ただ、悪い感情はもう抱いてはいなかったろう。チベットを救済してくれる国は、英国しかなかったのだから。一方、ヤングハズバンドは同じ日にインド省にも、探検隊派遣に尽力してくれたインド政庁にも礼状を書いた。この中で、「われわれはチベット人と友好関係を維持することの重要性を認識しており、チベット人の感情を尊重するべく、十分に注意を払うよう遠征隊各自に自重の命令を出しました」と、たいへんな気の遣い方であった。ところがこれほどまでに注意を払っていながら、たくさんある蟻の穴のうち大きな穴のほうが見落とされていたのだった。この責任の一端は、実は手紙を書いた本人にもあったのだが、これに気づかなかったのである。

エヴェレスト遠征での一つの大きな科学的成果は、インド測量局の有能な測量官であるモーズヘッド少佐によってもたらされたものだった。彼とベルとの間では、この地域での測量が可能か否か、かなり詳細な手紙のやりとりがあった。測量には四〇～五〇名の人夫が必要なこと、彼らに防寒具や靴を供給しなくてはならず、こうした細々としたことまでベルに指示を仰いでいる（二月十六日付）。一方、ベルはインド政庁に対し、チベット人は自分らの国が測量されることを好んでおらず、きっとモーズヘッドの行動を疑うようになるだろう。「このような状況ですから、インド政庁もしできたら、マウント・エヴェレストに必要なもの以外、一切の測量を禁止すべきであると具申いたします」（三月八日付）と、かなり厳しい報告をしている。ベルはチベット人の猜疑心の強い性格を知り尽くしていたので、なるべく相手を刺激しないでそっとしておきたかったのだろう。しかし、ベルの心配はやがて現実のものとなってしまうのである。

インド政庁は、エヴェレスト遠征の費用として五万ポンド拠出してくれた。そして、これ以上は出せないと合同委員会に通告してきた。この金額が高いか安いか、四月十五日付でヤングハズバンドは、長文の書簡をインド事務相に出している。きわめて慇懃丁寧な言葉遣いではあるが、これっぽっちのはした金では駄獣と人夫代にもなりはしない、どうかインド事務相からインド政庁に、もっと金を出してくれるよう説得してくれまいかと言っている。インド軍は一〇〇頭のラバを提供すると言ってきている。多いようだが、こんなのはゴミにすぎない。たしかに大所帯の遠征隊は、金食い虫でしかない。しかし、今回はまだ偵察隊にしかすぎないのだ。本格的な隊がやって来たら、その費用は天文学的になりかねない。こんな資金不足がいま一つエヴェレスト醜聞《スキャンダル》事件を引き起こす下地になり、インド政庁もやがて逃げ腰になっていったに違いない。

チベットにいるベルは四月十六日付で、遠征隊はダージリンを出発したので、五月にはチュンビ渓谷を通り、カンバ・ゾンに行けるだろうと連絡して来た。そしてこの十日後の四月二十六日、再びベルからインド政庁に通知が入った。これは、チベット政府の役人四名の連名で書かれた公式文書だった。そこには、白人《サヒブ》の一隊《パーティー》がチャ-モ-ルング-マ（chha-mo-lung-ma）山への登山のために来られ、この際、小馬《ポニー》やら駄獣、人夫の提供の要請を受けたので、現地の料金で喜んで引き受けるし、両国の友好関係のためには昼夜をおかずどんな援助もする、とあった。

チベット側が好意的に受け入れてくれる様子なので、ほっと胸をなで下ろしたのは、ヤングハズバンドだけではなかったろう。こんな折も折、あまり念頭になかったネパールからの情報がインド政庁にもたらされた。五月十六日、ネパール駐在の英国公使ケニョンから、〈秘密〉書簡が届いたのだ。ネパールの藩王《マハラジャ》が『ジオグラフィカル・ジャーナル』誌（王立地理学会の機関誌）を入手して、エヴェレスト登山のことを知り、この登山計画に関心を持っている。

ただ、このことに関して心配もコメントもしておらず、計画に反対もしていない。エヴェレストがネパール領内にあるという人もいるが、ただしこれは藩王の見解ではない、というものだった。

差し当たって問題はなさそうであったが、ただ心配な点も浮上していた。エヴェレストの位置である。本当は、エヴェレストの正確な場所がいまだはっきりわかっていなかったのだ。一九〇八年に、インド測量局で測定したが、チベット領内にあるのか、ネパール領内かはっきりしなかった。北と東の斜面《スロープ》が、どうやらチベット領内にあるだろうということになっているにすぎなかった。この問題をクリアしておかないと、将来、所属をめぐって禍根を残す恐れが出てくる。そこでインド政庁としては、エヴェレストにはチベット側から登る、だからネパール政府には事前に知らせる必要はない、という態度をとることにした。そしてネパール駐在英公使に、一応藩王にはエヴェレストの位置を知らせておくようにと、訓令を出した。予想していなかった事態が次から次へと起こった。そして、やがてエヴェレスト遠征の屋台骨を揺るがすことになる地質調査のため、インド地質調査所のA・M・ヘロンが参加することが決まったのは、なんと七月に入ってからだった。

偵察隊はともかく五月にはダージリンに集結し、その後、チュンビ渓谷を抜けて国境の町カンバ・ゾンに行ったが、ここでなんと最も重要な隊員のケラスが心臓病で急死してしまった。彼は高所での酸素についての権威者だったから、彼の存在は遠征隊にとってきわめて貴重だったのである。隊一行の嘆きは大きかった。エヴェレスト山麓に達した一行は、それぞれの任務を遂行し、バロックとマロリーはロンブック氷河から、エヴェレスト山頂へのルートを捜し、ノース・コルからの登頂は不可能ではないという一応の結論をもって、十月には帰途についた(11)。

これまで謎のヴェールに包まれていたエヴェレストが、はっきりと姿をのぞかせ、全貌も判明したので、一行がロンドンに帰るのを待たず、ヤングハズバンドは合同委員会を開き、第一回の本格的な登攀隊を翌一九二二年に送ることを決定した。そこで一九二一年十一月三日、ヤングハズバンドはインド事務相宛に、本年度の協力にお礼を述べ、来年の予定についての手紙を書いた(12)。少し長いが、多言を弄するより全文を引用したほうがわかりやすいかもしれない。

拝啓

マウント・エヴェレスト遠征隊が、本年度の任務を完了し、派遣した目的もほぼ達成しましたことをご報告でき、光栄に存じます。一行は、頂上到達の試みが成功しそうなルートを発見してまいりました。

遠征隊の隊員《メンバー》たちはいま本国へ帰還中で、遠征計画第二段階、すなわち頂上への本格的な登攀遂行のため、隊を再編成するつもりでおります。これはヒマラヤに特別経験のあるC・G・ブルース准将の指揮のもとに、行なわれる予定です。そして、登頂にとって最適な月は五月と六月であると言われていますので、われわれとしては一九二二年三月二十一日にダージリンを出発できますよう、遠征隊を準備しております。

王立地理学会とアルパイン・クラブの代表からなる、マウント・エヴェレスト委員会は、インド政庁が遠征隊に計り知れぬ支援をして下さったことに対し、感謝の気持ちをお伝えてほしいと私に希望しております。当委員会は、チベットの官吏たちが遠征隊にきわめて好意ある援助をして下さったことで、同じようにチベット政府にも感謝の意を伝えていただきたいと願っております。

遠征隊の戦力はだいたい来年度も、本年度と同じくらいと思いますが、詳細な点はととのい次第お知らせいたします。

敬具

合同委員会は、ハワード‐ベリーが英国に帰らぬ前に、早々と来年度の隊長を、それまでお預けを食わされていたブルースに決めてしまった。来年度も隊長として行きたがっていたというハワード‐ベリーには、留守中で発言の機会もまったく与えられなかった。帰国する前に決める必要があったのだろう。このあたりはなんとなく陰謀の臭いを感じさせるが、この舞台裏を知ることはもう無理であろう。

登山隊がチベットへ行っている間、留守番役のヤングハズバンドはなにをしていたか。彼は、次々と遅れて入って来るニュースに一喜一憂していた。登山隊から入ってくる逐一の報告は、まずシムラに移送されてからロンドンに電送されていたため、いつも遅れがちだった。ただ、当時としては最新の海底ケーブルで報告を受けていた。一九二一年六月三十日付で、彼はハワード－ベリーに珍しく私的な手紙を書いている[13]。

可哀相なケラス！ このように彼を失うことは悲しい。しかし、結局のところ、たぶんせいぜい数年後、故郷のどこかわからぬ場所に埋葬されるより、この山岳地帯で死んだほうがずっとふさわしかったでしょう。

ヒマラヤを愛した登山家が、どこかヒマラヤの山地に埋葬されるのもよいかもしれない。しかし、このヤングハズバンドの言葉が、実は彼自身の死後をそっくり予言しているかのようだ。後年、ヤングハズバンドの遺体は、彼の言う「故郷のどこかわからぬ場所」に埋葬され、その所在確認に伝記作家をすっかり悩ませたからでもある[14]。

第30章　エヴェレスト――新しい難題

エヴェレスト偵察行は、登頂までは至らなかったが、その宣伝効果たるや絶大なものだった。世界の秘境は連日のように新聞、雑誌、新しい記録写真として人々に紹介された。登山家のなかにも一躍ヒーローになる人が現れた。ロンドンのエヴェレスト合同委員会では、まだ偵察隊がチベットにいる間、すでに来年度（一九二二年）の本格的な登山隊の人員の選考に入っていた。これはすでにふれた通りである。ところが一九二一年十一月二十三日、デリーのインド総督から、ロンドンのインド事務相に短い電報が届いた。[1]「エヴェレストに関する風聞。遠征は明年行なわれないとのこと。ご確認のうえ、お知らせを乞う」というものだった。これを受けたインド省は、早速ヤングハズバンドに詳細を知りたいと連絡してきた。慌てたヤングハズバンドは、十二月五日付でインド省に対し、「エヴェレスト遠征が延期になったという噂は真実でありません。これは十一月三日付の私の公式書簡にありますとおり、実行いたす所存です」と書き、さらに同日の日付で別に、「明年の遠征隊は八名の遠征隊員と、ブルース将軍、一名の医療員、他二、三名が参加し、三月末にチベットに入る予定なので、チベット政府によろしくご配慮を乞う」と手紙を出している。

誰がやったのかわからないが、おそらく密告だったろう。妙な噂も立ったが、ともかくここまでは順調に話が進んできた。しかし、ここでいささか厄介な問題がくすぶりはじめていた。チベット側から半ば人質状態で捕われの身だったチャールズ・ベルも、実際には一九二一年でインド政庁を退職していた。しかし、なぜかインド政庁は、ベルとチベット人との交流にひどく神経を尖らせていたという。外交文書には一切その間の事情はうかがえないが、ベルの言うところによると、彼らが心配したのは、ベルほどの人材がインド政庁に見当らなかったからか、ベルの後継者が見劣りするのではないかという点だったという。当時、ダライ・ラマとチベット政府、インド政庁と英国政府とのこの二つの関係は良好だったから、これが橋渡し役のベルの引退で後退するのではないかという心配があったらしい。しかし、これはあくまで表向きの理由で、本心はいつもベルがチベット側の立場に立ち、エヴェレスト登山でも基本的には反対の立場だったからではあるまいか。

インド政庁でもチベット語の堪能な人材はいない。しかし言葉だけではだめで、政治的手腕も必要である。そこで最適任者探しをした結果、F・M・ベイリーに白羽の矢を立てたらしい。彼を積極的に推薦したのが誰だったのかわからない。ただ彼も一九〇四年にヤングハズバンドの〈チベット使節〉に参加し、チベット語も理解した。また、ツァンポー川大屈曲部をモーズヘッドと探検し、その後、ロシア革命で混乱するタシケントに潜入して、トルキスタンのボルシェビキと生命を賭けてのスパイ戦を展開したうえ、命からがら戻って来たばかりだった。[2] 冒険や修羅場の体験が十分あり、学者肌のベルとは違っていたが、適任と思えたのだろう。そこで彼はギャンツェの英国通商代表部の駐在官に任命されたのだった。これは難しいチベット問題処理として、まったくの政治的人事であったろう。インドでは、ここは政務官ポストとして三流どころであったが、任務は重く、ベルに代わる人物としてはベイリーを措いては他にいなかった。

ここの仕事は辺境の雑務ばかりで、さっぱり魅力的なものではない。しかし、エヴェレスト登山が本格化するとともに、こちらのほうに多くの時間がとられた。なにしろチベット国境上にあるため、インド政庁との通信手段がたいへんだった。チベットとインドとの電信は、一九〇四年に敷設されたもののギャンツェ止まりであったから、チベットからのニュースはここからでないとつながらない。それをラサまで延長させたのがベルで、ダライ・ラマの承認により、一九二二年に電信はラサまで通じるようになった。

これからのエヴェレスト遠征で、ベイリーはきわめて重要な役割を演じることになる。その一方の主役であるが、彼が初めてインド省の秘密文書に姿を見せるのは、一九二二年一月に入ってからである。しかし、前年の一九二一年九月、まだエヴェレスト偵察隊がチベットにいた頃、ベイリーはいささか面倒な事件の処理にかかっていた。これはチベット暦でいう、「鉄の酉《とり》年の閏《うるう》七月二十七日」（西暦一九二一年九月二十八日）付で、ラサ滞在中のチャールズ・ベルに、チベットの宰相ロンチェン・ショーカンから渡された書簡だった。それは土地のチベットの役人からもたらされた報告で、英訳され、ベイリーからインド政庁に送られた。(3)

〔一九二一年〕九月二十三日、われわれはシェル‐カル・ゾンのジョンペン〔チベットの役人〕から次の報告を受理した。マウント・エヴェレスト使節〔遠征隊〕はカル・タを移動中、ロン・シャールでトルコ石を、シェル‐カル・ゾンでルビーを掘って持ち去った。彼らがロン・フーをうろつき回ることは迷惑である。マウント・エヴェレストの探検は〔チベット政府から〕同意を受けている。しかし、土地の守護神である恐ろしい悪魔の住む、チベットで最も神聖な土地から土や貴石を掘ることが許されると、死神の流行病が人畜の中に発生するだろう。そこでうろつくことを禁止し、早急に帰国させるように乞う。

このインド省の文書には、こんな補足的なメモが付け加えられている。「この文書はベルからの報告ではない。もっともベルは、チベット政府が地元の役人から狂心的な不満を受け、それを脇にはねておいたのであるが、やはりインド外相に知らせることにしたのである。たぶん、彼は口頭でチベット政府を安心させ、問題はけりがついたものと思っていたのだろう。……採鉱についての不満は、根本にかかわるほどのものではないが、委員会には一応調べてみるようお伝え願いたい。ベイリーは今年度の〔遠征隊の〕構成を〔チベット政府に〕通告し、前回同様の便宜を与えてくれるよう要請した。この返書は、電信で受けたのであろう。彼〔ベイリー〕は、〔チベット政府が〕許可を下すのに躊躇が見られるものの、最終的には拒否するとは思えない」。

こんなこともあるいはあるかもしれないと予想されていたことが、やはり現実に起こったのだった。これは考えれば考えるほど煩わしいことだった。明けて一九二二年一月十四日付で、同じ内容のベルの手紙がインド政庁に届けられた（悔しいことに原文の判読がよくできない）。それでも一月三十一日付のベイリーの書簡で、「チベット政府から遠征隊許可の書簡を受領せり」の報告が届き、ともかく一九二二年度の登山許可は得られたのだった。

エヴェレスト遠征は、まさにチベットの地雷原を行くようなものだった。そのためインド政庁もひどく気を遣い、遠征隊は前年と同じルートを通ること、地元民と悶着を起さないこと、聖山の鳥獣を狩猟したりしないことなど、細々とした指示書を出している。そして一九二二年二月十三日、ヤングハズバンドは会長の名で、前年のチベット側のクレームに対し、次のような回答を寄せた。「エヴェレスト委員会は一九二一年度の遠征隊の隊長より確認をとった。それによると、英国から派遣された遠征隊の隊員が、トルコ石やルビーを見つけたり、持ち去ったりしたことはない。鉱物採集のような行為も一切していない。隊の砕氷斧《アイスアックス》がチベット人に採鉱道具と誤認された可能性がある。委員会としては、今後、遠征隊員によって地質標本を英国に持ち帰らぬよう確認する。なにか標本類が持ち帰られたとしたら、インド政庁のもとで参加したインド地質調査所員のヘロン博士に違いない」。

石を運び去ったのは、英国から行った者ではなく、インドからの参加者だと言っている。いいささか子供じみた弁解になったが、こんなことはどうでもよかったのだ。インドだの英国だのと言い争っているうち、話が段々おかしくなっていくのである。

ベイリーの伝記を書いたアーサー・スウィンソンによると、一九二二年の一月二日、ベイリーは直接シムラのインド外務省に出頭し、外相と打ち合わせをしたと言っている。しかし、この文書はインド省のエヴェレスト資料には見当らない(4)。ともかく、このときベイリーは、「まさか彼ら（チベット側）が最終的に（入国を）拒否するとは思えないが、このような状況下では、チベット政府が必要な許可を出すのに躊躇するかもしれない」と言ったと書いている(5)。

のちのベイリーの発言といささかニュアンスの違うのが気にかかるが、登山隊が聖地で勝手な行動をとったことで、チベット側が機嫌を損ねていたことは事実だった。困ったベルは口頭でダライ・ラマに、英国登山隊はこの点に以後十分注意を払って行動すると口約束したらしい。しかし、チベット側はこの点を文書にして約束しろと迫ったのだろう。ベルにもインド政庁にもそれはできず、ロンドンの委員会の腹一つだった。手順を間違えると、登山許可が取り消される恐れがあった。

間に立ったインド総督レディング（一九二一年就任）は、ヤングハズバンドにこの点をはっきりするように伝え、これがヤングハズバンドの回答になったのは、すでにふれたとおりである。そしてベイリーには、ともかくこの際はチベット側の要求を呑んで、妥協を命じ、ベイリーも幾度かラサに足を運んでチベット側を説得し、ともかく一九二二年度のエヴェレスト遠征許可が得られたのだった。(6) このこともすでにふれた。なんとも心もとない綱渡りの間にも、第二回の遠征計画はどんどん進められていた。時間は待ったなしである。エヴェレストは世紀の計画だった。もしかするとこの隊で登頂にけりがついてしまうかもしれないので、最初で最後になるかもしれない。そこに参加できることは名誉であるばかりか、世俗的にも著名になる最も早道でもある。だから自薦他薦と参加希望者も多かった。

隊長はブルース。危うくハワード - ベリーにさらわれるところだった。すでに年齢は五六歳、登山隊長としてはいささか歳をとりすぎていたが、彼のヒマラヤの体験は抜群だった。豊富な登山経験から同行することになったロングスタッフが四七歳、ストラットが四八歳、彼らは登山のコーチ役として参加することになった。登攀隊はよい人材がそろい、マロリー、フィンチ、サマヴェル、ウェイクフィールド、ノートンの他に、今回は写真撮影班としてノエル少佐が退役して参加することになった。とくに活動写真（映画）の撮影にあたり、その成果が大いに期待された。一九二二年のエヴェレスト隊は総員一五名という、かなりの人数になったが、(7) チベット側からの苦情により、科学的調査はすっかり影を潜め、いつしかまったくの登山隊になっていたのだった。一行はチュンビ渓谷を抜け、五月初旬には早くもエヴェレスト北側のロンブック氷河に入った。

すでに登頂ルートはわかっていたので、直ちに三回の登頂攻撃を繰り返したが、いずれも失敗に終わった。当時は装備も軽量化できておらず、この年の気象条件もついていなかった。さらに悪いことには、雪崩の直撃を受けて、九名のポーターのうち二名しか救出できないという悲劇も起きた。予想より早くモンスーンが始まったため、今回もあえなく撤退するしかなかった。それでも二万六〇〇〇フィート（七九三〇メートル）まで達し、人類最高到達点を更新したのだった。
現地からの報告を受けたヤングハズバンドは、一九二二年六月二十七日付で、インド事務相に宛てて次のような書簡を出した。

マウント・エヴェレスト遠征隊は、モンスーンの早期到来で今年度の登頂が不可能となったために、エヴェレスト委員会としては来年度の攻撃を憂慮しています。今年度は頂上から約一七〇〇フィートの地点まで到達したので、天候さえよければ、一九二三年には頂上に到達できるものと願っております。エヴェレスト遠征隊派遣許可を、インド政庁がいま一度チベット政府に申し出られるのは、いささか厄介なこととお考えのことも先刻承知しております。……当委員会としましては、一九二三年度のエヴェレスト遠征隊派遣の許可を、チベット政府に申請されることは別に不合理でないとお考えのことと、推察いたしております。

なんとも回りくどい言い回しだが、一九二二年度の遠征も失敗してしまったので、来年度(一九二三年)の遠征許可を、チベット政府になんとかいま一度、取り計らってくれと頼んでいるのである。
同じ英国人なのだから万事スムースに行くのかと思いきや、実は互いに利害があり、関係はそう盤石ではなかったのだ。インド政庁としては、もういいかげんにエヴェレスト委員会とは縁を切りたかったのだろう。チベットともあまりかかわりたくないのだ。地質学者の派遣でチベット側に散々ごねられ、あげくにエヴェレスト山群の地図が欲しいとねだられ、毎度チベット側の要求を呑んでいる。次に何を言い出されるかわかったものでない。それでもインド政庁は、できる限りのことはしていた。一九二二年の九月一日、シムラのインド外務省からインド事務相宛に電報が届いた。——「八月二十八日付の貴電(に対する返答)。エヴェレスト。チベット政府より同意を得たり」。一九二三年度のエヴェレスト登山許可は、思ったよりすんなりと得られたのだった。ではロンドンの委員会はどうなのか。エヴェレストの内情はともかく二回の遠征によって、だいたいのことはわかった。そして、登るには「やさしい岩峰

(an easy rock peak)」ということだった。山それ自体に障害はなく、気象次第ということだった。ならいま一度、遠征に出かけるか。少なくとも八月の段階では、本気で行く気だったらしい。ところがチベット政府からの許可も出たのに、委員会の空気が急におかしくなった。この間の情報もほとんど漏れてこない。そして、明けて一九二三年になると、エヴェレスト委員会の会長が交代することとなり、このあたりからエヴェレスト遠征の風向きがすっかり変わりはじめる。

一九二三年一月二十三日付で、王立地理学会書記のヒンクスから、インド事務相宛に次のような手紙が書かれた。

この問題についてはいまだなにも公表されておりませんが、〔エヴェレスト〕委員会は、本年度の遠征隊を派遣する可能性はないものとしました。……サー・フランシスは、私に次のようなことを貴殿に申し伝えるよう、言ってまいりました。彼はエヴェレストの会長を退くことになり、後任にはブルース将軍か、または当委員会の書記に委譲されることになろうと。いずれお手紙を差し上げたいとのことです。

この後のヤングハズバンド個人の書簡は私信扱いだったからか、現在のインド省文書の綴りの中には見当らない。そして一カ月後の一九二三年二月二日、ヒンクスは同じインド事務相に手紙を出した。

小生は、エヴェレスト委員会の会長ブルース将軍から貴殿に対し、本年度は十分に強力な登山隊を組織することが無理なこと、そこでダライ・ラマ猊下が許可されたことを実行できない事実を、お知らせするよう指示してきました。

当委員会としては、一九二四年に強力な遠征隊を組織できる自信もあり、このためチベット政府との情報伝達に際し、登山計画は延期になったものの放棄されたのではないことを、上手にご説明いただきたく、また当委員会としましては、一九二三年度にすでに許可済みのものを、翌年〔一九二四年〕に延長していただきたいと願っております。

一月から二月には、合同委員会の会長は正式にブルースに引き継がれていたのであろう。それは、一九二三年の二月十三日にインド政庁からインド省に「本年度の遠征は行なわれるや。もし然らざれば、チベット政府に通知すべきものとす」という電報が入っていたからで、エヴェレスト委員会はどうも無責任で、連絡が不備だった。それでいて依頼と要求のほうはがっちりしており、インド政庁にこの秋には小パーティーを組んで、翌年(二四年)の登山のための予備品をチベットに運んでおきたいのでよろしく、と記すのも忘れていなかった。

一九二三年は、登山が正式に中止になったので、目立った動きはなにもない。ただ四月に入るとシッキムのベイリーから、チベット政府がきわめて曖昧な返書を寄こしたと連絡が入った。それによると、かつてチベットから鉱物の標本を持ち去ったと地質学者を批判したものの、「(この地域には)なにか価値のある鉱物資源が見つかるかもしれないので、いろいろな石や土壌についてチベット政府は知りたい」から、地質学者が遠征隊に同行することには、経済的な面からして反対しないという内容だった。急に欲が出たのだろう。まったく身勝手である。

ともかくチベット政府は、一九二四年度の第三回遠征許可を出してきたので、今回はなんの問題もなく、出発準備に入れた。再びブルースが隊長となり、隊員はマロリー、サマヴェル、ノートン、J・G・ブルース、ノエルの前回の隊員の他、ベントリー、ビーサム、ハザード、オーデル、アーヴィンと、当時としては出来る限りの強化が図られた。しかし、ブルースはエヴェレストに向かう途上でマラリアにかかって、惜しいことに隊を離れざるを得ず、隊長はノートンになった。

山頂アタックは五月初旬からとなったが、モンスーンの悪天候で登山は思うにまかせず、ノートンが二万八一二六フィート(八五七二メートル)、山頂までわずか三〇〇メートルの地点に到達したのがやっとだった。このあとマロリーとアーヴィンが山頂に向かったものの、天候の急変で二人はついに帰って来なかった。この事件は登攀隊を絶望に突き落とし、さらに遭難事故発生のニュースはロンドンにも伝えられ、委員会も暗澹とさせられたのだった。登攀隊は優れていたが、ポーターたちの訓練が十分でなかった。本来なら登攀隊を援助するはずのポーターたちが、逆に事故を起こし、彼らの救助に時間と労力をとられてしまったことが、いちばんの痛手だったのである。これを改善しなくては、幾度やっても同じ結果しか得られない。しかし、一九二〇年代のヒマラヤの気象が、たしかに異常であったことも事実だった。

とうとう一九二四年度のエヴェレスト登山も悲劇的な幕切れとなったが、それでいて遠征隊をめぐる情報はさっぱり伝わらず、記録にも残っていない。ちょうどこの頃、ツァンポー峡谷を探検していた植物学者のキングドン゠ウォードとコーダー卿とが、ブータン経由でカルカッタに到着し、ベイリーに直接会って、どうやらエヴェレストの最新のニュースを聞いたらしい。このときベイリーから依頼された言付けをコーダー卿はロンドンで直接ヒンクスとヤングハズバンドに会って伝えたらしいが、なにか彼らの応待はひどいものだったらしい[8]。

第31章　エヴェレスト醜聞《スキャンダル》

まだ一九二四年の第三次エヴェレスト隊が完全撤退していなかった七月十八日付の「タイムズ」紙に、「来年（一九二五年）、スイスのガイド一行がマウント・エヴェレスト登山を計画している」という、わずか三行足らずの短い電文記事が載った。

このロンドン電は、各所に大きな波紋を広げた。インド政庁もエヴェレスト委員会も、寝耳に水だった。インド政庁は早速、ロンドンのインド省に詳しい内容の説明を乞うという、八月九日付の照会電を寄せた。九月に入ると早々に、エヴェレスト委員会の書記ヒンクスは、このニュースの出所は不明であるが、来るべき第四次遠征隊を派遣する際には、他国の隊が割り込むことのないよう、許可など与えないでほしいとインド省に返電を出している。

十月に入ると、遠征隊はロンドンに集まり、遭難者の追悼集会を兼ねた遠征報告会も開かれたが、これもすんで十一月に入ると、様相が一変した。十一月五日付のインド省に宛てたヒンクスの手紙によると、帰国した隊員たちとの討論の末、とても来年度の遠征隊派遣は無理であり、「遠征は、一九二五年には組織できないが、あらゆる努力を払って一九二六年には派遣したいことが、承認されました」という。そして、スイス隊については、「これはそうたいしたことではありません。言及するほど重要なものではないと思います」と言い、なるべく早い時期に、第四次遠征隊を組織したいと言っている。たしかにここまではきわめて正常なものだった。登山の主力部隊を失くし、再挑戦したところで成功のおぼつかないことは、誰にもわかっていた。時間の余裕が必要だった。ところが十一月二十六日になると、なんと今度は「モーニング・ポスト」紙が、来年、アメリカ隊がエヴェレストに向かう予定だというニュースを流した。まるで待っていたかのように、おかしな事件が次から次に起こりはじめた。
しかし、結論から先に言ってしまうと、エヴェレストへの第四次遠征は、一九二五年だけでなく、一九三三年までの八年間も休止となるのだった。原因はチベット政府が登山許可を出さなかったからである。この八年間という空白の歳月は、けっして短いものではなかった。この間に時代は確実に変わった。ではなぜチベット政府が許可を出さなかったのか。この間の微妙な内情は秘密資料だったため一般公開されず、エヴェレスト登山史の上でぽっかり抜け落ちた、一つの謎であった。

一九二四年の第三次遠征が、マロリーとアーヴィンの悲劇的な遭難事故以外、なにも問題がなかったかというと、この事件に隠れて難しいことが続発していた。隊員のハザードがエヴェレスト周辺の学術調査をしていたが、チベット政府に無断で、エヴェレストからずっと離れたツァンポー河畔にあるラツェ・ゾンに行き、また別の写真班がネパール＝チベット国境上や、高山植物の草花を引き抜いて持ち出したと、チベットの地方の役人《ジョンペン》がラサの政府に報告し、これがチベットの長官からベイリーに直接苦情が持ち込まれたのだった。実際、隊員が規定のルートを離れて勝手な行動をとる例は多かったようである。

明らかにスキャンダルが起こりつつあった。このことは一般にあまり知られたくない、困った問題だった。マロリーとアーヴィンの遭難は人々の同情を集め、登山の英雄としてあらゆる機会に大いに紹介された。それはいささか必要以上に強調されすぎていたろう。ちょうどこのとき、別の深刻な問題が進行しつつあり、マロリーの事件はこれを故意に隠蔽するには、もってこいの素材だったろう。これは純粋な政治問題などと比べるなら、真に次元の低い問題だったが、権威ある学会や委員会にとっては名誉や威信にかかわることであった。幸いヤングハズバンドはすでにエヴェレスト委員会の会長ではなかったが、委員の一人であり、学会や委員会と比べるともっと悪い立場にあった。うっかりすればこれまでの人生を棒に振りかねなかったのである。

エヴェレスト登山は、初期の大いなる期待や崇高な精神からは次第に遠くなりつつあった。ヤングハズバンドもこれにはもうとてもついて行けなくなっていたが、いまさら辞めるに辞められない立場になっていた。一方、エヴェレスト委員会はもうなりふり構わず闇雲に突っ走ろうとしていた。しかも、いつしか欲望に憑かれた男たちの集団になっており、ヤングハズバンドがこの時期に交代したことで、事態はいっそう悪くなっていた。ブレーキをかける者がいなくなったからである。ヤングハズバンドはもともとが軍人ではあったが、断固とした行動をとれる性格ではなかった。宗教的な性格の持ち主に非情な態度はとれない。寄り合い所帯の悪い弊害が露骨に出てきても、これを誰も押さえられない。これに敏感に反応するチベット側の態度の硬化に、ベイリーはその交渉役として毎回困り果てていた。そして一九二五年以降のエヴェレスト遠征計画は、もう望みが薄いと思い始めた。悪い材料ばかり多く、改善は難しく、もうチベット政府を説得する手段が尽きかけていたからである。

ハザードの無断行動の他に、さらにもっと厄介な問題が起こりつつあったのである。ノエル少佐の行動だった。彼は登山隊を撮影する映画班である。一九二四年九月二日、ベイリーはブルース将軍に手紙を書いた。この中で、「私はいまここに、サー・F・ヤングハズバンドからブータンの藩主《マハラジャ》に宛てて、ノエルがブータンに行き写真〔映画〕を撮る許可を求める書簡を持っております。そして、ブータンの殿下はこの件を認可いたしました。私はノエルがいったいなにを企んでいるのかわかりません」と書いている。実は、これは困ったことだった。チベットは近隣諸国と、チベットを差し置いて勝手な行動をとることに、一段と疑いの目を向けていたからだ。チベット人は、外国人がチベット国内を勝手に歩き回ることをひどく嫌っていたし、ノエルの行動に逐一疑心を抱きはじめていた。ベイリーの心配に対し、十一月十九日付でヒンクスは、ノエルについてベイリーに返書を書いた。この中で、今年度（一九二四年）のエヴェレスト登山の映画制作に、当委員会はなんら関与しておらず、このフィルムはいまだロンドンで上映されていないものと思う、と知らせてきた。しかし、これで安心するのは早すぎた。

これからの事件の震源は、実はエヴェレストの映画制作を担当するノエル少佐にあった。彼はこの遠征隊に参加するため軍を退役して、〈エクスプローラ・フィルム会社〉を設立し、この会社の理事にヤングハズバンドを担ぎ出したのである。ヤングハズバンドはだいたい他人を疑ったりできる人でなく、営利事業などまるでわからない。エヴェレスト登山を大いに宣伝かつ利用し、金を儲けようという手合いの意図など読めるはずもなかった。ただエヴェレスト委員会は、映画制作には基本的に反対ではなかった。

人を善として信じやすいヤングハズバンドの性格は、ここで裏目に出た。彼はノエル少佐の言うなりに、会社のボスにおさまった。しかし、エヴェレスト委員会は営利団体でないので、この会社とは一切関係せず、映画制作にも上映権についても関与しなかった。株式会社である以上、利益を第一目標に置くのは当然であるが、エヴェレスト委員会がこの会社に加わっていないということは、責任はすべてヤングハズバンドが負うという意味であり、彼の立場はきわめて微妙だった。

一九二四年も押し迫った十二月八日、ヒンクスはベイリーに手紙を書いた。「私は今朝、貴信を拝受しました」と書き出し、「私が、〝ベイリーを喜ばすように〟フィルムを変更することで、あなたに手紙を書いたことを憶えていられると思います」とあり、ヒンクスはノエルにフィルムの一場面を削除《カット》するよう求めたという。この場面は、一人の男の老乞食が子供の頭のシラミをとっているところで、見つけたシラミを乞食が歯で殺している、チベットではごく普通に見られる光景であった。ヒンクスはシラミを殺したり、食べたりするのはチベットの民衆に対する立派な差別になるだろう、「ただし、私にはそれ以上のことはなにもできません。本年の映画上映《フィルム・ショー》はまったくノエルの会社に属し、当委員会としてこれ以上詳細に申し上げられません」と書いた。

もしこれが英国国内の問題であったなら、これ以上議論の余地はなかったろう。しかし、これには難しいチベット人が相手なのである。こんな言い訳ぐらいですむはずもなかった。ただ、英国人の間だけならフィルムの件はこれでなんとかすみそうであった。

ところがノエルはまったくのトラブル・メーカーだった。考える以上にやり手だったのである。突如、ここでまた深刻な事件が起こった。

ノエルはエヴェレストだけで映画の観客を集めるのは無理と思ったのか、チベットからなんとラマ僧（チベット僧侶）の一団を引き連れて来ていたのだった。そして、映画が上映されるとき、驚いたことにはこれらの僧侶が舞台の上に現れ、チベットのさまざまな儀式を披露して見せたのだった。本でしか知り得ない〈秘密の国〉から来た珍客に、観客が喜ばないはずがない。いったいこれらの僧侶が、どのようにして英国にまで渡って来たのか。ともかく彼らは〈神聖〉にして、階級の高い者たちだとひどく大袈裟に誇張されて紹介されたらしい。

　チベットにとって仏教は国教である。この仏教を守護するため、一九世紀半ばから、白人をチベットに一切入れない国策がとられた。しかし、一九〇四年に、ラサは不覚にも英印軍により武力解放され、心ならずも外国人の入国を一部認めることを余儀なくされた。といってチベット人の仏教に対する信念は、もちろん変わってはいない。本来なら最も神聖なはずの僧侶が、英国に行って人前で演舞するなど言語道断であり、このニュースを知ったラサ当局が仰天したのも無理なかった。さらに悪いことには、ラサを武力で屈伏させたその最高責任者のヤングハズバンドが、この会社の取締役だったのだ。

　この点について、チベット政府から早速ベイリーに問い合わせが入った。ベイリーにも詳しい点がわからず、なんとも弁明のしようがない。簡単に嘘も方便とお茶を濁すには問題がいささか深刻すぎた。ベイリーはヒンスクにいったいどうなっているのかと問い合わせた。本当にラマ僧が法衣を身につけ、仮面をかぶって、舞台の上で人前で踊ったのかどうかと。この回答は十二月十六日にベイリーに示された。

　この書簡の文書は紙質があまりに悪くて、判読が難しい。そこでごくかいつまんで紹介してみると、「昨日、あなたの手紙を受け取るまで、私はノエルの見世物《ショー》からチベット人〔の舞踏〕を外すことに、なにか困難があるのか私は存じませんでした。私はウェムブリーでの〔チベット人の〕舞踏も見ておりませんので、まったく無知です。私は、ノエルの見世物《ショー》なら夜、野外で見物したことがありましたが、ノエルは彼のプログラムの中で、この舞踏は宗教的なものでないと、注意深く言っておりました。実際のところ、これ〔舞踏〕はいったい何なのか説明するのが難しく、まずもって舞踏と呼べるような代物でありません」と言っている。この後がよく読めないが、どうやらチベット人はトランペット、シンバルなどを演奏し、舞ったらしい。これは明らかにチベット仏教の宗教儀式の一つである。「私は、〔彼らの着る〕上衣《ローブ》についてはコメントできません。彼らが宗教人〔僧侶〕だろうがそうでなかろうが、とても彼らを宗教人とは思えず、そう示唆するものもありません……。どのプログラムにも、悪魔の舞と認められるものがあったとは思えませんが、はっきりと思い出せません」。ヒンクスはこう回答した。ヒンクスの私見からすれば、宗教臭がなく、これが正しければ偽ラマ僧ということになり、(2)いっそう面倒なことになる。ヒンクスも自分一人の手に余る問題のため、これについてノエルとヤングハズバンドにも伝えた。このあたりで、ヤングハズバンドがいかに呑気であろうとも、はっきりとたいへんな失敗をしたと気づいたはずであるが、それを証明する資料はない。

マロリーとアーヴィンの不幸な事故を契機に、エヴェレスト遠征事業は次々と難問にぶつかりはじめた。そして、ノエルの問題では、完全に仲間内の泥仕合と化した。ロンドンの委員会は事故の後始末と来るべき第四次遠征のことで頭がいっぱいである。シッキム辺境のベイリーは、チベット政府からの抗議に晒されて発狂寸前である。ヒンクスのこんな釈明では、チベット側が承知するはずもない。チベット人はきわめて猜疑心が強い民族である。ベイリーは英国とチベットの間に挟まれて立往生しかねなかった。

ベイリーは、一九二五年一月一日、ヒンクスに再び手紙を出した。

本日、二通の書信を落手しました。感謝いたします。私はチベット政府が、次のエヴェレスト遠征の許可を拒否する可能性があることを、憂慮しております。この理由として、私はノエルが撮影したフィルムの中の、気になる〔場面の〕削除に、彼が同意しないことを遺憾に思っています。チベット政府は本年、二、三の点で意見の食い違いを指摘してくるでしょう。

こう書いてから、例の地質学者ハザードの行動を挙げた。ヤングハズバンドもこのことをよく知っていたからだろう、のちに書いた一般の啓蒙書『エヴェレスト叙事詩』（*The Epic of Mount Everest*, 1926）の中で、ハザードの紹介だけはきわめて短い。次にノエルのフィルムの一件、そしていま一つがさらに由々しい問題である。チベット僧を金儲けのために金で釣り、宗教道具一式を持たせてギャンツェから英国へ誘い出したということであった。このことはチベット政府にとって、まさに驚天動地のことだったのである。

ベイリーは、このときちょうどカルカッタに出てきていたが、熱病で床に伏せていた。しかし、問題が大きく、とても放っておける状態でないので、手紙を書いたのだと言っている。彼はこう言う。

チベット人は誰一人、こんな遠征隊を歓迎していないのは疑いありません。入山許可も、ただわれわれに対する友情だけから出しているのです。もし遠征隊の行為が彼らの宗教や、他の感情を害するようなものになれば、チベット当局者は直ちに検討をやめるでしょう。私にはどうも、将来〔次回〕の登山計画が――私は切に成功を祈っていますが――映画会社《フィルム》の経営方針によって危機に晒されていると思っております。もしフィルムの好ましからざる部分をカットし、チベット政府の要求に応じるなら、チベット政府は遠征隊派遣の許可を出すかもしれませんが、もしも彼らの希望が容れられないなら、入山許可を拒否する可能性はきわめて大きいといわざるを得ません。

さらにベイリーは、チベットの子供の頭髪の部分のフィルムはカットするのがよい、と言っている。チベット人はこんな場面が知られるのを嫌がっているのだから。またヤングハズバンドは、チベット人の宗教的感情をよく理解しているのに、ノエルは自分の撮ったフィルムがチベット人との友好を改善するなどと寝ぼけたことを言っていると言っている。そして、こう結論づけている。

チベット政府は、登山に対しいかなる申請も考慮するとは思えません。前の遠征で許可を出すときも、彼らは他国のパーティーにも許可を出すかどうか考えていたことを知っています。いまのところ、私を通じてチベット政府への〔登山〕許可申請はありませんが。

ベイリーの指摘は厳しいが、言っていることはみな正しかった。ヒンクスは、ヤングハズバンドとノエルにもベイリーの手紙を転送したが、ノエルは一九二五年一月七日、ベイリーに返事を書いた。〈エクスプローラ・フィルム会社〉は当時、ロンドンのピカデリー街一七五番地にあったらしい。

われわれは仮面を持っておりません。ラマ僧の頭《かしら》と他の者たちは、お祭り《フェスティバル》と一般の休日のときに行なわれる儀式を演じたものです。われわれとしては、できるだけ宗教的でないもの、また大腿骨で作ったトランペットとドラムの音楽のような、なにかをやってもらいたいと彼らに説明しました。われわれは劇場で、背後には雪の上に朝日の昇ったヒマラヤ山脈の光耀を仕立てた場面に、彼らを座らせました。インド省は、宗教的なもの、あるいは仮面をかぶる演技はしないでもらいたいと要請してきました。そこで彼らにそのようなものはしないでもらいたい、悪魔の踊りもしないよう確約させました。……ラマ僧たちはたいへん満足で、十分に奉仕してくれました。彼らは天候のよい時期にインドに帰るでしょう。サー・フランシス・ヤングハズバンドはわが社の会長で、(3)このフィルムを遠征用に利用しております。

ノエルのこの説明を聞く限り、なんの問題もないように見える。ラマ僧は宗教的舞踊もしていないし、仮面もかぶらず、悪魔の踊りもしていないという。ベイリーががんがん言ってくるのは、まったくの風聞なのだろうか。ただラマ僧が舞台に上がって踊ったのは事実だし、宗教用の楽器類も持参している。彼らには他の踊りができるはずがないから、ノエルの弁明は嘘であろう。彼らがお金目当てだったことは事実であろう。では、こんなことをさせたいちばんの責任者はいったい誰なのか。それはノエルの行為を黙認したヤングハズバンドということになる。

ベイリーの説明は明解である。「チベット政府が英国に登山許可を与えてくれるのは、あくまで友情からである。そして、いま一つは、誰も口には出せないチベット側の打算である。先任のサー・チャールズ・ベルに対し、チベットの宰相は、チベットをシナの軛《くびき》から解放してくれるよう、英国側に頼み込んでいる。英国の援助を期待して、嫌な入国許可を与えている。それなのにチベット人の信仰心に泥を塗るような行為をとるのなら、許可は取り下げだ。今後のエヴェレスト遠征隊の派遣は、映画会社によってきわめて危うくなっている」。

ロンドンのエヴェレスト委員会は、事態の深刻さにまだ気づいていなかったらしい。なんとかなるさと踏んでいたらしい。ただしヤングハズバンドは悪い予感にとらわれはじめていたようで、チベット政府にこのチベット僧について十分考慮すると書簡に書いたものの、ノエルの行動には一切ふれなかった。エヴェレスト遠征という世紀のイベントに、王立地理学会もアルパイン・クラブも選ばれた隊員たちも、これまで体験したことのないほど持ち上げられ、舞い上がっていた。チベット側への配慮など誰かがやるさと、すっかり忘れ去られていた。しかし、チベット当局者はエヴェレスト遠征隊にますます不信感を募らせていた。このことを肌身で知っているのはベイリーだけである。ついにチベット当局が、チベット僧侶たちの英国への渡航について調べはじめたのだった。僧侶たちの出国を認め、衣服、楽器の持ち出しを許したパルコール・チョウデ僧院の前僧院長が、内部調査のためラサに召還されたことがわかった。

このニュースは由々しいことだった。調べれば当然金銭の授受が出てくるだろう。ヤングハズバンドは深刻なショックを受けていたはずである。明らかにスキャンダルの様相を示しはじめていた。チベット僧の問題がもしマスコミに嗅ぎつけられれば、当然、火付け役の映画会社が調べられるだろう。この会社の興業の収益がどうなっているのか、まだ解明されていない。独立採算制のこの映画会社には、エヴェレスト委員会から援助資金は入っていない。しかし逆にこの映画会社から遠征資金の一部が賄われている可能性は大きい。エヴェレスト委員会は映画会社と無関係であるとしきりに弁解するが、それなら遠征隊と切り離すべきだった。しかも、会社の会長がヤングハズバンドであっては、誰が聞いても胡散臭さを嗅ぎとるに違いない。

そろそろ一九二六年度のエヴェレスト登山許可申請の時期になっていたが、ロンドンのエヴェレスト委員会は、いまだ事態の重大さを把握していなかった。チベット側がごたごた言ったところで、結局こちらの要求を呑むしかないだろうと信じていたふしがある。一九二五年三月五日、ベイリーはデリーのインド政庁事務次官パーソンに宛てて、長文の手紙を書いた。ここでベイリーは、現在チベットでは新年なので返事が来ていないが、たぶん、登山許可は拒否されるだろう、ただベイリーの知人のツアロン・シャペがカルカッタからラサへ帰ったので、「ある条件」を付けて許可はまあ出るだろうと言っている。ところがベイリーはランデン・ラからの情報だがと断ったうえで、ネパール国王の息子の一人が、ツアロン・シャペにエヴェレストは半分がネパール領にあるのだから、遠征は中止すべきだとほのめかしたという。ネパール人は登山など好まず、登山許可は拒否するという。ネパールまでがいよいよこの問題に加わってきたのだ。

ロンドンとインドやシッキム間は、いくら急いでも手紙ではたいへん時間がかかる。話が万事スムーズにいかない。それでもヒンクスは一月二十一日付でベイリーの手紙の回答として、初めて本音を漏らした。いままで一切かかわりがないと説明していたエヴェレスト遠征の写真の版権料から、実は遠征費用を捻出している。そして、「写真の権利はノエルに売っており、委員会は彼を信頼し、彼の個人的な会社、〈エクスプローラ・フィルム会社〉によって運営されている。この会社の会長がサー・フランシス・ヤングハズバンドです。当委員会としては、万全の予防策はとられていたものと思っております」。なんのことはない、このトンネル会社から遠征資金をもらっていたのだ。

ヒンクスは、ひたすら低姿勢で、ベイリーが反対するフィルムの一件は、ノエルにもヤングハズバンドにも連結したといい、それにしてもチベット政府が、チベットの僧侶をロンドンに連れてきたことに異議を唱える理由がわからないと言っている。そして、「チベットでは、誰も遠征を歓迎していないとあなたが言われるのを知り、驚きました」と、またしても無知ぶりを発揮している。

季節は四月に入り、来年度の登山準備のぎりぎりの最終段階になっていたのに、チベット政府からの許可は一向に下りなかった。ところが四月二十五日の「タイムズ」紙に、ベルリン発の驚くようなニュースが入った。なんとベルリンでノエルとラマ僧たちが、エヴェレストのフィルム・ショーをやり、その折、今夏ドイツ・アルパイン・クラブは、エヴェレストに行く計画中だというのだ。すでに帰ったとばかり思っていたラマ僧がまだドイツにおり、ノエルの行動で来年度の遠征が危うくなっているこの微妙なときに、国外でなお興業を続けているのだった。ノエルの神経はとても正気の沙汰とはいえず、彼は完全に詐欺師だった。するとその翌日、これに追い討ちをかけるように、晴天の霹靂、驚天動地のニュースが入った。今度はインドからである。

シッキムの駐在官からの報告として、インド政庁からロンドンのインド省に入った電報であった。「〈チベット〉国務大臣より、〈エヴェレスト〉遠征の許可を却下し、英国に行きたる僧侶の帰国を要請する文書を落手せり」。

これは予想される最悪の事態だった。この最後通告の数日前に、いま一通ベイリーからの手紙が出されていた。チベット政府からチベット歴の「午年の第二月の十九日」付の抗議文だった。この中でラサ当局は、四、五名の僧侶が英国へ連れ出され、踊り手としての写真が最近の新聞に載っている。これはあり得べからざるものであり、彼らが帰国許可の指示を求めてこない限り、チベットへの帰国を許さない、という強い内容のものだった。チベット政府の怒りは想像を超えていた。インド省もヤングハズバンドに、ノエルをなんとかしろと言ってくるが、ヤングハズバンドがノエルを止めたという記録はない。ノエルの収益はたぶん大いに上がっており、他人の助言など聞く耳はなかったのだろう。ここからいよいよインドとロンドンとの間の泥仕合が始まった。ただインド省は四月三十日付で、エヴェレスト委員会は今回のチベット政府の最終的な拒否に不満があるだろうが、チベット僧を連れ出したノエルとジョン・マクドナルドに圧力を加えるべきだと進言している。そうすれば、もしかするとチベット政府は前言を翻すかもしれないからで、すべて諦めないようにと言っている。

一九二六年度の登山許可がだめになったという報告を受けて、五月二十八日、ヒンクスはインド省のL・D・ウェイクリーに宛てて手紙を書いた。ベイリーから報告は受けたが、「この〔登山〕拒否は、シッキム政務官がチベット人の感情のうちのきわめて反動的な面に、すっかり服従したものとしか思えません」としたうえで、「ベイリーから知らされたこの登山拒否に、インド省もインド政庁も、そう易々と黙認しないでいただきたい」と言い添えることも忘れなかった。チベット政府が許可しないのはみなベイリーの差し金と言わんばかりである。このヒンクスの文句は言いがかりである。ベイリーが示唆するようにすればよかったのだが、ノエルから金が出ていた以上、委員会はなにも言えるはずもなく、しかも映画会社の会長が委員会の前会長では、ノエルはやりたい放題だったのである。

六月に入ったが、事態は一向に進展しない。困ったヒンクスはヤングハズバンドに会ったが、まるっきり手がない。ヤングハズバンドはなにも言わなかったらしい。むしろノエルを一喝するべきだった。エヴェレスト委員会は会議を開いて検討したものの、よいアイデアもない。ジレンマに陥ったヒンクスは、逆にベイリーに恨みを持って行くしかなかった。ベイリーがチベットの代表者のようにぐずぐず言うのなら、なぜインドに入るときラマ僧たちの入国にストップをかけなかったのか。これを知りながら、都合が悪くなってから文句を言うのは筋違いだ、ヒンクスはこう思いたかったにちがいない。ヒンクスは表面上きわめて丁重だが、事態をこじらせた元凶はベイリーと見ていた。

ところが、ここでまた嫌な事実がぽろりと出てきた。チベット僧のパスポートは、ベイリーの手を通した通常の外交ルートではなく、ベイリーの知らないところで処理されたらしいのだ。なぜこんな手が可能だったのか。実は、チベットに入るチュンビ渓谷を扼《やく》すヤートンには、英国が交易代理人なるものを置き、インドとチベットの交易業務を行なわせてきた。この職に一九〇五年から一九二五年まで、実に二〇年もの間デヴィッド・マクドナルドという人物が牛耳ってきた。彼は現地の商人たちの間ではたいへん有名だったし、実力者でもあった。しかも彼はスコットランド人とチュンビ渓谷に居住するレプチャ族の女性との混血で、現地に顔がきくことからまるで生き字引のような存在だった。(4) そこでノエルと彼とがつるんだところから、問題が複雑化した。

一九二五年六月二十一日、ベイリーはインド政庁のパーソンスに宛てて手紙を書き、かなり重要な事実を明らかにしている。ベイリーがヤートンでたまたまある男に会った。この男はギャンツェに行ってラマ僧たちを連れ出した人物で、ベイリーが彼に尋ねたところ、この仕事はマクドナルドがやれと言って、彼を送り出したのだと言う。この話は、マクドナルド自身が進んでベイリーに語ったのとは内容が違っている。彼の言うところだと息子のジョン・マクドナルドとノエルに責任があり、自分は何も知らない。息子のジョンを雇ってもらうため、ノエルを唆《そそのか》したのだという。

マクドナルドは、エヴェレスト登山のごたごたの始まる一九二五年に引退したらしいが、彼は息子のためになにやら小細工をしたらしい。エヴェレスト遠征には多くのポーターや物資の輸送・微発などが必要で、随分よい商売になった。このあたりを突つき出すと、思わぬ裏ビジネスが表沙汰になる恐れがあった。これは登山交渉の本筋ではなかったが、これもはっきりさせておかないと、いつ悶着が起こるかわからなかった。(5)

チベット側が強固に登山許可を出さないのは、なんとしてもノエルに原因があり、ヒンクスは彼に回答するよう促した。この返書（六月二十六日付）がノエルからヒンクスに届いた。この長文の手紙の中でノエルは、僧侶のパスポートはダージリンのベンガル政庁の書記官から出た正式のものであること、ベイリーがラマ僧を連れ去ったと主張するのは根拠のない言いがかりであり、「これはまったく真実でなく、私の信用を貶《おとし》めるものです。なぜなら、私はインド政庁を通じ、きわめて正しい方法でラサからパスポートを得ているからです」と書いている。

行く手に立ちふさがるベイリーを、エヴェレスト委員会はなんとしても抑え込んでしまいたい。なにがベイリーをこれほどまで頑にさせてしまったのか、ヒンクスにはまるでわかっていなかった。明らかにエヴェレスト遠征隊は〈パンドラの匣《はこ》〉だった。契約上の違反をしているうえ、隠された不正がありそうだった。地質学者の盗石事件、越境事件、チベット僧のパスポート問題、映画会社の献金疑惑……。ヒンクスは当委員会にやましいことはないと主張しているが、これが公表されたら遠征隊は完全に空中分解する恐ろしいものだった。それでも自己弁解を変えないヒンクスは、インド省のL・D・ウェイクリーに手紙を書いて、ベイリー切り崩しを図った。ヒンクスは、「シッキム政務官〔ベイリー〕はチベット側の肩を持ちすぎるばかりか、いささかやり過ぎである。彼の誤解をはっきりわからせるよう、インド省とインド政府から言ってやってほしい、そして、彼の言うことを認めないでもらいたい」と書いた。これはいささか身勝手な申し出であった。

これは単なる泣き落としなどではない、学会や委員会の権威を嵩にきた、立派な恫喝であった。ところがインド省は、これまでの経過を見る限り、ベイリーの意見が間違っているとは思っていなかった。交渉が空転している間にも、遠征隊は出発準備を進め、待機したまま待ちぼうけを食わされている。委員会ももうなりふりなど構っていられない。次の一九二六年度の登山準備の期限が迫り、これがだめとなると翌一九二七年度も危ない。ベイリーの不同意で、委員会は面子をつぶしていた。下からの突き上げも大きい。ヒンクスの文面からは、憎きベイリーを遠征つぶしの元凶に仕立て上げようとしている様子が、見え隠れする。いまベイリーを放逐しなくては、エヴェレスト登山は絶望である。ヒンクスは苛立ち、ベイリーは強固にエヴェレスト委員会の要求を、チベット政府に伝えていないと、インド省に抗議した。インド省文書はベイリーの悪口一色である。

焦ったヒンクスの行動が、実は裏目に出てしまった。インド省としては、チベット僧がどのようにして英国に渡航できたか、徹底的に追跡調査することにした。その結果、パスポートはやはりジョン・マクドナルドがダージリンで申請したものの、インド政庁がなかなか許可しないため、カルカッタへ行って手を打ち、なんとか僧侶たちを英国へ送り出したことが明らかとなった。ノエルの証言に嘘が入っていたのだった。営利を目的とする場合、パスポートを不正に入手したり、法律ぎりぎりで相手をごまかすことはよくやることだ。しかし、国家的事業に近いエヴェレスト遠征でこの手が使われたことは、なんとしても致命傷であった。

インド政庁は一九二五年七月八日、極秘として長文のコメントを出した。「われわれの情報では、遠征隊のロングシャール渓谷の訪問、ノエル少佐のチベット僧の英国への勧誘を正当化しようとする不可能な試みが、いったいなんだったかを説明するヒンクス氏の手紙は、まったく満足すべきものではない。もし手紙に遺憾の意が表明されていたなら、たぶん、チベット担当の大臣の感情をなだめる余地も十分あったろう。しかし、ノートン大佐の場合、当然誤解となっている越境問題を説明するというより、いっそう悪くさせてしまっている」(6)。こう書き出したうえで、問題を一つ一つ指摘していく。ロングシャール渓谷へ無断入境したことについて隊長のノートンは、弁解というより正当性を〔謝罪もせずに〕まくしたてた。これでは和解ではなく、ぶち壊しである。ノエルについてはこう言う。「ノエル少佐の釈明はとても満足できるものではない。遺憾の意を表するというより、彼は自分はまったく正しく、誰も彼もが悪いという開き直りの態度をとっている。彼はシッキムの政務官〔ベイリー〕を愚かしいまでに侮辱している。彼は不誠実であったか、あるいは過大に誤って伝えられていたかのいずれかである。もし前者なら〔人を欺いた〕チベット側の管理を支持することになる。また、もし後者なら、明らかに不注意な経営者であり、彼の行なう営業《ビジネス》の資格を欠いている」と。こう厳しく指摘してから、さらに「いま意見を述べたように、われわれの情報に照らせば、委員会の態度は最悪である」とまで極言している。

この一カ月後の八月四日付で、インド政庁は再度、前言を確認し、委員会に書簡を寄せた。この中で、ノエルの問題に次のように結論を下した。「インド政庁としては、しっかりとした地位のあるチベット僧たちを、了解のうえでヨーロッパへ連れて行った責任はないとするエヴェレスト委員会の声明と意見を正しいと認めるのは、やや難しいと思われる。この映画《フィルム》会社は、遠征隊員の一員であるノエル大尉が設立したものであり、僧侶の手配は遠征の期間中に行なわれたものであった。委員会は、映画会社から経済的利益を受けており、ノエル大尉とサー・フランシス・ヤングハズバンドは、この会社の理事である。これを実際に統制することはなかったかもしれないが、マウント・エヴェレスト委員会と王立地理学会に責任があったことは間違いない(7)」。

老いは誰にも訪れる。そのため判断が鈍ることがあっても、それだけなら誰にも訪れる自然現象であり、そう批判されることはない。ただ老醜の身を晒さないことだ。名声と名誉だけで担ぎ出されたことを忘れず、配下の経営者にもし不正の臭いを嗅ぎつけたら、速刻自ら身を退くか、相手を解任するかの判断だけは、やはり下さねばならない。一連のエヴェレスト事件を見ていくと、ヤングハズバンドが積極的に動いたという材料はただの一つも現れない。しかも、ノエルの製作した問題の多い映画《フィルム》のタイトルが『エヴェレスト叙事詩』（*The Epic of Everest*）で、ヤングハズバンドが著した本のタイトルが『マウント・エヴェレスト叙事詩』（*The Epic of Mount Everest*）では、人はその違いを指摘できないであろう。たぶん、同じものだと思うに違いない。だからこそインド政庁は、ヤングハズバンドの責任をはっきりと指摘したのだった。

後味の悪い結末だった。エヴェレスト委員会はこの不始末に、インド政庁に陳謝ではなく弁明ばかりした。これではインド政庁も協力するはずがない。インド政庁もインド省も、エヴェレスト登山をもう学術調査隊とは見なさず、単なるスポーツと金儲けの手段と考えるようになっていた。委員会全員が総辞職してチベット側に陳謝したならば、一九二六年は無理としても、二七年以降はあるいは許可が得られたかもしれない。チベット政府もそこまで英国側を追いつめる気もなかったろう。この英国とチベットの関係悪化につけ入って、いち早くドイツ、スイス、アメリカなどの登山隊がエヴェレスト登山に行くことを表明したが、ベイリーはチベット政府がこれを一切受け付けないと知らせてきている（七月三十一日付）。

誰もこの事件で辞めた者はいない。第一に委員会は映画会社を完全に登山から切り離すべきだった。それができないことは、役員に裏金が渡っていたと勘ぐられても仕方がないであろう。インド政庁はこれを鋭く嗅ぎ分けていた。それを暗にほのめかしても、委員会はなんの手も打たなかった。しかし、もしこのことが外部に漏れたりしたら、エヴェレスト遠征はマスコミの餌食になり、一大醜聞《スキャンダル》に発展したに違いない。それが怖さに誰もが口をつぐんだ。結果は登山隊派遣の許可が下りず、いつか立ち消えの状態になっていた。ちょうど映画とチベット僧の問題をマロリーとアーヴィンの遭難で世間の目からうまく隠蔽したように、今度は、悪いのはチベットの閉鎖性だと巧みにすり替えた。世間に口をぬぐっておきさえすれば、崇高な学術調査を拒んでいるのはみなチベット政府ということになった。

エヴェレスト登山は、以後一九三三年まで実に七年間中断を余儀なくされた。それでもエヴェレスト委員会は厚顔にも、形だけは存続していた。することもないまま、一応形式的に登山許可の下りるのをじっと待っていたのである。一九二八年、委員会にとって不倶戴天の敵ともいうべきベイリーが、シッキムの政務官という地位から離れた。同僚たちの大半がのちに〝サー〟の称号を叙与されたのに、彼にはついに与えられなかった。その後、一九三二年八月、どんな風の吹き回しか、翌一九三三年のエヴェレスト登山を許可するという通知がチベットから届いた。

驚くべきニュースはまだ続いた。翌一九三三年に、今度はダライ・ラマ一三世が死去したのだ。これはエヴェレスト委員会にとって恐るべき一報だった。許可を下した本人が他界してしまったのだ。これでは事態が好転するのか暗転するのか、誰にも予想がつかない。ヤングハズバンドはこのニュースを聞いて、もう永久にエヴェレスト遠征の望みはないだろうと思ったと言っている。そして、一九三四年に、創立以来の委員の地位を辞任したのだった。齢七〇歳である。この約一五年の歳月は、いったい何だったのだろう。七年間の登山のブランクは彼ばかりでなく、この問題にかかわった人たちにとってもきわめて大きかった。そして、古い登山家たちはもうただの一人も残っていなかった。そればかりではない。もしこのエヴェレストをめぐるスキャンダルが戦前に暴露されていたら、王立地理学会もアルパイン・クラブも、存続の可能性すら難しかったろう。ただ幸いというべきか、第二次大戦でヒマラヤ登山は一切中止となり、戦後、エヴェレストは英国登山隊によって初登頂され、これで過去の一切が消却されてしまったのである。

第32章　晩年——新しい精神活動

第一次大戦の終わった一九一九年から、以後の約十年間はほとんどマウント・エヴェレストの登山と、その背後の煩わしい処理問題で、だらだらと引きずられていた。学会の面子や遠征に伴う利権や、人間の欲望の絡んだ大規模な登山計画は、世間に喧伝されるほどには大きな成果をもたらさず、ついには政治的判断で中断の憂目に遭っていた。初めこそ国威の発揚もあって大いに期待されたが、次第に登山計画はショー化し、ついには醜怪な様相にまでなった。

こういった内密の問題は、ごく限られた関係者が知っているだけで、一般大衆はなにも知らされていなかった。チベットから連れて来られた僧侶たちが、なにやらチベット政府と悶着を起こしたらしいことはなんとなく察しがついたが、詳しい報道はなかった。すべてが闇から闇ともみ消され、悪いのは頑迷な僧侶たちの支配するチベット政府ということになっていた。ラサにはうるさく嗅ぎ回るマスコミもいなかったから、いくらでも秘密は保たれたのである。このことは、第二次大戦が終わりヒマラヤ登山の黄金時代を迎えた後々まで、生き残りの関係者も一切口をぬぐって沈黙を決め込んだ。

この時期は、ヤングハズバンドの六十歳代をほとんどカヴァーするものだった。人生の最後の収穫期に成果の乏しい世俗的な問題に足を突っ込み、精神的にも肉体的にも相当な負担だったはずであるが、この間の内面の生活にはなに一つ語られたものがない。エヴェレストにかかわる二冊の本も、紙屑とまではいわないまでも、読み物以上の内容はない。ともかくエヴェレスト醜聞《スキャンダル》の隠蔽工作は完全に成功したのである。

一九一一年に、ベルギーで交通事故のあった後、ヤングハズバンド一家はバッキンガム・ゲイト三番地のアパートに住んでいたが、エヴェレスト登山計画が本格化し出した一九二一年に、ロンドンの南東方面、ケント州のウェスターハム郊外のカーラント・ヒルに、一軒家を買って移った。詳しいことはわからないが、古い屋敷だったという。ケント州はテムズ川の南に広がる、森と田園ののどかな地方で、これまでの人生の大半を荒々しい自然の中で過ごしてきた彼には、晩年の静かな生活には最もうってつけの所だったろう。しかし、彼はここで人生を終えることなく、またロンドンに移り住むのであるが、ともかくここに一六年間住み続けたことになる。彼がここを切り上げる一九三七年、七四歳の年に、大病をする。

英国へ移り住んでからやっと安定したこの屋敷での印象を、娘のエイリーンが書いている(1)。この家の造りはエドワード朝初期の醜怪ともいえる建物で、このセンスのない建物は、一八世紀の古臭い英国とフランス育ちの母親の趣味の家具類とで、なんともちぐはぐでそぐわないものだったという。このカーラント・ヒルは村の外れに建っており、眼下にドウン川のすばらしい眺めが見晴らせた。庭の土は砂っぽく腐蝕土でなかったから、樹木や潅木を除けばあまり植物は育たなかった。しかし、庭は気持ちがよく、母親はここで読書をし、父親であるヤングハズバンドのほうはよく森に続く小径を散歩したという。彼はとりわけ歩くのが好きで、車が嫌いだった。一般の英国人からみると背が低かったが、それでもステッキを振り振り口笛を吹いて歩き回わっていた。これは朝食前の日課のようなものだった。その昔、若い頃によくミュージック・ホールで聴いて憶えた歌を口ずさんではいたが、だいたいがどれも最初の二行以上はわかっていなかった。

彼は服装などまるでお構いなしで、いつもだぶだぶのスーツを着込み、ポケットにノートを押し込んでいた。そしてなにか気がつくと、どこであろうとすぐこのノートにメモを書き込むのだった。これがたまり、ヒントになって、新しい本の材料になるのだった。彼は身の周りのことにまるっきり気を遣うことがなかったから、コウモリ傘など自分のものと他人のものとさっぱり区別がつかず、たいがいどこかで取り替えてきてしまうのだった。だからボロ傘が金の把手のついた傘に早替わりすることもあり、一方、持っていたものを行く先々で忘れてきてしまう。これには夫人もたまりかね、傘の銀の把手の部分にこう彫り込んだのだった――「サー・フランシス・ヤングハズバンドから盗まれたもの、旅行クラブ」。この呪《まじな》いから以降、どうやら忘れなくなったという。世間体のことなどまるっきり考えず、自由気儘な生活だったから、家族はいつも冷や冷やしていた。

長年の辺境の生活からだったのか、性来のものだったのか、彼は落ち着きがなく、一カ所にじっとしていられなかった。探検のためには、毎日同じ場所にはいられないし、油断もできない。だから家族そろって旅行しても、一晩か二晩泊まると、もうそこの場所にいられないのだった。しかもじっと部屋にいられない。そわそわして、喋ったり考えごとをしながら、行ったり来たりしている。そこでついには家族も（とくに夫人が）、「うろうろしないで、じっとしていてちょうだい」と言うことになるのだった。こんな調子だから、狼に育てられた少年のように、文明生活にはいつまでたってもなじめず、パーティーに行こうが、他人を訪問しようが、とても長居できないのだった。レセプションなんかに娘と一緒に出かけたりすると、ざっと一わたり人々と会って話をすませてしまうと、「もう家に帰ったほうがいいんじゃないか」とささやくのだった。だからせっかく招いた方がついにいら立って、「来た早々にもう家に帰るなんて、そわそわしないで」と言い出す始末だった。といって彼はけっしていらいらしたり、急いだり、時間でぐずぐず言ったりはしなかった。すべてがマイペースだった。

彼の趣向もこれまたきわめて単純だった。ただ本には目がなく、手当たり次第に買い込んだ。哲学、宗教、神秘思想の本と、どれでもよかったが、ただ旅行記だけは買わなかったという。探検史の研究者でも学者でもなく、アジアの第一級の探検をしてきた者には、もう探検の本に憧れは抱けなかったのだろう。それに旅行記の類は出版社や著者から寄贈されたり、書評を依頼されたり、序文を書いてほしいといわれたから、買う必要がなかった。新刊本の最初の一、二ページに本の飾りとして、功なり名を遂げた著名な探検家に序文を書いてもらうことは、デビューする新人作家にはそれなりの価値があったのである。

こんな宣伝文句ばかりではなく、ヤングハズバンドがかなり熱意と労力を注いで編集したものもあった。それは一九二一～二三年に、北京からラサへの旅の途中、バタン近くのカンゼで、一九二三年の十月に亡くなったペレイラ将軍の遺稿集の刊行だった。この日記はかなりの分量に達するもので、『北京よりラサへ』と題し、一九二三年に出版された[2]。これは、うっかりすると散逸してしまう貴重な資料をまとめた、よい仕事だった。ヤングハズバンドはすでに第一線を引退していたが、まだ世間の人々からは〈グレイト・ゲーム〉時代の生き残りの探検家として、たいへんな尊敬を受けていたのである。ただ本人はもう探検にあまり興味も関心もなかった。アジアをめぐる情勢は混沌としていたし、当時より状況はいっそう悪化していた。だから、むしろ宗教や宗教的な演劇、新しい映画というものに楽しみを見出していた。彼は娯楽としての笑いも大好きだったのである。

しこたま買い込んだ本は机の上といわず寝室といわず、いたるところに山積みされ、まったく手がつけられなかった。研究者でないから統一というものがない。彼は探検家風情とは似ても似つかず演劇と映画には目がなかったため、本は勢い演劇関係のものが多かった。こんなことから彼はノエル大尉の巧みな弁舌に乗って、映画会社の会長にまでなってしまうのである。

ヤングハズバンドが青春時代、ゴビ沙漠を横断中に受けた神秘主義への啓示は、年を経ても失われることはなかった。その感情は、アジアから故国ヨーロッパに帰ってからも減ることはなかったのである。第一次大戦後に始まった俗っぽいエヴェレスト遠征計画の間にも、こういった宗教的感興は密かに彼の心の中で育まれていたのだった。しかし、これが一つのまとまったものになるには、さらに時間がかかったが。「信仰の世界会義」(World Congress of Faith) が彼によって創設されるのは、一九三三年になってからである。

エヴェレストをめぐる醜聞《スキャンダル》は、幸い外部に漏れずにすんだが、子供のように人を疑うことのなかった純真なヤングハズバンドは、この期間、やはり針の筵《むしろ》に座っているような気分だったろう。名誉と金との欲に取り憑かれた人たちを見るのはやり切れなかったし、といってこれを排除するだけの勇気も決断心も持ち合わせなかった。なるようになるしか方法がなかった。逃避できる唯一のことは好きな演劇関係の本を読むか、散歩をし、青春時代から温めてきた信仰という永遠のテーマを思索することだった。その根本の目標は世界の平和であり、それを達成するには宗教しかないと考えられた。しかし、この世界にはあまりにもさまざまな宗教があった。いったいこの各民族によっても異る宗教の信者を、どうやったら一つの席に着かせることができるだろうか。

　各々異なる宗教の代表者を集めて、信仰の国際会議を開催しようというヤングハズバンドの発想は、一応は一九三三年に実現をみるのであるが、ちょうど同じ時期、これとは別にアメリカのシカゴで第一回「信仰の世界団体国際会議」というのが開かれたのだった。そもそも彼が作ったという会議の成立事情はあまりはっきりせず、わかりづらい。この会議自体が彼の独創ではなく、すでに一九世紀末期から提唱されていたという。事実、一九〇〇年には「宗教史国際会議」(International Congress of the History of Religions)がパリで開催され、次いで一九〇四年にはスイスのバーゼルで、さらに一九〇八年にオックスフォード、さらにオランダのライデン(一九一二年)、パリ(一九二四年)で開かれていた。とくに一九二四年の英帝国博覧会では、著名な東洋史学者のサー・デニスン・ロスが、英帝国内(英領植民地内)のさまざまな宗教に関する講演会を開く段取りをした[3]。この機会に、宗教研究を推進するための学会が、ゼトランド卿を会長にして設立され、この会議の議長にサー・デニスン・ロスが、また委員会の会長にヤングハズバンドが推されて就任し、この会合で講演するよう依頼されたのだった。ちょうどエヴェレスト登山隊の派遣でごった返していたときであり、彼は二足の草鞋《わらじ》を履いていたことになる。そして、いつしかこのことにますます深入りしていくのである。

　一九三三年という年は、世界でもいろいろ社会を賑わす出来事のあった一年だった。その一つは、アメリカのシカゴで万国博覧会が開催されたことである。先にもふれたとおり、このとき併せて第一回「信仰の世界団体国際会議」が開かれた。この会議はどうやら評判がよかったらしく、翌年にもニューヨークで開かれ、ヤングハズバンドはこれらの会議に招かれ、講演をしたのだった。このことは彼の晩年を飾る最後の新しい知的冒険の船出のようなもので、エヴェレスト登山といったショーと違って地味であったが、こちらのほうはあくまで人と信仰の問題だった。

　この年、八年間も断絶していたエヴェレスト登山許可が再びチベット政府から下りて、新しい登山隊がチベットへ向かっていた。しかし、これはすでにヤングハズバンドとはかかわりのないことだった。八年間という歳月はけっして短いものではない。かつての第一線のクライマーたちはすべて引退し、まったく新しいメンバーに入れ替わっていた。また、ヒマラヤ登山に魅力を感ずるような、のどかな時代でもなくなっていた。そして、ヤングハズバンドが自分の人生をいま一度変身させようとしたように、世界も大きく変わろうとしていたのである。この年の一月、ドイツではワイマール共和国が消滅してナチ党のヒトラーが政権をとり、アメリカではルーズベルトが大統領に当選してニューディール政策が始まり、年末には悪評のみ高くなっていた禁酒法が廃止された。

アメリカでの国際会議に出席した彼は、このような国際会議をいま一つロンドンに創設したいという気になったらしい。これがのちに知られる「世界信仰会議」である。この設立の事情もあまり詳しくわかっていないようである。ただ、この会議こそが自分の長年探し求めていた目標だったことを、彼は認めていたらしい。しかし、一見簡単そうに見えるこの会議の運営は、考えれば考えるほど難しかった。同じキリスト教といっても旧教《カソリック》と新教《プロテスタント》があり、カソリックにはギリシア正教もあり、改革派にはルーテル派やカルバン派、メソジスト派その他があって、それぞれがみな自分たちの主義主張を唱えている。意見の一致など百年の河清を待つようなものである。そしてキリスト教には過去血で血を洗った歴史もあった。しかし、この国際会議はなんとしてもキリスト教から固めていくのが、当然であり自然でもあった。ところがたちまち暗礁に乗り上げてしまった。英国国教会が代表を出さないというのだ。

ともかくヤングハズバンドは態度を絶対中立とし、他の宗教ないし宗派に対して、一切コメントしないことだった。もしそんなことでもしたら、たちまち蜂の巣をつついたような騒ぎになってしまう。しかも彼があらためて驚いたのは、キリスト教徒による救い難いほどの他宗教への偏見であり、ヒンズー教、仏教、イスラム教を蔑視し、不信心者や偶像崇拝者と接することはキリスト教に忠実でないという考えがあることだった。ヤングハズバンドにとって最大の願目は、こうした偏見を取り除き、世界平和に貢献することだったから、このような宗教人の心の狭量には驚くしかなかった。彼が長い辺境での生活の中で出会った人々は、きわめて多彩であり、さまざまな宗教の信者だったが、彼らはヤングハズバンドに少なくとも偏見は持っていなかった。キリスト教徒のような敵対感情を抱く人などいなかったのである。彼の宗教活動がほとんど記録されていない理由も、あるいはキリスト教社会での活動だったからかもしれない。

ともかく、ヤングハズバンドの名が世間でよく知れていたことは大いに役に立った。ヒンズー教、仏教、イスラム教、独立教会、その他の宗教指導者が彼の活動に援助を惜しまなかったので、次になすべきは、この会議の役員会の事務所の設置と、資金集めだった。各宗派に講演を依頼するのも一つの仕事で、なかには拒否する者もいたものの、なんとかそろった。問題だったロンドンのセント・ポール寺院の首席司祭《ディーン》が、最初の開会前に聖堂のお祈りを認めてもよいと、誠意を示してくれた。しかし、これでもまだ十分ではない。そこでヤングハズバンドは自分のコネを使って、インド事務相のゼトランド卿を通して、この会議を政府が関与するよう取り計らってもらい、さらにバッキンガム宮殿の国王の私設秘書官から国王にメッセージを出してほしいと頼み込んだ。

一九三三年に初めて構想を立ててからわずか三年、一九三六年七月三日、ロンドンのクイーン・ホールでやっと信仰国際会議が開催の運びとなった。さまざまな民族からなるこの会議はともかく成功裡に終わったという。この講演会では四名の各派代表が講演したが、日本を代表して仏教学者の鈴木大拙が禅の話をした。このちょうど一カ月後、ベルリンでは民族の祭典オリンピック大会が開かれたのだった。どちらも世界の民族の友好を願う大会ではあったが、信仰の会議のほうを知る人はいまではほとんどいない。

一九三六年、ヤングハズバンドは当時たまたま英国を訪問中のチャールズ・リンドバーグに会うことがあった。彼は一〇年ほど前の一九二七年五月、単独でニューヨーク—パリ間の大西洋横断無着陸の飛行に成功し、一躍世界的な著名人になった。しかし、この名声がかえってあだになって、幼い息子が誘拐され殺されるという悲劇に遭った。彼はこうしたことからすっかり憂鬱な気分に悩まされ、これから逃避するため超感現象（自然現象と霊感現象）に興味を抱いたものらしい。そして、ヤングハズバンドに手紙を書いたのだった。リンドバーグはヒンズー教の苦行僧《ファキール》や火渡り行者を求めてインドへ行き、自らもヨガ行者となって隠棲したいと思っていたらしい。さらに神秘思想に詳しいヤングハズバンドからは教えを乞うつもりだったらしいが、これにはヤングハズバンドが驚いた。彼はリンドバーグの心の苦しみに同情し、では来年の春、インドに行く予定があるので、その折、当地で会うことにしようと約束をした。インドではインド人の神秘主義者や宗教家と会える機会があるので、紹介しようということだった。

一九三七年の一月、ヤングハズバンドはパリ、カイロ経由でインドに向かった。インド訪問は実に一八年ぶりだった。今回の旅は観光ではなく、カルカッタで開かれる宗教会議に招待されたからだった。ちょうどインドの近代宗教改革を行なった、哲学者、宗教家でもあったラーマクリシュナの生誕一〇〇年祭が行なわれるので、それに招待されたのである。(4) ラーマクリシュナの偉大な貢績は、他の宗教(イスラム教、キリスト教など)を研究した結果、どの宗教も唯一神に至る道では、同じであると喝破した点であった。ヤングハズバンドのように、世界の各宗派が一堂に会す国際会議を主催しようとしている者には、ラーマクリシュナのような考えは基本になるものだった。そしてカルカッタの会議では、ヤングハズバンドも記念講演を依頼されていた。

二月二十四日に、インドに到着したヤングハズバンドは、リンドバーグと会った。そして翌日、ボンベイからナガプールへ、次の日はナガプール(途中、ラジプールで休憩)からカルカッタへと、合計七時間四五分かけてインド亜大陸を西から東へ飛行機で横断したのだった。七四歳の彼は、もちろん空の旅は初めてであった。リンドバーグのこの飛行機は長距離用に特別の設計で造られたもので、二枚翼のマイルズ・モホーク号といった。ヤングハズバンドは初めのうちこそ捕われたウサギのようにおとなしかったが、やがてすっかり有頂天になった。たしかに眼下に展開する雄大なジャングルは実にすばらしい眺めだった。やがて夕方、ガンジス河畔の白っぽい町並みを飛び越え、カルカッタに無事到着した。これは得難い体験であった。

カルカッタの宗教会議はともかく盛大で、ヤングハズバンドも次々と講演を行なった。インド人の評判もきわめてよかった。講演の一部はラジオでも放送された。そしてパンディット大学から、ヨーロッパ人には初めてという〈クラーマ・ケサリ〉(進取な気性のある人)という称号を授与された。この会議の後、彼はガンジス河畔のベナレスに行き、ここのヒンズー大学で接待を受けた。第二の故郷であるインドは、彼を予想よりはるかに温かく迎えてくれたことになる。帰路は船で地中海を通り、ロンドンに無事に戻った。この年はまだアジアでもヨーロッパでも、本格的な戦争は起きていない、つかの間の平和なときだったといえよう。

第33章　最後の旅路

一九三七年、間もなく七五歳を迎えようとしていたヤングハズバンドは、いまだ忘れ去られた人ではなかった。世間では功なり名を遂げた、ヴィクトリア朝時代の最後を飾るにふさわしい、一流の名士であった。ちょうどこの年は、かつてゴビ沙漠を横断し、天山南路を通り、ムズターグ峠を越える大旅行の年から五〇年たっていたことから、一八九六年に出版された『大陸の胸奥』(*The Heart of a Continent*)の「五〇周年記念」の簡約新装版が出された。当時、いたるところが未知に閉ざされていた中央アジアは、いまはすっかり変わり果て、回教徒の反乱があちこちで続いていた。しかし、いまでは遠い過去になった〈グレイト・ゲーム〉を勝ち抜いてきた、最後の探検家であることには変わりなかった。そこでいまは静かに引退し、平穏な人生を美しい森と田園に囲まれた田舎で、のんびりと悠々自適の優雅な生活を送っているものと、誰しもが思った。

ところがカーラント・ヒルの宏壮な屋敷の家計は、まさに危殆に瀕していた。どうやり繰りしてみても、帳尻が合わなかったのだ。銀行の残高は彼のインド勤務時代のわずかな年金を除けば、収入はまったくゼロであることを告げていた。いま彼の一家の家計を支えているものは、この取るに足らぬ年金と、夫人の持参の遺産と、ときどき娘のエイリーンが倹約して送ってくる給与の一部ぐらいのものだった。本の印税は不定期である。なぜこんなにまで家計が破滅状態になったのか、理由ははっきりしない。ただ考えられることはエヴェレスト登山の映画会社からの予定の収入が止まったことと、彼の貯えが一九二九年の世界大恐慌ですっかり底を突いたかの、いずれかである。これはやはり予定外のことだったろう。

そこで夫人は、このカーラント・ヒルの家屋敷を売り払うことに決めた。こうするより他に方法がなかったからだ。英国貴族のはしくれになったとはいえ、サー（ナイト爵）はあくまで名誉称で、国からの経済的な保障はない。この体面を維持するために、立派な家屋敷を維持することは難しかった。当時、彼とかかわりのあった会社は、彼にまったく現金を入金してくれなくなった。なぜそうなったのかこの間の事情が詳しくわかりかねるが、彼はこの会社の株式に投資していたのかもしれない。それが世界恐慌で株が暴落したのか、なにかで破産したのであろう。ヤングハズバンドは、生来、世俗的な金銭感覚にまるで乏しい。収入と支出のバランスがどうなっているのか、まったくわからなかった。それでいて社交や協会の設立などで、金がどんどん出ていく。こんな難しいときでも散歩したり、村の子供たちと遊びたわむれたり、リンドバーグをお茶に招いて神秘思想について語り合ったり、ユーモア作家のF・G・ウッドハウスの作品を読んで楽しんだりして過ごしていた。こんな折しも、七五歳の誕生日を迎える数週間前、彼の心臓の鼓動が一時的に停止したのだった。

これはどうやら血栓だったらしい。ところが再起不能と思われた病気も、セヴンオーク養護施設に入院させられた結果、六週間ばかりでどうにか克服できたのだった。こんなひどい時期でも彼は書きかけの原稿に手を入れ、なんとか完成させた。タイトルは例によって訳出の難しい *The Sum of Things* と付けられた。ただ、実際に出版されたのはこの二年後の一九三九年一月であった。

この本はせいぜい一五〇ページ足らずの薄いもので、これまで出版された本でふれた内面的な印象を綴ったものだった。この短い「まえがき」で、彼はこう語っている。「本書の中で、全体的に私の生涯を要約したいと思い、あらゆる事柄の概要（the sum of all things）についての私の最後の印象を申し述べたいと思っている。そのためかつて読者の皆さんにふれた古い領域をいま一度たどる必要が生じた。このことをどうかお許し願いたい」。

タイトルの由来はこの「まえがき」でふれられているとおりで、要するに彼の人生の総括にしたかったのであろう。しかし、彼にはいま一冊、『生気ある宗教』（*Vital Religion*. 1940）がある。

病気がまだ完治していなかった七月に、第二回「信仰会議」がオックスフォードのパリオル大学《カレッジ》で開かれた。しかし、ヤングハズバンドは病気の無理を押して会議に出席したものの、喉と心臓の痛みとで話すこともできなかった。この会議はそれでも盛大で、会場は聴衆でいっぱいだったという。時代はますます暗く、誰の目にも激動の世紀に入ったことは明らかだった。ヨーロッパではスペイン市民戦争が激しさを増し、アジアでは盧溝橋で日中両軍が衝突し、全面戦争に突入した。こんな将来の不安から、信仰への関心は人々の間に強かったのであろう。この二年後にはついに第二次大戦が勃発するのである。しかし、この会議の仕事だけは片時も心から離れず、彼が一九四二年に世を去るまで準備に余念がなかった。彼の死によって彼の存在がいかに大きかったかがあらためてわかったのだった。

この信仰会議が終わった後、ヤングハズバンドは夫人のヘレンを伴い、スイスに転地療養に行った。ここでこれからの残り少ない人生について、二人で話し合ったものらしい。年上の夫人はもう八〇に手が届く年齢である。こんな高齢の身でこれからの生涯を考えねばならないのは、やはり辛いことだったろう。結婚以来、ずっと大切にしてきた高級家具も売り払うことにし、ロンドンの狭苦しいアパートに引っ越す相談が交わされた。思い出ある品がなくなるのは、彼女にとっても悲しいことだったろう。スイスからヤングハズバンドは夫人を帰して、一人でスイス・アルプスやイタリアを巡り、九月まで旅を続けた。

旅から帰ると、この年（一九三七年）の末には長年住み慣れた宏壮なカーラント・ヒルの屋敷を売却し、ロンドンのヴィクトリア駅に近いアッシェリー・ガーデンのアパートに移った。戦争の危機が迫り、人々が田舎に転居するとき、彼は逆にロンドンに移ったのであった。老人二人きりの家庭は、重く、暗くなる一方であり、ますます宗教的な瞑想の世界に救いを求め、没入していくことになっても無理なかったろう。ただ彼は、けっしてこの世界も自分をも悲観はしていなかった。一九三〇年にオリーブ・スティブンソン夫人が「宗教演劇協会」（The Religious Drama Society）を創ったときにも、彼はいろいろな面で手助けし、この協会とも次第にかかわりを深めていった。(1)

これに限らず、ヤングハズバンドは実に多くの協会《ソサエティー》を創った人だった。ただ自分が発起人として創った場合もあり、また創設に手を貸したことも多かったが、その数は生涯を通じて六つ、創立を試みたものがさらに四つあったというから、驚くほかはない。[2] ところがこのなかにはよくわけのわからぬものもあり、創ってみたが長続きせず、中途で消滅してしまったり、計画倒れのものもあったらしい。だいたいが幽霊協会の類だった。創立に参加したものでいまも知られているのは、せいぜい一九二七〜八年に創られたヒマラヤン・クラブか、マウント・エヴェレスト委員会ぐらいしかない。学術団体としては、一九〇一年、彼が独自で創った王立中央アジア学会がいちばん名高い。

一九三三年に、ヤングハズバンドは妙な会を創ろうと計画を立てたらしい。「山岳聖所協会」(The Mountain Sanctuaries Association) という組織で、具体的にどんな活動をしようとしているのか趣旨書も残っていないので、よくわからない。ただ純粋な山岳会とも違い、民俗・宗教がらみのものを意図していたのかもしれない。登山家のトーマス・ロングスタッフや、〈グレイト・ゲーム〉で活躍したF・M・ベイリー、ヒマラヤの聖者シュリ・プトヒト・スワミなどを中心に据えようとしていたらしく、なんともわけがわからなくなってくる。この案には参加を表明する人もいたというが、資金面でたちまち空中分解してしまったらしい。ヤングハズバンドは「行動の人《マン・オヴ・アクション》」などとよく言われたが、物を深く考えないですぐ行動に移してしまう癖があった。[3] この頃、散歩がてら野に咲く草花や蝶を見て、早速「自然美協会」を創ったものの、学術的な団体でも芸術を追求するものでもなく、ただ自然愛好家の集まりにすぎぬ同好会など、長続きするはずもなかったのである。

彼の人生を大きく変えたのは、すでにふれた一九三三年のシカゴの「世界宗教会議」であった。これをヒントに彼は英国に「世界信仰会議」(The World Congress of Faiths) をともかく創設することができた。この会議は時代の不安を反映してか、なんとか三日坊主の会に終わらなかった。これこそ彼の人生最後の生きがいでもあり、よりどころにもなった。しかし、この会議を機会に、またほぼこの頃に、ヤングハズバンドの身辺に大きな変化が起こりつつあった。長生きすれば必ず生ずる老いの問題である。齢《よわい》すでに七〇歳になり、娘のエイリーンは外に働きに出ているから、当然老人家庭になった。住み込みの家政婦がいても、話し相手にはならない。この老境に入った寂しさを紛らわせ、いやむしろ生きがいや喜びを見つけてくれる事件が、同時に起こりつつあったのだった。二人の女性の出現である。

伝記作家を常に悩ますのは、異性の問題である。主人公が男性なら女性にかかわることであり、これをなんでもかんでも書き立てて暴露することは、明らかに本意ではない。その相手との関係が社会的にも大きな意味を持つときだけ、ふれて然るべきであろう。ヤングハズバンドの場合、彼の晩年の一九三〇年の初めから亡くなる一九四二年までの約一〇年間は、この女性問題を除いては論じられない。もしこれを避けて通るなら、この一〇年間をカットして、晩年はそく死んだことにしてしまうしかない。

この二人の女性、一人は当時二〇歳を出たか出ないくらいの若い女性であり、いま一人はすでに四十代の子持ちの人妻であった。この女性のことは当時周囲の人たちはみな知っていたが、ヤングハズバンドが亡くなった後、娘のエイリーンが生きていた間は、ふれてはならないタブーであったらしい。彼女は私にも一切教えてくれなかったし、一九九〇年代、エイリーン没後、若い伝記作家の出現で、この問題がようやく明るみに出たのだった。(4) エイリーンの依頼で作ったジョージ・シーヴァーの伝記には、二人の女性の名前は出てくるが、この間の事情は一切うかがうことができない。

どうやら一九三〇代年早々、病気がちな夫人の面倒を看るためニュージーランドから一人の若い女性が、ヤングハズバンド家に看護婦として住み込み、一緒に生活を始めたらしい。もちろんエイリーンよりずっと年下で、ノナ・ミラーといった。なかなかの美貌で、機転も利き、それなりにすぐ夫人のよき相談相手にもなってくれたので、ヤングハズバンドの家庭ではすっかり気に入られ、「シスター」と呼ばれていたという。自分たちの娘より年下だったことや、看護婦としての役目から、こう呼ばれたのだろう。しかも老人家庭の中に入って、家事の切り盛りまでするようになれば、家庭の中のことはなにからなにまでわかってしまう。すでに関係のなくなっていた夫婦間のことも、年上の夫人にいくらか痴呆が始まっていたことも、しかも老いてなお矍鑠《かくしゃく》たる主人が性的欲求不満であること、その捌け口を他に求め得べくもないことなど、知ったとしてもなんら不思議ではない。

一般の家庭でもこんなことは日常茶飯のことであろう。問題は小さなうちにさっさと片づけられ、仮に家族以外に知られたところで、社会的に無名であれば話題にもならずすぐに忘れられるにすぎない。しかし、ヤングハズバンドの場合は少なくともそうはいかない。家庭内のちょっとした醜聞ですらすぐニュースになってしまう。シーヴァーの公式の伝記の中にさりげなく名のみ出るノアという若い女性を再確認し、この女性とヤングハズバンドとが一時恋愛関係を持ち、あるいは情事もあったらしいことを嗅ぎつけたのは、パトリック・フレンチという若い伝記作家の鋭い嗅覚だった。彼が知らせてくれたところによると、取材当時、すでに八〇歳を過ぎていたこの女性をやっと見つけ出して会った感触から、これはただ単なる関係以上に深かったと感じたという。

しかし、一九三二年、ノアは知り合ったロンドンのビジネスマンのボブ・グスリーと結婚した。せっかく慣れてきたところで彼女に去られてしまうのは残念だったし、相手の男も気に入らなかったらしく、ヤングハズバンド家としてはこの結婚に反対だった。結婚相手の男のほうも、あんな老いぼれ夫婦の所にいたっていいことはないといったぐらいは、ノアに吹き込んだことだろう。ところが、ノアは一応上流階級の生活の一端は見ている。しがないサラリーマンに嫌気が差したのか、この結婚生活はたちまち破綻したらしい。籍に入っていたのか抜けていたのか不明ながら、ノアはヤングハズバンド家に月に数回は通って、夫人を散歩に連れ出したり、ちょっとした茶会《ティー・パーティー》に伴っていったり、実によく面倒を見てくれたらしい。それにヤングハズバンドの新しい本の原稿の草稿をタイプに打ってくれもした。彼女はともかく若いうえに知的で魅力的だったから、かわいがられないはずがない。ただ彼女は政治や宗教にかかわるものが嫌いで、なにかと議論するのも嫌だった。ところがヤングハズバンドには心の不満があったらしく、これを満たす女性がいま一人、彼女の他にも必要だったのである。

女性の武器は美しさだけではない。なかでも知的な男を魅了させるには、それなりの教養がぜひ必要となってくる。それも単なる高学歴だけではだめなのだ。ノアはこれを十分満たしていたらしい。結婚生活がうまくいかず、一方、ヤングハズバンド家にしばしば来ている間、ノアはいま一人の男と知り合うようになり、いつしか魅かれていったらしい。この男はフランク・スマイスという山男だった。スマイスとヤングハズバンドとの最初の出会いがいつかはっきりしないが、どうやら一九三三年に始まったエヴェレスト登山かららしい。チベット政府の禁止令で八年間の空白ののち、ようやく一九三二年に再開の許可が下りた。ところが、前にふれたように、この頃には、すでに初期の遠征隊に参加した隊員は、ただの一人として参加資格を満たす者がいない。そのためメンバーは全員交代していたのだった。ヤングハズバンドもすでに直接にはエヴェレスト委員会にはかかわっていなかったが、スマイスとはこの頃、初めて出会ったに違いない。そして、スマイスは幼少年期に父親を亡くし、ヤングハズバンドを父親代わりに見ていたらしいし、ヤングハズバンドもそれを認め、彼はしばしばヤングハズバンド邸にやって来たのだった。そして、ヒマラヤのことやインドの神秘思想について話し合うことが多かった。

一九三〇年代に入って、英国のヒマラヤ登山家たちはすっかり様変わりした。若い世代の登場である。なかでもエリック・シプトン、フランク・スマイス、ハロルド・ティルマンの三人がその代表格であった。そのなかでスマイスは一九三〇年にディーレンフルトの率いた国際隊に参加してカンチェンジュンガに遠征し、次いで翌一九三一年にカメット初登頂を果たして、登山界で一躍脚光を浴びた。こうして一九三三年のエヴェレスト遠征隊に選ばれたのだった。シプトンに言わせれば、彼は多作だけれどもその割に独創性に乏しいと散々だが、一九三一年にカメット遠征の途次に寄ったブンダールの花の渓谷での体験を、一九三八年になって『花の谷間』[5]（*The Valley of Flowers*）と題した魅力的な本に仕立てたりもした。これは多分にヤングハズバンドの影響だったろう。

しかし、優れた登山家ではあったが、表現を変えれば男らしい荒っぽい性格に欠けているといわれた。そのうえ口数も少なく、それでいて癇癪持ちだった。こんなところが逆に女性に好かれたらしい。すでに妻帯者だったスマイスだが、ヤングハズバンドの家に来ている間にノアと仲よくなったらしいのだ。しかし、このときノア自身が本当に離婚が成立してたのかどうか、この間の事情はどうもはっきりしないだけ状況はいっそう悪かった。こんな不倫関係をヤングハズバンド夫人は厳しく叱ったらしい。それにスマイスの本妻も気が付いてノアに悪口を言ってくる、きわめて面倒な事態になった。ノアを中心にスマイスとヤングハズバンドまでもがからんでいる。少なくともヤングハズバンドは二人の代理の父親役になっていたのだから、まことにややこしくなってくるのだった。よくある不倫騒動である。

幸いというべきか、一九三三年にはスマイスはヒマラヤに、ヤングハズバンドはアメリカへ渡り、お互いが多忙でその間は自然休戦状態になった。その後はどうなったのかわからない。スマイスはヒマラヤに行ったり帰ったりしている間、エヴェレストにはさっぱり登れなかったくせに、目的の女性のほうは横からちゃっかり征服してしまったらしい。ヤングハズバンドもこの二人の関係には反対だったようだが、彼は性格的に妨害までして二人の仲を裂くようなまねはできない。自然に認めざるを得なかったのだろう。こうしてスマイスとノアは結婚した。一九三七年にヤングハズバンドが病に倒れたとき、ノアは熱心に看病してくれたし、病気が快復した後は秘書役になって信仰会議のための一切の事務処理をやってくれた。そしていつしかノアは老いたヤングハズバンドにとって、なくてはならない存在になっていった。病気がちで神経質な妻の相手は疲れるが、これをノアが引き受けてくれたのだから、彼にとっては案外一時の心のよりどこになったのかもしれない。はっきりした証拠が乏しいのであるが、ノアがその心の不足を満たしてくれていたらしい。

一方、信仰会議はしっかりと英国に根づいたようだった。人々の関心も強くなってきていた。一九三八年に入って、ヤングハズバンドはナチズムに対してはっきりした批判を表明したが、時期としてはすでに遅きに失していたろう。誰の目にもミュンヘン会議で英国がヒトラーに押し切られたことぐらい、わかっていたろうから。一九三九年七月、ヤングハズバンドはパリでの会議を経て、オランダ、スイスを訪れ、急いで帰国したが、間もなくドイツ軍がポーランドに侵入したというニュースが入った。そこで英国は九月、ドイツに対して宣戦を布告した。ヒトラーにとっては予想外のことだったが、ここにヨーロッパで第二次大戦が勃発したのである。

一九三九年十二月、七六歳のヤングハズバンドは、彼の人生最後を飾る運命的な出会いをある女性とすることになる。世界信仰会議の事務所でであった。この女性はマダリン・アニー・パメラ・リーズという、なんと四四歳の人妻だった。彼女は上流階級出身で、一九一五年に身分相応に准男爵カー・ジョン・リーズと結婚し、世間ではレディー・リーズと呼ばれる身分だった。彼女はすでに七人もの子持ちであったが、性格は優しく、思いやりのある女性だったらしい。いささか痩せぎすのところはあったし、ノアほど魅力的《グラマー》ではなかったらしいが、その代わり気品があった。

この頃、ノアとはどうなっていたのか。伝記作家は、ヤングハズバンドとノアとの間には恋愛関係があったと推測しているが、はっきりした証拠が摑めないらしい。伝記を書いたフレンチは八五歳になった晩年のノアに直接会って、この間のことを尋ねたが、彼女は返答を拒否し、この問題にふれることをすっかり嫌ったらしい。ところが驚くのはノアの人生である。スマイスは戦後の一九四九年に死去し、未亡人になった彼女はどう運命の変転があったのか、なんとエセックスの伯爵夫人におさまったのだ。伝記作家がようやく彼女と会ったとき、彼女は当時ヤングハズバンドは私に夢中になっていたが、私はこれを拒んだと告げたという。これをどう解釈するか。老人特有の偏愛だったのか、ノアがヤングハズバンドの手紙や資料一切を焼却処分してしまったいま、たどるすべがない。しかし、親子のような関係なら、なにも破棄処分するはずがない。チベット関係を除いて一切合財を処分したというノアの証言を信用するなら、それは娘のエイリーンもからんだ意図的な証拠隠しだった可能性が出てくる。

ノアとの関係が不倫だったのか、あるいは限りなく黒に近いにもかかわらず曖昧模糊としているのと比べると、マダリンとの関係はきわめてはっきりしている。マダリンは出身からして堂々としていたが、ノアはか弱い動物のようにきわめて注意深い。持ち前の知性と美貌を存分に用いて、ついには伯爵夫人の地位まで獲得したノアの用意周到さが、なんとなくわかるような気がする。彼女にとっては生きること自体が大変だったはずである。彼女がヤングハズバンドの家庭と深いかかわりがあったことは、けっして彼女の履歴に疵をつけることにはならなかったろう。むしろ逆に、大いに利用したはずだった。

マダリンと知り合ったとき、ヤングハズバンドはすでに七六歳になっていた。しかし、彼は間もなく彼女に抜き差しならぬ愛情を感じはじめたらしい。老いらくの恋というにははばかれるほどの熱愛ぶりであり、まさに胸に抱きしめ、頬を寄せ、狂恋の状態であった。これは他から見ればまったく正気の沙汰ではなく、老人の性にしては激しすぎたようだった。ヤングハズバンドは、マダリンこそ自分の人生を通じて待ち望んだ、ほとんど唯一の女性だと言って誰はばかるところがなかった。彼には、人妻であり、すでに成人した子供もいて、離婚する気持ちもないこの女性を愛することに、罪悪感を持たなかったのだろうか。彼にはそうした気配はない。それでいて相変らず夫人にはそれなりの愛情をもって生活をともにしていた。夫人のほうは大いに不満だったらしいが、すでに事情がよくわかっていなかったのではなかったろうか。一方のマダリンの夫のほうは妻と老人との関係を十分知っていたが、問題を大きくせず大目に見ていたらしい。英国の上流階級の生活態度は、庶民とは相当隔たっていたとしかいいようがない。

くどいようだが、前述したように、ノアは情事の一端でも嗅ぎつけられまいとして資料一切を焼却処分にした。その点ではヤングハズバンドの娘のエイリーンと意見は一致したろう。過去のことがばれたら、ノアはせっかく登りつめた貴族の階級から転げ落ちてしまう。マダリンはたとえ落ちても貴族だが、ノアはただの市民になってしまう。だからといってこれを批判する資格は、われわれにはない。

一方のマダリンは、ヤングハズバンドと交わした愛の書簡をそっくり（一部欠けていたらしいが）自分の娘に残してあったからである。マダリン自身の手紙はヤングハズバンドの死後、エイリーンの手からマダリンに返されていた。エイリーン自身は、自分より数歳しか年上でないこの女性が、自分の父親といちゃつくのに耐えられなかったというが、それなのに、普通の常識なら焼却処分するこれら関係書類一切を、相手に返すというのもたいへんな度量といえるであろう。この愛の書簡を伝記作家が、マダリンの家族から見つけ出した功績は大きい。その中に、二人が略字（暗号）で愛の表現を交わしているのだから、なお驚かされる。(6)

一九三七年、ヤングハズバンド一家はロンドンのアシュリー・ガーデンのアパートに引っ越したものの、その二年後には運悪く第二次大戦が勃発してしまった。ただ、戦時下とはいえ、この頃のロンドンはまだ静かだった。しかし、ナチス・ドイツ軍はヨーロッパを席捲し、明けて一九四〇年に入ると、ドイツ空軍によるロンドン爆撃（ブリッツ）が始まった。老人家庭にとってはとりわけ厳しい現実だった。近くに爆弾が投下され、夜ごと生きた心地がしない。ヤングハズバンドのほうは老いても軍人であり、砂袋を準備したり、火災の消火をしたり、依然として元気で衰えは見せなかった。爆撃のない日には近くの公園を散歩して歩くのも、日課の一つだった。ただ、夫人のヘレンは老齢で足腰が立たず、ノアが週に何回も通っては、手伝いと看病をしてくれていた。

四月に入ると、ヤングハズバンドは汽車でドーセットへ行き、マダリン・リーズ一家を訪問し、主人のサー・ジョンや子供たちにも会った。サー・ジョンは社会主義思想にかぶれ、妻のマダリンも独自の平和論を持っていたので、とかく英国政府からは目をつけられていたらしい。

ロンドン爆撃はますます激しさを増したが、ヤングハズバンドは信仰会議開催の準備に余念がない。マダリンのほうもドーセットからわざわざ手伝いに来てくれるが、それが情事のための逢瀬なのか、会議のための仕事なのか、さっぱりわけがわからなくなってくる。戦災がいっそう二人の結合を強くし、お互い離れ難くさせていったものらしい。戦争が男女の関係を緊密化させ、つかの間をホテルで過させもしたらしい。しかし、ロンドンはいたるところ火の海であった。

仕事を持つ娘のエイリーンとしても、老いた両親をロンドンに放っておくわけにいかず、どこかに疎開させる必要が生じた。しかし、どこに移してよいかわからない。古い屋敷は人手に渡ってしまったし、他に行く所がなかった。こんな折、一九四一年の一月、ヤングハズバンドは汽車でドーセットに行き、再びマダリンを訪れた。サー・ジョンは妻の不貞に気づいていたらしいが、ことさら騒ぎ立てなかった。相手はもう八〇近い老人だし、時間が解決すると考えていたのだろう。自身も体調がすぐれなかったから、妻を相手にしてくれる男が出てもことさら文句を言う気も起こらなかったらしい。

人間は年齢には勝てない。どんなに偉大な人物であろうと、年齢とともに判断力が落ちてくることは否めない。マダリンとはいずれ戦争が終った後の平和構想について話し合ったらしいが、ヤングハズバンドのほうはなにやらきわめて手前勝手な発想が思い浮んだものらしい。マダリンが自分を愛してくれることからの思いつきなのか、男と女の間の重要な問題の解決は可能であり、いまの関係をぜひ人々に知らせる必要があるのだというのである。

人の心は移ろいやすい。まして男女間の問題が易々と解決できるはずもないのに、彼の思いは一途である。二人して共著で本を書こう、タイトルは『結婚式』（*Wedding*）にしようというのだった。気が狂ったといえば簡単であるが、少なくともヤングハズバンドの精神は、見かけは正常だった。単に人と人（男と女）とが愛するという内容の本なら、きわめて正常に違いない。しかし、二人の既婚の男女の愛の結びつきを告白的に一冊の本にまとめようとしたら、話はまた別である。

一九四一年の一月と二月は、天候が不順になったためドイツ空軍のロンドン爆撃が、すっかり緩んでしまったのだった。これまでの緊張が緩むと、食糧の不足、火気のない冬、しかも燈火管制下のがらくたの廃墟の中での生活が、かえって人々の意気をくじいた。しかし、二月末になって天候が回復するにつれ、また激しい空襲が始まった。そのうえ、ヒトラーが英本土上陸を計画しているという噂が広まっていた。エヴェレスト事件でいくらかぎくしゃくしたというF・M・ベイリーとは、ヤングハズバンドはその後も時折会っていたというが、この頃、彼はこのドイツ軍の本土侵入を阻止する作戦に参加していた。敵軍の上陸予想地の海岸を火の海にするというベイリーらしい発想である。(7)

四月に入ると、ユーゴスラビアとギリシアがドイツ軍に降伏したというニュースが入ってきた。五月になってもロンドンには爆弾の雨が降っていた。地上はまさに地獄と化していた。この頃、ヤングハズバンドは夫人とマダリンと三人で生活していた。痴呆に近いといわれた夫人はマダリンを嫌い、娘のエイリーンもこの状態をなんとかしてほしいと思っていた。マダリンはエイリーンよりたった六歳しか年上でない。いくら戦時下で他のことを考えるゆとりのない時期とはいえ、自分とほぼ同年代の女性に狂乱としかいえない父親の姿を見るのは、もう我慢の限界を超えていた。こんなことがずっと後になって、エイリーンとマダリンとの女の争いを生むことになる。

夫人は夫の愛人マダリンをすっかり憎んでいた。それなのにヤングハズバンドは、マダリンとの二人の愛の結びつきを一冊の本にまとめようというのだった。(8) 爆弾は情容赦なく降り注ぎ、ついに家は破壊されてしまった。正常な人間ならまさに発狂寸前の恐怖と隣り合わせの生活であったが、こんな厳しい現実の中で、恋に恍惚になった人が住んでいたのである。直撃弾を受け、飛び散った窓ガラスの破片の中で、夫人が虚ろな顔をしてじっと座っていたという光景は、もう非現実的な悲しい眺めというしかなかった。

住む家を失ったため、エイリーンは思い余って、両親をドーセットへ連れて行くことにした。ロンドンに限らず英本土には、家を失ったたくさんの人があふれていたから、金持ちも貧乏人ももう区別がなかった。しかし、リーズ一家は老人夫婦を心からは歓迎してくれなかった。病気がちで身体の自由がきかず、物事の判別ができぬ夫人が厄介者扱いされてしまったのだ。すでに夫人の行動は正気を失しており、ソファーに腰を下ろすと、そこで放尿を始めるという、悲しい現実があった。

家庭の崩壊が現実化し、日々の生活にこと欠くなかで、いま一つ、死という逃れ難い現実が身に迫っていた。この死の前に、大急ぎで片付けておかねばならない身辺整理が山積していた。手伝いに来てくれたノアに、蔵書と銀を売ってもらい、輝しい人生の証しとなってくれた数々の地理学会から授与された金メダルも、戦費のためにきれいさっぱり供出してしまった。これで過去の栄光ともきっぱり縁が切れた。ただ自分のこれまで生きた八〇年近い人生を、スマイスに任せてまとめさせていたが、この中では探検家としてではなく、あくまで宗教家として描かせるつもりだった。しかし、スマイスはこの自伝的回想記の代筆の書き手としては適材ではなかったろう。同じ山仲間のシプトンは、スマイスの登山家としての能力を高く評価しながら、日常生活のずぼらさ、はっきりしない態度、独創性の欠如、それに人を魅了するものがないのは彼の書く文章も同様だとまったく散々だが、スマイスはヤングハズバンドの身辺にいて彼の体験を直接聞いていたから、彼の書くものはおそらく正鵠を射ていたろう(9)。しかし、スマイスは早世し、四十代で世を去ったが、それでもヤングハズバンドより一〇年以上も生きた。生涯三〇冊以上も書いた多作な彼に、依頼された伝記が書けなかった理由はない。もしかすると彼は調べるにつれ、自分の妻との不倫を知り、それを暴露することになりかねないので、急に書く意欲を失ったのかもしれない。またシプトンもそれを知っていた可能性がある。しかし、シプトンのほうもカシュガールにまで一緒に行った妻のダイアナと、のちに離婚している。余計なことだが、彼女は魅力的な西域の本を書いている。

『結婚式』(*Wedding*)なるヤングハズバンドの人生の最後を飾る本は、彼自身の遺書になるものであり、彼のセックス、愛、宗教観の決定的なテキストになるはずのものだった。この本の内容と意図を知ったマダリンの夫ジョンは、妻に共同執筆者にだけはなるなと釘を刺した。そこで彼女も共同執筆はやめ、ただいろいろ示唆を与えるだけにとどめたという。この本の初稿は、まったく性生活の入門書のようなものだったらしい。自由恋愛の実践を薦め、「肉体的な結合は精神的な結合を損なうものでなく、それを高め強固にするものである」というに至って、なにやら宗教の名を借りた猥褻書のような雰囲気を感じる。

世間から高い名誉を受けていた彼が、いったいなぜこのような本を書く気になったのか、それを知るにはこの頃の彼の心理状態をいま少し探る必要がある。しかし、資料の一切はたぶん、娘のエイリーンが処分してしまっただろうし、ヤングハズバンド家の依頼でまとめたシーヴァーの伝記には、当然、この『結婚式』の書物の存在すら認めていないことは、この間の事情をうかがわせるに十分である。したがって推測するしかないのだが、信仰会議にはインドからの代表が参加しており、あるいはヒンズー教の性典〈カーマストラ〉などが彼に影響を及ぼしていたのかもしれない。

曲がりなりにも本の草稿が完成したものの、相談を受けたムレー社は、この本の出版に難色を示した。『大陸の胸奥』以来の付き合いもあって、無碍に断るわけにいかず、初稿にかなり手を加え、マダリンの示唆もあって、内容はかなり修正されたものらしい。それでも若い人たちへの宗教的な愛情というテーマではあっても、結局は性生活の喜びといった高慢な説教から、果ては売春、避妊、猥語の類までのごたまぜの本になった。彼は、性は子孫を増やすことにあると主張し、同性愛《ホモ・セクシャル》には反対を唱えた。[10]

この頃のヤングハズバンドの精神状態がまったく常軌を逸していたのかと思えるが、一九四一年九月二十五日、彼は全インド国民会議に電報を打ち、英国政府は戦争が終結したら、直ちに従属関係（植民地関係）を停止するだろうと伝えた。これは彼自身の個人的な見解だったが、これは大きな反響を呼ぶに十分だった。当時、インド人たちは英国が独立を許可しない限り、連合国側につかないと主張しはじめていたからである。これはきわめて微妙な時期だった。なぜならばこれは日本が真珠湾《パール・ハーバー》を攻撃する二カ月前のことであり、もしインドが英国側に協力しなかったら、英国はアジアから全面撤退するしかなかったろうからである。英首相のチャーチルはこんな考えを無視した。結局、英国民から反感を買ったものの、ヤングハズバンドの迅速な行動は、結果からすれば英国を救うことになったのだっ

た。(11)

一九四一年十二月八日、日本軍の真珠湾攻撃をきっかけに、アジアは全面的な戦争状態に入った。しかし、この時期、ロンドンではようやく爆撃が終息し、静かな生活に戻った。ところがヤングハズバンドの夫人の健康がますます悪化するうえ、娘エイリーンとの親子関係も最悪になった。優しく冷静な父はどこへ行ってしまったのか。まるで人が変わってしまったのだ。幸いというべきか一九四〇年には、ノアも正式に夫と離婚してスマイスと一緒になったものの、こうした行為には世間はけっして甘くはなかった。非難中傷が浴びせられたが、ヤングハズバンドはこれには冷静で、別に批判はしなかったという。

一九四二年は、外界の多難さとは裏腹に、ヤングハズバンドの身辺は逆に静かに過ぎていった。ドイツはソ連を攻め、ロシアの領土は三分の一以上がドイツ軍の占領下になり、太平洋とアジア一帯は日本軍が席巻していた。しかし彼にはやがて戦争は終わり、平和が訪れると信じて疑わなかった。彼は『結婚式』の校正に余念がなかった。スマイスとノアはサセックスに住んでいた。戦争が始まる以前、彼はよくスマイスの住いを訪ねた。彼の栽培したイチゴが大のお気に入りだった。

ヤングハズバンドは暇を見つけて、わざわざサセックスまで出かけ、自分の伝記がどうなっているのか打ち合わせと相談をした。スマイスはノアと一緒に生活していたが、正式に入籍していたのかどうかわからない。この頃、スマイスの本妻からノアに非難の手紙が届いたというから、不倫関係に近いものだったのかもしれない。スマイスは一九三三、三六、三八年と三度もエヴェレスト遠征に参加している。三度とも登頂に失敗したため、世間は、とんでもない男を登山隊員に選んだと散々非難していた。まさか彼も伝記の執筆をそっちのけで、不倫にせっせと精を出していたわけではなかったろうが、初めから書く気がなかったのかもしれない。あるいはあっても戦後、エイリーンが執筆を中止させたのかもしれない。世間の風当りの強いスマイスに、親の伝記は書かせたくなかったろう。

まだ春の訪れには早い。この三月半ば、ヤングハズバンドはきわめて精力的に、今度はリチェトに出かけた。マダリンに会うためである。この頃、ヤングハズバンドの家庭は事実上破綻していたのではあるまいか。彼にとって唯一心の安らぐのは、マダリンに会うことだったのだから。戦時下では信仰会議を開くのも難しい状態だった。当局から中止するようにという勧告を彼は無視し、夏に開催する計画だった。会場はバーミンガム。この難局はただ神の御霊《みたま》だけが助けの手を差し延べ、一切を乗り切ってくれるものと、彼は固く信じて疑わなかった。

七月十七日、彼は予定どおり、会場予定地のバーミンガムに出かけた。戦時下にかかわらず信仰会議は開かれ、会議四日目に会場近くの茶室で、急に気を失いかけた。彼はこの五月で七九歳を迎えていた。マダリンは大急ぎで、信仰会議の幹事役のディム・エリザベス・カドバリィ夫人の自宅へタクシーで連れて行った。ともかくベッドに横にならせた結果、翌日には元気を回復した。公式の伝記作者はこの場面を巧みに利用した。ともかくヤングハズバンドの本当の様子を、隠さねばならない。マダリンは彼を汽車でロンドンへ連れ帰ると、永年連れ添った妻のヘレンに会わせ、次に、彼女を養護施設に残し、マダリンは彼だけを自宅のあるリチェトに連れて行くことにした。彼の状態はもうそう長いようには見えなかったからだ。だからせめて彼の最後を看取ってやろうという気持だった。マダリンは、彼を至れり尽くせりに看病した。

七月二十六日の早朝、家政婦がお茶を運んで行くと、彼は苦しそうにしていた。どうやら夜中に発作を起こしたものらしい。マダリンは直ちに夫人に電話すると、ヘレンはノアが連れてやって来た。本来、彼の家族のすべきことを彼女が一切したのだった。

ヤングハズバンドは若くして英国を去り、生まれ故郷のインドに戻るなり、何十年の歳月をかけアジアの辺境部をさまよい歩いた。そして老境に入るに及んで再び英国に帰り、探検生活からすっかり足を洗っての生活を始めたのだった。そしてその最後にたどり着いたのが、アジアの僻地で初めて開眼した宗教的な人生観だった。それがようやくいま花開くところまで来ていた。しかし、死がついに訪れたのだった。いま死に臨んで三人の女性に看取られながら、彼は遠い黄泉路への旅にいよいよ旅立とうとしていた。

一九四二年七月三十一日、彼は愛するマダリンの腕に抱かれて、静かに息を引きとった。床の傍には、一九〇四年、チベットで贈られた小さな仏像が置かれていた。彼がリセットに埋葬されたとき、この仏像も一緒に埋められたのだった。彼はよく、死んだらビーコン・ヒルに神殿を建てて、ここにヒマラヤ風に埋葬してもらいたいと言っていた。

しかし、ここもいつか人手に渡り、彼はリセットのどこかひっそりした場所に埋めてもらいたい、そうなればいつかきっとこの奥津城《おくつき》は巡礼者の参詣する場所になるだろうと言ったという。(12)

注

第1章　家系と生い立ち

（1）Seaver, George: *Francis Younghusband.* London, 1952, p.1. ジョージ・シーヴァーが書いたこのヤングハズバンドの評伝にも、彼ら一族の住んでいた土地がどこだったのか詳しく記されていない。この伝記はヤングハズバンド家が伝記作家シーヴァーに依頼して書かれたものであった。筆者はシーヴァー氏からいろいろ教示を受けたが、ヤングハズバンドの一人娘だったエイリーンには、うっかりしてこの点を尋ねるのを忘れてしまった。彼女は英国でナイト爵にあたる夫人の尊称ディムに叙せられ、Dame Eileen Younghusband と呼ばれていたが、一九八一年、交通事故で亡くなった。

（2）サー・チャールズ・ネーピア（一七八六〜一八六〇）、英国海軍の軍人、大将。インドのシンド攻略に功績があった。彼についてのインドにおける仕事については、次の書が参考になる。Lambrick, H.T.: *Sir Charles Napier and Sind.* Oxford, 1952.

（3）実例を挙げるのは難しいが、一例として、東インド会社の傭兵となり、ネーピアの通訳官として活躍し、のち一八三二年から、英国人として初めてトルキスタンに入り、ブハラからペルシアを横断してインドに出たアレクサンダー・バーンズがいる。彼は語学の天才といわれ、アジア人に対する豊富な知識、巧みな外交術で当時の英国の外国政策に貢献した。こうした才知は多分にインドにいた現地妻から学んだのだろうといわれた。Lunt, James: *Bokhara Burnes.* London, 1969. 参照。また、インド植民地時代における英国女性（白人）がいかに貴重視されていたかについては、時代は少し下がるが、ジョージ・オーウェルの *Burmese Days,* 1934（『ビルマの日日』宮本靖介・土井一宏訳、音羽書房、一九八〇年）参照。

（4）現在は一般に「カラコルム」を使うが、インド北西部地域では「カラコラム」を使う。これは現地方言。ヤングハズバンドは「カラコラム」を使っているので、本書はこれに従う。このカラコラム方言説については、Albert von Le Coq.: *Auf Hellas Spuren in Ostturkistan.* Leipzig, 1926, 140s. 参照。

（5）おかしなことに一八九〇年、ヤングハズバンドがカシュガールで開設したこの事務所に正式の名称がなかったようで、仮に英国外交（通商）代表部としておく。詳細については拙訳、カセリーン・マカートニ著『カシュガール滞在記』（連合出版、二〇〇七年）の解説を参照されたい。

（6）これはフランクだけが例外なのではなく、当時英国の上流家庭では一般的だったらしい。たとえばのちにインド総督になり、フランクを最も信頼して引き立ててくれたジョージ・カーゾンも同じ体験をしている。King, Peter: *The Viceroy's Fall: How Kitchener Destroyed Curzon*. London, 1986. 参照。

（7）レディ・ローレンスは、のちサー・ジョージ・ヤングと結婚し、その子のジェオフリィ・ウィンスロップ・ヤングの母になった人である。ジェオフリィは詩人で、ロンドン大学の教授になったが、むしろ登山家として著名となった。

（8）サー・ヘンリー・ローレンスの業績は、Roberts, Frederick: *Forty-One Years in India*. London, 1897. の回想記の中に詳しく描かれている。フレデリック・ロバーツ（一八三二〜一九一四）は、とくに第二次アフガン戦争でカンダハール籠城軍の救出で名声を得、インド軍総司令官、元帥、伯爵になった。ヤングハズバンドはのち彼に会って薫陶を受けた。一九世紀後半のインド北西部国境の戦争と歴史を知るうえで、ロバーツの回想記は第一級の資料といえる。

（9）Shaw, Robert: *Visits to High Tartary, Yarkand and Kashgar*. London, 1871. ショーについてのごく簡単な小伝は、拙著『西域列伝——シルクロードの山と人』（岳書房、一九八二年）を参照。

（10）アメリカの内陸アジア旅行家でもあるオーウェン・ラティモアは、ショーはインド政庁から内々の密命を受けたスパイだったろうと推測している。しかし、これが事実だったかどうか裏づけ資料はまだ見つかっていないようである。Owen, Latimor: *Pivot of Asia*, Boston, 1950. 参照。

（11）伯父ショーへの思いは、青春時代、ヤングハズバンドがカングラを訪ねることでようやく果たされた。その紀行は *Wonders of Himalaya*. London, 1924. に詳しい。

第2章　サンドハーストからインドへ

（1）フランクの父親が英国東インド会社の軍隊に入ったということは、ジョージ・シーヴァーの *Francis Younghusband*. London, 1952. に見える。当時、インドには、英国の国軍と東インド会社の軍隊と二つあった。この二者間の確執と嫉視は激烈だったという。東インド会社側の待遇が悪かったからという。一七四八年、東インド会社の理事会は、ボンベイの英国人居住区の危険を考慮して、防備の砲兵隊を組織する訓令を出した。ただ待遇はひどく、兵士は結婚すると退役させられた。東インド会社とは、一七〜一九世紀まで、ヨーロッパ—東インド（東南アジア一帯も含む）間の貿易と植民地経営を行なったヨーロッパ諸国を指す。のち、インド各地の現地民の反乱、官僚主義と白人社会の腐敗、経営の悪化、セポイの反乱（一八五七〜八）などでついに一八五九年、解散に追い込まれた。

（2）前章注（8）のフレデリック・ロバーツの回想録 *Forty-One Years in India.* のアフガン戦争の記述の中で、フランクの兄ジョージについて、しばしば語られている。ジョージ自身の回想録に Younghusband, George : *A Soldier's Memoirs in Peace and War.* London, 1917. がある。

（3）Seaver, George : *Francis Younghusband.* London, 1952, p.27

第3章　初めてのヒマラヤ

（1）Younghusband, Francis : *Wonders of the Himalaya.* London, 1924, p.1.

（2）Younghusband, Francis : *Ibid.*, p.2.

（3）ロバート・ショーは語学的にも優れた才能があり、東トルキスタンのワハンやサリコル地方の方言のテキストを出版している。*On the Ghalchah Language,*（*Wakhi and Sarikoli*）. Reprinted from *The Journal of the Asiatic Society of Bengal,* Calcutta, 1876. また東トルキスタンの歴史についても造詣が深く、遺稿としてあったのを同じ中央アジア探検家ネイ・エリアスが編集したものが出版されている。*The History of the Hojas of Eastern-Trukistan summarized from The Tazkira-i-Khwajagan of Muhammad Sadiq Kashghari.* Ed. by N. Elias. Supplement to The Journal of the Asiatic Society of Bengal. Calcutta, 1897. ショーについてはまだ十分な伝記的な調査がなされていないようである。フォーサイス使節団について知るには、その公式報告書よりも、フォーサイスの自叙伝がむしろ参考になる。Forsyth, T.D. : *Autobiography and Reminiscences of Sir Douglas Forsyth.* Ed. by his daughter. London, 1887.

（4）英国東インド会社にはドイツの地理学者アレクサンダー・フォン・フンボルトに勧められて雇用された、ドイツ人ヘルマン、アドルフ、ロベルトの三兄弟がおり、広くヒマラヤ、東トルキスタンを調査旅行して回った。アドルフはカシュガールで、残忍なワリ・ハンに斬首された（一八五七年）。ショーの訪れる約一〇年前のことである。彼らの紀行に Schlagintweit : *Reisen in Indien und Hochasien.* 4 Bd. 1869-80. がある。

（5）Younghusband, Francis : *Ibid.*, pp.4-5.

（6）Younghusband, Francis : *Ibid.*, p.5.

（7）Younghusband, Francis : *Ibid.*, p.6.

（8）ショーが東トルキスタンへ行ったのは、あくまで茶の交易のためだということになっている。しかし、彼はカシュガール滞在中、当時カシュガリア一帯を支配していたヤクブ・ベクと会見することができ、インド政庁からフォーサイス使節団派遣の道を拓く基礎を作った。

（9）フンボルト（Alexander von Hunbolt, 1769-1859）はドイツの自然科学者。『コスモス』や『中央アジア』などの著書がある。ゲーテやシラーとの交遊があり、一九世紀で最も著名な学者の一人だった。サビンはおそらく Sir Edward Sabine（1788-1883）のことであろう。英国の軍人で北極探検家。地球の形状や地磁気の研究をした。

（10）Younghusband, Francis: *Ibid.*, p.22.

（11）のちヤングハズバンドと親しくなった同じインド軍の軍人ブルースは、クルとラホール地方に詳しく、「カングラとクルを分離する山地の山嶺を越えるには、ダルチかバブー峠《パス》のいずれかによるしかない。これは西パンジャブからだとはるかに直線コースで、渓谷部に近づくに最も便利なものである」と記している（Bruce, C.G.: *Kulu and Lahoul.* London, 1914, p.6.）。

（12）Younghusband, Francis: *Ibid.*, p.46.

第4章　頽廃する英領植民地インド

（1）Younghusband, Francis: *Wonders of the Himalaya.* London, 1924, p.46.

（2）Younghusband, Francis: *Ibid.*, p.39.

（3）Younghusband, Francis: *The Light of Experience.* 1927, p.6.

（4）西トルキスタンのロシアの侵略過程については Marvin, Charles: *The Eye-witnesses Account of the Disastrous Russian Campaign against the Akhal Tekke Turcomans.* London, 1880. Curzon, George: *Russia in Central Asia in 1889 and the Anglo-Russian Question.* London, 1889. 一九世紀を通しての中央アジアの探検史については拙著『動乱の中央アジア探検』（朝日文庫、一九九三年）を参照。

（5）ロシア軍はメルブ・オアシスを占拠し、さらにアフガン側から流れ出すムルガブ河中流域のテッジェンを狙った。この先のヘラートに進出するためである。このあたりは国境線が曖昧なため、一八八四年六月（あるいは七月）にアフガン側はペンジデーを占有した。この結果、一八八五年の二～三月に戦闘になったが、英国側の介入もあり休戦となった。しかし、結局はロシアの領有になる。現在はトルクメニスタン領となっている。ペンジデーの地名はいまは使われていない。Marvin, Charles: *The Russians at the Gate of Herat.* London, 1885.

（6）キプリング（Joseph Rudyard Kipling, 1865-1936）　インド生まれ。ジャーナリストを経て、詩人、小説家となった。インドやインド北西部国境、チベット、またシムラやラホールを舞台にした作品は、ヤングハズバンドの生活した時代背景を知る貴重な資料でもある。彼が *Kim* の中で使った〈グレイト・ゲーム〉は、英露の確執を表現した言葉として、現在でも歴史家が好んで使っている。

（7）キプリングの処女作の短篇集 *Plain Tales from the Hills*. 1887. には、シムラでの英国人社会の一端が描かれている。シムラという地名は、Shyeamalay の名から派生したらしいという。一八〇四年、ここに居住するグルカ族がシク族に戦いで敗れ、一八一五年、英国とグルカ族は協定を結んだらしい。このことはフレーザーの *The Journal of a Tour Through part of Himala Mountains*. 1820. に見られる。ヒマラヤ山麓にあるシムラは、早くも一八二七年、初代インド総督アマースト卿（一七七三～一八五七）が滞在し、以後、インド政庁にとって外交、軍事の中心となった。詳しくは Buck, Edward G.: *Simla: Past and Present*. Calcutta, 1904. を参照。東インド会社の John William Kaye（*The Life and correspondence of Henry St. George Tucker: Late Accountant-general of Bengal and chairman of the East India Company*. London, 1854. の著者）がシムラについて、「〔シムラは〕心地よい丘陵地として、ヒンドゥスタンの辺縁内にあるいかなる場所よりも、はるかに政治的狂乱の発祥地となっているサナトリウム〔療養地〕だ」と言っているのは、シムラの隠された一面を見事に指摘している。

（8）Younghusband, Francis: *Light of Experience*. p.9.

（9）Younghusband, Francis: *Ibid.*, p.10.

（10）Younghusband, Francis: *Ibid.*, pp.11-2.

（11）Younghusband, Francis: *Ibid.*, p.16.

第5章　満州の探検

（1）満州旅行の記録は、ヤングハズバンドの著作では *The Heart of a Continent*. London, 1896（『カラコルムを越えて』石一郎訳、白水社、一九六六年）の第一、二章がこれに当たる。ただし内容はきわめて簡潔である。一方、同行のジェームスは James, Henry E.M.: *The Long White Mountain or a Journey in Manchuria*. London, 1888. を出版している。五〇〇ページを超える大冊で、文中、探検の様子を詳細に描いている。本書ではもっぱら後者を参考にした。

（2）James, Henry E.M.: *Ibid.*, pp.224-5.

（3）James, Henry E.M.: *Ibid.*, p.246.
（4）James, Henry E.M.: *Ibid.*, p.254.
（5）James, Henry E.M.: *Ibid.*, p.259.
（6）James, Henry E.M.: *Ibid.*, p.262.
（7）D'Anville, Jean B.B.: *Nouvel Atlas de la Chine*, Paris, 1737.

第6章　シベリア辺境の旅

（1）James, Henry E.M.: *The Long White Mountain or a Journey in Manchuria.* London, 1888, p.340.
（2）Younghusband, Francis: *The Heart of a Continent.* London, 1896, p.33.
（3）ジェームスは当地に数日滞在したように書き、到着した日付を牛荘到着日と混乱してしまったようだ。

第7章　ゴビの流沙を越えて

（1）マーク・ベル大佐のシナ大陸横断の旅行はたいへん大規模なもので、ヤングハズバンドの旅に先行するものであった。彼は北京から南の太原を経由して、潼漠に行き、ここから西に折れて西安に出、さらに西北方向へと進み、蘭州に出た。黄河の川畔である。次にルートを北にとってゴビ沙漠を大きく西に横断し、敦煌の北側に出、そこからゴビ灘を越えてハミに到着した。当地のシナ衙門は扱いが冷淡だった。ベルはシナ人に変装していたというが、すぐに見破られ、「洋鬼子」と呼ばれたという。ヤングハズバンドはいまだ到着していなかったので、彼が着いたら手紙を渡してほしいとシナの衙門に残していったという。これから五週間後にヤングハズバンドが着いて、この手紙の受け渡しを要求したが、拒否されたという。このことについてヤングハズバンドは沈黙している。このあとベル大佐は天山北路沿いにウルムチに行き、できたら伊犁《イリ》に行こうとしていたらしいが、結局ここから南に出、天山南路を通りカシュガールに行った。ヤングハズバンドはハミから西のトルファン経由で天山南路沿いにカシュガールに行き、ここでベル大佐のルートと重なった。ベル大佐は旅行記は書かなかったが、旅行報告は英国王立地理学会の会報（一八九〇年二月号）に載っている。Bell, Mark S.: *The Great Central Asian Trade Route from Peking to Kashgaria.* Proceedings of the Royal Geographical Society. Feb, 1890, pp.57-98.
（2）この手紙の入手の経緯については、拙著『西域列伝——シルクロードの山と人』（岳書房、一九八二年）の「F・E・ヤングハズバンドの手紙」を参照。

（3）カシミールのラダク州。この北東側はチベットと国境を接する。この国境上にある町レーはカラコラム峠を越えてヤルカンド方面に通ずる、重要な交易ルートだった。のちにヤングハズバンドもこのルートを大いに利用した。

（4）この意味はよくわからない。

（5）ヤングハズバンドのこの手紙は、四通がひとまとめになって出現した。しかし、四通を求めた私のもとには、三通しか届かなかった。そこで未着のことを尋ねると、所有者はなにかの理由で一通のみ売りたくないとのことらしく、理由はついにわからずじまいだった。この一通が内容的に最も興味があったようで、もしかすると外国への流出を躊躇されたのか、あるいは親族の末孫だったのかもしれない。こんな例はけっして珍しいことでない。

（6）Younghusband, Francis: *The Heart of a Continent.* 1896, p.87.

（7）Younghusband, Francis: *Ibid.*, p.101.

（8）Younghusband, Francis: *Ibid.*, p.115.

第8章　氷雪への魅惑——ムズターグ峠

（1）Younghusband, Francis: *The Heart of a Continent.* 1896, p.154.

（2）Younghusband, Francis: *Ibid.*, p.156.

（3）ダルグレーシュについては拙著『西域　探検の世紀』（岩波新書、二〇〇二年）四一頁以下、ヘイワードについてはKeay, John: *The Gilgit Game.* London, 1979. および Keay, John: *When men & Mountains Meet.* London, 1977. がそれぞれ参考になる。英国のジョージ・J・W・ヘイワード大尉は一八七〇年、パミール南麓のワハンの回廊とオクサス河源流を調査する途中、ダルゴット峠近くのヤシンで原住民に殺された。彼は旅行記を書かなかったこともあり、その生涯はあまりわかっていない。

（4）ヤングハズバンドはヤルカンドでベル大佐の手紙を受け取ったが、内容の記載はない（*The Heart of a Continent.* p.172.）。手紙はこのときから三〇年後の一九二七年に初めて公表された（*The Light of Experience.* p.32.）。

（5）ケアリー（Arthur Douglas Carey）はチベット探検家。一八八五～七年、ダルグレーシュを伴いタリム盆地を広く旅し、プルジェワルスキーの発見したロプ・ノール地域も英国人として初めて調査した。英国王立地理学会（Royal Geographical Society: RGS）からこの報告書が刊行されている。*Journey of Carey and Dalgleish in Chinese Turkestan and Northern Tibet in 1885-7.*

Proceedings, RGS, 1887, p.87.

（6）ヤングハズバンドの伯父に当たるロバート・ショーの著書（*Visit to High Tartary, Yarkand and Kashgar*）の扉に「崑崙山脈のピーク」と題した、ショーのスケッチをもとに製作された石版画が口絵として入っている。どうやらヤングハズバンドはこのピークをK2としているらしい（*Wonders of Himalaya*, p.61.）。ただ、この可能性は低い。

（7）Younghusband, Francis : *Wonders of Himalaya*. London, 1924, p.63.

（8）Younghusband, Francis : *Ibid*., p.75.

第9章　青春の野望と挫折

（1）一九〇四年の日露戦争当時、ロシアの総司令官だったクロパトキン将軍は、中央アジア（西トルキスタン）のロシア征服史のなかで大きな足跡を残した。彼はロシアが派遣した使節団の一員として、一八七六〜七年にカシュガールの独裁者ヤクブ・ベクのもとに出かけ、インドの英国側を心配させた。このときの報告書が『カシュガリア』（***КАШГАРИЯ***, 1879）である。

（2）アメリカの外交官ウィリアム・ロックヒルは一八八八年、北京より北方経由で青海省に入り、ラサ潜入を図ったが失敗した。Rockhill, William W. : *The Land of Lamas*. New York, 1891. 次いで一八九一年に再度挑戦するが、これも失敗に終わる。一九〇四年の〈チベット使節〉によるラサ解放まで欧米人はラサに入れなかった。Rockhill, William W. : *Diary of a Journey through Mongolia and Tibet in 1891 and 1892*. Washington, 1874.

（3）ネイ・エリアスは、英国の優れた外交官であり、探検家。彼の旅は多く秘密情報収集のものだったので、詳しいことは知られなかった。シナ、シベリア、モンゴル、中央アジア全域に及んだ。一八九六年、たまたま日本の参謀本部の福島安正大佐は、ペルシア（イラン）旅行中、メシェド駐在領事の彼と会った。エリアスは幕末の日本にも来たことがあるという。拙訳『シルクロード紀行Ⅰ』（西徳二郎・福島安正著、雄松堂出版、一九九〇年）。Morgan, Gerald : *Ney Elias*. London, 1971.

（4）マルティマー・デュランドは、インド北西部国境地帯でヤングハズバンドが活躍した時代、最も影響力を持ったインド外相だった。弟のアルジャーノン・デュランド大佐も、アフガン国境地帯での民族紛争に活躍した。Sykes, Percy : *The Right Honorable Sir Mortimer Durand : A Biography*. London, 1926.

第10章　カラコラムの探検

（1）シュカール・アリはヤングハズバンドの最も信頼厚い従者の一人だったが、彼は意地悪のうえ、荷物の盗みを働いていたというショッキングな報告がある。のちにレーのアクサカル（長老）になった現地人のグラム・ラスール・ガルワンがまだ少年だった頃の思い出の中でふれられている。これは一八九〇年のことなので、第12章「カシュガールの一年」であらためてふれる。第12章注（2）参照。

（2）ヤングハズバンドの旅行日記二冊（八〜十月）はノートにしたためられ、現在、ロンドンの英国王立地理学会資料室に保存されているが、鉛筆書きのため、一部消えて判読不能のページが多い。日記のタイトルはとくに記されていない。この日記の原文が一般に紹介されるのは、おそらく本書が初めてであろう。

（3）このあたりのキルギス人は数が少ない。サンジュー峠の両側に四〇ほどのテントが見られるにすぎない。一テントあたり一〜五人程度の住人がいるから、ざっと一二〇名くらいの人口で、そのほかに女子供が加わる（日記八月二十五日の項より）。

（4）Younghusband, Francis: *Wonders of the Himalaya*. London, 1924, p.144.

（5）Younghusband, Francis: *Ibid*., p.144.

（6）Younghusband, Francis: *Ibid*., p.145.

（7）Younghusband, Francis: *Ibid*., p.146.

（8）Younghusband, Francis: *The Heart of a Continent*. London, 1896, pp.239-43. に、九月十四日から十七日頃までの日記の抜粋が載っている。もしかすると、これらの部分を使用したとき、鉛筆書きの原文がかなり損なわれたのかもしれない。

（9）Younghusband, Francis: *Ibid*., 1924, p.150.

（10）イゼット・ウーラーの旅行日記はのちに整理されて出版されたが、けっして読みやすいものではなく、大半が地名の記録である。なお、詳細は、インド政庁のヘンダーソン大尉が監修した *Travels in Central Asia by Meer Izzut-Oollah in the Years 1812-13*. Translated by Captain Henderson. Calcutta, 1872. を参照。

（11）Workman, Fanny and William: *Two Summers in the Ice-wilds of Eastern Karakoram*. London, 1917, p.180. 参照。ワークマン夫妻の旅行記は、とかく事実誤認、独断などの批判の多い報告集であるが、これは彼らの最後を飾る旅行記で、カラコラム地域の報告のなかでも最も優れたものであった。ワークマン夫人は、サルトロ峠に関して、ビラフォンド・ラ（峠）の名称を提案している。これに対し、インド測量局長官サー・シドニー・バラードは賛意を表明し、〈サルトロ〉という名称は、川にだけ使うほうがよいと言っている。

（1）*Younghusband's Diary.* Book II, October, p.2.

（2）Younghusband, Francis : *Wonders of the Himalaya.* London, 1924, p.167. ヤングハズバンドは陽気だったと言っているが、実際はかなり緊張していたはずで、印刷されたものと実際はかなり違っていたと思われる。

（3）*Younghusband's Diary.* Book II, October, p.14.

（4）カンジュート人の要求がなかなか厳しいので、ヤングハズバンドがそれなら即刻インドへ帰って、フンザの領主は非友好的であると女王に報告すると脅すと、彼らはすぐ折れたという（*Wonder of the Himalaya.* p.171）。

（5）カンジュート人たちは、こんな強盗行為もみなフンザの領主の命令でやっているので、危険を冒すのは自分たち、利益は領主の一人占めで、これを拒否すれば殺されるのだと、ヤングハズバンドに告げたという。

（6）十月十六日付の日記にこうある。「私はサルタン・ベグを伴ってテントに戻った。シャハズド・ミールは私にこう語った。カンジュート人はいま英国を頼っており、もはやシナを頼りにしていない。キルギス人は英国人の友人なので、カンジュート人は彼らに危害を加えず、彼らとは友好的になるだろうと。これはまったく満足すべきことだった。もしこのことが本当で永続するならば」。

（7）ヤングハズバンドの一八八九年のこの旅行の公式記録は、インド政庁に提出し、カルカッタで印行された「カシミール北部国境使節報告書」（*Report of a Mission to the Northern Frontier of Kashmir in 1889.* Calcutta, 1890, 127p）である。折り込み地図一枚の他、ヤングハズバンドの描いた珍しいコンテのスケッチが入っている。一般に市販しない政庁内部の報告書だったかもしれないが、出版の詳細は不明。

（8）Younghusband, Francis : *Ibid.*, 1924, p.181.

（9）グロムチェフスキーは、この当時フェルガーナの副総督だったという。彼の語るところによれば、以前はロシア帝国の近衛兵で、それから中央アジアに移り、コーカンド戦ではスコベレフ将軍の副官を務め、この戦役後、マルギラン地区司令官に任命された。父親はシベリア流刑地で死亡したという。一八八八年のフンザ旅行は、ロシア帝室地理学会でもすぐれた探検家として認められ、彼は金メダルを授けられた。しかし彼の探検の成功は、資金がきわめて潤沢だったからだと、ヤングハズバンドは推測している。当時、ロシアがカシミール方面の探検にいかに熱意を注いでいたかがわかる。グロムチェフスキーは、ロシア帝室地理学会に、ヤングハズバンドに会ったことにふれ、彼は若く勇敢で、少数のベンガル兵、パンディット、従者を伴い、「会見はきわめて友好的だった」と報告したという。これはロシア語からイタリア語に訳されたとのことだが、著者は未見。French, Patrick: *Younghusband.* London, 1994, p.75.

（10）この記事は Skrine, Clarmont Percival & Nightingale, Pamela: *Macartney at Kashgar.* London, 1973, p.14 に見られるが、なにからとったものか著者には不明。

（11）一九二八年初め、ショーンバーグはクチャで彼に会った。ぼろをまとった姿はみじめで、すでに母国語を忘れてしまっていたという。Schomberg, R. C. F.: *Peaks and plains of Central Asia.* London, 1933, p.46.

（12）デュランド大佐の国境地帯の回想は、Durand, Algernon: *The Making of a Frontier.* London, 1899. に詳しくふれられている。国境地帯とはインド北西部国境地帯のことである。

（13）カラコラム、ヒンズー・クシュ一帯からパミール方面にかけての探検と調査は、一九世紀に入ってから、英国人やインド測量局によって熱心に続けられた。この探検の概略を知るには Mason, Keneth: *Abode of Snow.* London, 1955.（『ヒマラヤ――その探検と登山の歴史』田辺主計、望月達夫訳、白水社、一九五七年）、薬師義美『大ヒマラヤ探検史――インド測量局とその密偵たち』（白水社、二〇〇六年）、またカラコルム一帯の写真集、『白川義員作品集・世界百名山Ⅱ』（小学館、二〇〇一年）と、そのごく手短な解説（拙文）「カラコルム山岳誌」を参照されたい。

第12章　カシュガールの一年

（1）Sir George Macartney (1867-1945)　英国の外交官。父親のハリディー・マカートニは、一九世紀中葉、シナで荒れ狂った太平天国の乱の際、チャールズ・ゴルドン将軍麾下で太平軍と闘ったが、この際、たまたま太平軍のシナ人家族を保護したことから、そのシナ人の娘と結婚（一八六四年）し、一八六七年に男の子が生まれた。これがジョージである。一八九〇年、ヤングハズバンドがカシュガールに行くのに参加し、ヤングハズバンドの帰国（一八九一年）後も当地にとどまって仕事を続けた。彼は一九一八年までカシュガールに滞在し、新疆省におけるロシアの覇権拡大を防ぎ、永年の功績として〝サー〟の称号が与えられた。帰国後の一九四五年五月十九日、七八歳で亡くなった。彼の妻カセリーンが綴ったカシュガール滞在の思い出 Macartney, Catherine: *An English Lady in Chinese Turkestan.* London, 1931.（マカートニ夫人『カシュガール滞在記』拙訳、連合出版、二〇〇七年）の解説参照。

（2）Galwan, Ghulam Rassul: *Servant of Sahibs.* Cambridge, 1924, p.31-2.

（3）Younghusband, Francis: *The Light of Experience.* London, 1927, p.55.

（4）グロムチェフスキーはカシュガール駐在のロシア領事ペトロフスキーのスパイでもあった。このとき以来、連絡も絶えたが、一九二五年にワルシャワから一冊の旅行記がヤングハズバンドに送られてきて、この中に当時の写真が入っていたという。彼はすでに中将の地位にあったが、ロシア革命後は、ポーランド人であったこと、そしてブルジョワジーであったことから、ボリシェビキから資産を没収され、シベリアへ流刑された。しかし、日本領事の仲介によりポーランドへ帰国できたものの、悲惨な貧苦と病気のため、一九二六年早々に死去した。彼は優れた探検家であったが、その業績はほとんど知られていない。

（5）Cobbold, Ralph P.: *Innermost Asia.* London, 1900, p.67.

第13章　パミールをめぐるロシアの陰謀

（1）Younghusband, Francis: *The Heart of a Continent.* London, 1896, pp.316-7.

（2）Seaver, George *Francis Younghusband.* London, 1952, p.141.

（3）Skrine, Clarmont Percival & Nightingale, Pamela: *Macartney at Kashgar.* London, 1973, p.28.

（4）一八九七年十一月末、英国の元軍人だったコボルドがカシュガールでペトロフスキーを訪問した折、たまたま数年前のヤングハズバンドの使節にふれ、かなり多言を弄したという。ペトロフスキーは、パミール問題の解決を含む同じようなデリケートな政治使節を切り盛りするために、ヤングハズバンドのような「シナ語も話せず、二枚舌を平気で使うようなシナ人の性格にも不慣れ」な探検家を派遣する、インド政庁の（無能な）政策を嘲笑したという。さらに彼はコボルドに、ヤングハズバンドは道台に会い、ロシアの進入に先んじてパミールを効果的に占拠するよう、シナ軍の派遣を急がせた。ところが道台はペトロフスキーと毎日接触して、ヤングハズバンドの提案の趣旨を知らせ、シナ軍がパミールに到着する前にロシアの代行者がパミールを占拠してしまうよう働きかけたという。ヤングハズバンドの策動はこのようにロシア側には筒抜けだったのに、こんなお粗末な功績に対し、インド政庁がヤングハズバンドに叙勲して労をねぎらったことを、ひどく楽しそうに話したという。Cobbold, Ralph P.: *Innermost Asia.* London, 1900, p.67. 参照。ペトロフスキーが一旅行家に自慢げに語ったというこの話は、どこまで本当だったか疑わしい。ヤングハズバンドの才能を彼がひどく妬み、彼をインド政庁の地位から失脚させようと、意識的に仕組んだたくらみだった可能性も高い。しかし、シナ側にロシアのスパイがいたことだけは確実であろう。ともかく、コボルドの本の出版でいちばん損害を受けたのはやはりヤングハズバンドで、外交的才能はないものと評され、かなりマイナスになったことは事実であったろう。一方、ペトロフスキーは中央アジアからヤングハズバンドを追い払ったことで、大いに成功を収めたことになる。その後、ヤングハズバンドは二度と中央アジアに行かなかった。

（5）Skrine, Clarmont Percival & Nightingale, Pamela : *Ibid.*, p.6.

（6）*The Heart of a Continent* によるとヨノフ大佐の示したロシア製の地図は色刷りしたものだったといい、*The Light of Experience* では、ヨノフ大佐が緑色で印を付けたという。ヨノフ大佐の携帯した地図は色刷りで、ヤングハズバンドの地図に緑色の線を引かせたのかもしれない。

（7）Seaver, George : *Ibid.*, pp.143-145. *The Heart of a Continent.* pp.330-1. の記事よりも具体的で長文である。

（8）ヤングハズバンドの越えた無名で未知だった峠は、*The Heart of a Continent.* p.334-7. の記述と、同書に入っている大型の折込み地図から推測してみるよりない。同地図には記載がない。

（9）Younghusband, Francis : *The Light of Experience*, London, 1927, pp.62-3.

第14章　チトラルの反乱

（1）フンザをめぐるフンザ＝ナガール戦の実戦の記録は、デュランド大佐の回想記 Durand, Algernon : *The Making of a Frontier.* London, 1899. の "*The Hunza-Nagar Expedition*" (pp.254-70) に詳しく述べられている。また、この戦闘全般についての物語は、ナイトの Knight, Edward Frederick : *Where Three Empires Meet.* London, 1894. に生き生きと描かれている。とくに「三帝国相会するの地」とは、ロシア、シナ、イギリスの三帝国が国境を接する、一九世紀末のインド北西部国境地帯を指す。本書は、頻発する国境紛争を読みものとしてまとめている。

（2）Younghusband, Francis : *The Light of Experience.* London, 1927, p.66.

（3）チトラル使節の記事は、ロバートソンの Robertson, George : *Chitral : The Story of minor Siege.* London, 1899. の "My first mission" (pp.33-51) の中でふれられている。本書はチトラルとのかかわりの深かったロバートソンの回想記で、写真も多く入っており、当時の辺境地帯を知るうえでは貴重な報告書でもある。彼にはこれとは別に、チトラルにいる異教徒（カフィール）について書いた *The Kafirs of the Hindu-kush.* London, 1896. という六五八ページに及ぶ大冊があり、チトラルの民族学的研究の古典的名著である。しかし、彼はチトラルを利用して名声を得たという批判もあり、必ずしも評判がよいとはいえない。また北方よりロシアの脅威はないという点では、ヤングハズバンドとまったく違った見解であり、チトラル人に対する考え方でもヤングハズバンドの献言を取り上げなかった。ヤングハズバンドはロバートソンを世の中の動きがわからぬ無能者だと非難している。

(4) Younghusband, Francis : *Idid.*, p.67.

(5) Bruce, Charles Granville : *Twenty Years in the Himalaya*. London, 1910, pp.260-1. この簡単な登山については、ヤングハズバンドも *The Heart of a Continent*. pp.354-5. のなかでもふれているが、ブルースの記述のほうが具体的である。

(6) Younghusband, Francis: *Ibid.*, 1927, p.69. 参照。ヤングハズバンドは、一八九三～四年にかけてのチトラル、マストジの詳しい記録は残していない。*The Heart of a Continent* の第一六、一七章は残念ながら、ごく概説的なものにすぎない。この部分はむしろカーゾンの遺稿集 Curzon, *Leaves from a Viceroy's Note-book and Others Papers*. London, 1927. の "The Mehter of Chitral" (pp.93-146) の章がいちばんわかりやすい。

(7) ヤングハズバンドは一八九三年八月十四日付の父親宛の手紙の中で、ヤングハズバンドの提案をつぶし、政府にぐちゃぐちゃと余計な悪口を言いつけたのはロバートソンで、彼を無能なバカ者だと決めつけている。ヤングハズバンドはよほど腹に据えかねたものらしく、「私の血はたぎり、私の前には何物も妨げない」とまで言い切っている。Seaver, George : *Francis Younghusband*. London, pp.157-8.

(8) ケリー隊の戦闘状況については、Beynon, W.G.L. : *With Kelley to Chitral*, London, 1896. を参照。

(9) Younghusband, George J. & Francis : *The Relief of Chitral*. London, 1897, pp.169-70. これはヤングハズバンドが兄と共著で書いた従軍記。チトラル戦記ではいちばん手っとり早い概説書である。兄のジョージには回想記の Younghusband, George, J. : *The Story of the Guides*. London, 1908. があり、この第一二章にチトラル戦がふれられている。

(10) Younghusband, George J. & Francis : *Ibid.*, p.170.

(11) Younghusband, Francis : *Ibid.*, 1927, pp.74-5.

第15章　ボーア戦争前夜の南アフリカ

(1) Younghusband, Francis : *The Light of Experience*. London, 1927, p.121. ヤングハズバンドが「タイムズ」紙に連載した一連の通信は、のちに一冊の本としてまとめられ、*South Africa Today*. London, 1897. として出版され、たいへん好評でかなり版を重ねた。

しかし、当時の内情をすべて公表するわけにいかず、一部分は *The Light of Experience* の "Rhodes and Jameson" (pp.121-36) の中にふれられている。しかし、多くの記事は未発表に終わったと思われる。

(2) ヤングハズバンドが一八九六年四月に一時帰国したことが *The Light of Experience.* p.130. に書かれているのではっきりしているが、シーヴァーの *Francis Younghusband* には、この四月以前にも一度帰国したように記してある。しかし、こちらは資料からははっきりしない。ただ *South Africa Today* の短いまえがきの中で、「私の二度にわたる南アフリカの旅の間に」(during my two missions to south Africa) とあることからも、三度はなかったろうと思うが、実際は二度三度とあったようだ。この四月の頃、ジェームソンたちの裁判の結審はまだ出ていなかったらしい。

(3) Younghusband, Francis: *Ibid.*, 1927 p.131.

(4) Younghusband, Francis: *Ibid.*, 1897, pp.144-5.

第16章　インド――安逸と怠惰な日々

(1) 〈グレイト・ゲーム〉(Great Game) という一九世紀の英国とロシアとの中央アジアにおける領土拡長競争を揶揄した言葉は、英国の軍人で中央アジア探検家のアーサー・コナリーが初めて使ったといわれる。Conolly, Arthur: *Journey to the North of India: Overland from England Through Russia, Persia and Afganistan.* 2 Vols. London, 1834. のち英国の作家ラデヤード・キプリングが小説『キム』(*Kim.* London, 1901) で使ってから流行語となった。この小説の主人公は、河口慧海の師匠であったベンガルのバブー(学者)、サラット・チャンドラ・ダスだろうといわれている。拙著『西域　探検の世紀』(岩波新書、二〇〇二年)参照。

(2) ヤングハズバンドの長女であるディム・エイリーン・ヤングハズバンドが著者に知らせてくれたものによると、彼女の母ヘレン・アウガスタは、アイルランド系の血の濃いフランスの家系であったという。このことを示した一八九二年五月二十三日付の手紙が、Seaver, George: *Francis Younghusband.* London, 1952, p.190. にも採録されている。

(3) インドに英国の白人女性が初めて出現したのは一八五〇年代で、これから英国の男たちとインド人社会がしっくりいかなくなったといわれる。第1章注(3)参照。

(4) Seaver, George: *Ibid.*, p.192.

(5) Dame Eileen Younghusband の著者宛の手紙の教示による。

(6) Younghusband, Francis : *The Light of Experience.* London, 1927. の "Rajputana" の章 (p.148) 参照。

(7) Younghusband, Francis : *Ibid.*, "Indore" の章 (p.153) 参照。

第17章 〈チベット使節〉

(1) 英国東インド会社とチベットの間の外交交渉は一七七二年、ブータン人がベンガル平野に侵入したので、ときのインド総督ワーレン・ヘースティングズは英軍を派遣してブータン人を撃退した。このときヘースティングズは、仲裁に乗り出したパンチェン・ラマと交渉に応じ、一七七四年、ジョージ・ボーグルをシガツェに派遣した。この旅行の詳しい報告はクレメンツ・マークハムの次の本にある。Markham, Clements R. : *Narratives of the Mission of George Bogle to Tibet, and of the Journey of Thomas Manning to Lhasa.* London, 1876, pp.1-210. この後、一七八二年、サミュエル・ターナーがシガツェに派遣された。彼は一年近くチベットに滞在し、帰国後、大冊の旅行報告書を出版した。画家も同行したので、挿絵も残っている。Turner, Samuel : *An Account of an Embassy to the Court of the Teshoo Lama in Tibet.* London, 1800.

一八一一年、別に一民間人としてラサへ旅した英国人がいた。トーマス・マニングがその人である。彼は政府派遣の公人ではなく、帰国後なぜか旅行報告を作らなかったので、詳細なことはわからない。ただ旅の概要は前掲のマークハムの本 (pp. 214-294) にまとめられている。ヤングハズバンドがラサに入るまで、彼が唯一の英国人であった。ジョージ・ボーグル以後、〈チベット使節〉までの約一世紀にわたる出来事は、ヤングハズバンドの *India and Tibet.* London, 1910, pp.1-94 に要約して載せられているので、これを読むのがいちばん便利である (邦訳『西蔵 英帝国の侵略過程』松山公三訳、上巻 (下巻未刊) 小島書店、一九四三年)。ただこの当時、秘密文書や関係者の手紙などはまだ公開されていなかったし、さらに複雑な裏面史を知るには次の書がよい。

- Lamb, Alastair : *Britain and Chinese Central Asia : The Road to Lhasa 1767-1705.* London, 1960. [改訂版] *British India and Tibet 1766-1910.* London, 1986.
- Tsepon W.D. Shakabpa : *Tibet : A Political History.* New Haven, 1967.
- Addy, Premen : *Tibet on the Imperial Chessboard : The making of British policy towards Lhasa, 1899-1925.* Culcutta, 1984.
- Verrier, Anthony : *Francis Younghusband and the Great Game.* London, 1991.
- Palace, Wendy : *The British Empire and Tibet 1900-1922.* London, 2005.

（2）Younghusband, Francis : *India and Tibet.* London, 1910, p.96.

（3）後年（一九二七年）になって、ヤングハズバンドはこの使節の目的は、「チベットにおけるロシア人の増大する影響の裏をかくことが、私の使節の本当の狙いだった」と言っている。「もしロシアがチベットに足場を築いたら、われわれには彼らの行動を阻止する手段がなかったろう」という理由からだったとしている。Younghusband, Francis : *The Light of Experience.* London, 1927, pp.80-1.

（4）ロンドンのインド省とインドにおけるインド政庁（政府）との間で取り交わされた種々の秘密外交文書（書簡、電文等）のうち、一八八九年から〈チベット使節〉が出発する一九〇四年まで、約百数十通が一応印刷されているが、どのくらい出回ったか不明である。East India（Tibet）: Papers relating to Tibet. London, 1904. これらを見ると、インド省とインド政庁とのリアルなやりとりが克明にわかる。ただ、各執筆者は自分流に解釈するので、この原文を直接参照されることを勧める。英国とチベットとのかかわりについての文献目録には、Marshall, Julie G. : *Britain and Tibet 1765-1947.* London, 1977.（この増補改訂版）は二〇〇五年に出ており、このうち第一一章が「ヤングハズバンド遠征　一九〇三〜四年」（pp.357-96）に当てられている。ただしこれは文献目録なので、内容はごく概略しかわからない。

（5）ジョン・クロード・ホワイトはインドでの公務が約三二年にものぼり、とくに北東国境での勤務は二〇年以上になった。彼はこのときの回想録として White, J. Claude : *Sikhim and Bhutan : Twenty-one Years on the North-East Frontier 1887-1908.* London, 1909. という立派な本を出した。彼のシッキム、ブータン、ネパール、南東チベットの体験記は他の追随を許さない。彼は一八八一年、初めてダージリンを訪れてから、一八八八年のシッキム・チベット戦争には副政務官として派遣された。長年の辺境の体験を買われて、一九〇三年、カーゾンの意向により、〈チベット使節〉においてヤングハズバンドを補佐する役になった。彼は古風で、勤務中に体験記を書くのを遠慮し、出版しなかった。シッキム、ブータンの地理・歴史・風俗などを紹介した本書は、いまでは古典の一つである。写真もたいへん優れている。

（6）一八四九年、英国の植物学者ジョセフ・ダルトン・フッカーと東インド会社の官吏キャンベル博士とが、シッキムを旅行中にシッキム国王に不法に拘禁され、このことを大義名分に英国はシッキムを英国保護領にしてしまった。ただこの折、フッカー救出を図った英国の軍事専門家たちは、シッキムのような国は英国派遣軍にとって手に負えないと判断を下した。理由は、国土の山岳地帯が森林に深く覆われ、シッキムを救援しようとしているチベット軍、さらに英国を側面攻撃しようと機会をうかがうネパールを恐れたからである。当時ネパールはシッキム、ブータンを併合したいと思っており、英国がシッキムを保護しているのは、ネパール人をシッキム領内に入れないためだった。ただシッキムがフッカーたちを拘禁した翌一八五〇年夏、チベット政府代表は、なぜ英国政府の保護下にあるシッキムがこともあろうに英国政府代表（フッカーたち）にあのような不法行為を行ない、暴力を振るったのかと、シッキム国王をひどく詰問したという。こんなバカなことをしでかしたから、自分の領土を失ったり、英軍をチベット国境のすぐ近くまで接近させるのだと言ったという。チベットは英国と隣接するのをひどく恐れ、嫌っていたらしい。この間の事情は Hooker, J.D.: *Himalayan Journals*. Vol. 2, pp.190-241. に詳しい。邦訳は、『ヒマラヤ紀行』（薬師義美訳、白水社、一九七九年）。

フッカー、キャンベルの不法拘禁の罰として、テライ地方は英国に没収され、シッキムの南部地帯は失われ、シッキム人は山岳地帯に追い込まれてしまった。英国はここを菜園に開拓した。

(7) カーゾンについての比較的詳細な描写は Mehra, Parshotam: *The Younghusband Exredition*. London, 1968, pp.80-124. に書かれている。彼がインド総督に就任してから〈チベット使節〉を派遣するまでの状況が克明に描かれている。

(8) カーゾンが信じたほどウグェン・カジは信頼できたかどうか疑わしい。彼が帰ってから、ダージリンの市場では、彼は指図されたようにはダライ・ラマに手紙を届けなかったし、より悪いことには、あるチベットの大臣に彼のチベット訪問の意図を漏らしたという噂が立った。カーゾンはジョージ・ハミルトン卿に宛てた手紙の中で、「彼（ウグェン・カジ）は封を開けずに手紙を持ち帰った。私は、この男はダライ・ラマに会ったことも、手紙を彼に渡したとも信じていません。逆に私は、彼は嘘つきであり、きわめてあり得ることですが、カネで雇われたチベットのスパイだと思っています」と言っている。MacGregor, John: *Tibet: A Chronicle of Exploration*. London, 1970, p.295.

(9) カーゾンから、一九〇一年十一月三日付、ロンドンのインド事務相宛電文――「本官の書簡は封印を付けたまま、ウグェン・カジに持ち帰られたり。ウグェン・カジの報告によると、ダライ・ラマはこの書簡の受け取りを拒否し、その理由をこう告げたりと。シナ駐蔵大臣《アンバン》と評議会との協議をせず、英外務省といかなる連絡をとることはできない」。Great Britain Foreign office: Tibet Papers. No.42.

(10) ドルジェフは、チベットを舞台に英露の確執の場面に突如として登場した謎の人物ということになっているが、彼はかつてプルジェワルスキーの第四回の探検に通訳として参加していたという。このことについてヨーロッパの地理学者が沈黙したのは、プルジェワルスキーの名誉のためだったのかもしれない。しかし、このドルジェフがロシアの秘密代理などではなかったこと、プルジェワルスキーの隊員でもなかったことを弁護しているのは、ロシア寄りの『ラサへのあこがれ――探検家プルジェワルスキーの生涯』（水野勉訳、日本山書の会、一九八五年。Rayfield, Donald : *The Dream of Lhasa, The Life of Nikolay Przhevalsky, Explorer of Central Asia.* London, 1976.）の著者ドナルド・レイフィールドである。彼は、ドルジェフがロシアの秘密代理人であるという悪質のデマを流したのは、シムラの新聞や反露的なドイツのチベット探検家ウィルヘルム・フィルヒナーだったと言っている。フィルヒナーは著書（Wilhelm Filchner. : *Sturm über Asien : Erlebnisse eines diplomatischen Geheimagenten herausgegeben von W. Filchner.* Berlin, 1924.）の中で、ドルジェフの陰謀について詳しくふれている。時代がずっと後になったため、この真偽はよくわからない。日本人の中にもドルジェフに会った人にチベット旅行家の寺本婉雅がいる。ドルジェフについては河口慧海の『西蔵旅行記』に詳しく描かれている。ドルジェフの陰謀はある程度は事実だったに違いない。河口慧海は同書で、ドルジェフはチベット人の楽園シャンバラはロシアだとチベットで言いふらした、と記している。日本の外務省も、外相がロシア通の西徳二郎のときドルジェフについての調査がされていたことを外交文書の中に記していて、著者も見たことがある。ドルジェフの名の綴りはさまざまで統一されていない。Dorjieff, Dorji, Dorshieff, Dorzhievy, Dogiew, Dorjew の他。パーシヴァル・ランドンは Ghomarg Lobzang、河口慧海は Ngakn-wang Dorje, Khende Chega と呼ばれていたと言っている。第21章注(6)参照。

(11) ドルジェフについて、英外交文書（一九〇一年十二月十日付）で、サンクトペテルブルグのC・スコットより英外相のランズダウン卿宛の報告の中で、ロシア外相ラムスドルフとチベットのロシア使節について話し合ったと言っている。また公式の記事が *Messager Official* 紙（一九〇一年十二月十三日付）で、チベットの使者 Hambo-Achvan-Dorjew がロシア皇后アレクサンドラ・フェドロウナと謁見の栄誉を受けたと伝えていた。Great Britain Foreign Office : Tibet Papers. No.43.

(12) 一九〇九年一月、スヴェン・ヘディンがツァールスコエ・セロでニコライ二世に謁見した際、ドルジェフについて尋ねたところ、彼はダライ・ラマの親書を伝達する役は受けていたが、これはけっして政治的な底意や意図を持っていなかったと語ったという。ニコライ二世がヘディンに語ったと同じように思っていたかどうか、かなり議論があった。一九九一年十二月のソヴィエト政権崩壊後、ロシア外交文書の公開により、これらを一見する機会があった。この中で、ロシア側はドルジェフをそう高く買っていなかったこと、ニコライ二世がヘディンに語った内容がほぼ正しいことがわかった。

(13) プルジェワルスキーの『キャフタより黄河源流へ』（***ОТ КЯХТЫ НА ИСТОКИ ЖЕЛТОЙ РЕКИ***, 1888）に載っている写真の中に、ドルジェフによく似た男の顔があることからこの噂が出たが、現在でも真偽は不明である。写真からでは確かめようがない。ロシア寄りのレイフィールドはこれはでたらめだと言っている（前掲書参照）。

(14)ネパール経由でインドを旅したドルジェフを、国境の英国側スパイも発見できなかった。このドルジェフのインドの旅に誰が初めに気づいたか、どのテキストにも欠けているが、ヤングハズバンドのチベット語の通訳官になったフレデリック・オコナーは、自分がたまたまこの事実を発見したと記している。O'connor, Frederick : *Things Mortal.* London, 1940, p.48. なんとインドにおけるスパイの元締だったサラット・チャンドラ・ダスは、インドを経由してラサと行き来するドルジェフとダージリンで会っていたという。このことでカーゾン卿は彼を能なしだとひどく怒ったという。Lamb, Alastair : "Some Notes on Russian Intrigue in Tibet". *Jour. Roy. Central Asian Soc.*, Jan. 1959, pp.46-65.

(15)ヤングハズバンドは、自分の本分をよくわきまえていた。彼は、「この仕事のために、カーゾン卿が私を選んでくれたことをたいへん誇りに思った。この仕事のすべては危険を孕んでいた」と言い、「もし目的が条約を結ぶだけのものだったら、なぜこれに文官を採用しなかったのだろうか。私は、カーゾン卿がやっていたことはきわめて危険なことであると思った。そして、彼が私を選んだことが正しかったとするためには、私をきわめて神経過敏にさせた」と述懐している。カーゾンは、最終的にはチベットと戦争になる可能性が大きいと踏み、文官ではとても軍との協調ができないと考えて、彼を選んだに違いない。Younghusband, Francis : *Ibid.*, 1927, pp.81-2.

第18章　密かな旅――チベット国境へ

(1)ヤングハズバンドはなぜかチベット代表の名を記していないが、一人は将軍で Wang Chhuk、いま一人は僧侶の Lo-pu Tsang で、チベット政府の下級の者だったという。MacGregor, John : *Tibet : A Chronicle of Exploration.* London, 1970, p.316.

(2)Younghusband, Francis : *India and Tibet.* London, 1910, pp.120-1. ヤングハズバンドとシムラのインド外務省の間で多数の報告がなされている。Great Britain Foreign Office : Tibet Papers. 1903, No.89-155.

(3)九月七日、オコナーがラサに放っておいた僧侶のスパイの報告によると、ラサの権威筋は戦闘の腹を決めたという。ただ、秋の終わりまで行動には移らないが、国民も戦争体制の準備を呼びかけられているという。Sandberg, Graham : *The Exploration of Tibet.* London, 1904, p.285.

(4)ネパール政府はチベットと密接な関係があったが、チベットの陰謀の風説を懸念し、ヤングハズバンドに五〇〇頭(のち八〇〇〇頭)のヤクを提供してくれた。これはチュンビ渓谷からガルトックまできわめて有用な運送手段であるばかりか、チベット側に、ネパールが英国側に付いたという精神的圧力をかけることになるとヤングハズバンドは考えた(Younghusband, Francis : *Ibid.*, p.132.)。ネパール政府は、英国以上にラサで陰謀をめぐらすロシアを危惧していたという（MacGregor, John : *Ibid.*, p.318.)。Great Britain Foreigh Office : Tibet Papers. No.112.

（5）Younghusband, Francis : *Ibid.*, p.133.

（6）ヤングハズバンドはこの二人のシッキム人の身分を秘しているが、これはオコナーの放ったスパイであった。一時、彼らは処刑されたという噂が流れて、英国側も緊張させられることがあった。彼らはいわば三流のスパイで、オコナーは八月初めに別のシッキム人のスパイから報告を受け、二人は単なる商人だと見えすいた嘘をついて救い出そうとしたが見事に失敗。そこでヤングハズバンドは、国境のシッキム側にいたチベット人の家畜を、捕虜との交換条件として捕えさせた。

（7）Younghusband, Francis : *Ibid.*, pp.139-40.

（8）カーゾンは行政参事会の会議の折、ギャンツェへの使節派遣に反対を唱えた委員に猛然と嚙みつき、とうとう同意させてしまったという（Younghusband, Francis : *Light of Experience.* London, 1927, pp.84-5.)。カーゾンは最初からラサへ使節を派遣したがったが、どうせ本国政府が同意しないだろうから、近いところから手をつけ、次第にラサへ向けさせるつもりだったという（Younghusband, Francis : *Ibid.*, 1927, p.81.)。

（9）Younghusband, Francis : *Ibid.*, 1927, p.141.

（10）Younghusband, Francis : *Ibid.*, 1927, p.144.

（11）Younghusband, Francis : *Ibid.*, 1927, p.145.

第19章　政策の転換——軍事使節へ

（1）Younghusband, Francis : *India and Tibet.* London, 1910, p.150.

（2）一九〇三年十月二日付で、シムラの外務省からヤングハズバンドに宛て、マクドナルド大佐の任命があったという（Great Britain Foreigh Office : Tibet Papers. No.129)。

（3）ルガード（Frederick Dealtry Lugard, 1858-1945）は英国軍人で、アフガニスタン、スーダン、ビルマの各戦争に参加し、東アフリカ、次いで名誉回復後に西アフリカに勤務。香港総督（一九〇七～一二）など歴任して植民地行政にも参加した。男爵に任命された。

（4）Fleming, Peter : *Bayonets to Lhasa.* London, 1961, pp.106-8.

（5）Younghusband, Francis : *Ibid.*, 1910, p.160.

（6）ヤングハズバンドもこんな行動を「くだらぬ無鉄砲さ」(a trifle over-bold) と呼んだという (Seaver, George : *Francis Younghusband*. London, 1952, p.218.)。また、「単独の英雄気取りの気違い沙汰」(a single-handed heroic madness) だったと批判した人もいる (Mehra, Parshotam : *The Younghusband Expedition*. 1968, p.220.)。この勇気には誰もがびっくりさせられたが、成功など信じる者はいなかった。

（7）ヤングハズバンドのこの無謀な行動を知ってカーゾンは怒ったという。「私はあえて、君のために、(成功の確率など) 一〇〇対一だと言いたい。(そんなことをされたら) 私はいったいどこへ行ったらいいんだ、インド政庁はどうなんだ？ 私の声望は取り返しのつかぬくらいに地に墜ち、われわれはやみくもにラサへ進撃しなくてはならなかったろう」(Mehra, Parshotam : *Idid.*, p.221.)。

第20章　ギャンツェへの進出とラサ進撃

（1）〈チベット使節〉に随行した新聞記者は刻々のニュースを世界に送ったが、そうした特派員のなかでのちに報告書を出版した人もいる。「デイリー・メール」紙の特派員エドムンド・キャンドラー (Candler, Edmund : *The Unveiling of Lhasa*, London, 1905.)、「タイムズ」紙特派員のパーシバル・ランドン (Landon, Perceval : *Lhasa : An Account of the Country and People of Central Tibet and of the Progress of the Mission sent there by the English Government in the Year 1903-4*. 2 vols, London, 1905.) の書いたものに、使節団とチベット軍との戦闘場面がリアルに描かれており、豊富な写真とともにきわめて有用である。この他にパウエル・ミリングトンの小著 (Millington, Powell : *To Lhasa at Last*. London, 1905.) があるが、この人物がいったい何者なのかいまだに不明である。〈チベット使節〉に参加した多くの人たちがさまざまな記事を新聞や雑誌に載せたが、これら三一〇篇にのぼるリストは Marshall, Julie G. : *Britain and Tibet 1765-1947*. Bundoora, Australia, 1977. の Younghusband Expedition 1903-1904 を参照のこと。この改定増補版 (London, 2005) に三〇七篇がある。

（2）Younghusband, Francis : *India and Tibet*. London, 1910, p.176.

（3）Ottley, W.J. : *With Mounted Infantry in Tibet*. London, 1906. チベットの各地の戦闘について記した本著は、豊富な写真もさることながら、直接の体験を記録した貴重な資料である。

（4）ランドンの本は前掲注（1）参照。

（5）Fleming, Peter : *Bayonets to Lhasa.* London,1961, p.180.
（6）Fleming, Peter : *Ibid.*, p.191.
（7）Fleming, Peter : *Ibid.*, p.189.
（8）Younghusband, Francis : *Ibid.*, p.198.
（9）Younghusband, Francis : *Ibid.*, p.198.
（10）Younghusband, Francis : *Ibid.*, p.201.
（11）ヤングハズバンドは彼を the Grand Secretary としているので、〈長官〉と訳しておく。彼は性格がきわめて邪悪であったが、ター・ラマは無能だがたいへん親切な老人だったと言っている。この代表団はほとんどこの長官に牛耳られていた。
（12）Younghusband, Francis : *Ibid.*, p.217.
（13）Younghusband, Francis : *Ibid.* pp.220-1.
（14）カロ・ラ峠は現在は車も通れるが、なにしろ狭い山道なので、ここを封鎖されると迂回路がない。当時、大砲などの運搬はきわめて困難だったと思える。ただ、自然環境はたいへん魅力的である。この峠での戦闘図は次の書に載っている。Allen, Charles : *Duel in the Snow. The true story of the Younghusband Mission to Lhasa,* London, 2004, p.169. 著者の体験では初めて高度障害を感じたたいへん厳しい峠である。
（15）Younghusband, Francis : *Ibid.* p.229.
（16）この書簡の全文は Younghusband : *India and Tibet.* p.235 に載っている。
（17）チベット人はこの湖水を死体処理用に使っており、死体を湖水に投じていたという。湖水は塩分を含み、この作用で墓所としてなんらかの機能があったとはいえ、飲料水としてはまったく無用であった。周辺の山から一条の川水もこの湖に注いでいないにもかかわらず魚が多く、チベット人も英印軍も大いにこれを食用にしたという。Millington, Powell : *To Lhasa at Last.* London, 1905, pp.113-4.
（18）この書簡の全文は Younghusband : *India and Tibet.* p.242 に載っている。
（19）ツァンポー川渡河にはチベット人の残していった二艘の大型フェリー・ボート、また現地人の皮革張りの（中に空気を入れる）ボート、バーソン製ボートが使用された。チベットの船には僧院から船頭や舟子《かこ》が提供された。また英軍は、アトックから連れて来た漕手がおり、彼らはインダス川上流の急流や渦によく通じていたという。しかし、それでも悲劇が起こった。

Millington, Powell : *Ibid.*, Chap. XVII を参照のこと。

（20）Tibet Papers. III, 1905, No.118.

（21）このチベット使節団には医師で仏教学者でもあるオースティン・ウォデル大佐が同行していた。彼はこの折のチベット仏教の研究書として、Waddell, L. Austine : *Lhasa and Its Mysteries : With a Record of the Expedition of 1903-1904*. London, 1905 を著した。彼は河口慧海のチベット潜入のことも最も早く知り、一九〇五年には公表している。当時は、チベット仏教の研究者として著名だった。しかし、チベット使節団には同行したものの、すでに老齢だったせいか、「何もできないバカなボケ老人」として散々たたかれた。ヤングハズバンドも、何にでも口を出すと手厳しい。

（22）Tibet Papers, III, No.119. ラサ到着を知らせる、インド総督よりインド事務相宛電文（八月六日付）――「〔一九〇四年〕八月三日、正午、使節団、ラサ到着。さらなる反抗なし。住民も平穏なり」。

第21章　ラサにおける条約交渉とラサ撤退

（1）ヤングハズバンドは一九〇四年七月六日付の電報で、チベット側に七カ条の提案をしたことを本国政府に伝えている。この第一条では、ラサ、その他の地域に英駐在官を配置する要求はしないと言っている。これは英本国政府の意向と違っている。このようにヤングハズバンドとインド省との間では、条約の条件が二転三転する。Tibet Papers. III, No.79.

（2）Younghusband, Francis : *India and Tibet*. London, p.265.

（3）Younghusband, Francis : *Ibid.*, p.269.

（4）フランスのラザリスト修道会の宣教師。ガベとシナでの布教活動から、オルドスを横断して青海に入り、タール寺から南に下り、チベット高原の旅の末、一八四四年、ラサに入る。このあと東へ向かい、四川に抜けた。彼らのあと一九〇四年の〈チベット使節〉まで、ヨーロッパ人によるラサ訪問はなかった。Huc & Gabet : *Travels in Tartary, Thibet and China, 1844-46*.（ユル・エ・ユック『韃靼・西蔵・支那旅行記』全二巻、後藤富男・川上芳信訳、生活社、一九三九年）。

（5）Younghusband, Francis : *Ibid.*

（6）ダライ・ラマ一三世の側近中の側近といわれたドルジェフについては、すでに第17章注（10）（11）でふれた通り。ソ連崩壊（一九九一年）後、ロシアの外交文書が公開されたことにより、より詳細な点が明らかになった。彼の名は Agvan Dorjier（1854-1938）といい、シベリアのトランスバイカル州で生まれたブリヤート・モンゴル族だった。彼は仏僧になり、のちラサに行き、ダライ・ラマの信任を得て、ダライ・ラマの代理人といわれたが、明らかにロシアのスパイだった。彼の名が世に出たのは、実は一九〇一年夏、「ジャパン・タイムズ」紙に報道されたのが初めてという。いったいこのニュース・ソースがどこから得られたのかわからないが、このことから、日本に対する英国とロシアの疑惑が大きくなったという。Snelling, John : *Buddhism in Russia : The Story of Agvan Dorzhiev, Lhasa's Emissary to the Tsar,* Queensland, 1993.

（7）チベット人は生まれながらの商人だとよくいわれる。チベット使節団がラサへ入って、テントを張ってから二四時間もたたぬうちに、幕営地の周辺にはチベット、シナ、ネパールの商人たちが集まってバザールができたという。英印軍の兵員たちの生活必需品は、みな道中の町や村で賄って間に合わせてきた。ラサの家庭用品のうち輸入品の大半は日本製で、たとえば石鹸やマッチがあった。石鹸はすぐ形が崩れて、どうも品質は悪かったらしい。が、マッチは大いに助かったという。Millington, Powell : *To Lhasa at Last.* pp.149–60.

（8）Younghusband, Francis *Ibid.*, p.288.

（9）インド総督より、インド事務相宛電文（一九〇四年九月十七日付）――「九月七日付、ヤングハズバンドよりの電報。戦争捕虜の全員はマクドナルドより、またサラット・チャンドラ・ダスを助けた廉《かど》で投獄されていた二人と、日本人の旅行者、河口慧海を援助した二人はシャペにより釈放された」（Tibet Papers. III, No.158.）。

（10）この仏像は、ヤングハズバンドが死んだとき一緒に埋葬された。

（11）ツァンポー大屈曲部の調査は、その後しばらく行なわれず、この〈チベット使節〉に参加した、F・M・ベイリーが、一九一三年にモースヘッドと調査し、高峰ギャラ・ペリとそう大きくない滝を発見した。この報告は戦後になって発行された。Bailey, F.M. : *No Passport to Tibet.* London, 1957（『ヒマラヤの謎の河』諏訪多栄蔵・松月久左共訳、あかね書房、一九六八年）である。さらに、植物学者キングドン‐ウォードが一九一三～一四年にかけて、この一帯を精査した。Kingdon-ward, Frank : *The Mystery Rivers of Tibet.* London, 1923. このあと一九二四～二五年、キングドン‐ウォードはツアンポーの大屈曲部においてコーダー卿とともに調査を行なった。*The Riddle of the Tsangpo Gorges,* London, 1926.（増補新版 Suffolk, 2008）。この邦訳は、『ツアンポー峡谷の謎』（拙訳、岩波文庫、二〇〇〇年）。

（12）ヤングハズバンドはこのことをのちのちまで気にかけていたのかもしれない。一九二三年、英国の軍人ペレイラ将軍が北京から東チベットを抜け、ラサへ騎馬旅行したことがある。ペレイラが死去したため、彼の旅行日記から、ヤングハズバンドが編集した。このルートはシナへの陸路として大いに興味をそそるものである。Pereira, George : *Peking to Lhasa.* London,

1925.

(13) この折の紀行はローリングの『大高原』の中で詳しくふれられている。この旅には、チベット領内にエヴェレストより高い山があるかを探る目的もあった。しかし、この後すぐ入ったスヴェン・ヘディンが発見したトランス・ヒマラヤ山脈は、ライダーの測図には描かれていなかった。見えなかったのである。Rawling, Cecil. G.: *The Great Plateau*. London, 1905.

第22章 〈チベット使節〉の後始末——「身代わりの山羊」

(1) Mehra, Parshotam: *The Younghusband Expedition*. London, 1968, p.337. これは Tibet Papers から削除されているので、直接、公文書を見るしかない。

(2) Seaver, George: *Francis Younghusband*. London, 1952, p.251.

(3) Fleming, Peter: *Bayonets to Lhasa*. London, 1961, p.276.

(4) Mehra, Parshotam: *Ibid*., pp.337-9.

(5) 一九〇四年十一月三日付の手紙。

(6) シーヴァーの *Francis Younghusband* では、ヤングハズバンドはカーゾンとロンドンで会ったようになっているが、フレミングは、カーゾンがインドへ帰る途中のエジプトのポートサイドで会ったとしている。ここではフレミングに従う。Fleming, Peter: *Ibid*., p.281. より詳細は French: Younghusband 参照。

(7) Tibet Papers. I-III, 1904-5 に印刷された。この中に含まれる外交文書は全部で七四四通になるが、明らかにこの中加えられなかったものも相当あり、とくに内容の微妙なものが入っていない。その実数はわかりかねる。しかし、そもそもこの『青書』の発刊を企画したのは、カーゾンとヤングハズバンドに狙いをつけ、議会用に利用するためで、とくにヤングハズバンドの攻撃用だったという。King, Peter: *The Viceroy's Fall*. London, 1986, pp.74-7.

(8) Bell, Charles: *Tibet: Past and Present*. London, 1924, p.89. 清朝政府は、チベット使節の二年後の一九〇六年、新しく駐蔵大臣(張蔭棠)を任命し、ダライ・ラマの不在と、英政府のチベットへの内政干渉をしないという政策をいいことに、両国が関係を深めないように配慮し、賠償金をチベットに肩替わりして全額払い、英国のチュンビ渓谷での影響力を一掃してしまった。しかも、ネパール、ブータンに対してもシナの宗主権をいい出す始末だった。英国にとってはまたとない機会だったのに、ブロドリックの無能な政策のため、いまだこの失敗が尾を引いている。

（9）Mehra, Parshotam : *Ibid.,* p.287.

第23章　カシミール駐在官として

（1）Hedin, Sven : *Trans-Himalaya,* London, 1909, I. p.9.

（2）ヘディンの旅行記『トランス・ヒマラヤ』の中には、旅行許可の交渉の詳しい内容についてはふれられていない。これは晩年に書いた人物回想録 *Hedin, Sven : Stormän och Kungar. I,* Stockholm, 1950,（独訳 Grosse Männer denen ich begegnete, I. Wiesbaden, 1951,　抄訳されているものもある）の中の Lord Minto の章に詳しくふれられている。なお、これらの経緯は拙著『ヘディン交遊録』（中公文庫、二〇〇二年）の「ヤングハズバンド」と「河口慧海」の章にふれてある。

（3）ル・コックのカラコラム峠越えの記事は Le Coq, A. von : *Auf Hellas Spuren in Ost-Turkistan.* Leipzig, 1926, s.140-59 の中に語られている。この際、シアラー救出という人命救助の貢績から、ヤングハズバンドの推薦で英国ヨハネ修道会は、ル・コックに金メダルを与えた。英紙 *The Times* の一九三〇年四月二十五日付の記事参照。

（4）Younghusband, Francis : *The Light of Experience.* pp.177-8.

（5）『伊犂紀行』上巻（博文館、一九〇九年）三四四〜三四八頁。

第24章　カシミール、光と影

（1）ティビコフ（G. Ts. Tsybikoff）はブリヤート・モンゴル族出身の仏教徒。ロシアの大学で学んでからラサ巡礼に向かう。青海のクムブム寺院を振り出しに、一九〇〇年四月に出発し、チベット高原を越え、八月三日にラサに着いた。約一二カ月以上ラサに滞在し、宗教・歴史・地理等、三一九巻の書籍を集めた。彼には政治色が一切なく、同時期同じブリヤート族のドルジェフがラサにいたのに、まったくかかわりがなかった（ロシア外交文書）。

（2）オックスフォード大学のボードリアン図書館にある「スタイン・コレクション」（Stein Collection）。

（3）Mirsky, Jeannette : *Sir Aurel Stein.* London, 1977, p.208（『スタイン伝』杉山二郎他訳、六興出版、一九八四年）

（4）チベットから家郷の父と姉妹に宛てた手紙は Mehra, Parshotam : *The Younghusband Expedition.* London, 1968 に引用され、写真版も入っている。

（5）アブリッチ公のカラコラムの遠征記は Filippo de Filippi（ed.）: *Karakoram and Western Himalaya.* London, 1912. Younghusband,

Francis : *The Light of Experience.* London, 1927, p.178.

(6) インド省の外交文書の中で、橘瑞超のムズターグ峠の件が初めて明らかになった。どこからこの知識を得たのか不明であるが、ヤングハズバンドの *The Heart of a Continent* を参考にしていたことは間違いないであろう。筆者が晩年の瑞超師に会って話を伺ったときにも、ムズターグ峠を越そうとしたことなど、ひと言も口にされなかった。カラコラム峠を越えられた業績にふれると、すでに日野強少佐の先人がいたとたいへん謙遜しておられたのがひどく印象に残っている。

(7) オコナーはヤングハズバンドのチベット語の通訳官。回想録 O'connor, W.F. : *On the Frontier and Beyond.* London, 1931. の中で、京都で大谷光瑞に会ったこと、明治天皇にも拝謁したこと、あとダライ・ラマ一三世に会って帰国を勧めたことなどにふれている。オコナーを通じてヤングハズバンドは日本文化にも関心があったらしい。拙著『西域　探検の世紀』（岩波新書、二〇〇二年）参照。

第25章　新しい冒険——思索と隠棲の日々

(1) アーサー・ニーブには数冊の魅力的なカシミールの紹介書があり、たいへん参考になる。Neve, Arthur : *Thirty Years in Kashmir.* London, 1913. など。

(2) 寺本婉雅『蔵蒙旅日記』（横地祥原編、芙蓉書房、一九七四年）、『寺本婉雅著作選集』（全一二巻、うしお書店）。

(3) フィンランド人のカール・グスターヴ・マンネルヘイム男爵は、ロシア参謀本部の命令で、一九〇六～八年にかけ、アジア大陸を西から東に横断し、青海のタール寺にいたダライ・ラマに会見した。目的はダライ・ラマの近況を知ることだったという。Mannerheim, G.E. : *Minnen.* 2 vols. Stockholm, 1951-52.

(4) O'connor, Frederick : *On the Frontier and Beyond,* 1931, pp.119-20 参照。

(5) Younghusband, Francis : *Our Position in Tibet.* London, 1910. 王立中央アジア学会での発表報告（一五頁）。ヤングハズバンドの設立したこの学会は創立一〇〇年を迎え、その記念の本を出した。Leach, Hugh (ed.) : *Strolling about on the Roof of the World, The First Hundred years of the Royal Society for Asian Affairs (Formerly Royal Central Asian Society).* London, 2003.

(6) ロナルドシェイ伯爵は、一八九九～一九〇〇年にカシミール地方を、一九一八～二二年にかけては広くシッキム、ブータンを旅して歩いたが、学術調査というよりスポーツとしての旅だった。著書に The Earl of Ronaldshay : *Lands of the Thunderbolt.* London, 1923. また、カーゾンの伝記 *The Life of Lord Curzon.* 3, vol. London, 1928. がある。ただ、カーゾンの伝記はあまり評判がよくない。

（7）西本願寺の青木文教と多田等観は、ダライ・ラマのインド亡命中に接触し、その許可を得て、各々英国の監視網をくぐってラサに潜入した。青木文教はネパール経由、多田等観はブータン経由だった。英国側は追跡したが取り逃した。英国側は日本の動きを非常に警戒しはじめた。青木文教『秘密之国、西蔵遊記』（内外出版、一九二〇年）参照。

（8）拙著『東ヒマラヤ探検史』（連合出版、一九九三年）。

第27章　第一次世界大戦と新しい改革運動

（1）P・M・サイクスは英インド軍の軍人で、とくにペルシア（イラン）について詳しかった。わが国では探検史の著者ぐらいに思われているが、すぐれた紀行に Sykes, Percy M.: *Ten Thousand miles in Persia or eight years in Iran.* London, 1902. がある。その他、*A History of Persia.* 2 vols, London, 1915. *A History of Afghanistan.* 2 vols, London, 1940.、またインド外相だったデュランドの伝記もある。ヤングハズバンドの創設した王立中央アジア学会でも協力し、カシュガールの英領事代行も勤めたことがある。ヤングハズバンドはサイクスに、自分は軍を退役して国会議員に立候補しようかと相談したこともあったという。

（2）ルーズベルトは兄弟で、一九二五年当時、カラコラムやパミール、中央アジア地方を広く旅し、旅行記を書いた。Roosevelt, Theodore & Kermit: *East of the sun and west of the moon.* New York, 1929. また一九二八〜二九年には、ビルマから雲南、四川地方の東チベットを旅し、当時、幻の動物を捜し回った。著書に *Trailing the Giant Panda,* New York, 1929. がある。いずれも旅の目的はハンティングだった。

（3）Seaver, George: *Francis Younghusband.* London, 1952, pp.291-2.

（4）この資料一括の内容は次のようなものである。ヤングハズバンドの自筆書簡四二通（はがき三通、電報一通を含む）。〈権利のための闘争〉に関するタイプによるパンフレット（二頁）。ニューボルト家の公式書簡（六通）、ニューボルトからヤングハズバンド宛の手紙一通）。これらの書簡の大半はロンドンから送られたもので、シムラその他をも含む。期間は一九〇一年から一九三〇年まで。この文書の内容については日本人にとって理解が無理で、詳しい紹介は French, Patrick: *Younghusband.* 1994, pp.294-312 を参照されたい。

（5）この本は French, Patrick: *Younghusband: The Last Great Imperial Adventurer.* London, 1994. として出版されたが、完成原稿から数年かかってやっと陽の目を見たようである。

（1）ブルースがヤングハズバンドに語ったのは、一八九二〜三年のチトラル戦役のときだったろう。Bruce, Chanles. G.: *Twenty Years in the Himalaya.* London, 1910, pp.242-63.

（2）Hedin, Sven: *Mount Everest och andra asiatiska problem.* Stockholm, 1922. このドイツ語版（一九二三年）があるが、英国登山隊などの報告を参照して改訂修正版（一九二六年）版がいちばん参考になる。インド測量局が当時、フランスのダンヴィルの地図に対抗意識を持っていたことも一応考慮に入れておく必要がある（拙著『東ヒマラヤ探検史』一〇〜一二頁）。一九二〇年、チャールズ・ベルがラサでエヴェレスト登山の許可を交渉したとき、チベット側はエヴェレストをロー・チャ・マ・ルンと呼んでいたという。だから正式にはチベット政府の登山許可は、マウント・エヴェレストではなく、チャ・マ・ルンであった。

（3）India Papers. Oriental and India Office Collections of the British Library. p.3627.

（4）一九一三年、インドのシムラでインド外相のマクマホンのもと、英・シナ・チベットの間でチベット独立の会議が開かれた。これを〈シムラ会議〉という。一九一二年、清朝の没落により、チベット政府はダライ・ラマの強い主張でチベット独立を宣言し、英国側も暗黙に承認した。一九一四年、シムラで国境画定が討議され、とくにインドとチベットの国境が画定された。これを〈マクマホン・ライン〉という。ダライ・ラマが英国のエヴェレスト遠征隊の入国許可を出した背景には、英国のチベット独立の承認と国境画定問題があったと見るのが正しいであろう。Lamb, Alastair: *The McMahon Line: A study in the Relations between India, China and Tibet, 1904-1914.* 2 vols, London, 1966.

（5）India Papers. p.5692.

（6）India Papers. p.4732.

（7）Younghusband, Francis President Address at the Anniversary Meeding, 31 May 1920. *The Geographical Journal.* July, 1920.

（8）India Papers. p.4287.

（9）*Ibid.,* p.3403.

（10）チベットでは司祭職というのが大いに盛んになり、そのなかでも伝説的にも最も精力的に活躍したのが、詩聖人ミーラ・レーパ（Mi-la Re-pa）——「綿布を着たミラ」だったという。彼は極端なまでの禁欲生活をし、綿の衣一枚で、高山の洞穴の中で、チベットの厳寒を過ごしたという。彼の死ぬ前に、仏教へ帰依するつもりだったという。Bell, Charles : *The People of Tibet*, London, 1928, p.16.

(11) India Papers. p.3400, p.5440.

第29章　エヴェレストとチベット政府

(1) India Papers. p.6145.

(2) Bell, Charles : *Tibet : Past and Present*. London, 1924.

(3) Bell, Charles : *Ibid.*, p.263.

(4) Bell, Charles : *Portrait of the Dalai Lama*. London, 1946, p.243.

(5) この召還についての記録はインド省文書には残っていない。

(6) 一九一三年、インドのシムラで、英・シナ・チベットの会議が開かれた（前述）。この〈シムラ会議〉では、新生の中華民国は政治的発言力が弱く、チベット側は強固にチベットの独立を宣言し、インド政庁側もそれを認めるような曖昧な態度だった。しかし、シナの宗主権は認めていた。ダライ・ラマはエヴェレスト登山を利用し、英国側からこの際はっきりしたチベット独立国の承認という態度を確認したかったのだろう。

(7) Bell, Charles : *Ibid.*, 1946, p.245. このくだりは、Swinson, A. : *Beyond the Frontiers*. London, 1971 の二〇六頁にも利用されているが、出典が記されていない。ただしスウィンソンの引用には誤りがあり、正確でない。利用するには一応注意が必要である。邦訳は、『国境のかなた』（松月久佐訳、白水社、一九七五年）。

(8) India Papers. p.8368.

(9) *Ibid.*, p.5692.

(10) *Ibid.*（なぜかこれに番号はない。）

(11) Howard-Bury, Charles K. : *Mount Everest : The Reconnaissance 1921*. London, 1922.

(12) India Papers. p.3853.

(13) Seaver, George : *Francis Younghusband*. London, 1952, pp.305-6.

(14) ヤングハズバンドの死に際はちょっと複雑で、墓地の所在がわからず、かつてシーヴァー氏に尋ねたところ、氏も知らなかった。結局、ヤングハズバンドの娘エイリーンに尋ねてやっと確認できた経緯があった。

第30章　エヴェレスト――新しい難題

（1）India Papers（インド省文書）p.4873.

（2）ベイリーは、一九一七年のロシア革命の勃発で、中央アジア方面が混乱した際、インド政庁より派遣され、タシケントに潜入し、一九一八年から二〇年にかけ情報活動をした。彼はチベットの探検にも外交活動にも優れていた。彼はどうやらエヴェレスト遠征に協力的でないと思われたのか、サーの称号は得られなかった。Bailey, Frederick M.: *Mission to Tashkent.* London, 1946.

（3）この記事はベルの本には見えない。Swinson, Arthur: *Beyond the Frontiers.* London, 1971, p.206. の引用はインド省文書（五六四八頁）のもの。この引用の箇所とベイリーの報告（一九二一年一月二日付）と地名の表記が異なる。

（4）インド国立文書館にはよい資料があるとパトリック・フレンチ氏が親切に教えて下さったが、あまりに資料が多くて、目的のものが見つからなかった。まだ未発表のものがあるはずである。公開禁止のものもある。

（5）Swinson, Arthur: *Ibid.*, p.207.

（6）チベット政府からの正式な登山許可の通知は、一九二一年一月十五日付のベイリーの書簡に記されている。

（7）Bruce, Charles. G.: *The Assault on Mount Everest, 1922.* London, 1923. 偵察隊を含めた登山隊のプロフィールは、Younghusband, Francis: *The Epic of Mount Everest.* London, 1926. を参照されたい。邦訳は、『エヴェレスト登山記』（田辺主計訳、第一書房、一九三〇年）。

（8）一九二五年三月、チベット探検を終えブータン経由でインドに戻った植物学者のキングドン－ウォードとコーダー卿は、カルカッタの Grand Eastern Hotel に宿泊していて、このときベイリーに会ったらしい。たまたま筆者の入手した資料の中に、このホテルのランチ・メニューの裏側に鉛筆書きされたキングドン－ウォードによるベイリー宛のメモがある。このとき、四日の都合はどうかと尋ね、またコーダーはこの際ベイリーとエヴェレスト問題で個人的に話し合ったようだ。そこで六月にロンドンに戻ったコーダーは書記のヒンクスとヤングハズバンドに会ったが、連中はまったくのわからず屋で、議論するのも嫌になったと言っている。Swinson, Arthur: *Ibid.* p.215. ロンドンでは、チベットの実情がよくわかっていなかったようだ。外交文書にはこの間のことが欠けてない。

第31章　エヴェレスト醜聞《スキャンダル》

（1）一九二三年の秋から翌一九二四年の春まで、エヴェレスト委員会とインド政庁との間の交渉は、もっぱらチベットへ地質学者を派遣するかどうかの問題だった。一九二四年一月二日付、ヒンクスからインド事務相宛の手紙では、エヴェレスト近接地域の地質調査の必要性をとくに強調している。「西ロンブック氷河の源頭部と分水界、ロンブック氷河とコンブラの間がとくに未知で調査したい」と。チベット側は結局折れて、ハザードの調査を受け入れたが、彼が約束以外の土地まで踏み込んだため、チベット側からクレームがついた。

（2）ノエルがチベットから連れて来たチベット人は、ダージリンの人力車夫か伊達な人夫だったという噂も立ったらしいが、これにかかわったマクドナルドは、これは真実ではなく、彼らはギャンツェの僧院の院長が送り出したれっきとしたチベットの僧侶七名だったという。Macdonald, David: *Twenty Years in Tibet*. London, 1932, p.132.

（3）ヤングハズバンドの映画会社のポストはChairmanとあり、「社長」といってよいのかよくわからない。ここでは「会長」にしておく。

（4）マクドナルド（David Macdonald）には、二冊の著書（*The Land of the Lama*. London, 1929. と *Twenty Years in Tibet*. London, 1932.）があり、この地域の情報を知るかなり貴重な文献となっている。

（5）マクドナルドと息子のジョンは、遠征隊の博物学者の助手として手伝ったり、手紙や資金の輸送、通訳の仕事を任されていたという。Macdonald, David : *Ibid*., 1932, p.299.

（6）ノートンの一九二四年度のエヴェレスト遠征報告は、第三冊目として立派な報告書が出版されている（Norton, E.F. : *The Fight for Everest 1924*. London, 1925.）。ただ肝心な舞台裏のことは一切ふれられていない。「まえがき」は例によってヤングハズバンドが書き、マロリーとアーヴィンは生きてはいないが、きっと山頂を極めていたろうと言っている。また、マロリーの書簡が本書に収められている。大いに世の同情をかったことだろう。

（7）エヴェレストの外交文書には姿を見せていないが、ノエルは妻もチベットへ連れて行ったらしい。しかも彼女は心霊術師だったという。これも問題の根深さを見せつける事実である。Macdonald, David : *Ibid*., 1932, pp.299-30.
エヴェレスト登山隊に同行したノエルは、個人的な紹介書を出している（Noel, J.B.L. : *Through Tibet to Everest*. London, 1927. New Edition, 1931.）。この中で彼のフィルム会社のことや映画上映のことは、わずか脚注でしかふれられていない。この興行は、ロンドンのスカラ座を振り出しに、アイルランド、スコットランド、フランス、ドイツへと、チベット内陸部の僧院から来た七人のチベット僧と巡回したとだけふれている（p.261）。

第32章　晩年——新しい精神活動

（1）Seaver, George : *Francis Younghusband.* London, 1952, pp.356-8.

（2）Pereira, George : *Peking to Lhasa.* Compiled by Francis Younghusband, London, 1925. 北京駐在武官だったジョージ・ペレイラ将軍は、一九二一年、北京から蘭州―西寧―ココ・ノール経由でラサに入った。チベット使節以後、チベットを横断してラサに到達した最初の英国人だった。しかし、再度東チベットに向う途中で一九二三年に亡くなったため、遺族から日記を提供してもらい、ヤングハズバンドが一冊の本にした（前述）。

（3）デニスン・ロスは英国のペルシア、中央アジアの専門家。一九〇九～一〇年、西域の探検を終えてインドに出て来た西本願寺の橘瑞超は、大谷光瑞とインドでロスと会い、楼蘭で発見した李柏文書を初めて彼に見せ、これが日本より早くヨーロッパで紹介された。橘瑞超『中亜探検』（中公文庫、一九八九年）の解説参照。なお、西本願寺の西域探検と英国側とのかかわりについては本書のカシミールの章を参照されたい。

（4）ラーマクリシュナ（一八三四～八六）。この一〇〇年祭は The Parliament of Religion の会議でとり行なわれた。

第33章　最後の旅路

（1）French, Patrick : *Younghusband : The Great Imperial Adventurer.* London : HarperCollins, 1994, p.360.

（2）French, Patrick : *Ibid.*, p.362.

（3）Samuel, Viscount : *Man of Action : Man of the Sprit. Sir Francis Younghusband,* The World Congress of Faiths, n.d.

（4）French, Patrick : *Ibid.*

（5）スマイスはヒマラヤに関する紹介本を数冊出版している。よく知られているものに Smythe, Francis Sydney : *Kamet Conquered.* London, 1932 や *Camp Six.* London, 1937. がある

（6）この秘密文はごくたわいないものだが、フレンチ氏が容易に解いた。その一例（部分）を紹介しよう。……I. L. Y. M. M. E. M.……（I Love You More And More Ever More……）

（7）王立地理学会誌（*Geographical Journal*, 1942-2）のヤングハズバンドの追悼記事の中に、ベイリーの短い思い出が載っている。この中に、オコナー、ライダーの思い出も入っている。ただプライベートなものはない。すでに大半の人が物故者だった。

（8）French, Patrick : *Ibid.*, p.382.

（9）Shipton, Eric : *That Untravelled World : An Autobiography by Eric Shipton*. London, 1969.（『未踏の山河――シプトン自叙伝』大賀二郎・倉知敬共訳、茗渓堂、一九七二年）。シプトンは日本でよく知られた登山家であるが、なぜこれほどスマイスの個人攻撃をするのか理由がよくわからない。エヴェレスト登山隊の選考のこともあったかもしれない。むしろ嫉妬心が感じられる。

（10）*Wedding* は、一九四二年十月に二刷まで出た。せいぜい九〇ページ足らずの薄いペーパーバックの小冊子にすぎない。おそらく内容は初稿原稿と相当違っていたに違いない。ただ、この本は現在、たいへんな稀覯本となっていて、私は入手するのに三〇年以上かかった。内容は大英図書館で見て知っていたのだが、原物がない。娘のエイリーンが見つけ次第焼去処分にしたという。

（11）French, Patrick : *Ibid.*, p.390.

（12）French, Patrick : *Ibid.*, p.389. ヤングハズバンド家の公式の伝記を書いたジョージ・シーヴァーはかつて私の問い合わせに答えて、当時まだ健在だったエイリーンから教えてもらったと言って、わざわざヤングハズバンドの墓地の所在地を教えてくれた。のちにエイリーンは私に、チベットから持ち帰った仏像は、父親の遺体とともに埋葬したと伝えてくれたが、実際は、この仏像は彼の死後間もなく掘り出され、かなり見苦しい遺産争いが、エイリーンとマダリン一家との間にあったらしい。この間の事情はフレンチの前掲書に詳しい。

あとがき

本書のような評伝にあらためて「あとがき」を加える必要はないのだが、気のついた点をいくつか記しておきたい。

本書をまとめるうえではたくさんの参考書のお世話になったが、大半はすでによく知られたものばかりなので参考文献は省略し、巻末の「注」で代行することにした。このほうが、ただ文献のタイトルだけを並べるより、幾分か内容の紹介にもなり、利用価値もあるかと思えたからである。

従来、その本の価値判断をする一つの目安は、どんな文献が使われたかであった。しかし、同じテーマの本になると参考文献はほとんどみな同じで、もうあまり意味がなくなったかと思う。これまでは、無知と言われたり、無断転載と指摘されるのを避けるために、見ない文献まで並べる例もあったように思う。しかし最近はすっかり時代が変わり、未公開だったかつての秘密文書も多く閲覧できるようになり、これまで事実だったと思えたものが、まったく意味をなさなくなったケースも少なくない。これからは、歴史的事実を調べるうえで、こうした生《なま》の資料の発掘がぜひ必要になるのではないか。

これまで私の書いたものに対して、他から「嘘か本当かわからない」と批判を受けたことがあるが、それは未公開資料を使っただけの話で、捏造したり創作したものは一つもない。疑われてばかりいては話が先に進まないので、今回はできる限り「注」の中で出典を明記しておいた。おそらく本書の中でも、これまでの観点からすればとても信じられないようなことが多々あろうかと思う。有名なエヴェレストで遭難したマロリーとアーヴィンの悲劇も、エヴェレスト登山隊のスキャンダル隠しに巧みに利用されたはずである。

しかし、なんでも裏を暴けばよいというわけではけっしてなく、プライベートな問題は、必要と判断された以外、公表は差し控えるべきであろう。といって未公開資料の発掘は成功するより失敗するほうが多く、こんな思い出を綴ったほうが話としてはずっと面白いに違いない。わずか数ページ足らずのヤングハズバンドのパンフレットのコピーの転載許可を得るため、三年以上かかったことがある。問い合わせるたびに場所が変わり、はぐらかされたからである。なかには公開を拒否されたり、無視されたりしたこともある。実際、インド公文書館には親切に応待をしてもらい感謝に耐えなかったが、ヤングハズバンドの個人コレクションの中には公開禁止のものもある。こうなるともう隠れん坊か鬼ごっこの類いで、諦めたほうが負けである。

最近は、インターネットを使って検索すればどんな資料も見つかると錯覚している人もいるようだが、個人資料になると誰が持っているかもわからないし、わかったとしても見せてもらえる保証はない。ましてこんな笑い話になると、研究は完全にストップである。机の上に載せた資料の厚さと、札束の厚さが等しかったというのだ。それなどまだよいほうであろう。

これまでのわれわれの研究は活字になった文献を読んでいさえすればよかったのであるが、こんな時代はもう去ったようだ。本書の中に出てくるダライ・ラマ一三世のロシアの秘密代理人だったドルジェフも、ソヴィエト政権の崩壊で秘密文書が解禁され、その全貌が明らかになった。これは別の例だが、一九六〇〜七〇年代、ハンガリー側に交渉しても見ることのできなかったスタイン・コレクションも、最近になって東ヨーロッパがソ連の支配下から解放された結果、見られるようになった。

一九二〇〜三〇年代、ヤングハズバンドの活躍したギルギット、チトラル、中央アジア方面で優れた調査をし業績を上げた英国軍人に、ショムバーグという人物がいた。以前、彼のことを英国の秘密情報員だったと言ったところ、それは嘘だと批判を受けたことがある。これに対してとくに反論しなかったのだが、ごく最近になって、まだこのことを疑っている人がいることを知り、びっくりさせられた。なんと三〇年以上も前にふれたことである。これなどスウェーデンの公文書館で調べれば、すぐわかることだった。

では、日本はどうなのか。外交資料館は別としても、公・民間を含め、その保存はお寒い限りで、文書資料を密かに処分するか抹殺してしまう場合が少なくない。都合の悪い資料は隠すという不思議な民族性があるかららしい。これからは、真実の歴史的証言は、なんとしても残す努力をすべきではないかと思う。

本書では、ページ数の都合上、索引と年譜、それに簡単な著作リストを圧縮して載せた。また、ヤングハズバンドの著書の大半は神秘主義的な宗教観を扱ったものなので、内容を一つ一つ紹介することが難しく、本書では多くふれられなかった。また、著書のタイトルを日本語に適訳することができなかったことについても、ご了解いただきたい。

著者

著者略歴
金子民雄（かねこ・たみお）
一九三六年、東京生まれ。日本大学商学部卒業後、中央アジア史、東南アジア史の調査・研究を続ける。哲学博士。
［主な著書］
『ヘディン伝』『ヘディン交遊録』『中央アジアに入った日本人』（以上、中公文庫）、『動乱の中央アジア探検』（朝日文庫）、『東ヒマラヤ探検史』（連合出版）、『タクラマカン周遊』（山と溪谷社）、『楼蘭への旅』（ＪＴＢパブリッシング）、『辺境の旅から』（古今書院）、『文明の中の辺境』『アフガンの光と影』（以上、北宋社）、『ボロブドールの滅んだ日』（共著、胡桃書房）、『西域 探検の世紀』（岩波新書）、『能海寛著作集』（監修、全十四巻、ＵＳＳ出版）など。
［主な訳書］
オコナー『チベットの民話』（白水社）、マカートニ夫人『カシュガール滞在記』（連合出版）、ヘディン『チベット遠征』（中公文庫）、キングドン＝ウォード『ツアンポー峡谷の謎』（岩波文庫）、ユアンズ『アフガニスタンの歴史』（監修、明石書店）、オマル・ハイヤーム『ルバイヤート』（胡桃書房）など。

ヤングハズバンド伝
――激動の中央アジアを駆け抜けた探検家

二〇〇八年一〇月三〇日 印刷
二〇〇八年一一月二〇日 発行

著　者 © 金子民雄
発行者 川村雅之
印刷所 株式会社三陽社
発行所 株式会社白水社

東京都千代田区神田小川町三の二四
電話 営業部〇三（三二九一）七八一一
　　 編集部〇三（三二九一）七八二一
振替 〇〇一九〇―五―三三二二八
郵便番号 一〇一―〇〇五二
http://www.hakusuisha.co.jp
乱丁・落丁は、送料小社負担にてお取り替えいたします。

松岳社（株）青木製本所

ISBN978-4-560-03048-6
Printed in Japan

事項・地名索引

さ行

た行

ま行

や行

ら行

わ行

人名索引

ア行

カ行

サ行

タ行

ナ行

ハ行

マ行

ヤ行

ラ行

ワ行

フランシス・E・ヤングハズバンド
略年譜

西暦	年齢	主な出来事
1863		5月31日，インドのムレー（現パキスタン）に生まれる。父ジョン，母クララ。生後5カ月で英国在住の母方の祖母方を訪れる。
1868〜9	5〜6	英国の叔母のもとに一時預けられる。
1876	13	英国へ留学（予備校）。
1881	18	2月，サンドハースト（陸軍士官学校）入学。
1882	19	インド近衛龍騎兵連隊（ラワル・ピンディ連隊）入隊。
1884	21	4月，3カ月間の休暇中，ヒマラヤ山地の旅。伯父・故ロバート・ショーの菜園（ダラム・サラ）へ。カングラ，ラホールを経てシムラへ。アフガン国境地帯の軍事視察を命ぜられる。シムラ情報局へ。
1886	23	3月，ジェームスとともに満州へ。朝鮮国境上の白頭山登山。9月，吉林より満州北縁地帯の旅。12月，瀋陽より牛荘に戻る。ジェームスと別れ，天津へ。
1887	24	1月，天津着。北京の英国大使館へ。上司のベル大佐に会う。4月，アジア大陸横断の旅に出発。ゴビ沙漠を越え，7月，ハミ着。次いで天山南路沿いに西行。クチャ，カシュガールを経て，8月，ヤルカンド着。ムズターグ峠越えに挑戦。9月，横断成功。カシミールに出，10月，スリナガールに。11月，ラワル・ピンディ連隊に戻る。
1888	25	4月，ロンドンの王立地理学会で講演。創立金メダル授与。6月，インドに帰る。
1889	26	4月，シムラへ。探検家ネイ・エリアスに会う。インド外相よりチベット探険の許可を受けるが，連隊で拒否される。6月，シムラの外務省より，カラコラムでロシア人の動静を探るよう命ぜられる。8月，レーよりカラコラムの探険調査開始。サルトロ峠を確認。オプラン川源流を発見。ロシアのグロムチェフスキー大尉一行と会う。タグドゥムバシ・パミールへ。シナ新疆省に入る。ギルギット着。カラコラム〜フンザ一周の調査完了。12月，シムラへ。
1890	27	カルカッタでインド総督に旅行報告。6月，再びパミール地域におけるロシア人の調査を命ぜられる。シナ語通訳のジョージ・マカートニを同伴。レーよりカラコラム峠，ヤルカンドへ。9月，西行し，パミールを北に回ってカラ・クル湖へ。11月，カシュガールに出る。チニ・バグに英外交（通商）代表部を開設。12月，ヘディン，フランスの探検家デュトリューユ・ド・ランを訪ねる。
1891	28	CIE（インド帝国勲章）授与。7月，タシュクルガン経由でインドへ。10月，ギルギットに出る。カシミールでインド総督ランズダウン，インド軍総司令官ロバーツ将軍と面談。英国に帰る。ロンドンでインド事務相クロスと次官のジョージ・カーゾンと会う。
1892	29	春，インドに戻る。カシミール副駐在官に任命される。8月，行政官としてフンザへ。チトラル地方で反乱起こる。
1893	30	1月，ロバートソン団長のもとチトラルへ。チトラル残留。
1894	31	マストジに移動命令。10月，チトラルでの任務終了。12月，英国に帰国。
1895	32	1月，チトラルで反乱相次ぐ。英印軍，この紛争に介入。3月，王立地理学会で

西暦	年齢	主な出来事
		講演。アフリカ探検家スタンレーから自宅に招かれる。4 月，「ロンドン・タイムズ」紙の特派員としてチトラルに入る。秋，英国に戻る（2 年間の休暇）。12 月，同紙より再び依頼を受け，南アフリカへ。ケープタウンでセシル・ローズに会う。ヨハネスバーグで〈ジェームソンの襲撃〉事件起こる。
1896	33	プレトリアに行き，ボーア軍司令官，クリューガー大統領と会う（取材）。4 月，英国に帰る。植民地相チェンバレンに会う。7 月，再度，南アフリカへ。
1897	34	3 月，帰国。8 月，ヘレン・マグニヤクと結婚。11 月，インドへ。ラジプタナのインド行政官となる。生後間もない息子を失くす。9 月，テリオに転勤。
1900	37	10 月，新インド総督カーゾンよりシムラに招かれる。
1901	38	1 月，夫婦でフランスで過ごす。王立中央アジア学会を創立。
1902	39	1 月，長女エイリーン誕生。インドール駐在官任命。
1903	40	5 月，インド総督カーゾンより，チベットとの交易・外交交渉としての〈チベット使節〉派遣を要請される。7 月，チベット領内のカンバ・ゾンでチベット代表と交渉も決裂。チベット領内ギャンツェへの進出が許可される。軍隊を伴うことから，遠征軍司令官としてマクドナルド将軍任命。
1904	41	1 月，チュンビ渓谷を北上。2 月，極東で日露戦争勃発。チベット側と衝突。4 月，ギャンツェ着。7 月，ギャンツェ城砦陥落。ラサへ進撃開始。8 月，ラサ着。チベット側代表ティ・リンポチェと交渉。9 月，ポタラ宮で英蔵交渉締結。インドへ。10 月，ダージリン着。ロンドンへ。12 月，英国王エドワード 7 世に謁見。インド帝国勲爵士（KCIE）授与。
1905	42	探検家としての人生はこれで終わる。12 月，インド総督を辞任したカーゾンが帰国。
1906	43	3 月，単身インドへ。シムラで外交事務。5 月，チベットに向かう旧知のヘディン，シムラへ。6 月，カシミール駐在官としてスリナガールへ。
1907	44	1 月，妻と娘，インドに。7 月，英国の父死亡。8 月，ペテルブルグにて英露協商締結。これで〈グレイト・ゲーム〉事実上終焉。
1909	46	インド各地で暴動の気配。日本の西本願寺西城調査隊，カシミールに。12 月，ダライ・ラマ 13 世，6 年ぶりにチベットに戻る。
1910	47	1 月，英国に帰る。2 月，ダライ・ラマ，インドへ亡命。*India and Tibet* 刊行。5 月，エドワード 7 世没，ジョージ 5 世継承。11 月，王立中央アジア学会にて，チベットについて講演。
1911	48	ベルギーの保養地へ。交通事故で瀕死の重傷。ロンドンに戻り，治療。10 月，辛亥革命起こる（翌 1912 年，清朝廃止）。
1913	50	健康，ほぼ回復。
1914	51	2 月，アメリカ旅行。前大統領タフト，ルーズベルトに会う。7 月，第 1 次世界大戦勃発。11 月，インド省顧問となる。英仏，トルコに参戦。
1915	52	「権利のための戦い協会」設立。
1917	54	インド省より，インドでの最高位 KCSI 授与。2 月，10 月，ロシア革命起こる（ロマノフ王朝崩壊）。
1918	55	11 月，第 1 次大戦終了。インド事務相より，極秘のインド憲法改革案の相談を受ける。12 月，王立地理学会とアルパイン・クラブとの共同事業として，エヴ

西暦	年齢	主な出来事
		ェレスト登山の許可願をインド省に提出。
1919	56	インド政庁より，エヴェレスト登山の拒否通告。王立地理学会の会長に選出。
1920	57	王立地理学会創立100周年記念講演。エヴェレスト登山計画発表。11月，チャールズ・ベル，登山交渉のためラサへ。12月，ダライ・ラマより登山許可下りる。
1921	58	1月，エヴェレスト偵察隊派遣決定。ハワード-ベリー出発。登頂失敗。ケント州，カーラント・ヒルに屋敷購入。
1922	59	第1次エヴェレスト登山隊（ブルース隊長），登頂失敗。
1923	60	チベットへの登山隊派遣中止。
1924	61	第2次エヴェレスト登山隊出発。マロリーとアーヴィン，遭難。帰国時，ノエルがチベット僧を連れて来て演技をさせたことから，ダライ・ラマはエヴェレスト登山隊の入国を禁止。
1925	62	インド政庁，ヤングハズバンドと英国登山隊の行動を批判。
1933	70	「信仰の世界団体国際会議」シカゴにて開催。シカゴの万博に合わせる。ドイツ，ヒトラー政権確立。英エヴェレスト登山開始。
1934	71	7月，「信仰の世界会議」ニューヨークにて開催。
1936	73	「信仰国際会議」英国（クイン・ホール）にて開催。リンドバーグと会う。
1937	74	1月，パリ経由でインドへ。2月，リンドバーグと飛行機でボンベイへ。カルカッタで宗教会議。帰国後の5月，心臓一時停止するも回復。7月，第2回「信仰会議」オックスフォードにて開催。日華事変勃発。夫人とスイスへ。カーラント・ヒルの屋敷売却。ロンドンに移る。
1938	75	以降，経済的に家庭崩壊。娘エイリーンが両親を支える。1940年以降，ドイツ軍機による爆撃下のロンドンで信仰生活を送る。
1939	76	12月，パメラ・リーズと運命的な出会い。*The Sum of Things* 刊行。第2次大戦勃発。
1940	77	*Vital Religion* 刊行。チャーチル首相就任。
1941	78	9月，インド国民議会宛，戦後インドの権利を認めると提言。
1942	79	7月31日午前6時，永眠。没後，*Wedding* 刊行。

フランシス・E・ヤングハズバンド
著書リスト

- *The Heart of a Continent.* London, 1896.
  New ed., London, 1904.
  50th anniversary ed., London, 1937.
- *Report of a Mission to the Northern Frontier of Kashmir in 1889.* Culcutta, 1890.
- *The Relief of Chitral.* London, 1893.
- *Among the Celestials.* Abridged from *The Heart of a Continent.* London, 1898.
- *South Africa of Today.* London, 1899.
- *Kashimir.* London, 1909.
- *Our Position in Tibet.* London, 1910.
- *India and Tibet.* London, 1910.
- *Within.* London, 1912.
- *Mutual Influence.* London, 1915.
- *The Heart of Nature.* London, 1921.
- *The Gleam.* London, 1923.
- *Mother World.* London, 1924.
- *Wonders of the Himalaya.* London, 1924.
- *The Epic of Mount Everest.* London, 1926.
- *But in Our Lives.* London, 1926.
- *Peking to Lhasa.* Compiled from diaries by Sir Cecil Pereira. London, 1925.
- *The Light of Experience.* London, 1927.
- *Life in the Stars.* London, 1927.
- *The Coming Country.* London, 1928.
- *Dawn in India.* London, 1930.
- *The Reign of God.* London, 1930.
- *The Living Universe.* London, 1933.
- *The Mystery of Nature.* London, 1934.
- *Modern Mystics.* London, 1935.
- *Everest : The Challenge.* London, 1936.
- *A Venture of Faith.* London, 1937.
- *The Sum of Things.* London, 1939.
- *Vital Religion.* London, 1940.
- *Wedding.* London, 1942.